예수님이 가르치신 속죄

The Doctrine of
The Atonement as Taught
by Christ Himself

조지 스미튼 George Smeaton, 1814~1889

조지 스미튼(1814-1889)은 스코틀랜드 출신의 목사이자 신약학 교수로, 평생 성경과 신학 연구에 헌신했다. 그는 1843년 스코틀랜드 자유교회가 세워질 때 합류하여 목회자로 섬겼으며, 이후 에든버러 뉴칼리지에서 신약 주경학 교수로 재직하다가 생을 마쳤다.

스미튼은 동시대인들로부터 가장 깊이 있는 신학자 가운데 한 사람으로 평가받았다. 그의 대표 저작은 『예수님이 가르치신 속죄』(1868), 『사도들이 가르친 속죄』(1870), 그리고 『성령론』(1882)으로, 특히 『성령론』은 B. B. 워필드가 이 주제에 관한 최고의 책 가운데 하나라고 칭찬한 바 있다. John W. Keddie가 쓴 그에 관한 전기가 2007년 출판되었다.

The Doctrine of The Atonement as Taught by Christ Himself
or The Sayings of Jesus Exegetically Expounded and Classified.
SECOND EDITION 1871
by Rev. George Smeaton, D.D.

예수님이 가르치신 속죄

The Doctrine of
The Atonement as Taught
by Christ Himself

조지 스미튼
George Smeaton

서문

이 책은 속죄에 대한 신약의 가르침을 보여주는 전체 그림 중 첫 번째 부분으로 기획되었다. 나는 주님과 사도들의 모든 증언을 조사하려고 계획했으며, 그중에서도 주님의 가르침을 근본으로 삼고 시작하려 했다. 그러나 주제가 다루는 범위가 커짐에 따라 사도들의 증언에 대한 고려는 일단 보류할 필요가 있다고 판단되었다.

이 책에서 나는 정확한 해석의 규칙에 따라 예수님께서 속죄에 대해 가르치신 내용을 검토했고, 그분의 말씀을 분류하고 그 가르침을 개요로 제시하였다. 이는 우리 시대에 절실히 요구되는 일로 여겨졌다. 현대사상에 의해 예수님의 죽음의 본질, 목적 그리고 효과들이 그릇되이 해석되면서 여러 사람들에게 혼란을 일으키고 있기 때문에, 주님이 실제로 무엇을 가르치셨는지를 정확히 파악하는 것이 우리가 사용할 수 있는 유일한 방법이라는 것은 아무리 강조해도 지나치지 않다. 심지어는 참된 신앙을 조롱하려는 의도에서가 아니라 진중함을 가지고 이 주제에 접근하는 사람들조차도 의도치 않게 성경적인 진리로부터 이탈하는 현상이 발생하고 있다. 이러한 견해들은 그 어떠한 인간적인 권위로도 교정될 수 없으며, 심지어 우리 어머니의 목소리처럼 존중받아 마땅한 교회의 역사를 통해서도 교정될 수 없다. 그릇된 견해들은 오직 교회를 다스리시는 주님의 명백한 증언들을 통해서만 효과적으로 상대하고 침묵시킬 수 있다. 속죄 교리는 주님의 말씀 위에서만 확고히 설 것이다. 모든 참된 제자는 그리스도의 음성을 들으며, 낯선 자의 음성을 따르지 않는다는 특징을 가진다.

이 책에서 나의 임무는 엄밀한 주해적 연구를 통해 그리스도의 말씀의 의미를 결정하고, 언어의 정확한 해석을 통해 그분의 생각을 있는 그대로 드러내는 것이었다. 나는 주님이 하신 말씀을 정확히 알아내고, 그 안에 머무는 것 외에 다른 바램이 없다. 교리에 대한 연구를 안전하게 수행하기 위해서는 성경을 출발점으로 삼고, 더 나아가 교리의 모든 부분들이 발전된 형태를 갖추기까지 지속적으로 성경으로 향해야 한다고 확신한다. 고로 나는 그리스도께서 하신 말씀들을 신중하게 살피려고 한다. 따라서 나는 현대의 어떤 교사들처럼 기독교적 의식에 호소하지 않으며, 다른 사람들처럼 기독교적 감정이나 기독교적 이성에 호소하지 않는다. 대신 나는 위대한 교사이신 그리스도의 의식과 그분의 말씀에 호소하며, 모든 시대의 교회에 계시의 통로로 사용된 그분의 사도들에게 호소한다.

이 책이 제시하고자 하는 것은 언어학적 분석보다는 주해의 결과이다. 언어학적 분석은 이 책의 모든 쪽들을 헬라어 단어로 과도하게 채우도록 만들었을 것이다. 나는 그리스도의 말씀에 대한 언어학적 논의는 나의 전문적인 저술들에서 많이 다루었고, 이 책에서도 일부를 언급했다. 다만 원어에 대한 논의는 조금만 남기고, 교실에서는 굳이 불필요했을 설명을 약간 더 추가하여 제시하고 있다. 나는 주해의 과정을 제시하기보다는 그 결과를 제시하려고 노력했으며, 이를 통해 배움이 있는 독자들이 계시의 언어를 통해 주님의 뜻을 스스로 알게 되는 중요한 작업에 도움을 주고자 했다.

이 책을 준비하는 동안 두 가지 중요한 주제가 자연스럽게 내 마음속에 자주 떠올랐다. 첫 번째는 연구의 본질상 그리스도의 관점에서 속죄의 진정한 개념을 정의하고 확립하는 것이었고, 두 번째는 덜 직접적이지만 여전히 중요한 목적이었다. 그것은 바로 현대의 예수 전기들에서는 거의 다루지 않는, 그분의 전체 지상 생애가 가지는 객관적 의미였다.

이제 다른 사람들이 이 분야에서 한 작업에 대해 간략히 언급하고자 한다. 그리스도 자신의 가르침이 이 문제에서 가지는 중요성은 어느 곳에서도 충분히 인정되지 않았으며, 그 가르침의 충만함이나 범위, 그리고 사도들의 신학 형성에 미친 영향이 충분히 인식되지 않은 부분이 있다. 대부분 사도들의 견해에만 관심이 집중되었고, 종종 그리스도 자신이 속죄에 대해 가르치신 내용은 중요하지 않다는 듯이 간과되었다. 또한 주님의 말씀을 체계적으로 배열하고 분류하려는 시도는 어디에서도 찾아볼 수 없다. 물론 잘못된 경향을 가진 일부 저자들은 그리스도의 죽음의 본질에 관한 말씀에 주목하였고, 자신들의 의견을 정당화하기 위해 그분의 권위를 오용하려는 분명한 의도를 가지고 있었다. 그중에서도 대속을 부정하려는 의도로 여러 말씀을 논의한 대표적인 학자들을 꼽자면, 플랫(Flatt)[1], 베테(Wette)[2], 그림(Grimm)[3], 하위저(Huyser)[4], 흐로트(Groot)[5]가 있다. 이들 중 어느 누구보다 뛰어난 학자이자 날카로운 주해자인 호프만(V. Hofmann)[6]은 일종의 성경 교의학이라고 할 수 있는 저서에서 속죄에 대한 성경 증언의 일부로서 그리스도의 말씀을 자세히 검토했다. 그는 앞서 언급한 작가들과 동일한 경향성을 가지고 그리스도의 말씀을 해석했지만, 훨씬 더 복음적인 정신을 반영했다. 또한 본(Bonn) 대학의 리츨 교수(Prof. Ritschl)[7]도 같은 경향으로 그리스도의 주요 말씀을 검토하였다. 이들 학자들에 대해 한 마디로 말하자면, 그들의 모든 인정받는 학식과 능력에도 불구하고, 그들은 해석자의 기본적인 역할을 잊고 자신들의 불만족스러운 의견이나 시대 정신을 그들이 해석하려는 본문에 투영했다는 점이다.

그러나 속죄에 관한 성경의 증언을 더 좋은 의도를 가지고, 더 성공적으로 논의한 다른 학자들도 있다. 먼저 언급할 학자는 슈미드(Schmid)[8]로 그리스도께서 자신의 죽음에 대해 가르치신 내용들을 짧지만 성공적으로 다루었다. 다만, 그의 성경 신학이 사후 출판물이며, 그 자신과 다른 이들의 불완전한 기록으로 작성되었다는 점에서 아쉬움이 남는다. 바젤(Basel)의 게스 교수

(Prof. Gess)[9]는 몇 년 전 말씀을 비교적 완전하게 수집하는 시도를 했는데, 그 결과 주제별로 분류하려는 시도 없이 작성되었다. 주목할 만한 많은 내용을 담고 있지만, 두 가지 점에서 결함이 있었다. 그는 그리스도의 능동적 순종 교리를 부인하고, 이를 속죄의 요소로 인정하지 않으며, 성육신에 관한 그의 잘못된 '비권능화(depotentiation)' 이론으로 인해 그리스도의 신성이 속죄에 미친 영향을 인정하지 않는다. 나는 또한 두 명의 네덜란드 학자가 이 말씀을 논의한 글에 대해서도 언급해야겠다. 이들은 각각 다른 수준의 성과를 보여주었는데, 첫 번째로 헤이그 기독교 수호 협회 출판물 중 하나인 빈케 교수(Professor Vinke)[10]의 논문은, 그리스도와 사도들이 속죄에 대해 하신 말씀들을 대부분 수집한 귀중한 자료이며, 짧은 주석을 통해 속죄의 참된 교리에 대한 강한 애착을 보여준다. 다만 그의 계획의 특성상 너무 짧으며, 분류를 시도하지 않았다는 점이 아쉽다. 두 번째 네덜란드 작가인 반 빌리스(Van Willes)[11]는 같은 협회를 위해, 혹은 적어도 거기서 제시된 주제 때문에 집필한 것으로 보인다. 그는 예수님께서 고난과 죽음에 대해 하신 말씀들을 설명하는 데 중점을 둔다. 이 예리하고 독창적인 작가는 예수님의 말씀과 관련된 여러 언어학적 문제들에 주목하며, 말씀과 그 말씀을 하시게 된 상황 간의 연관성을 꽤 능숙하게 설명한다. 그러나 그는 그가 설명하려는 말씀의 교리적 의미를 밝혀내려는 시도를 하지 않으며, 우리가 그의 논의가 시작되기를 바라는 바로 그 지점에서 멈춘다. 그는 언어학적 또는 역사적 해석만을 제공할 뿐, 그 말씀 안에 담긴 교리적 내용을 드러내지 않는다. 그가 잘못된 경향을 지지한다고까지는 말할 수 없지만, 이 저작에서 속죄가 무엇인지, 그것이 무엇을 성취하는지에 대해 신중하게 숨기고 있다. 그는 우리에게 교리가 아닌 언어만 제시할 뿐, 언어에 담긴 사상을 보여주지 않고 있다. 이것이 우리가 고려하는 주제에 대한 주요 논의들이며, 나는 이를 분석하기 위해 많은 노력을 기울였다.

마지막으로, 이 책을 준비하는 과정은 나에게 큰 기쁨을 주었으며, 이제 이 책을 내보내며 위대한 교사께서 이 책을 사용하여 사람들의 마음을 헛된 추측에서 돌이켜 그분의 음성에 귀를 기울이게 하시기를 기도드린다.

조지 스미튼 1868년 5월

제2판 서문

이 책이 1868년에 처음 출간된 이후, 신약 성경 전체에 걸친 속죄 교리에 대한 해석적 조사 작업이 완료되었다. 1870년에 출간된 [사도들이 가르친 속죄]라는 제목의 책이 그 작업의 두 번째 부분을 담당했다. 첫 번째 책은 이 연구의 성격상 교리의 기초를 마련하고, 그 교리를 전체적으로, 또 부분별로 제시해야 했다. 두 번째 책은 사도들의 증언을 수집한 것으로, 첫 번째 책을 읽은 독자가 이미 익숙할 것으로 가정되는 원칙들을 계속해서 적용하는 내용이다. 두 권은 서로를 보완하는 관계이다.

이번 2판에서 추가된 변화는 본문의 주요 구조를 그대로 유지한다. 몇몇 단락이 추가되었고, 몇 단락은 보완되어 결함이 있다고 생각되는 부분을 채웠다. 또한 새로운 장의 구분이 추가되어, 전체적인 구조와 각 부분의 연결을 한눈에 쉽게 파악할 수 있게 되었다.

조지 스미튼 1871년 10월 21일

추천사

박순용 목사(하늘영광교회)

조지 스미튼(George Smeaton)의 책 『예수님이 가르치신 속죄(The Doctrine of the Atonement As Taught by Christ Himself)』는 『사도들이 가르친 속죄(The Doctrine of the Atonement As Taught by Apostles)』와 함께 20여년 전 지평서원에 청교도 책들을 추천하는 가운데 포함해서 출판되도록 하고자 했던 책들입니다. 저는 당시 제임스 뷰캐넌(James Buchanan)의 책들에 이어서 이 책들을 추천하고자 했으나, 두꺼운 책 출판에 대한 부담과 번역을 맡기는 일의 어려움 등으로 인해 계속 미루다가 시간이 흘렀습니다. 그러다 몇 년 전에 참된 교회를 추구하는 모임(이하 참교추)에서 이 책을 함께 읽으면 좋겠다는 생각에 한 역자에게 번역을 부탁했지만, 또다시 미루어졌습니다. 그리고 더 미룰 수 없어서 2025년 참교추 세미나의 주제를 '속죄'로 정하고, 이 책을 그 내용에 포함해서 읽도록 하기 위해서 AI로 번역하여 그것을 읽고 참여하도록 했습니다. 그때 이 책을 읽고 세미나에 참여한 참교추 목회자들은 모두 이 책을 읽게 한 것에 감사했습니다. 심지어 이 책을 소개하여 읽게 한 저에게까지 감사하다는 말을 하기도 했습니다. 물론 그 이유는 모두가 이 책을 통해 성경에 충실한 속죄에 대한 이해를 갖게 되었고, 그 가운데 영적 유익을 크게 얻었기 때문입니다.

그래서 더 많은 사람에게 이 책을 접하도록 하는 것이 좋겠다는 생각이 들게 되었습니다. 특히 이 책이야말로 속죄에 대한 다양한 견해와 주장이 난무하는 현실과, 성경이 말하는 속죄에 대해 무관심하거나 식상해하는 오늘날 이 시대 풍조에 적실하다는 생각을 갖게 되었습니다. 조국교회 사역자들뿐 아니라 성도들 또한 이 책을 통해 성경이 말하는 속죄에 대한 풍성한 이해와 그리스도의 속죄의 복음 안에 있는 깊고도 풍성한 은혜를 경험하고 더 나아가 전할 수 있길 소망하면서 말입니다. 이 책이 나오게 된 배경은 우리에게도 일면 그 필요가 더욱 와 닿을 듯 합니다.

이 책의 저자 조지 스미튼은 19세기 스코틀랜드 자유교회(Free Church of Scotland)가 배출한 탁월한 신학자 중 한 사람입니다. 그는 존 녹스(John Knox) 이래 스코틀랜드 교회 역사 속에서 개혁주의 신학을 '살아 있는 신학'으로 가르치고 전했던 목회자이자 신학자 무리 가운데 한 사람입니다. 그는 스코틀랜드 교회가 19세기 계몽주의 영향으로 그런 역사적 흐름에서 멀어지면서 영적으로 메말라 가고 있었으나, 토마스 찰머스(Thomas Chalmers)라는 거장 아래에서 그 역사적 전통을 다시 회복하도록 이끌었던 사람들 가운데 젊은 그룹에 속한 사람으로서, 로버트 머리 맥체인과(Robert Murray M'Cheyne), 보나르 형제들(David, Horatius, Andrew Bonar)과 함께 교회를 일깨우는 목회를 하다가 후에 신학 교수가 된 사람입니다. 그래서 이 책을 읽으면 당시 스코틀랜드 자유교회 신학자들과 목회자들이 얼마나 성경에 충실하려고 했는지, 또 그 가운데서 복음의 능력을 믿고 가르치며 순전한 복음을 전했는지를 알 수 있습니다.

특히 18세기 스코틀랜드 교회 안에 있었던 매로우 논쟁(Marrow Controversy) 이후 교회들 안에 서로 견해가 나뉘고 영적으로 메마른 교회 현실 속에서 1843년 대분열이 있기 10년 전부터 국가 교회의 간섭에서 벗어나 하나님의 말씀에 충실하고자 했던 스코틀랜드 목회자들이 일어나 복음의 풍성함

12

을 전하며 영혼들을 일깨움으로써 교회에 생기를 더했습니다. 스미튼은 바로 그들 중 한 사람의 목회자요, 신학자였습니다. 그리고 그런 분위기 속에서 스미튼은 속죄의 복음으로 사람들을 이끌고, 또한 그것을 알고 전할 사역자들을 세우기 위하여 이 책을 썼습니다. 그런 귀한 책을 늦게나마 조국교회 목회자들과 성도들에게 소개하여 전하게 된 것은 너무 감사하고 복된 일이라고 생각합니다.

끝으로 이 책이 출판되도록 번역을 꼼꼼히 확인하고 교정하며 최종 정리한 김영제 목사님의 수고에 감사를 표하고 싶습니다.

바라기는 이 책을 통해 조국교회 사역자와 성도들이 기독교 진리의 핵심인 속죄에 대한 이해가 깊어져서 하나님을 영원토록 기뻐할 마음이 솟구치고, 그리스도의 속죄에 기반한 구원의 확고함 속에서 하나님을 영화롭게 하는 자들로 살게 하시길 구합니다.

강사명 목사(그영광교회)

오늘날 한국 교회는 십자가의 복음이 쉽게 약화되고 희석되는 시대를 지나고 있습니다. 그로 인해 교회다움이 상실되어 가는 안타까운 현실 앞에 서 있습니다. 이 책은 성도들에게는 복음의 중심을 다시 붙들게 하는 길잡이가 되며, 목회자들에게는 설교와 목양의 중심에 그리스도의 속죄를 분명히 세우게 하는 든든한 동반자가 될 것입니다. 이 책이 이 땅의 모든 주님의 교회가 속죄의 복음을 굳게 붙들어, 주님이 기뻐하시는 참된 교회로 새롭게 회복되는 데 귀한 자원이 되기를 소망합니다.

김영채 목사(높은뜻교회)

저는 이 책이 성경의 가장 중심에 있는 속죄의 문제를 반박할 수 없는 논리로 소개하고 있다고 확신합니다. 또한 이 책은 속죄를 단순한 지식적 진술로 다루지 않고, "내가 이들을 살리리라"라는 말씀처럼 죄로 죽은 자들을 향한 하나님의 결의에 찬 사랑의 음성을 담고 있습니다. 책을 읽는 내내 그 음성이 제 심령에 깊은 감동으로 밀려왔습니다.

저는 이 감동이 제 개인에게만 국한되지 않고, 이 책을 집어드는 모든 분들에게도 동일하게 전해지리라 믿습니다. 독자들은 속죄를 통해 죄인을 향한 하나님의 강력한 의지가 무엇인지, 나아가 그분의 결의가 얼마나 위대하고 변함이 없는지를 충분히 깨닫고 감동을 받을 수 있을 것입니다.

속죄는 그리스도인들의 신앙의 기초이자 신자들의 삶에 가장 단단한 토대입니다. 이 토대를 얻기 위해, 오래 전 아우구스티누스에게 들려왔던 "이 책을 집어들어라"는 음성이 여러분에게도 들려, 이 책을 읽어 내려가시길 바랍니다.

김훈 목사(참사랑교회)

조지 스미튼의 『예수님이 가르치신 속죄』는 기독교 신학의 중심 주제를 가장 직접적인 출처, 곧 예수님의 말씀을 통해 탐구한 연구서입니다. 속죄는 우리에게 너무 익숙한 주제이지만, 오히려 그 깊이와 넓이를 온전히 이해했다고 말하기는 어렵습니다.

이 책은 속죄가 삼위 하나님께서 계획하시고 이루신 구원의 심장부이며, 동시에 인간 존재 전체를 살리고 변화시키는 생명의 원천임을 보여줍니다. 스미튼은 마치 그리스도를 추적하듯이 따라가며 속죄의 의미를 밝혀낼 뿐 아니라, 독자로 하여금 그리스도의 은혜 앞에서 경이와 감사를 경험하도록 이끌어줍니다.

이 책을 읽는 독자들은 속죄에 대한 새로운 차원의 깨달음을 얻게 될 것이며, 무엇보다도 그리스도의 위대하심과 그분의 속죄 사역의 영광스러움에 매료될 것입니다. 그러한 점에서 이 책은 목회자와 신학자뿐 아니라 모든 성도에게 반드시 추천할 만한 귀한 책입니다.

이성규 목사 (광명믿음교회)

스미튼의『예수님이 가르치신 속죄』를 읽었을 때 첫 인상은 이 책은 이 시대의 모든 설교자들이 꼭 읽고 익혀야 하는 책이라는 것입니다. 우리는 복음을 전하는 설교자가 되어야 한다는 말을 자주 듣습니다. 그러나 정작 우리의 복음 설교는 자주, 충분히, 그리고 풍성하게 전해지지 않는 것이 현실입니다. 그 이유는 우리가 너무 간소화된 복음 전도 방법에 익숙해 있기 때문이라고 생각합니다. 우리의 영혼에 복음을 통한 풍성한 은혜를 경험하기 위해서는 바울처럼 우리는 그리스도와 그의 십자가를 전하는데 더욱 힘써야 한다고 생각합니다.

스미튼의 책은 우리에게 신약성경을 예수 그리스도의 십자가와 대속의 관점에서 읽도록 인도해 줍니다. 이것을 통해서 설교자는 복음서를 대하는 새로운 관점을 얻게 됩니다. 예수님의 모든 대화와 말씀 속에서 그분이 의도하셨던 진정한 복음의 진수를 새롭게 인식하는 경험은 설교자에게 보화를 발견하는 기쁨이 됩니다. 지금까지 내가 복음을 바로 설교하고 있었나? 라는 질문과 이 보배를 깨내어 성도들에게 알려주고 먹이려는 마음을 가지게 됩니다. 이 책의 진수를 모든 설교자들이 함께 누릴 수 있기를 소망합니다.

정영수 목사 (동행교회)

존 스토트는 그의 책 『그리스도의 십자가』 서문에서 그리스도의 속죄 교리가 "얼마나 인기 없는 채로 남아 있는가"에 매우 놀랐다고 말합니다. 그의 책이 나오기 몇 년 전까지 "거의 반 세기 동안 사려 깊은 독자들을 위하여 복음주의 저자가 이 주제에 관하여 쓴 책이 한 권도 없었다"는 것입니다.

그로부터 40여년이 흐른 지금 한국교회도 이 위대한 교리에 그다지 관심이 없는 듯 하여 마음이 아픕니다. 이런 때에 참교추를 통해 19세기 스코틀랜드 신학계에서 가장 뛰어난 신학 지성을 가진 학자(로버트 머레이 맥체인, 앤드류 보나르, 호라티우스 보나르, 토마스 찰머스, 제임스 뷰캐넌 등) 중 하나인 조지 스미튼의 속죄론이 번역되어 출판된 것을 매우 기쁘게 여기며 이를 허락하신 하나님께 감사와 찬양과 영광을 올립니다(번역자의 헌신에 감사를 드립니다).

먼저 번역되어 이번에 출판되는『예수님이 가르치신 속죄』는 조지 스미튼이 예수 그리스도 자신의 말씀에 나타난 속죄 교리를 신약 복음서 구절들을 철저히 성경적·신학적으로 해석하고 당시 유행하던 비성경적 속죄 이론들에 맞서 정통적인 속죄 교리를 명확하게 제시합니다.

예수님의 죽으심을 단순히 사랑, 용서, 도덕적 본보기로 해석하며 속죄의 본질인 '대속적 희생'을 간과하는 오늘, 이 책을 통해 예수님께서 가르치신 속죄론, 성경이 우리에게 말씀하는 바른 속죄가 무엇인지 알게 될 것입니다.

정종남 목사(하늘가족교회)

속죄는 그리스도인이 모든 것을 시작하는 출발점이자, 항상 다시 돌아가야 하는 중심이다. 속죄 교리를 버리거나 어떤 형태로든 더 이상 붙들지 않는다면, 그 이외의 것이 아무리 중요한 것이라 해도, 아니 중요한 것으로 남겨진다 해도, 그 어떤 것도 제자리를 지킬 수 없을 것이다. 속죄 교리는 다른 모든 교리들을 하나로 묶어주고 의미와 일관성을 부여하는 역할을 한다. 속죄 교리가 없다면 기독교의 모든 체계는 붕괴될 수 밖에 없다. (예수님이 가르치신 속죄 p. 407, 422)

저는 지난 30여년간 신학을 공부하며, 성경이 가르치는 속죄에 대해서 이렇게 간결하면서도 명쾌하게 요약한 문장을 읽어본 기억이 없습니다. 이 책을 읽는 사람이라면 누구든지 이 책의 목적을 분명하게 깨달을 수 있습니다. 스미튼은 마치 적진을 향해 돌진하는 장수처럼 예수 그리스도의 속죄의 복음을 증거합니다. 아무리 메마르고 황폐한 마음을 가진 사람일지라도 이 책을 읽고 나면, 성경이 '속죄의 복음'을 위해 기록된 책임을 부인할 수 없을 것입니다.

만일, 우리가 '속죄의 복음'을 포기하려면, 성경에 대한 믿음과 확신도 함께 버려야 합니다. 그럼에도 불구하고 오늘날 우리 주변에는 여러가지 현학적인 용어를 사용하며, '속죄의 복음'을 부정하는 사람들이 점점 많아지고 있습니다. 이들은 대게 예수 그리스도의 십자가의 죽음이 모든 성도들이 본받아야 할 모범이라고 주장하며, 죄인의 죄사함과 거듭남의 교리를 훼손하고 있습니다. 그러나, 속죄의 복음이 부정되고, 거듭남의 절대적 필요성이 사라지고, 죄사함의 감격과 감사함이 사장된 교회는 더 이상 교회라 부를 수 없는 거짓 교회로 전락할 뿐입니다.

'참교추'를 통하여 이렇게 놀랍도록 능력 있는 책이 조국 교회에 펼쳐질 수 있게 된 것에 감사합니다. 이 책을 통하여 속죄의 복음의 영광이 드러나, 우리의 신앙과 신학, 목회사역, 그리고 우리가 섬기는 교회와 모든 지체들의 삶의 중심에 굳건하게 세워질 수 있기를 바라며 기대합니다.

최은상 목사(광야의샘교회)

속죄론은 기독교의 핵심으로 죄로 인하여 하나님과의 관계가 단절된 인간에게 반드시 예수 그리스도를 통한 대리 속죄는 필요합니다. 그러나 오늘날 한국교회와 성도들은 얼마나 속죄론에 대하여 이해하고 얼마나 바르게 교회에서 전하여지고 있을까요? 지금도 작은 교회 목사로서 강단에서 설교를 하고 있는 가운데 복음서를 설교하면서도 시원하게 속죄에 대한 말씀을 전하고자 하는 열망함이 있었는데 조지 스미튼의 『예수님이 가르치신 속죄』는 시원한 한모금의 물과 같은 청량감을 줄 수 있는 책이라 생각합니다. 이 책을 통하여 많은 목회자와 교회가 도움을 받기를 기도하며 적극 추천하는 바입니다.

조지 스미튼의 이 책은 <참된 교회를 추구하는 목회자들의 모임>(이하 '참교추')의 2025년 정기 세미나를 계기로 번역되었습니다. 10개월 정도를 남겨두고 이 책이 세미나 주교재로 선정되었고, 회원들이 미리 읽을 수 있도록 번역본을 준비해야 했습니다. 당시 인공지능 언어 모델의 번역 기능이 향상되었다는 소식에, 여러 리더들이 분담하여 번역하고 제가 이를 취합해 편집하는 방식으로 진행하려 했습니다. 그러나 결과물을 모아 확인해 보니, 신학 용어가 익숙하지 않은 단어들로 옮겨졌고, 지나친 의역과 문체의 불일치 등 여러 문제점이 드러났습니다. 결국 제가 재번역에 가까운 일을 해야 했습니다.

처음에는 시간 제약으로 인해 회원들이 핵심 개념만이라도 파악할 수 있도록 하는 것을 목표로 했지만, 그것조차 2~3개월에 걸친 고된 작업을 필요로 했습니다. 그러나 이 과정에서 오히려 저는 이 책이 지닌 가치를 깊이 깨닫게 되었고, 결과물을 함께 읽은 회원 목사님들과 박순용 목사님 또한 출판의 필요성을 말씀해 주셨습니다. 그 후 저는 수정 작업을 여러 차례 거듭하여, 조금이라도 더 정확하고 가독성 있는 번역을 만들고자 힘썼습니다. 저의 능력으로는 감당하기 어려운 일이었으나, 하나님께서 이 책을 통해 감동을 주시고 사명감을 부어 주셨기에 끝까지 마무리할 수 있었습니다. 비록 부족한 부분이 남아 있겠지만, 독자들의 읽는 수고 가운데 하나님께서 은혜를 주셔서,

스미튼의 의도와 예수님의 말씀 속에 담긴 속죄의 풍성한 의미가 잘 전달되기를 바랄 뿐입니다. 이 책의 존재를 알려주신 박순용 목사님, 교정이 필요한 부분을 모아 여러 차례 전달해 주신 정영수 목사님, 그리고 추천사를 써주신 목사님들께 깊은 감사를 드립니다.

오늘날 우리는 속죄 교리를 진지하고 풍성하게 다루는 설교와 가르침을 접하기가 쉽지 않습니다. 그러나 우리가 부르는 찬송가와 복음성가, 성가대의 합창 속에는 여전히 속죄의 주제가 넘쳐납니다. 찬양 속 고백은 심오한데 선포되는 메시지가 빈약한 현실은 우리의 마음을 아프게 합니다. 이러한 괴리를 극복하기 위해 우리는 속죄 교리를 더욱 깊이 알고 풍성히 누려야 합니다. 이 책을 통해, 하나님의 공의가 그분의 사랑만큼 무게 있게 다루어져야 한다는 점, 우리의 죄가 하나님의 진노를 불러일으키며 그 죄책으로 인해 영원한 형벌을 받는 것이 마땅하다는 점, 그러나 그 무거운 죗값을 예수 그리스도께서 지상 생애 전부와 십자가에서 친히 감당하시고, 이신칭의의 구원이 확실하도록 공로를 얻으셨다는 것을 많은 분들이 깨닫길 바랍니다. 그리하여 우리가 '어린양을 예비하신 하나님 아버지'를, '기꺼이 우리 죄를 담당하신 그리스도'를, '십자가에서 쉴 곳 찾게 하시는 성령'을 삶으로, 노래로 찬양하게 되길 원합니다.

김영제 목사 (하늘기쁨교회)

차례

1
우리의 지식의 원천이 되는
예수님의 기록된 말씀과 그 연구 방법

2
속죄 교리의 전제들 또는 가정들

3
속죄의 구성 요소

4
그리스도의 죽음의 효력

8

끝없는 행복 또는 비참함을 결정하는 속죄

부록

주석 및 역사적 설명

서론

속죄 교리는 기독교의 핵심 진리이자 성경 전체를 아우르는 가장 위대한 주제로서 조명되어야 한다. 계시의 주된 목적은 하나님과 멀어진 인간이 그분과의 올바른 관계로, 심지어 창조시의 상태보다도 나은 관계로 회복될 수 있는 이 독특한 화목의 방식을 밝히는 것이다. 하나님은 계시를 통해 그 방식을 드러내셨고, 권위 있는 말씀을 통해 우리를 가르치신다.

보통의 관습대로 중심을 정하고 주변을 그려 나가기보다는, 우리는 역사적으로 접근하고자 한다. 특정 관점을 먼저 선택한 후 그것을 뒷받침하기 위해 증거 본문을 인용하는 방식은 피하고자 한다. 이렇게 하는 특별한 이유가 있다. 이 주제에 관한 글들에서 항상 약점으로 보이는 점은, 진리가 너무 추상적인 근거에서 논의되고, 특히 과도할 정도로 하나님의 통치원리들로부터 도출된다는 사실이다. 그러한 원리들이 중요한 것은 사실이고, 그것들은 교리가 일단 받아들여진 후에 그 교리를 합리적으로 설명하고 확신을 견고히 하는 데 기여할 수 있다. 하지만 그러한 원리들은 그 교리가 역사적 근거 위에서 확립되고 받아들여졌을 때만 적절한 힘과 설득력을 가진다. 우리가 여기서 묻고자 하는 것은 예수님께서 무엇을 가르치셨는가 하는 것 뿐이다. 어떤 저명한 신학자가 무엇을 주장했는지 묻는 것이 아니라, 위대한 선생인 예수님께서 무엇을 말씀하셨는지 묻는 것이다. 우리는 기독교적 의식, 감정, 이성 등 낮은 지식의 원천에서 시선을 돌려, 예수님의 의식과 말씀에 담긴 진리로 향한다.

이어지는 논증들에서 우리는, 그리스도의 말씀 속에서 그분이 증언하신 속죄의 필요성, 본질, 효과에 대한 내용을 추출하는 것을 목표로 한다. 우리가 이 연구에 착수해야 하는 이유는, 이 주제가 독립적인 주제로서 마땅한 관심을 받지 못했기 때문이고, 그가 어떤 견해를 가졌든 모든 신자들은 주님께서 자신의 사역에 대해 하신 말씀에 가장 큰 비중을 두어야 하기 때문이다. 독자의 편의를 위해 우리의 조사 및 작업의 구조에 대한 간략한 개요를 제시한다. 다음 여덟 개의 장은 주제에 따라 세부 항목으로 나누어져 책 전체의 골격을 구성한다.

1. 우리의 지식의 원천이 되는 예수님의 기록된 말씀과 연구 방법
2. 속죄 교리의 전제와 가정. 이 장에서 우리는 죄의 심각성, 속죄의 필요성, 사랑과 공의의 조화, 예수님의 독보적인 언약적 지위, 속죄에 있어서 그분의 신성이 미치는 영향을 다루게 될 것이다.
3. 속죄의 구성 요소. 죄 담당과 죄 없는 순종을 중심으로 하여 여러 단락으로 나누어 살펴볼 것이다.
4. 속죄가 신자 개개인에게 미치는 영향 혹은 결과. 그의 인격이 하나님께 받아들여지는 객관적 결과와 신적인 생명이 전달됨으로 그의 본성이 새로워지는 주관적 결과를 조명할 것이다.
5. 속죄가 세상의 다른 영역들에 미치는 영향. 그 이전까지의 질서를 역전시키고, 사탄을 이기며, 성령의 선물을 얻으신 것 등등을 다룰 것이다.
6. 속죄의 실제적인 효력과 적용 대상
7. 속죄의 적용
8. 속죄를 받아들임에 따라 결정되는 끝없는 행복 혹은 비참함, 그리고 속죄가 도덕과 경건에 미치는 영향

The Doctrine of
The Atonement as Taught
by Christ Himself

인자가 온 것은
섬김을 받으려 함이 아니라
도리어 섬기려 하고,
자기 목숨을 많은 사람의
대속물로 주려 함이니라.
마태복음 20:28

1
우리의 지식의 원천이 되는 예수님의 기록된 말씀과 그 연구 방법

사복음서는 예수님의 말씀에 관한 우리의 지식의 원천

사복음서는 역사적 사실과 그 사실을 설명하기 위한 중요한 말씀들을 기록하고 있으며, 예수님의 죽음의 목적을 가장 잘 드러낼 수 있는 방식으로 구성되어 있다. 그 구성 요소에 대한 간단한 설명만으로도 우리의 현재 목적을 위해서는 충분할 것이다.

한 사람의 관점만으로는 그리스도의 삶의 풍요로움을 완벽히 묘사하는 것이 불가능했기에, 우리는 주님의 생애를 모든 측면에서 비추기 위한 사면(fourfold)의 거울을 받았다. 각각 독특성을 가진 네 개의 전기가 완벽한 조화를 이루며, 하나님이자 사람이신 그분에 대한 충분한 계시를 제공한다. 이것이 바로 사도들이 주님의 공생애 동안 그분과 친밀하게 지냈던 이유이기도 하다. 예수님의 제자들은 그들의 신적 소명에 따라 교회를 세우기 위해, 목격자와 청취자로서 주님의 행적과 말씀을 충실히 기록할 준비를 갖추어야 했다. 사도들에게 그런 사명이 주어졌음은 진작부터 암시되고 있었음에도 그들은 그 사실을 완전히 인지하지는 못했다(마 26:13; 행 1:21). 사도들은 여러 차례 생명의 위협을 받으며 30여년에 걸쳐 복음서를 기록했다. 그리고 정해진 때에 그 기록들은 교회에 전해졌고 교회는 기쁨으로 그것을 하나님의 말씀의 일부로 받아들였다. 어떤 사람들은 이 기록에 신화가 포함되었다고 거만하게 주장하기도 하지만, 그러한 가정은 그 당시 상황에 비추어볼 때 성립될 수 없다. 최종적으로 기록된 내용은 약 한 세대 동안 사도들이 세운 교회들 가운데 이미 구두로 전해지고 있었다. 복음서는 직접 목격한 자들에 의해 쓰였거나, 그들과 함께하며 그들의 승인 아래 작성된 작품들이다. 복음서가 쓰일 당시 사도들이 여전히 교회를 감독하고 있었다는 사실은 두 가지의 결과를 보장했다. 즉, 문서의 신뢰성과 완벽한 정확성, 그리고 그것이 방해받지 않고 널리 퍼질 수 있는 환경이었다. 복음서는 그 안에 담긴 내용들을 체계적으로 정리할 능력과 소명을 동시에 가진 사람들에게서 나온 것으로 받아들여졌다. 그리고 모든 교회들에서 그 기록들은 하나님의 말씀으로 경건하게 보존되어 왔다.

마태복음은 일차 목격자였던 사도 마태의 저작이다. 마태복음은 그 고유한 특성을 가지고 있다. 유대 역사를 세밀히 정리하고 아브라함으로부터 족보를 하향식으로 추적하는 데서 명백히 드러나듯이 마태는 특히 유대 그리스도인들을 위해 기록했다. 그는 예수님의 생애를 메시아 예언의 빛 속에서 제시한다. 마태는 상세한 내용을 많이 넣지 않았는데, 실제로 마가와 요한보다 훨씬 적다. 그러나 중요한 사건과 말씀들을 선별하여 묶고, 반복적으로 예언의 성취를 언급한다.

마가복음은 베드로와 함께 기록되었기 때문에 흔히 '베드로의 복음'이라 불리며, 마가는 전해들은 베드로의 기억들을 기초로 해서 복음서를 기록했다. 마가복음은 마태복음의 축약판이 아니라 그 자체로 독창적인 성격을 가진 복음서다(벧전 5:13). 최근에는 이것을 가장 먼저 출판된 복음서로 제시하는 것이 타당하다고 생각하는 이들도 적지 않다. 이 복음서는 베드로의 전도 설교 스타일로 시작되며(행 10:36), 특히 그리스도의 위대한 행적을 기록하고, 주님의 생애가 그분을 본 모든 이들에게 얼마나 강렬한 인상을 남겼는지 보여준다. 마가복음에는 그리스도의 설교가 적고, 예언에 대한 언급도 적다.

누가복음은 마가복음이 베드로와의 관계에 있는 것과 똑같은 관계를 바울과 맺고 있다. 누가복음은 바울의 도움을 받아 기록되었고 그의 허가를 받아 출판되었다. 누가복음이 바울의 복음으로 간주될 수 있는 이유는 다양한 주제에서 드러난다. 예를 들어, 유대인과 이방인의 구분 없이, 예수님의 계보를 아브라함이 아닌 아담까지 거슬러 올라가고(눅3:38), 시므온의 노래를 보도하는 방식에도 바울의 정신이 드러난다(눅 2;32), 행위의 불충분함(눅 17;10), 구원과 믿음의 즉각적 연결(눅 7:50) 등에서도 볼 수 있다.

네 번째 복음서인 **요한복음**은 사랑받는 제자이자 사도인 요한이 다른 복음서 저자들이 세상을 떠난 후 오랜 시간이 지나 작성했으며, 그들을 보완하려는 의도로 쓰였다. 그의 주요 목적은 예수님이 하나님의 아들 그리스도이심을 보여주는 것이었다(요 20:31). 이 사실은 주님의 자의식에 기초하고 있으며, 이전에는 시도되지 않았던 방식으로 묘사된다. 요한은 마태나 누가처럼 예수님의 유년기나 인간적 혈통에서 시작하지 않고, 마가처럼 주님의 공생애에서 시작하지도 않는다. 그는 주님의 신적 선재성과 영원한 아들됨에서 시작한다(요 1:1-19).

이제 우리는 예수님의 생애에 나타난 **역사적 사실과 말씀**에 대한 이야기를 살펴볼 것이다.

역사적 사실은 대부분 가장 객관적인 형태로 단순한 이야기 방식으로 진행된다. 사실을 온전히 이해하려면 해석 또는 주석이 필요하며, 이는 주님의 말씀이나 서신서들에 담긴 교리적 해설로 제공된다. 예수님의 고난의 생애에서 일어난 사건들이 이러한 해석 없이 단순한 고난의 이야기로 읽히면, 보통 피상적 감정이나 주님께서 육체로 계실 때 경계하신 무익한 동정심을 불러일으키는 데 그친다(눅 23:28). 역사적 사실과 그에 대한 해석은 서로 연결되어 있어서, 각각이 따로 놓인다면 어느 것도 이해될 수 없다. 역사적 사실 그 자체는 그에 대한 해석 없이는 풀 수 없는 수수께끼처럼 남았을 것이다. 주님의 고난의 생애에서 나타난 역사적 사건들은 속죄가 실제적으로 어떻게 일어났으며 구체적으로 예수님을 통해 어떻게 나타났는지를 보여준다. 속죄에 대한 교리적 진술은 사도들의 서신에서 제시되며, 그런 해석을 통해 베일이 걷히고, 역사적인 사실들 속에 내포된 진리와 구원계획을 비로소 볼 수 있게 된다. 역사적 사실과 그에 대한 해석, 구원의 계획과 그 실제적인 성취가 함께 제시될 때, 양자의 일치는 양쪽 모두를 확증해준다. 교리적 해석은 역사적 실재를 더욱 명확하게 만든다. 복음서는 이러한 교리적 해석에 따라 읽힐 때 비로소 올바르게 연구될 수 있으며, 그렇지 않으면 사람들은 역사적 사실의 표면에만 머물러 그리스도를 단순히 모범적인 인간으로 보거나, 대속적 희생으로 가득한 이야기 속에서 단지 빈약하고 임의적인 자신만의 생각을 덧붙이기 마련이다. 주님의 고난의 원인을 추적할 수 있는 눈을 가진 사람들이 복음서의 기록을 읽을 때, 그들은 역사적 사실 속에서 속죄 교리의 모든 요소들을 발견하게 된다. 요컨대, 복음서는 역사적 사실에 기초하여 속죄의 모든 조건과 그것의 구성 요소들을 보여주며, 그 역사를 더 깊이 연구할수록 말씀과 역사적 사실 사이의 일치, 그리고 예수님이 미리 말씀하신 것과 실제로 성취된 사건 사이의 일치가 더욱 분명해진다.

복음서 기자들의 서술을 면밀히 조사해보면, 그 기록은 그들이 작성한 목적에 독특하게 맞춰져 있음을 알 수 있으며, 그 목적에 따라 읽혀야 한다. 복음서의 목표는 나사렛 예수가 모든 선지자가 증언한 그 고난받는 메시아라는 것을 분명한 계획에 따라 드러내는 것이다. 이에 따라, 그들의 역사는 사실과 예언 사이의 일치를 어떤 경우에는 더 직접적으로, 다른 경우에는 더 간접적으로 보여주도록 배열되어 있지만, 그 둘 사이에 지나치게 노골적인 평행을 시도하지는 않는다. 메시아의 수난과 관련한 구약성경의 예언은 세 종류로 구분할 수 있다. 첫째는 고난받으시는 메시아의 존재를 선포하는 것이고, 둘째는 메시아가 자발적으로 자신에게 닥친 고난에 복종하는 모습을 나타내는 것이다. 셋째는 메시아의 고난이 어떻게 다른 사람들로 하여금 그분을 구원자로 신뢰하도록 이끄는지를 보여주는 것이다. 우리는 예언과 그 성취 사이의 매우 인상적인 일치를 발견하게 된다.

더 나아가, 복음서의 구조를 세밀히 분석할 때, **역사적 사실의 기초 위에서 속죄의 중요한 요소들이 모두 드러나며, 그 구성에 무한한 지혜가 관여했음을 보여준다.** 복음서를 그저 사람들이 주님의 생애를 재구성한 결과물로 여겨서는 안된다. 속죄의 중보자에게 필수적으로 요구되는 네 가지 자질은 다음과 같다. 이 자질들은 모두 사실에 기초하여 드러난다. **첫째,** 죄 없는 분이 고난을 당해야 하고, 만족되셔야 하는 하나님의 성품에 걸맞게 고난받으시는 분께 어떠한 흠결도 없어야 한다. **둘째,** 고난은 마지막 순간까지 극심하고 수치스러워야 한다. **셋째,** 고난은 고난받는 자의 존엄성에서 오는 무한한 가치를 지녀야 한다. **넷째,** 그 고난은 하나님의 선언과 정확히 일치해야 한다.

이 모든 점들은 복음서 저자들이 서술하는 이야기에서 사실에 기초해 놀랍도록 명확하게 드러난다. **첫 번째로,** 빌라도와 그의 아내, 헤롯, 그리고 배신자 가룟 유다의 선언이 고난받는 자의 흠 없는 완전함을 가장 자연스러운 방식으로 드러내는 예로 언급될 수 있다. **두 번째로,** 고난받는 자에게 가해진 조롱과 모욕, 그분에게 가해진 수치, 그분이 거짓 고소로 인해 정죄된 방식,

그리고 그 판결이 집행된 방식에서 이를 확인할 수 있다. **세 번째**로, 고난받는 자의 존엄성이 그분의 제사장적 기도와 희생, 그리고 그분과 함께 십자가에 못 박힌 강도에게 축복을 선포한 것에서 확인된다. 복음서 저자들은 가장 단순한 서술 방식으로, 그분의 원수들을 굴복시키고 제자들을 보호하는 가운데 드러난 그분의 왕권을 기록하고 있다. 빌라도가 신적 섭리 속에서 모든 반대를 무릅쓰고 그분의 십자가 위에 써야만 했던 비문과, 백부장이 "이는 진실로 하나님의 아들이었도다"라고 고백한 장면에서도 그분의 왕권이 드러난다. **네 번째**로, 죄에 대해 선포되었던 죽음의 위협과 나무에 달린 것이 상징했던 저주가 고난받으시는 그리스도께 임했으며, 그 체포와 재판, 십자가형과 수치, 고난과 죽음의 세부 사항들까지 율법과 예언서와 시편에서 예고되었음을 복음서의 간략한 기록 속에서 확인할 수 있다. 또한, 요한복음 19장 28절과 36절에서 간혹 언급되는 작은 사건들도 이와 관련된다.

주님이 하신 말씀들은 그분 자신의 의식을 표현한 것이며, 사도들이 기억해 정확하게 전달한 것이다. 이 말씀들은 그분의 속죄적 죽음에 대한 그분 자신의 생각을 확실히 나타내며, 그분이 행동하신 목적과 동기, 그리고 의도를 선포한다. 그분의 말씀이 과장되거나 결함이 없는 진리에 따라 표현되었음을, 그리고 그 말씀이 그분의 사역의 본질과 결과뿐 아니라 그분의 활동의 중심까지 엿보게 한다는 사실은 모든 기독교인이 확신할 만한 것이다. 이 점에서, 이 말씀들은 그분의 내면의 생각을 드러내고, 속죄에 대한 절대적 진리를 전달하기 때문에 매우 귀중하다. 주님의 사역은 그분 자신에게만 완전히 알려져 있었기에, 그분만이 그 사역의 본질을 완전하게 이해했다. 따라서, 여기서 우리는 완전한 진리를 가지게 되며, 그 속죄의 본질과 그분이 다른 사람들을 위해 죽음에 자신을 내주신 목적에 대한 모든 진리를 소유하고 있다고 확언할 수 있다.

속죄에 관한 주님의 말씀의 수와 그와 관련된 상황들

이 말씀들의 수는 우리가 기대한 것보다 적을 수 있지만, 그 말씀들이 전달하는 정보의 양은 그 수로 측정되지 않고, 그것들의 다양성, 풍성함, 그리고 의미의 범위에 의해 측정된다. 이 말씀들은 단순히 개수로 따질 것이 아니라, 그것들의 광범위한 의미를 살펴야 한다. 그 말씀들이 포함하는 의미의 포괄성, 힘, 그리고 다층적인 의미는 그 주제가 얼마나 자주 다루어졌는가보다 더 중요한 것이다. 이 말씀들은 속죄와 관련된 거의 모든 복을 암시적으로, 또는 명시적으로 담고 있으며, 사도들이 이 **교리**를 확장시켰다고 흔히들 말하지만, 사실 사도들은 그것을 **발전시킨 것이 아니라** 그들이 교회들 속에서 마주한 다양한 견해들과 실천적 문제들 앞에서 그 교리를 **적용**했을 뿐이다. 예를 들어, 갈라디아에서 유대인 개종자들의 율법주의와 골로새와 소아시아의 초기 영지주의에 속죄의 교리는 저마다 다른 방식으로 적용되었다. 본서에서는 모든 서신에 얽혀 있는 속죄 교리의 모든 적용을 다룰 수는 없지만, 세밀한 연구가 필요한 분야인 그리스도 자신의 말씀에 집중하여 다루고자 한다.

그리스도께서 어떤 방식과 형태로 속죄에 대해 가르치실지 누구도 알지 못했다. 그분의 말씀들은 대부분 역사적 사실이나 구약의 모형적 상징, 혹은 그분이 스스로 취하셨고 구약 예언에 뿌리를 두고 있는 특별한 칭호나 직함과 연결되어 있다. 이 말씀들은 모두 간결하고 기억하기 쉬우며, 일상적인 것들과 관련된 암시로 마음을 사로잡는다. 그분은 청중들의 수용력이나 진리에 대한 사랑, 혹은 마음속 편견 여부에 따라 속죄에 대해 말씀하셨다. 니고데모의 경우가 그 예다. 니고데모에게 전달된 가르침은 메시아의 죽음의 본질을 이해하도록 그의 마음을 준비시키고, 그분의 시간이 되었을 때 그것에 대한 거부감을 없애는 데 성공적인 결과를 가져왔다.

우리는 종종 그리스도의 속죄 사역에 대한 암시가 그분의 설교에서 여러 번 필요했다고 생각하고 기대한다. 그리고 그걸 찾으려 한다. 그러나 기독교의 본질을 이루고 복음의 중심 주제인 이 교리가 그렇게 절제된 방식으로 (적게) 드러난 것에 놀라곤 한다. 세리의 비유나 두 빚진 자의 비유 같은 비유들이 은혜로운 구원의 방식을 가르치기 위해 만들어졌으면서도 속죄에 대한 암시를 전혀 포함하지 않는 것이 이상하게 여겨진다. 그래서 그리스도의 대속적 희생에 부정적인 사람들은 이것을 자신들의 입장을 입증하는 논거로 삼으려고 한다. 그러나 조금만 생각해 보면 **그분이 침묵한 이유가 있다는 것을** 충분히 납득할 수 있다. **고난받는 메시아라는 개념**은 사라진 지 오래였다. 시편 110편 4절에 언급된 그분의 **제사장적 직분은 무시되었고,** 그 개념에 익숙하거나 조금이라도 받아들일 만한 사람은 시므온, 사가랴, 그리고 세례 요한을 제외하고는 아무도 없었다. 뿐만 아니라, 세례 요한이 그의 청중들에게 그렇게 했던 것처럼, 주님도 한 걸음 물러서서 이전 단계에서부터 다시 시작해야만 했다. 먼저 산상수훈에서 하신 것처럼 **율법의 영적인 의미를 가르쳐야** 했다. 그분은 신적인 것에 대한 영적인 감각을 일깨우고, 양심을 깨우며, 회개를 설교해야 할 절대적인 필요성을 느꼈다. 왜냐하면 하나님의 나라가 가까이 왔기 때문이다. 그분은 그들의 공허하고 외적인 형식들을 지적해야 했고, 정말 중요한 것들을 소홀히 하는 것을 비판해야 했다. 그들은 유대인의 혈통에 대한 헛된 신뢰와, 아브라함의 자손이라는 이유만으로 메시아 왕국에 들어갈 것이라는 허망한 기대에서 벗어나야 했다. 요컨대, 그분은 사람들이 사람들에게 보이기 위해 행하는 것을 그만두고, 잔과 접시의 겉을 깨끗이 하려는 욕망에서 돌아서도록 가르쳐야 했다. 그들은 **죄인으로서의 자신들의 필요를 배우고, 자신의 결함을 인정하며, 용서를 바라는 마음을 깨워야** 했다. 그후에야 그들은 그분의 대속적 죽음의 본질을 조금이나마 배울 수 있었고, 그것을 받아들일 수 있는 준비가 될 수 있었다.

주님께서는 그 다음으로 **하나님의 나라가 왔음**을 선언하셔야 했고, 그 나라의 성격과 탁월함, 그 나라 백성들의 특징, 그리고 세상에서의 다양한 면모를 설명하셔야 했다. 주님께서는 자신의 신적 사명을 선포하고, 많은 기적을 통해 그것을 증명하셔야 했다. 그분의 초인적인 존엄성, 그분의 신성한 아들 되심, 그분이 인침을 받아 보내진 분임을 입증하셔야 했다. 또한 그분이 세상에서 가지는 독보적 지위, 즉 위대한 구원자이자 약속의 대상, 모세가 기록했고 아브라함이 보고자 했던 오랫동안 **기다려온 그분임을 나타내야** 했다. 예수님의 첫 번째 목적은 사람들이 자신을 **약속된 그리스도로 믿도록** 확신시키고, 그분과의 유대가 어떠한 압박도 견딜 만큼 강력하게 만들며, 모든 유대인의 마음에 가장 거슬리는 사실 때문에 그들이 실족할 위험을 미리 방지하는 것이었다. 그분은 우선적으로 제자들을 자신과 연결시키고, 그들 안에 있는 그분에 대한 믿음을 깊게 하려고 하셨다. 이것이 날마다 제자들과의 교류에서 그분의 최우선적이고 근본적인 목표였다.

그러나 이 지점에서 새로운 어려움이 나타났다. 예수님의 인격에 매료되어 그분을 구세주로 받아들인 제자들은 그분의 **죽음**에 대해서는 전혀 받아들이려 하지 않았고, 믿지 않으려 했으며, 이해하려 하지 않았다. 베드로가 다른 제자들을 대표해 그리스도의 메시아 되심과 하나님의 아들 되심을 고백했을 때(마 16:16), 우리는 그들이 그분의 모든 가르침에 완전하게 순종할 것이라고 기대했을 것이다. 그리고 주님의 입에서 나온 그분의 죽음에 대한 명확한 선언이 이 가장 적절한 순간에 의심 없이 받아들여졌을 것이라고 예상할 수 있다. 그러나 반대로, 베드로는 그분의 죽음에 대한 말씀을 들은 후 그분을 꾸짖기 시작했다. 이처럼 그들은 선입견에 사로잡혀 있었고, 유대인의 마음을 새로운 방향으로 돌리기가 매우 어려웠다. 그들은 그분의 왕국을 속죄의 죽음을 기초로 한 왕국이 아닌, 즉시 들어갈 영원한 왕국으로 보았다. 그들은 왕국에서 권위와 지위, 영광의 자리를 꿈꾸었으며, 심지어 최후의 만찬에서조차 그들 사이의 지속적인 논쟁 주제는 누가 하나님 나라에서 가장 큰 자가 되어 가장 큰 권력을 가지게 될지였다. 심지어 그분의 진정한 제자들도 그분의 나라에 대한 개념에 외부적인 요소들을 섞어 놓았다. 그리하여 그분의 메시아 신분에 대한 공개적인 선언이, 진정한 메시아 개념이 사라진 공동체에서 정치적 혼란을 일으킬 위험을 피하기 위해, 그리고 그분이 그들의 손에 죽임을 당해야 했기 때문에, 우리는 주님이 그 주제에 대해 절제되고 신중하게 말씀하셨음을 알 수 있다. 어떤 경우에는 흥분한 무리가 그분을 억지로 왕으로 삼으려고 할 때, 그분은 제자들을 배에 태워 떠나게 하셨다.

이런 생각을 가진 사람들에게는 그분의 속죄에 대해 많이 말할 수 없었다. 메시아의 직분을 가지신 분이 죽을 수 있다는 개념은 서로 양립할 수 없는 것처럼 보였다. 그들은 만물의 정복자가 일시적으로라도 패배할 수 있다는 것을 상상하지 못했다. 그들은 더 이상 질문하지 않았고, 추가적인 가르침을 받을 자격이 없는 것으로 보였다. 그들은 가르침을 구하는 온유한 마음을 가지지 않았으며, 그분이 기꺼이 제공했을 설명을 구하지도 않았다. 따라서 그분은 갈릴리와 예루살렘에서의 설교(요 6장, 10장)를 통해, 또는 그분 자신의 생애에서 일어난 사건들이나 그들의 어려움과 관련지어 이 진리를 간접적이고 우회적으로만 전달하실 수 있었다. 그러나 모두가 인정할 수 있는 사실은, 제자들이 자신의 삶과 그분이 결부되어 있음을 느끼면서도, 그분의 죽음을 회피했다는 것이다. 그분이 그것을 자주 예고했음에도 불구하고 그들은 그 사실을 자신들만의 방식으로 설명하며 외면했다. 더 나아가, 그것이 변화산에서 모세와 엘리야와 그리스도 사이의 유일한 대화 주제였음에도 불구하고, 제자들은 모종의 방식으로 그 사실을 외면해버렸다. 주님이 그들을 따로 불러다가 다가오는 일을 엄숙하게 선언하셨을 때, 그들은 몹시 슬퍼했으나, 마치 그들이 어떤 회피책을 찾아낸 것처럼, 곧 이전의 논쟁으로 돌아갔다. 그리고 실제로 그분의 죽음이 일어났을 때 그들이 느낀 깊은 우울함은 그들이 그것을 얼마나 준비하지 못했고, 그 의미를 이해하지 못했는지를 보여준다. 이 모든 것은 제자들이 그 주제에 대해 침착하고 편견 없이 들을 수 있었던 때가 그 사건을 이미 성취된 사실로 되돌아볼 때였음을 증명한다. 따라서 죽음에 대한 그분의 가르침은 그분이 죽음에서 부활하신 이후에야 비로소 온전히 자유롭게 다뤄질 수 있었던 것이다.

속죄적 죽음에 관한 그리스도의 모든 말씀이 기록되었는가?

그러나 질문을 던질 수 있다. 그리스도께서 속죄에 관해 기록된 것보다 더 자주, 더 자세히 말씀하셨을 가능성이 있지 않을까? 우리는 그분의 말씀이나 행적에 대한 완전한 기록을 가지고 있지 않으니, 그분이 때때로 마음이 순종적이고 수용적인 사람들을 만나면 죽음과 그것이 가져올 구원의 유익을 더 자주 언급하셨다고 볼 수 있지 않을까? 이 문제에 대해서는 추론 외에는 달리 근거가 없다. 분명히 주님은 그분의 고난과 죽음을 자기 가르침의 주된 주제로 삼지 않으셨고, 사도들이 성령의 사역 아래 교회를 세울 때 그리스도의 완성된 사역을 언급하고 가르친 방식처럼 가르치지는 않으셨다. 그러나 주님이 **니고데모**처럼 수용적인 사람들을 개인적으로 만났을 때, 자신의 죽음에 대해 더 많이 언급하셨을 가능성을 배제할 수 없다. 니고데모에게 숨겨지지 않은 이 교리가, 그분을 최대한 순종적으로 영접한 **수가성**의 사람들에게도 그분 입술을 통해 전해졌을 가능성이 있다. 그들은 그리스도를 "세상의 구주"로 표현했는데, 이는 속죄의 교리를 암시하는 것처럼 보인다. **베다니의 마리아**가 그분께 귀한 향유를 부은 사건에 대해 그리스도께서 하신 말씀 또한 매우 의미심장하다. "그는 내 장례를 위해 이것을 행하였다"(마 26:12). 그녀는 그분에게서 죽음에 관한 가르침을 받았고, 그 말씀을 올바른 의미로 진실되게 받아들였던 것으로 보인다. 많은 사람들은 단지 예수께서 그 사건을 그런 관점에서 표현하셨을 뿐, 여인은 그런 의도를(주님의 죽음을 위한) 가지고 있지 않았다고 주장하지만, 그런 해석은 그분의 말씀으로 보아 타당하지 않다. 오히려 그녀의 마음 속 깊은 곳을 엿볼 수 있게 하고, 그녀의 온 마음이 움직였음을 시사한다. 그녀의 믿음이 제자들보다 더 단순하고, 선명하고, 뚜렷했다는 이유로 받아들이기 어려워하는 사람들이 있지만, 주님의 말씀을 들을 기회가 적었다고 해서 마리아의 믿음이 제자들보다 못해야 한다고 단정지을 근거가 어디 있는가? 예수님께서는 그녀에게 그분의 죽음의 본질과 효력에 대해 개인적으로 가르치셨고, 그녀는 영광이나 지위를 꿈꾸던 제자들과는 다르게 순수하고 솔직하게 받아들였다. 따라서 이는 복음서에 기록된 것 이상으로 예수님께서 자신의 죽음에 대해 말씀하셨음을 보여주는 거의 확실한 증거라고 할 수 있다.

그러나 주님의 **부활 이후**, 주님께서는 그분의 대속적 죽음에 대해 많은 대화를 나누셨으나 그것들은 기록되지 않았다. 이 주제가 **40일간의 체류 중** 주된 목적 중 하나였던 것으로 보인다. 그분은 그들이 이전에 듣지 않으려 했던 이 주제에 대해 풍부하게 말씀하셨고, 모세와 모든 선지자부터 시작해 성경에 자신에 관한 것을 자세히 설명하셨을 때(눅 24:27), 기록되지 않은 많은 말씀을 하셨다. **엠마오로 가는 두 제자**에게 하신 말씀은 이러했다. "미련하고 선지자들이 말한 모든 것을 마음에 더디게 믿는 자들이여! 그리스도가 이런 고난을 받고 자기의 영광에 들어가야 할 것이 아니냐?"(25, 26절). 그분의 주요 목적은 그분의 대속적 죽음의 필요성, 본질, 목적을 설명하고, 그들의 마음을 열어 성경을 이해하도록 하는 것이었다(눅 24:45). 우리는 모든 단서를 종합할 때, 예수께서 그분의 죽음의 목적과 죄 사함에 대해 제자들에게 이전의 모든 말씀보다 더 많이 말씀하셨음이 틀림없다고 결론 내릴 수밖에 없다. 그 사역은 완성되었고, 이제 그것을 완전히 이해할 수 있었다. 그들은 그분의 죽음의 사실을 알고 있었고, 그분은 그들에게 구약 성경의 빛 속에서 그 죽음의 목적과 효능을 완전하게 소개하셨다. 모세의 율법과 시편과 선지자들에 기록된 성경 교리의 전체 윤곽은 그들의 놀라운 시야 앞에 펼쳐졌고, 그것이 성취되었다(눅 24:44). 이 기록되지 않은 구약성경에 대한 해석들을 누구나 갖고 싶어 했을 것이다. 비록 그것들이 분명 신약 안에 구현되었어도, 영감을 주시는 성령께서는 그것들을 별도의 형태로 보존하는 것을 적절하게 여기지 않으신 것 같다. 주님께서는 "내게는 아직도 너희에게 할 말이 많으나, 지금은 너희가 그것을 감당할 수 없느니라"(요 16:12)라고 말씀하셨고, 그때는 그들이 그것을 감당할 수 있었다.[12]

예수님의 말씀의 의미를 해석하는 방법

우리의 과제는 전달된 말씀들의 의미를 해석하고, 그 뜻을 모으고, 그것이 진정으로 의미하는 바를 밝히는 것이 될 것이다. 우리는 여기서 **주님의 죽음과 구속에 대한 그분의 증언, 즉 구속의 능동적, 수동적 사역**에 초점을 맞출 것이다. 이 말씀들을 그리스도의 오심을 예언한 옛 언약이나 그분의 말씀을 회고하는 사도적 주석과 완전히 분리할 수는 없지만, 우리는 복음서에 집중하여 예수님의 생각에 마음을 기울일 것이다. 물론 모세와 선지자들이 예수님께 제공한 내용은 그분의 의식에 받아들여졌고, 이는 그분의 삶 속에서 실천적으로 구현되었으며, 그분의 말씀은 과거로부터 영향을 받았고 미래를 위한 영향을 제공하였다. 그러나 여전히 우리의 관심은 예수님의 생각이 표현된 말씀에 집중하는 것이다. 우리는 선지자들의 예언이나 사도적 해석에 따라 보증되지 않은 것은 아무것도 더하지 않을 것이며, 단지 구주께서 하신 말씀의 의미를 밝히는 것만을 추구할 것이다. 또한 구주의 말씀의 의미와 관련이 없는 생각은 가능한 한 배제하고자 한다.

그리스도의 증언들은 그 의미를 밝혀 있는 그대로 드러내기만 해도 속죄의 모든 면을 아우르는 완전한 윤곽을 전달하며, 속죄 교리의 그 어떠한 지점도 다루지 않은 채로 남겨두지 않는다는 사실을 발견하게 된다. 속죄에 관한 그리스도의 증언을 논의하기 위해서는 그 증언들을 여러 주제로 분류하여 제시하는 것이 최선일 것이다. 단순히 연대순으로 나열하는 관행을 따르기보다 그들을 여러 주제로 분류하여 이해하는 것이 더 좋다. 그러나 그리스도의 말씀은 그 자체로 방대하고 포괄적이어서 인위적으로 다루기가 쉽지 않다. 주님의 증언은 그분의 사명, 인격, 성육신, 그리고 계획과 밀접하게 연관되어 있어 우리가 자의적으로 묶어 분류하기가 어렵다. 또한 매우 다양하여 주님께서 이 주제를 언급하실 때마다 새로운 연구의 장이 열리는 것만 같다. 주님의 말씀들은 이후에 사도들의 서신에서 발견되는 모든 말씀을 위한 골격을 제시하고 있다. 사도들은 주님의 말씀을 받고 전했으며, 교회의 현실적 필요들과 교회를 위협하는 해로운 교훈들에 그 말씀들을 적용했다. 사도들은 주님의 폭넓은 말씀들을 받아 모든 방면에 걸쳐 적용하였고, 그 적용의 방식 또한 다양했다.

그리스도의 죽음에 관한 성경적 개념의 중요성

주님의 말씀을 통해 속죄에 대한 명확하고 분명한 이해를 갖는 것은 매우 중요하다. 주님의 모든 말씀은 그분 자신의 의식에서 비롯된 표현임을 생각해 볼 때, 그 의미를 깨닫는 그리스도인은 마치 기독교 천문학자가 태양계의 법칙을 발견했을 때 "오, 하나님, 제가 주님과 같은 생각을 하고 있군요!"라고 외쳤던 것처럼 고백할 것이다. 이는 신학에서 결코 가볍게 여길 수 없는 문제다. 하지만 오늘날, 올바른 교리보다 내면의 경험을 지나치게 강조하는 많은 사람들은 그리스도의 죽음을 죄 사함의 근거이자 원인으로 보든, 단순히 죄 사함을 확증하는 것으로 보든 별 차이가 없다고 쉽게 말한다. 그들은 속죄가 어떻게 이루어졌는지에 대해서는 관심을 두지 않고, 예수님의 죽음이 속죄 제사인지, 아니면 하나님의 사랑의 표현인지, 죄의 심각성을 드러내는 사건인지, 아니면 단순히 구약 시대의 제사가 폐지되었음을 엄숙하게 선포하는 사건인지 등, 이러한 구분에 큰 의미를 두지 않는 것처럼 용어의 정확한 정의와 성경적인 사고를 피하려 한다. 그들은 이러한 논점들이 단지 신학적인 논쟁이나 인간의 추측에 불과하며, 신앙에 대해 논할 때 이러한 논쟁에서 벗어나 있는 것이 현명하다고 생각한다. 하지만 이러한 태도는 진리를 향한 뜨거운 열정에서 비롯된 것이 아니라, 진리의 날카로운 모서리를 무디게 하려는 의도에서 비롯된, 모든 것을 불확실성 속에 방치하는 태도다. 이는 결국 성경에 속죄에 대한 명확한 가르침이 없다고 말하는 것과 다름없다. 이러한 태도는 성경의 진리, 특히 교리에 대한 명확한 이해를 거부하는 현대의 흐름을 단적으로 보여주는 것이다.

우리가 해야 할 일은 그와 정반대이다. 우리는 가능한 한 복음서에서 속죄에 대한 명확하고 뚜렷한 개념을 얻어야 한다. 이는 우리가 생각하기에 이 주제가 모든 인간의 지혜보다 훨씬 뛰어난 주제이기 때문이다. 성경에서 확언할 수 없는 것이나, 성경의 가르침에 의해 무너지는 것은 쉽게 버릴 수 있으며, 우리는 그것을 기꺼이 배제할 준비가 되어 있다. 그러나 우리가 하나님과 같은 생각을 가지고자 한다면, 성경에서 진정으로 가르치는 모든 것을 모아 본문을 서로 비교하고, 더 분명하고 명확한 증언과 덜 명확한 증언을 비교해야 한다.

또 다른 부류의 사람들은 예수님의 죽음이 자발적으로 드려진 희생이 아니라 그저 그분의 운명일 뿐이었다고 주장한다. 이러한 저자들은 그리스도가 종교적, 도덕적 진리를 설교하고 용서의 전령으로서의 고귀한 사명을 수행하다가, 거룩하고 열렬한 열정의 희생자가 되었다고 말한다. 그분의 죽음은 단지 역사적 사건에 불과하며, 그럼에도 불구하고 그분이 선포했던 절대적 용서를 확증하는 기회가 되었다고 주장한다. 이것은 겉보기에는 옳게 보이지만 본질적으로 잘못된 미미한 반쪽 진리이다. 그것은 대속적 희생에 반대하는 사람들에게는 어느 정도 영적 측면을 제공하지만, 그들은 하나님의 사랑만을 볼 뿐이다. 그들은 예수를 단지 구원의 설교자나 전령으로만 보고, 진정한 의미에서 구주로 보지 않는다. 그들은 나아가 그분을 생명의 주이자 생명을 주시는 분으로서 찬양할 것이다. 그러나 그 생명은 값을 치르는 것이나 대속과는 무관한 생명이다. 또한 **그리스도를 우리의 대속자가 아닌 모범으로서 주되게 강조하는 것은 항상 위험성을 수반한다.** 우리는 얼핏 영적인 것으로 느껴지는 이러한 견해를 주님의 명확한 증언들로 시험할 것이다. 우선 나는 그런 견해가 어떤 위험을 수반하는지 제시하려고 한다. 그것은 결코 율법주의, 자기 의존, 자기 신뢰로부터 벗어나지 못한다. 그것은 주님의 영적인 삶과 본보기를 왜곡하여, 자기를 의롭다 여기는 자신감을 고취시키는데 사용한다. 이러한 위험은 객관적인 속죄와 영혼이 기댈 수 있는 견고한 반석을 제시하지 못하는 모든 학파들이 하나같이 휩쓸려들어갈 수밖에 없는 소용돌이다. **대속만큼 자기 의존을 효과적으로 제거하는 것은 없으며, 대속만이 은혜를 높이고 죄인을 낮춘다.** 그래서 하나님은 중보자 없이는, 그분의 공로에 의존하지 않고서는 죄가 용서받고 하나님께 받아들여지는 것이 이루어지지 않도록 정하셨다. 이것이 사도들과 성경 전체가 이 문제에 대해 가졌던 신중함의 이유이다. 겉보기에 영적으로 보이는 어떤 경향들도 이러한 위험에서 벗어날 수 없다.

또한 그리스도의 인격이나 성육신 교리에 중점을 두는 자들은, 그분의 십자가를 비교적 가볍게 여기는 경향이 있다. 그들 중 일부는 만일 형벌, 속전, 보증, 하나님의 공의에 대한 만족이라는 용어에서 유익을 얻는 자들이 있다면, 그들에게 그 유익을 누리라고 허용은 할 것이다. 그러나 이는 그 용어들이 반드시 필요한지에 의문을 제기할 것이다. 그러나 진정한 영적 지식에서 진보할수록, 사람들은 그분의 인격뿐 아니라 그분의 속죄에 대한 지식도 더 깊이 가지게 될 것이다. 십자가 사건 전후로 제자들이 겪었던 변화가 이를 증명한다. 우리가 그리스도의 참된 인간적 경험에 깊이 참여하고, 그분의 기쁨과 슬픔의 변화무쌍한 길을 추적할수록 우리의 저주를 담당하신 그분의 삶과 형벌로서 당하신 죽음을 더 생생하게 이해하게 될 것이다.

우리는 이성을 중시하는 소시니안주의적 관점에서 속죄를 반대하는 이들도 염두에 두어야 할 것이다. 그러나 우리는 단순한 논쟁보다 적극적인 진리와 유익한 교리들을 드러내기를 원한다. 많은 논쟁의 일부는 부록에 실리는 것이 적합하다. 우리의 목적은 오류의 반박이 아니라 진리를 제시하는 것이다. 요컨대, 우리는 인간이 무엇을 주장하거나 제안했는지보다는, 그리스도께서 무엇을 말씀하셨는지를 더 많이 물어야 한다. 이를 검토하고 그분의 의식에 접근하려는 시도가 우리의 주된 관심사가 되어야 한다.

2
속죄 교리의 전제들 또는 가정들

속죄는 죄와 죄의 모든 결과를 제거하기 위한 하나님의 해결책

죄가 얼마나 거대하고 광범위한 영향을 미치는지는 인간의 유한한 생각으로는 온전히 측량하기 어렵다. 성육신하신 아들의 낮아지심은 죄로부터 인류를 구원하기 위한 목적을 지녔으며, 죄의 문제에 대해 하나님이 계획하신 해결책이다. 사변적인 논증을 통해 하나님이 무언가를 목적으로 행하시는 분이 아니라고 주장하며 그 논증을 성육신에까지 적용하는 이들의 그릇된 생각은 주님의 말씀을 통해 정면으로 반박된다(눅 19:10).

하나님의 계획 안에서 죄라는 무서운 실체는 가장 적절한 방식으로 다루어졌다. 전지하신 하나님께서는 그 악의 모든 측면을 완전히 파악하셨다. 피조물의 지성으로는 죄에 대한 책임이나 그 결과를 제대로 측정하는 일조차도 가능하지 않다. 죄를 속하거나 죄로 인한 결과를 뒤집는 것이 불가능함은 말할 것도 없다. 속죄의 창시자는 이 모든 것을 맡으셨으며, 오직 그분만이 온 우주의 도덕적 통치자로서 죄가 요구하는 대가가 무엇인지 완전히 아셨다. 이 사실은 특히 중요하다. 왜냐하면 현대 이론의 지나친 주관성에 사로잡힌 많은 사람들이 자신이 하나님 앞에 책임 있는 피조물로서 서 있음을 잊어버렸기 때문이다. 그들은 신비주의적 경건에 물들어 하나님을 단순히 각종 영향력의 원천으로만 여기고, 권위 있는 율법 제정자로 여기지 않는다. 이것은 그리스도의 가르침과는 전혀 일치하지 않는다. 성경적 교리는 도덕적 통치자이신 하나님과 인간이 맺고 있는 관계를 생생하게 제시하는 가운데 율법의 권위와 불순종의 죄책과 관련된 진리들을 발전시킨다.

a. 죄의 본질은 하나님의 율법을 전제하며, 그 율법을 준수할 의무가 있는 인류가 그것을 위반하는 것으로 정의될 수 있다. 죄에는 규정된 의무를 행하지 않는 부작위의 죄가 있다. 예를 들어, 하나님을 온 마음과 목숨과 뜻과 힘을 다해 사랑하지 않는 것이나 이웃을 자신처럼 사랑하지 않는 것은 부작위의 죄에 해당한다. 또한 율법이 금지하는 행위를 행하는 작위의 죄도 있다. 본질적으로 경미한 죄는 없다. 오히려 하나의 법을 범하는 자는 모든 법을 범한 자로 간주된다. 왜냐하면 불순종에서 비롯된 정신 상태는 하나님의 본성과 뜻에 대한 내적 불일치를 나타내기 때문이다(약 2:10). 죄의 심각성에 대해 내릴 수 있는 유일한 결론은 죄책이 그 피해를 입는 **상대**의 위대함, 도덕적 탁월함, 영광에 비례한다는 것이다. 그 상대는 충성스런 순종을 하도록 우리를 창조하신 분이다. 따라서 죄의 크기를 평가할 때 고려할 것은 우리가 죄를 짓는 대상인 하나님의 무한한 위엄, 영광, 그리고 요구뿐이다. 주님께서 죄를 묘사하실 때 사용하신 용어들은 주목할 만하다. 그분은 죄를 "어둠"이라고 부르셨다(요 8:12). 이는 하나님으로부터의 단절 상태를 의미하며, 하나님이 계시지 않는 영역이다. 또한 죄를 "범죄"(막 11:25)라 하셨고, 이는 율법의 위반을 뜻한다. 죄를 "빚"(마 6:12)이라 부르셨으며, 이는 죄책 또는 형벌의 책임을 수반한다. 죄를 "거짓말"(요 8:44)이라고 부르셨고, 이는 하나님의 진리에 저항하거나 그에 반하는 영적 상태를 나타낸다.

　　b. 죄의 결과는 이는 매우 다양하고 다면적이어서, 그것들은 그리스도의 속죄로 인간에게 제공된 모든 혜택의 반대급부에 해당한다고 할 수 있다. 그러므로 죄의 악영향이나 결과를 일일이 열거할 필요는 없을 것이다. 왜냐하면 그리스도께서 회복시키셨거나 소멸시키신 모든 것이 죄로 인해 우리에게 초래된 결과들이기 때문이다. 이 대조를 추적하고 양쪽을 바라볼 때, 우리는 더 넓고 명확한 관점을 얻게 된다. 죄의 영향 아래서 우리는 하나님 앞에서의 올바른 관계나 지위의 상실, 본성의 타락과 죽음(일시적, 영적, 영원한 죽음)의 도래, 성령의 내주하심의 상실, 사탄의 지배, 인간과 모든 거룩한 존재들 사이에 형성된 간격 등 수많은 고통스러운 악을 겪는다. 한마디로, 그리스도께서 회복하신 모든 것은 죄로 인해 상실된 것이다.

　　그러므로 요한복음의 기억에 남는 한 구절에서, 그리스도께서 인간을 묘사하실 때, 그분은 "죄를 짓는 자는 죄의 종이라"(요 8:34)라고 말씀하셨다. 많은 주석가들은 대개 이 말씀을 특정 죄에 몰두하는 사람들이 그 죄에 종속된다는 뜻으로 해석하지만, 문맥에서 드러나는 또 다른 생각이 분명히 있다. 이는 하나님의 아들이 해방자로서의 모든 직무를 맡으신다는 점을 시사한다. 즉, 죄로 인해 상실된 인간의 자유는 오직 아들을 통해서만 회복될 수 있다는 것이다(요 8:36). 죄인은 죄책 아래 있는 종이며, 공정하게 부과된 형벌 아래 있는 종일 뿐 아니라, 죄의 내적 권세 아래 있는 종이다. 이 말씀은 사도 바울이 로마서 5장, 6장, 7장에서 사용하는 죄를 무서운 지배자로 묘사하는 동일한 의인화를 나타낸다. 주님께서 사람들을 "그들의 죄 가운데" 있다고 묘사하실 때(요 8:21), 또한 죽음이 그들에게 주어진 형벌, 즉 대가임을 강조하셨다. "너희가 너희 죄 가운데서 죽을 것이라."

　　한마디로, 죄의 결과와 속죄의 결과는 서로 반대 방향으로 대응하거나 유사성이 있어, 이 둘을 비교하는 것이 두 가지 모두에 대한 이해를 돕는다.

속죄의 필요성을 주장하거나 암시하는 개별적인 말씀들

여러 차례에 걸쳐 주님은 자기 죽음의 필요성을 언급하셨지만, 종종 그것이 예언되었다는 사실을 말씀하시는 것으로 그치곤 하셨다. 주님은 자신의 죽음이 반드시 필요한 다른 이유들에 대해서도 말씀하셨는가? 그렇다: 그분의 속죄 사역의 깊은 내적 필연성에 대한 직간접적인 다양한 암시가 있다. 우리는 이제 그것을 밝혀내야 한다. 그리고 하나님께서 왜 속죄 없이 죄를 지나칠 수 없으셨는지 묻는 것이 더욱 중요한데, 이는 속죄의 필연성을 단지 반쯤 이성적인 이론, 혹은 전통적 교리로만 여기는 이들이 적지 않기 때문이다. 속죄의 필연성, 혹은 그 이유는 **도덕적 통치** 속에서 가능한 한 명확히 설명되어야 한다.

우리의 계획은, 주님의 말씀을 해석하는 데 초점을 맞추는 것이다. 주님의 말씀을 논하다가 교리적인 영역에 불가피하게 다다르게 되는 경우를 제외하고는, 일반적인 원칙이나 단순히 교리적인 주장만을 내세우지는 않을 것이다. 우리의 목표는 주님께서 속죄의 필요성을 어떻게 말씀하시는지 살펴보는 것이지만, 논의를 시작하기에 앞서 몇 가지 선험적 논지들을 언급해 둘 필요가 있다.

속죄가 반드시 필요한 것이 아니었다면, 속죄 사역이라는 중대한 일은 시행되지 않았을 것이다. 속죄가 필연적인 것이 아니었다면 하나님께서 자신을 낮추사 사람의 모양으로 오시고, 십자가에서 고통받으실 그 어떠한 이유도 없었다. 만약 죄가 공의에 대한 만족 없이 용서될 수 있었다면, 하나님께서 그 아들을 그러한 고통에 맡기지 않으셨을 것이다. 그리스도의 죽음이 단순히 그리스도의 교훈적 가르침을 확증하기 위한 것이라고 가정하는 것은 결코 합리적이지 않다. 왜냐하면 **순교자의 죽음으로도 그것이 이루어질 수 있었기** 때문이다. 이것이 **하나님의 사랑에 대한 확신을 인간 마음에 심어주기 위**

한 것이라는 주장 또한 더 나을 것이 없다. 만약 대속의 희생이 하나님 편에서 죄인들을 구속하고 그들의 죄를 제거하기 위해 필요하지 않았다면, 기독교의 역사적 토대 전체가 단지 내적인 인상을 주기 위한 연극이나 무대 장치에 불과한 것이고, 하나님의 도덕적 통치는 실제적인 것이 아닐 것이기 때문이다. 속죄는 너무 중대하고 엄숙하며, 하나님의 모든 속성과 삼위일체의 모든 인격과 밀접하게 연결되어 있어 그저 하나님의 사랑에 대한 인상적인 묘사만으로 축소될 수 없다. 만약 하나님의 아들의 죽음이 필요하지 않았다면, 이러한 우회적인 방식으로 도덕적 효과를 주는 것은 하나님의 선하심과 지혜에 반할 것이다.[13]

주님께서 제사 개념에 익숙한 사람들을 대상으로 말씀하실 때, 속죄의 필요성에 대해 장황하게 설명할 필요가 없다고 여기셨으며, 대부분의 경우 **자신이 속죄제물임**을 암시하는 것으로 그치셨다. 그분은 속죄의 필요성을 의심할 여지 없는 진리로 여기셨다. **하나님께서는 처음부터 선택된 백성 가운데 죄의 개념을 발전시키고, 그들의 죄가 반드시 죄를 속하는 제사를 통해 속죄되어야 한다는 사실에 양심이 깨어 있도록 하셨다.** 이러한 목적을 위해 많은 법이 제정되었고, 이 법을 어겼을 때는 시민적, 교회적 특권이 박탈되었으며, 많은 고통스러운 재앙들이 주어졌다. 하나님의 통치는 죄악된 행위나 법의 위반에 의해 계속해서 침해되었고, 그러한 모든 경우에 하나님과의 교제는 차단되었다. 모든 유대인은 죄로 인해 그에 따르는 형벌을 받을 수 있음을 알고 있었으며, 한 마디로, 완전한 율법의 이행 없이는 언약의 지속이나 거룩하신 하나님께 자유로운 접근이 불가하다는 것을 알았다. 그렇지 않고서는 성소에서 하나님께 나아갈 수 없었으며, 더불어 죄책감이 의식을 지배하여 죄인을 하나님으로부터 멀어지게 하고 두려움을 느끼게 만들었다. 이것은 백성을 위한 죄에 관한 교육이었다.

이 깊이 느껴지는 용서의 필요를 충족시키고, 율법의 문자적 위반으로 인한 형벌을 면제하는 방법으로서 제사가 정해졌다. 이 제사는 유대인의 양심에 독특한 방식으로 작용했다. 그들은 죄의 죄책감과 하나님의 통치의 공의와 거룩함을 생생하게 인식하게 되었다. 구약 전체는 속죄의 필요성을 강조하고, 죄가 더 높은 수준의 희생을 필요로 한다는 확신을 분명하게 만드는 것이었다. 또한 제사는 죄악된 행위를 전제로 하여 율법과 언약의 불가침성을 보여주었다. 유대인 예배자들이 속죄 제사를 무시하면, 그들은 율법의 저주를 받았다. 그러나 그들이 제사를 드리면, 그들은 자신의 더러움에서 깨끗해져 성소의 예배에서 하나님께 다시 접근할 수 있었으며, 외부의 방해나 내부의 두려움 없이 하나님께 나아갈 수 있었다.

유대인들은 이 제사 교리에 익숙했다. 그들은 모두 형벌을 피하기 위해 속죄 제사의 필요성을 인정했다. 이는 그 민족이 다른 민족과 특별히 구별된 주된 목적이었으며, 그들이 배워서 온 세상에 전파해야 할 교리였다. 유대인들은 속죄 제사를 임박한 형벌을 피하는 방법으로 받아들였으며, 본래 하나님의 목적에서 벗어나 그것을 도덕적 범죄에까지 확대 적용함으로써 제사의 의미를 왜곡하기는 했지만, 그것은 원래 제의적인 부정에 한정되어야 하는 것이었다. 그들은 속죄의 필요성을 고수했고, 주님께서는 그들에게 말씀하실 때 이 공인된 진리에 기초하여 말씀하셨다. 그러므로 그분의 말씀은 그분의 사역에 관한 언급이 있을 때마다 이를 전제로 한다. 주님께서는 당시 유대인들이 희생제사에 대해 가지고 있던 생각보다 더 깊은 의미를 제사에 부여하셨고, 그 이면에 깔린 심연까지 들여다보시며 속죄의 절대적인 필요성을 시종일관 전제하셨다. 주님이 남기신 모든 말씀 속에는 바로 이러한 사상이 깃들어 있었다. 따라서 우리는 죄를 제의적 의미에서 **짊어진다**는 언급을 읽을 때(요 1:29), 하나님의 공의에 억류된 자들을 해방시키기 위해 지불되어야 할 대속물(마 20:28), 도덕적 및 제의적 율법이 죄 없는 삶에서 구현되고 희생적 죽음으로 나타나야 한다는 말씀(마 5:17), 사람들을 새로운 발판 위에 세우고 용서와 받아주심으로 인도하는 언약의 피(마 26:28)에 대해 읽을 때, 이 모든 암시는 속죄가 필수적이며, 하나님의 요구가 온전히 충족되어야 한다는 사실을 전제로 한다.

우리가 주님의 속죄의 필요성에 관한 가르침을 살펴볼 때, 주관적 필요성과 객관적 필요성, 즉 한편으로는 **인간의 양심**과 다른 한편으로는 **하나님의 요구**와 관련된 언급을 발견하게 된다.

1. **양심**은 만족(satisfaction) 또는 속죄를 요구한다. 주님께서는 양심의 이러한 필요에 대해 여러 차례 암시하셨고, 그 모든 암시는 매우 의미심장하다. 예를 들어, 그분이 초대하신 수고하고 무거운 짐을 진 자들은(마 11:28), 명백히 개인이 제공할 수 없는 만족 또는 속죄를 갈망하는 각성한 양심의 상태를 암시하고 있다. 목마른 자들이 와서 마시라고 초대받는 경우도 마찬가지 상태에 있는 자들이다(요 7:37). 산상수훈에서 '의에 주리고 목마른' 자들은 분명히 자각된 죄책감의 압박을 느끼며, 인간 본성의 필요를 충족시키고 채워줄 수 있는 유일한 순전한 "의" 또는 속죄를 갈망하는 자들이다(마 5:6). 주님의 말씀은 양심의 소리와 하나님의 요구, 즉 하나님의 형상대로 지어진 인간과 인간을 자신의 형상으로 만드신 하나님의 요구 사이에 완전한 조화가 있다고 가정하신다. 즉, 양심을 만족시키려면 하나님의 완전성과 율법을 만족시키지 않으면 안 된다. 양심은 인간 내면에 있는 하나님의 대리자로서, 하나님께서 죄를 사하실 때만 양심도 죄를 사해진 것으로 여길 수 있으며, 하나님이 완성된 구속을 통해 평화를 선포하실 때에만 양심도 평화를 얻는다. 이처럼 양심이 느끼는 주관적인 필요가 있다.

따라서 양심은 죄가 있는 곳에는 반드시 형벌이 있어야 한다고 인정한다. 우리는 옛 언약에서 제사에 대한 강한 갈망과 제사법에서 그 제사들이 불충분하다는 확신을 본다. 죄책감의 불은 보상과 형벌의 물결이 그것을 끄기 전까지 인간의 마음을 태우고, 만약 충분한 속죄가 없었다면 죄책감은 영원히 인간의 마음을 태울 것이다. 그러므로 하나님께서 만족의 요구를 철회하시는 것으로 용서를 얻을 수 있다고 생각하는 자들은, 그들이 바라는 바를 얻는다 해도, 어디든지 그들을 따르는 내적 추격자에게 쫓기게 될 것이다. 그들의 거룩함이 자랄수록 자신이 여전히 똑같은 사람이라는 것과 어떤 보상도 이루어지지 않았다는 사실을 기억하며 그들은 여전히 죄책감을 더 강하게 느끼게 될 것이다. 그들은 자책, 수치심, 그리고 양심의 가책으로 괴로워하게 될 것이며, 결국 기억의 능력이 파괴되기를 갈망하게 될 것이다.[14] 우리는 구속이 완성되기 전에 천국에 간 자들이 그리스도의 날이 올 때 기뻐했음을 읽는다(요 8:56). 또한 어떤 의미에서 그들은 우리가 누리는 것을 우리와 함께 나누면서 완전해졌다고 성경은 말한다(히 11:40). 이는 의심할 여지 없이 주관적인 의미에서 그러했음을 나타낸다.

이처럼 모든 역사와 경험에서 드러나듯, 양심은 매우 민감하여 그리스도의 대속적 죽음에서 안식과 평화를 찾기 전까지, 그것을 진정시키거나 치유하려는 그 어떤 것도 거부한다. 그리고 무한하지 않은 속죄는 소용이 없다. 인간은 스스로 자신의 필요를 깨닫고, 그 증가하는 죄책감이 십자가의 위대한 구속으로 잠재워지지 않으면 절망에 빠지게 된다. 사실, 단순한 양심은 무엇이 적절한 속죄인지 스스로 말해주지 못한다. 그저 요구하는 무언의 감각일 뿐이며, 종종 잘못된 치료법이나 헛된 구제를 시도하기도 한다. 사람은 죄책감 아래에 갇힌 죄수임을 알고 있다. 오직 하나님만이 적절한 속죄를 알고 제공하실 수 있으며, 짐을 벗은 양심은 그것이 적절하다는 것을 발견할 때 이를 증언한다. 그러나 아무도 양심을 설득하여 속죄가 불필요하다고 말할 수 없다.

2. **하나님의 요구**와 인간의 피조물됨에 기초한 객관적 필요성도 있다. 속죄

의 필요성에 대한 모든 반대자들과 현대의 범신론적 사상에 맞서 속죄의 필요성에 대해 논하는 것은 별도의 논문이 필요할 것이다. 현대의 범신론적 사상은 주님 당시 사두개인의 사상과 유사한데, 죄를 인간성의 요소 중 하나로 간주하며, 본질적으로 "있는 것이 옳다"고 주장한다. 그러나 우리의 목적이 위대한 교사이신 예수님이 말씀하신 것, 또는 그분의 말씀이 암시하고 전제하는 것에 제한되므로, 추상적 근거나 교리적 형식으로 속죄의 필요성이라는 중대한 질문을 논의하는 것은 전혀 다른 영역으로 우리를 이끌 것이다. 우리는 그저 이 질문의 몇 가지 요소를 간략히 살펴볼 것이다.

속죄의 필요성에 대한 질문이 도달하게 되는 하나님의 요구, 혹은 권리는 인간의 권리와 중요한 한 가지 점에서 다르다. 인간은 여러 경우 자신의 권리와 요구를 양보할 수 있지만, **하나님의 권리와 요구는 양보할 수 없다.** 지극히 높으신 분은 자신의 권리에 대한 어떤 침해도, 자신에게 마땅한 것을 거두는 것도, 우주가 존재하는 이유인 하나님 자신의 영광이 가리어지는 것도 허락하실 수 없다. 지극히 공의로우신 하나님께서는 자신을 위해 존재하는 우주 안에서 자신의 공의를 집행하신다. 하나님께서 창조주, 통치자, 유지자로서 피조물과 관계를 맺으시는 순간부터는 자신의 공의의 요구를 철회하실 수 없다. 피조물은 하나님과 독립적으로 존재하는 것이 아니라 그분을 위해 존재하기 때문이다.

인간에 대한 바른 이해를 기초로 한 인간론 역시 속죄의 필요성을 보여준다. 인간의 의무와 인간의 의지로부터 그 필요성을 도출할 수 있다. 속죄란 사실상 최초의 사람 아담이 실패한 바로 그 지점에서 인간이 여전히 지고 있는 의무를 인정하는 데서 시작한다. 물론 아담의 타락이 가져온 추가적 요소, 즉 죄라는 끔찍한 사실이 더해진 채로 말이다. 따라서 올바른 인간론과 더불어 인격적 하나님의 속성 및 요구에 대한 적절한 이해가 속죄의 필요성을 올바르게 이해하는 데 필수적이다. 이러한 사실은 바울 서신의 특정 본문들에서 강조적으로 나타나는데 그곳에서 바울의 논의는 **두 번째 아담**이 반드시 첫 번째 아담의 위치, 순종, 그리고 완전한 책임을 떠맡아야 한다는 가정에서 진행된다(롬 5:12-19). 하지만 동일한 생각은 우리 주님이 스스로를 **인자**로 언급하실 때마다 나오는 모든 말씀과 구절에서도 명확하게 나타난다. 그분은 참된 몸과 영혼으로 인간의 모든 조건에 참여하셨음을 나타내시며, 수 세대가 지난 후 그분은 잘못을 바로잡기 위한 과제를 맡으셨고, 싸움에서 패배한 그 전쟁에 다시 뛰어드셨다.

논의가 시작되어야 할 지점은 인격적 하나님께서 죄와 어떤 관계를 맺고 계신가이다. 죄의 등장은 창조주 하나님께서 지적 피조물로부터 받아야 할 경배와 공경을 빼앗아가는 것이다. 인간은 순수한 본성과 하나님을 영화롭게 하는 순종으로 이 공경을 드리기 위해 창조되었으며, 그 공경은 이 세상에서만 구현될 수 있는 도덕적 방식으로 하나님의 형상을 나타내는 것이었다. 따라서 구원이 베풀어지기 위해서는 하나님의 공의가 요구하는 바 하나님께 드려져야 하는 공경이 온전히 회복되어야만 했다. 하나님의 영광 자체는 본질적으로 더해지거나 줄어들 수 있는 것이 아니지만, 선언적 영광에 대해서, 즉 하나님께서 인간 본성을 통해 이루고자 하신 목적에 관해서는, 하나님의 권리가 부정되었을 때 하나님은 손상을 입으셨고, 그것이 회복될 때 하나님은 그 영광을 되찾으신다. 이처럼 속죄의 필요성은 하나님의 요구와 인격적 하나님과 세상의 구체적 관계에 기초한다는 점이 드러난다.

속죄를 단순히 죄의 결과에 대한 해결책으로만 바라보아서는 안 되며, 죄 자체와의 관계 속에서 이해해야 한다. 이를 통해 속죄가 필수적인 이유를 더욱 분명히 알 수 있다. 만약 구속이 이루어져야 한다면, 죄의 엄청난 크기와 중대성을 고려할 때, 반드시 그에 대한 실질적인 해결책이 마련되어야 한다.

죄는 질서의 하나님께서 창조하신 우주 안에서 발생한 심각한 불협화음이며, 이는 반드시 하나님의 도덕적 통치 속에서 다루어져야 한다. 구약의 제사 제도는 단순히 이스라엘 한 민족을 위한 교육이 아니라, 그들을 통해 전 인류에게 주어진 교훈이었다. 그것은 곧 죄는 엄청난 악이자 혼란이며, 반드시 속죄나 형벌이 필요하다는 사실을 가르쳐 주었다. 이와는 반대로, 현대의 일부 사상들은 죄를 단순한 존재 법칙으로만 간주하며, 죄를 실제적인 악이 아니라 단순한 결함으로 축소한다. 이러한 사상들은 인격적인 하나님과 그분의 세상에 대한 관계를 망각하거나 부정하던 시대의 철학적 추론에서 비롯된 것이다. 그러나 예수님의 말씀에서 나타나는 속죄의 교리는 죄의 크기와 극악성에 기초한다. 이는 결함은 인정하되 죄책은 인정하지 않는 오늘날 수많은 이들의 이론과 정반대이다. 이들은 하나님의 요구뿐만 아니라 하나님의 거룩한 진노와 도덕적 통치도 무시하며, 공의를 사랑으로, 진노를 자비로 환원하려고 한다.

이 중대한 질문의 모든 요소는 죄와 그 무한한 악함을 올바르게 이해할 때만 적절한 자리에 놓이게 된다. 속죄는 단순히 피조물 앞에서의 통치적 과시가 아니다. 즉, 하나님의 통치에서 징벌의 주된 목적은 단지 죄를 억제하기 위한 경고성 본보기가 아니라는 것이다. 어떤 이들이 하나님이 창조된 피조물들 앞에서 그들의 마음에 인상을 남기거나 두려움을 심어주기 위해 행동한다고 이론을 세우는 동안, 그들은 하나님의 징벌적 공의를 뒤집거나 부정하는 사상에 빠져들게 된다. 이러한 원리는 인간의 통치에서 적용될 수 있지만, 하나님의 통치에서는 해당되지 않는다. 여기서 고려되어야 할 유일한 대상은 하나님 자신이며, 그분의 속성들의 조화이다. 미카엘리스(Michaelis)나 자일러(Seiler)와 같은 몇몇 저명한 작가들이 주장하듯, 형벌이 반드시 필요하지 않지만 이성적 존재들의 죄를 억제하는 데 중요한 역할을 할 수 있다는 견해는 성경적 권위가 결여되어 있으며 문제를 잘못된 기초 위에 놓는 것이다. 이 가정에 따르면 형벌은 목적 자체가 아니라 수단에 불과하다. 반대로, 성경은 항상 하나님의 도덕적 완전성이 만족을 요구한다고 말한다. 공의는 죄를 항상 형벌과 연결하며, 형벌은 항상 죄에 비례하여 주어진다. 이 사실은 구약과 신약 모두에서 반복적으로 언급되는데, "원수 갚는 것이 내게 있으니 내가 갚으리라 하시니라"(롬 12:19, 히 10:30)라는 말씀을 통해 명확히 드러난다. 이 중대한 진술의 의미는 징벌적 공의가 하나님의 본성에 속하는 완전성이며, 특정한 경우에 하나님의 대리자로서 역할을 하는 세속 권력자에게 위임된 것 외에는 오직 하나님께만 속한다는 것이다. 따라서 도덕적 악이 발생하는 곳에서는 그에 상응하여 자연적으로 형벌이 반드시 따라와야 한다는 것이다.

a. 하지만 여기서 우리는 시대의 자유주의적 경향에 직면하게 되는데, 이들은 하나님을 **인류의 아버지**로만 바라봐야 한다는 이유로 속죄의 필요성을 반박한다. 이러한 주장들은 성경에 어느 정도 근거가 있는 것처럼 보이는 이 입장을 통해, 하나님이 **입법자이자 재판관**이라는 다른 모든 묘사를 거부한다. 그들은 하나님을 오직 선함의 근원이나 영향력의 원천으로만 생각하고, 주권적 통치자나 도덕적 통치자로서는 생각하지 않으려 한다. 그들은 하나님의 통치가 오직 아버지의 통치이며, 하나님의 율법은 인간의 법과는 전혀 달라 위협과 형벌로 제재되지 않는다고 주장한다. 또한 하나님이 어느 경우에 처벌을 내린다고 해도, 그것은 재판관으로서가 아니라 아버지로서 행하는 것이라고 말한다. 이러한 묘사는 잘못된 철학의 사색이자, 특정한 경향을 지지하려는 사람들의 생각에서 비롯된 것인데, 근래 속죄의 필요성을 공격하려는 이들은 이를 통해 법을 권고로, 형벌을 교정으로 바꾸려 한다. 그들은 죄와 형벌을 연결하는 고리를 끊으려 하지만, 이는 모든 종교와 도덕의 기초를 이루는 것이며, 인간이 재판관에게 책임을 지지 않는다는 교리가 퍼지는 것보다 더 해로운 일이 없을 것이다.

이 사상이 조금이라도 무게를 지닐 수 있는 유일한 이유는, 그것이 성경에 근거하고 있기 때문이다. 그러나 우리는 **하나님의 아버지 되심과 은혜로 형성된 그분과 자녀들 사이의 다정한 관계**를 무시하려는 것이 아니다. 그러나 사람이 이 관계에 들어와 이후로 모든 진정한 형벌에서 면제되는 것은 성도들의 특권이지, 자연적인 사람들의 권리가 아니다. 이것은 은혜의 선물이지, 자연적으로 주어지는 권리도 아니며, 모든 사람에게 보편적으로 주어진 혜택도 아니다. 왜냐하면 본래 모든 사람은 진노의 자녀들이기 때문이다(엡 2:3). 만약 회심한 사람들과 회심하지 않은 사람들 사이의 구분을 지우지 않는다면, 이 특권이 모든 사람에게 무차별적으로 적용된다고 주장할 수 없다. 그러나 하나님의 아버지 되심은 그분의 입법자와 재판관으로서의 관계를 배제하지 않는다. 본서의 의도를 벗어난 논의를 이어가지 않기 위해 우리는 그저 전자가 후자에 기초하고 있음을 확언하고자 한다.

하나님의 법적 통치를 도외시하며 속죄의 필요성을 부정하는 현대적인 이론들은 예수님께서 성장하시며 배우셨던 옛 히브리인들의 계시(구약) 전체와 정면으로 충돌한다. 예수님께서는 구약 계시를 폐지하러 온 것이 아니라 완성하러 왔다고 명시적으로 선언하셨다. 만약 사람들이 구약과 신약을 강제로 분리하여 서로 충돌시키고, 그로 인해 두 계시 모두에 명백한 손상을 가할 것이 아니라면, 이 사상들은 구약과 전혀 맞지 않으며 신약에서도 근거가 없다는 이유로 거부되어야 한다. 성경은 하나님의 공의를 지존자의 고유한 완전성으로 묘사하며, 죄를 범한 이들에게 형벌을 내리실 것을 강력하게 요청하는 표현들도 많다.(창 18:25; 시 11:5-7; 시 97:2; 시 50:21). 죄에 대한 하나님의 불쾌함과 거룩한 증오는 형벌을 가하는 주요 원인으로 강하게 그려져 있다 (합 1:13; 잠 6:16). 하나님께서는 대대로 자신의 이름을 계시하실 때, 자신을 죄인의 벌을 면제하지 않는 분으로 명명하셨다(출 34:7). 또한 하나님의 완전성을 반영하는 불변의 율법에서, 그분은 자신을 "질투하는 하나님"으로, 그분을 미워하는 자들에게 죄악을 보응하는 분으로 묘사하고 있다(출 20:5-7). 지상에 있는 성도들뿐만 아니라, 천상의 성도들에게도 하나님의 형벌적 공의가 찬양 받는다는 것을 보여주는 구절들이 있다(신 32:43; 계 19:6).

b. 같은 경향을 지지하는 입장에서, 흔히 형벌로 불리는 재앙들이 단지 죄의 자연적 결과일 뿐이라는 주장이 제기된다. 만약 이 주장이 옳다면 속죄의 필요성뿐만 아니라 그 가능성마저 무너진다. 왜냐하면 속죄는 다른 사람을 대신하여 적극적인 벌을 짊어지는 것을 포함하기 때문이다. 그러나 성경 전체는 처음부터 끝까지 적극적인 형벌의 사례들로 가득 차 있다. 대홍수, 소돔과 고모라의 멸망, 바로, 나답과 아비후, 고라와 그 자손들의 사건, 가나안 사람들의 추방과 멸망 등, 한마디로 이스라엘과 다른 민족들과의 관계 속에서 하나님이 행하신 모든 일들은 단순한 행동의 결과나 당연히 동반된 일이 아닌, 명백하게 적극적인 형벌의 가장 분명한 예들이다. 우리는 이것을 임의적인(arbritrary) 형벌보다는 적극적인(positive) 형벌이라고 부르며, 임의적이라는 표현은 적절하지도 않고 잘 들어맞지도 않는다.

성경의 모든 진술들은 적극적인 형벌의 존재를 논증하고 있다. 예를 들어, "임박한 진노"에 대해 읽을 때(마 3:7), 그 진노는 죄가 발생한 즉시 자연적으로 따르지 않는 것이 분명하기에 이는 적극적인 형벌의 명백한 증거다. 용서를 말할 때, 그 용어는 단순히 죄의 자연적 결과가 아니라 죄에 따르는 보응적 결과와 형벌을 면제하는 것을 의미하지 않는가? 하나님의 **징벌적 개입**에서 나오는 **적극적인 형벌**이라는 개념 없이, 보응의 교리를 적절하게 설명할 수 없다. 왜냐하면 죄가 단순히 자연적 결과나 인과관계에 따라 주어지는 결과 이외에 다른 결과를 수반하지 않는다면, 어떻게 보복이나 보상이 있을 수 있겠는가? 죄에 대한 온전한 보응은 최후의 심판 이후에서야 본격적으로 시작된다. 죄와 자연적으로 연결된 악들은 사실, 죄에 자연적으로 따르는 다양한 형태의 악은 심판자이신 하나님께서 부과하시는 형벌과는 구분된다. 죄로부터 일정한 결과나 결과들이 흘러나올 수 있으며, 그것들을 벌이라고 부를 수 있음을 부정할 수는 없다. 그러나 죄의 자연적인 결과에만 형벌이라는 이름을 붙이는 것은 언어를 잘못 사용하는 것이며, 건전한 이해에 반하는 것이다. 사람들이 그런 식으로 느슨하게 표현할 때, 그들은 자신의 행동과 그로 인해 초래된 경험적 결과 사이의 연관성을 말하고자 하는 의도일 것이다. 그러나 엄밀하고 적절한 용어 사용으로 우리는 형벌을 심판관의 판결에 의해 직접적으로 명령되고 명시적으로 부과된 고통으로 이해하지 인과관계에 의해 따라오는 자연적 결과로 보지 않는다. 따라서 형벌이란 죄와 범법에 의해 근심하시는 도덕적 통치자이신 하나님께서 그 죄에 대해 보응을 하시는 것을 일컫는다. 그것은 죄의 자연적인 결과와 다르다. 또한 그것은 우리가 교정하거나 징계하는 경우, 즉 우리가 단지 유익한 두려움을 심어주거나 그릇된 길에서 돌아서게 하려는 목적을 갖는 것과도 다르다.

c. 그러나 속죄의 필요성을 반대하는 사람들은 위에서 언급된 교리에 대해 더욱 근본적인 지점에서 이의를 제기한다. 그들은 하나님이 위해나 상해를 입으실 수 없다고 주장한다. 이러한 용어는 세속적인 군주에게는 적합할 수 있지만, 지존하신 하나님께는 적합하지 않다는 것이다. 왜냐하면 세속 군주의 권위는 그의 법을 어기고 그를 모욕하는 행위에 의해 손상되지만, 최고이신 하나님은 어떤 잘못이나 손상으로부터도 멀리 높이 계시기 때문이다. 만약 문제가 인간의 선함이 하나님께까지 미치는지, 혹은 인간의 반역이 **하나님의 본질적인 복된 상태**를 해치는지에 관한 것이라면, 그런 주장이 명백한 진실이라는 데에 다른 의견이 있을 수 없었을 것이다. 그러나 이 논의는 **하나님의 영광의 선포와 그분이 세상과 가지는 관계에 관한 것**이다. 세상은 오직 하나님께 찬양의 영광을 돌려드리기 위해 존재한다. 하나님의 완전함을 반영하는 거울로 창조된 이성적인 존재들은 그들의 의지와 하나님의 의지를 일

치시키고, 하나님의 지혜와 선함을 인식함으로써 찬양의 영광을 돌린다. 분명히, 죄인이 하나님께 속한 어떤 것을 빼앗을 수는 없다. 그러나 그렇다고 해서 하나님이 그분께 반역한 자들을 범죄자로 여기지 않는다는 결론이 따르지는 않는다. 피조물과 하나님의 관계는 죄 때문에 파괴되고 하나님은 그분의 이성적인 피조물의 행동에 무관심한 관찰자가 될 수 없다. 죄는 그것이 누구를 상대로 저질러졌는지에 따라 그 무게가 달라진다. 인간의 의지에는 무서운 힘이 있어서 피조물은 하나님께서 혐오하시는 계획을 세우고 목적을 실행할 수 있다. 아무리 보잘것없더라도, 그는 하나님을 모욕하고, 범죄하며, 잘못된 행동을 할 수 있다.

따라서 형벌적 공의는 하나님의 본성에 속한 경이로운 완전함이며, 무한히 완전하신 하나님께 합당한 것이다. 그 공의는 죄에 대한 만족을 요구한다. 형벌적 공의는 하나님의 자존적 본성에 속한 다른 어떤 것만큼이나 영원하고 필수적이다. 하나님은 죄를 그분 자신에게 반드시 만족을 가져다주는 방식으로 처벌하시며 하나님은 자신의 공의를 사랑하시기 때문에, 즉 의로우신 하나님이 의를 사랑하시기 때문에(시 11:7) 죄를 처벌하신다. 다시 말해, **하나님은 그분 자신에 대한 사랑에서 죄를 형벌하신다.** 또한 하나님은 결코 죄를 형벌하지 않을 수 없다. 왜냐하면 우리가 하나님께서 거짓말하실 수 없다고 단언하는 것처럼, 하나님은 죄를 형벌하지 않을 수 없기 때문이다. 하나님은 제삼자에게 의무를 지는 것이 아니라 그분 자신과 그분의 완전함에 대해 의무를 지며, 형벌을 행사하실 수밖에 없다. 만약 속죄나 대속적 희생제사가 없이는, 그분의 처벌할 권리를 포기하거나 양보할 수 없다. 그리고 속죄나 대속을 통해서도 역시 죄에 대한 하나님의 정당한 형벌은 반드시 집행된다는 것을 우리는 앞으로 살펴볼 것이다.

그러나 우리는 하나님의 공의에 대해 말할 때, 그 단어의 완전한 의미를 이해해야 하며, 일방적인 해석을 피해야 한다. 먼저 **명령적 공의**(Preceptive rectitude)가 있다. 이는 하나님이 그분의 정당한 권리나 요구를 선언하시는 공의이다. 반면에 죄에 대한 책임을 묻는 사법적 공의(Judicial rectitude)도 존재한다. 불순종에 대해 벌을 내리는 **형벌적 공의**(Punitive justice)가 있고, 상을 주는 **보상적 공의**(Remunerative justice)가 있는데 이 두 가지는 하나님의 공의가 행사되는 서로 다른 두 국면을 보여준다. 하나님의 공의는 그리스도께서 율법의 명령과 그 형벌에 모두 복종하신 능동적 순종과 수동적 순종을 통해 그 명령적 측면과 사법적 측면 모두가 총족된다. 하나님의 요구는 도덕적 율법에서 충분히 표현되므로, 하나님의 공의라는 더 추상적인 관점뿐만 아니라 하나님의 율법의 빛으로도 이 교리를 살펴보는 것은 유익하다. 이 두 관점은 서로를 보완하고 설명해준다.

종종 제기되는 반론 중 하나는 "속죄에 대한 논의에서 흔히 사용되는 '하나님의 공의에 대한 만족'이라는 표현이 성경 어디에서 사용되는가?"라는 것이다. 그러나 누구도 앞의 표현을 대체할 수 있는 권위 있는 문구를 생각할 수 없고, "하나님의 율법을 성취할 필요성이 성경 어디에 나오는가?"라고 물을 수도 없다. 소시니안 논쟁이 시작된 이후, 주로 형벌적 공의에 관한 논점에 초점이 맞춰지면서, 하나님의 공의를 만족시킬 필요성에 대해 이전보다 더 정확하게 말하는 것이 일반적이 되었다. 합리주의 진영이 거부한 것을 복음주의 교회는 소중하고 중요한 진리로 주장했고, 이로 인해 이러한 표현이 교회의 상징들 및 일상적인 사용으로 자리잡게 되었다. 그러나 시간이 지나면서 하나님의 공의의 요구가 존재하는지의 여부에 논쟁이 집중되자 이 표현이 사용될 때 어떤 지점을 간과하는 경향성을 띠기도 했다. 우리는 하나님을 재판장으로서만이 아니라 율법을 주신 분으로서도 고려해야 한다. 따라서 '하나님의 공의에 대한 만족'이라는 표현을 '하나님의 율법의 성취'라는 등가적이지만 보통 더 넓은 의미를 가진 표현과 번갈아 사용하는 것이 중요하다. 이는 사랑을 명하는 적극적 계명들의 성취뿐만 아니라 범해진 율법이 가하는 저주를 감당하는 것도 포함하는 개념이다. 이는 율법을 하나님의 요구의 모든 면을 담는 표현으로 여기는 것이다. 이 성경적 표현은 더 넓은 의미를 지니며, 기존의 표현을 대체할 자격은 없지만, 적어도 번갈아 사용될 가치가 있다.

이제 우리는 그리스도께서 속죄의 필요성을 분명하게 하신 가르침에 대해 탐색하고자 한다. 그분의 속죄적 죽음의 필요성에 대한 직접적이거나 간접적인 다양한 암시가 있다.

요한복음 3장 14절: "이와 같이 인자도 들려야 하리라(must be lifted up)" 우리는 지금 여기서 예수님께서 말씀하신 '반드시 must'라는 단어의 의미에 주목하고자 한다. 분명히 이 필연성은 단순히 선지자들이 그것을 예언했기 때문에 존재하는 것이 아니다. 예표를 주신 하나님의 신실하심은 지켜져야 하지만, 여기에는 더 깊은 이유가 있으며, 그것은 하나님의 작정과 하나님의 공의로 거슬러 올라가야 한다.[15] 그 필연성은 단지 예표를 성취해야 한다는 데에 근거를 두는 것이 아니라, 구속의 목적과 이루어야 할 결과에 그 근거가 있다. 어떤 이들은 이 표현의 의미를 희석하여, 단지 현 세상의 상황에서 비롯된 것이라 여기며, 십자가가 그저 반역하는 세상에서 그분에게 일어난 사건이라고 본다. 하지만 이는 본 의미에 접근하지 못한다. 예수님의 생애는 그분이 스스로 세상에서 일어나는 일들에 복종하기로 하신 경우를 제외하고는 이 세상의 힘에서 벗어나 계셨음을 보여준다. 그분의 시간이 오기 전에는 누구도 그분을 해할 수 없었다. 여기서 '반드시'라는 말은 그분이 인류를 치료하고 구원하기 위해 십자가에 못 박히셔야 한다는 뜻이다. 이 '반드시'는 인간이 구원받기 위해서 하나님의 공의와 작정에서 비롯된 필연성을 나타낸다.

이보다 덜 강조적이긴 하지만, 다른 관점에서 제시된 그리스도의 말씀들도 존재한다.

마태복음 26장 42절: "만일 할만하시거든 이 잔을 내게서 지나가게 하옵소서." 그리스도의 이 말씀에서 속죄 사역의 필연성에 대한 논거는 매우 강력하다. 그분에게서 잔이 지나가지 않았던 이유는 하나님의 요구가 속죄를 위한 고난을 필요로 했기 때문이라고밖에 설명할 수 없다. 항상 그분의 기도를 들어주신 아버지께 요청했음에도 불구하고, 독생자는 그 잔을 마셔야 했다. 그 잔이 지나갈 수 없는 이유가 하나님의 공의에서 비롯되지 않았다고 말하는 것은 명백히 근거가 없다. 하나님의 공의를 제외한다면 그분이 아들에게 그 잔에 담긴 모든 것을 그토록 확고부동하게 마시게 하셨을 리가 없기 때문이다. 고난은 필수적이었다. 속죄는 필수적이었다. 그래야 그분의 백성에게서 고난의 잔이 지나갈 수 있었다.[16]

같은 사실은 그리스도의 속죄 사역을 무시했을 때 돌이킬 수 없는 결과를 묘사하는 구절들에서도 입증된다. 십자가에 못 박히신 그리스도를 믿지 않는 결과는 정죄이다(요 3:18).

마가복음 8장 37절: "사람이 무엇을 주고 그 목숨을 바꾸겠느냐?" 이 말씀은 그리스도를 거절하거나 부인하는 것에 대한 암시가 있는 문맥에서 나타나며, 그리스도를 받아들이는 것을 통해 속전을 얻을 수 있지만, 그 기회를 무시하거나 유일한 희생제물을 찾지 못하고 이생을 떠나는 사람에게는 속전이 없다는 것을 가르치려는 의도로 말해졌다. 사실상 그분은 이렇게 말씀하신다: 나를, 즉 유일한 속전 또는 구원의 수단을 부인했으니 더 이상 죄를 위한 희생제사는 없다. 이 속전에 대한 명백한 암시는 그것의 필요성을 전제하고 있으며, 죄를 속죄하고 죄인의 자리를 대신하여 속전을 지불하신 예수님 안에서만 그것이 발견된다는 것을 암시한다. 그리스도의 중보기도에서도 속죄가 필수적임이 전제되고 있다. 그분은 공의와 자비를 근거로 변호하시며, 공의가 요구하는 바를 인식하고, 그에 대해 이루어질 만족에 근거하여 탄원을 제시하신다.

요한복음 17장 25절: "의로우신 아버지여, 세상이 아버지를 알지 못하여도.." 우리 주님께서는 아버지께서 그분에게 주신 사람들이 그분과 함께 영광 중에 있기를 기도하시며, 하나님의 공의를 근거로 중보하신다. 성도들이 행한 모든 일에 대해 은혜로운 보상이 주어지지만, 그리스도의 이 말씀은 이러한 성격의 보상을 의미하지 않는다. 왜냐하면 그것은 엄밀한 의미에서의 공의가 아니기 때문이다. 그러나 우리 주님은 그분의 구속받은 자들이 영원한 영광에 들어가 그분과 함께 있기를 구하실 때 하나님의 공의에 호소하실 수 있다. 그분은 그들을 위해 영생을 획득하셨고, 그 대가는 그분의 고난으로 치러졌다. 그리스도의 백성들이 그분과 함께 생명 안에서 통치하는 것이 공의로운 것이다. 하나님의 공의는 그리스도를 통해 나타났고, 그분의 속죄로 만족되었으며, 그분은 "이것을 행하라, 그러면 살리라"라는 요구를 충족하셨다. 따라서 그분은 하나님의 공의에 호소하여 그분의 백성이 그 상을 누릴 수 있도록 하신다. 이는 하나님께서 속죄를 요구하신 필요성을 전제한다.

성육신은 목적을 위한 수단으로써 구속경륜에 속한다.

죄에 대한 해결책을 언급한 후, 우리는 속죄 사역 전체의 기초인 성육신이라는 위대한 사실을 논하게 된다. 주님의 성육신은 하나의 위대한 결과를 성취하기 위한 수단으로 일관되게 제시되며, 그 자체가 목적이 아니다. 따라서 주님의 가르침에서도, 그분은 자신이 하늘로부터 내려온 이유가 자신에게 주어진 백성을 위해서라고 선언하신다(요 6:39); 잃어버린 자를 구원하기 위해 오셨다

(마 18:11); 그리고 다른 사람들을 위해 자신의 생명을 주기 위해 오셨다고 말씀하신다(막 10:45). 우리는 하나님과 인간 사이의 관계를 다음과 같이 설명할 수 있다. 모든 거룩함과 공의를 지닌 무한한 하나님과, 반역하고 죄로 물든 인간 사이에는 도덕적 관점에서 생각할 수 있는 가장 넓은 간극이 존재한다. 무엇이 이 둘을 하나로 만들 수 있는가? 누가 그 간극을 메우고 멀어진 관계를 가깝게 만들 수 있는가? 영원한 아들의 성육신이 그 답을 제공한다. 이는 그 간극을 메우고 인간의 관계를 바로잡는 길을 열어준다. 그러나 이는 또한 인간 영혼의 갈망을 충족시키는 데 필수적이며, 그 영혼은 때때로 외친다: "나의 창조주가 나의 구속주가 아니었다면, 나는 어떻게 되었을 것인가?"(사 54:5).

나는 이 주제를 가능한 간략하게 다루려 한다. 현대의 "예수 전기"들은 지나치게 인본주의적이기에 성육신에 대한 만족스러운 이해를 제공한다고 보기는 어렵지만, 그럼에도 두 가지 공헌을 했다. 첫째는 성육신이 시간 속의 한 인격, 그것도 유일하신 바로 그분을 통해 이루어졌다는 사실을 확증한 것이다. 둘째는 예수님께서 그저 자신의 사상을 설파하기 위해 오신 게 아니라 특정한 사역을 행하기 위해 오셨으며, 그분 안에서 구속과 생명을 찾는 공동체의 머리가 되셨다는 사실을 밝힌 것이다. 성육신을 하나님과의 연합과 화목과 생명의 근간으로 진지하게 고려하게 되면, 교리와 삶 모두에 신선한 파급력이 끼쳐질 것이라고 말해도 과언이 아니다.

여기서 나는 서두에, 내가 성육신에 대해 언급할 때, 오늘날 많은 저작들에서 제시된 관점으로 이 교리를 다루지 않는다고 말할 필요가 있다. 나는 대륙 신학자들 사이에서 널리 채택된 관점, 즉 성육신이 죄가 우주의 조화를 깨뜨리지 않았어도 일어났을 것이라는 견해를 공유하지 않는다. 반대로, 그 견해는 진리의 모든 영역을 왜곡할 위험이 크다고 생각된다. 왜냐하면 성육신을 인간성의 개념에서 도출해내고, 자유롭고 주권적인 사랑의 행사에서 도출하지 않기 때문이다. 죄의 교리가 이 위대한 진리의 논리적 근거와 기초를 제공한다. 그러나 만약 성육신을 인간의 창조의 완성이나 인간의 이상적 모습이 실현된 것으로 표현한다면, 이는 겉으로는 그럴듯해 보이는 말로 진리에서 위험한 일탈을 도입하는 것이라고 생각된다. 만약 창조의 행위를 보완하기 위해 여전히 특별한 개입이 필요했다고 한다면 이는 매우 중대한 결과를 초래할 것이다. 첫 사람 아담은 이상적 인간의 모습을 가지지 못했던 것이고, 그리스도는 완성된 피조물이 되시는 것이다. 이 견해는 슐라이어마허 신학에 적합할 수 있지만, 이는 모든 것을 자연적 과정으로 환원시키며, 십자가의 걸림돌을 피하려는 의도를 담고 있다. 그러면 하나님의 아들은 더 이상 잃어버린 자의 구속자가 아니라, 불완전한 인간을 완성하시는 분이 된다.[17]

반대로, 주님의 가르침에 따르면, 성육신은 죄에 의해 조건 지어졌으며, 구속이 전제되지 않으면 필수적이지 않았다. 죄의 속죄, 율법에 대한 공로적 순종, 하나님의 공의의 옹호가 성육신이라는 놀라운 사실에 의해 목표로 삼아진 것이며, 성육신과 십자가는 분리될 수 없다. 성경 말씀은 자연적 과정이 아닌 구속적 사랑의 성육신을 선포한다. 만약 우리가 전자의 견해(성육신이 죄와 구속과는 상관없이 필연적으로 일어났다는 생각)를 받아들인다면, 성육신의 주요 목적 중 하나인 속죄가 이 위대한 사건에서 부차적이고 이차적인 문제로 축소될 것이다. 성육신이 역사 과정에서 필연적으로 이루어졌어야 하며, 이는 하나님의 필연성에서 비롯되었거나 인간성의 이상을 실현하기 위해 필요했다면, 예수님에 관한 역사적 사실은 어차피 일어날 수밖에 없었던 사건의 한 특수한 형태에 불과했을 것이다. 그러면 과연 성육신 안에서 하나님의 주권적인 사랑을 볼 수 있겠는가?

이 관점에서 우리는 하나님이 어떤 경우에도 어떤 사건이나 상황을 원인으로 해서 행동하지 않으신다는 반대 의견을 쉽게 물리칠 수 있다. 성육신이 죄를 원인으로 해서 일어난 것으로 간주한다고 해서 성육신의 가치가 폄하되는 것은 아니다. 왜냐하면 성육신이 죄에 의해 직접적으로 야기된 것은 결코 아니기 때문이다. 하나님의 이 위대한 사역은 여전히 그분의 자유로운 사역이자 행위이며, 하나님의 지복에 반드시 필요한 필수 요건은 아니었다. 따라서 성육신은 창조나 우주를 향한 하나님의 다른 모든 행위와 마찬가지로 동일한 기반 위에 서 있는 것이다. 그러나 실제로 하나님이 결코 어떠한 원인에 의해 행동하지 않으신다는 말은 사실과 거리가 멀다. 우리는 타락 이후부터 성육신의 역사, 즉 성육신의 예고와 예언, 그리고 주님의 실제 역사까지 모든 상황들이 죄가 원인이 되어 형성되고 다듬어졌다는 사실을 살펴보면 알 수 있다. 성육신이 하나의 목적을 위한 수단으로 이루어졌음을 이제 우리는 생각해봐야 한다. 우리는 이 문제를 두 관점에서 접근해보려 한다.

a. 첫 번째 해결해야 할 문제는 어떻게 죄책을 지닌 피조물이 죄 없는 자로 나타날 수 있으며, 한쪽에는 하나님의 진노, 다른 쪽에는 인간의 반역으로 인해 세워진 장벽이 어떻게 제거될 수 있는가 하는 것이다. 하나님의 사랑이 인류에게 자유롭게 흘러가도록 하고, 죄인들이 다시 그들의 창조주의 거처가 되게 할 수 있는 해결책이 필요했다. 이는 하나님이 우리를 정죄하심보다 구원하심에서 더 큰 영광을 받으시도록 하는 방식으로 이루어져야 했다. 하나님의 모든 속성이 예외 없이 드러나, 죄인들에게 베풀어지는 은혜가 제한 없이 나타나야 했다(마 9:13). 이렇게 큰 파멸에서 이토록 많은 선을 이끌어 내고, 한때 멀어진 인간을 하나님의 요구와 율법의 영광에 조화되게 하여 다시 하나님의 사랑 안에서 교제할 수 있게 만드는 것은 성육신의 합당한 목적이었다. 기독교의 구속은 단순히 창조를 완성하는 자연적 과정이 아니라, 인간의 타락을 회복하기 위한 구원 계획이다. 이를 통해 모든 결핍이 채워지고, 더욱 크고 영광스러운 존재로 변화되어 더 큰 행복을 누릴 수 있게 된다. 이 구속 계획은 인간이 타락하지 않았더라도 누리지 못했을 하나님과의 더 친밀한 관계를 목표로 한다(요 17:20-23). 기독교의 근본 사상인 하나님의 형상은 창세기와 요한계

시록의 묘사가 맞닿을 정도로 온전히 회복된다. 성육신을 통해 잃어버렸던 하나님의 형상과 통치권(dominion)이 회복된다.

b. 성육신으로 해결되어야 할 두 번째 것은 모든 것을 하나의 머리 아래 통합하는 것이다(엡 1:10; 골 1:20). 죄는 인간을 하나님으로부터, 그리고 서로 간에 분리시키는 결과를 초래했다. 인간의 원래 상태를 깊이 고민해 본 사람이라면, 성경의 분명한 증거를 통해(골 1:15-16) 성육신과는 별개로 인간 존재 자체가 본래 하나님의 아들을 원형(Archetype), 머리(Head), 주(Lord)로 삼고 있었다는 결론에 도달할 것이다. 다만, 인간이 본래 하나님의 아들 안에서 그 존재 기반을 가졌다는 사실을 인정하면서도, 첫 사람 아담을 둘째 아담의 상대적 대응으로서 어디에 위치시켜야 할지는 쉽지 않은 문제다. 그러나 우리가 확신할 수 있는 분명한 두 가지 사실이 있다. (1) 모든 것의 근본적 구조가 아들 안에서 형성되었다는 것[18](골 1:15); 그리고 (2)인류가 아담 안에 있었다는 점에서 우리는 모두 그 한 사람이라는 것이다(롬 5:12). 비록 성경이 명확히 정의하지 않은 것을 억지로 체계화하지는 않지만, 이 두 가지 요소는 창조의 근본 구조에 포함되며, 둘째 아담 곧 하늘로부터 온 주님 안에서 새로운 결합을 이루고 있다. 이는 인간이 원래부터 신적 머리 안에서 유기적 연합으로 창조되었음을 충분히 입증한다. 구속받은 사람들이 역사적 그리스도 안에 들어가게 되는 상태는, 창조된 본래 상태에서 소유했었지만 가변적이었던 것이 이제는 확고히 회복된 것이다.

성육신이 목적을 위한 수단이라는 결론에 도달할 수밖에 없지만, 이 목적이 반드시 수단보다 더 중요하다는 식으로 생각할 필요는 없다. 죄와 구속이라는 두 가지를 중심으로 형성되는 교회의 기독교적 의식은 우리가 언급한 사변적 사상과는 조화를 이루지 않으며, 오히려 그것이 확산되는 것을 막는 확실한 장벽이 된다.[19]

속죄를 주시는 하나님의 사랑
: 공의와 조화되어 영원한 생명을 여는 유일한 통로

"하나님이 세상을 이처럼 사랑하사 독생자를 주셨으니, 이는 그를 믿는 자마다 멸망하지 않고 영생을 얻게 하려 하심이라."(요 3:16)

앞에서 속죄의 필요성에 관에 설명하면서 언급한 주님의 말씀(이같이 인자도 들려야 하리니)에 더해진 이 추가적인 증언은 니고데모에게 속죄의 사실과 그 기원이 하나님의 사랑에 있음을 더 충분히 알리기 위해 부가된다. 이것은 주님의 말씀 중 하나이지 저자 요한의 주석이 아님은 요한복음 특유의 방식, 즉 요한이 주님의 말씀에 주석을 다는 방식에 집중해 본 사람이라면 누구나 알 수 있다. 요한은 자신이 주석을 달고 있을 때는 그 사실을 확실하게 밝힌다(요 7:39). 이 증언은 연결 접속사 '이는'으로 도입되며, 이는 논의의 연속성을 보여주고 앞 절(15절)의 마지막 구절에 대한 이유를 제공한다. 속죄에 대한 암시는 "독생자를 주셨다"는 표현에서 분명하게 드러난다. 일부는 이를 단순히 '보내심을 받았다'라고 해석하지만, 여기서는 희생의 의미를 담아 '죽음에 내주셨다'는 뜻으로 이해하는 것이 더 적절하다. 이는 앞 문맥에서 언급된 "들어올려짐"과 연결된다. 이 '아들을 주셨다'는 것은 영원 전에 아들을 주시기로 한 하나님의 뜻이나 신자가 그리스도를 영접할 때의 개인적 경험을 의미하는 것이 아니라, 그분이 죽음에 넘겨진 것을 나타낸다. 더 정확히 말하면 희생제물로서 죽음에 넘겨지는 것을 말하는데, 이는 제물을 내어주는 것이 희생제사의 과정 중 일부였기 때문이다. 성경에서 하나님이 아들을 내주셨다는 표현(롬 8:32)이나, 아들이 자신을 내주셨다는 표현(마 20:28; 갈 1:4)은 모두 하나님께 드려진 희생제사를 의미한다. 이 표현의 의미에 대한 오해는 종종 언어에 대한 이해도의 미흡함에서 비롯된 논쟁과 오해가 얼마나 많은지 보여준다. 이전에 "독생자를 주셨으니"라는 표현을 두고 이것이 택자들에게 실제로 그리스도가 주어지는 것을 염두에 둔 것인지 혹은 보편적인 복음의 제시를 염두에 둔 것인지를 두고 논쟁이 있었다. 이 논쟁은 이 표현을 주는 자와 받는 자를 전제한 선물(gift)의 의미만을 담은 것으로 이해했기 때문에 발생한 것이다. 사실상 이 표현은 그리스도의 죽음과 관련해 사용될 때 둘 중 어느 의미와도 정확하게 맞아떨어지지 않는다. 왜냐하면 하나님께서 자기 아들을 주셨다고 말할 때나, 아들께서 자기 자신을 주셨다고 말할 때 그 말씀은 반드시 희생제사적인 의미로 이해되어야 하기 때문이다. 즉 여기서 주님은 자신이 보냄받으신 사실이나 자신의 성육신을 염두에 두고 계시기보다는 그분이 들리시고 우리를 대신해 저주받으신 희생제사적 죽음을 염두에 두고 계셨다.

속죄와 관련하여 몇 가지 중요한 사항들이 언급되며, 이를 주목해야 할 필요가 있다.

1. 여기서 속죄는 하나님의 사랑에서 발산된 것으로 묘사된다. 그리스도의 이 말씀은 속죄에 관한 성경의 가르침을 드러내기 위해서는 사랑이 중요한 위치를 차지해야 함을 분명하게 보여준다. 성경적인 신학자라면 그 어떠한 이론이나 교리적 편파성에 의해서라도 사랑에 대한 강조가 희석되지 않도록 주의해야 한다. 심지어는 공의가 사랑보다 우선적으로 부각돼도 진리의 균형은 파괴되고 만다. 본문은 물론 두 가지 모두를 다루고 있다. 하나님의 사랑은 독생자를 자신의 공의를 만족시키는 희생제사적 죽음에 넘겨주시는 것에서 나타나기 때문이다. 따라서 여기서 두 가지를 명확히 구분해 파악하는 일이 필요해 보인다.

사랑은 자신을 내어주시는 하나님의 성품이자 모든 복의 원천이라고 할 수 있으며, 이는 피조물이 하나님과 맺고 있는 관계나 하나님께서 그들에게 행하시는 다양한 방식에 따라 여러 이름으로 불린다. 반면에 **공의**는 신격(Godhead)의 고유한 권리들을 유지하시는 하나님의 자기주장적 활동으로 정의할 수 있다. 하나님께서는 자기 자신을 사랑하시며 자신의 완전하심들을 기뻐하지 않으실 수 없다. 시편 기자가 "의로우신 여호와는 의를 사랑하시며"(시 11:7)라고 표현한 것도 이 때문이다. 하나님의 속성을 올바르게 이해하려면, 어떤 속성도 우위를 차지한다고 할 수 없다. 이 속성들은 균형을 이루고 있으며, 그 균형이 무너진다면 우주는 파멸할 것이다. 대리 만족론을 반대하는 사람들은 이 공의와 사랑의 균형을 부정하며, 이를 "하나님의 속성에 대한 이원론"이라 부르고 공의를 사랑으로 희석하려 한다. 하지만 둘은 결코 하나로 환원될 수 없다. 그것들은 하나님 자신에 대한 사랑과 인류에 대한 사랑, 주는 것과 지키는 것만큼이나 구별된다. 하나님은 사랑을 실천하심으로써 자신의 본성을 피조물에게 베푸시지만, 하나님으로서 고유한 권리를 결코 포기하시거나 양보하실 수 없다. 같은 원리는 하나님의 형상대로 지음 받아 선행을 베푸는 사람의 삶에도 나타난다. 그는 선을 나누고 베풀지만, 그가 나눌 때 자신의 고유한 권리와 특권을 여전히 지닌다.

하나님의 사랑에 관하여, 근래의 어떤 저자들은[21] 하나님의 속성을 설명할 때 사랑을 하나님의 속성 중 하나로 여기지 않고 하나님께서 인간을 대하시는 방식 전체를 묘사하는 것으로 보거나 모든 속성이 동시에 발현되는 것으로 설명한다. 얼핏 보기에는 이에 대한 근거가 빈약해 보인다. 그러나 다른 한편으로 생각해볼 때, 영감받은 사도인 요한이 하나님을 가장 잘 묘사하는 것으로 사랑이라는 이 하나의 속성을 선택한 것은 "사랑"의 중심적 위치를 보여주기도 하고, 하나님께서 교회를 대하시는 방식을 가장 온전하고 정확하게 설명하기 위해서는 사랑 안에 다른 모든 완전하심들이 담긴 것으로 이해하는 것이 합당할 수 있음을 시사한다. 우리가 사랑이 하나님의 자연적이고 도덕적인 속성들을 내포한 것으로 여기고, 하나님의 사랑을 일컬어 전능하고 거룩한 사랑, 지혜롭고 전지한 사랑으로 말하게 될 때 "하나님은 사랑이시라"(요일

4:8)는 구절의 의미를 올바로 이해하는 것이다. 여기서 사랑은 스스로 시작되고, 스스로 움직이며, 자유롭고 무한한 것으로 여겨진다. 루터가 잘 묘사한 것처럼, 이 본문은 그 자체로 작은 성경이라고 할 수 있다. 예수님의 이 말씀 속에 묘사된 하나님의 사랑의 범위는 세 가지 측면에서 살펴볼 수 있다. 즉, 위대한 수여자(Giver), 하나님의 독생자의 무한한 희생, 그리고 그 사랑을 받을 가치가 없는 대상들이다.

하지만 더 주목해야 할 것은, 예수님이 여기서 속죄와 관련하여 하나님의 사랑을 제시할 때, 단지 우리에게 하나님의 사랑을 확신시키기 위함(십자가가 죄 문제의 실제적 해결이 아니라 '하나님의 사랑이 이만큼 크다'를 보여주는 것)이 아니라는 점이다. 예수님께서는 하나님의 사랑이 아들을 희생제물로서 내어주심에서 나타난다고 말하고 있으며, 이 사실을 이해하는 것은 매우 중요하다. 속죄는 인간을 위해서도 필요했지만, 하나님을 위해서도 필요한 것이었다. 그리스도의 죽음은 하나님이 사랑을 큰 값을 치르시고 나타내신 방식이기에 인간의 노예적인 두려움과 불신을 없애고 하나님께로 나아오게 한다. 그러나 동시에 그 죽음은 하나님을 위해 죄에 대한 대속적 희생제사를 제공한 것이었다. 본문은 공의와 사랑의 조화를 나타낸다. 공의의 요구와 사랑의 내어주심을 함께 보여주는 것이다.

이 부분을 주의 깊게 살펴봐야 하는 이유는, 하나님의 공의를 강조하는 것이 하나님의 사랑을 희생시키는 것이라는 반론이 있기 때문이다. 하지만 둘은 서로 충돌하는 것이 아니다. 만일 하나님께서 주신 것이 있다면, 이는 사랑에서 비롯된 것이다. 그리고 극복해야 할 어려움이 크고 공의가 만족되어야 한다는 필연성이 우리가 손쓸 수 없을 정도로 확고할수록 그 사랑은 크게 나타나는 것이다. 사랑은 극복해야 할 어려움에 비례하는데, 만일 구원이 하나님의 아들의 낮아지심과 십자가 죽음을 통해서만 가능했다면, 그런 희생조차마다하지 않는 사랑은 실로 무한한 사랑이다. 그때에만 사랑이 온전히 드러나며, 공의가 만족되어야 하는 필요성을 인정하지 않는 사람들은 사랑의 본질을 제대로 이해하지 못한다. 이처럼 십자가는 대속제물을 제공하신 하나님의 사랑을 보여주며, 그 사랑의 실재와 위대함을 최고로 나타낸다. 십자가를 요구한 것이 하나님의 도덕적인 통치와 공의였다면, 십자가가 흘러나온 원천은 하나님의 자발적인 사랑이었다.

2. 또한 이 구절에서 강조되는 또 하나의 사실은 독생자의 존엄성에서 비롯된 희생제사의 가치이다. 주님께서는 이전 구절에서 자신을 '인자'라고 부르셨는데, 이는 겸손의 칭호로서 자신을 낮추신 표현이다. 그러나 여기서는 신적인 존엄을 나타내는 칭호로 자신을 묘사하고 있으며, 이는 이러한 희생이 무한한 가치를 지니고 있음을 암시하며, 비록 죄가 무한히 크더라도 이를 무효화할 수 있음을 시사한다. 고통을 겪을 수 없는 신성이 인성과 결합하여 중보자의 고통에 무한한 가치를 부여했다. 하나님의 아들로서의 속죄가 지닌 이 무한한 존엄성과 가치는, 그분이 죽음을 통해 자신을 내주신 모든 사람을 위한 완전한 대속적 효능을 가지고 있었다.[22]

죄인을 위한 독생자의 속죄 안에서 사랑과 공의가 만날 때만 하나님께서 생명을 주실 수 있다는 사실이 이 말씀의 요지다. 이 모든 것은 생명을 얻기 위한 사전 조건으로 명확히 제시되어 있다. "그의 독생자를 주셨으니"라는 구절은 앞에서 살펴본 바와 같이 그리스도의 희생적 죽음을 가리킨다. 이는 사랑의 최고 단계에 해당하며, 동시에 진노하신 하나님을 진정시키는 효과를 갖고 있음을 암시한다. 이 모든 표현들이 지향하는 생각은, 하나님께서는 그분의 고유한 권리가 침해되었을 때 이를 포기할 수 없고, 필연적으로 스스로를 만족시키기 위해 형벌하신다는 것이다. 하나님은 스스로를 부인할 수 없으시기 때문이다. 이 생각은 여러 가지 어려운 문제를 해결할 수 있는 열쇠가 된다.

a. 이 구절의 명백한 의미는 오늘날 널리 퍼진 개념, 즉 순수한 사랑만이 인간에 대한 하나님의 행동 원칙이며, 진노나 형벌을 동반하지 않는다는 견해와 상충한다. 이 견해에 따르면 우리는 벌을 받는다는 말이나 대리적인 순종에 대해 이야기하지 말아야 하며, 요컨대 하나님과의 관계에서 변화가 필요한 것은 하나님이 아니라 인간이라는 것이다. 그러나 이 구절은 그 반대를 가르치고 있다. 하나님의 사랑은 죄로 인해 하나님의 진노를 불러온 자들과 새로운 관계를 맺을 수 있도록 속죄를 제공하신다는 사실에서 특히 드러난다. 인류에 대한 사랑과 하나님 자신에 대한 사랑은 전혀 양립할 수 없는 것이 아니라, 그리스도의 속죄 사역에서 함께 놓일 수 있다. 하나님의 형벌적 공의는 형벌을 요구했고, 인류에 대한 사랑은 그 형벌을 대신 지는 대속자를 제공했다. 이 두 가지 원칙 사이에 어떤 불일치가 있겠는가!

b. 그러나 속죄가 이 증언에 따라 하나님의 사랑의 결과라면, 그것이 어떻게 하나님의 호의의 원인이 될 수 있는가? 그렇게 큰 사랑은 이미 하나님이 화목하게 되셨음을 암시하지 않을까? 여기서 우리는 작용하는 원인과 공로적 원인(meritorious cause)을 구별해야 한다. 속죄 사역의 근본적 원인을 바라보면, 성육신과 예수님의 죽음은 사랑의 열매이지 그 원인이 아니다. 그러나 우리가 실제로 받아들이는 하나님의 호의, 즉 구속받은 자들에 대해 하나님께서 이루신 새로운 관계에서 속죄는 그 원인이 되는데, 이는 타락이 하나님의 진노의 원인이 되었던 것과 같다.

c. 또 다른 질문이 제기될 수 있다. 하나님이 인류를 미워하지 않으신다면 어떻게 되는가? 그러나 여기서도 우리는 구별해야 한다. 하나님이 미워하시고 형벌하시는 것은 죄다. 하나님은 자신의 피조물로서 인류를 사랑하시지만, 죄로 인해 생긴 장애물이 제거되지 않는 한 자신의 사랑이 가져오는 결과들을 전달하실 수 없다. 만일 사람들이 어떤 보상이나 속죄의 개입이 없어도 하나님

이 그들을 호의적으로 받아들이실 수 있다고 주장한다면, 이는 하나님의 완전성과 균형을 이루지 못하는 주장이다. 더욱이 그들은 그분의 아들을 보내셔서 우리가 멸망하지 않도록 그분을 "주시는" 모든 신성한 행위가 모순된다고 주장하는 것이다.

목적을 나타내는 접속사 "(ινα)"로 시작하는 마지막 구절은 하나님의 권리가 확보될 때만 하나님의 생명이 흐를 통로가 열리게 된다는 것을 암시한다. 이는 앞 구절에서도 동일한 구절로 등장하지만, 새로운 맥락에서 다루어진다. 이전 구절에서는 속죄의 필수적 필요성과 관련하여 이 구절이 사용되었으나, 이번 구절에서는 인간과 하나님의 관계를 바로잡는 사랑과 공의의 균형과 연결되어 있으며, 이 구절은 그로부터 영원한 생명이 흘러나옴을 가리킨다. 이 문제를 올바르게 이해하는 것이 더욱 중요한 이유는 현대 신학의 여러 요소들이 너무나도 분리되어 있어, 하나님의 생명 전달이라는 교리 전체에서 적절한 맥락을 상실한 경우가 많기 때문이다.

주님과 사도들은 일반적으로 그리스도의 죽음의 직접적인 목적을 구속 또는 죄사함으로 제시한다. 그러나 이 새롭게 정립된 관계의 궁극적인 목적은 더 나아가 하나님의 생명을 전달하는 데 있다. 따라서 죄책의 제거는 영원한 생명을 전달하기 위한 길을 여는 단계이며, 이는 그리스도의 죽음과 죄인을 받아주심을 통해 이루어진다. 영적 생명은 죄 사함을 받은 모든 사람이 누릴 권리이지만, 하나님의 생명 전달이나 본성의 성화를 위해 우선적으로 요구되는 것은 죄 사함과 죄인의 받아들여짐이다.

그러므로 그리스도께서 자신을 희생제물로 바친 목적은 죄의 권세로부터 우리를 해방시키기 위함이라는 점을 명심해야 한다. 그러나 이 목적은 속죄의 즉각적인 결과로서 죄인의 받아들여짐을 통해, 또한 그리스도의 죽음으로 열린 길로 오시는 생명의 성령을 통해서만 달성될 수 있다. 하지만 본 구절이나 이와 유사한 어떤 구절에서도 영적 생명이 그리스도의 죽음의 직접적이고 즉각적인 목적이라고 표현되지 않는다. 죄인의 죄책이 제거되지 않는 한 영적 생명에 대한 권리는 주어질 수 없다. 먼저는 죄인이 하나님께 받아들여지고, 그 다음에 그의 본성이 새롭게 된다.

많은 이들이 이 구절과 유사한 구절들에서 생명이 첫 번째 순서라고 결론 내리고, 죄인을 받아주심과 죄 사함이 그리스도의 구속 사역에서 직접적으로 흘러나오는 것이 아니라 생명을 소유하는 데서 직접적으로 비롯된다고 주장하는 것은 용어의 해석을 왜곡하는 것이다. 이러한 문구에 사용된 최종 목적을 나타내는 접속사는 매우 강력한 의미를 가진다. 구약 언약의 "행하라, 그러면 살리라"라는 논거는 구속자의 말씀을 해석하는 사도들에 의해 지지되고 강화되었으며, 이는 결정적인 논리이다(롬 5:17). 흔히 보편적이며 유행하는 반대 의견은 모든 것을 뒤집어 놓는다. 이러한 현대 저자들은 그리스도를 통해(through) 화해를 이루려 하지 않고, 그분 안(in)에서만 이루려 하며, 이는 단순히 신비주의적인 성격의 화해를 의미한다. 그들은 하나님께서 죄를 용서하시는 것은 죄가 실제적으로 극복되는 내면적인 변화를 통해서만 가능하다고 말한다. 그리고 죄를 없애는 내면적 변화가 있음으로 죄 사함을 받기 때문에, 속죄나 만족 자체는 불필요하며 심지어는 불가능하다고까지 주장한다. 그러나 이 본문은 속죄와 생명의 관계를 전혀 다르게 설정하고 있다.[23]

하나님과 사람 사이의 유일한 중보자인 예수님의 독특한 위치

예수님 스스로가 사용하신 표현과 칭호는 그분이 세상, 더 정확히는 그분이 자신의 것으로 인정하시는 한 무리나 백성과 독특한 관계를 가지고 계심을 나타낸다. 속죄 교리를 논의할 때 흔히 사용되는 성경적 용어들, 예를 들어 보증인, 중보자, 대제사장, 대언자 같은 칭호들은 모두 예수님이 하나님 앞에서 우리를 대신하여 나타나 우리의 문제를 대변하는 분으로서의 역할을 나타낸다. 이러한 칭호들은 실제로 주님께서 자신을 묘사하실 때 직접 사용하시지는 않았지만, 그분이 중보자로서 자신을 통해서만 하나님과 인간이 교제할 수 있다고 완전히 자각하고 계셨다는 점에서 그 의미가 분명히 드러난다. 예수님은 자신의 백성에게 가장 유익한 것이 무엇인지 항상 이해하시고 이를 위해 최선을 다하셨다. 그분은 육신을 입으셨으며 인간 본성의 약함을 직접 경험하셨기 때문에 그들의 상황에 공감하며 자비롭게 그들의 문제를 돌보신다. 예수님은 이 역할을 합법적으로 부여받고 임명되셨으며, 더 나아가 그분이 자주 사용하신 희생제사적 표현은 비록 '제사장'이라는 용어를 직접 사용하지는 않으셨지만, 그분이 제사장으로서의 기능을 수행하고 계심을 암시한다.

이러한 칭호들은 모두 그분이 **인류와의 관계에서 유일무이한 역할**을 가지고 하나님과 사람 사이에 서 계셨음을 의미한다. 그분은 부정적 신학이 그분을 묘사하는 것처럼 단순히 인류의 한 개체가 아니었고, 그분은 인류를 대표하여 활동하셨다. 그분은 자신 외에 그 누구도 감히 설 수 없는 위치를 차지하셨다. 예를 들어, 예수님이 "내가 곧 길이요 진리요 생명이니"라고 하실 때(요 14:6), 그분은 자신이 유일한 길이라는 의미로 말씀하신 것이다. 단순히 다른 이들을 위한 길을 열어주신 것이 아니라, **그분의 인격과 사역 자체가 하나님께 나아가는 유일한 길이 되신다는 것**이다. 이러한 의미는 "나로 말미암지 않고는 아버지께로 올 자가 없느니라"는 이어지는 말씀에서 분명히 드러난다. 만일 예수님이 단지 선생이거나, 본보기이거나, 단순히 새로운 종교의 인간 창시자에 불과했다면, 그분이 스스로에 대해 이런 주장을 할 수 있었을까? 분명 그렇지 않다. 모세, 다윗, 선지자들처럼 올바른 예배의 길을 지적할 권한이나 자격 있는 다른 선생들도 있었다. 또한 예수님을 단순한 본보기나 새로운 종교의 창시자로 해석한다면 자신이 유일한 길이라는 말씀이 성립될 수 없다. 다른 본보기도 있지만, 그분처럼 완벽한 본보기는 없다. 그분이 모세처럼 단순한 도구나 종교의 창시자라면, 사람들은 그 종교를 받아들이고 창시자를 잊어버린다고 해도 큰 문제가 없을 것이다. 그러나 **주님은 자신이 생략되거나 잊히거나 대체될 수 없다고 말씀하신다.** 처음부터 끝까지 누구도 그분을 통하지 않고서는 하나님께 나아갈 수 없다. 이것은 그분이 중보자, 대제사장, 혹은 그분의 인격과 사역에 기초하여 하나님께 인도하는 분임을 보여주며, 이 땅을 밟았던 어떤 선지자나 사도도 이와 같은 주장을 할 수 없다.

예수님은 한편으로 자신을 다른 모든 사람들과 대조하셨지만, 다른 한편으로는 자신을 잃어버린 자들과 정죄받은 자들에게 연결하셨는데, 그분은 그들의 의사이자 구원자로서 행동하셨다(마 9:12; 눅 19:10). 그리고 인류와의 독특한 관계를 전달하기 위해, 예수님은 그분과의 동등한 위치를 허위적으로 주장하는 모든 이들을 두고 "나보다 먼저 온 자는 다 절도요 강도니"(요 10:8)라고 선언하셨다. 예수님은 아담 외에 아무도 서 있지 않았던 곳에 서 계셨으며, 많은 사람들을 대신하여 행동하셨다. 예수님은 자신을 많은 사람을 위한 대속물로 주셨으며(마 20:28), 많은 사람을 위해 피를 흘리셨다(마 26:28).

세례 요한이 예수님께 돌린 '**신랑**'이라는 칭호는 예수님께서도 스스로에게 적용하셨으며(요 3:29; 마 9:15), 특히 주목할 만한 의미를 가지고 있다. 이 칭호는 예수님께서 교회 전체와, 그리고 동시에 교회를 구성하는 각 개인들과 맺고 계신 관계를 명확하게 보여준다. 몸으로서뿐 아니라 개별 구성원으로서도 주님이 교회와 가지시는 관계를 명확하게 보여준다. 사역자들이 그저 교회를 섬기는 것과는 대조적으로, 예수님은 신부인 교회의 신랑으로 지칭된다(요 3:29). 이 칭호는 그리스도께서 교회를 향해 가지신 자상한 사랑을 드러낸다. 그 사랑은 그분이 교회와의 모든 관계와 행동에서뿐만 아니라, 무엇보다 그분이 자신을 교회를 위해 주셨다는 사실에서 분명하게 나타난다. 즉, 그분은 교회를 이 관계 속에 두시고, 성령의 모든 아름다운 은사들로 그녀를 단장하게 하기 위해 희생적으로 자신을 내주신 것이다. 미카엘리스는 레위기 21장 4절의 본문에서 대제사장이 자기 백성의 신랑으로 불렸다는 주장을 할 수 있다고 생각한다. 만약 이것이 확실히 입증된다면, 성경 저자들이 그러한 비유를 자주 사용하는 이유를 분명히 알 수 있을 것이다. 그러나 이는 절대적으로 확실한 것은 아니다.

히브리서 외에는 우리 주님께 명시적으로 '**제사장**'이라는 용어가 사용된 곳을 찾아볼 수 없다. 하지만 이 사실이 주님의 가르침 속에서 유사한 의미를 지닌 칭호나, 제사장과 희생제사에 관한 생각이 그분의 말씀 속에서 분명히 드러나지 않는다는 것을 의미하지는 않는다. 우리는 분명히 하나님과 사람 사이의 유일한 대제사장을 암시하는 말씀들을 찾을 수 있다. 예를 들어, 예수님께서 "많은 사람을 위하여" 자신의 생명을 주기 위해 오셨다고 선언하실 때(마 20:28), 우리는 그 말씀이 '생명(life)'에 초점을 맞추든지, '주다(to give)'라는 제사적 표현에 주목하든지 간에, 그분이 간접적으로 자신을 대제사장으로 선언하셨음을 분명히 알 수 있다. 또한 예수님께서 영적 생명을 누리기 위해 제자들이 먹어야 할 자신의 살이나 희생제물이 "자신에 의해 주어질 것"이며(요 6:51), 다시 말해 세상의 생명을 위해 드려질 것이라고 하신 말씀에서도 제사장적 기능을 암시하는 것이 드러난다. 예수님께서 대제사장과 희생양의 역할을 동시에 맡고 계셨다는 이 제사장적 봉헌은, "내가 그들을 위하여 나를 거룩하게 하오니"(요 17:19)라는 말씀에서 가장 분명하게 나타난다. 이 구절들은 비록 간접적이지만, 그분의 제사장적 기능에 대한 명확한 증거로 여겨진다. 이 구절들은 이후 별도로 다뤄질 것이다.

예수님께서 사용하신 모든 표현은 그분이 자신을 특별하고 독특한 관계 속에 있다는 것을 완전히 자각하고 계셨음을 보여준다. 예수님은 자신을 세상과는 구별되어 서있는 하나님과 세상 사이에서 중재자로서 역할을 하시는 분으로 나타내셨다. 또한 가족의 일원이면서도 그들을 대표하여 그들을 위해 행동할 수 있는 분으로 자신을 묘사하셨다. 예수님은 "세상의 구주"라는 칭호로 불리셨으며, 이 칭호는 사마리아인들이 그분 자신에게서 배운 것임에 틀림없다(요 4:42). 그분은 또한 세상의 빛(요 8:12), 부활이자 생명(요 11:25)으로 불리셨으며, 하늘로부터 내려오셔서 아버지께서 그에게 주신 자들 중에서 아무도 잃지 않겠다고 하셨다(요 6:39). 그분의 말씀들은 그분이 심지어 그 이전에 살았던 성도들에 대해서도 대표적 관계에 서 계셨음을 나타낸다. 이는 아브라함과의 관계에 대해 유대인들과 논쟁할 때 드러난다(요 8:53). 유대인들이 그에게 그들의 공통된 조상 아브라함보다 더 큰지 묻자, 예수님은 아브라함이 두 가지 방식으로 그분 안에서 기뻐했다고 답하셨다: 첫째, 오래 전에 그분의 날을 미리 내다보며 기뻐했고, 둘째, 낙원에서 그분의 날이 왔을 때 기뻐했다는 것이다. 이는 그분이 자신의 시대 이전이나 이후에 살았던 모든 사람에게 주어진 이름 외에는 다른 구원의 길이 없으며, 그분 외에 구원이 없다는 사실을 선언한 것이다. 이 사실은 그분의 중보 사역이 단지 미래적(전망적 prospective)이기만 않고 과거적(소급적 retrospective)이기도 한 것을 증명하며, 따라서 단순한 본보기 이상의 것임을 나타낸다. 왜냐하면 단순한 본보기는 미래적으로 사건 이후에만 영향을 미치기 때문이다. 한마디로, 예수님은 여러 칭호와 표현을 통해 그분이 하나님과 인간 사이의 중보자임을 나타내셨으며, 사람들이 그분을 믿지 않으면 죄 가운데 멸망할 것이라고 선언하셨다(요 8:24). 그러나 예수님은 유대인들에게 가장 친숙했던 '메시아'라는 칭호를 합당한 이유들로 인해 사용하지 않으셨다. 그분은 이 칭호를 단 한 번, 단순하고 순수한 사마리아인들 사이에서만 사용하셨다(요 4:26). 유대인들은 이 칭호의 의미를 왜곡했고, 그들 가운데서 이를 사용하면 예수님이 의도한 의미가 전달되지 않았을 것이다. 또한, 그분은 정치적 혼란과 복잡한 상황을 야기할 위험이 있었기 때문에 이 칭호를 사용하지 않으셨던 것 같다.

성부에 의해 보내지심을 언급한 예수님의 말씀들

예수님께서 가장 자주 사용하신 표현 중 하나는 그분이 보내심을 받았다는 것이다. 우리는 이 표현이 주님의 세 가지 직무와 관련하여 사용된 것을 본다(요 12:49; 눅 4:18). 하지만 우리는 그분의 제사적 희생이나 속죄 사역에 관련된 말씀들에 초점을 맞추어 제한된 범위 내에서 이 표현을 다루고자 한다. 이 관점에서, 예수님의 보내심은 하나님을 구속 사역의 최고 감독자이자 유일한 원천으로 나타내는 것을 의미한다. 이 보내심의 의미에 주목할 때, 예수님은 항상 그분이 죄인들의 구속자가 되는 지위를 스스로 취하거나 자처한 것이 아니라, 하나님께서 그분을 그 일에 임명하셨음을 나타내신다.

주님께서 이 보내심에 얼마나 중요한 의미를 두셨는지 보여주기 위해, 예수님은 "나를 보내신 이는 참되시다"(요 7:28)라고 말씀하셨다. 여기서 '참되다'는 표현은 헬라어 단어가 암시하듯이(αληθινος ο πεμψας με), 거짓과 대조되는 참된 것만을 의미하는 것이 아니라, 가장 이상적인 의미에서 보내심의 모든 요소를 포함하는 진정한 보내심을 뜻한다. 또한 "여호와의 천사," 즉 "여호와께서 보내신 자"라는 칭호는 구약에서 동의어적 표현이다. 예수님께서 이 표현을 사용하실 때, 이는 "나는 조상들에게 나타난 그분이며, 모세에게 떨기나무에서 말씀하신 그분이다"라고 선언하시는 것과 같다. 그분은 방황하는 이스라엘을 인도한 지도자이자 구약 체제의 중심이었으며, 이제 새로운 언약과 새로운 질서를 시작하시기 위해 육신을 입고 오셨다.

우리는 여기서 그리스도의 보내심이 그분의 신적 존엄성과 연관되어 그분의 속죄 사역 전체에 무한한 가치를 부여하는 점을 고려하지는 않겠다. 그 부분은 적절한 곳에서 다룰 것이며, 여기서는 보내심이 하나님께 구속이 속해 있으며, 그것이 자유롭고 주권적이며 무한한 사랑의 결과임을 드러낸다는 점에 집중하겠다.

1. 예수님이 이 주제에 대해 사용하신 몇 가지 표현을 종합해 보면, 먼저 예수님은 이 표현을 통해 우리를 **평화의 의논**, 즉 인간 구원을 위한 아버지와 아들 간의 구속 언약으로 인도하신다. 예수님께서는 이렇게 말씀하셨다: "하물며 아버지께서 거룩하게 하사 세상에 보내신 자가 나는 하나님의 아들이라 하는 것으로 너희가 어찌 신성모독이라 하느냐?"(요 10:36). 이 말씀은 베드로의 "그는 창세 전부터 미리 알린 바 되신 이"라는 선언과 같은 의미다. 이는 분명히 그리스도가 **영원 전부터 하나님에 의해 구속자로 임명되었고**, 그분의 임무를 완수하기 위해 필요한 모든 것이 준비되었음을 가르친다. 이 표현을 통해 예수님은 속죄가 **하나님의 자발적인 사랑**에서 기인한 것이며, 그분이 이 사명을 취할 때 어떤 강요도 없었다는 것을 알게 하신다. 왜냐하면, 한편으로 속죄는 하나님에게서 강요될 수 있는 것이 아니라 전적으로 자발적으로 흘러나와야 했고, 다른 한편으로는 그 어떤 유한한 지성도 그러한 계획을 떠올릴 수 없었을 것이다. 주님께서 이 보내심을 표현한 것은 그분의 지속적인 자각을 설명하며, 이 표현은 사람들이 무력한 상태에 빠져 있기 때문에 그들을 파멸과 정죄에서 구원하기 위한 하나님의 목적이 세워졌다는 것을 암시한다. 이 계획을 실행하는 과정에서 **아버지는 신성의 권리를 손에 쥐고 계셨으며, 아들을 자발적인 종으로 보내셔서 인류의 속량을 위해 필수적인 고난의 순종을 수행하도록 하셨다**. 사도들의 서신에서 속죄가 하나님께 직접적으로 언급되고, 그분에게서 비롯된 것이며, 하나님께서 계획하고 임명하신 구속의 사역으로 묘사되는 모든 구절들도 같은 목적을 가지고 있다. 이 사역을 성취하기 위해 아들이 유일한 중보자로 보내졌다.

2. 예수님의 설명에 따라 이 보내심의 연속적인 단계를 추적하면, 첫째로 예수님께서 **자신에게 주어진 임무나 책임**을 언급하시는 것을 볼 수 있다. 이는 보증인으로서 반드시 이행해야 할 의무였다: "내가 하늘에서 내려온 것은 내 뜻을 행하려 함이 아니요, 나를 보내신 이의 뜻을 행하려 함이니라"(요 6:38).

문맥이 증명하듯이, 이 임무는 매우 광범위한 것으로, 속죄뿐만 아니라 그 속
죄가 그분께 맡겨진 모든 사람들에게 적용되는 것도 포함한다. 이 보내심의 의
미는 성육신과 완전히 동일하지는 않으며, 전후로 구분된다. 하나님은 그분을
태어나게 하기 위해 보내셨다(요 3:17). 다른 사람들은 태어난 후에야 비로소 보
내졌다고 말할 수 있지만, 예수님은 이미 존재하는 인격으로서, 곧 아들로서
보내심을 받았다. 그분의 사명은 영원한 출생에 근거한 것이다. 주님의 성육신
이전에 주어진 "보내심 받은 자"라는 칭호는 그분의 성육신 이전에 여호와의
천사나 사자로서 나타났던 모든 출현들이 육체로 오실 것을 미리 예고한 것이
기 때문이다. 또한 이 보내심은 신적 협의나 언약을 암시하며, **자발적인 겸손**
을 포함하지만, 보내는 자와 보내심 받은 자 사이에 실제적인 불평등은 존재하
지 않는다. 그분의 사명은 사도들의 사명이 종으로서 보내진 것과 달리, 그분
은 비록 대사로서 보내졌지만 **동등한 자로서** 보내졌다. 또한, 이 보내심은 아버
지로부터의 실제적 분리를 의미하지 않았다. 왜냐하면 그분이 이 세상을 걸으
실 때도 여전히 아버지의 품속에 계셨기 때문이다(요 1:18). 그분의 공식적인 낮
아짐의 위치는 그분의 신적 속성에 어떤 손해가 생기는 것을 의미하지 않았으
며, 오직 목적을 위한 수단일 뿐이었다. 이 목적은 그러한 놀라운 수단에 걸맞
은 목적이었다.

3. 예수님께서 이 주제에 대해 하신 여러 말씀을 자연스러운 순서로 종합해
보면, 다음과 같은 구절을 발견하게 된다. "하나님이 그 아들을 세상에 보내신
것은 세상을 심판하려 하심이 아니요, 그로 말미암아 세상이 구원을 받게 하
려 하심이라"(요 3:17). 이 말씀은 앞에서 언급된 그의 아들을 **속죄 제물로 주셨
다**는 표현과 연결해 이해해야 한다. 이 표현은 희생 제사의 의미를 내포하며,
하나님께서 **그리스도를 화목제물로 보내셨음**을 나타낸다. 즉, 그리스도께서
이와 같은 방식으로 속죄를 이루셨으며, 이를 통해 **사람들이 구원을 받게 됨**
을 의미한다. 즉, 보내심이 그 결과를 가져온 원인임을 보여준다. 이 두 구절은

서로를 설명해주며, 보내심이 속죄의 죽음을 그 범위나 의도된 목적으로 포함하고 있음을 나타낸다 이 두 구절을 함께 보면, 하나님의 아들이 우리의 구원을 위해 주어졌다는 계획과 임무, 그리고 그 의도된 목적을 표현하고 있다. 이는 이미 보았듯이 **희생제사적 언어**로만 이해될 수 있다.

4. 이 사명의 이어지는 단계를 따라가면, 그 다음으로 예수님께서 **구속 사역의 어떤 부분에서도 혼자 계시지 않으셨음**을 선언하신다(요 8:29). "나를 보내신 이가 나와 함께 하시느니라 아버지께서 나를 혼자 두지 아니하셨으니 이는 내가 항상 그가 기뻐하시는 일을 행함이라" 그리스도 자신의 의식에서 나온 이 놀라운 증거는, 자신의 고귀한 일을 단계별로 수행할 때 **성부께서 계속해서 붙들어 주셨음**을 암시한다. 또한, 그분에게 끊임없이 주어진 신적 위로와 도움은 그분의 죄 없는 순종과 깊은 관계가 있으며, 사실상 그분이 하신 사역에 대한 지속적인 보상이었다. 우리는 여기서 중보자이신 예수님의 마음속을 엿볼 수 있으며, 그분과 아버지 사이의 지속적인 교제를 엿볼 수 있는 곳은 여기 외에는 거의 없다. 그분은 매 단계마다 새롭게 보상을 받으셨다.

따라서 "보내심"은 우리의 죄에 대한 속죄 사역이 처음부터 끝까지 하나님께 속해 있음을 암시한다. 세상에 보내짐을 위해 거룩하게 되고 부름받은 것(요 10:36), 그분에게 주어진 명령이나 의무(요 6:39), 그분의 중보 사역을 온전히 수행하기 위해 주어진 신적 임재(요 8:29; 마 12:18), 그리고 여러 단계에서 그분의 순종이 인정된 것-세례에서의 인정(공생애가 시작될 때), 변화산에서의 인정(공생애가 끝나갈 때), 예루살렘에서의 인정(죽음을 향해 나아갈 때)-뿐만 아니라 그분의 최종적 승리와 무한한 보상(마 3:17, 17:5; 요 12:28)은 모두 이 보내심의 의미를 설명해준다. 그리고 그 생각은 예수님의 마음을 결코 떠난 적이 없으며, 그것이 자주 그분의 입술에 올라온 것은 그분에게 언제나 실재하는 현실이었음을 보여준다.

이 모든 표현들이 암시하는 중요한 진리는 구속이 하나님께로부터 시작되었다는 것이다. 예수님의 초림 이전에 구원 받은 성도들이 전망했던 속죄와, 그 이후에 구원 받을 모든 사람들이 되돌아보는 속죄는 하나님으로부터 일어난 것이며, 세상이 하나님께 반역한 상황 속에서 하나님의 뜻과 지시에 따라 이루어진 일이라는 점이다. 보낸 이는 성부 하나님이시며, 그 보내심의 궁극적인 목적은 죄에 대한 속죄였다. 따라서 보내심은 하나님의 권위를 나타내며, 하나님의 모든 속성들이 구체적인 목표를 향해 함께 작용하고 있음을 보여준다. 특히 이것은 은혜와 무조건적인 사랑의 표현이다. 속죄는 하나님의 주권적인 은혜에서 비롯되었으며, 죄인들에 대한 하나님의 무한하고 이해할 수 없는 사랑을 드러낸다. 이 보내심과 관련하여 우리는 두 가지 목적을 확인할 수 있다: 첫째, 속죄하는 것, 그리고 둘째, 속죄를 통해 하나님께서 주신 자들 중 하나도 잃지 않도록 하시는 것(요 6:39)이다.

5. 또한 주님은 자신에게 **주어진 일을 완수한 후에 받게 될 보상**에 대해 언급하시며 "나를 보내신 이에게로 돌아가겠노라"(요 7:33)고 말씀하신다. 이 속죄 사역은 두 가지 의미에서 보상받았으며, 이는 사실상 하나로 연결된다. 첫째는 그분이 개인적으로 영광을 누리신 것이고, 둘째는 그분이 대표적인 지위로 다른 이들의 유익을 위해 먼저 보상을 받으신 것이다. 이 둘째 관점으로 이해되지 않으면 해석하기 어려운 말씀들이 있다. 예수님께서는 항상 이 보상을 눈앞에 두고 계셨다.

이와 관련하여, 상당히 난해한 구절 하나를 간략하게 해석하는 것이 적절할 수 있다. 이 구절은 여러 가지 해석을 받아왔다. 내가 언급하려는 구절은 요한복음 6장 57절이다: "살아 계신 아버지께서 나를 보내시매 내가 아버지로 말미암아 사는 것 같이 나를 먹는 그 사람도 나로 말미암아 살리라" 이 구절을 해석하는 데 있어 모든 개신교 번역본들과 초기 교부들의 주석을 살펴보면, 이 언어 때문에 큰 혼란에 빠졌다는 것을 알 수 있다. 그리스 교부들은 이 첫 번째 절을 영원한 아들됨과 아들에게 고유한 신적 생명, 즉 영원한 탄생에 연결시켰다. 이로써 이 구절을 요한복음 5장 26절과 병행하는 것으로 보는데, 요한복음 5장 26절은 확실히 그러한 의미를 가지고 있다. 개신교 번역본들과 주석가들은 헬라어 전치사의 의미를 바꾸지 않고는 이 구절을 이해할 수 없다고 보았는데,[24] 이 전치사가 목적격과 함께 사용될 때는 "무엇 때문에", 무엇을 근거로"라는 의미로만 해석될 수 있다. 그러나 이 구절을 해석하는 데 어려움을 겪지 않으려면 하나의 중요한 점에만 주의를 기울이면 된다. 그 점은 바로 파송(보냄)의 선행성이 항상 간과되었다는 것이다. 이 구절에서 주 예수님께 귀속된 생명은 파송 이전에 있던 생명이 아니라, 영원한 아들로서 그분에게 속한 신적 생명이 아니라, 파송 이후에 주어진 생명, 즉 그분이 자신의 사역을 완수한 후에 부여된 상급으로서의 생명이다. 이 생명은 그분의 사명 이전의 신적 생명이 아니라, 그 사명이 완수된 후 주어진 상급으로서의 생명이라는 것이다. 이로 인해 전치사의 의미를 변경할 필요성은 사라진다. 이 구절은 중보자이신 예수님이 받으신 상급에 대한 것이며, 생명은 사명의 결과, 다시 말해 완수된 사역의 결과로 주어진 상급이다. 현재형 "내가 산다"는 표현은 "내가 아버지께로 간다"는 표현과 유사하게, 사역의 완수로 주어진 상급적 생명을 의미한다. 이 구절은 (1) 완수된 사명의 상급으로서 그분이 살고 있으며, (2) 그분이 다른 이들에게 생명의 근원이 되신다는 것을 암시한다. 다른 이들은 오직 그분으로 인해 살게 된다. 그리스도의 사명과 관련된 "보냄"이라는 표현은 주님의 다른 설교들에서도 유사하게 사용된다(요 6:44). 요한의 서신에서도 이러한 표현이 발견된다(요일 4:9).

그리스도께서 보냄받으셨다는 사실을 말하는 구절은 수 없이 많고 그리스도의 가르침 전체에 녹아있어서 전부 다루기는 어려울 것 같다. 그 모든 말씀들은 인류의 구원을 위해서는 두 행위자를 요구한다는 사실을 공통적으로 암시하고 있다. 즉, 아버지는 독생자를 위임 파송하셨고, 아들은 무한한 사랑을 발휘하여 많은 사람들을 위하여 자신의 생명을 대속물로 주셨다는 것이다.

6. 예수님께서 자신의 사명을 세상이 받아들이는 것을 언급하실 때, 그분은 자신을 아버지께서 보내셨다는 사실에 대한 완전한 확신이 그분과 그분의 구원을 제대로 받아들이는 데 필수적임을 보여주신다. "너희가 나를 영접하면 나를 보내신 분을 영접하는 것이라"(마 10:40). 만약 그 증거를 전달받는 이들이 이 사명을 신뢰하지 않는다면, 그들은 예수님이 권한 없이 오셨으며, 그분이 맡으신 일이 그분 자신의 재량에 의해 계획되고 실행되었다고 결론 내려야 할 것이다. 그렇게 되면 그분은 죄인들을 대속할 권위와 자격을 가지신 구속자가 될 수 없다. 죄의 감옥에 갇힌 사람들을 풀어주실 수 있는 유일한 권위자는 오직 하나님뿐이시다. 그분은 반드시 자신의 완전한 성품과 이름에 영광을 돌리는 방식으로만 이 일을 하실 수 있다. 그러므로 예수님의 사명이 하나님에게서 온 것을 인정하는 것이 중요하다. 이것이 진정한 제자됨의 표지다. 그분을 믿는 자들은 그분을 보내신 분을 믿는 것이다(요 5:24). 그리고 그리스도께서 선언하신 바와 같이, 교회가 조직되고 사랑과 연합을 추구하는 목표 중 하나는 "세상이 아버지께서 나를 보내신 것을 믿게 하려 함"이다(요 17:21).

둘째 아담으로서의 대속 사역을 전제하는 성부와의 영원한 언약

예수님의 말씀 중에서, 대속과 관련된 언약적 거래의 개념을 드러내는 구절들을 인용할 때, 나는 대리적 희생에 직접적 또는 간접적으로 관련된 구절들로 범위를 한정하려 한다. 그리스도의 신성과 그분이 아버지와 맺은 개인적 관계는 언약에 대한 모든 암시에서 당연히 전제된다. 그리고 우리는 여기서 삼위일체 위격들이 본성적인 질서에 따라 행하시고 계심을 볼 수 있다. 이 위대한 언약, 즉 평화의 의논에 대해 간략히 언급함으로써, 우리는 보증인이 감당한 사명의 배경을 더욱 명확하게 이해할 수 있다.

아버지께서 의무, 약속, 보상을 포함한 사명을 주시고, 아들이 공적 인물로서 그 백성의 이름으로 대표자로서 활동하신다는 이 협약이 있었다는 것은 의심의 여지가 없다. 이것은 예수님 자신이 여러 증언에서 언급하셨기 때문이다. 물론, 예수님의 생애는 중보 사역의 현상적 측면만을 보여준다. 즉, 구원의 과정에서 반드시 말씀하셔야 할 것들이 있었고, 이루셔야 할 행동들이 있었다. 그러나 이러한 모든 일들은 하나님과의 언약에서 비롯된 것이며, 이는 인간이 타락한 이후 다른 어떤 방식으로도 구원받을 수 없었기 때문에 반드시 대표자가 필요했다는 사실을 전제한다. 또한, 예수님이 어떤 특정한 백성을 위해 그들을 대표하여 사역하셨다는 사실도 전제한다(요 6:37). 예수님께서는 자신이 하나님에게서 오셨으며 다시 하나님께로 돌아가실 것임을 아셨고, 그 과정에서 하나님께서 주신 사명을 수행하는 분임을 나타내는 여러 말씀을 하셨다. 또한, 성경은 예수님을 "두 번째 아담"으로 묘사하며, 그분이 하나님으로부터 받은 위임을 수행하는 분임을 선언한다.

비록 첫 번째 아담과 두 번째 아담 사이의 유사성은 사도들에 의해 더욱 발전된 교리의 전반적 개요 속에서 특별히 다루어졌지만, 우리 주님의 말씀은 계속해서 첫 번째 아담과 두 번째 아담 사이의 분명한 대응 관계 또는 유사성을 전제한다. 예수님께서는 자신을 "인자"라고 부르셨으며, 이 칭호는 후에 설명하겠지만 두 번째 아담의 개념을 독특하게 변형된 형태로 드러낸다. 예수님은 자신이 오신 이유가 그분의 백성들이 생명을 얻고, 그것도 더욱 풍성하게 얻게 하기 위함이라고 선언하신다(요 10:10). 이는 첫 번째 아담이 잃어버린 것을 두 번째 아담이 가져온 더 풍성한 신적 생명의 충만함과 가장 자연스럽게 대조한다(롬 5:17).

첫 번째 아담과 두 번째 아담 사이의 이 대응 관계를 언급하는 것이 더욱 필요한 이유는 오늘날 대속에 대한 거의 모든 어려움과 반대가, 인류가 한 사람 안에서 얻은 원시적 법(대표성의 원리)에 대한 잘못된 개념에서 비롯되거나, 그러한 법 자체를 부정하는 데서 기인하기 때문이다. 대속 교리는 우리가 어떻게 구원받는지에 대한 경륜의 기초가 첫 번째 아담을 통해 타락한 것과 동일한 법(대표성)에 기반하고 있다는 원리를 이해하지 않으면 전혀 이해될 수 없다. 그 법은 한 사람이 인류 전체를 대표하며, 인류는 여전히 하나라는 것을 의미했다. 이 법은 각자가 스스로 섰거나 스스로 타락한 천사들에게 주어진 것과는 다르다. 천사들 중 일부만 타락했다는 사실에서 우리는 이 점을 충분히 유추할 수 있다. 주권적인 하나님께서 인류를 위해 이 법을 제정하신 이유를 우리가 논할 수 없듯이, 그런 법에 대해 이의를 제기하는 것도 적절치 않다. 하나님의 뜻 자체가 충분한 이유다. 우리가 알지 못하는 것을 설명하려는 시도는 단지 어리석은 말로 지혜를 가리게 될 뿐이다.

자기 의를 주장하는 사람들은 종종 하나님께서 주권적으로 세우신 속죄에 대한 하나님의 공의나 선함에 대해 도전하는 태도를 보이며 속죄의 원리를 거부해왔다. 그러나 이 세상은 그와 같은 원리 아래서만 구속될 수 있다. 그러므로 어떤 이들이 자신의 공로로 구원받을 수 없는데도, 훌륭한 다른 이의 행위로 인해 유익을 얻을 수 없다고 주장하는 것은 창조주께서 인류에게 두신 특별한 법을 오해하거나 고려하지 않는 것에 불과하다. 한 사람이 많은 사람의 대표로서 행하는 것, 많은 사람이 그리스도의 의로움이나 대속을 통해 구원받는다는 것은 인류가 아담이 속했던 원시 법에 맞닿아 있는 것이다. 사람의 바른 관계는 공적인 대표자를 통해서만 가능하다. 따라서 그 인격이 정죄된 상태에서, 그 사람의 모든 행동이 무슨 소용이 있겠는가? 모든 개인은 그 한 사람을 대표로 두고 있기 때문에, 우리는 세상에 두 사람만 있었고, 인류 역사에 두 가지 중요한 사건만 있었다고 말할 수 있다.

이 시대의 새로운 신학에 속한 이들은 인류에게 주어진 이러한 대표성 원리를 무시하거나, 명목상으로는 인정할지라도 이를 인격이 아닌 본성에만 적용하는 식으로 접근한다. 이는 인류를 단지 모래더미나 개별적 알갱이의 집합체로 간주하여, 공적이며 통합적인 유기적 연합을 부정하는 단순한 개인주의로 이어진다. 그들에게 그리스도는 공로 있는 순종 행위에 의한 기초나 근거 없이 단지 신비로운 연합을 통해 생명을 주시는 분일 뿐이다. 이들은 사람을 인격적으로, 혹은 그의 관계적 위치에서 고려하지 않으며, 도덕적 통치자, 율법, 죄책, 순종을 통한 수용에 대해서는 전혀 고려하지 않는다. 로마서 5장에서 바울이 제시하는 모든 내용은 예수님의 말씀 속에 드러나 있지만, 예수님께서는 아담의 불순종과 본인이 이끌어내는 보증적 대리 순종을 같은 형식적 비교로 직접 대조하지 않으셨다. 대신 그리스도께서 한쪽 측면을 제시하셨고, 바울이 반대 측면을 언급하면서 상호 보완적 관계를 이루게 한 것이다. 우리가 그리스도로 인해 생명의 칭의를 얻는다는 것은 단 한 번도 애매하게 언급된 바가 없으며, 우리가 첫 사람 아담을 통해 죄인이 되었음과 대조된다는 사실은 쉽게 유추할 수 있다. 인자로부터 우리는 대속(마 20:28), 죄의 용서(마 26:28), 그리고 생명(요 6:51)을 얻으며, 이는 우리가 첫 아담을 통해 얻은 것의 반대임을 모든 성경이 가르치고 있음을 암시한다.

이와 같은 내용은 삼위일체의 세 위격 사이의 특별한 약정이나 언약에서도 드러난다. 한 위격은 만족을 요구하고, 두 번째 위격은 그것을 이루며, 세 번째 위격은 그것을 적용한다. 이 협의에 따라 각 위격은 죄인에 대해 서로 다른 역할과 관계를 가지고 있다. 성부와 성자 사이에는 특별한 무리, 즉 그리스도에게 주어지거나 맡겨진 자들을 위한 언약이 있었다. 이들은 잃지 않도록 요구된 자들이었다. 따라서 예수님은 말씀하신다: "나를 보내신 이의 뜻은 내게 주신 자 중 하나도 잃지 않고 마지막 날에 다시 살리는 이것이라"(요 6:39). 이 말씀은 분명히 어떤 조건에 따른 사명을 내포하고 있다. 그것을 무엇이라 부르든,

언약이든, 협정이든, 협약이든, 성부께서 한쪽에서는 의무를 규정하고 필요한 도움을 약속하며, 성자는 다른 쪽에서 보증인의 자격으로 하나님 앞에 서겠다는 마음을 다짐한다. 요한복음은 이러한 언약의 증거로 가득 차 있다. 이 언약의 개념에 대한 설명 없이는 많은 구절들의 의미를 이해하기 어렵다. 그리스도께서 한 무리를 대신하여 중보자로서 맡으신 모든 사명(요 6:39), 중보자적 순종으로 인해 성부께서 성자보다 크시다는 선언(요 14:29), 성부의 영광을 위한 행동이라는 그리스도의 선언(요 7:16-18), 유대인의 무리 외의 다른 사람들을 끌어올 것이라는 설명(요 10:16), 그리고 요한복음 17장 전체에 나오는 그리스도의 중보적 기도 모두가 언약 개념에 기초한다. 하나님께서 성자에게 일정한 조건으로 주신 백성들에 관한 언급을 고려하지 않고서는 이 말씀을 이해할 수 없다. 하나님의 도덕적 통치와 인간의 무능력에서 유추할 수 있는 바와 같이, 인간을 위한 그러한 협정이나 언약이 없었더라면 구속의 경륜은 불가능했을 것이다. 하나님과 죄인들 사이에 직접적인 언약이 맺어질 수 없었기 때문이다. 이 모든 증거에서 두 명의 당사자가 분명히 드러난다. 한쪽은 조건을 제시하고, 다른 쪽은 제삼자를 위해 그 조건을 이행하겠다고 나선다. 하나님 안에서 이러한 협정이 존재한다는 것은 예수님의 말씀을 공정하게 다루는 자라면 누구도 부인할 수 없다. 그리고 하나님 안에서 어떤 것이 적합한지 아닌지에 대한 선입견을 가질지라도, 하나님의 말씀이 최종 법정의 판결문처럼 명확하게 선언된 이상, 우리의 선입견은 철회되어야 한다. 우리는 하나님의 행동 규칙으로서 이 언약을 참조해야 한다.

그 언약은 처음 하나님이 인간을 대표성의 원리 아래 창조하셨던 것, 즉 하나가 다수를 대표하는 체계 아래 창조하셨다는 기초 위에 세워졌다. 따라서 보증인이신 그리스도는 동일한 기반 위에 오셔야 했으며, 나아가 그 첫 번째 체제의 조항들을 완전히 받아들여야 했다(롬 5:10). 이로 인해 그리스도와 그분의 백성은 법 앞에서 한 인격으로 간주된다. 실제로 세상에는 아담과 그리스도라는 두 인격만 있었고, 이 두 사람에게 각각 속한 모든 씨앗이 그 안에 포함된 것으로 여겨졌다. 그리스도와 그분의 씨앗이 한 인격으로 간주된다는 원칙에 따르면, 그분의 백성의 구원은 본질적으로 하나님의 아들의 순종과 죽음 안에서 이루어졌다는 것이 분명해진다. 그 언약은 하나님의 아들이 사람의 아들(인자)이 되사 우리의 행위 언약에 들어가시고, 그분에게 주어진 모든 이들이 그 언약적 상급에 참여하도록 하는 기초 위에 세워졌다. 이를 더 명확히 설명하기 위해, 가능한 한 간결하게 그분에게 요구된 다양한 조건들을 설명해야 할 필요가 있다.

1. 그 영원한 언약에 따르면, 아들은 필수적으로 육체를 취해야 했다. 이는 이후의 순종 사역을 위한 필수적인 준비 단계였으며, 죄 있는 자를 대신할 수 있는 죄 없는 인간성을 취해야 했다. 또한, 죄 없는 거룩한 인성을 가지셔야 죄인을 대신할 수 있었고, 이로써 우리의 원죄로 오염됨을 가리실 수 있을 뿐만 아니라, 그분이 수행할 모든 사역의 기초를 놓을 수 있었다. 이 위대한 사건의 모든 부분에서 율법 제정자이시며 동시에 언약의 원천이신 성부께서는 그분을 위해 한 몸을 준비하셨다(시 40:6-8).

2. 언약에 따라 그 다음으로 요구된 것은 의로운 종에게 맡겨진 특별한 사역이었다. 그분은 율법 아래, 그것도 깨진 율법 아래 놓이셔야 했다. 어떤 이들은 그분이 본질적으로 율법 아래 계실 필요는 없다고 주장하려 하지만, 그분이 참된 순종을 행하시고 다른 이들을 대신해 진정한 대리자가 되시려면, 그분은 우리의 행위 언약 아래 서셔야 했다. 즉, 그분은 율법의 명령과 형벌 모두의 아래에 놓여야 했다.

3. 의무 협약 다음으로 성자의 사역에 대한 지원 약속들과 사역이 완료되었을 때 성부께서 성자와 그에게 주신 모든 사람을 위한 보상 약속들로 넘어가겠다. 이 약속들은 매우 많고, 그 중 몇 가지를 언급하면 성령의 기름부음에

대한 약속(사 61:1), 그분을 섬길 후손에 대한 약속(사 53:10), 그리고 완전하고 최종적인 승리에 대한 약속(사 42:1-4)을 포함한다.

우리가 간략히 살펴본 이 언약은, 아버지의 은혜로운 뜻에서 비롯된 전체 구속 경륜을 보여주며, 그것이 오직 은혜에 기초하고 있음을 드러낸다. 이 언약은 구속의 은혜에 관한 모든 교리를 생생하게 통합하는 점에서 특히 귀중하다. 이는 그 시작부터 최종 성취에 이르기까지 전체 구속 경륜을 조감할 수 있게 해주며, 하나님의 섭리 지도를 펼치는 것과 같다. 계획과 실행, 사실과 이론을 함께 엮음으로써 우리는 전체 구속 계획을 이해할 수 있게 되고, 그 속에서 나타나는 은혜를 더욱 명확하게 볼 수 있다. 계획과 성취를 연결해서 연구하는 것은 유익하며, 그리스도의 모든 사역, 특히 대속의 위대한 사역을 지켜볼 때 그 장엄하고 감동적인 광경이 우리의 시야를 확장시켜준다.

그러나 이 언약은 삼위일체의 모든 위격과 신성한 속성들을 영화롭게 하는 것과 더불어, 그리스도의 인성을 사역과 관련해서 드러내는 일에 특히 유용하다. 다음 단락들에서는 그분이 성령으로 충만하게 되고, 인성이 마땅히 이루어야 할 바를 완벽히 대표하는 분으로서 이 계획을 완성해 나가는 모습을 다룰 것이다. 구속자의 공로가 온전히 이해되기 위해서는 언약의 틀에서 읽혀져야 하며, 그것과 연결지어 보아야 한다. 실제로 특정한 일을 수행하기 위한 언약이나 계약이 존재하지 않는다면, 진정한 의미에서 공로가 존재할 수 있는지 의문이 들 수 있다.

이 언약의 간략한 개요는 대속의 다른 전제들에 대한 논의로 우리를 이끌 것이다.[25]

그리스도의 신성이 대속 사역에 미친 영향

그리스도의 신성과 대속 교리는 매우 밀접하게 연결되어 있으며, 역사가 보여주는 바와 같이 두 교리는 함께 받아들여지거나 함께 부인된다. 하나는 다른 하나를 필요로 하기에 참된 교회는 모든 시대에 이 두 가지를 함께 고백해 왔다. 주님은 니고데모와의 대화에서 이 두 가지를 "하늘의 일들"로 연결시키며 가장 중요하게 다루신다(요 3:13-14).

대속물로서의 효과를 가지는 것은 그리스도의 가르침이나 잃어버린 진리의 재선포가 아니라 신성을 지니신 인격으로서 그리스도께서 감당하신 사역이다. 수많은 자들을 위한 만족이나 대속을 이루기에 합당한 분은 신적 존엄성을 지니셔야만 했다. 단순한 인간은 세상을 창조할 수 없듯이, 세상을 구속할 수도 없다. 인간의 구속자는 반드시 인간의 창조자가 되어야 한다. 현재 우리의 논의는 그리스도의 신성을 입증하는 데 초점을 두고 있지 않다. 왜냐하면 우리의 교리는 성육신, 즉 기적 중의 기적이며 역사의 위대한 사실인 성육신을 전제로 하고 있기 때문이다. 더 나아가, 최근의 부정적인 사상들이 그리스도의 지상 생애의 모든 기적을 의심하는 것에 대해 논의할 계획도 없다. 이들은 역사적 사실로서의 특별한 성육신을 부정하고, "인류 전체의 성육신"을 주장하는 경향이 있지만, 이는 인류의 엄청난 타락을 근본적으로 오해하는 심각한 오류다. 또한 이러한 주장은 중보자 없이 하나님께 접근하고 그와 재결합할 수 있다는 가능성을 가정한다.

우리 주님께서는 자신이 세상에 오셨다는 사실, 즉 육신으로 오셔서 사람들의 관계를 바로잡고 생명을 가져오는 사역을 행하러 오셨다는 것을 매우 강조하신다(요 5:24). 그분의 전체적인 가르침은 인간의 선을 위한 사랑과 거룩함 사이의 원시적 조화가 죄로 인해 깨졌으나, 오직 그분의 성육신과 죽음을 통해 회복된다는 가정 위에 전개된다. 단지 성육신만으로는 불충분하다. 그렇다면 밀알은 홀로 남았을 것이다. 그러나 성육신과 죽음이 함께 이루어

저야 했다. 합리주의에 대해 이야기하지 않더라도, 합리주의는 언제나 속죄 없이 하나님께서 잃어버린 자녀를 기꺼이 다시 받아들이신다고 가정한다. 또한 그리스도의 사역에 대한 신비적인 이론들은 그분의 생애와 교제에만 초점을 맞추며, 새로운 인류의 시작을 강조하는데, 이러한 이론들은 본질적으로 크게 다르지 않다. 이러한 이론들은 성육신이 필수적인 사역을 전제로 하지 않으며, 그 사역은 성육신 없이도 이루어질 수 있다고 가정한다. 그들은 마치 성육신, 즉 신인(God-Man) 자체가 속죄라고 말하는 듯 보이지만, 결국 그들이 주장하는 새로운 인류의 창출을 위해서는 성육신이 불필요하다고 말하는 것과 같다. 성경적 기독교 위에 교회를 세우며, 교회를 합리주의의 모든 형태로부터 구별시키는 것은 속죄가 성육신한 아들의 사역이며, 그 속죄는 신적 사랑과 거룩함과 굽힐 수 없는 공의의 요구를 충족시키기 위해 제공된 것이라는 확고한 믿음이다.

여기서 주목해야 할 점은 속죄 사역에서 그리스도의 신성이 미치는 영향이다. 처음에는 우리 주님이 그분의 신성에 대해 거의 언급하지 않으셨다고 보일 수 있다. 그러나 그와 관련된 증거들을 모두 모아보면 결코 적지 않다. 그분은 사도들이 나중에 말한 모든 진술의 씨앗을 제공하셨다. 그리스도의 생애에 영감받은 사람들이 기록한 역사를 살펴보면, 그분의 인격의 두 측면이 독특한 방식으로 함께 드러나는 것을 발견하게 된다. 그분의 낮아짐의 깊이를 보여주시는 장면에는 항상 그분 안에 신성이 온전히 거하시는 모습이 함께 나타난다. 신성과 인성을 지닌 전체적인 인격이 어떤 방식으로든 드러난다. 이것은 성경의 이야기에서만 나타나는 독특한 특징이며, 사람이 기록한 그리스도의 전기에서는 찾아볼 수 없고 접근조차 할 수 없는 특징을 담고 있다.

그리스도의 신성이나 하나님의 아들됨을 부정적으로 보는 어떤 교리 체계도 속죄의 일관된 이론을 가질 수 없다. 이는 몇 마디 말로도 충분히 설명될 수 있으며, 이는 아리우스주의, 사벨리우스주의, 네스토리우스주의의 관점에서 그리스도의 인격을 고려할 때 분명해진다.

　(1) 아리우스주의는 그리스도의 만족 개념을 완전히 파괴한다. 만약 예수님이 신적인 존재가 아니고 모든 율법 위에 무한히 높여진 분이 아니라면, 그분은 다른 사람들을 대신하여 행할 수 없을 것이다. 그분은 율법 아래 놓이기 위해 더 낮은 본성을 취할 수 없으며, 그분의 다른 사람을 위한 사역에는 공로가 있을 수 없다. 만약 유한한 존재가 다른 이들을 위한 속죄를 시도하는 어떤 체계를 상정한다면, 그 중재는 당연히 제한된 가치만을 가질 것이며, 죄에 대한 자각으로 깨어난 양심에 아무런 평안을 줄 수 없을 것이다. 만약 그분이 자신의 신성과 결합한 인간성을 죽음에 내어줄 권한이 없다면, 우리는 어떻게 그분을 의지할 수 있겠는가? 그분이 자신의 공로를 다른 사람에게 나눠줄 수 없고, 인간은 창조주와의 어그러진 관계를 바로잡을 수 없을 것이다.

　(2) 사벨리우스주의 또는 내주설 역시 속죄가 불가능하다. 오늘날 널리 퍼진 이 이론은 온전한 성육신을 인정하지 않으며, 실상 그리스도의 인격에 대한 인간주의적 관점에 지나지 않는다. 이러한 인격 그 자체로는 남을 위한 공로를 남길 여유가 없으며, 그가 필요로 하는 것 이상으로 넘치는 공로를 가질 수 없다. 하나님이 단지 그 안에 거하시는 존재로서 가정된다면, 그는 법의 지배를 받는 피조물에 불과하고, 대속적으로 행할 수 있는 여지가 없다. 그가 할 수 있는 일은 그저 자신의 의무에 불과할 것이다. 피조물이 가진 것이나 제공할 수 있는 것은 이미 창조주에게 빚지고 있는 것이기 때문이다.

　(3) 네스토리우스주의에서처럼 그리스도의 본성이 나뉘어 있는 경우에도 속죄는 불가능하다. 그리스도께서는 두 본성 안에서 하나의 인격을 가지신 분이므로, 모든 말씀에서 한 자아의 발언을 만나게 된다. 현대의 한 저자가 잘 말한 것처럼, "순수하게 해석학적 관점에서 본다면, 지상에서 말씀하신 예수의 '나'는 영원한 영광 속에 아버지와 함께 있던 '나'와 동일하다는 결론보다 더 확

실하거나 명백한 성경 해석 결과는 없다"는 것이다. 성경은 지상에서 말씀하신 성자가 두 가지 '나'로 분리되는 것을 분명히 거부한다. 하나는 영원히 영광스러운 말씀이고 다른 하나는 인간적으로 낮아지신 예수라는 주장도 성경의 명확한 증언에 의해 거부된다.[26] 우리는 어디에서나 '육신이 되신 말씀'의 의식적 발언을 만나며, 두 본성 간 서로의 특성이 인격 전체에 속하는 방식으로 상호작용이 있다. 이로 인해 하나님의 아들은 인성을 자신의 것으로 알고, 인성은 동일하게 독생자의 인격으로 우리에게 말하며 신성을 자신의 것으로 여긴다. 따라서 한 본성에 대해 언급되는 모든 것이 그 인격 전체에 대해 말할 수 있으며, 이로 인해 그분이 행하시고 고난받으신 모든 것이 무한한 가치를 지니게 된다. 우리는 그리스도께서 취하신 발언 방식을 통해, 그분이 적당히 하나님도 아니고 인간도 아닌 모호한 제3의 존재라는 개념을 피해야 한다는 경고를 받는다.

예수님의 행위는 곧 그분의 인격에 속한 행위다. 그분의 인성은 다른 누구의 것이 아니라 하나님의 아들의 것이며, 그분이 하신 모든 행위는 하나님의 아들의 행위였다.[27] 이것은 예수님의 모든 말씀 속에 내포되어 있으며, 그분의 모든 언어를 해석할 때 이 기본 원칙을 반드시 적용해야 한다. 그러므로 우리는 두 본성 중 하나에 속하는 것을 인격에 귀속시킬 때, 그렇게 할 수 있고 반드시 해야 하는데, 이는 하나님의 아들의 순종과 고난이 창조된 모든 피조물의 죄 없는 헌신보다 더 큰 가치를 지니기 때문이다.

이 중요한 진리를 올바르게 이해하면 이 문제의 모든 복잡한 면을 헤쳐나갈 수 있으며, 예수님 자신의 표현에서 이를 더 명확하게 볼 수 있다. 예를 들어, 그분은 자신의 인성을 "세상의 생명을 위한 내 살"이라고 말씀하시며, 하늘에서 내려온 살아 있는 떡이라 하신다(요 6:51). 이는 그분의 인성이 그분 자신과 인격적으로 결합되었음을 의미한다. 만약 그 인성이 하나님의 아들과 분리된,

즉 그분과 독립적으로 존재하는 사람의 살이라면, 아무리 성화되고 하나님에 의해 쓰임 받더라도 아무 소용이 없을 것이다. 그분의 순종에는 피조물 이상의 공로가 없을 것이며, 그분의 피에도 우리의 무한한 죄책을 속할 만한 속죄 능력이 없을 것이다.

이 진리를 성경적으로 이해하는 것은 현재 논의에서 매우 중요하다. 왜냐하면 두 본성을 분리하거나 네스토리우스주의적으로 구분하는 순간 우리의 구속 기초가 무너져 버리기 때문이다. 만약 그 두 본성을 따로 생각한다면, 이전에 네스토리우스가 들었던 말처럼[28] "단순한 인간은 구원할 수 없으며, 벌거벗은 신성은 고난을 당할 수 없다"고 말할 수 있을 것이다. 예수님의 인성은 별개의 인격이나 독립적인 존재가 아니라, 인격적으로 결합되어 하나님의 아들 안에서 존재했고, 하나님의 아들이 육신이 되신 것이다. 그러므로 우리 주님은 종종 자신을 하나님 아들의 인성을 소유한 자로 표현하시며, 이로 인해 그 안에서 행해진 모든 행위가 독특한 가치를 지닌다고 말씀하신다. 예를 들어, 그분은 "너희를 위하여 쪼개진 나의 몸"이라고 말씀하시며, 그러한 인격의 쪼개진 몸만이 공로 있게 죄를 씻고 죄인들을 구원할 수 있음을 암시하신다. 만약 그 몸이 하나님의 아들 자신의 것이 아니고 그분의 인격에 속하지 않았다면, 잠깐 동안의 그 몸의 고난은 죄에 대한 대가가 될 수 없었을 것이다. 또한, 그분이 "나의 피"라고 말씀하실 때, 그 인격과 그 피가 다른 누구의 것이 아닌 바로 그분 자신에게 속했다는 강조를 분명히 놓칠 수 없다. 그 행위들은 인격의 행위였고, 그러므로 그 피는 무한한 가치를 지녔다. 왜냐하면 그것은 하나님의 아들의 피였기 때문이다.

이 점에서 주목해야 할 것은, 속죄 사역뿐만 아니라 그분의 중보 사역의 모든 부분에서 그분이 두 본성에 따라 행하셨다는 것이다. 두 본성은 언제나 함께 작용하였지만, 각각의 영역 안에서 별개로 작용했다. 그 어떤 중보적 역할에서든 두 본성이 분리되어 행동한 적이 없다는 사실을 명심하는 것이 중요하다. 이를 언급하는 것이 더욱 필요한 이유는 그분이 낮아지신 동안 신성이 대부분 중지되었다는 개념이 현 시대에 유행했기 때문이다. 이는 성경에 어긋나는 다른 이론들에 의해 그리스도께서 중보자로서 한 본성에만 의존해 사역하셨다는 주장이 과거에 있었던 것과 마찬가지다. 하지만 성육신 자체로부터 확립된 확실한 진리로서, 그리스도는 중보적 사역의 어느 부분에서도 단순히 인간으로서 또는 단순히 하나님으로서 행하지 않으셨고, 신인(神人)으로서 행하셨다는 것을 명심해야 한다. 두 본성이 동일한 결과를 위해 함께 작용했지만, 인격이 하나였기 때문에 그 행위도 하나의 행위였다. 그분이 한 분의 중보자(딤전 2:5)로 불리는 이유도 이 때문이다. 또한 기억해야 할 점은, 그분의 모든 중보적 사역에서 신성이 규제 원칙이며, 인성이 낮은 본성으로서 신성에 종속된다는 것이다. 이것은 영혼과 육체의 관계로 설명할 수 있다. 영혼이 주된 원동력으로 작용하고 육체는 그 고귀한 부분이 지시하는 도구로 작용하듯이, 그리스도의 모든 공식적 사역에서 신성이 주된 원인이다.

　　이러한 원리는 그리스도의 중보적 사역에 대해 우리가 어떠한 개념을 형성하든, 혹은 그분의 지상 생활 동안이든, 현재 상태에서든, 반드시 염두에 두어야 하는 기본 원칙이다. 따라서 속죄는 그분 자신의 설명에 따라 이해되지 않으면, 그 두 본성이 각각의 영역에서 함께 작용하여 이루어진 결과임을 보지 못하게 된다. 속죄는 하나의 인격이 이룬 사역이며, 하나의 행위로서 두 본성의 동시 작용의 결과다.

　　이와 같이 고난은 하나님의 아들에게 속한다. 우리가 한 사람이 손이나 발에 고통을 당할 때 그 사람이 고통을 겪는다고 말하는 것과 같은 방식이다. 인성은 그분의 것이었고, 따라서 고난도 그분의 것이었으며, 신성은 고난을 당할 수도 죽을 수도 없지만, 그 아픔은 그분의 것이었다. 그분의 속죄적 순종이 그분 자신과 얼마나 긴밀한지는 그것보다 덜 긴밀한 연합, 즉 그분의 구속받은 백성들이 그분의 몸이자 지체로 여겨지는 것을 통해 추론할 수 있다. 예수님께서 사울에게 "사울아, 사울아, 네가 어찌하여 나를 핍박하느냐"라고 말씀하셨을 때, 이는 그분 자신이 그렇게 말씀하신 것이다. 이 연합은 그분이 취하신 인성과 비교하면 훨씬 덜 긴밀한 연합이다. 하지만 그럼에도 불구하고 그분은 백성들을 그분의 상속자, 그분의 몸, 그분 자신으로 지정하신다. 그러나 그분의 인성은 훨씬 더 가까이, 더 밀접하게 그분과 결합되어 있기 때문에, 성경이 일관되게 말하는 것처럼, 인성은 하나님의 아들의 몸이며, 그 순종과 고난, 죽음 역시 그분의 것이므로, 그분 자신에게 속한 모든 가치와 존엄성을 지니고 있다.

이제 우리 주님의 신성이 속죄 사역에 미친 영향에 대해 더 구체적으로 언급하게 된다. 우리의 계획에 따르면, 우리는 성경 주해의 범위를 넘어서지 않고, 그리스도 말씀의 의미와 중요성을 넘어서지 않는다. 그분의 인격의 영향으로부터 세 가지 결과를 도출할 수 있으며, 이는 그분의 말씀에 직접 배우거나, 그 말씀에서 쉽게 추론할 수 있다. 이 세 가지에 대해 가능한 한 간결하게 그 말씀을 설명하면서 언급하겠다.

1. 성육신의 한 결과로, 예수님은 자신의 생명에 대한 권한을 가지셨다: "나는 내 목숨을 버릴 권세가 있고, 다시 얻을 권세도 있느니라"(요 10:8). 단순한 인본주의적 관점으로는 풀 수 없는 많은 의문들이 이제 한꺼번에 해결된다. 어떻게 한 사람이 수많은 자들의 속죄 보증인이 될 수 있으며, 어떤 피조물도 감당할 수 없는 역할을 할 수 있는지 이해하게 된다. 아무리 특별한 능력을 가진 사람일지라도 이 역할을 할 수는 없다. 왜냐하면 그는 자신의 생명을 스스로 바칠 권리가 없기 때문이며, 보증인은 반드시 자신의 생명을 바쳐야지 다른 사람의 생명을 바칠 수는 없기 때문이다. 따라서, 자신이 창조하고 유지하는 능력으로 인간 본성을 주관할 수 있는 자는 궁극적으로 하나님 외에는 없다. 그

러나 그분은 자신의 신성과 인격적으로 결합된 본성을 가지셨기에, 일반적인 인간이나 인류의 개별 구성원과는 전혀 다른 관계 속에서, 다른 이들을 대신하여 법을 만족시키기 위해 자신의 생명을 내어줄 권세를 가지셨다. 그분은 자신의 생명에 대해 완전한 권한을 가지고 있었기 때문에, 인간의 자리에서 그 생명을 내어줄 수 있었다.

그리스도께서 취하신 인성은 그 어떠한 형벌이나 고난에 대한 의무로부터 자유로웠다고 여겨진다. 그럼에도 불구하고 그분이 형벌을 받으셨다면, 이는 어떤 목적을 이루기 위한 언약에 따라 이루어진 것이다. 스스로 빚진 것이 없으면서도 값을 치르신 분은 분명히 타인을 대신하는, 무능한 자를 구제하거나 갇힌 자를 자유롭게 하기 위한 행위를 한 것으로 간주되어야 한다. 그 값은 그분 자신에게 필요하지 않았기에 다른 이들을 위해 지불될 수 있었고, 오직 이 목적을 위해 그런 인격에 의해 성취되었다. 예수님은 그 인성을 처분할 권세, 즉 권한이 있다고 말씀하셨고, 사람들의 손에 자신을 맡기시고 십자가에서 스스로 생명을 내주심으로써 그 권세를 증명하셨다.

2. 성육신의 또 다른 결과로, 그리스도의 속죄에는 무한한 가치와 공로가 부여된다는 점을 언급해야 한다. 이것은 우리 주님께서 "하나님이 세상을 이처럼 사랑하사 독생자를 주셨으니"(요 3:16)라고 말씀하실 때 암시된 바이다. 그분의 사명, 인자로서의 겸손, 이 세상에 오신 것에 대한 여러 언급들은 어느 정도 직접적으로 그분의 속죄 사역과 관련된 신성의 영향을 가리킨다. 이를 통해 우리는 예수님의 순종이 진리로 심판하시는 하나님의 눈에 어떤 가치를 가졌는지, 그것이 우리의 죄를 사하고 죄인을 용납하는데 어떻게 영향을 미쳤는지 이해할 수 있다. 이는 하나님의 아들의 순종이었기 때문이다. 이러한 관점에서, 그리스도의 신성은 몇 가지 분명한 효과를 일으켰다고 볼 수 있다.

a. 그분은 모든 사람의 과거, 현재, 미래의 모든 죄를 완전히 파악하는 지식을 가지셨고, 이 모든 죄는 그분의 눈앞에 한순간에 드러나 그분이 우리를 대신해 자백하고 속죄해야 할 것들이었다. 이는 신적인 인격의 전지성을 증명하는 것이다.

b. 또한, 저주나 형벌을 감당하는 일은 단순한 인간의 능력을 초월한 일이었다. 고난을 겪으신 분이 신인(God-Man)이었기 때문에 그분은 무한히 큰 죄를 속죄할 수 있었다. 두 무한이 격돌했다. 세상 죄를 향한 무한한 진노가 무한한 인내와 부딪혔다. 저주가 삼켜지면서 축복으로 변화되었다. 이러한 일은 전능하신 하나님이 아니고서는 감당할 수 없다. 신성은 고난을 겪지 않았고, 그럴 수도 없었지만, 신성이 인성과 결합되어 있었기 때문에 인성은 단순한 인간보다 더 큰 고난을 겪을 수 있었고, 그것을 견디도록 지탱되었다. 신성이 인성을 지탱하며 견디게 했다고 해서, 그와 같은 비율로 위로하는 영향도 주어졌다고는 할 수 없다. 오히려 겟세마네 동산과 십자가에서 버림받은 사건에서 그 반대가 나타난다. 그리스도께서는 하나님께서 죄를 얼마나 무한히 미워하시는지 아셨고, 마땅한 형벌의 잔을 마셨다. 그러나 그분의 신성은 인성이 견뎌야 할 고난을 견딜 수 있도록 지탱하였다. 그분은 버림받으셨지만, 여전히 감당해 내셨다.

c. 그러나 신성이 고난에 무한한 가치를 부여했다는 점을 더 언급해야 한다. 이는 그분이 신인이었기 때문이다. 그리고 그분의 고난이 무한한 가치를 지니고 있었기 때문에, 그분이 구원하려는 모든 사람의 구속을 충족시킬 수 있었다. 이것이 그리스도의 고난과 순종이 수많은 자들을 위해 만족을 제공할 수 있는 이유다. 만약 그분이 단순한 인간이었다면, 단 한 사람도 만족시킬 수 없었을 것이다. 그러나 참 하나님이시기 때문에, 그분의 인격의 존엄성은 예수님을 단순한 인간이 결코 겪을 수 없는 고난의 위치에 놓았을 뿐만 아니라, 그분의 순종 전체에도 영향을 미쳤다. 성경은 그분의 고난의 가치를 그분의 인격에

서 도출하라고 우리의 주의를 집중시킨다. 유한한 피조물의 고난은 아무리 영원히 지속된다 하더라도 만족을 제공할 수 없다. 그러나 그리스도의 신적 존엄성은 영원한 형벌의 지속성을 상쇄시켰다. 만족에 있어 기간의 요소는 필수적인 것이 아니기 때문이다. 하나님의 무한한 진노의 무게를 견딜 수 있는 자는 그것의 영원한 지속성에 굴복하지 않는다. 이렇게 그분의 순종의 무한한 가치는 그분의 신적 인격의 존엄성으로 거슬러 올라가며, 하나님의 아들이 인성을 바치신 행위가 그분의 순종의 정점이며, 다른 사람들을 위한 공로를 이루는 것이 된다.

3. 성육신의 또 다른 결과는, 속량의 법칙에 따라, 구속된 자들은 구속한 자에게 속해야 한다는 것이다. 인간은 인간의 주인이 될 수 없다. 예수님께서 그분의 양을 '자신의 양'이라고 부르실 때, 그분은 이 소유권을 언급하신다(요 10:2). 예수님은 전능하심과 아버지의 주권에 근거하여 아무도 그분의 손에서 양들을 빼앗을 수 없다고 주장하시며, 그 후에 아버지와의 신적 본질의 일치와 그분의 구별된 인격에 대한 잊을 수 없는 증언을 덧붙이신다: "나와 아버지는 하나이니라"(요 10:15, 27, 30).

따라서 속죄에 있어 그분의 신성이 미치는 영향은 모든 면에서 나타난다. 하나님의 아들은 우리의 인성을 입고 고난을 받으셨다. 그 인성 안에서 그분은 멸시당하고 조롱당하고 십자가에 못 박히셨으며, 죄인들을 대신해 마땅히 져야 할 형벌을 감당하셨다. 성육신을 통해 하나님의 아들은 죄인들이 감당해야 할 형벌을 견뎌야 하는 자리에 놓이셨고, 그분의 고난이 33년이라는 한정된 기간 안에서 이루어졌어도 그분의 인격의 존엄성은 충분한 속죄가 가능케 했다. 그리스도는 평범한 사람이 아니라 하나님의 아들이기 때문이다.[29]

3
속죄의 구성 요소

**그리스도께서 모세 율법과 예언서들과
시편 속 자신에 관한 모든 기록들을 의식적으로 성취하심**

　자신이 메시아임을 알고 계셨던 주 예수께서는 성경 전체에서 자신에 대한 암시를 발견하셨다. 자신의 백성처럼 동기에 영향을 받을 수 있었던 그분의 메시아적 의식은 **구약의 모형들과 예언들과 시편에 기록된 모든 것**에 의해 영양을 공급받고 유지되었다. 그 기록들은 단지 교회를 위해 쓰인 것이 아니라, **그리스도를 위해** 쓰여졌으며, 그분의 사역과 성품을 미리 기록하고 있다. 현대의 어떤 신학자들은 구약에서 그리스도를 발견하지 못한다. 그러나 그들에게는 주 예수께서 구약 성경의 모든 부분에서 자신을 발견하셨다고 답할 수 있다(요 5:46). 예수께서 말씀 안에 살았다는 것은 그분이 받으신 시험을 깊이 생각한 사람이라면 누구도 의심할 수 없다. 그 시험의 목적은 그분을 말씀에서 멀어지게 하는 것이었다. 인간이 되심으로 말씀을 의지해야 하는 대상이 되신 것이 하나님의 아들에게 비천한 일도 아니었고, 위격적 연합과도 모순되지 않는다.

그러나 우리가 지금 주목하고자 하는 질문은, 주님께서 지상 생애 동안 의식적으로 모세의 율법과 선지자들과 시편에 기록된 모든 것을 성취하셨는가이다. 이것은 확실히 수긍되어야 한다. 예수님이 부활 후 제자들과의 대화에서 언급하신 세 부분을 짧게 살펴보자(눅 24:44).

I. 모형들과 관련해 주님은 어린 시절부터 생애의 마지막까지 자신을 모형들에 끊임없이 적용하며 바라보신 것 같다(눅 2:49; 막 11:11). 복음서를 자세히 연구하면 누구도 이 사실에 대해 의심하지 않을 것이다. 예수께서는 만나의 모형적 성격을 명확히 언급하셨고(요 6:32), 놋뱀(요 3:14)과 요나의 역사(마 12:40)에 대해서도 분명히 말씀하셨다. 이 사실들은 **그분이 구약에서 자신을 발견하셨음**을 명백히 증명한다. 그분이 희생 제물인 자신에 대해 명확히 설명하지 않으신 이유는 제자들이 아직 그것을 받아들일 준비가 되지 않았기 때문일 것이다. 예수께서는 자신을 제사장과 제물로서의 역할을 암시하는 표현들로 말씀하셨다(요 17:19; 6:51-58; 마 20:28). 그러나 그분의 죽음의 성격은 부활 후에야 비로소 구약의 모형들에 비추어 충분히 설명되고 정확히 이해될 수 있었다. 따라서 그분의 정신을 30년 생애 동안 형성시킨 모든 모형적 체계는 부활 후 제자들에게 설명되었다(눅 24:27). 우리는 주님의 이러한 설명이 사도들의 서신에 반복적으로 나타나고, 특히 히브리서에서 그 내용이 짜임새 있게 통합되어 있음을 볼 수 있다. 히브리서는 바로 이 목적을 위해 기록되었다.

II. 예언들과의 관계에서 주님은 생애 마지막 순간까지 의식적으로 그것들을 성취하고 계셨음을 우리는 발견할 수 있다. 여기서 그리스도의 예언 성취와 다른 인물들, 심지어 제자들에 의한 성취 사이의 뚜렷한 차이를 지적할 수 있다. 그분은 **의식적**으로 예언을 성취하셨지만, 사람들은 높은 분의 손에 의한 **무의식적**인 도구였다. 주님의 생애를 읽다 보면, 이 점에서 그분과 제자들 사이에 뚜렷한 차이가 있음을 누구나 분명히 느낄 수 있다. **제자들은 나중에** 그분에게 일어난 일을 기억하고 그제야 예언이 성취된 것을 보았지만(요 12:16), **주님은** 전혀 다른 시각에서 **매 단계마다** 과거의 예언과 현재의 성취를 의식적으로 연결하셨다(요 13:18; 막 14:27).

메시아에 관한 예언들은 매우 많고 명확했기에 이 위대한 인물이 인류 가운데 나타나기 전에 그분의 인격, 직분, 사역에 관한 모호함이 남아 있지 않았다. 주님께서는 자신의 메시아적 의식을 사용해 모형과 예언이 그분을 위해 마련한 영역 속에서 살고 움직이셨다고 할 수 있다. 그러나 우리는 다른 사람들이 인용한 구절들을 생략하고, 주님께서 직접 인용하신 구절들만을 다뤄 보겠다. 메시아의 고난에 대한 보다 일반적인 언급들도 생략하겠다(눅 18:31). 두 구절이 특별히 주목할 만하다.

(1) 첫 번째 구절은 잘 알려진 메시아의 대속적 고난을 묘사하는 **여호와의 종에** 관한 것이다(사 53:12). 주님께서 인용하신 말씀은 다음과 같다. "내가 너희에게 말하노니, 기록된 바 '그가 범죄자 중 하나로 헤아림을 받았다.' 한 이 말이 내게 이루어져야 하리니 내게 관한 일이 이루어져 감이니라"(눅 22:37). 여호와의 종이라는 표현(사 53:11)을 이사야나 이스라엘 백성으로 해석하는 사람들은 모순과 해결 불가능한 난관에 빠지게 되며, 결국 매우 억지스러운 해석에 만족해야 할 것이다. 그리스도께서는 이사야서의 이 부분이 자신을 가리키고 있는 것으로 해석하셨고, 모든 경건한 해설자들은 그분의 해석을 결정적인 것으로 즉시 받아들인다. 왜냐하면 이 말씀은 누가복음에서 주님의 입을 통해 나온 것이기 때문이다. "내게 관한 일이 이루어져 감이니라"라는 말은 가장 뛰어난 주석가들이 해석하듯, 주님을 가리켜 기록된 일들이 그 결말, 즉 성취에 이른다는 의미다. 이 말씀은 예수께서 의식적으로 예언을 성취하셨고, 그것이 그분이 살아가는 본질임을 강조하고 있다.

(2) 두 번째 구절은 **상처 입는 목자**에 관한 구절로, 역시 명확하게 메시아를 가리킨다(슥 13:7; 막 14:27-내가 목자를 치리니 양들이 흩어지리라). 이 구절을 메시아, 즉 민족의 위대한 목자가 하나님의 명령으로 겪은 폭력적인 죽음이 아닌 다른 방식으로 해석하는 것들을 우리는 거부해야 한다. 주님께서 인용하신 축약된 구절, 즉 구절의 처음과 마지막 부분에서 가져온 인용문은 반드시 문맥 속에서 살펴야 한다. 이렇게 볼 때 이 구절은 가장 명확하게 뛰어난 인물이자 만군의 여호와의 짝된 자인 한 분을 우리에게 제시한다. 그분이 "나의 목자"라고 불릴 때, 이는 아버지께서 임명하신 메시아를 가리키는 것이다. 이 구절을 일반적인 목자들로 해석하는 것은 그 본문에 폭력을 가하는 것이다. 또한 목자가 여호와의 칼에 의해 찔리게 되는 장면은 전투에서 패배하는 것이 아니라, 그 결과로 양 떼가 일시적으로 흩어졌다가 다시 모이는 것을 나타내며, 하나님께서 보호하고 모으시는 손길이 어린 양들에게 미치게 될 것임을 보여준다.

III. **시편**은 주님께서 부활 후 설명하신 성경의 세 번째 부분으로 그분의 메시아적 역사와 경험을 표현하는 데 매우 중요한 역할을 한다. 시편은 죄를 짊어진 대속자가 오셨을 때, 그분의 위치에 맞는 정서와 표출을 제공하는 도구였다. 예수님의 거룩한 본성 자체로도 이러한 결핍, 기도, 순종의 감정을 스스로 느끼셨지만, 하나님의 지혜에 따라 그분의 내적 경험은 성령의 감동으로 시편에서 미리 그려졌다. 이는 그분의 순결한 인간성을 가득 채웠던 동일한 성령께서 그분이 희생을 완성하도록 이끄셨음을 보여준다. 아마도 이러한 점은 **인간의 마음에 하나님의 말씀이 풍성히 거하고, 인간의 모든 정신적 활동이 말씀에 의해 인도받아야 할 필요성**을 가장 인상적으로 보여준다.

시편 전체에서 그리스도의 경험이 얼마나 반영되었는지, 그리고 호슬리(Horsley), 홈(Home), 바클레이(Barclay) 등과 같은 학자들이 주장한 바와 같이 모든 시편을 그리스도와 관련하여 해석할 수 있는지에 대한 어려운 논의는 여기서 다루지는 않겠다. 대신, 우리는 예수님의 말씀을 연구하는 계획에 따라, 그분이 자신의 의식에서 우러나온 것으로 인용하신 시편들에만 집중하겠다. 우리는 그분의 배반, 고난, 그리고 세부 사항을 묘사하는 네 개의 시편만을 살펴볼 것이다. 이 시편들은 오직 전지하신 하나님만이 묘사할 수 있을 정도의 정확함으로 예언되어 있다(시 109편, 69편, 22편, 41편). 이 시편들에서 말하는 사람이 단순한 고통을 겪는 일반적인 인간이 아니라는 것은 쉽게 증명될 수 있다. 자세히 묘사된 고통이 세상과 독특한 관계에 있는 한 분과 관련된 것이 아니라 일반적인 인간에게 미치는 것이라면 그 묘사는 독자의 공감을 얻지 못하고 거부감만 주었을 것이다. 만약 그가 단순한 사람에 불과하다면 왜 한 사람의 고통을 하나님의 예배 안에 포함시키겠는가? 아무리 뛰어난 영웅이라 할지라도 그에 대한 상세한 묘사를 인간이 그렇게까지 관심을 가질 수 있도록 제시하는 것은 지나친 요구일 것이다. 그러나 고통받는 이가 다른 이들의 대속자였고, 그분이 겪은 고통에 모든 시대의 사람들이 똑같이 관심을 가져야 한다는 사실을 이해하면 그 수수께끼가 풀린다. 그분의 고통 속에서 사람들은 자신들의 고통에서 벗어나는 길을 본다.

시편 109편은 요한복음 15:25, 사도행전 1:20에서 여러 번 인용되었으며, 유다의 배신이 구속자에게 어떤 영향을 미쳤는지를 우리에게 보여준다. 시편이 유다를 다루고 있다는 것은 8절에서 명확히 증명된다. 이 구절은 베드로가 사도 공동체의 빈자리를 채울 근거를 제시하며 설명한 것이다. 사도 중 한 사람이 주 안에서 죽었거나 순교로 떠났을 때(행 12:2), 다른 이를 선출하지 않았고, 결과적으로 그 수는 곧 사라졌다. 그러나 부활의 때에 사도들이 앉을 12개의 보좌에 빈자리가 없어야 했기 때문에 유다를 대신할 다른 이가 뽑혀야 했다. 시편의 첫 구절들은 배신이 계획될 때 그리스도에게 쏟아졌던 중상모략과 비난을 암시하는 것 같다. 메시아는 하나님을 자신이 자랑하고 찬양할 대상으로 삼으신다(1~6절). 그다음에는 유다의 운명, 그의 실망, 단명(短命), 그 가족의 몰락(9절), 부당하게 얻은 재산을 빼앗김(11절), 그리고 그리스도 자신의 하나님을 향한 신뢰를 묘사한다(21절). 유다에 대한 저주처럼 보이는 것은 가장 큰 죄에 대한 의로운 형벌을 내리는 것이며, 이에 대해 숭고하게 동의하는 것이다.

신약성경 기자들이 여섯 번이나 인용한 시편 69편은 메시아의 경험에 대해 기억할 만한 또 다른 개요를 제시한다. 이 시편이 다윗을 일차적으로 지칭하는지 아닌지는 굳이 따져볼 필요가 없다. 왜냐하면 일반적으로 시편의 내용이 저자의 경험이나 그의 역사적 사실을 넘어가지 않는 경우에는 다윗에 관한 것으로 간주할 수 있지만, 시편의 말씀이 다윗을 초월하는 내용을 담고 있을 때는 다른 해석의 기준이 적용되었기 때문이다. 베드로와 바울이 이와 같은 방식으로 해석했다(행 2:29-33; 13:35-37). 하나님의 집에 대한 불타는 열심(9절), 쓸개와 초를 마신 것(21절), 그리고 시편에 묘사된 다른 요소들은 다윗에게 적용되지 않는다. 화자는 자신을 깊은 수렁에 빠지고, 넘치는 깊은 물에 들어간 것으로 묘사하며, 이러한 어조로 22절까지 이어가면서 마지막 고난 속 메시아의 고통을 나타낸다. Roos처럼 시편 69편은 땅을 덮은 세 시간의 어둠이 내리기 전의 시간을, 시편 22편은 그 뒤에 이어진 버림받은 시간을 나타낸다고 가정하는 것이 무리는 아니다. 이 시편은 구세주가 십자가에서 현재와 이전의 고난을 어떻게 되새기셨는지, 그리고 어떻게 탄식하고 기도했는지를 우리에게 보여준다. 그는 하나님을 비방하는 비방이 자신에게 미쳤음을 선언하신다(9절). 그는 술 취한 자들의 노래가 되었고, 분명히 선행을 베풀고 말씀과 행동에 능력이 있었던 때에도 그랬다(12절). 또한 엄격하되 지나치지 않게 그를 거부한 자들에게는 무서운 형벌이 임할 것이라고 경고한다(23-29절). 그의 탄식 뒤에는 그의 슬픔 속에서 밝은 미래가 나타나 그분의 영혼을 지탱하며(30-37절), 그 고난은 고난받는 자와 온 땅 모두에게 기쁨으로 끝난다.

이 모든 고통 속에서 그분은 완전히 무죄이셨고, 다른 이들을 위해 그 고통을 견디셨다(5-6절). 그분은 빼앗지 않은 것을 되돌려주셨다(4절).

다음으로 **시편 22편**을 살펴보면, 이 시편은 시편 69편과 공통점이 있다. 시편 22편도 깊은 탄식으로 시작해 밝은 미래로 마무리된다. 이 시편 전반에서 메시아만이 화자라는 것은 편견 없이 내용을 조사해 보면 누구에게나 분명할 것이다. 다윗은 많은 고통을 겪었지만, 그에게 주어진 상황이 이 시편을 떠올리게 한 것은 분명하다. 하지만 시편에서 한 인물의 운명을 묘사하는 전반적인 내용을 보면, 우리는 다윗이 아닌 그의 더 위대한 후손을 보고 있다. 이 인물은 신적 능력의 특별한 행사를 통해 태어났고, 태어나자마자 하나님께 의지하며 하나님과 밀접한 관계를 맺고 있다(9-10절). 그 후 우리는 다윗이 전혀 알지 못했던 고난을 묘사하는 장면을 접하게 된다. 다윗이 벌레와 같고 사람이 아닌 것처럼 버려져 함부로 짓밟힌 적이 언제 있었는가? 언제 그의 옷을 사람들이 나누고 그의 겉옷을 제비뽑기 했는가(18절)? 언제 사람들이 그를 거짓 구원자라고 비웃고 조롱했는가(8절; 마 27:43)? 언제 그의 손과 발이 뚫렸는가? 이는 십자가에 매달린 것을 묘사한 잘 알려진 구절이다. 여기서 공인된 영어 성경은 칠십인역과 마소라 본문보다 훨씬 오래된 권위자들을 존중해서 그 구절을 잘 번역했다. 이러한 모든 설명 외에도, 우리는 사도들(요 19:23; 히 2:12)의 확실한 권위와 십자가에서 주님이 버림받으신 어두운 순간에 이 시편을 인용하신 사실에서 우리는 이 시편이 예수님의 경험에 완전히 부합하는 것을 확인할 수 있다.

이 시편의 말씀을 살펴보면, 예수님께서는 먼저 슬픔 가득한 버림받은 느낌을 호소하시며, 왜 그분이 그런 상황에 처하게 되었는지를 하나님께 상기시켜 달라고 기도하신다(1절). 그분이 버림받은 이유는 하나님과 그분 사이에 어떤 개인적인 원인으로 인한 것이 아니었기에, 그분은 구속을 위해 필수적인 부분만큼만 이 버림받음이 지속되기를, 그리고 그것이 그분의 육체적 죽음에서 끝나기를 기도하셨다. 예수님께서 자신의 생명이 끝나갈 무렵에 아버지 앞에 이러한 사실을 아뢰는 것은 자연스러운 일이며, 인간의 구속과 그와 관련된 하나님의 영광이 그분의 버림받음의 이유였음을 펼쳐 보이시면서, 하나님의 공의에 맞게 응답받을 것을 확신하셨지만 구원의 방법은 하나님께 맡기셨다. 예수님이 밤낮으로 기도하셨지만 응답받지 못했다고 덧붙인 부분(2절)에 대해 해석의 어려움이 제기되었다. 하지만 우리는 그분께서 순례의 마지막 날, 깊어가는 슬픔 속 겟세마네의 고뇌와 다음 날에 커져가는 버림받음 속에서 이처럼 기도하셨고, 그날이 저물어갈 무렵 자신의 영혼을 아버지께 맡기셨다는 단순한 사실만 살펴보면 된다.

하지만 질문이 제기되었다. 어떻게 그분이 이스라엘의 조상들이 울부짖고 구원받은 사실을 근거로 자신의 구원을 기대할 수 있었는가? 이 언어를 주님께 적용하기에는 어려움이 없다. 그분은 이렇게 주장하실 수 있었을 것이다. "나는 이스라엘 백성 중 하나로, 할례의 의식을 통해 소속된 사람이다. 만약 아브라함, 이삭, 야곱 같은 조상들이 소망을 가지고 구원받았다면, 나 역시 구원을 받을 것이다"(4-5절). 혹은 다음과 같은 강한 논리를 주장하셨을 수도 있다. "우리 민족의 믿음의 조상들, 곧 육체적 의미에서 나의 조상들 역시 신뢰했고 수치를 당하지 않았습니다. 그렇다면, 아버지의 사랑받는 아들인 나를, 곧 조상들이 행했던 모든 신뢰의 근거가 되는 나를, 이 환난과 혼란에서 구원하지 않으셔야 하겠습니까?"

시편의 이어지는 구절에서 주님께서는 자신의 죽음에 대한 분명한 확신을 나타내신다. "주께서 또 나를 죽음의 진토 속에 두셨나이다"(15절). 우리가 메시아를 실제 죽음의 굴욕으로 들어가게 한 존재가 누군지 살핀다면, 개들이 그를 둘러싸고 있다는 언급을 보게 된다. 즉, 그분을 공격한 이방 군사들이 있다. 또 악한 무리가 그를 에워싸고 있다고 하는데 이는 대제사장들과 그들의 무리다. 그러나 메시아의 죽음은 하나님께 직접적으로 돌려진다. "주께서 나를 두셨다." 엄밀히 말하면, 주님은 그분의 적들에 의해 정복되지 않으셨다. 그들이 그분에게 어떤 권력을 행사할 수 있었던 것은 오직 그분의 자발적인 헌신과 그에 따른 의로운 아버지의 심판 때문이었다. 이것은 그분이 빌라도에게 한 대답(요 19:11)과 베드로의 해석(행 2:23)으로 의심의 여지 없이 확증된다.

시편의 마지막 부분(24-32절)에 대해 말하자면, 고난받는 자가 죽어가는 상황에 대한 이 말씀은 그가 부활한 후 인간을 향한 하나님의 모든 계시와 아버지께 찬양을 돌려드리는 매개체가 될 것이라는 의미다(25절). 이어지는 내용은 속죄의 열매가 세계 구원에 이바지하고, 민족들을 해방시키며, 땅끝까지의 회심을 이끌어내는 장엄한 묘사이다. 또한 주님은 생애의 마지막 시간 동안 자신이 이루어낸 구속의 열매가 그분의 백성들에게 기쁨이 될 것임을 분명히 인식하며 위로받으셨다. 시편 22편을 주의 깊게 분석하는 사람은, 버림받음에 대한 고통을 호소하는 이 위대한 수난자가 태어날 때부터 하나님을 신뢰했던 자임을 쉽게 알 수 있다. 그 장면에서 우연히 언급되는 것처럼 보이는 사건들, 예를 들어 그분의 겉옷을 두고 제비뽑는 것과 같은 사건들은 그분이 범상치 않은 분임을 나타내며, 그분의 운명이 모든 작은 세부 사항까지 예언된 것을 보여준다. 또한 그분의 고난 속에서 하나님께서도 한 역할을 하셨으며, 적들은 하나님께서 그분이 당해야 할 일을 미리 정하신 뜻과 예지에 따라 행한 것일 뿐이다.

우리가 간단히 해석한 세 개의 시편은 많은 공통점이 있지만, 동시에 놀라운 차이점도 있다. 시편 22편은 그분의 적들에 대해 거의 언급하지 않으며, 복수나 보복에 대한 암시조차 하지 않는다. 고난받는 자는 마치 버림받은 사람처럼 나타나며, 그분의 얼굴을 숨기신 것에 대한 호소를 아버지의 귀에 쏟아낸다. 여기서 모든 고난은 하나님의 손에서 비롯된 것으로 나타나며, 버림받음이라는 큰 재앙의 결과로서 나타난다. 나머지 두 시편에서는 고난받는 자가 자신을 향한 가르침, 권면, 책망을 향한 사람들의 적대감을 언급하며, 그들이 그분의 사랑에 대해 어떤 모욕과 배신으로 보답했는지를 묘사한다. 이는 요한복음의 말씀, "그가 자기 땅에 오매 자기 백성이 영접하지 아니하였다"(요 1:11)는 구절에 대한 주석이다.

예언이 제공한 개요에 따라, 그리스도의 고난의 두 가지 요소나 원인은 분명히 드러난다. 예수님께 닥친 고난의 이 이중적인 면, 즉 하나님이 직접 보내신 고난과 사람의 손에 의해 간접적으로 가해진 고난은 밀접하게 연결되어 있다. 만약 하나님께서 그분을 예정하시고 보내지 않으셨다면, 사람들은 그분에게 어떠한 고난도 가할 수 없었을 것이다. 그분은 그들의 손이 닿을 수 없는 존재였다. 그러나 하나님께서 그분을 죄로 삼으셨을 때(고후 5:21), 죄를 짊어지신 분, 그리고 저주를 짊어지신 분으로서 그분은 모든 창조된 권세를 초월한 위치에 있던 분이 사람의 손에 붙잡히고 모욕과 불의를 겪을 수 있는 위치에 놓였다. 이것은 다른 시편에서 예언된 그분의 배신당함을 주목하게 한다(시 41:9). 예수님께서 직접 인용하셨다. "내가 너희 모두를 가리켜 말하는 것이 아니니라. 나는 내가 택한 자들이 누구인지 앎이라. 그러나 내 떡을 먹는 자가 내게 발꿈치를 들었다 한 성경을 응하게 하려는 것이니라"(요 13:18). 이 예언의 핵심은 메시아의 친밀한 친구들 중에 한 명의 배신자가 있을 것이라는 사실을 내포한다. 유다는 그날 밤에 자신의 계획을 실행에 옮길 것이었고, 예수님께서는 그들이 그분의 메시아 되심에 대한 믿음을 확고히 하도록 미리 알려주셨다. 그분의 적들에게 넘겨지는 일이 단순한 인간의 악의에 의한 것이 아니라 하나님의 계획과 결정된 뜻에 의한 것임을 그들이 알도록 하기 위함이었다. 유다가 주님의 말씀을 이해했을까? 그렇다. 이 인용과 그 후에 제자들에게 떡을 주면서 그를 드러내신 것(요 13:26)은 유다가 그 말씀을 이해하지 않을 수 없게 만들었다. 하지만 예수님께서는 하나님의 계획이 이루어져야 하며 예언의 말씀이 성취되어야 함을 알고 있었기에 배신자의 목적이 포기되기를 바라지 않으셨다. 마찬가지로 예수님은 악한 농부들의 비유를(마 21:42) 통해, 대제사장들에게 그들의 악한 목적을 자신이 잘 알고 있음을, 그들이 그 목적을 이루는 것이 구약 예언을 성취하는 것임을 알리셨다. 그들은 예수님의 말씀을 이해했지만, 악인들이 흔히 그러하듯 눈먼 상태로 자기들의 목적을 추구했다.

여기서 의문이 생긴다. 어떻게 그분의 동족들이 그분의 메시아성에 대해 그렇게 완전히 무지할 수 있었을까? 예수님 자신은 알고 계셨고, 제자들도 알고 있었으며, 온 민족이 알 수 있었을 것이다. 하지만 부분적으로는 율법주의의 왜곡, 부분적으로는 그분의 왕국이 현세적일 것이라는 선입견, 또 부분적으로는 그분의 출생 상황에 대한 무지 때문에 그들은 그분을 거부했다. 그들의 율법주의에 대해서는, 그들은 율법의 참된 본질을 오해하고 그것을 본래의 목적에서 벗어나 왜곡시켰다. 그들은 제사들이 마치 공로가 되는 율법적 행위로써 인간을 의롭게 한다고 잘못 생각했다. 메시아 왕국에 대한 예언에 관해서는, 그들은 그것을 복종하는 민족들 위에 군림하는 세속적 지배로 이해했으며, 그분의 속죄의 죽음을 기반으로 한 왕국으로 보지 않았다. 또한 그리스도의 출생 상황에 대해서는 그 어떤 조사도 하지 않았다. 메시아의 운명을 계획하신 섭리가 그분의 죽음을 지금과 같은 방식으로 이루어지도록 한 하나님의 지혜가 이렇게 드러나는 것이다.

그리스도의 출생과 관련된 기억할 만한 사건들은 사람들의 기억에서 사라졌다. 그분이 태어났을 때, 천사들은 베들레헴의 목자들에게 그분을 알렸고, 목자들은 그분을 찾아가 그 아기에 대해 들은 말을 전했다(눅 2:7). 동방에서 온 박사들은 초자연적인 별의 인도로 갓 태어난 왕에게 찾아왔고, 이 사건은 헤롯 궁정에 큰 소란을 일으켜 제사장들과 서기관들의 모임을 소집해 그분이 어디서 태어날지 예언을 통해 알아내는 계기가 되었다. 이 모든 사실을 고려할 때, 이러한 사건들이 사람들의 기억에서 사라졌다는 것은 처음에는 설명이 불가능해 보인다. 하지만 베들레헴에서의 출생과 예수님의 공적 사역 사이에는 30년이라는 세월이 흘렀고, 그분은 단지 나사렛의 목수로만 알려졌다. 아마도 베들레헴의 기적을 알거나 성전에서 시므온과 안나가 드린 축복을 기억하는 사람은 마리아를 제외하고는 거의 없었을 것이다. 박사들은 헤롯에게 돌아가지 않아 그들의 방문으로 인해 생긴 인상을 확증하지 못했다. 그 후 헤롯이 베들레헴의 유아들을 학살하도록 명령한 사건으로 인해 아이의 운명에 대한 큰 혼란이 생겼다. 라헬이 자녀를 잃고 울부짖는 눈물은 주로 이 사건 때문이었으며, 모든 희망이 끊어진 것처럼 보였다. 이집트에서 돌아온 후 30년 동안 나사렛에서의 긴 생활과 그분의 초라한 상태, 그리고 그분이 베들레헴과의 관련성을 드러내는 어떠한 흔적도 남기지 않았다는 사실은 모두가 그분을 단지 나사렛 사람으로만 보게 만드는 요인이었다. 따라서 그분이 무수한 기적을 행했음에도 불구하고, 대부분의 사람들, 학식이 있든 없든 간에, 그분을 예언자로만 인정할 뿐 그분이 메시아라는 사실은 받아들이지 않았다. 그분의 출생지와 그분의 출생을 놀라운 방식으로 예고한 사실들을 알았다면 그들의 어려움은 해결되었을 것이다. 또한 예수님은 공적으로 자신이 메시아라고 말씀하시지 않았다. 그래서 그분의 가르침과 기적에도 불구하고, 그분은 예언자로 인정되었을 뿐, 메시아로는 받아들여지지 않았다. 예언의 빛에서 올바르게 해석된 그분의 낮아지심은 그분이 오랫동안 예언된 그리스도임을 증명하는 데 도움이 되었을 것이다. 그러나 유대교회의 교리가 너무나 부패하여 메시아에 대한 개념이 그분의 실제 모습과 조화를 이룰 수 없게 되었고, 모든 것이 하나님의 경이로운 지혜에 따라 정리되었기에, 그 나라가 이 세상의 통치자들이 알았더라면 결코 하지 않았을 일을 하게 된 것이다(고전 2:8). 이러한 편견들이 사람들로 하여금 예수님을 메시아로 인정하지 못하게 했다. 제자들조차도 그분의 죽음을 거의 기대하지 않았다는 사실은 그분의 모든 역사에서 드러난다.

그렇다면 왜 그러한 무지와 불신이 퍼지도록 허락되었을까? 하나님의 목적은 그분이 죄에 대한 속죄 제물로 죽으셔야 했으며, 이를 위해 사람들에게 멸시받고 거절당하셔야 했기 때문이다. 따라서 그분은 사람들에게 알려지지 않아야만 했다(고전 2:8). 주님 자신도 하나님의 정해진 계획과 예지의 실행을 방해할 수 있는 모든 것을 피하셨다. 그분은 공적인 가르침에서 자신의 메시아적 존엄성을 선포하지 않으셨고, 제자들이 그분을 알리도록 허락하지 않으셨으며, 그분은 고난을 받고 죽으셔야 한다고 말씀하셨다(눅 9:21). 그분은 자신이 메시아임을 공적으로는 오직 가야바 앞에서만 선언하셨고, 이 선언은 그분의 희생제사를 완성하는 것을 촉진시켰다. 여기서 우리는 하나님의 무한한 지혜를 볼 수 있다.

그러나, 예수님이 단순히 선지자로 여겨졌는데 어떻게 그분을 그렇게 대할 수 있었을까? 이유는 분명하다. 많은 사람들은 그분을 선지자로 여기면서도 어딘가 더 큰 존재일지도 모른다는 막연한 인상을 받았고, 그분이 아직 메시아로 자신을 드러내실 수도 있다고 생각했다. 그러나 그분이 붙잡혀 인간 재판관 앞에서 범죄자로 심문받는 것을 보았을 때, 그분이 메시아일 가능성은 전혀 없다고 판단했고, 그분이 대제사장의 물음에 대답했을 때 그 대답은 이상하고 설명할 수 없는 주장으로 여겨졌다. 그분을 선지자로 지지했던 사람들도 충격을 받았고, 그분을 존경했던 많은 사람들조차도 그 순간의 분노와 실망에 휩싸여 "그를 십자가에 못 박으라!"라는 외침에 동참하게 되었다. 더욱이 그들이 그분에게 집중적으로 퍼부은 비난의 핵심은 바로 이 말로 표현되었다: "네가 그리스도라면 십자가에서 내려오라."

지도자들과 백성들이 그분을 거부한 것은 오해에 기반한 것이라고 생각할 수 있다. 분명히 이것은 그들의 죄, 그 무서운 죄를 용서받을 수 있게 해주는 역할을 했다. 만약 그들이 예수님이 메시아요 하나님의 아들이라는 사실을 완전히 알고, 그 사실을 완전히 인지한 상태에서 그분을 거부했다면, 그러한 죄를 저지른 사람들은 구원을 받을 수 없었을 것이다. 그들의 범죄에 대한 이 구별은 베드로가 생명의 주를 부인하고 살인자를 선택한 유대인들에게 연설할 때 사용한 언어에서 확인할 수 있다. 베드로는 그들에게 여전히 구원의 가능성이 남아 있음을 보여주기 위해 이렇게 말했다: "형제들아, 너희가 알지 못하여서 그리 하였으며 너희 관원들도 그리한 줄 아노라"(행 3:17). 바울도 자신을 가리켜 박해자이자 모독자이며 폭행자라고 말하면서도, 자신이 무지한 상태에서 불신 가운데 그것을 행했다고 덧붙인다(딤전 1:13). 따라서 이스라엘에게는 여전히 구원의 길이 남아 있었고, 예루살렘이 멸망하기 전 한 세대 동안 복음이 전파되었다.

이처럼 세례 요한의 출생과 관련된 사실들이 사람들 사이에서 널리 알려진 것과는 달리, 그리스도의 출생에 관련된 지식은 크게 차이가 있었다. 하나님의 무한한 지혜 안에서 주님의 죽음은 그분이 메시아임에도 불구하고 그분을 알지 못했던 민족에 의해 이루어졌다.

죄를 짊어지신 분이자 기꺼이 순종하신 그리스도

우리가 이제 주목해야 할 속죄의 본질을 설명하는 말씀들에는 의심할 여지 없이 두 가지 종류의 묘사가 있다. 이는 그리스도의 지상 생애에 대한 두 가지 관점을 제시하는데, 이 둘은 서로 밀접하게 연결되어 있으면서도 분명히 구별된다. 예수님은 오시기 전과 후의 모습 그대로, **저주를 짊어지신 분**(수동적)이자 **능동적 순종의 사역을 행하신 분**으로 자신을 나타내신다. 이러한 두 관점은 진리의 양면으로서 서로를 전제하고 내포할 수 있지만, 각각 개별적으로 인식되어야 한다. **죄를 짊어진 자로서의 그분의 위치**는 속죄라는 개념 속에 당연히 포함된다. 그러나 그분이 **능동적인 순종을 수행하는 자로서의 위치**는 인간이 타락하지 않았더라도 필요했을 것이다. 타락이 우리나 우리 보증인이신 그리스도를 그 의무에서 면제해 주는 것은 아니기 때문이다. 이 두 요소는 우리 생각 속에서 구별될 수 있지만, 이 위대한 사건 속에서 **각각 별개의 공로로 간주되거나 분리될 수는 없다.** 예수님께서 태초의 인간에게 요구된 순종 행위를 **능동적**으로 행하신 분에 그쳤다면, 그분의 성육신은 우리의 처지를 해결할 수 없었고 실제로도 우리에게 유익하지 못했을 것이다. 마찬가지로 죄를 짊어지신 분으로서의 **대리적** 고난 역시 아버지께서 신적 완전성에 따라 부과하신 것을 아들이 의로운 종으로서 거룩한 자발성과 진심 어린 기쁨으로 감당하지 않았다면 우리에게 아무런 소용이 없었을 것이다. 그리스도의 사역의 필수적인 두 부분은 서로 분리된 공로로 간주되어서는 안 된다.[30]

대속의 핵심은 자리를 바꾸는, 즉 '대리'의 요소에 있으며, 이것은 한마디로 복음 그 자체이다. 인류가 하나님 앞에서의 적절한 위치를 상실했을 때, 하나님의 요구나 인간에 대한 원래 목적이 완화될 수 없었고, 어떤 구원의 계획에서도, 은혜가 인류의 구원 속에서 영광받으려면, 중보자는 필연적으로 인간의 위치에 들어가서 인간의 책임을 짊어져야 했다. 이 입장은 단순히 하나님의 속성에 대한 추상적인 논리에서 도출된 것이 아니라, 주님과 사도들의 모든 표현에 근거하고 있다. 예수님께서 다른 사람들을 위해 고난을 겪으셨다고 말하는 모든 구절들에서(요 10:15; 11:50-52), 헬라어 전치사들은 그분이 다른 사람들을 대신해 그 자리에 서셨다는 생각을 전제하거나 명확히 주장한다(마 10:45). 다른 해석이 불가능한 이유는 이 표현이 우리의 죄를 위해 그분이 고난을 겪으셨다는 다른 구절들과 교차하기 때문이다(고전 15:3; 벧전 3:18). 그리고 이 모든 구절들에서 그분이 다른 사람들을 위해 고난을 겪으셨다는 언급은 오직 그리스도에게만 적용되며, 그 언어는 다른 누구에게도 해당되지 않는다. 예를 들어, 사도들이 교회를 위해 고난을 겪었고, 일부는 십자가에 못 박히기까지 했지만, 바울은 자신이 사람들을 위해 십자가에 못 박힌 것이 아님을 가르친다: "바울이 너희를 위하여 십자가에 못 박혔느냐?"(고전 1:13). 이 대리의 요소는 구약의 희생 제사를 실체화한 그리스도의 희생에 대한 모든 구절에서도 찾아볼 수 있다(요 1:29), 또는 그분을 구속자(고엘)로 묘사한 구절에서도 마찬가지다(마 20:28).

예수님은 그분의 인격으로 인해 이 과업을 맡아 수행하실 수 있었다. 그분의 신성을 다룰 때 이미 언급한 것을 되풀이하지는 않겠지만, 그분의 신적 본성 덕분에 그분은 단순한 피조물이 가질 수 없는 자신의 생명에 대한 권한을 가지고 자유롭게 순종할 수 있었을 뿐만 아니라(요 10:18), 유한한 피조물이 감당할 수 없는 고난을 짊어질 자격이 있었고 그의 속죄에 무한한 가치를 부여할 수 있었다. 하나가 다수를 대신하는 이 대속에서 우주는 처음으로 완전한 죄 없음을 보았고, 인류 중에서 인간의 이상에 도달한 유일한 존재를 보았다. 이전에는 아무도 이와 같은 것을 본 적이 없었고, 현세가 지속되는 한 이런 도덕적 완전성의 광경은 다시는 기대할 수 없다.

하지만 이 대속은 단순한 겉치레가 아니라 진정한 자리 바꿈이자 가장 실제적인 사실이었다. 그는 단순히 "죄인인 것처럼" 여겨진 것이 아니라, 실제로 죄가 되셨기 때문에(고후 5:21) 죄인으로 여겨지셨고, 그래서 죄인처럼 취급받았다. 그리고 이 모든 것은 단순히 인간의 악행에 자유를 허락하는 하나님의 허용이 아니라, 하나님의 정해진 뜻에 따른 것이었다. 우리가 이 점에 대해 의심하지 않도록, 우리는 그의 영혼의 고통이 하나님께로부터 직접적으로 내려진 고난임을 추적해야 한다.

그리스도는 우리에게 먼저 저주를 짊어진 자로 제시된다. 이것은 그분의 의식 속에서 매우 분명하게 나타나며, 그분의 언어는 이 생각이 결코 그분의 마음에서 떠나지 않았음을 증명한다. 하지만 이 점이 너무나도 중요한 부분이기 때문에, 예수님이 죄를 짊어진 자로 나타났음을 보여주기 위해 그분의 의식을 객관적으로 반영하는 세례 요한의 증언이 그의 앞에서 선포되었다. 우리는 이 점을 먼저 다루고, 그다음에 그리스도의 의식에서 나온 그분의 직접적인 증언을 살펴볼 것이다.[31]

죄를 담당하신 예수님에 대한 세례 요한의 증언

"보라, 세상 죄를 지고 가는 하나님의 어린양이로다."(요 1:29)

여기서 세례 요한은 자신에게 나아오는 예수님을 바라보며, 그분을 가리켜 자신이 전파하라는 사명을 받은 분으로 일컬으며, 그분을 유대인들만이 아닌 세상의 죄를 속하기 위해 하늘로부터 임명된 희생 제물로 주목하게 한다. 이것은 주 예수께서 우리의 죄를 친히 몸에 지신다고 표현된 일련의 유사한 말씀들을 총괄하는 증언이다.[32] 이 말씀이 전해진 배경에 대해 여러 추측들이 있어왔다. 요한이 이 말을 했을 때의 목가적인 전원풍경, 요한에게 의문을 불러일으킨 예수님의 세례, 혹은 임박한 유월절 등이 그 배경으로 제시되기도 했다. 그러나 그 배경을 어디에서 찾든 타인을 대신해 죄를 담당하시는 자가 있다는 사상은 구약 교회에서도 익숙한 것이었다. 하나님의 어린양이 나사렛 예수와 동일시된 것만이 이 증언에서 특별히 새로운 것이다. 그분이 '하나님의 어린양'으로 불린 것은 그분이 하나님께서 은혜롭게 마련하신 분이라는 이유도 있으며, 또한 그분이 구약의 어린양이 예표한 것의 실체라는 이유도 있다. 혹은 그분이 하나님께 속한 어린양, 즉 하나님께 희생제물로 바쳐질 분이라는 의미일 수도 있다.

이 전체 개념이 이사야서 53장 7절과 12절에서 차용된 것인지에 대한 논란이 있다. 어떤 이들은 이것을 주장하는 반면, 이사야가 여호와의 종을 도살장에 끌려가는 어린양에 비유할 뿐, 그를 희생 제물로 묘사하지 않았기 때문에 이를 반박하는 이들도 있다. 이는 명확한 인용이 아니기에, 이 문제는 결론을 내려야 할 필요가 없다. 만약 그럴 필요가 있다면, 이사야도 희생 제물인 어린양을 언급한 것으로 가정하여 두 가지 견해를 통합할 수 있을 것이다. 그러나 공식적인 인용이 아니기 때문에, 이 문제에 대해 명확한 결정을 내릴 필요는 없다.

세례 요한이 구체적으로 어떤 어린양을 염두에 두었는가에 대한 질문이 제기된다. 어떤 사람들은 그 언급이 유월절 어린 양을 가리킨다고 주장하는 반면, 다른 사람들은 매일 드리는 희생 제물을 가리킨다고 주장한다. 그 말씀 자체로는 이 질문에 답변하지 못한다. 어린양에 대한 모든 유사한 암시들에서 발생하는 어려움은 주석가들의 이론에 기인하며, 주석가들이 너무 인위적으로 제물들을 구분하는 것에서 비롯된다고 할 수 있다. 지나치게 체계에 얽매인 한 열성적인 속죄론자는[34] 이런 이상한 방식으로 이 질문에 답변한다: "유월절 어린양은 아니다," 그가 말하기를, "왜냐하면 그 어린양은 죄를 지는 것과 관련이 없기 때문이다; 아침과 저녁 제물도 아니다, 그것은 번제물이기 때문이다; 또한 그는 일반적인 속죄 제물을 염두에 두었을 리 없다, 왜냐하면 어린양은 그 제물에서 거의 사용되지 않았기 때문이다." 정확히 긍정해야 할 것을 부인하는 이런 당혹스러운 일은 지난 몇 년 동안 유행했던 방식으로 복잡하게 희생제사 체계를 이해한 데서 비롯된다. 사실 요한의 말은 어린양이 희생된 모든 제사들을 가리키는 것이다. 가장 자연스러운 설명은 요한이 어떤 특정한 제물을 염두에 둔 것이 아니라 **죄의 형벌을 지거나 제거하기 위해 사용된 모든 속죄 제물을 포괄해서 어린양으로 언급했다는**

것이다. 요한은 우선적으로 유월절 어린양을 염두에 두었을 것이다. 유월절 어린양이야말로 가장 완전한 의미에서 속죄제물로 이해될 수 있기 때문이다. 유월절 제사야말로 언약백성의 희생제사 가운데 핵심적인 것이었다. 유월절 어린양의 피는 죄를 위한 것이었으며, 하나님께 속죄 제물로 바쳐져서 이스라엘을 세상과 분리하여 그들을 하나님의 독특한 백성으로 만들었다. 다음으로 그 효과나 결과로서, 이 제물은 애굽 우상들과 그 숭배자들에게 내린 하나님의 심판으로부터 이스라엘의 장자를 안전하게 보호했으며, 이스라엘 백성들이 애굽에서 안전하게 탈출하는 것을 보장했다. 이후의 유월절도 단순히 과거 사건을 기념하는 것이 아니었다. 계속되는 유월절은 첫 유월절과 같은 성격의 것이었으며, 동일한 효력을 지녔다.

이 증언에서 세례 요한은 번제의 어린양, 즉 안식일에 두 배로 드려지는 아침과 저녁 제사에 사용되는 어린양을 포함하지 않을 이유가 없었다. 매일 두 번씩 성전에서 어린양이 이렇게 바쳐졌다. 번제에 속죄 요소가 포함되어 있다는 것은 분명한데, 레위기 1장 4절에 번제가 사람을 위해 속죄하기 위해 받아들여진다고 기록되어 있기 때문이다. 번제와 속죄제의 차이점은 번제가 속죄적이지 않다는 데 있지 않다. 오히려 그 차이점은 번제가 특정한 죄를 위한 것이 아니라 모든 죄를 위한 것이며,[35] 자발적으로 바쳐지거나 하나님의 명령에 따라 바쳐진다는 점에 있다.

세례 요한은 속건제(trespass-offering)에 사용된 어린양도 포함하지 않을 이유가 없었다. 속건제는 어떤 부정함이 예배자를 여호와의 회중에서 제외시킬 때 바쳐졌다. 특정한 경우에 어린양이 속건제물로 희생되어야 한다고 기록되어 있다(레 14:12; 민 6:12).

따라서 우리가 언급한 세 종류의 희생제사에서, 어린양이 의식적인 부정으로부터 법적인 정결을 얻기 위해 바쳐졌다는 것을 알 수 있다. 특정한 편향성을 띤 채, 어린양은 어떠한 경우에도 속죄나 죄를 위한 대속을 위해 바쳐지지 않았다고 하는 주장들은 근거가 전혀 없는 것이다.

그러나 이 증언에서 가장 중요한 단어는 "지고 가는"이라는 표현이다. 대다수의 주석가들은 이 구절을 "죄를 짊어지다"라고 번역한다. 일부는 "죄를 제거하다"라는 번역을 선호한다.[36] 칼뱅을 포함한 다른 이들은 두 가지 의미를 모두 포함한다고 본다. 그러나 하나의 생각이 다른 하나를 배제하지 않는다. "제거한다"로 번역한다면, "짐으로써 제거한다"는 의미로 이해해야 한다. "짐을 진다"로 번역한다면, "제거하기 위해 짐을 진다"는 의미로 이해해야 한다. 어떤 견해를 택하든, 이것은 희생 제사에 관한 언어이다. 우리는 "짐을 진다"는 번역을 선호한다.

이 진술의 두 구절은 생각과 언어 면에서 매우 밀접하게 연결되어 있고 상호 얽혀 있기 때문에 따로 떼어내거나 따로 해석할 수 없다. 하나의 구절은 다른 구절을 완전하게 이해하는 데 필수적이다. 이 해석의 기본 원칙을 유지한다면, 본문의 진정한 의미를 왜곡하려는 편향된 해석을 쉽게 배제할 수 있다.

1. 일부 사람들은 이 말씀이 단지 비유나 비교에 지나지 않으며, 예수님의 도덕적 무죄함과 온유함을 암시한 것에 불과하다고 주장한다. 만약 예수님이 그저 어린양에 비유되는 것으로 그쳤다면, 그러한 해석이 허용될 수 있을지도 모른다. 그러나 "세상 죄를 지고 가는"이라는 표현이 함께 사용되고 있는 이상 이 말씀이 단순히 주님의 순결이나 무죄함만을 의미한다고 제한할 수는 없다. 분명 "어린양"이라는 표현은 단순한 비유가 아니라 모형적인 의미를 담고 있다. 이 표현은 하나님이 제정하신 모형의 언어를 반영하고 있는 것으로 보아야지, 그저 비교를 위한 표현에 지나는 것으로 볼 수는 없다. 여기서 결합된 두 가지 개념, 즉 어린양과 죄를 지는 자라는 개념은 온유하고 인내심 있는 사람이 모욕과 불의에 고통받는다는 우리의 단순한 생각 이상을

다루고 있음을 보여준다.

2. 또한 이 말씀을 훌륭하고 온유한 교사인 예수님의 가르침의 효과로 돌릴 수 없다. 어떤 해석 원칙으로도 "그리스도가 세상의 죄를 짊어지셨다"는 말과 "그리스도가 세상에 앞으로 죄를 경계하도록 길을 가르쳐 주셨다"는 두 명제를 동등하게 여길 수는 없다. 세례 요한이 그리스도가 가르침으로 사람들을 더 지혜롭고 선하게 만들어서 그 방식으로 세상의 죄를 없애거나 짊어진다고 말할 수는 없다. 그러나 만약 "세상 죄를 지고 가는"이라는 표현에 그러한 의미를 부여할 수 있다고 해도, 그 표현이 독립적으로 존재하는 것이 아니라는 점을 기억해야 한다. 예수님이 사람들에게 미덕을 추구하게 하고, 그들에게 충분히 악을 떠나게 할 동기와 경고, 권고와 격려를 제공함으로써 죄를 없애거나 짊어지신다고 말할 수 있다고 해도, 그분이 이를 "하나님의 어린양"으로서 하신다는 사실은 잊어서는 안 된다. 이 표현은 명백히 모세 율법의 예배에서 차용된 것이다. 그리고 그것은 교사의 가르침으로 인한 도덕적 개선을 의미하지 않는다. 이는 죄에 합당한 벌을 짊어지는 희생제사의 효과를 가리킨다.

3. 그리고 이 두 표현을 결합하여 이해하는 것이 전체 의미를 온전히 파악하는 데 필수적인데, 그렇게 이해할 때 우리는 그 표현을 내면적 죄성으로부터의(도덕적) 해방을 얻는 것으로 해석하지 않게 된다. 이것은 희생 제사 차원의 죄로부터의 구원이다. 물론 도덕적 구원이 그것과 긴밀하게 연결되어 있지만, 단지 주관적인 해방만을 의미하지 않는다. 실제로, 그 누구의 경험도 이러한 도덕적 해석이 옳지 않다는 것을 보여준다. 그리스도께서 세상에서 도덕적 악을 제거하셨다거나, 타락한 본성의 연약함과 결함들을 제거하셨다고 말할 수는 없다.

이러한 해석들은 결국 인간을 자기 자신에게, 곧 자기 자신의 힘과 자원에 의존하게 만들며, 믿음의 충분한 대상이신 구주를 영혼에 제시하지 못한다. 바로 여기에 이 해석들이 가진 위험성이 있다.

세례 요한은 죄에 대해 말할 때 단수형인 "세상의 죄"라고 말한다. 이것은 단지 인류의 원죄, 즉 근본적인 죄만을 염두에 두고 한 말이 아니다.[37] 이는 인류의 모든 죄들을 하나의 전체 집합으로, 하나의 무거운 짐으로 간주하는 것이다. 하나님의 어린양이 죄의 성격을 가진 모든 것, 즉 죄의 전체 총합을 짊어진다고 말하는 것이다. 여기서 "세상"이라는 용어는 그리스도의 탄생 이전에 살았던 사람들과 이후에 사는 사람들 모두를 포함한다. 일부는 죄(SIN)라는 단어를 벌과 동의어로 간주하지만, 이 표현은 죄 그 자체와 그에 내포된 죄책 및 그 결과들까지 포괄하는 개념이다.

그러나 "죄를 짊어진다"라는 표현은 보다 구체적인 고찰이 필요하다. 이 표현이 나타나는 곳마다, 그것은 강제적인 짐이나 형벌적 괴로움의 개념을 수반한다. 예를 들어 이 표현이 쓰이는 경우를 살펴보겠다. 처음으로 이 표현은 하나님의 진노나 징벌적 손길 아래에 사는 것을 의미한다. 예를 들어 이스라엘 백성은 그들이 땅을 정탐한 날 수에 따라 그들의 죄악을 짊어졌고, 하루를 1년으로 간주하여 죄를 담당했다(민 14:34). 이 표현은 죄를 짓는 것과 동의어로 사용되며(레 5:17; 민수기 5:31), 끊어짐(출교됨)을 의미하기도 하다(레 20:17; 민수기 9:13). 또한, 사형을 당하는 벌을 의미하기도 하다(민 18:22, 32; 출 28:43; 레 24:15). 이 모든 경우에서 이 표현은 사람이 자신의 죄를 짊어지는 것을 말한다. 다른 사람의 죄를 언급하는 경우에도, 그것은 그들의 죄로 인한 형벌을 감수하거나, 다른 사람들의 죄로 인한 형벌적 결과와 불쾌한 결과를 느끼는 것을 의미한다(애 5:7; 겔 18:19). 따라서, 우리가 단어의 용례를 따른다면, 이 구절에서 "죄를 짊어진다"라는 표현은 인류의 죄와 분리될 수 없는 형벌적 결과를 감수한다는 의미로밖에 해석될 수 없다.

그리고 이 비유의 기원은 짐을 들어서 나르거나 어깨에 짊어지는 행위에서 비롯되었다. 하지만 이 언어는 희생제사의 맥락에 있기 때문에, 이는 제물이 제사 드리는 자가 그에게 안수함으로써 그 죄를 짊어진다는 것을 가리킨다. 올바르게 이해된 이 언어는 오직 예수님이 죄와 관련되었다는 의미로 해석될 수 있다. 즉, 그분이 단순히 죄의 결과나 그 형벌만을 짊어진 것이 아니라, 죄 자체를 짊어지셨으며, 도덕적 통치자와의 관계에서 책임을 지게 하는 죄를 짊어지셨다는 뜻이다. 예수님은 세상의 죄를 담당하셨고, 그것을 짊어지셨다. 그렇게 하여 그분은 개인적으로가 아니라 공식적으로 형벌적 공의의 대상이 되었고, 인류의 죄에 대한 형벌을 감당하셨다. 이 말씀은 그리스도의 사역이 죄 자체, 즉 과실과 죄책을 위한 것임을 입증하며, 그리스도의 속죄 사역이 이러한 목적에 적합하고 하나님께 받아들여질 때만 죄의 결과가 뒤집힌다는 것을 보여준다. 쉽게 적용할 수 있는 한 가지 원칙은, 그리스도의 중보는 그분에게 전가된 죄의 짐이 세상에 무겁게 짓눌리고 있으며, 인류가 스스로 그것을 벗어날 수 없고 제거할 수 없다는 것을 전제한다는 것이다. 이 언어는 하나님의 어린양이 그 죄를 자신의 것으로, 즉 자신의 유산이나 소유물로 삼아 우리가 저지른 죄를 자신의 몸으로 짊어졌다는 것을 암시한다.

더 나아가 주목할 점은, "지고 가다"라는 동사가 현재시제로 쓰인 것으로 볼 때 그 표현이 미래에 있을 일을 가리키는 것이 아니라는 것이다.[38] 또한 희생제사의 지속적 효력을 암시하는 뜻으로 사용된 것도 아니다.[39] 오히려 이러한 표현은 예수님이 그 순간에조차 죄를 짊어지고 계셨음을 나타낸다. 예수님은 사실상 낮아지신 상태에 계실 때 "죄와 상관없이" 계셨던 적이 없었다(히 9:28). 그분이 죄 있는 육신의 모양으로 오셨다는 사실 자체가 그분이 죄를 짊어지셨고, 이것이 이미 그분의 속죄의 일부였음을 증명한다. 그분은 그 당시에도 죄를 짊어지고 계셨고, 그 죄의 형벌적 결과 중 많은 부분을 감당하고 계셨다. 그러므로 이 구절의 요점을 예수님께서 세상의 죄를 없애는 도덕적 개선을 이루시는 분이라고 해석하는 것은 잘못된 것이다. 속죄제의 첫 번째 의의는 도덕적 악의 소멸이 아니라 죄책을 짊어지는 것이기 때문이다. 도덕적 악의 소멸은 분명히 뒤따르며, 다음 단계에서 필연적으로 수반되는 결과이긴 하지만 말이다. 하나님의 진노를 두려워하는 이스라엘 백성은 항상 속죄제를 이러한 관점에서 이해했으며, 속죄제가 죄의 짐이나 압박으로부터 자신을 해방시켜준다고 생각했다.

하나님의 어린양이 인류와 관련되어 죄를 짊어진 목적이 명시적으로 진술되지는 않았지만, 쉽게 추론할 수 있다. 그분이 사람들을 대신해 그들의 죄를 짊어진 속죄 제물이 되신 목적이 무엇인가? 당연히 그분의 목적은 그분의 백성을 자유롭게 하거나 그들의 짐에서 해방시키는 것이며, 그분은 그들이 져야 할 짐을 대신 짊어지셨다. 이것이 명백한 추론이다. 이 외의 해석은 참을 수 없을 정도로 부자연스럽다. 그리스도가 자기 백성을 그들이 받아야 할 형벌이나 의무에서 자유롭게 하기 위한 목적 이외에, 세상의 죄를 짊어지셨다고 해석하는 것은 그 어떤 해석보다 억지스럽고 부자연스러울 것이다. 그러므로 죄의 전체적인 짐이나 형벌과 운명이 하나님의 어린양에게 주어졌고, 그분이 이를 다른 사람들을 위해 짊어졌다고 이해해야 한다. 그분은 충분하고 완전한 속죄 제물이다. 이렇게 세례 요한은 구약의 관점에서 새로운 구속 체계를 바라보며 속죄 교리가 기독교에서 차지할 중요한 위치, 아니, 가장 중요한 위치를 강조하고 있다. 구약의 예언 성취를 기다리는 종교적 유대인에게, 그리고 "의로운 종"이 모든 모형과 그림자의 실체가 될 것을 기다리는 사람들에게, 새로운 구속체계는 죄에 대한 속죄를 제공하지 않는 한 설득력이 없었을 것이다. 구약 전체가 죄의 속죄를 가리키고 있기 때문에, 그들은 그것 없이는 새로운 체계를 받아들일 수 없었을 것이다. 유대교의 준비 단계가 매년 속죄하는 제사를 제공한 것처럼, 세례 요한의 말은 이 기대를 충분히 충족시키는 것을 가리켰다. 그리고 이것은 유대인들만을 위한 것이 아니라, 세상을 위한 것이었다. 이 말은 아마도 그리스도가 듣고 계신 자리에서, 그분의 존재 앞에서 선포된 것이었을 것이다.

속죄는 모든 인류에게 동등하게 중요한 것이었으며, 이 때문에 세례 요한은 그것이 특정 민족의 구분 없이 전 세계를 대상으로 한 은혜로운 선물이라는 점을 매우 강조하며 선포한 것이다. 그리스도와 사도들은 곧 이 속죄의 보편 성을 더욱 명확히 밝히며, 그것이 모든 부족과 나라를 똑같이 대상으로 한다 는 것을 설명할 것이었다. "보라!"라는 외침은 그분에게 주목하고, 죄의식을 느끼며 고통받는 이들이나 대속의 희생을 통해 죄가 짊어지길 기대하는 모 든 이들을 초대하기 위한 것이었다. 언어의 의미와 사상 연결성에 따라 이 말 의 뜻은 논란의 여지 없이 분명하다.

그러나 이러한 해석에 대해 두 가지 반대 의견이 제기되었다. 이는 선입견이 나 철학적 사고에 영향을 받은 사람들이 그리스도의 대속적 희생과 상충되 는 견해를 채택했기 때문이다. 첫 번째 의심은 세례 요한이 그리스도의 죽음 에 대해 알고 있었을 가능성에 대한 것이며, 두 번째는 "죄를 짊어진다"는 표 현이 항상 동일한 의미를 갖는 것은 아니라는 주장이다. 이 두 가지 반대 의견 에 어떤 타당성이 있는지 살펴봐야 한다.

1. 첫 번째 반대 의견은 많은 이들에 의해 제기되고 반복된 주장으로, 당시 요한의 시대에는 이 교리가 알려지지 않았기 때문에, 신학자들이 지금 말하 는 속죄 교리를 세례 요한이 알 수 없었으리라는 것이다. 이에 대한 답변으로 메시아의 대속 희생은 이사야와 모든 구약 신자들에게 잘 알려져 있었으며, 그들은 예언의 의미와 상징의 본질을 이해했다고 말할 수 있다. 뿐만 아니라, 세례 요한은 그의 아버지 사가랴에게서 가르침을 받았을 것이며, 중보자를 통한 이스라엘의 구원이 사가랴에게 잘 알려져 있었기 때문에(눅 1:77), 요한 은 그 시대의 유대인들보다 메시아의 인격과 속죄에 대해 더 명확하고 정확

한 견해를 가졌을 가능성이 충분하다. 더구나 세례 요한은 일반적으로 구약 성경과 특히 이사야의 예언(사 53)을 잘 알고 있었을 것이다. 그 이유는 그의 임무가 그리스도 앞에 나아가 그분의 선구자로서 준비하는 것이었기 때문이다. 만약 그리스도 앞에 나아갈 사자가 이런 증언을 하지 않았더라면 우리는 오히려 놀랐을 것이다. 그리스도 자신도 말씀하셨듯, 요한은 여인에게서 난 자들 중 가장 위대한 사람이었다. 그러나 요한은 율법과 그 증거가 되는 예언서를 연구하여 이 진리를 깨달았을 뿐만 아니라 특별한 계시로도 이를 이해했을 것이다. 비록 그가 속죄를 명확하게 언급한 것은 다음 날(요 1:36) 한 번 더 있었을 뿐이지만, 그의 모든 가르침은 이를 전제로 하고 있다. 요한이 감옥에서 제자 두 명을 보내 그리스도가 메시아이신지 확인하려 했던 이후의 메시지에서도 어떠한 의문도 제기될 수 없다. 그때 요한은 자신이나 제자들의 마음 속에 남아 있는 의심을 해결하고자 했을 가능성이 크다.

2. 두 번째 반대 의견은 "죄를 짊어진다"는 표현이 일관되거나 일정한 의미를 가지지 않는다는 주장에 기반한다. 이 표현은 네 가지 용례로 사용되며, (1) 죄인에게, (2) 제물에게, (3) 제사장에게, (4) 하나님께 적용된다. 첫 번째와 두 번째 경우에는 큰 어려움이 없다. 그러나 세 번째와 네 번째 용례, 특히 네 번째 용례는 "죄를 없앤다" 또는 "죄를 용서한다"는 의미로 해석되는 경우가 일반적이다. 제사장에게 적용되는 경우에는 그들이 죄를 짊어졌다는 것은 속죄제의 고기를 먹음으로써 그렇게 했다는 것이다[40](레 10:17). 그리고 대제사장은 "여호와께 성결"이라는 문구가 이마에 새겨진 것을 통해 거룩한 것들의 죄악을 짊어졌다고 말할 수 있다(출 28:38). 이는 그리스도의 거룩함을 상징하는 것이었다. 제사장은 구별된 의식에 의해 거룩하게 되었고, 죄인의 부정함을 짊어진 속죄제의 고기를 먹음으로써 제물과 하나가 되는 것을 나타냈다. 이것은 제사장과 희생 제물이 하나가 될 때를 예표하는 것이었다. 따라서 "죄를 짊어진다"는 표현은 제사장에게 적용되었을 때도 다른 용례들과 같

은 의미를 지닌다. 이는 다만 다가올 실체를 예고하는 상징적 의미로 사용된 것이다.

그러나 "죄를 짊어진다"라는 표현과 관련된 주요 어려움은, 이 표현이 하나님께 적용될 때도 일관된 의미로 유지될 수 있는지, 혹은 왜 같은 의미를 고수해야 하는지를 결정하는 것이다. 어떻게 하나님께서 죄를 짊어졌다고 할 수 있는가? 그렇다면 번역자들과 주석가들은 이사야 53장이나 많은 유사한 구절에서 이 표현을 번역할 때, 일관된 해석을 따르지 않고 다르게 번역한 근거가 무엇인가? 이 표현이 하나님께 적용될 때, 일반적인 해석은 "죄를 용서한다"라는 의미로 해석될 수밖에 없다는 것이다. 이 해석은 최초로 70인역에 의해 제시되었고, 그 이후로 암묵적으로 따르게 되었다. 모든 사람에게 직면하는 어려움을 인식한 70인역은 이 표현을 "죄를 용서한다"는 의미로 해석하였으며, 그 이후로 대부분의 개신교 해설자와 사전 편찬자들이 이 방향을 따랐다. 따라서 권위 있는 영어 성경 번역본에서도 하나님에게 이 표현이 적용될 때는 "죄를 용서한다"는 의미로 번역된다(출 34:7; 미 7:18; 시 32:5, 85:3; 사 33:24; 출 32:32). 그렇다면 이러한 해석이 정당한 것인가? 이는 신학적으로 주의하여 접근해야 할 문제일 뿐 아니라 언어학적인 정밀함도 요구하는 문제이며, 신중하게 고려해야 할 질문이다. 다만 하나님께 사용되기에 적합한 표현과 적합하지 않은 표현이 무엇인지에 대한 선입견이 잘못된 결론을 도출하는 데 영향을 미치지 않았는지, 그리고 그 두려움이 현재의 해석에서 잘못된 결론을 이끌어내지는 않았는지 생각해볼 가치가 있다. 일반적으로 받아들여진 해석이 잘못된 것일 수 있으며, 70인역 이래로 일반적으로 받아들여진 해석이 다시금 일반적인 동의 아래 배격될 수도 있는 것이다.

반면, 대리적 만족 교리의 반대자들-과거의 소시니안과 현대의 몇몇 저명한 학자들[41]-은 이 표현이 하나님께 사용된 용례를 토대로 그 표현의 의미 자체를 결정지으려 한다. 그들은 일관되고 변함없는 해석을 고수하며, 그로 인해 이 표현이 언제나 "죄를 짊어진다" 혹은 "죄를 속죄하다"는 의미일 수 없다고 강하게 주장한다. 그 이유는 하나님이 죄를 짊어졌다고 말할 수 없기 때문이다. 대속적 희생이나 대리적 속죄를 반대하는 사람들은 일관된 해석을 주장하며, 이를 통해 그들이 논쟁에서 이길 수 있는 논거를 가졌다고 믿는다.

　대리적 속죄 교리를 지지하는 대부분의 사람들은 일관되고 변함없는 해석을 주장하는 것이 어렵다는 점을 인식하고, 제물과 제사장, 죄인과 용서하는 자 사이의 구분을 두었다. 또한, 일반적인 의미를 어느 정도를 고수하려는 사람들[42]조차 하나님이 "죄를 짊어진다"라고 할 때는 이를 단순히 죄를 벌하지 않고 참아내는 것으로 해석하며, 복수를 하려는 것과 대조해 설명한다.

　한 저명한 작가[43]는 이 표현의 다양한 용례를 논하면서, 하나님에게 적용될 때도 일관되고 변함없는 의미를 유지해야 한다고 주장한다. Eder는 구약에서 이 표현이 하나님의 아들에게 적용된 것이며, 그분의 죄 짊어지는 사역을 가리킨다고 해석한다. 그는 이렇게 말한다. "출애굽기 34:7은 우리의 주장을 반대하는 구절로 제시되지만, 이는 반대자들이 근거 없이 주장하는 것이다. 그들의 논지는 '죄를 짊어진다'라는 표현이 하나님에 대해 사용될 때 그분이 그 죄를 자신에게 지웠다는 의미가 아니므로, 그리스도에 대해 같은 표현을 읽을 때도 같은 의미가 없다는 것이다. 그러나 여러분이 소시니안들에게 요한복음 1:29에서 '죄를 지고 가다'라는 단어의 의미가 출애굽기 34:7의 의미와 같은지 물어본다면, 그들은 분명히 부정할 것이다. 그들은 하나님의 경우에는 죄를 용서하심으로 그렇게 하셨고,그리스도는 우리가 스스로 구원받을 수 있는 길을 가리켜 보여주심으로 그렇게 하셨다고 말할 것이다. 이들 역시 두 구절에서 동일하게 사용되는 표현에 다른 의미를 부여하고 있으면서도 이를 자신들의 논거로 제시하는 데 부끄러움을 느끼지 않는다. 이제 핵심으로 들어가 보자. 나는 출애굽기 34:7과 그와 유사한 구절에서 '죄를 짊어지다'라는 표현이 다른 의미를 가질 수 없다고 단언한다. 이 구절은 하나님 아버지에 관한 것이 아니라, 진정한 죄 짊어지시는 자이신 하나님의 아들에 관한 것이다. 우리는 이 표현이 포함된 모든 구절을 신중히 검토했으며, 그 의미를 설명하는 데 사용할 수 있는 구절들은 미가 7:18, 시편 32:5 (1절과 비교 가능), 이사야 33:24, 시편 85:2, 출애굽기 32:32 등이다. 이 모든 구절들은 그리스도를 죄를 짊어지시는 분으로 아름답게 드러내고 있다."

이 해석이 모두에게 받아들여지지는 않을 수 있다. 어떤 이들에게는 하나님께 이러한 대리적 표현을 적용하는 것이 부적절한 표현처럼 보일 수 있으며, 또 다른 이들에게는 너무 신약적 관점이라 먼 구약의 신자들이 생각했을 리 없다고 여겨질 수도 있다. 그러나 오랜 기간 동안 강력한 신인동형론적 표현으로 취급되었던 일부 표현들은 메시아와 연결하여 이해하게 되면 더 이상 그렇게 보이지 않는다. 메시아는 단지 언약의 천사일 뿐만 아니라 여호와, 즉 이스라엘의 하나님이었기 때문이다. 예를 들어, "그들이 찌른 나를 볼 것이라"라는 구절도 70인역 번역자들에게는 단순한 비유나 명백한 인간적 표현으로 여겨졌다. 사실, 사도적 주석이[44] 없었다면 이 구절은 누구에게나 그런 식으로 해석되었을 것이다. 그러나 요한의 해석은 신약 교회에 이 구절이 찔림을 받은 구세주에게 문자적으로 적용된다는 의심의 여지를 남기지 않았다. 성육신과 속죄를 통해서만 그 완전한 의미가 드러나는 다른 표현과 구절들이 있으며, 이 구절 또한 그중 하나일 수 있다.

이 해석과 관련하여 덧붙이자면, 이 단어들이 함께 사용될 때 하나님의 아들이 죄를 짊어지셨다는 사실이 드러나며, 이는 성육신과 동시에 이루어졌고, 더 나아가 어떤 의미에서는 성육신 이전부터 이루어졌다는 점이다. 주님의 인성이 한편으로는 순결하고 거룩하면서도 다른 한편으로는 저주를 짊어지는 인성이라는 특수한 성격은, 그분이 보내심을 받은 순간부터 죄를 짊어진 존재였다는 사실을 명확히 보여준다. 따라서 성육신 이전에도 어떤 의미에서는 그분이 죄를 짊어지셨다는 것이다. 또한 하나님이 죄 있는 육신의 모양으로 그 아들을 보내어 육신 안에서 죄를 정죄하셨다는 구절에서 우리는 동일한 진리를 볼 수 있다. 그러므로 우리는 "죄를 짊어진다"라는 표현이 하나님께 적용될 때는 하나님의 아들을 가리키는 것이며, 성육신하신 하나님을 가리킨다고 말할 수 있다. 이러한 해석을 통해 이 표현의 동일한 의미가 유지되어야 한다고 주장할 근거가 있다고 생각한다. 이는 죄가 하나님의 아들께 지워졌음을 나타내며, 단지 참아내는 의미로만이 아니라, 참된 의미에서의 대속을 통해 이루어졌음을 의미한다. 따라서 우리는 이 표현이 적용되는 네 가지 모든 경우에서 일관된 의미를 주장하며, 그 해석이 끝까지 유지된다는 것을 말할 수 있다. 마지막 이 경우 역시 소시니안적(인간 중심적 해석을 주장하는) 저술가들이 과거와 최근에 자주 시도했던 것처럼, 이 표현의 본래의 힘을 회피하려는 어떤 허점을 제공하지 않는다는 것은 분명하다.

따라서 하나님의 어린 양은 그 자체로는 죄가 없고 아무런 흠도 없지만, 결코 다른 이들의 죄를 짊어진 적 없이 존재한 적이 없다. 인간의 죄는 그가 십자가에 매달렸을 때 비로소 그분에게 전가된 것이 아니라, 그분이 인간의 본성을 취하실 때, 더 정확하게 말하면 구속의 사명을 위임받으신 순간부터 죄를 짊어지신 것이다. 종의 형상을 취하시고 죄 있는 육신의 모양을 입으신 그 자체가 이미 죄가 그분에게 옮겨졌고 그분이 죄를 짊어졌다는 증거였으며, 주님의 지상 생애 중 단 한 순간도 그분이 우리에게 영원히 닥쳤을 하나님의 진노의 짐을 느끼지 않은 순간은 상상할 수 없다. 따라서 "죄를 짊어진다"라는 표현은 성경에서 우리를 죄의 짐과 형벌에서 해방시키는 것을 의미한다.

그분이 죄를 짊어졌기 때문에, 그리고 결코 죄 없이 존재한 적이 없기 때문에, "반드시 죽으리라"라는 말로 표현된 죽음, 즉 하나님의 진노와 저주로 요약된 모든 것이 결코 그분을 떠난 적이 없다고 할 수 있다. 비록 그것이 절정의 순간이나 완화의 순간들이 있었지만 말이다. 그러므로 고난의 성격을 더이상 언급하지 않더라도, 죄를 짊어진 자로서 그분은 일생 동안 죄의 형벌적성격, 즉 개인적인 것이 아닌, 그 보증인으로서 죄책감을 느꼈다는 것이 분명히 나타난다. 그분은 자신의 죄가 아닌 죄들에 대해, 공식적인 행위로 인해자신의 죄로 여겨진 것에 대한 신적 형벌의 의무를 느꼈다. 그리고 "세상의 죄를 짊어지는 자"라는 이 깊은 말을 그 본래의 의미에서 비워내고, 그리스도가 죄와 아무 관련이 없다고 주장하며, 그분의 순수함과 결백만을 우리의 본보기로 여기는 사람들, 그분을 죄를 짊어진 자로 인정하지 않고 죄를 그 자신에게 취해 입으신 분으로 여기지 않는 사람들은 그분의 은혜를 가리는 가장신성 모독적인 강도들이다. 이 깊은 낮아지심은 그의 성육신의 영광이다.

그렇다면 주님의 속죄에 대한 이 증거의 요소들을 종합해 보면 다음과 같다: (1) 하나님의 은혜로운 계획이었다는 것 -"하나님의 어린 양"; (2) 그것은 본질적으로 대리적 요소를 포함하고 있었다 -그것은 다른 사람들의 죄, 즉 세상의 죄를 짊어지는 것이었다; (3) 그것은 죄를 짊어지거나 형벌을 견디는 것이었다; (4) 그것은 희생제사의 성격을 가졌다. 즉 이전 율법 체계의 그림자들의 실체였다; (5) 그것은 국적에 따른 차별이 없었다.

따라서 그리스도가 죄를 짊어지셨다면, 그분의 백성은 그것을 짊어질 필요가 없다. 또한 하나님께서 이 구원의 길을 정하셨기 때문에, 다른 길은 없다는 결론에 도달하게 된다.[45]

자주 반복된 명칭 '인자'는 그분이 죄를 담당하시는 분임을 나타냄

이 표현은 등장하는 모든 곳에서 대속의 사역과 어느 정도 관련이 있으며, 우리 주님의 입에서 자주 언급되었다. 실제로 그분이 사용하신 모든 칭호 중 가장 빈번하게 사용된 것이기도 하다. 반복된 구절을 제외하더라도, 예수님께서 자신을 이 칭호로 나타내신 경우가 55번이나 된다. 또한 그분이 메시아라는 칭호를 사용하지 않은 것만큼이나 체계적으로 이 이름을 사용했다는 점을 주목하지 않을 수 없다. 그 이유는 우리가 이 표현의 진정한 의미를 파악하게 되면, 이 칭호가 예수님의 대속 사역의 한 국면 또는 그 보상에 대해 직간접적으로 80번이나 언급되었기 때문에 명백해질 것이다. 그러나 결론을 미리 내리지 않고, 다양한 해석의 빛을 통해 이 표현의 의미를 살펴보겠다. 몇 가지 해석만을 특별히 다루도록 하겠다.

1. '인자'라는 표현은 그분의 직무와 무관하게 그분의 인격만을 묘사하는 것으로 한정될 수 없다. 초대 교부들과 그들을 따르는 많은 이들이 대체로 여기서 멈추지만, 이 칭호는 훨씬 더 넓고 광범위한 의미를 가지고 있다. 성육신이 이 표현에 담겨 있지만, 그것이 전부는 아니다. 예수님께서 자신을 '인자'(요 3:13)라고 부르시고, 이어서 '하나님의 아들'이라고 부르실 때(요 3:16), 그분이 단순히 자신의 신성과 인성을 통합하여 인격을 묘사하는 것처럼 보일 수 있다. 하지만 그 해석은 그럴듯해 보일지라도 타당하지 않다. '인자'라는 표현은 단순히 그분의 인격을 인간적인 측면이나 인성으로 설명하는 것 이상을 의미한다.

2. 또한 '인자'라는 표현이 단순히 '사람'이라는 표현과 동등한 히브리식 표현이거나 우회적인 표현일 뿐이라는 해석도 옳지 않다. 종교개혁 시대의 많은 저명한 인물들이 이 해석을 지지했지만, 이제는 더 이상 유지될 수 없다. 우리는 예수님께서 여러 구절에서 '사람'과 '인자'를 너무도 명확하게 구별하고 대조하고 계신 것을 발견할 수 있다(요 3:13; 마 12:32). 더욱이, '인자'라는 표현을 단지 '어떤 사람', '이 사람', 또는 '여기에 있는 사람'을 의미한다고 해석하는 것은 이 표현의 중요성을 심하게 축소하는 것이며, 이는 해석학적으로

부족한 접근 방식이다. 이러한 해석들은 합리주의 시대의 산물이기 때문에 반드시 거부되어야 한다.

3. 또한 '인자'라는 표현을 '가장 뛰어난 사람' 또는 '모든 사람 중에서 가장 우수한 사람'을 의미한다고 해석할 수도 없다. 현대의 주석가들 중 많은 이들이 이 견해를 선호하며, 대부분 이 표현을 존엄과 탁월함의 칭호로 이해한다. 그들은 다니엘의 환상에서 '인자 같은 이'가 옛적부터 계신 이에게 가까이 가서 권세를 받는 장면에서(단 7:13) 이러한 해석을 뒷받침한다고 생각한다. 그러나 이 칭호는 존엄이나 우수성을 나타내는 것이 아님을 알게 될 것이다. 비록 이러한 개념이 보상과 관련하여 자주 언급되긴 하지만 말이다. 다니엘의 환상을 그분의 왕국에만 국한하여 해석하는 사람들은 두 가지 중요한 점을 간과하고 있다. (1) 이 왕국이 세워진 기초는 그분의 겸비함이라는 점, 그리고 (2) 사도가 우리에게 제공한 중요한 해석의 규칙이다. "그가 올라가셨다 하였은즉 땅 아래 낮은 곳으로 내려오신 것이 아니면 무엇이냐?"(엡 4:9). 예수님께서 처음으로 자신을 '인자'라고 부르신 것은, 벵겔의 지적에 따르면, 이미 제자들에게 '하나님의 아들'로 인정받으신 후였다(요 1:51). '인자'라는 칭호가 표현하는 개념은 존엄이나 우수성이 아니라, 오히려 낮아짐과 비천함이다. 따라서 하나님께서 선지자를 '인자'라고 부르신 것은 그가 받은 계시로 인해 자만하지 않도록, 그가 먼지와 재에 불과한 비천한 존재임을 상기시키기 위함이었다(겔 30:2).

여기서 우리는 이 표현의 의미를 이해하는 데 도움이 될 수 있는 몇 가지 사전적인 관찰을 제시할 수 있다.

1. 우리 주님께서 이 칭호를 사용하신 방식을 주의 깊게 살펴보면, **부활 후에는 이 표현이 결코 사용되지 않는다**는 사실이 누구에게나 분명히 드러날

것이다. 그 이유는 이 표현이 부활 상태를 묘사하는 것이 아니라, 육신의 날들에만 속하는 것이기 때문인 것으로 보인다. 그분이 사람들 가운데 나타나셨던 **종의 형상**을 버리신 후에는 더 이상 이 칭호를 사용할 필요가 없었던 것이다. 이것은 예수님께서 바리새인들이 듣고 있는 가운데 제자들에게 하신 다음 말씀에서도 확증된다. "때가 이르리니 너희가 인자의 날 중 하나를 보고자 하되 보지 못하리라"(눅 17:22). 이는 그들이 당시 누리던 날들, 즉 그분의 육신의 날들 중 하나를 그리워하게 될 것임을 의미한다. 이 구절은 '인자'라는 표현의 의미를 결정지어 준다.

2. 또한 예수님께서는 하나님께 기도하실 때 '인자'라는 표현을 사용하지 않으신다. 이는 그분과 하나님 아버지 사이에 존재하는 특별히 가까운 관계와 어울리지 않는 듯하기 때문이다. 이 칭호는 그분의 인격보다는 그분의 직무를 묘사하는 것이며, 그분이 본래 어떠하셨는지보다는 그분이 되신 것에 대한 묘사다.

3. 예수님께서는 또한 선생으로서의 역할에서 이 표현을 사용하지 않으신다. 어떤 진리를 선포하시거나 의무의 원칙을 설명하실 때는 "진실로 진실로 너희에게 이르노니"라고 말씀하신다. 가라지 비유에서 "좋은 씨를 뿌리는 이는 인자"라고 하신 것은 이 관찰의 예외가 아니다. 그 비유에서의 언급은 모든 사람들에게 무차별적으로 가르치는 선생의 직무를 가리키는 것이 아니라, 이미 완성된 제사장의 사역을 기초로 주님께서 교회의 머리로서 베푸시는 효력 있는 깨우침을 의미한다.

4. 또 다른 관찰은 이 표현이 등장하는 여러 구절을 살펴보는 모든 이들의 주의를 끌게 된다. 이 칭호는 거의 예수님 자신만이 사용하신 표현이다. 제자들은 이 칭호를 거의 사용하지 않았다. 그분은 자신을 '인자'라고 부르시는

데, 이는 그분의 낮추시는 은혜에 대한 특별한 정의이며, 그분에게 어울리는 고유한 신적 상태가 아닌 그분이 스스로 취하시고 그처럼 낮아지셔야 했던 목적을 이루기 위해 내려오신 새로운 상태를 그분의 말씀을 듣는 자들에게 보여주시기 위한 것이다. 스데반이 한 번 "인자"라는 표현을 사용할 때도, 그는 거의 예수님께서 같은 공회 앞에서 재판을 받으실 때 하신 말씀을 인용한 것이다(행 7:56). 또한 요한이 요한계시록에서 "인자 같은 이"를 보았다고 할 때도, 이는 단지 다니엘서를 인용한 것일 수 있다.

이 칭호의 기원에 관해서는, 시편 8편 4절의 말씀과 주된 관련이 있다는 점에 의심의 여지가 없어 보인다. "사람이 무엇이기에 주께서 그를 생각하시며, 인자가 무엇이기에 주께서 그를 돌보시나이까?" 여기서 '사람'이라는 원어는 높고 뛰어난 존재를 의미하는 것이 아니라, 그 반대인 **낮고 천대받으며 고통받는 존재**를 가리킨다. 이와 같은 표현은 다른 구절에서도 같은 의미로 발견된다. 예를 들어, 시편 49편 2절, 욥기 25장 6절에서도 그러하다. 이 시편이 두 번째 아담(예수님)에게 적용될 때, 그분이 완전히 잊히고 버려진 것처럼 보였고, 하나님이 찾아오시지 않고, 다른 이들을 대신하여 빠져든 파멸에서 구원받을 희망도 없었던 것을 의미한다. 이는 히브리서에서 사도적 주석으로 분명히 해석된다(히 2:9-10). 그리고 예수님께서 이 표현을 사용하신 것은 이에 조화를 이루고 있다. 시편 기자는 그분의 낮은 상태를 보며 이러한 용어를 사용했고, 예수님께서 이 표현을 자신에게 가장 잘 어울리는 칭호로 적용하실 때, 이는 "나는 벌레요 사람이 아니라"(시 22:6), "슬픔의 사람, 고통을 아는 자"(사 53:3)와 같은 표현과 유사한 의미로 이해되어야 한다. 이 표현은 그분이 단순히 사람의 아들이라는 것을 암시할 뿐 아니라, 그분이 "자기를 비워 종의 형체를 가지사 사람들과 같이 되셨고, 사람의 모양으로 나타나사 자기를 낮추셨고, 죽기까지 복종하셨다"는 것을 나타낸다. 따라서 이 표현은 단순한 우회적 표현이나 예수님을 가리키는 동의어가 아니며, 적절한 의미를 지니고 있다. 모든 관련 구절들을 정확히 검토해 보면, 이 칭호는 다음과 같은 요소들을 담고 있음을 발견하게 될 것이다: 진정한 인간성, 즉 하나님의 아들이 우리 본성을 실제로 취하셨다는 것; 두 번째 사람 혹은 두 번째 아담이라는 개념; 그분이 지상에서 경험하신 낮아짐, 슬픔, 수치다.

1. 이 세 가지 아이디어 중 첫 번째는 모든 복음주의 신자들이 주저 없이 받아들이는 것이므로, 이를 입증할 필요는 없다. 우리는 나머지 두 가지에 대해서만 좀 더 자세히 다루겠다.

2. 예수님께서 자신을 '인자'라고 부르셨을 때, 그분은 어느 정도의 감추어진 상태에서 자신이 두 번째 사람 또는 두 번째 아담임을 분명히 가르치셨다. 두 번째 사람이란 뱀의 머리를 상하게 하거나, 다시 말해 마귀의 일을 멸하는 자를 의미한다. 이 두 번째 사람, 즉 두 번째 대표자라는 언급은 단순히 유대인들과의 관계에만 국한되지 않으며, 인류 전체와 관련이 있다. 그분은 육신으로 오시기 전과 후의 모든 사람들과 첫 번째 사람이 맺었던 관계와 유사한 관계를 차지하셨다. 이제는 이 요소가 많은 주석가들 사이에서 널리 인정받고 있으며, 이에 반대하는 타당한 이의는 제기된 적이 없다. 우리는 이 점을 솔직히 받아들인다. 그러나 이 점을 받아들이는 많은 사람들에 의해 그 의미가 지나치게 확장되어, 그분의 영광의 상태까지 포함하는 경향이 있다고 생각한다.

3. 이것은 이미 언급된 또 다른 개념, 즉 비천한 상태나 저주를 담당하는 삶에 주목하게 한다. 우리는 이 개념이 예수님의 표현과 본질적으로 연결되어 있으며, 그 안에 포함되어 있다고 본다. 이 개념은 다른 개념들과 완전히 양립 가능하다. 이 두 가지 개념은 서로 상충하는 것이 아니라, 오히려 서로를 보완하는 관계다. 그분이 죄인들의 대속자가 되지 않고서는 진정한 의미에서 두

번째 아담이 될 수 없기 때문이다. 따라서 이 세 가지 개념을 함께 고려하면 그 의미는 다음과 같이 된다: 우리를 위해 낮아지시고 저주가 되신 두 번째 아담, 그리고 수치로부터 얼굴을 숨기지 않으신 분. 우리는 다음 구절들에서 이 의미를 분명히 발견할 수 있다.

마가복음 9장 12절: "예수께서 이르시되 엘리야가 과연 먼저 와서 모든 것을 회복하거니와 또 인자는 고난을 받고 멸시를 받는 것이 기록되었거늘." 이 말씀은 두 가지를 충분히 명확히 밝히고 있다. 첫째, 인자로서 그리스도는 예언의 대상이었다는 것, 둘째, 이 관점에서 그분은 시편과 선지서에 언급된 큰 고난을 당하는 자로서, 그의 슬픔은 인류에게 중요한 것으로 분명히 예언되었다. 여기서 "사람들에게 멸시받고 거절당한"(사 53:3)이라는 이사야의 예언이 직접 인용된 것은 아니지만 암시되고 있다. 예수님은 사실상 "나는 인자로서 선지자가 말한 고난 받는 자이다."라고 말씀하신 것이다.

마태복음 8장 20절: "여우도 굴이 있고 공중의 새도 깃들일 곳이 있으되 **인자**는 머리 둘 곳이 없도다." 어떤 서기관이 예수님을 어디든지 따라가겠다고 자원했을 때, 예수님은 그에게 대가를 생각하고 세상 재산에 대한 은밀한 집착을 버리라고 말씀하셨다. 예수님은 자신이 집이나 고정된 거처가 없음을 선언하시며, 이 세상에 안식처가 있는 여우와 공중의 새들과 자신을 비교하셨다. 이 말씀은 그분이 인자이심을 언급하신 것이므로 우리는 그분의 낮아짐과 우리를 대신하는 속죄의 삶에 대해 놓칠 수 없다. 그분은 저주를 지고 사는 동안 이런 일을 겪으셨다. 그분은 죄의 결과를 견디셨고, 죄인 취급받으셨다. 왜냐하면 인자는 상속권을 잃었고, 세상에서 아무것도 주장할 권리가 없었기 때문이다. 부유하셨던 그분이 우리를 위해 가난하게 되신 것은 우리를 다시 세우기 위함이었으며, 이와 같이 인자는 이 땅에 계실 때 죄와 분리되지 않았다.

　　마태복음 20장 28절: "인자가 온 것은 섬김을 받으려 함이 아니라 도리어 섬기려 하고." 우리는 현재 두 번째 절은 생략하고, 인자라는 표현의 의미를 규명하는 데 집중하고자 한다. 섬김과 연결된 이 표현은 인자가 높음이 아닌 낮아짐을 의미함을 입증한다. 예수님은 야고보와 요한의 야망에 찬 자리 요구를 꾸짖으셨고, 자신이 그들이 따라야 할 본이 되신다는 것, 인간 왕국과는 달리 그분의 왕국의 기본 원칙은 겸손임을 상기시켰다. 그러나 여기에는 더 생각해 볼 것이 있다. 그분은 자신이 두 번째 아담이자 죄인들의 대속자로서 자신의 사역이 야망과는 정반대임을 암시하셨다. 인간의 죄는 의존적인 피조물이 되기를 거부하고 더 높아지려는 욕망에서 비롯되었기 때문이다. 두 번째 인자는 종의 형체로 와서 사람들의 영혼과 육체를 섬기는 종의 일을 하셨다. 이 표현은 대속자의 낮아짐을 나타낸다.

　　요한복음 5장 27절: "또 **인자**됨으로 말미암아 심판하는 권세를 주셨느니라." 이 구절을 바르게 이해하는 것이 얼마나 중요한지는 이 구절이 일반적으로 잘못 해석되어 왔다는 점이 말해준다. 교부 주석가들 중 몇몇은 이 구절을 우리와 같은 방식으로 해석하지만(일부는 구절을 두 부분으로 나누고 마지막 부분을 다음 구절과 함께 읽는다), 그들은 이 표현에 어떤 의미를 부여할지 어려워한다. 왜냐하면 그들의 해석에 따르면 이 구절은 예수님이 우리 본성을 취하셨다는 것만을 의미하므로, 그분의 인성은 다른 곳에서 이 권세를 얻어야 한다고 생각되기 때문이다. 다른 사람들은 이 구절을 인자가 사람을 심판해야 하며, 그 심판자는 볼 수 있는 사람이 되어야 한다는 의미로 해석한다. 또 다른 해석은 "인자됨으로"라는 구절을, 예수님이 사람으로서 행동하신다는 의미로 해석하지만, 그 행동은 실질적으로 아버지께서 그분 안에서 하신다고 본다. 그러나 이러한 해석은 "because"라는 인과 접속사의 의미를 놓치고 있다. 이 구절은 "이 인자가 사람을 구원하고, 이 인자가 사람을 심판한다"는 의미를 전달하지 않는다. 이 구절의 진정한 설명은 "인자"라는 칭호를 낮아짐을 묘사하는 것으로 볼 때 쉽게 이해된다. 그분은 이 심판의 권세를 보상으로 받으셨다. 십자가가 영광의 기초이며, 심판할 권세는 그분의 저주를 지고 사셨던 삶의 절정에서 주어진 보상이다. 이는 빌립보서의 말씀과 병행된다. "그는 죽기까지 순종하셨으니, 그로 인해 하나님께서 그를 지극히 높이셨느니라."

마태복음 11장 19절: "인자는 와서 먹고 마시매..." 이 표현은 주님께서 단순히 세례 요한보다 더 자유로운 교제 방식을 취하셨다는 의미, 또는 그분의 제자들을 위한 본보기를 의미하지 않는다. 더구나 합리주의자들이 주장하듯이, 그분이 삶의 즐거움을 특별히 좋아하셨다는 뜻도 아니다. "인자"라는 표현은 그분이 죄 없는 자로서 죄인들 사이에서 사명을 수행하시는 과정에서 겸손의 일환으로써 그런 자리에 가셨다는 것을 나타낸다. 그분은 세상의 것을 남용하지 않고 사용하셨으며, 자발적인 낮아짐을 통해 죄와 유혹이 가장 만연한 곳, 하나님께서 크게 모욕당했던 영역 안에도 들어가셨다. 그분의 존재는 저주를 지고 사셨던 삶의 일부였으나, 결코 경계를 늦추지 않으셨으며, 주변을 거룩하게 하셔서 제자들에게 본을 보이셨다. 그래서 사람들이 그분을 "먹기를 탐하는 자요, 포도주를 즐기는 자"라고 부른 것이다.

누가복음 19장 10절: "인자가 온 것은 잃어버린 자를 찾아 구원하려 함이니라." 이 칭호는 이미 언급되었듯이 의미심장하며, 그저 부수적이거나 우회적인 표현이 아니다. 그러나 이 표현에서 오는 독특한 생각의 뉘앙스가 없었다면, 우리는 이 구절을 구속의 적용보다 그 구속의 원인에 더 관련시킬 수 있었을 것이다. 하지만 "인자"라는 칭호와 "찾아오다"라는 표현은 그리스도의 의도를 분명히 밝혀주며, 그분이 잃어버린 자들을 찾고 구원하는 것이 그분의 대속적 사역과 인과적으로 연결되어 있음을 증명한다. 즉, 전자는 후자의 기초다. 이 구절은 단순히 왕의 직무에 대한 언급이 아니라, 낮아지신 대속자의 대표 사역에 대한 언급이다.

우리는 "인자"라는 표현이 등장하는 모든 구절을 다 언급할 수는 없지만,

어디에서 이 표현이 나타나든지 -그분의 가난에 관련되든, 배반, 정죄, 또는 십자가에 못 박히심에 관련되든 -**대속적 형벌을 암시**한다는 점을 확언할 수 있다. 주님께서는 이 표현을 통해 죄 있는 육신의 모양으로 나타난 자기 인식을 드러내시며, 자신이 대속적 저주를 지는 삶의 여러 단계들을 겪으셨다는 것을 나타내신다. 이 표현을 사용하심으로써, 그분은 단순히 참된 인성을 취하셨을 뿐만 아니라, **두 번째 아담의 자리에 서 계셨다는 것을**, 즉 **자신을 비우고 낮추신 보증인이셨다는 것을** 암시하신다. 우리는 이것을 여러 가지 방식으로 표현할 수 있지만, 이 의미가 핵심이다.

주님께서 이 표현을 현재의 권위를 행사하시는 것과 관련해 사용하실 때도 동일한 의미가 적용된다. 일부 사람들이 이 표현을 높임이나 권위의 개념으로 해석하면서, 위에서 제시한 견해에 반대하는 의견을 제시하곤 하는데, 몇 가지 사례를 살펴보면 앞서 제시된 해석을 이들이 무효로 만들지 않고 오히려 확인해 줌을 알 수 있다.

마태복음 9장 6절: "그러나 **인자**가 땅에서 죄를 사하는 권세가 있는 줄을 너희로 알게 하려 하노라." 예수님께서 중풍병자를 그분 앞에 데려오자마자 그들의 믿음을 보시고 그에게 "네 죄가 사함을 받았다"고 말씀하셨다. 이것은 오직 하나님만이 할 수 있는 권세를 예수님께서 자신에게 주장하신 것이므로, 그분에게 신성모독이라는 비난을 불러일으켰다. 이에 예수님께서는 강력한 논증으로 그들에게 응답하셨다. 모든 질병이 죄의 결과로 인정되었으므로(이 경우에 특별한 죄가 있었는지 여부와 상관없이), 그 결과의 즉각적인 제거는 그분이 그 원인을 제거할 권세가 있음을 증명할 것이다. 그리고 그분은 죄를 사하는 권세와 그 실제 사함을, 그 사람을 완전히 회복시키는 것에 의해 증명하시겠다고 선언하셨다. 하지만 그분이 사용하신 표현의 방식은 한 주석가의 해석처럼 그 권세가 단지 하나님께 속한 것임을 언급하는 것으로 해석될 수 없다. 또한 다른 주석가가 말하는 것처럼 그분이 하늘에서 하나님의 공식적인 대리인임을 의미하는 것만으로도 해석될 수 없다. "인자"에 대한 언급은 선지자의 선언적 행동 이상의 의미를 가지고 있다. 그분은 두 번째 아담, 즉 대속자로서, 죄를 사할 권세를 지니셨으며, 그분이 그러한 권세를 가지신 이유는 그분이 당시에 그분의 낮아짐과 죽음을 통해 속죄하고 계셨기 때문이라는 뜻이다. 이 연결은 원인과 결과의 관계다. 그분은 단지 용서를 약속할 권세만이 아니라 그것을 베풀 권세도 가지고 계셨다. 마치 그분이 **심판과 관련하여 "인자이기 때문에" 그 권세를 행사하실 권세가 있다고 말씀하셨듯이, 용서와 관련해서도 "인자이기 때문에" 그것을 주실 권세가 있다고 말씀하신다.** 하나는 보상이고, 다른 하나는 그것을 이루는 원인 또는 공로다. 그리고 이는 항상 두 번째 아담, 즉 하늘로부터 온 주님과 가장 밀접하게 연결되어 있다. 성경의 일반적인 유추를 언급하지 않더라도, 성경은 일관되게 이러한 성격의 모든 유익이 그리스도의 속죄 사역에서 비롯된다고 말하며, 이 구절에서 고려 중인 표현 자체도 이 효과에 대해 결정적인 역할을 한다. **그리스도의 중보자 역할이 모든 유익의 공로적 원인이다.**

마가복음 2장 28절: "그러므로 **인자**는 안식일에도 주인이니라."이 구절을 설명하면서, 어떤 이들은 그 독특한 연결로 인해 바로 앞의 27절과 연결 지어, 사람이 안식일의 주인이라고 해석하기도 했다. 그러나 그러한 해석에는 두 가지 문제가 있다: (1) 주님의 말씀에는 항상 "사람"과 "인자"라는 두 용어 사이에 뚜렷하고 명확한 차이가 있다. (2) "안식일이 사람을 위하여 만들어졌고, 사람이 안식일을 위하여 만들어지지 않았으므로 사람이 안식일의 주인이다"라는 논리는 타당하지 않다. 사람, 혹은 그분께 들었던 이스라엘 백성은 안식일의 주인이 아니라 그 안식일을 지켜야 하는 종이었기 때문이다. 그러나 **예수님은 자신이 안식일의 주인이시라고 선언**하셨는데, 이 의미는 그 누구도 함께 나누지 않는 독특한 의미다. 이 말씀이 선포된 상황에서, 그 말씀의 취지는 안식일이 불변하는 도덕법은 아니기 때문에, 자비와 필수적인 상황, 생명과 건강을 지키기 위한 경우에는 지키지 않을 수 있다는 것이었다. 왜냐하면 사람이 더 중요한 가치이기 때문이다. 안식일은 사람을 위해 만들어졌지, 사람이 안식일을 위해 만들어진 것이 아니었다. 이 점은 가장 명확하게 설명되었다. 그러나 우리는 마가복음의 말씀에서 "그러므로 인자는 안식일에도 주인이니라"는 표현으로 갑작스러운 전환을 발견하게 된다. 이 논리적 흐름은 쉽게 설명될 수 있다. 불가피한 상황에서는 안식일의 쉼을 깨는 것이 정당화되는데, 그 이유는 사람이 그것을 위해 만들어진 것이 아니기 때문이다. 그러나 이로 인해 사람이 안식일의 주인이라고 할 수는 없다. 왜냐하면 이 허용 자체가 주님으로부터 온 것이기 때문이다. 그러나 그리스도는 인자이기 때문에 안식일에 대한 독특한 권한을 가지셨다. 이 권한은 다른 누구와도 나누지 않는 그분만의 독특한 권위다. 여기서는 십계명의 다른 계명들에 대한 언급이 없다. 사실, 다른 계명들은 그분 자신의 신성한 본성과 신성한 뜻의 표현이기 때문에, 그 계명들에 대해서는 이러한 권한이 행사될 수 없다. 그렇게 한다면 그분 스스로를 거스르고 모순될 것이기 때문이다. 그러나 낮아지고 겸손한 대속자로서 인간의 구원과 최고의 이익을 염두에 두신 그분은 안식일의 주인이 되셨다. 이것이 그분이 얻은 보상이다. 그분은 안식일을 변경하고 조정할 권위를 가지셨으며, 그것을 가장 영적 이익에 맞게 조정할 권세를 가지셨다. 왜냐하면 그분이 인자이기 때문이다. 이 구절에서는 안식일을 폐지한다는 말이 없으며, 다만 그것을 조정하고 그분의 제자들에게 가장 유익하게 적용하신다는 의미다. 그분만이 이 권한을 가지셨으며, 그분은 죄인의 대속자이자 두 번째 아담인 인자로서 그 권위를 가지셨다. 그분이 안식일의 날을 변경하신 것으로 그분이 그러한 안식일의 주인이라는 것을 증명하셨다. 이 사건에서 그분은 제자들이 곡식 이삭을 먹는 것을 변호하셨을 뿐만 아니라, 그들에게 이 허용을 주실 권한이 안식일의 주인이신 그분에게 있음을 증명하셨다.

이미 언급한 구절들과 앞으로 나오는 다른 구절들은 이 표현이 항상 낮아짐이나 겸손과 관련이 있다는 것을 증명해 준다. 겉보기에는 그와 상반되는 것처럼 보이고 그분의 영광을 암시하는 것처럼 보이는 구절들도 이 의미를 부정하지 않는다. 오히려 그 구절들은 **저주의 낮아짐 속에서 말씀하신 그분이 중보자로서 높아지실 것임을 의미한다.** 그분은 자연스럽게 그분 앞에 놓인 기쁨을 많이 생각하셨다. 따라서 제자들에게 "인자가 그의 영광의 보좌에 앉을 때" 그들이 보상을 받을 것이라고 말씀하실 때, 그분은 현재의 가난과 비천함이 무한한 영광으로 바뀔 것임을 암시하셨다. 산헤드린에서 재판받으실 때, 대제사장에게 "인자가 권능의 오른편에 앉는 것을 너희가 보리라"고 선언하셨을 때도 같은 의미다. 그분은 먼저 자신이 하나님의 아들로서 최고 신성을 고백하셨고, 곧바로 그분이 주로 말씀하신 시각인, 사람들에게 멸시받고 저주를 지는 자로서의 관점으로 돌아오셨다. 사람들이 그분의 낮아짐에서 그분을 무시했던 것처럼, 그들이 언젠가 그분의 존엄과 영광 속에서 그분을 보게 될 것임을 그분은 암시하셨다. 그리고 그 영광을 암시하는 다른 구절들과 연결된 이 칭호가 등장하는 모든 다른 구절들도 같은 방식으로 설명되어야 한다.[46]

앞에서 논의된 내용을 통해 우리는 예수님의 자기 인식을 통해 주신, 말하자면 그분의 전기(biography)를 얻을 수 있으며, 그리스도의 생애에 대해 우리가 일반적으로 형성하게 되는 견해와는 전혀 다른 관점을 얻게 된다. 이 표현들은 그분이 죄를 담당하는 자이며, 그분의 지상 생애 동안 저주를 짊어진 삶을 살도록 부름받았다는 사실을 그분이 완전히 인식하고 계셨음을 입증한다. 그리스도에 대한 인간적인 전기들은 너무나 많은 면에서 그 놀라운 모습을 재현할 능력이 없음을 드러내는데, 특히 이 부분에서는 그 결함이 두드러진다. 그들은 그리스도의 지상 생애의 이러한 측면을 거의 고려하지 않거나, 주님의 말씀 속에서 그것에 대한 어떤 암시도 찾지 못한다. 그러나 앞의 요소가 없다면, 그리스도의 삶에 대한 우리의 관점은 일방적이고 극히 불완전하게 된다. 따라서 나름 건전한 믿음을 가진 사람들조차 예수님의 삶에서 얻어야 할 유익을 그분의 가르침이나 모범, 또는 기껏해야 생명의 주께서 영적인 생명을 사람들에게 전달하고 그들을 자신과 연합시키는 역할에 편중시킨다. 그분의 삶의 이러한 모든 측면이 아무리 진실하고 중요하다고 해도, 그런 관점은 결함이 있다. 바른 관점에서 보고 주님의 자기인식 차원에서 읽어보면, 그분의 삶은 처음부터 끝까지 다른 요소로 가득 차 있다. 그분은 죄를 짊어진 자이자 저주를 짊어진 자임을 의식하고 계신다. 그리고 인자로서 그분의 입술에서 나오는 모든 말씀은 그분이 고된 사역의 모든 단계마다 대리적인 고난과 낮아짐의 위치를 깨달으셨음을 보여준다.

그분이 어떻게 죄인들을 대신하는 위치를 점유하게 되었는지, 그리고 그분의 전체 속죄가 전제하고 함축하는 위치를 교환하는 행위를 어떻게 실천하게 되었는지를 주목하는 것은 중요하다. 이 점에 대한 진리를 드러내기 위해, 이 주제에 대한 현재 유행하는 이론들을 깊이 반박하지는 않더라도, 부정적인 관점에서 언급하는 것이 적절할 수 있다.

1. 예수님께서 십자가 위에서 처음으로 죄를 짊어지셨거나, 그곳에서 처음으로 죄인이 되신 것이 아니다. 그분은 먼저 인간이 되시고, 그 후에 죄를 짊어진 자나 저주를 지는 자가 된 것도 아니다. 인성을 취하신 것에 관한 그분의 참된 말씀을 이 문제에도 똑같이 적용할 수 있다. 그분은 먼저 사람이 되시고 나서 인격적으로 성자가 되거나 성육신하신 것이 아니다. 그 인성은 결코 그 위격적 연합 없이 존재하지 않았다. 이와 마찬가지로, 그분의 인성이 이 죄의 전가 없이 존재하지 않았다고도 말할 수 있다. 그분이 죄를 짊어지는 인성을 취하신 것은 '동시에, 함께, 그리고 그 안에서' 이루어진 것이다. 비록 죄는 인성에서 분리되고 구별될 수 있지만, 인성을 취하신 순간부터 그분은 죄를 짊

어지셨다. 사실, 본성의 질서에 따라 보면, 죄를 짊어지신 것은 그분의 사명과 동시에 전가되어 취해졌으며, 실제 성육신보다 앞선다고 할 수 있다. 비록 그것이 실제로 그분 자신의 것이 된 것은 우리와 같은 본성을 소유하게 되면서부터이지만 말이다. 예수님이 죄를 짊어지신 것을 십자가에서의 3시간으로만 제한하는 사람들의 개념은 이미 널리 퍼졌는데 이는 성경의 표현과 사상에서 멀리 벗어난 것이다.

2. 또한 예수님께서 육신을 취하심으로 죄를 짊어지신 것은 본성적 필연성에 따른 것이 아니다. 이것은 멘켄(Menken)과 어빙(Irving)의 오류로, 그들은 예수님께서 단순히 인성을 취하셨기 때문에 죄를 짊어지셨다고 생각했다. 마치 죄와 인성이 동일한 것처럼 말이다. 그들의 이론에 따르면, 우리 주님은 인류의 한 부분을 취하셨고, 그 결과, 그분은 인간성을 일부 취하셨기 때문에, 인성의 의무를 **자발적 동의가 아닌 본성적 필연성에 의해** 인격적으로 지게 되었다는 것이다. 이는 다르다고 구분해야 할 것을 구별하지 못하는 사고의 혼란이며, 신학적으로도 위험한 생각이다. 죄는 인간 본질의 일부가 아니며, 인성과 죄는 분리될 수 없는 것이 아니다. 물론 죄와 인간성은 너무나 얽히고 서로 스며들어 있어서, 우리가 하나님의 창조물을 그 타락으로부터 분리하기 어려울 수도 있다. 그러나 우리는 개념적으로 이 둘을 구별할 수 있으며, 하나님은 실제로 구별하고 분리하신다. 구속은 분리의 개념을 포함하며, **중생도 이 분리를 의미한다. 성육신도 마찬가지다.** 만약 그렇지 않았다면, 인간 본성은 구속의 주체가 될 수 없었을 것이다. 그리고 하나님의 아들이 참된 성육신을 통해 인류에 들어오셨다는 사실 자체가 죄와 인성이 동일하지 않다는 충분한 증거다. 그분은 죄와 연합할 수 없었기 때문이다. 그리스도께서 죄를 짊어진 것은 자유로운 동의에 의한 것이지, 본성적 필연성에 의한 것이 아니다. 그것은 자발적인 수용에 의해 이루어진 것이지, 출생의 본질로 인해 불가피하게 부착된 것이 아니다.

그 이론은 어떻게 수정하든 심각한 오류이며, 그로 인한 결과는 모든 기독교인에게 불쾌감을 줄 만한 것이다. 설령 그분이 죄 없는 인성을 취하시고 단지 객관적으로 저주를 감당하셨다고 하더라도, 그것이 본성적 필연성 때문이었다고 한다면, 그것 역시 성경적인 신학자라면 누구도 받아들이거나 견딜 수 없는 이론일 것이다. 그런 전제 아래에서라면 그분의 죽음은 공식적인 행위가 아니라 개인적인 형벌이며, 자발적인 제물이 아니라 정당한 처벌이었을 것이다.[47] 죄책은 그분 자신의 것이 되며, 저주는 그분이 개인적으로 져야 했던 필연적인 빚이 되었을 것이다. 그 원리에 따라 속죄라는 것이 여전히 성립한다고 가정하더라도, 그것은 선택이나 구분이 없는 보편구원주의(universalism)의 원리에 따른 인류 전체를 위한 것이 되었을 것이다. 그리고 이런 방식으로 저주 아래 들어가시려면, 그분 자신이 아담의 언약 안에 있어야만 했을 것이며―이는 바로 초자연적인 수태를 통해 그분이 온전히 면제받도록 의도된 바로 그 사실과 정면으로 충돌한다. 성경의 일관된 언어는 이 모든 생각에 반대되며, 그리스도께서 어떤 개인적인 책임도 없이 오직 제사장의 봉헌 행위로서 죽으셨다는 사실에 대해 끊임없이 증언한다. 그분께서 죽음을 맞이하신 것은 필연적인 의무 때문이 아니라, 자신의 뜻에 따른 행위로 자신이 짊어진 죄가 자기 자신의 것이 아니었기 때문이다.

3. 그러나 주께서 아담이 타락하기 전의 상태에서의 인성을 모든 면에서 그대로 취하셨다고 주장할 수는 없다. 이는 인간의 죄가 필연적으로 초래한 모든 결과를 무시하는 것이며, 예수님이 참으로 인간이 되셨음을 부정하는 것이다. 그분은 죄와는 구별되고 분리된 인성을 취하셨으며 죄는 그 본질의 일부가 아니었다. 죄와 인간성은 구분 가능한 개념이다. 또한 그분은 아담의 언약에 따른 전가된 죄책, 곧 단순히 인류의 한 사람으로서 그분 개인에게 내려오는 죄책을 함께 취하시지는 않으셨다. 그분은 두 번째 아담으로 오셨다. 그러나 그분은 동시에 자발적으로 자기 백성의 죄와 그에 따르는 저주를 짊

어지셨다. 이는 바울이 "죄 있는 육신의 모양으로"라는 표현을 사용할 때 의미했던 바이며, 주님은 "죄와 상관없이 두번째" 나타나실 것과는 대조적으로 첫번째 나타나실 때는 죄를 짊어지셨다. 우리는 그분이 성육신한 첫 순간부터, 심지어 아버지에 의해 보내심을 받은 순간부터 죄의 형벌을 짊어지셨다고 봐야 한다. 우리는 그분의 출생이 가지는 비천함과 낮아짐, 천사들보다 더 낮아진 것, 그분의 가난한 상태, 노동으로 생계를 유지하며 땀을 흘리는 모습, 모든 인류에 대한 저주에 따라 오염된 삶, 사탄의 유혹, 결핍, 굶주림과 갈증의 인내, 고통과 핏방울 같은 땀, 체포, 그분을 묶은 결박, 재판, 동족의 고소와 거부, 이방인들이 내린 정죄, 그리고 공개적인 처형의 수치 등을 살펴보면, 이러한 모든 것이 우리의 저주에 포함되어 있으며 우리의 형벌과 관련되어 있다는 확신을 얻게 된다. "슬픔의 사람"이신 예수님께 나타나는 이러한 모든 슬픔은 죄에 대한 만족을 위한 것이었고, 죄를 지으면 "정녕 죽으리라" 하신 하나님의 위협과 관련이 있었다.

주님께서는 죄를 짊어진 자로, 죄 없고 무죄한 분이 아닌 분으로 공식적으로 세상에 나타나셨기 때문에, 필연적으로 지금 하늘에서 가지고 계신 인간성을 취하실 수 없었고, 심지어 타락 전 아담의 인간성조차 취하실 수 없었다. "자녀들은 혈과 육에 속하였으매 그도 또한 같은 모양으로 혈과 육을 함께 지니심은.."(히 2:14). 그분은 인성을 비천함과 낮아짐과 가난 속에서 취하셨다. 즉, 단순한 육체와 영혼이 아니라, 죽음의 형벌 아래에 있는 종의 형태를 취하셨다. 유일한 차이점은 그분께서 특정 사람들에게서 발견되는 개인적인 허약함, 즉 개인에게 유전되거나 발현되는 무질서한 정신상태나 질병들은 취하지 않으셨다는 것이다. 그분은 질병이 없었고, 자연의 일반적인 과정에 따른 죽음으로부터도 자유로우셨다. 예수님께서 이 두 가지로부터 자유로우셨던 것은 죄와 그 결과가 본래 주님께 속한 것이 아니라 그분이 자발적으로 받아들이신 것이기 때문이었다.

우리는 이제 다시, 인자이신 주 예수님께서 처음부터 죄와 그 결과 없이 계시지 않으셨다는 사실로 돌아온다. 그분은 생애 내내 죄를 지고 죄인으로 여겨지는 것이 어떤 것인지 느끼셨다. 그리고 아버지와 경배하는 천사들만이 보았던 순간에, 그분이 어떤 영혼의 고통, 고뇌, 그리고 버림받음을 겪으셨는지 누가 알겠는가? 이러한 고통의 순간들은 그분의 기록된 생애에서 여기저기 드러나지만, **그분은 항상 죄가 된 인자로서 고통받으셨다.** 이러한 모든 비천함은 그분이 인자이시기 때문에 겪으신 것이다.

주님의 인성은 어머니를 통해 아담으로부터 유래되었지만, 그분은 아담 언약에 포함되지 않았기 때문에 죄의 결과를 전혀 물려받지 않았다. 이 지점에서 차이를 구분하지 못해서 특정한 분야에서 개념의 혼란이 적지 않게 발생했다. 따라서 어떤 이들은 주님이 인간으로 계실 때, 아담의 죄로 인한 죄는 없지만 그 죄의 결과로 인한 연약함은 그에게 내려왔거나, 혹은 인류가 일반적으로 겪게 되는 육체적 약점을 그분이 자발적이지만 임의적 선택으로 취한 것처럼 부주의하게 묘사했다. 그러나 이는 사실과 거리가 멀다. 우리는 그에게 질병이나 신체적 결함이 있었던 것을 발견하지 못한다. 비록 그가 형제들과 같이 되시고(롬 8:3), 죄 있는 육신의 모양으로 보냄받으셨지만, 그 안에서 발견되는 일반적인 약점들, 이를테면 비천함, 더 나이 들어 보이는 모습(요 8:57), 슬픔이 가득한 모습, 배고픔과 목마름, 피곤함, 거처가 없음, 죽음 등은 본성적 필연성에 의해 그분께 전가된 것이 아니라, 다른 원인의 결과다. 그것들은 죄를 담당하신 결과였고, 그분의 다른 고난들처럼 그 성격상 형벌적이었다. 설명은 분명하다. 그분이 성육신의 순간에 우리의 본성과 우리의 죄를 동시에 모두 취함으로써, 두 가지는 개념상으로 구별되지만 그분의 지상 생애 동안 항상 결합해 있었다. 한편으로 그분은 죄나 죄의 결과와 개인적인 관련 없이 본성에 따른 인성을 취하셨고, 다른 한편으로는 우리의 대리자로서, 즉 그분의 공적인 행위를 통해 겸비하고 고난 받으며 죽을 수밖에 없는 인성 안에서 우리 죄의 짐과 그 형벌적 결과들을 담당하셨다. 그리하여 지상 생애의 첫 순간부터 그분은 죄를 지는 자로서, 그리고 저주를 지는 자로서 형제들과 같은 모습으로 나타났다. 그는 죄를 짊어지기 위해, 단지 그 죄를 전가 받았기 때문에, 죄의 결과 속에 들어왔다. 만약 그분이 죄를 담당하지 않았다면, 그분은 영광스러운 인성으로 나타날 수 있었을 것이다.

이런 방식으로 주님은 우리의 본성과 죄를 이중으로 취하심으로써 이러한 대속이 수반하는 책임과 슬픔을 일평생 아셨다. 대속의 개념은 주님이 그의 백성 대신 진노를 감당해야 한다는 결과를 수반한다. 따라서 주님의 시야에 죄가 보이거나 다가올 때마다 그분은 저주의 일부나 영혼의 고통을 겪는 듯 보였다. 주님의 기적 베풂으로 인해 발생한 피로감과 헬라인들이 그에게 질문하려 접근했을 때(요 12:21-27) 그분에게 주어진 영혼의 고통은 그분의 영혼이 어떻게 힘들어했는지를 보여주는 예라 할 수 있다. 그리고 죄의 형벌적인 결과는 특별히 주님의 영혼을 강타했다.

이 주제의 범위 안에서 이 고통의 본질, 그 구성 요소, 또는 강도를 설명하는 것은 적절하지 않다. 성부가 재판관으로서의 역할을 수행하는 동안 아버지로서의 인격과 관계를 내려놓지 않으셨지만, 성부께서는 여전히 대리자이신 주님을 향해 실제적이고 형벌적인 고통을 가하셨다. 이 고통은 아들이 죄를 자기 것으로 취하신 것에 따라 가해졌다. 또한, 그분이 겪은 저주받는 삶에는 구유에서 십자가에 이르기까지 다양한 단계가 있었고, 이는 그분의 비천함의 다양한 정도, 즉 하강 단계가 있었다. 십자가는 이러한 비천함의 정점이었지만, 그것에만 국한되지 않았다. 우리는 그분의 사생활이나 감춰진 시간을 어떻게 보내셨는지에 대해 자세히 알지는 못하지만, 그분께서 슬픔의 사람으로서 많은 사람의 죄를 짊어지기 위해 세상에 오셨다는 것을 그 시간들 속에서 자주 깨달으셨을 것이라고 짐작할 수 있다. 하나님을 잃는다는 감각은 하나님의 아들로서 겪을 수 있는 가장 끔찍한 고통이었으며, 고난의 잔의 가장 쓴 부분이었다. 또한 죄가 초래하는 정죄와 혐오, 미움의 대상으로 여겨지고, 죄의 대가를 치러 마땅한 자로 여겨진다는 것을 느끼는 것은 그분께 더할나위 없이 힘든 일이었다. 인자께서는 자신이 하나님 앞에서 그 자리를 대신하신 죄인들인 것처럼 취급당하셨다.

그러므로 우리는 '인자'라는 칭호와 그분이 자신에 대해 한 언급들로부터, 그리스도의 생애가 처음부터 끝까지 죄와 저주를 지고 가는 삶이었음을 살펴보았다. 이것은 대속의 본질적인 요소 중 하나다.

의식적으로 죄를 담당하는 자로서 세례를 받으신 그리스도

"이제 허락하라 우리가 이와 같이 하여 모든 의를 이루는 것이 합당하니라"(마 3:15)

이 증언은 그 의미가 풍부하여, 그 맥락이나 용어의 의미를 고려할 때 더욱 그러하다. 이는 그리스도의 순종이 그분이 백성의 의로움으로 언급되는 많은 구절에 대한 열쇠가 되며, 그분이 먼저 우리를 위해 죄가 되었다는 이유로 하나님께서 우리에게 의가 되도록 세워졌다는 것을 나타낸다(고후 5:21).

이 말씀이 나온 계기를 보면, 이는 그리스도께서 세례 요한에게 나아가셨던 기념비적인 날, 즉 세례를 받으셨던 날에 선포된 것임을 알 수 있다. 요한은 구약 예언의 정점이자 그 새로운 엘리야의 음성으로 볼 수 있다. 요한은 여러 세대에 걸쳐 메시아의 도래를 증언해온 율법과 선지자의 생생한 표현으로 여겨질 수 있으며, 이제 그들의 가장 위대한 대표자인 요한에 의해 그리스도는 그분의 임무에 임하신다. 주 예수께서 율법과 예언을 인정하셨듯 그들도 예수 그리스도를 예언의 성취이자 모형과 그림자의 실체로서 세상에 드러내야 했다. 구약과 신약의 관계는 매우 밀접하여, 올바르게 이해할 경우 어느 하나도 다른 하나 없이 완전할 수 없다. 그러나 예수님은 열두 살 때 성전의 뜰을 밟고 아버지의 일을 해야 한다고 선언한 날부터 자신의 사명을 완전히 인식했음에도 불구하고, 공식적인 세례를 통해 직무를 수행하기 전까지는 어떤 행동도 하지 않으셨다. 그분은 세례 요한이 바로 이 사명을 위해 보내졌음을 잘 알고 있었고, 이를 통해 이전에는 받지 않으셨던 어떤 것을 자신에게 부여해야 한다는 사실을 잘 알고 계셨다.

세례 요한은 죄인인 자신이 예수님과 자리가 바뀌어야 하고, 이 만남에서 주는 자가 아닌 받는 자가 되어야 한다고 느껴, 한동안 주님께 세례를 베풀기를 거부했다. 그는 그리스도가 죄의 용서를 위한 회개의 세례와 무슨 관계가 있는지, 세례가 그에게 무엇인지 이해할 수 없었다. 그러나 이러한 망설임은 주님이 덧붙인 설명에 의해 극복되었다: "지금은 그렇게 하게 하라"[48] -즉(현재가 강조됨), 나의 이 낮아진 상태에서, 그리고 죄인들을 대신하여 서 있는 나의 중보자적 위치에만 적합한 행동으로서 그렇게 하라는 것이다. 그리고 복수형 "우리에게 합당하니라"는 경우에 따라 예수님만을 지칭할 수도 있고, 의미를 크게 확장하면 세례 요한까지 포함할 수 있다.

하지만 주님은 세례 요한에게 세례를 받으려는 원리와 목적에 대한 설명을 덧붙이신다: "이와 같이 하여 모든 의를 이루는 것이 우리에게 합당하니라" 여기서 언급되는 것은 세례의 특별한 행위만이 아니다. 그 상황은 특정적이었지만, 사용된 언어는 더 일반적인 의미를 담고 있다. 이 말씀의 의미를 제한할 만한 근거는 없으며, 구절 전체의 의미를 온전히 받아들여야 한다. 주님은 공개적인 고백을 해야 했고, 여기서 사용된 말은 이 모든 행동의 핵심을 제공한다. 그러므로 우리는 먼저 그 말씀의 의미를 주목해야 한다: "모든 의를 이루는 것이 마땅하니라." 주님은 사실상 "하나님의 아들이 이렇게 낮아지는 것이 부당하지 않다. 이는 위엄이나 탁월함의 문제가 아니라 모든 의를 이루는 문제이기 때문이다"라고 말씀하신 것이다. 세례를 받는 것은 단지 자발적인 행위였을 뿐, 그분 개인에게 필요하거나 요구되는 의무는 아니었다. 왜냐하면 그분은 성육신할 때 자유로운 선택으로 행하셨기 때문이다. 그러나 그는 자신의 사명을 이행해야 했고, 그렇게 하면서 자기 사역의 어떤 부분도 생략할 자유가 없었다. 그는 육체를 취할 의무는 없었지만, 아버지에 대한 약속과 중보자 직무, 그리고 옛 예언들로 인해 특정한 의무가 발생했기 때문이다. 그가 지금처럼 행동해야 할 어떤 가상의 필요나 적절함이 있었다. 이를 다음과 같이 표현할 수 있다: "나는 죄인의 모습으로 나타나고, 모든 의를 이루는 것이 마땅하니라."

그러나 더 나아가, 세례가 하나님의 그리스도에게 어떤 의미가 있었고, 그분께 어떻게 적용될 수 있었는지 질문이 제기된다. 이는 세례 요한의 마음속에 제기된 어려움이며, 지금도 많은 해석자들에게 여전한 난제다. 먼저 염두에 두어야 할 것은, 예수님께서 보증인으로서 율법 아래에 계셨다는 것이다. 그리고 두 번째 계명에 의해 규정된 성례는 그가 준수해야 할 의무 중 하나였다. 그러나 이 질문의 한 측면은 매우 명확하지만, 성례의 다른 측면에서는 어려움이 있다: 세례가 주님에게 있어서 어떻게 하나님의 약속이 인쳐지고 수혜자의 믿음이 확증되는 외적인 표시가 될 수 있었는가 하는 점이다. 그것들은 분명히 그분께 그렇게 작용했다.

이 문제에서 우리는 죄 없으신 주님의 인격과 보증인에게 할당된 공식적인 직무를 명확히 구별해야 한다. 이 구별에 소홀한 것이 어려움의 주된 원인이다. 우리가 그리스도의 성례 참여에 대해 말할 때, 그분께서 하나님과 사람 사이의 중보자로서 행동하셨으며, 그분의 행동뿐만 아니라 이 상태에 수반되는 모든 정신적 활동까지도 죄의 오염을 완전히 배제하는 영역으로 엄격히 제한되었다는 가정하에 이루어져야 한다. 그러나 그분은 진정으로 인류 안에 들어와 유대관계를 가지신 것이다. 그리고 율법에 따르면, 부정한 사람을 만지거나 그와 접촉한 사람은 부정했다. 따라서 주 예수님께서 공식적인 중재자로서 세례를 받으시기로 결심했을 때, 그분은 사실상 이렇게 말씀하신 것이다: "죄인들로 가득한 세상 속에서 나는 죄가 없고 개인적 오염이 없지만 세례를 받으러 왔다. 왜냐하면 나는 공개적이거나 공적인 입장에서 많은 사람들을 대신해 빚을 지고 있으며, 온 세상의 죄를 지고 왔기 때문이다. 나는 이 죄를 위한 화목제물이다." 그분은 이미 죄를 대속하고 있었으며, 육체를 취한 이후로 그분의 몸에서 죄를 짊어지고 있었다. 그리고 이 중보적 역할을 위한 그분은 믿음의 기초로서, 매 단계마다 그분의 확신이 발휘되는 근거로서 약속들이 그에게 주어졌다.

물론 예수님의 세례가 우리와 같은 의미를 갖지 않았고, 가질 수도 없었음은 분명하다. 하지만 그분께도 세례는 중요한 의미를 지녔는데, 첫째는 공식적인 의미였고, 그 후 그분의 믿음이 확고해지고 굳건해지면서 개인적인 의미도 지녔다. 일부 저자들은 그리스도께서 합리적 피조물로서의 순종과 그의 백성을 대신하여 행동하는 중재자 또는 보증인으로서 지닌 순종 사이에 불필요한 구별을 두어 이 문제를 복잡하게 만들었다. 이는 그저 혼란만 가중시키는 구별이므로 폐기해야 한다. 그리스도께서는 자신을 위해 율법 아래에 놓이지 않았고, 하나님의 아들의 인격 안에 존재하는 인성은 오직 그분께서 자발적으로 백성의 보증인이 되는 공식적인 역할을 택하셨을 때에만 어떤 율법 아래 놓이거나 어떤 순종에 묶였다고 보는 것이 훨씬 낫다. 우리는 개인과 중보자로 구별해서는 안 된다. 이 모든 장면에서 우리는 마치 회막 문에서 희생 제물이 바쳐지던 때처럼(레 1:3) 자신을 내주는 내적인 헌신, 즉 세상의 죄를 짊어지고 그렇게 함으로써 모든 의를 이루려는 완전한 열망을 마주하게 된다. 따라서 이 의식의 집행은 그분이 앞으로 겪어야 할 고뇌의 세례를 상징하는 것이며, 그분은 여기서부터 자신의 전 생애를 통해 기꺼이 그 고난을 감당하겠다고 자원하셨다: "나는 받을 세례가 있으니 그것이 이루어지기까지 나의 답답함이 어떠하겠느냐"(눅 12:50). 이 내적인 열망은 그분의 이후 모든 생애를 관통하며 그분 삶 전체에 영향을 미쳤고, 십자가 위에서 완성된 행위로 우리 앞에 다시 나타난다. 그분은 지금까지 모든 의를 완수했으며, 이것은 앞으로 이루실 일에 대한 그분의 결심을 엿보게 한다. 그것은 두 부분으로 구성된다: 그리스도께서 죄 있는 육신의 모양으로 죄를 정죄하셔야 한다는 것, 즉 다시 말해, 그는 많은 사람을 위해 마음과 행동에서 사랑의 법을 완벽하게 이행해야 하며, 그리고 동일한 대표 원리에 따라, 응보적 공의 아래서 인간이 인간을 위해 죄인들의 운명에 완전히 들어가야 한다는 것이다. 비록 그분이 이제 막 공적인 사역의 문턱에 서시고, 나사렛에서 경험하지 못했던 갈등과 고난의 현장에 들어가신다는 것을 잘 알고 계셨지만 그분은 병든 자들의 의사로서 그들의 병과 고통을 기꺼이 지겠다고 선언하셨다.

예수님이 세례를 통해 자신을 내어드리신 이 순수한 내적 헌신은 하나님의 인정으로 절정에 달했다는 점을 덧붙일 수 있다(마 3:16). 하지만 이 부분은 우리의 목적에 포함되지 않으므로 강조하지 않겠다. 다만, 하나님의 이 인정은 그분의 지난 삶뿐 아니라, 날마다 새로워야 하는 헌신도 기쁘게 여겨졌으며, 마지막에는 영광스럽게 보상받을 것임을 보여준다. 나중에 주님께서 사용하신 "내가 받을 세례가 있으니 그것이 이루어지기까지 나의 답답함이 어떠하겠느냐"라는 말씀은 그리스도께서 자신의 세례를 어떻게 보기를 원하시는지를 나타낸다. 그것은 자기 백성을 대신해 자발적으로 겪어야 할 희생적 고난과 슬픔의 상징적 표현이었다. 또한, 영원한 의를 가져오고 모든 의를 이루기 위해 그분이 하나님의 진노의 홍수를 견디셔야 한다는 상징이기도 했다. 우리는 이 세례를 두 가지로 나눌 필요 없이, 상징과 실체에 만족할 수 있다.

그러나 앞서 말한 내용에(우리가...의를 이루는 것이 합당하니라 마 3:15) 대한 두 가지 반론이 있는데, 이제 이를 해결해야 한다. 첫 번째로는 이 구절이 인간을 위한 공로적 순종을 나타낼 수 없다는 주장인데, 그 이유는 (1) 그리스도께서 **자신**과 **요한**을 함께 언급하셨으며, 후자의 순종은 인간을 위한 공로적 순종이 될 수 없기 때문이다. (2) 또한, 그리스도께서 받은 세례는 인간을 대신하여 받은 것이 아니기 때문이라는 것이다. 이 반대들은 쉽게 해결될 수 있다.

첫 번째 반대, 즉 그리스도께서 자신과 요한을 함께 언급하셨으며 **요한의 순종**이 공로적일 수 없다는 주장에 대해서는, 그 답이 명확하다. 이는 다른 많은 경우와 마찬가지로 복수형 존칭으로 보인다(요 3:11 우리는 아는 것을 말하고 본 것을 증언하노라). 하지만 만약 이 말씀이 어느 정도 요한을 포함한 것이라면, 그 의미는 세례 요한이 자신의 사명 조건을 충실히 이행하고, 지금 주님께서 그에게 세례를 요구하신 대로 거부하지 않아야 한다는 뜻일 것이다.

두 번째 반대에 답하자면, 여기서 주님이 언급하신 뜻은 단순히 신적 권위로 정해진 단 하나의 의식이나 사항을 지키는 것이 올바른 일이라는 의미가 아니다. 그것만으로는 그 의미를 다 설명할 수 없다. 사용된 표현은 그분께서 회피하지 않으시고 요한도 그분의 굴욕을 순순히 받아들이는 겸손함 속에서 모든 의를 이루셔야 한다는 것이다. 이는 죄 없는 분이 죄인들을 대신하여 행한 위대한 속죄 행위나, 모든 중보자적 의를 의미할 수밖에 없다. 그분의 위대함과 낮아지심이 사역 속에서 똑같이 드러난다.

이것은 그리스도께서 세례를 받으심으로 "모든 의를 이루셨다"고 할 수 있는 의미를 이해하는 데 도움을 준다. 이는 우리가 이 구절을 가져온 주제와 관련된 중요한 부분이며, 정확히 이해되어야 한다. "모든 의를 이룬다"는 표현은, 이 문맥에서 사용된 의식에서 상징된 대로, **주 예수께서 많은 사람을**

대신하여 하나님의 율법을 온전히 성취하시겠다는 의미로만 해석될 수 있다. 이는 요구된 것과 실제로 이루는 것 사이에 정확한 일치가 있어야 한다는 것을 뜻한다. 두 요소가 일치해야 한다는 것이다. 하나님은 의로우시기에 자신의 완전함과 합치하는 대상을 기뻐하시고 사랑하신다. 인간의 의로움은 하나님의 의로운 본성과 그 본성이 반영된 율법을 척도로 가늠된다. 그러나 분명히 알아야 할 것은 인간의 의로움은 인간이 그 마음과 본성, 그리고 삶과 행실에서까지 하나님의 형상을 반영할 때만 완전히 성취된다는 사실이다. 우리에게 요구된 것은 신적인 의로움이 아니라 피조물의 의로움이었고, 중재자가 성취하신 것도 바로 이것이었다. 즉, 우리와 같은 종류의 의로움이었지만, 그 일을 성취하러 오신 분은 신성한 존엄성을 지니셨으며, 그분의 일은 그 자체로 독특한 효력과 가치를 지녔다. **그분의 의는 하나님의 율법에 대한 완전한 순종이었으며,** 모든 부분에서 인간의 능력에 맞는 정도로 이루어졌다. 중보자께서는 요구된 모든 것을 이루셨다. 그분은 율법 아래에서, 율법을 어긴 자들을 대신하여 행동하셨다. 이렇게 해서 인자는 사람을 위해 만족을 이루셨고, 더 나아가 마음과 삶에서 사랑의 율법을 성취하였다.

우리는 이 표현을 의의 기준인 율법에 대한 완전한 순종보다 덜한 어떤 것으로 한정할 수 없다. 그리고 여기 사용된 용어들을 살펴보면, '의로운'이라는 형용사가 자격 있는 재판관에게 항상 율법에 부합하는 행동을 하고 있다고 인정받는 사람이라는 의미를 내포하고 있듯이, 의로움[49]은 바로 그러한 인정을 받을 자격이 있는 사람의 개인적 또는 공식적 자질을 의미한다. 여기서 언급된 것은 피조물에게 요구되는 의로움이며, 중보자께서는 우리를 대신하여 자신을 내어주심으로 그 의로움을 이루셨다. 이것이 의미하는 바는 여러 면에서 분명하다. 주석가들이 제시한 다양한 다른 설명들은 설득력이 없다.

그러므로 우리는 "우리가 이와 같이 하여 모든 의를 이루는 것이 합당하니라"는 구절에 대해 다음과 같은 설명들이 잘못되거나 불충분한 것이라 간주할 수 있다. (1) 이 구절이 그저 그리스도께서 참된 경건의 원리를 온전히 가르치셨고, 그 가르침을 온전히 구현하셨다는 의미와 동등하다고 해석하는 것, (2) "우리가 옳은 일을 하고, 심지어 가장 작은 의무까지도 하나님께서 정하신 바를 이행하는 것이 합당하다"는 의미라고 보는 것, (3) 겸손이 의의 주된 부분이라는 설명도 근거가 없다. 이 모든 해석의 결함은 그리스도의 행위에서 중보자로서의 위치를 고려하지 않는다는 것이다. 중보자적 위치를 이해하지 못하면 우리는 그분의 말씀을 이해할 수도, 그분의 적절한 의도를 파악할 수도 없다. 이 공적인 행위에서 그분은 이미 정신적으로 자신을 아버지께 희생 제물로 바치고 계셨고, 그렇게 함으로써 모든 의를 이루고 계셨다.

그리스도는 그분의 지상 생애와 역사 속에서
자기 백성의 짐과 병을 짊어지신 죄의 담당자

복음서에는 그리스도가 저주를 짊어지시고 고통받은 생애에 대해 일반적으로 받아들이는 것보다, 혹은 적어도 교회가 진지하게 다루는 것보다 훨씬 더 깊은 관점을 드러내는 여러 구절이 있다. 대부분의 독자들은 그리스도의 생애를 단순한 역사처럼 읽으며, 그분의 고난을 하나님의 일에 대해 불경건한 사람들과 대비되는 정도로만 보거나, 예수께서 저주를 짊어지신 것을 십자가에 매달린 순간에만 한정한다. 그러나 그리스도께서 저주를 짊어진 경험들은 결코 그런 성격의 것이 아니었으며, 그 시간에만 제한된 것도 아니었다.

또한, 다른 이들의 견해가 암시하는 것처럼, 예수께서 십자가에서 저주의 모든 요소를 총괄해서 감내하셨으니, 그 생애의 다른 영역과 시간에서 그것을 하나씩 추적하는 것이 의미가 없다고 말하는 것도 충분하지 않다. 그런 이론에 따르면, 그리스도께서 아기, 어린이, 청년, 그리고 어른이 되실 필요가 없었을 것이기 때문이다. 만약 우리가 죄 없는 순결함과 저주를 짊어지는 인내라는 이중적인 빛에서 보면 그리스도의 십자가 이전 생애도 십자가만큼이나 하나님의 경륜에서 필수적이었고 하나님의 지혜로운 계획으로 마련된 것이다. 그분의 전 생애는 저주로 가득 찼고, 그분은 그의 백성이 그것을 짊어져야 했던 모든 영역에서 그것과 맞닥뜨리셨다. 우리는 그분의 역사를 통해 그분이 죄의 고통스러운 결과가 인간을 공격하는 모든 영역과 부분에서 그것을 어떻게 마주하셨는지 추적할 수 있다. 반대의 견해는 더 단순해 보일 수 있지만, 그리스도의 지상 생애의 중요성을 넘겨짚는다. 그러나 하나님의 지혜는 분명히 달랐다. 그분의 생애 시작부터 끝까지, 죄의 고통스러운 결과가 들어온 모든 영역에서 저주를 견디신 것은 주 예수께서 자비롭고 신실한 대제사장이 되시기 위한 준비일 뿐만 아니라(히 2:17), 하나님의 도덕적 통치에서 속죄하기 위한 필수적인 조건으로 보아야 한다.

이 부분에서 과도하게 오류를 범하기 쉬우므로, 많은 사람들이 부족한 쪽으로 오류를 범하는 것에 만족한다. 예를 들어, 멘켄과 어빙은 그리스도를 현재의 인간 본성의 범주로 끌어들이는 중대한 오류를 범했다. 하지만 반대로, 많은 이들은 이들의 실수로 인해 이 주제에 접근하는 것조차 주저하게 되었다. 그러나 여기에서 우리의 탐구를 이끌어 줄 규제 원칙은, 죄는 인간 본질의 일부가 아니며, 죄와 하나님이 빚으신 인성은 구분할 수 있다는 점이다.[50] 그리스도께서 법적으로 우리와 자리를 교환하심으로써 우리의 위치에 들어오셨을 때, 그분은 현재 우리에게 있는 모습이 아닌, 이상적 인간성을 지니고 성육신하셨다. 그분이 공식적으로 우리의 자리를 대신하셨을 때, 우리의 육체적 또는 도덕적 성질까지도 가져가신 것은 아니었다. 죄 없으신 분은 스스로 선택하셔서 저주를 짊어지셨고, 필연적으로 그러셔야 했던 것은 아니다. 이 모든 것은 자발적으로 감당하신 것이며, 성육신이 그것을 필수적으로 요구했던 것은 아니다. 따라서 그분의 전 생애는 죄를 짊어진 자이자 죄 없는 두 번째 아담이라는 이중적 빛에서 볼 때 속죄적이었다. 주님은 인생의 매순간마다 저주의 영향을 받으셨으며, 동시에 인간이 요구받았거나 감당할 수 있었던 모든 의를 이루셨다. 그분은 이중적 자격으로 생애 전반을 겪으셨고, 매 순간 저주를 짊어지신 자이자 동시에 모든 의를 이루신 분으로 여겨져야 한다. 우리는 이 영역들 중 일부를 주목할 것이지만, 결코 모두를 다루지는 않을 것이다.

이처럼 그리스도의 인간적 발달은 가정생활의 범위 안에서 이루어졌다. 이 가정생활은 순수하게 인간적인 모든 것의 가장 깊은 원칙들이 발동되는 곳이다. 저주가 다른 모든 인간 영역뿐만 아니라 그곳에도 존재하기 때문에, 그분은 그 속에서 저주를 감당하며, 또한 죄 없는 순결함으로 그 가정의 질서를 거룩하게 만드셨다. 가정생활에는 관계가 매우 가까운 만큼 마음을 시험하고 깊은 갈등을 수반하는 면들이 있으며, 이것에서 예수님도 면제되지 않으셨다. 따라서 우리는 그분의 형제들이 그분을 믿지 않았고, 그분을 이해하지 못했다고 읽는다(요 7:1-7).

우리는 그리스도께서 원초적인 노동의 저주에도 참여하셨다고 충분히 결론 내릴 수 있다. 그분이 단순히 목수의 아들이라고 불린 것뿐만 아니라, 목수라고도 불린 것을 볼 때(막 6:3), 그 언어는 분명히 주 예수께서 개인적인 삶에서 목수의 직업을 따랐다는 사실을 가리킨다. 해석적, 교리적 관점에서 이 해석을 채택하는 것이 불가피하다. 복음서 기자가 사용한 단순한 표현이나, 죄인들의 대리자가 우리 저주의 모든 부분에 참여해야 했던 필연성을 고려할 때, 예수께서 땀 흘리며 자신의 생계를 유지하셨다는 것에 의심할 만한 근거는 없다. 그 결과 그분은 노동의 저주를 축복으로 변화시키셨고, 육체적 노동과 정신적 노동을 모든 형태로 성화시키셨으며, 세상 끝날까지 모든 그분의 추종자들에게 이 지상의 소명을 거룩하게 만드셨다.

그분의 개인적인 삶 동안뿐만 아니라 이후의 공적인 사역에서도, 죄를 짊어지신 그리스도께서는 다양한 형태로 하나님의 진노의 고통을 느끼셨다.[51] 그리고 어떤 인간도 그분이 어떤 고통과 버림받음을 겪으셨는지 상상할 수 없다. 그분이 사람들로부터 떨어져 나가 혼자 하나님과 씨름하셨다고 기록된 때에 어떤 고통을 감내하셨는지를 우리는 단지 추측할 수 있을 뿐이다. 그것이 기록된 장면들과 유사했을 것이라고 추론할 수 있다. 또한 그리스도께서 광야에서 겪으신 시험, 곧 아담이 동산에서 겪었던 시험과 유사한 것에 대해 언급할 필요는 없을 것이다. 단지 그분이 죄를 짊어지신 분이라는 사실만이 사탄이 어떻게 그분에게 그런 권력을 가질 수 있었는지, 또는 하나님의 아들의 존재 앞에 감히 나타날 수 있었는지를 설명해준다. 그리고 비록 전혀 다른 관점에서였지만, 같은 인간 본성의 요소들을 이용하여 그분을 유혹하려 했다는 것도 설명된다. 그분의 저주를 짊어진 자로서의 위치만이 그 놀라운 굴욕을 설명해준다.

하나님의 심판에 따라 저주가 침투한 다른 많은 영역들이 있다. 가난과 고통, 배고픔과 목마름, 피로, 비난과 슬픔 등이 그 예이다. 이러한 모든 저주의 부분에 대해 한 가지 말로 요약할 수 있다. 그리스도의 백성들이 그들의 지체를 죄의 도구로 내주었고, 그로 인해 고통을 받아 마땅했지만, 그리스도께서 그들의 자리에 내려오셔서 그들을 대신하여 다양한 형태로 하나님의 진노를 감당하셨다.

그러나 한 가지 영역에 대해서는 특별히 언급해야 하며, 그 이유는 이 영역이 그 중요성에 비해 어느 곳에서도 충분한 주목을 받지 못했기 때문이다. 나는 그리스도께서 우리의 아픔과 질병을 짊어지셨다고 말하는 의미에 대해 말하고자 한다. 질문이 생긴다: 질병이 저주의 일부라면, 그분이 그것들을 짊어지셨다고 할 수 있는가? 그분이 어느 정도까지 그것들을 짊어지셨으며, 어떤 방식으로 그렇게 하셨는가? 질병이 죄의 결과이고, 죄가 세상에 가져온 고통의 일부라면, 우리는 그리스도와 질병의 관계를 어떻게 이해해야 하는가? 또한 그분이 기적적인 치유를 행하실 때, 이러한 형벌적 선고와 어떻게 관련이 있는지 설명할 수 있는가?

그분의 기적적인 치유를 살펴보면 몇 가지 분명한 점이 있다. 그 치유는 그분을 피곤하게 만들었을 뿐만 아니라, 많은 동정과 심지어 인내를 요구했음을 추론할 수 있다. 그분이 치유를 행할 때 자주 탄식하셨다는 사실(막 7:34), 또 괴로워하셨다는 사실(요 11:33)에서 그것을 알 수 있다. 또한 그분은 자신에게서 능력이 나갔음을 분명히 느끼셨는데, 이는 마치 치유가 일어날 때마다 어느 정도 상호 간의 전이가 일어난 것처럼 보인다(막 5:30).

우선, 기적적인 치유가 인간이 종속된 저주의 모든 범위에 대한 대가로 지불되어야 할 속죄의 결과 또는 효과였다는 것은 의심의 여지가 없다. 만약 그리스도께서 원인인 죄를 제거하셨다면, 그 결과 역시 당연히 그분이 치유의 말씀을 하실 때 사라졌을 것이다. 그분은 죄인들의 보증인으로서 그들의 의무를 떠맡으셨고, 질병의 원인을 대신하여 만족시켰기 때문에, 예언적으로 질병을 제거하셨다. 원인이 제거되었으므로 결과 역시 사실상 제거된 것이다. 하지만 치유가 이루어지는 모든 경우에 그분의 전능한 명령이 실제로 행사되지 않고서는 이루어지지 않았다.

다음으로 주목할 점은 그리스도의 기적에 대한 사도적 해설에서 발견되는 추가적인 개념이다. 이는 마태복음의 다소 어려운 구절에서 나타난다. 여기서 예수께서 우리의 병을 짊어지셨다고 말한다. 주님은 하루 동안 많은 이들에게 복을 베푸시고, 끊임없는 활동으로 지치셨기에 휴식이 필요하셨다. 그러나 저녁이 되자 휴식의 시간이 아니라 온갖 병에 걸린 사람들과 귀신 들린 사람들이 그분께 나아왔고, 그분은 그들 모두를 치유하셨다. 마태가 이 사실을 서술하면서, "우리의 연약한 것을 친히 담당하시고 병을 짊어지셨도다"라는 이사야의 예언이 성취되었다고 인용한다(마 8:17). 복음서 기자의 말은 이사야의 말을 정확히 인용한 것이며, 예언자의 의미를 충실하게 재현한 것이다. 이는 사도적 해설로, 복음서 저자들이 자주 제공하는 것이다. 이 영감받은 저자가 이 구절을 이러한 맥락에서 인용하고 그 해석을 덧붙인 사실은 그 해석에 결정적이다. 이 구절이 더 넓은 의미로 해석될 수 있는지 여부는 여기서 다루려는 주제와는 상관없지만, 여기서의 의미는 "성취되었다"는 인용 공식에 의해 더욱 확실해진다. 이 공식은 어떤 작가들이 구절의 의미를 약화시키기 위해 사용하는 자의적 해석을 허용하지 않는다.

이제 새로운 생각이 제시된다. 이는 앞서 설명된 내용과 조화를 이루는 생각이다. 만약 질병이 그 원인이 된 죄가 그리스도의 속죄 죽음으로 제거되었기 때문에 그리스도께서 질병을 제거하셨다면, 그분은 "네 죄가 사함을 받았느니라 말하는 것과 일어나 걸어가라 말하는 것 중에 어느 것이 더 쉬우냐?"(마 9:5)라고 말씀하실 수 있었을 것이다. 이 추가적인 생각은 그 견해와 완전히 일치한다. 속죄와 치유 사이의 연결은 그분이 온갖 병과 질병을 치유하실 때 마음과 몸에 고통을 받았다는 사실에 의해 더욱 잘 설명된다. 마태가 그 구절에서 말한 대로, 그분은 어떤 의미에서 그것들을 짊어지셨다. 그러나 어떤 의미에서인가? 아마도 지금까지 제공된 대답 중 가장 좋은 것은 토마스 굿윈(Thomas Goodwin)이 제시한 답일 것이다. 그는 이렇게 말한다: "그리스도께서[52] 그분의 택하신 병든 자녀에게 오셔서 그를 치유하실 때, 그분의 방식은 먼저 그들의 병을 자신의 병인 것처럼 연민과 동정으로 자신을 괴롭게 하시는 것이었다. 그래서 나사로를 살리실 때, '그가 심령에 비통하여 탄식하시며'(요 11:33)라고 기록된 것처럼, 그분은 그들의 병을 느끼고, 그들의 병을 마치 자신의 것처럼 취하셔서 그들을 대신해 괴로움을 당하시고, 그 병을 제거하셨다. 그리고 이것이 마태복음 8장 16-17절의 어려운 구절에 대한 내가 만난 가장 좋은 해석인 것 같다."

예수께서 이 저주의 영역에 들어오셨다는 것은 당연한 일로 보인다. 왜냐하면 이는 수많은 사람들의 삶에서 매우 큰 부분을 차지하며, 인류의 모든 구성원에게 어느 정도 영향을 미치기 때문이다. 질병이 일반적으로 인간에게 전염되는 방식으로 그분에게 영향을 미칠 수는 없었지만, 그분께서 어떤 의미로는 죄 없으신 몸에 자발적으로 질병들을 짊어지셨다는 사실이 우리에게 매우 중요하다는 것은 명백하다. 이는 자발적인 것이었지 강제된 것이 아니었다. 하지만 그분의 기적들은 그분이 모든 종류의 질병에 대해 잘 알 수 있을 정도로 많았다. 그분은 우리를 위해 그것들을 짊어지셨다. 경건한 마음을 가진 사람들은 그리스도께서 죄, 즉 질병의 원인뿐만 아니라 질병 자체도 짊어지셨다는 사실에서 가장 큰 위로를 얻을 수 있지 않은가? 그것이 아무리 신비롭고 정의할 수 없는 것이라 할지라도, 그분이 우리를 위해 가난과 슬픔을 짊어지신 것처럼 말이다(히 4:15).

그리스도의 고난에 대한 역사적 사실은 그분의 말씀들로 설명됨

여기서 언급하고자 하는 내용은 그리스도의 말씀을 다루거나 속죄 교리를 논하는 사람들에 의해 너무 자주 생략된다. 그러나 주님의 고난에 대한 사실과 역사는 그분의 말씀을 통해 정확하게 이해되어야 한다. 실제로 그분의 말씀의 완전한 의미는 속죄 교리에 대한 이해가 올바르지 않으면, 적절한 관점에서 볼 수 없으며 완전히 파악되지도 않는다. 반대로, 이러한 열쇠를 통해 속죄의 올바른 교리는 그분의 고난과 죽음의 사실로부터 드러날 수 있으며, 그 두 가지 모두를 공정하게 다루려면 반드시 그렇게 해야 한다.

예수님에 대한 사실과 말씀을 종합하면 구원은 죄가 들어온 방식과 동일한 방식으로, 그리고 한 사람의 행위가 많은 사람들에게 미치는 원리로 이루어짐을 알 수 있다(롬 5:19). 인간이 복락에 이르기 위해서는 누군가 대신하여 완전한 의를 이루고 그들의 죄를 담당해야 했다. 하나님은 무한한 지혜와 은혜로 대리자를 통한 대속을 마련하셨다. 그로 인해 초래된 결과가 무엇인지 올바르게 이해하기 위해서는, 회개하지 않고 살다가 죽는 사람의 역사를 추적해 중보자께서 죄의 형벌 아래서 견디신 것과 비교하면 된다. 이러한 사람은 본질상 진노의 자녀로 태어나 많은 재앙에 노출되고, 일생 동안 필멸자들이 겪는 많은 비참함을 겪는다. 그는 죽고, 세상을 떠난 영혼은 분리된 상태로 들어가 자신의 행위에 대한 기억으로 인해 큰 고통과 심판 날에 대한 두려움을 느낀다. 영혼과 몸이 연합되면 고통은 더욱 증대되며, 죄를 함께 지은 영혼과 몸이 함께 형벌을 받게 된다.

이제 하나님의 아들은 사람으로 오셨는데, 이는 자연적인 출생에 의해 오신 것이 아니었기 때문에 그분에게는 죄가 전혀 없으셨다. 그분은 인간으로서 해야 할 모든 일을 감당하고, 오직 그분만이 다른 사람을 대신해 겪을 수 있는 고난을 겪기 위해 오셨다. 그리하여 아담과 유사한 위치에 들어가셨다. 이 원리에 따라 인류의 죄가 그분의 책임으로 전가되었고, 그분의 순종의 공로는 그들의 것으로 여겨졌다. 그분은 죄가 없으셨지만 우리를 대신하여 죄가 되셨다(고후 5:21). 그분은 본질적으로 고난을 겪을 수 없으셨지만, 우리를 위해 저주가 되셨기 때문에 고난을 겪으셨다(갈 3:13). 그분은 모든 생애를 통해 같은 행위와 같은 장면 속에서 구원의 두 가지 조건을 성취하셨다. 그분은 정확히 자신을 위해서가 아니라 '행하면 살리라'는 조건을 충족시키셨다. 왜냐하면 그분의 신적 본성과 절대적으로 거룩한 본성 덕분에 그분은 이미 그 (조건에 따른) 영원한 행복을 누릴 자격이 있었기 때문이다. 그렇기 때문에 그분이 그 조건을 이루신 것은 택함받은 자들을 위해서였다. 택자들은 그리스도께서 저주받으실 때 그분과 함께 저주를 받은 것이다. 하나님의 손에서 온 직접적인 영혼의 고통, 그분이 죄를 짊어진 자로서 우리 대신 섰기 때문에 유대 종교지도자들과 로마의 권력자들이 그분께 횡포를 부린 것, 죄인의 대속자에게 제기된 근거 없는 신성 모독과 반역 혐의, 그리고 외부의 고문과 내적인 버림받음으로 이어지는 최종적인 형 집행 -이 모든 것은 그분의 백성들이 마땅히 받아야 할 것이었다. 그래서 진정한 그리스도인에게는 형벌이 더 이상 존재하지 않으며, 그들이 겪는 고통 속에는 더 이상 하나님의 진노가 없다.

우리는 두 가지를 살펴보고자 한다. 하나는 그리스도 자신의 감정을 묘사하는 더 주관적인 성격의 사실들이고, 다른 하나는 그분께 일어난 사건들에 대한 객관적인 사실들이다. 그러나 둘 다 예수님께서 자신이 죄를 지고 계심을 의식하고 계셨음을 전제로 하며, 이 관점에서만 올바르게 이해될 수 있다.

주관적인 성격의 사실들에 대해 살펴보면, 우리는 예수님이 영혼의 고통 속에서 외친 몇 가지 말씀을 발견할 수 있다. 이 말씀들은 그분이 아버지의 손에 의해 고통을 받고 아버지의 얼굴이 가려진 상태에서 느낀 것을 보여준다. 그리스도의 삶 전체는 고통, 슬픔, 쓰라림으로 이루어졌다고 할 수 있다. 저주가 인생의 모든 장면에 스며든 것처럼, 죄인의 보증인으로서 예수께서는 그분의 백성들이 영원히 짊어져야 했을 고통의 쓴 잔을 어느 정도나마 마셨다. 인간의 본성을 취하신 사실만으로도 이미 빚을 인정하신 것이며, 그분이 죄 있는 육신의 모습으로 세상을 다니실 때 그분의 전 생애는 죄가 그분 위에 놓였다는 증거였다. 그분이 움직이신 모든 장면에서 겪은 다양한 고통들, 특히 여러 차례에 걸쳐 터져 나온 탄식의 절규들은 예수님이 죄를 짊어진 자이자 죄 없는 두 번째 아담으로서 이 모든 장면에서 부분적으로 속죄의 대가를 치르고 있었다는 것을 보여준다. 결국 그분은 마지막에 고난의 잔을 완전히 손에 받으셨다. 이 사실들의 의미가 바로 이것이라는 점은 의심할 수 없고 부정할 수도 없다.

객관적인 성격의 사실들, 즉 의식적으로 죄 짊어지신 자로서 그리스도께서 겪으신 경험과 관련된 사실들 또한 매우 중요하다. 우리는 예수님의 체포, 재판, 판결, 그리고 처형과 관련된 일련의 역사적 사실들을 발견하게 된다. 이 사건들은 주님께서 사람들의 법정에 서 있었지만, 실제로는 그분의 백성을 대표하여 죄를 짊어진 자로서 다른 법정에 서 있었다는 가정 하에만 설명될 수 있다. 그 지상 법정에서 일어난 일들은 단지 인간의 눈앞에 보이는 장면의 전경에 불과하며, 보이지 않게 하늘 법정에서 일어나고 있던 일들을 우리가 이해할 수 있도록 해주는 수단이었다.

그리스도의 고난 과정에서 일어난 이 두 가지 일련의 역사적 사실들은 매우 중요한 의미를 지니고 있으며, 속죄 교리의 필수적이고 핵심적인 요소들을 놓치지 않으려면 반드시 정확하게 이해되어야 한다.

고난을 예고할 때와 겪을 때 자신이 대속자라는 것을 인식하신 그리스도의 말씀들

복음서의 서술에는 우리 주님이 처음부터 자기 고난의 시기를 깊은 진지함으로 바라보았다는 명백한 증거가 많이 담겨 있다. 사실, 그분은 저주가 스며든 여러 영역에서 끊임없이 어떤 형태로든 저주를 경험하지 않은 적이 없었다. 물론 그 고통에는 증감이 있었고, 항상 동일한 강도로 임했던 것은 아니었다. 그래서 그분의 사역 초기 단계에서는 자신의 죽음에 대해 어느 정도의 평온함을 가지고 말씀하셨다(요 3:14; 6:51). 그러나 그분이 다가오는 죽음에 대해 이야기할 때마다, 이후에 격렬해질 경험의 일부가 드러났음이 틀림없다.

이후 단계에서 그분의 발언에는 더 많은 감정이 담겨 전달되었고, 제자들도 주님의 말씀에 더 주목할 수밖에 없었다. 또한 그들은 주님의 말씀을 들을 때 어느 정도의 두려움과 경이감을 느꼈다. 왜냐하면 그들은 주님 안에서 점차로 깊어져가는 엄숙함을 느꼈기 때문이다. 이제 더 이상 주님은 미래의 일을 평온하게 말씀하시는 게 아니라 현재적으로 그 무게를 느끼시는 것처럼 보였다.(마 17:17-22; 막 9:31).

예루살렘으로 가는 마지막 여정에서 그분은 자기 죽음을 반드시 마셔야할 잔으로, 또한 반드시 받아야 할 세례로서 언급하며 제자들에게 두려움을 느끼게 할 만큼 명확하게 말씀하셨다(막 10:32; 마 20:22). 그리고 "그것이 이루어지기까지 나의 답답함이 어떠하겠느냐!"(눅 12:50)라고 말씀하실 때, 그분의 영혼에 압박감, 불안 또는 괴로움이 있었다는 것을 암시하는 것으로 보인다. 이는 우리가 정의하기 어려운 내적 경험과 관련이 있으며, 그분이 죄를 짊어지신 자라는 사실을 의미한다.

그리스도의 고난은 하나님 손에 의해 직접적으로 그의 영혼에 가해진 고통과 영혼과 몸이 함께 겪은 고통으로 나눌 수 있다. 전자에 해당하는 것은 사람들의 손에 의해 가해지는 고통 없이 그분이 제자들 앞에서나 고독 속에서 내뱉은 모든 탄식이다. 이러한 성격의 탄식은 적어도 두 가지가 있으며, 여기서 우리는 정신적 고통의 증거를 뚜렷이 확인할 수 있다. 하나는 그분이 예루살렘에 공개적으로 입성할 때 질문하는 헬라인들 앞에서 드러난 영혼의 고통(요 12:27)이고, 다른 하나는 겟세마네 동산에서의 고뇌다(마 26:38). 세 번째로 추가해야 할 것은 십자가 위에서 버림받음의 절규로, 이는 육체적 고통이 수반되었지만 주로 정신적 고통에서 비롯된 것이다(마 27:46). 이 세 가지 탄식에 관해서는 한 가지가 분명하다. 이것들은 그리스도의 대속적 죽음을 전적으로 받아들이지 않는 어떤 가정으로도 설명될 수 없다. 이들을 각각 따로 살펴보자.

I. 예루살렘 입성 시 죄를 짊어지신 주님의 탄식. 복음서 저자 요한만이 이 고통과 영혼의 고통의 탄식을 기록하고 있다: "지금 내 마음이 괴로우니 무슨 말을 하리요? 아버지여 나를 구원하여 이 때를 면하게 하여 주옵소서. 그

러나 내가 이를 위하여 이 때에 왔나이다"(요 12:27). 여기서 그리스도께서 말씀하신 영혼의 고통은 단순히 죄 없는 본성이 다가오는 죽음을 두려워하는 것으로 설명될 수 없다. 이 고통은 초자연적인 원인, 즉 그분이 죄인들의 대속자로서 짊어지신 죄에 대한 하나님의 진노로 인한 것이었다. 주님이 이 말씀을 하시기 앞서 자신의 죽음을 예고하셨을 때 주님의 마음에는 머잖아 겪으실 하나님의 진노에 대한 인식이 찾아들었던 것으로 보인다.

다음 말씀인 "이 때를 면하게 하여 주옵소서"는 본질적으로 겟세마네 장면에서 나타나는 동일한 청원을 전달한다. 이 요청은 압도적인 고통 아래에서 난처해하신 것을 드러낸다. 어떤 사람들은 이 구절을 질문으로 읽어서 마치 그리스도께서 '이렇게 기도해야 할까?'라고 스스로에게 묻는 것으로 본다. 그래서 그렇게 (고통을 피하게 해달라고) 구하지 않으셔서 진정한 순종이었다는 것이다. 하지만 질문형이 아닌 것으로 읽는 것이 더 적절한데, 후자는 그러한 격렬한 감정의 장면과 어울리지 않는 자기 성찰을 일으키기 때문이다. 우리는 두 가지 설명 중 하나를 가정할 수 있다. **첫째,** 그분은 죽음에서 구출받기를 기도하신 것이 아니라, 그와 함께하는 압도적인 부수적 고통으로부터 구출받기를 기도하셨다고 가정할 수 있다. 이는 그분께 견딜 수 없는 공포와 고통으로 느껴졌을 것이다. 그러면 이는 인류의 구속 사역을 성공적으로 마칠 수 있도록 고통을 경감해 달라는 기도가 될 것이다. **둘째,** 그분은 자신이 머잖아 감당해야 하는 공의의 형벌, 그리고 마시셔야 하는 잔과 감당해야 하는 고난의 세례로부터 구원받기를 기도하셨다고 가정할 수 있다. 후자가 더 나은 설명으로 보이지만 그럼에도 어려움은 남는다. 주님은 지금 이 순간에도 순결한 인성으로 아버지의 뜻에 복종하시는 가운데 죄를 짓지 않으셨다. 그러면서도 동시에 무거운 고뇌 아래서 고난을 면할 수 있는 가능성이 있는지를 여쭙고 있는 것이다. 이 사실은 우리가 다 가늠할 수 없는 신비라고밖에 말할 수 없다.

그러나 다음 구절은 그분의 마음이 어떻게 안식을 찾았는지를 보여준다: "그러나 내가 이를 위하여 이 때에 왔나이다(요 12:27)." 그분은 대속적 고난을 성육신의 목적, 즉 오신 이유의 가장 근본적인 목표로 되돌아간다. 그분이 여기서 세상에 오신 이유를 영광을 받기 위해서라고 해석하는 것은 잘못된 해석이다. 즉, 주님이 세상에 오신 이유는 영광을 받기 위해서라는 것이 아니다. 본문의 직접적인 맥락은 그분이 영광을 받거나, 세상이 구원받거나, 자신이 구출되기 위해서가 아니다. 해석자들이 제시한 모든 생각들은 그분이 세상에 오신 이유를 설명하는 것이 아니다. 즉각적인 맥락은 "이 때"에서 발견되며, 그 사상은 예수께서 **이 고난의 시간을 견디기 위해 오셨다**는 것이다.

이 장면 전체는 대속의 두 가지 주요 특징, 즉 죄를 짊어지는 것과 죄 없는 순종을 드러낸다. 이 절규는 의심할 여지 없이 하나님의 진노의 압박으로 인해 발생한 것이다. 그리고 이것은 성경이 주 예수님을 하나님의 기쁨과 사랑의 대상이라고 묘사하는 사실에 의해 전혀 무효화되지 않는다. 특히 그분이 양들을 위해 자신의 생명을 내주었기 때문이다(요 10:17). 대속적 만족에 대한 인식이 부족한 이들은 사랑받는 아들이 결코 아버지의 진노의 대상이 될 수 없으므로, 따라서 이 절규는 그런 경험에서 발생할 수 없다고 주장한다. 그러나 이러한 주장은 잘못된 관점에서 나온 것이며, 하나님 아들의 사적 관계와 공적 관계를 혼동하고 있다.[53] 사적인 측면에서 그분은 사랑받는 아들이었으며, 그 사실은 중단되지 않는다. 그러나 공적인 역할에서는 그는 죄인들의 대속물, 죄를 짊어지는 자이자 저주를 짊어지는 자로서, 스스로의 희생으로 죄를 없애기 위해 세상에 오신 분이었다. 그리고 그분이 아버지와 맺고 있는 사적 관계는 그분의 공적 역할에 모든 효력과 가치를 부여했다. 그러나 이것이 전부는 아니다.

그리스도의 고난이 대리적이지 않았다면, 지금과 같은 탄식은 그리스도께 합당하다고 볼 수 없다. 그리스도의 죽음이 단지 순교자의 죽음에 불과했다는 가정은, 이를 이상하고 설명 불가능한 수수께끼로 만든다. 만약 그리스도의 죽음이 그분의 가르침이 진실하다는 사실을 확증하고 모범을 보이는 것 이상의 의미를 가지지 않는다면, 우리는 그분에게서 용기와 관대함, 인내와 침착함, 평온함과 승리의 빛나는 모범을 발견해야 했을 것이다. 그 어떤 낙심이나 두려움의 기미도 없이 말이다. 그분은 자신의 위대한 인격으로 인해 다른 모든 진리의 증인들보다 뛰어나셨기에 더욱 그러했을 것이다. 그런데 그분의 사역에 대한 설명에 따르면, 사람들은 정반대의 모습을 발견하고 놀랄 수밖에 없다. 사람의 손에 의한 고통이 가해지지 않았고, 단지 멀리서 희미하게 다가오는 어떤 것을 어렴풋이 예감하는 정도였을 뿐인데, 왜 그렇게 많은 실신의 징후가 나타났을까? 그분의 고뇌와 낙담, 두려움은 수많은 그분의 종들과 순교자들이 보여준 것보다 훨씬 더 큰 것이었다. 이것을 어떻게 설명해야 할까? 만약 그리스도가 단순히 순교자이거나 인내의 모범에 불과했다면, 그분의 정신적 고뇌와 무거움을 만족스럽게 설명할 수 없다. 그리고 만약 우리가 그 이론에 따라, 하나님의 지혜가 그러한 모습을 우리가 따라야 할 모범으로서 제시하고 있다고 여기게 되면 문제는 더 심각해진다.

우리가 고수할 수 있는 유일한 입장은, 그리스도의 이러한 탄식이 그분이 스스로 죄를 지고 계심을 의식하셨다는 것과 대속적 고난을 나타낸다는 것이다.

II. 겟세마네에서 죄를 짊어지신 자의 탄식. -그리스도의 **영혼**이 신체적 고통보다 훨씬 더 큰 중압감과 고뇌와 씨름하고 있음을 드러내는 두 번째 탄식은 겟세마네에서 나왔다. 마태복음에 이렇게 기록되어 있다: "이에 예수께서 제자들과 함께 겟세마네라 하는 곳에 이르러 제자들에게 이르시되 내가 저기 가서 기도할 동안에 너희는 여기 앉아 있으라 하시고 베드로와 세베대의 두 아들을 데리고 가실새 고민하고 슬퍼하사 이에 말씀하시되 내 마음이 매우 고민하여 죽게 되었으니 너희는 여기 머물러 나와 함께 깨어 있으라 하시고 조금 나아가사 얼굴을 땅에 대시고 엎드려 기도하여 이르시되 내 아버지여 만일 할 만하시거든 이 잔을 내게서 지나가게 하옵소서 그러나 나의 원대로 마시옵고 아버지의 원대로 하옵소서 하시고 제자들에게 오사 그 자는 것을 보시고 베드로에게 말씀하시되 너희가 나와 함께 한 시간도 이렇게 깨어 있을 수 없더냐 시험에 들지 않게 깨어 기도하라 마음에는 원이로되 육신이 약하도다 하시고 다시 두 번째 나아가 기도하여 이르시되 내 아버지여 만일 내가 마시지 않고는 이 잔이 내게서 지나갈 수 없거든 아버지의 원대로 되기를 원하나이다 하시고 다시 오사 보신즉 그들이 자니 이는 그들의 눈이 피곤함일러라 또 그들을 두시고 나아가 세 번째 같은 말씀으로 기도하신 후.”(마 26:36-44)

이 장면에 대한 여러 이론들이 제안되었다. 어떤 이들은 그리스도의 마음의 슬픔이 한 가지 원인에 기인한다고 보는데, 다른 이들은 여러 가지 동시적인 원인으로 돌린다. 그리스도의 강력하고 격렬한 감정을 여러 원인보다 **한 가지 원인에서 유추하는 것이 더 자연스럽다.** 우리의 경험과 함께 인간의 마음과 그 작동방식에 비추어 볼 때, 격정적인 감정은 여러 동시적인 원인에 의해 발생하지 않는다.

이제 우리는 우리 주님의 깊은 고통과 슬픔이 무엇에 기인하는지를 살펴보아야 한다. 제안된 다양한 설명 중에는 너무 얕고 근거가 없어서 생각할 가치도 없는 것들도 있지만, 특히 가능성이 더 높은 세 가지가 있다. 그중에서 선택해야 한다.

1. 어떤 이들은 겟세마네에서의 고뇌를 **사탄의 유혹**으로 돌린다. 사탄이 잠시 그를 떠났다가[54](눅 4:13) 적절한 시점에 다시 공격을 시작했다는 것이다. 두 사건 사이의 조화가 이 가설을 뒷받침한다고 생각된다. 그러나 실제 복음

서의 서술에서 이러한 암시나 징후는 없다. 첫 번째 만남에서 완전히 저지당한 유혹자가 같은 방식으로 다시 전투를 시도했다는 것은 명확히 드러나지 않는다. 그럴 수도 있지만, 기록되어 있지 않다. 그리고 만약 그러한 직접적 대결이 있었다면, 누가가 주님을 북돋고 확증하기 위해 천사가 거기 나타났다는 것만 언급하고, 보이지 않는 다른 존재인 사탄에 대해서는 언급하지 않았다는 것은 분명 이상할 것이다. 또한, 예수께서 겟세마네로 나가기 전 "이 세상의 임금이 오겠음이라"고 말씀하신 것은 사탄의 두번째 시험이 있을 것임을 의미하는 것은 아니다(요 14:30). 오히려 이 세상의 임금이 이제 그 영을 가진 사람들, 즉 사탄의 영향을 받은 사람들을 통해 예수를 폭력적으로 압박하기 위해 왔다고 보는 것이 더 정확하다.

2. 그리스도의 고통이 그저 그분이 십자가 처형을 생생하게 내다보셨기 때문인 것으로 볼 수도 없다. 매우 흔한 이런 설명은 다가오는 두려운 현실에 대한 단순한 예감이나 예상만을 가정할 뿐 **더 높은 차원의 영향**을 고려하지 않는다. 이 설명은 두 가지 형태로 제안되었으나, 어느 쪽도 만족스럽지 않다. 두 가지 중 낮은 차원은 그리스도의 모든 고통이 **사람의 손**에서 비롯되었으며, 하나님의 직접적인 가해에 의한 것이 아니라고 주장한다. 따라서 주님은 하나님께서 특별한 의미에서 기뻐하시는 대상이었고, 그로 인해 그분의 슬픔을 가중시키는 신비롭고 특별한 힘이 하나님으로부터 올 수 없다는 것이다.[55] 이 이론에 따르면, 겟세마네에서의 주님의 고통은 단순히 그분의 순수하고 섬세한 인성에 폭력적인 죽음이 특별히 끔찍할 수 있다는 사실에 의존한다. 죽음이 죄에 대한 하나님의 선고이고, 그리스도께서 세상 죄에 대한 그런 선고의 이유와 관련해 자신의 죽음을 실현하셨다는 점을 더 생각해 볼 수 있지만, 이 이론 전체는 매우 결함이 있다. 이 이론은 그리스도의 마음의 불안과 슬픔을 설명하지 못하고, 피가 섞인 땀에 대한 적절한 설명을 제공하지 않으며, 복음서에 기록된 다른 동반 사건들에 대한 정당한 설명도 못 한다.

174

이와 유사한 또 다른 이론은 더 깊이 들어가지만 여전히 미흡함이 있다. 예수님께서 그저 다가올 무언가를 내다보고 계셨다고 설명하는 데서 그치기 때문이다.[56] 이 이론은 예수님께서 외부의 영향 없이 그분의 심적인 작용만으로도 짓눌림과 죽음에 이를 것 같은 극심한 고통을 느끼셨다고 가정한다. 즉 예수님께서 보증인으로서 자신의 것으로 취하신, 죄에 대한 형용치 못할 진노를 생생하게 그분의 눈 앞에 두고 보셨기 때문이라는 것이다. 그러나 이 두번째 이론도 결함이 있다. 이 이론에 따르면 예수님의 극심한 고통은 그저 그분의 주관적인 심리적 작용에 불과한 것이 되기 때문이다. 이는 불충분한 설명이다. 아무리 닥쳐올 고난을 선명하게 내다보셨다고 해도, 그것이 주님의 완전하게 균형잡힌 심령을 흔들만큼 강했다고 생각하긴 어렵다. 또한 이 이론은 예수님의 실제적인 고난을 십자가에 달리셨던 순간들로 한정시키며, 그 이전에는 마치 고난을 당하지 않으신 것처럼 여기게 한다. 그리고 천사가 나타나 예수님을 도운 이유도 설명할 수 없다. 천사가 나타난 것은 주님이 고난을 내다보셨기 때문이 아니라 실제로 고통을 겪고 계셨기 때문이다. 천사가 나타나 전달한 메시지가 무엇이었든 간에, 적어도 고난 너머에 있는 기쁨과 고난을 감당할 수 있는 충분한 도움이 있을 것임이 약속되었을 것이다.

3. 앞의 두 가지 설명보다 더 나은 설명은, 겟세마네에서의 슬픔이 **하나님의 임재의 실제적 결여, 즉 하나님을 잃는 것에 기인했다는 것이다.**[57] 죄의 대가를 치르는 자들이 겪는 고통의 요소 중에서, 이것은 그들의 고통의 잔에 담긴 내용물 중에 최악의 것이다. 대리자로서 그리스도께서 당하신 고통은, 최종 심판으로 정죄된 자들에게 기다리고 있는 형벌의 성격과 동일했다. 그것은 우리를 대표하는 자리에서 하나님 손에 의해 내린 객관적이고 적극적인 형벌이었으며, 그 탄식은 그분이 의식적으로 죄의 짐을 지는 자였음을 증명한다. 그 고통은 의로운 자가 아닌, 자발적으로 죄가 되신 그리스도께 임했다. 덧붙여서 말하자면, 하나님의 진노를 느끼는 것과 아들로서 아버지를 신

뢰하는 것은 서로 구분되지만 결코 상충하지 않는다는 점을 강조하고 싶다. 하나는 죄 짐을 지는 그분의 역할에서 비롯된 것이고, 다른 하나는 아버지와 맺고 계시는 그분의 개인적인 관계에서 비롯된 것이다. 또한 이 형벌적인 하나님의 임재 결여가 항상 동일한 강도로 존재하면서 고통이 경감될 틈이 없었다고 가정해서는 안 된다. 이는 실제로 그분이 중간에 졸고 있는 제자들에게 찾아가신 사실에서 드러나기 때문이다.

이 불가사의한 장면 속에는 다음과 같은 여러 요소들이 나타난다.
(1) 죽음에 이를 정도의 슬픔, 압도적인 공포와 낙심으로 인해 마음의 기능이 거의 중단될 정도였다. 이는 시계의 멈춤에 비유될 수 있는데, 이는 기계의 내재적 결함에 의한 것이 아니라 외부의 힘이 그 운동을 멈추게 하는 것과 같다. (2) 슬픔, 우울, 두려움의 상상할 수 없는 감정으로 인해 피가 비정상적으로 흐르면서 발생한 피 같은 땀. (3) 주님의 영혼의 놀라움과 깊은 혼란으로 인해 더욱 간절해진 기도. 이 모든 것은 그분이 죄짐을 지고 계심을 의식하시는 가운데 진노하시는 하나님의 손에서 어떤 고통을 겪으셨는지를 보여준다. 하나님은 예수님을 사랑하는 아들로 항상 바라보셨지만, 그분에게 죄가 지워졌을 때는 그에 상응하는 형벌을 내리셨다.

이러한 고통은 최종적으로 멸망한 자들의 고통과 동일한 요소를 포함하고 있었지만, 매우 큰 차이점도 있었다. 이는 그분의 정신적 활동이나 아버지와의 개인적인 관계를 고려할 때 분명히 드러난다. 그것은 결함이나 오점 없이 형벌을 거룩하게 견디는 것이었다. 그분의 고통은 영원한 것이 아니었고, 최종적으로 정죄받은 자들의 잔에 담긴 요소인 양심의 가책을 동반하지도 않았다. 그러나 겟세마네의 장면을 살펴보면, 그리스도는 그곳에서 그분의 영혼에 즉각적으로 고통을 겪었다는 결론에 도달하지 않을 수 없다. 로마 가톨릭 신자들이든 개신교인들이든 그 고난을 그분의 육신으로 제한하는 이론은 성경적 근거가 없다. 고통의 주된 부분은 의심의 여지 없이 주 예수님의 영혼에 미쳤으며, 그 고통은 영원한 죽음의 모든 요소들을 포함했다.

예수님께서 우리를 위해 죽음에 대한 두려움을 경험해야 한다는 것은 하나님의 계획에 속하는 일이었다. 그렇지 않았다면 우리는 평생 동안 이 두려움과 씨름해야 했을 것이다. 주님께서는 "너는 정녕 죽으리라"라는 위협적인 사형 선고와 집행의 고통을 느끼셨을 것이다. 겟세마네에서 예수님의 말씀은 몸과 마음이 모두 무너져 내릴 것 같고, 맡겨진 과업을 용기와 굳건함, 인내와 끈기로 수행할 수 없을 것 같은 극심한 근심과 두려움 속에서 터져 나왔다. 그분은 인성이 더 이상의 슬픔을 견딜 수 없다고 느끼셨다. 비록 그분의 인성이 신성에 의해 지탱되긴 했지만, 그분의 마음과 몸이 압박 아래 완전히 무너지거나 해체되어 더 이상 견딜 수 없다고 느끼신 것이다. 그분은 실제적인 도움이 필요했고, 천사의 등장은[58] 육체적, 정신적 힘을 가져다준 것으로 보인다.

하지만 문제는, 왜 예수님께서 그 잔이 지나가기를 기도했는가이다. 그분은 중보자의 직무에서 벗어나고 싶어하셨고, 보증의 역할을 맡으신 것을 후회하셨는가? 아니다. 주님께서는 고통을 겪어야 한다는 것을 아셨지만 주님의 인성은 직접적인 경험 없이는 그 잔의 쓴맛이나 그 극단적인 정도를 알지 못했다. 이전의 절규에서처럼, 겟세마네 장면에서도 우리는 두 가지 해석을 생각해 볼 수 있다. 첫째, 그분께서 고뇌의 완화와 빠른 종결을 기도하셨다고 볼 수 있다. 둘째, 죄 없는 인성이 전적인 순복 가운데 형벌적 공의의 요구가 자신에게서 지나갈 수 있는지 물었다고 볼 수 있다. 후자가 훨씬 더 많은 어려움을 안고 있지만, 이 상황에 가장 잘 맞는 설명으로 보인다. 예수님께서 겪고 있는 고통이 어디에서 비롯되었는지를 묻는다면, 그 답은 그 분이 스스로 짊어진 죄로부터 비롯된 것이라고 할 수 있다. 다른 이유로는 진노의 한 방울도 그분께 임할 수 없었다. 그분이 자발적으로 다른 사람들의 죄를 맡지 않는 한, 하나님의 도덕적 통치 안에서 그분에게 그 어떠한 형벌이나 고통이라도 가해지는 것은 부조리하고 불가능한 일이었다. 그러나 그리스도께서 자기 백성의 죄를 지셨을 때는, 그러한 형벌과 고통을 담당하셔야 하는 것은 피할 수 없는 결과였다.

그런데 어떻게 예수님께서는 사랑받는 아들이었음에도 불구하고 하나님의 진노의 형벌을 당하실 수 있는가? 예수님께서는 겟세마네 동산에서도 하나님을 "아버지"라고 부르고, 아들로서의 신뢰와 사랑으로 기도하지 않았는가? 이에 대한 답은 간단하다. 예수님께서는 성육신을 통해 두 가지 관계를 동시에 지니셨다. 하나는 공적인 관계였고, 하나는 개인적인 관계였다. 만약 죄인을 대신하시려는 의도가 없었다면 그리스도께서는 성육신하지 않으셨어도 되었을 것이다. 예수님이 아버지와 맺으신 개인적인 관계는 그분의 공적인 직무의 기초가 되었다. 주님의 공생애 동안 두 관계는 서로를 전제로 했다. 그 두 관계는 상호배타적이지 않았으며, 예수님이라는 한 인격 안에서 두 관계는 동시에 존재했다. 예수님은 **죄를 지은 자들의 대리인**으로서 하나님을 의로운 심판자로 여기고, 하나님께서 죄를 향해 진노를 쏟으실 수밖에 없다는 것을 인식하고 있었다. 그러나 동시에 그분은 스스로가 하나님의 **독생자**임을 의식하고 계셨으며, 죄로 인해 우리에게 주어질 진노의 가장 혹독한 형벌을 대신 받을 때조차도 하나님을 향한 아들로서의 신뢰를 발휘하고 있었다. 겟세마네의 장면은 이 두 가지 점을 생생하게 드러내기 때문에 기억에 남는다: 죄를 짊어진 자의 탄식과 아들의 변함없는 순종과 신뢰다. 그분의 의지는 바른 순종의 길에서 결코 이탈하지 않았으며, 아버지의 생각과 뜻과 영원한 조화를 이루셨다. 그러나 그분은 우리와 마찬가지로 고통과 고뇌와 슬픔을 피하고자 했던 진정한 인간이었다. 우리는 그분에게서 인성이 극심한 고통 앞에서 움츠러드는 것을 보지만, 또한 흔들림 없는 순종을 본다. 오히려 시련이 뜨거워질수록 그분의 순종은 더욱 강화되고 확대되었다. 그분의 순종은 항상 완벽했지만, 무결함은 발전할 가능성을 가진다. 그리스도께서는 자신이 겪는 고난을 통해 순종을 배우셨다(히 5:8).

III. 십자가에서 버림받음의 절규 –죄를 짊어지신 것을 의식하신 세 번째 절규는 "내 하나님, 내 하나님! 어찌하여 나를 버리셨나이까?"(마 27:46)였다. 그분의 모든 말씀은 진리에 따른 것이었으며, 우리는 그 의미와 중요성을 신중하게 조사해야 한다. 현재 나의 목표가 십자가에서의 여러 말씀을 순서대로 언급하는 것은 아니지만, 주목할 만한 것은, 그리스도께서 다른 이들과 관련한 몇 가지 말씀을 하신 것, 즉 회개한 강도에게 위로의 약속을 전하고, 박해자들을 위해 기도하며, 그분의 어머니를 사랑하는 제자에게 맡기신 후에 이제 하나님만을 향하셨다. 마치 인간과의 모든 일이 끝났듯이, 남은 시간은 특별히 하나님과만 함께하기 위해 할애된 것처럼 보였다.

그분의 마음과 주의가 주변 사람들에게서 돌려지자마자, 눈에 띄는 현상이 나타났다. 갑자기 어둠이 지면을 덮었고, 영원한 죽음이 그분을 사로잡는 것처럼 보였다. 그 어둠이 어떤 의미로 해석되든지 그것은 분명 이 모든 장면의 중심 인물이자 대속자인 그분이 겪어야 할 고통과 연결되어 있었다. 이 어둠은 상징적이면서도 초자연적인 것으로 간주되어야 한다. 사실, 성경에는 그 의미에 대한 권위 있는 설명이 없다. 그러나 그리스도의 영혼의 내적 어둠과 지면을 가린 그 어둠이 동시에 발생했기 때문에, 우리의 죄가 하나님과 보증인 사이를 갈라놓았으며 우리의 불법이 아버지의 얼굴을 그분에게서 숨겼다는 것을 암시하는 위협적인 어둠이라는 해석이 가장 그럴듯하다(사 59:2). 이것은 유대 민족이 그리스도에게 범한 경멸과 범죄에 대한 하나님의 노여움을 드러낸 것이라는 현대적 해석보다 모든 면에서 더 나은 설명이다. 그러나 이 신비로운 어둠의 의미를 어떻게 해석하든, 분명히 그 어둠은 하나의 효과를 가져온 것 같다. 그로 인해 발생한 두려움 아래, 주위에 있는 사람들 사이에는 죽음 같은 고요함이 퍼졌고, 이로 인해 고통받으시는 주님께서는 광적인 대중의 조롱과 비웃음에서 벗어나, 비교적 방해받지 않고 하나님과 있게 되었다. 결국 고요함은 끊어지고, 무서운 의미의 이 말들이 흘러나왔다: "내 하나님, 내 하나님! 어찌하여 나를 버리셨나이까?" 주 예수께서 이렇게 말씀하신 것은 그분의 실제 경험이었고, 신뢰할 수 있는 분의 증언으로서 진실이었다. 세상의 빛이었던 그분은 아버지 얼굴의 가려짐 아래에 있었다.

이 특유한 내적 상태의 원인에 대한 탐구는 앞선 두 탄식과 본질적으로 동일하므로, 그리 오래 걸리지 않는다. 이 경우에는 질문이 훨씬 더 좁혀져 있으며, 신학자들과 해석자들 사이에 의견 차이가 많지 않다. 주님이 하신 말씀은 분명히 **시편 22편**(1절: 내 하나님이여 내 하나님이여 어찌 나를 버리셨나이까)에서 인용된 것으로, 이는 시편 기자와 직접적인 관련이 있든 없든 의심할 여지 없이 메시아적인 것이다. 그 의미 해석은 우리가 '버리다'라는 단어를 그대로 받아들일 것인지, 아니면 단순히 "도움을 지연하다"는 개념으로 약화시킬 것인지에 따라 달라진다. 그리스도의 죽음이 대속적 희생이라는 점을 인정하는 이들 중에서도, 주님의 이러한 표현을 **실제적인 버림받음으로 이해해야 한다는 것에 반대하는 이들**이 있다. 그들에 따르면, 이 말씀은 단순히 "왜 나를 떠나셨습니까?" 또는 "왜 나를 고통에서 구해주지 않습니까?"라는 의미일 뿐이다. 여기서 '왜'는 불만의 표현이지만, 요청을 포함한다. 이러한 해석을 지지하는 측에서는 하나님이 한 사람을 "버리셨다"고 하거나 그가 "멀리 있다"고 할 때, 그가 도움을 보내지 않을 때를 가리키고, "가까이 있다"고 할 때는 그가 구출할 때를 가리킨다고 주장한다. 따라서 이러한 해석에 따르면, '버리다'라는 단어에 특별한 강조가 있지 않다. 이 해석에 따르면, 탄식의 전체 의미는 평범하고 무의미하게 된다. **이 해석의 지지자들은 그리스도의 대속적 희생을 부인하지 않지만, 아버지가 아들을 변함없이 사랑했으며 그의 아들에게서 은**

혜를 철회할 수 없다고 주장하는 한쪽 진리만을 고수한다. 더 나아가 아들은 깊은 굴욕을 통해 최고 수준의 순종을 하시면서 더욱 그 사랑을 받을 자격이 있었다는 것이다. 물론 이 모든 것은 사실이며, 어떤 면에서도 의심할 여지가 없다.

하지만 이 모든 것은 한쪽으로 치우쳐 있으며, 개념의 혼란을 초래한다. 그들은 우리가 이미 언급한 바와 같이, 우리 주님의 사적 역할과 공적 역할 간의 구분을 간과하고 있다. 또한 이는 죄를 짊어진 예수님께 임한 하나님의 진노의 형벌을 지지하는 사람들이, 마치 하나님께서 사적인 관점에서 그분에게서 은혜를 거두어들이셨다고 주장하는 것처럼 논리를 전개한다. 물론 그러한 버려지심은 하나님의 사랑에 대한 달콤한 감각과 하나님을 기쁘게 보는 복된 시야의 상실을 수반했지만, 하나님의 은혜를 잃거나 사적인 연합에서 비롯된 은혜가 철회된 것은 아니었다. 그것은 기쁨의 근본 원리가 해체되지는 않았지만, 현재의 기쁨을 경험하는 것이 잠시 중단되는 것을 동반했다. 그것은 영원한 것이 아니라 일시적이었다. 절망이나 의심을 동반하지 않았고, "내 하나님"이라는 말씀에 표현된 것처럼 온전한 믿음의 확신을 동반했다. 간단히 요약하자면, 그것은 예수님 자신을 위해서가 아니라 우리를 위해 감당하신 것이고, 사랑받는 아들로서 이루어진 것이 아니라 죄를 대신 지는 자나 보증인으로서 이루어진 것이다. 그것은 강제로 행해진 것이 아니라 자발적이었고, 그분의 어떤 것 때문이 아니라 우리 죄의 전가로 인해 이루어진 것이다. 그것은 그분이 고통을 제거할 힘이 없어서가 아니라, 우리를 향한 사랑 때문이었다. 그리고 그 버림받음 속에서 그분은 감당하실 수 있는 영원한 죽음의 모든 요소들을 겪으셨다. 그것은 단지 하나님의 사랑의 표시가 제거된 것 뿐 아니라, 하나님의 부재 또는 하나님을 잃는 것이며, 이는 결국 잃어버린 자들 앞에 기다리고 있는 둘째 사망의 본질이다. 이러한 하나님의 부재는 죄인에게는 절망과 악한 양심의 괴롭힘을 동반하지만, 우리의 죄 없는 주님에게는 다소 다른 방식으로 나타날 수 있었다. 그러나 그럼에도 죄인들을 위한 실제적인 대리자로서 그들의 자리를 대신하신 주님께서는 하나님께 버림받으시는 고통을 실제로 겪으셔야 했다.

주님께서 "어찌하여"라고 물으시는 그 의미의 강렬함은 우리를 헤아릴 수 없는 신비의 가장자리로 이끈다. 이 "어찌하여"의 의미를 더듬어 찾으려 하기보다는, 그저 그 앞에 서서 경배하는 것이 현명할 수 있다.[59] 이 말씀은 분명, 우리의 구원을 위해 하나님의 진노의 불길을 온몸으로 감당하신, 의식적인 죄의 담당자이신 **예수님께서 버림받은 이유를 모르셨다는 뜻이 아니다.** 오히려 제기된 질문은 그분이 이러한 고통과 고뇌의 절대적 필요성을 완전히 이해하기를 바라는 열망을 나타내는 것 같다. 즉, 이 모든 일이 **반드시 그래야만 했다는 확신을 내면 깊숙이 새기고 싶어 하신 것이다.** 그분은 자신의 이 모든 고통이 다른 사람들을 대신한 대리자의 고통이며, 아버지의 영광을 위한 고통임을 **아버지께서 다시 한번 상기시켜주셔서 필연성에 대한 확신에 마음의 닻을 내리고 싶어 하신 것이다.**

따라서 이러한 모든 절규 속에서 드러나는 그리스도의 대리적인 역할은, 이 말씀을 제대로 이해한 사람이라면 누구도 의심할 수 없을 것이다. 그분은 (1) 당신의 백성이 겪지 않도록 영혼의 고통을 대신 겪으셨고, (2) 그들이 마시지 않도록 겟세마네 동산의 잔을 대신 마셨으며, (3) 그들이 결코 버림받음의 고통을 알지 못하도록 십자가에서 버림받으셨다. 우리가 죄가 무엇인지, 하나님과 분리되는 것이 무엇인지를 결코 맛보지 않도록 대신 몸소 느끼셨다. 그리고 **상상조차 할 수 없는 그 버림받은 고통을 큰 소리로 외치심으로써,** 그분의 말씀을 들은 사람들, 그리고 이후 영원토록 그분의 고난을 묵상할 사람들에게 **죄의 무한한 무게와 그 죄가 가져오는 형벌, 즉 버림받음의 고통을 제대로 깨닫게 하려 하셨다.** 하나님의 아들은 하나님께 형벌적인 버림을 받고, 자신이 짊어지신 죄에 대한 대가를 치르는 동안, 영원한 죽음의 본질, 즉 마지막까지 회개하지 않는 자들의 고통의 잔에서 가장 쓰라린 부분이 될 버림받음의 감각을 경험하셨다고 단언할 수 있다. 이것이 바로 "정녕 죽으리라"는 선고의 진정한 의미였다.

만약 둘째 아담이 그저 인간에 불과했다면, 이러한 대리 사역은 불가능했을 것이다. 그분은 자기 의무를 다하기 위해 완전한 순종을 해야 했을 것이고, 그 순종은 다른 사람에게까지 미칠 수 없었을 것이기 때문이다. 그러나 둘째 아담은 하나님의 아들이셨기에, 자신에게는 전혀 필요하지 않은, 그러나 무한한 가치를 지닌 대리적인 순종을 보이셨고, 대리적인 고통을 감당하셨다. 그리고 그분의 신성한 인격 덕분에, 그 짧은 고통의 시간은 고통받으신 분의 무한한 존엄성과 무한한 공로로 인해 자기 백성의 죄를 완전히 속죄하기에 충분하고도 완전한 대속이 되었다.

자신에게 맡겨진 일에 대해 언급하신 그리스도의 개별적인 표현들

이번 장에서는 속죄의 두 번째 요소, 즉 그분께 맡겨진 중보자적 사역으로서의 속죄의 본질에 대해 그리스도께서 직접 언급하신 다른 표현들을 함께 살펴볼 것이다. 여기서 우리가 주목할 것은 공생애 가운데의 주님의 가르침이나 하늘에서 생명을 주시는 사역과는 구분되는 그분의 **능동적 순종** 사역이다. 왜냐하면 가르침과 생명을 주는 활동 모두 그 중보 사역을 전제하며, 그 위에서 진행되기 때문이다.

그분이 감당하신 고난과 구별되는 그러한 능동적 순종 사역은 우리가 이미 언급한 호칭들의 다른 면이라 할 수 있다. 이는 진리의 다른 측면이라고 할 수 있는데, 주 예수님을 죄를 짊어지신 분으로 묘사하는 말씀을 보완하는 것으로 생각할 수 있다. 그분은 단지 십자가에서뿐 아니라, 삶 전체를 통해 죄를 짊어지셨지만, 그분 자체로는 죄를 알지 못하는 죄 없는 분으로서 신적 사역을 수행하셨다. 이러한 두 요소는 개념적으로는 필연적으로 구별되지만, 실제로는 너무나 밀접하게 연결되어 있어서 주님의 죄 없으심은 그분의 모든 죄 짊어지심과 속죄 사역에서 전제된다. 그분은 거룩해야만 불결한 자들을 대신하실 수 있고, 순결해야만 불순한 자들을 대신할 수 있으며, 무죄해야만 죄 있는 자들을 대신할 수 있다. 그리고 이 두 요소, 즉 한편으로는 **저주를 짊어진 삶**(수동적)과 다른 한편으로는 **죄 없는 순종의 삶**(능동적)이 함께 모여, 그리스도께서 육신으로 계실 때 완성하신 속죄 사역에 대한 온전하고 완전한 개념을 제공한다.

속죄와 관련된 이러한 신적 진리를 더욱 강조하는 것이 필요하다. 왜냐하면 인간성의 이상적 실현인 그리스도의 탁월함이라는 주제가 최근 풍부하게 조명되었기 때문이다. 사실, 이 문제는 우리가 지금 다루고 있는 것과는 다른 관심사로 논의되었다. 이 세상에서 도덕적 기적인 이 역사적 인물(그리스도)의 실재성은 교회가 직면한 현실 문제로 논의되었고, 그것을 부정하려는 시도에 맞서 싸웠다. 그리고 교회는 승리했다. 도덕적 탁월성의 가장 높은 기준인 그분이 우리 세상에 나타났다는 실재성은 의심의 여지 없이 확립되었다.[60] 사람들은 그러한 이상이 교회의 확신 속에 존재할 수 있었던 이유는 그 실재가 현실로 나타났기 때문이라고 고백할 수밖에 없었다. 심지어 기독교의 참된 의미에서 멀어진 이들도 그 성품의 도덕적 영광에 압도되어 미덕이 얼마나 사랑스러운지 인정하고, 그것에 대한 열렬한 찬사를 표현하기도 했다.

그러나 그 문제는 거기서 끝날 수 없다. 그리스도의 인격은 단순히 거룩함의 구현 또는 완전성의 기준에서만 바라볼 구경거리가 아니다. 물론 그 빛 없이는 세상이 참으로 어둡겠지만, 단지 그렇게만 볼 수는 없다. 또한, 그것은 단지 본받아야 할 모범일 뿐만 아니라, 모든 시대의 교회가 자신의 모든 목표를 고양하고 고귀하게 하며 정화시키기 위해 그분을 바라봐야 할 것이지만, 그것만으로 그칠 수는 없다. 그리스도의 인격은 그분의 속죄의 모든 기초로서, **한 사람의 사역이 많은 사람들을 위해 이루어진 것이라는 점에서 더 깊이 고려되어야** 한다. 이 시대는 그리스도의 특성을 이상적 인간성의 실현으로 묘사하지만 여전히 그분을 단지 인류의 한 개체로 보는 경향이 지나치게 많다는 점이 결점이다. 그러나 주님은 자신을 그렇게 묘사하지 않으셨다. 우리가 주목할 점은 그분이 자신의 순종 사역을 언급하는 모든 문맥에서, 매우 분명하게 자신이 하나님과 사람 사이의 독특한 위치에 서서 중보하고 있음을 의식하셨다는 것을 암시하신 것이다. 그리고 그분은 결코 청중들이 자신이 그저 많은 사람 중 하나라고 생각하도록 내버려두지 않으셨다. 그분은 일관되게 자신이 중보자로서 사역을 수행하고 있으며, **많은 사람을 대신해서 행동**하고 있다고 말씀하셨다.

이미 그리스도께서 삶 전체를 통해 저주를 짊어지셨음을 나타내는 발언들에 대해 넓게 언급했으므로, 이제 우리는 같은 기간 동안, 그리고 같은 행동들 속에서 이루어진 그분의 죄 없는 순종에 대해 주목해야 한다. 이 두 가지는 한 사역의 양면이며, 속죄를 위해서는 어느 하나도 빠질 수 없다. 이중의 사역이 있거나, 이 두 면이 각각 공로로 인정받는 것은 아니다. 그러나 죄를 짊어진 분은 필연적으로 죄를 알지 못한 분이어야 했으며, 이는 그분에게 어떤 순종의 누락도, 범죄도 없었어야만 가능한 것이었다. 이들은 하나의 속죄 사역에서 함께 작용한다. 따라서 속죄에 필수적인 33년의 순종을 논함에 있어, 우리는 그리스도에 대한 인간적 의식이 처음으로 드러나 인식되는 지점에서 시작할 것이다. 이는 그분의 사생활 전체를 묘사하는 것이다.

"내가 내 아버지 집에 있어야 될 줄을 알지 못하셨나이까?" (또는 "내가 내 아버

지의 일에 관계하여야 될 줄을 알지 못하셨나이까?")(눅 2:49)

이 첫 번째로 기록된 주님의 말씀은 이미 12살의 나이에 그분이 자신의 특별한 사명을 알고 계셨다는 것을 보여준다. 자기 부모가 집으로 돌아가는 길을 나선 후에도 소년인 그분은 자기 직무에 대한 묵상에 몰두하며 성전에 머물렀고, 질문에 대한 답은 모든 아이 같은 것들이 제거된 그분의 고상한 마음, 그분의 깊은 판단력과 빠른 이해력, 그리고 앞에 놓인 높은 운명을 위해 준비하고자 하는 그분의 간절한 열망을 드러냈다. 그분의 어머니가 어느 정도의 불만을 품고 왜 그분이 부모들에게 그렇게 행동했는지 묻자, 그분의 대답은 자신의 행동에는 거룩한 이유가 있었고, 아버지의 권위가 가장 중요하며, 자신은 아버지께 순종할 더 큰 의무가 있다는 것이었다. 우리가 "내 아버지의 집에서" 또는 "내 아버지의 일에"로 번역하더라도 그 의미가 달라지지 않는다. 그 둘은 서로를 내포하고 있기 때문이다. 그러므로 이것은 그리스도께서 사람에게 복종하는 원칙이나 규칙으로 여겨질 수 있다. 이 경우에서 보듯이, 사람에 대한 복종은 때때로 아버지의 일을 해야만 하는 필요성에 의해 조정되거나 중단될 수 있었다.[61] 그리고 그분은 부모에게 그들이 이미 이것을 알고 있었어야 한다고 부드럽게 상기시킨다. "당신들은 알지 못하셨나이까?" 그분은 그들에게 여러 방식으로 미리 전달되었던 사실을 통해 이것을 알 수 있었어야 한다는 점을 지적하셨다. 이렇게 그분은 사람에게 요구되는 것보다 더 높은 아버지에 대한 순종을 보여주셨으며, 마치 "제 행동은 부모님을 향한 불순종이 아니라, 제 아버지께 드리는 더 높은 순종입니다"라고 말씀하시는 것 같다. 이는 거룩한 열정과 하나님께 대한 완전한 헌신, 그리고 하나님의 일에 대한 깊은 기쁨을 드러낸다.

1. 그리스도의 죄 없는 탁월함은 한편으로는 그분의 내적 본성을 행동으로 드러낸 것일 뿐이다. 인간으로서, 인간의 이상에 부합하는 그분의 본성은 어떤 행위가 이루어지기 전에도 본질적으로 순수하고 고귀한 성질을 지니고 있

었다. 존재가 행위에 앞서야 하며, 이 관점에서 그분의 행위와 말은 그분이 이미 어떠한 존재인지 드러냈을 뿐이다. 그러나 그것이 주님의 죄 없는 순종의 개념을 다 설명하지는 않는다. 그분은 시험받고 증명되어야 했기 때문이다. 그래서 그분은 고난을 통해 순종을 배웠다고 묘사된다.

2. "나는 나의 뜻대로 하려 하지 않고 나를 보내신 이의 뜻대로 하려 하므로.."(요 5:30). 그 거룩한 생애를 인도한 유일한 원칙은 하나님의 뜻에 대한 순종이었다. 그분은 한순간도 하나님의 뜻에 무조건적으로 복종하는 것이 아니면 행동하거나 시간을 보내지 않으셨다. 그분에게는 양식보다 아버지의 뜻이 더 소중했다(요 4:34). 어떤 이들, 특히 로마 가톨릭 교인들이 예수님께서 믿음을 행사하셨다는 생각에 이의를 제기해도, 성경의 가장 분명한 근거에 따라 그분의 모든 순종은 믿음과 사랑에서 비롯되었음을 주장해야 한다. 믿음과 사랑이 그 뿌리였다. 또한, 죄 없는 예수님의 순종이 죄악된 세상에서 본성적인 기질과 어느 정도의 갈등 없이 이루어졌다고 상상해서는 안 된다. 참된 인성을 지닌 그분은 일반 사람들보다 훨씬 더 민감한 감정을 가지고 있었으며, 고통과 고난, 그리고 슬픔 앞에서 우리처럼 자연스레 위축되셨다. 그러나 그분의 의지는 언제나 아버지의 뜻에 종속되었고, 겟세마네 동산에서 볼 수 있듯이 죄 없는 본성의 갈등에도 불구하고 그 뜻과 조화를 이루었다. 이는 그분이 참된 인간으로서 인간의 감정과 민감성을 지니고 있었다는 것을 보여준다. 하지만 그분은 하나님의 뜻과 완벽하게 일치하지 않는 목표나 욕망을 한 번도 가지거나 품지 않으셨다. 따라서 그분의 순종은 항상 하나님께 받아들여졌고, 보상받을 자격이 있었다. 그것은 본성적인 끌림에 따르지 않고, 아버지의 뜻에 완벽하게 부합하는 것이었기 때문이다.

3. "나는 내 영광을 구하지 아니하나"(요 8:50). 이 겸손 속에 그리스도의 도덕적 탁월함의 기초가 있다. 예수님의 겸손은 자신의 영광을 끊임없이 포기

하는 모습으로 표현되었다. 이는 그분이 인간의 평가와는 다른 기준을 가지고 사셨던 것을 보여준다. 인간의 평가는 성공이나 삶에서 두드러진 우월함에 가치를 부여하지만, 아버지의 완전하심 앞에서 인간의 모든 구별과 칭찬과 명예는 그분에게 참으로 보잘것없었다. 예수님은 높아지기를 원하지 않으셨고, 오히려 자신을 낮추셨다. "나는 섬기는 자로 너희 중에 있다." 그분은 고귀하고 탁월한 분이셨음에도 불구하고 우주에서 가장 겸손한 존재였다.

4. "나는 항상 그가 기뻐하시는 일을 행하노라"(요 8:29). 이 지속적인 헌신은 끊임없이 이어지며 완벽한 정도로 이뤄졌으며, 인간 삶의 모든 단계와 모든 영역을 포괄하고 있다고 예수님은 묘사하셨다. 나사렛 예수의 생애는 완전한 인간의 삶을 나타냈고, 모든 덕목의 완벽한 균형을 보여준다. 그리고 그 균형은 그분의 삶을 관통하는 역동성과 활기를 감소시키기는 커녕 더욱 증대시켰다. 그분의 행위는 변덕스럽지 않았고, 단순한 충동에 따른 것도 아니었다. 성전을 두 번 정화하신 타오르는 열정조차도, 비록 격렬한 열정의 표출이라 할 수 있지만, 침착하고 엄숙한 위엄이 담겨 있었다. 어느 한 덕목이 다른 덕목을 대체하거나 손상시키지 않았다. 아무리 훌륭한 성도라 할지라도 어떤 덕목은 두드러지는 반면, 다른 부분에서는 평범한 사람들보다 못한 모습을 보이기도 한다. 그래서 모든 것을 심판하시는 분의 평가는 각 사람마다 다를 수 있다. 그러나 그리스도 안에서는 모든 덕목이 완전한 조화를 이루고 있다. 모든 성도들의 아름다움이 그분 안에서 조화롭게 어우러져 있으며, 슬픔에서 기쁨으로, 평온에서 고뇌로 감정의 변화가 나타나더라도 전체적인 조화는 깨지지 않고 균형은 유지되었다. 또한, 사회적인 관계를 살펴보면, 삶의 마지막 순간까지 시민으로서, 가족 구성원으로서의 의무를 다하시는 모습을 볼 수 있다.

5. 도덕률은 실제적인 삶 속에서 구현되어야 했지만, 그저 덕스러운 모범으

로서 다른 사람들의 마음을 사로잡기 위한 목적에서가 아니라 우리를 대신할 수 있는 가치를 지닌 사역 안에서 나타나야 했다. 그리스도의 삶과 그분의 인격이 지닌 도덕적 영광은, 비록 그것이 이 세상에 나타났던 가장 덕스러운 모습이나 본보기일지라도, 그것을 단순히 이상적인 모습이나 본보기로만 여겨서는 제대로 이해할 수 없다. 그 삶은 그분의 고난만큼이나 대리적이었으며, 많은 사람을 위한 한 사람의 순종으로, 즉 우리의 것으로 여겨져야 한다. 거룩한 사랑 안에서 이루어진 완전한 순종은 태초에 인간에게 주어진 중요한 과제였으며, 하나님의 아들이 하늘에서 내려오신 목적이기도 했다.

예수님은 종종 자신에게 주어진 이러한 사역, 즉 해야 할 일을 분명히 인지하고 있었다고 말씀하셨다. 그리고 성전에서 처음 말씀하신 순간부터 "다 이루었다"라고 말씀하신 마지막 순간까지, 이 사역을 항상 염두에 두셨다. 이후에 살펴보겠지만, 이 사역을 매우 강조하여 묘사하는 말씀이 있다. "아버지께서 내게 하라고 주신 일을 내가 이루어 아버지를 이 세상에서 영화롭게 하였사오니"(요 17:4). 이와 같은 가르침은 다른 형태로도 나타난다. 그분은 이 사역을 '일'(요 4:34), '계명'(요 10:18), '보내신 이의 뜻'(요 6:39)이라고 부르신다. 이 모든 표현은 능동적인 순종과 수동적인 순종이 분리될 수 없음을 보여준다. 아버지께 대한 자발적인 순종과 우리에 대한 뜨거운 사랑이 함께 작용하기 때문이다. 이 죄 없으신 순종은 하나의 사역을 이루는 두 가지 요소로서, 고난의 근본을 이룬다.

6. 그리스도의 순종에는 하나의 특별한 행위, 즉 정점이 있었다는 점에 주목할 수 있다. 이것은 아담의 모든 순종이 담겨 있던 시험 지점, 곧 금지된 나무를 멀리하는 행위와 상응한다. 마음에 율법이 새겨진 죄 없는 본성이라 할지라도, 어떤 특별한 순종의 행위를 통해 그 충성심을 시험받아야 했다. 이 시험에서 모든 복종의 요소들이 한데 모이고, 순수한 본성이 자신을 부인하고 충성을 맹세하는 것을 명확히 드러낼 수 있기 때문이다. 아담이 자기 절제

로 나무를 멀리해야 했던 것처럼, 주 예수님께 부과된 특별한 적극적 순종의 행위는 죽음이었다. 모든 순종의 노선들은 가장 중요한 행위이자 정점인 그 죽음에서 만나며 이는 사역의 완성으로 정해진 것이었다.[62] 그래서 성경에는 예수님의 죽음, 피, 희생이 끊임없이 언급되는 것이다(요 17:19 비교).

속죄의 구성 요소들을 살펴본 후, 이제 하나님께 만족이라는 것이 무엇을 의미하는지 정확하게 정의할 필요가 있다. 몇 마디면 충분할 것이다.

성경은 이와 관련하여 모형적이고 비유적인 표현을 자주 사용한다. 어릴 때부터 이러한 표현에 익숙한 많은 사람들이 그 의미를 깊이 생각하지 않거나, 비유의 핵심을 제대로 파악하지 못하는 경우가 있다. "하나님을 만족시키는 것이 무엇을 의미하는가?"라는 질문에 대해, 단순히 빚이 갚아졌거나 하나님의 진노가 가라앉았다고 말하는 것으로는 충분하지 않다. "죄는 어느 정도까지 빚인가?", "하나님께 진노라는 감정을 적용하는 것은 얼마나 적절한가?"와 같은 추가적인 질문이 생기기 때문이다. 또한 주님의 고난을 통해 죄로 인해 침해되었던 하나님의 완전하심이 영광을 받았고, 율법의 권위가 회복되었으며, 우주의 도덕 질서가 유지되었다고 말하는 것만으로도 충분하지 않다. 이 모든 것이 사실이지만, **이러한 설명만으로는 속죄의 핵심이 하나님 외부에 있는 것처럼 여겨질 수 있다.** 물론 이러한 결과들도 중요하지만, 이것이 속죄의 유일한 목적은 아니다.

다시 질문이 제기된다. 무엇이 그분을 이렇게 행하게 했는가? 그리고 대답은 그분 **자신의 속성, 즉 완전성**이다. 예수님의 대리적 순종과 고난은 하나님의 완전성과 어떤 관계에 있었는가? 이는 속죄의 필요성에 대해 우리가 제시한 견해를 떠올리게 한다. 지극히 높으신 하나님은 죄의 참된 본질을 꿰뚫어 보시며, 자신의 숭고한 완전성을 충족시키기 위해 죄를 벌하신다. 하나님께 대항하여 저지른 지울 수 없는 행위인 죄는 두 가지 요소, 곧 순종의 부족과 그에 따른 형벌의 정당함을 내포한다(시 51:4). 이러한 죄에 대해 하나님은 자신의 탁월한 본성과 도덕적 통치자로서의 지위로 인해, 영광스러운 형벌적 공의를 행사하셔야 한다. **도덕적 악에 대한 하나님의 거룩한 진노가 해소되고, 하나님께 드려야 할 순종적 헌신이 회복될 때만 인간은 하나님의 은총을 받을 수 있다.** 복음은 이 전제 위에 서 있고, 주님의 사역도 그렇다. 이것이 성취되면, 모든 외적 목표들도 달성된다. 우리는 이러한 사실을 인지할 수 있지만, 더 이상의 논의는 어렵다. 유한한 인간의 지성으로는 하나님께서 죄를 어떻게 인식하시는지 완전히 설명할 수 없기 때문이다. 우리는 하나님 외의 다른 대상을 염두에 두고 속죄를 설명하거나, 하나님이 아닌 다른 존재나 인간의 불신앙적인 본성 등 하나님 외부에 있는 어떤 것에 속죄의 목적을 두는 것을 경계해야 한다. 이는 다른 존재 질서나 인간의 의심 많은 본성을 상정하는 경우에도 마찬가지이다. 이들은 기껏해야 부차적인 것이다. 그리고 아래에서 다루겠지만, 하나님은 그 아들의 사역에 완전한 만족을 표시하시며 그를 죽은 자 가운데서 일으키셨다. 이로써 주님께서 속죄하신 자들이 그분이 하신 일을 한 것처럼 간주되었다는 것이 명백해졌다(고후 5:15).

죄를 짊어지고 십자가에 달리실 때 범죄자들처럼
여겨지실 것을 증언하신 말씀

　우리의 논의는 인간의 관점에서 본 사건의 역사성보다는 속죄의 교리에 초점을 맞추고 있으므로, 십자가 사건의 실제 역사는 몇 가지 핵심적인 부분만 간략하게 다룰 것이다. 이때, 사실과 교리를 연결하는 방식으로만 십자가를 언급할 것이다. 복음서에 기록된 예수님의 고난 이야기는 단순한 사실 위주로 간략하게 서술되어 있기 때문에, 이사야의 예언(사 53:1-12)과 사도들의 서신이라는 두 가지 해설을 함께 읽어야 그 의미를 제대로 파악할 수 있다. 이 두 가지 해설을 통해 우리는 그리스도의 고난 전체 여정에 대한 논리적인 근거를 찾을 수 있다.

예수님께서 인간과 직접 대면하시는 외적인 장면들조차 죄인들을 대속하신 사실임을 염두에 두고 살펴봐야 그 의미를 온전히 이해할 수 있다.[63] 그분은 지상 생애의 시작부터 희생 제물이셨으며, 그분의 모든 고난은 죄인을 대신한 사역의 일부로서 그분의 중보적 사역 완수의 일환으로 보아야 한다. 따라서 인간 재판관과 법정에 서신 역사적 사건들 속에서도, 그분이 다른 이들의 자리를 대신하고 계셨음을 잊어서는 안 된다. 그분은 그 순간에도 진정 죄인들의 자리에 서 계셨다. 불의한 자들을 대신하는 의로운 분이셨고, 극악한 자들을 대신하는 흠 없는 분이셨으며, 범죄자들을 대신하는 결백한 분이셨다. 그분의 인격은 우리의 인격을 대신했고, 이러한 교환을 통해 우리의 형벌이 그분의 것이 되었다.

그리스도께서 사람들의 손에 넘겨지신 것과 그렇게 넘겨졌을 때 그들에게서 받게 될 대우를 묘사하는 여러 말씀들은 매우 깊고 특이한 관계를 가정하고 있다. 이제 우리는 이 말씀들을 조사해 보려 한다. 정해진 때까지는 그분을 향한 모든 시도는 무력했고 완전히 실패로 끝났다. 그분은 적대자들로부터 유유히 물러나 그들의 음모가 닿지 않는 곳으로 가셨다. 예를 들어, 고향 사람들인 나사렛 사람들이 예수님을 붙잡아 도시가 세워진 언덕 낭떠러지에서 밀어 떨어뜨리려 했을 때, 그분은 그곳을 떠나셨다(눅 4:29). 그들은 하나님의 허락 없이는 예수님을 해할 수 없었다. 또한, 유대 지도자들이 예수님을 체포하려고 보낸 관리들은 두려움에 사로잡혀 아무것도 하지 못하고 돌아갔다(요 7:32). 또 다른 때, 군중들이 그분에게 돌을 던지려 했을 때, 그분은 그들 가운데서 지나가셨다(요 8:59). 즉, 정해진 "때"가 이르기까지, 달리 표현하자면 예수님께서 체포당하시기를 스스로 **허락하시기 전까지**, 그분은 모든 폭력으로부터 벗어나실 수 있었다.

이제 우리가 답해야 할 질문은 다음과 같다. 마침내 그분이 체포되었을 때, 즉 그분이 감당하셔야 할 잔인한 죽음으로 가는 첫걸음을 내디뎠을 때, 이것은 사건의 일반적인 흐름에 따른 것으로, 그분의 운명으로 여겨져야 하는가? 결코 그렇지 않다. 이는 현대 신학에서 흔히 사용되는 표현 방식으로써, 예수님께서 우리를 대신하여 그 자리에 서 계셨다는 대속의 교리, 즉 자리바꿈의 진리를 받아들이지 못하는 사람들이 이러한 식으로 이야기하는 경향이 있다. 이러한 경향을 지지하는 사람들은 예수님을 그저 인간 사회의 일반적인 법칙과 삶의 평범한 일들을 겪는 사람으로 여기며, 그분의 죽음을 역사 속에서 흔히 일어나는 사건 중 하나로 묘사한다. 그러나 그들은 자신이 무슨 말을 하는지, 무엇을 주장하는지 제대로 알지 못한다. 그들은 세상에서 예수님의 위치를 잘못 이해하고 있으며, 하나님의 도덕적 통치를 잘못 해석하고 있는 것이다.

그분은 삶의 일반적인 사건으로부터 이중의 면책을 가지셨다. 첫째로, 그분은 죄가 전혀 없었던 사람으로서 악의 오염이 결코 닿지 않았기 때문에 면책을 가지셨다. 둘째로, 그분은 하나님의 아들로서, 죄인들이 죄 많은 세상에서 겪는 죄의 결과와 일반적인 사건들로부터 면제되셨다. 그분은 죄를 짊어진 자로서 법적으로 넘겨지기 전까지 어떤 해도 입지 않으셨다. 그분은 그분의 때가 다가왔을 때에만 체포될 수 있었다. 그분은 오직 죄 없는 순종의 기간을 끝마친 때에, 즉 인간의 수명에 비추어 한 세대 동안 죄 없이 순종하시고, 공적인 사역을 끝내셨을 때, 우리의 보증인으로서 자발적으로 우리의 자리를 대신하시는 것에 동의하셨을 때에 넘겨지셨다. 그때 죄인이 선고를 받기 위해 불려 나왔다. 그분은 단지 모호하고 추상적이며 불분명한 의미의 죄 때문에 넘겨지신 것이 아니라, 그분에게 주어진 죄인들을 대신하여, 그분이 대리적으로 차지하신 자리에 계셨던 것이다. 예수님이 죄인들의 자리를 대신하여 범죄자로서 재판을 받으신 것은 **오직 그들의 자리를 대신한 것이었다.** 그리고 이것은 **하나님의 법정 앞에서 일어난 실제 사건**이지, 단순한 보여주기식 재판이 아니었다. 죄인은 그곳에 있었으나, 예수님이 그 죄인의 자리를 대신하셨다. 그분이 **우리 때문에** 상처를 입으셨다고 묘사하는 선지자들의 말씀(사 53:5)이나, 비록 복음서의 역사적 기록에서 예수님은 인간이 보기에 홀로 등장하시지만, 믿는 자들이 **그리스도와 함께** 십자가에 못 박혔다고(갈 2:20), **함께** 죽었다고(롬 6:8), **함께** 육체의 고난을 겪었다고(벧전 4:1) 묘사하는 사도들의 말은 오직 이러한 이해 속에서만 설명될 수 있다. 그분은 자발적으로 우리의 자리를 대신하셨고, 모든 단계에서 공적인 인물로서, 또는 두 번째 아담으로서 행동하고 계셨다.[64]

예수님의 자발적인 헌신이 없었다면, 어떤 세상 권력도 그분을 체포할 수 없었다. 그분은 신성한 존엄성으로 충분히 보호받고 계셨기 때문에, 그분의 뜻이 아니었다면 어떤 일도 일어날 수 없었다. 완전히 순결하고 죄 없으신 분이 죄인들을 대신해 죄의 형벌을 받으시는 것 외에 그 어떤 종류의 고난을 받으시는 것은 하나님의 도덕적 통치에 어긋나는 일이었다. 그분이 인간의 폭력이나 상해로부터 완전히 면제되신 것은 단순한 우연이 아니었다. 이는 그리스도께서 이 땅에서 사시는 동안 맺으신 관계, 즉 하나님 계획의 일부였다. 그분은 발이 돌에 부딪히지 않으실 것이었다(시 91편). 세상의 죄의 권세 아래 있지 않으셨기 때문에, 일반적인 질병이나 전염병에 걸리실 수도 없었다. 그래서 우리는 예수님께서 다른 사람들처럼 병에 걸리셨다는 기록을 찾아볼 수 없다. 또한 다른 사람들이 겪는 수많은 형태의 죽음도, 대제사장으로서 자신을 제물로 바치는 행위를 통해 스스로 목숨을 내놓기로 결정하시기 전까지는 그분께 다가올 수 없었다. **저주로부터 완전히 면제되신 분이셨지만, 자신의 동의에 의해서만 모든 영역에서 저주의 영향을 받으셨다.** 이러한 이유로, "그분의 때", 즉 아버지의 뜻 가운데 정해진 시간이 이르기 전까지는 아무도 그분을 체포할 수 없었다. 이는 왜 예수님의 적들이 그분을 어찌하지 못했는지에 대한 반복적인 설명이다. 예수님께서 사람들의 손에 넘겨지시기 위해서는 **아버지의 사법적인 결정과 그분 자신의 자발적인 헌신**이 모두 필요했다.

우리 주님께서는 자신을 십자가에 못 박을 권세나 풀어줄 권세가 있다는 빌라도의 오만한 발언에 대해 이 진리를 매우 강조해 답하셨다. "위에서 주지 아니하셨다면 나를 해할 권세가 없었으리라"(요 19:11)라고 말씀하신 것이다. 이 말씀은 인간 권력에 대한 주님의 순복을 진정하고 적절한 빛으로 조명해 준다. 이 구절은 매우 다양하게 해석되어 왔으며, 때로는 피상적으로 해석되기도 했다. 이 말씀은 일반적으로 하나님을 대신하는 수행자인 위정자들을 언급한 것이 아니다. 또한 신적인 섭리의 지시 없이는 아무것도 일어나지 않으며, 하나님의 참된 종들에게 일어나는 일은 오직 신적인 허락에 의해서만 일어난다고 암시하려는 일반적인 섭리 문제에 대한 언급도 아니다. 또, 죄인들로 가득한 세상에서 의로운 자들이 죄의 본성을 가지고 있기 때문에 여러 부당함과 모욕을 받는다는 일반적 진리를 언급한 것도 아니다. 이러한 해석들은 그리스도의 대답이 일반적 진리를 언급한다고 생각하는 것으로써, 이는 실제로 그 답변의 요점을 파악하지 못한 것뿐 아니라 오히려 왜곡한다.

빌라도는 그리스도에 대해 구체적으로 언급하면서 자신이 그분을 완전히 자기 권력 안에 두고 있는 자로서 그분에 대한 사법적 권위를 주장했다. 빌라도는 그분을 십자가에 못 박거나 풀어주는 것이 전적으로 자기 재량에 달려 있다고 암시했는데, 그리스도의 대답 역시 구체적이다. 주님께서는 하나님의 아들이자 죄 없는 사람으로 그분 스스로를 고려할 때, 빌라도가 그분에 대해 전혀 권세를 가질 수 없음을 의미하셨다. 로마 총독이 가진 권력이 그분에게 사용될 수 있었던 것은 절대적이지 않으며, 오로지 주님께서 본래 자신이 아닌 다른 사람을 대신한 자격으로 거기 계셨기 때문에 가능했던 것이다. 그분은 죄인들의 대표자이자 죄 짐을 지는 자로서 거기에 계셨음을 암시하셨다. 따라서 그분에 대한 권세는 위에서 인간 재판관에게 주어진 것이지만, 이는 그분의 그러한 낮아지심에 걸맞은 목적을 위한 것이었다. 그러나 그분이 우리의 자리를 대신 지셨기 때문에 그분을 더 이상 무죄한 자로 취급할 수 없었다. 그분은 개인적으로 죄가 없으셨지만 죄인들의 자리를 차지하셨고 그들의 죄와 책임을 대신 짊어짐으로써 그들의 자격을 담당하셨다. 이러한 관점에서 우리는 그리스도의 체포와 재판을 주목해야 한다. 앞서 말했듯이, 그분이 진행하도록 허락하지 않으셨다면 이 세상 그 어떤 권세도 그분을 해칠 수 없었다.

여기서 나는 그리스도의 또 다른 말씀을 주목하고자 한다. 이는 앞의 말씀과 유사하며, 그분의 중보자 역할이나 대리적 성격과 연결해서 읽을 때만 깊은 의미를 이해할 수 있다. 그분은 마지막 만찬을 거행하셨던 다락방을 떠나기 전 이렇게 말씀하셨다:[66] "그는 불법자의 동류로 여김을 받았다 한 말이 내게 이루어져야 하리니"(눅 22:37). 이제 우리는 이사야의 예언에서 인용된 그리스도의 이 발언을 단지 그분에 대해 사람들이 가진 의견을 묘사한 것으로 봐야 하는가? 이는 그분이 마치 범죄자처럼 취급을 받았거나, 서투른 관찰자나 통찰력 없는 목격자가 그분을 범죄자로 여길 수 있었음을 의미하는 것인가? 아니다. 결코 그렇지 않다. 우리 주님은 이 말씀을 그 모든 깊은 의미를 온전히 담아 사용하셨다. 그분은 이 말씀을 단지 '마치 ~처럼'이라는 뜻으로 사용하신 것이 아니라, 범죄자에게 부과된 **실제 판결**과 그것이 범죄자들에게 **집행될 때 따르는 운명이나 형벌을 묘사**하는 것으로 사용하신 것이다. 이것이 그 말씀의 의미이다. 이 논리의 근거는 의심할 여지 없이 이 표현이 그리스도의 대속적 고난을 예언하고 있으며, "그가 많은 사람의 죄를 담당하셨다"는 위대한 사상을 반복하는 이사야의 본문에서 나타난다는 사실에 있다(사 53장). 언어에 따라 단순히 해석하는 진실한 해석자는 그곳에서 언급된 의로운 종이 대속적 속죄로 인해 많은 사람을 구원한다는 인상을 받을 수밖에 없다. 예수님께서는 이 진술이 자신에게 이루어지기를 기다린다고 인용하심으로써 이사야 53장 전체를 자신의 고난과 죽음에 적용하신다. 우리는 주님의 말씀을 그분이 죄인들 중에서 취급될 것, 즉 사법적 형벌 집행에 따라 죄인들과 함께 다뤄질 것이라는 의미로만 해석할 수 있다. 마가가 이 인용구를 그리스도께서 십자가에 달리실 때 두 강도 사이에 배정된 자리에 적용할 때(막 15:28), 그 의미를 모든 연관성을 담아 드러낸다. 그러나 마가는 그 성취의 준비 단계나 그 성취로 제시된 사실에 선행하는 것을 결코 배제하지 않는다. "그가 범죄자 중 하나로 여김을 받았다"는 말씀은 그분이 죄인들과 공통의 운명을 함께하셨을 때만 이루어진 것이 아니라, **골고다에 세 개의 십자가가 세워지기 전, 사실상 그분이 사람들의 손에 넘겨지신 순간부터 성취되었다.** 이는 곧 그리스도께서 범죄자들 중 하나로 법적으로 포함되신 것이다.

1. 그리스도께서 범죄자처럼 동산에서 체포되신 것은 예언 성취의 첫걸음이었다. 그분은 우리 죄인들을 대신하여 반역자이자 범법자로 취급되셨다. 하나님 나라의 관점에서 볼 때 **우리**는 행악자들, 즉 하나님께 의지하고 충성하기를 거절하고 모든 일에서 불순종한 자들이다. 주님이 체포되신 것은 하나님의 손에 의해 실행된 실제적인 일이었으며, 범죄자들의 대표자가 그들 대신 체포당한 것이었다. 만약 하나님이 베일을 걷어젖히시기만 했더라면, 주님이 체포당하신 것은 바로 그런 식으로 붙잡혔어야 할 죄인들을 대신하신 것임이 분명하게 보였을 것이다. 이는 단순한 상징적 사건이 아니라 **실제적 사건**이다. 만약 대리인이 체포된다면 그가 대리한 사람들은 자유롭게 놓여나야 한다. 주님의 말씀 "이 사람들이 가게 하라"(요 18:8)에는 이런 의미가 담겨 있다.

우리 주님은 "너희가 강도에게 하듯이 칼과 몽치를 가지고 나를 잡으러 왔느냐?"(막 14:48)라고 말씀하실 때 그 온유한 심령으로 그들의 거친 행사를 참으셨다. 주님께서는 비록 스스로에게는 죄가 없으시지만 자신이 죄인들을 대신하고 계시며, 하나님의 도구로서 행동하는 자들이 그분을 죄인을 체포하듯이 붙잡고 있다는 것을 잘 알고 계셨다. 그러나 동시에, **그분의 동의 없이는 인간의 권력이 얼마나 무력할 수 있는지를 보여주기 위해, 그분의 존엄이 잠시 드러나게 하셨다.** "**내가 그니라**"는 말씀이 선포되자, 군병들과 하인들이 땅에 엎드려졌다(요 18:6).

비록 그분이 체포된 명목인 반역죄와 신성모독죄에 대해 그분은 무죄하셨지만, 그분의 백성은 그 죄에 대해 그렇지 않았다. 따라서 그분은 죄인들의 대리인으로서 체포되고 결박되셔야 했다. 하나님의 아들이 사슬에 묶인 것이 보여주는 것은 무엇인가? 그것은 우리 죄로 인한 속박이나, 심판의 날에 묶는 사슬을 나타낸다. 그분의 체포는 백성의 자유이며, 그분의 결박은 그들의 해방이다.

2. 그리스도의 고난의 연속적인 단계들 속 중간 과정들을 모두 언급하지는 않겠지만, 다음으로 주목할 것은 신성모독 혐의로 산헤드린에서 종교 재판을 받고 선고를 받은 것이다. 대제사장이 사형을 선고한 이 모든 과정에서 우리는 그 위대한 심판의 가시적인 일면만을 본다. 그분은 죄인들의 대리인으로서 무죄로 판명되어야 하지만 동시에 유죄로 여겨져야 한다. 즉, **개인적으로는** 흠이 없으나 판결에 의해 **공식적으로는** 정죄받아야 마땅한 자로 여겨져야 했다. 이 모순된 재판에서 이 두 가지가 모든 면에서 결합된다. 그분을 정죄한 선고는 단지 하나님께서 죄를 짊어진 자에게 내리신 선고를 지시하거나 선포한 것에 불과하다. 산헤드린에서 그분이 심판받은 혐의는 우리에게 적용될 때 결코 거짓이 아니다. 모세는 하나님의 이름으로 주어진 계시를 우리가 무시하고 경멸했으며, 하나님의 완전하심을 우리가 모독했음을 고발한다. 이 고발은 너무나 사실적이고 부인할 수 없는 것이어서 증인이 필요 없다. 죄인들의 대리인은 공식적 자격으로 그 재판에서 침묵하고, 판결을 멈추려는 어떤 변론도 하지 않았다. 그러나 그분의 개인적 무죄함은 분명히 드러나야 했다. 그분을 정죄할 그 어떠한 증거도 없는 상황에서 그분에게 사형판결을 언

도할 구실을 제공한 것은 그분이 자신의 신적 존엄성을 공적으로 증언했다는 사실 뿐이었다.[67]

이로써 그분은 개인적으로는 무죄이신 분으로, 죄인을 대표하는 분으로서는 유죄이신 분으로 나타난다. 이러한 두 가지 개념을 전체 재판의 열쇠로 삼지 않으면, 그 이야기는 이해할 수 없는 것이며, 하나님의 도덕적 통치 내에서 이 사건은 꿰뚫어 볼 수 없는 신비가 될 것이다. 신성모독이나 하나님의 이름과 사역, 말씀을 훼손했다는 혐의에 관해 다루었던 그 지상의 법정은 죄인의 보증인에 대해 선고를 내렸고, 우리 죄에 대한 판결을 내렸다. 이는 해시계의 그림자가 다른 영역에서 일어나는 움직임을 표시하는 것과 비슷한 방식이다. 그분은 개인적으로 무죄이셨지만, 우리를 대신해 그 자리에 서신 분으로서 그때 제기된 모든 고발을 진정으로 짊어지셨다. 그 법정에서의 그분의 침묵은 우리가 "아빠, 아버지"라고 부르며 외칠 수 있게 했다.

3. 주님이 겪은 조롱과 수치와 모욕은 대속적 고난의 다음 부분을 이루었다. 그 온유하고 인내하시는 그분에게는 그것들이 부당한 일이었지만, 그분이 대신하신 우리에게는 충분히 합당한 일이었다. 악인들은 "수치와 영원한 멸시를 받을 것"이다(단 12:2). 그리고 모든 거룩한 존재로부터 죄인에게 마땅히 쏟아져야 할 그 멸시에서 죄 없으신 대리자는 면제되지 않으셨다. 그분은 수치와 침 뱉음을 피하지 않으셨다.

4. 제자들의 배신과 베드로의 부인을 생략하고, 우리는 그리스도의 수난과 관련된 다음 공개적인 행위, 즉 반역 또는 선동 혐의로 로마 총독의 법정에서 받으신 재판과 정죄로 가보자. 이는 신성모독 혐의로 대제사장 앞에서 받은 재판과 매우 유사하며, 같은 관점에서 고려되어야 한다. 앞서 언급했듯이, 예수님의 수난 과정을 죄인의 입장에서 살펴보는 것은 큰 의미가 있다. 예수님

은 각 단계에서 인간이 하나님과의 관계 속에서 마땅히 겪어야 할 일들을 대신 겪으셨다. 즉, 단순히 비슷한 상황이 아니라, 재판, 유죄 판결, 그리고 정죄의 순간에 죄인과 똑같은 입장에 놓이셨다. 빌라도의 법정에서 예수님께서 침묵하셨다는 점은 특히 주목할 부분이다[68](마 27:14). 그 이유는 개인적으로는 죄가 없으셨지만, 실제로 죄인의 자리에 서 계셨기 때문이다. 그 침묵은 바로 이 사실을 명확히 보여준다. 예수님은 재판을 막거나 자신을 변호하려는 어떠한 시도도 하지 않으셨다. 그곳에 계신 이유는 개인 자격이 아닌, 죄인들의 대표, 즉 자발적으로 죄를 짊어지신 분으로서의 공적인 자격 때문이었다. 모든 사람이 하나님 앞에서 죄인임을 인정해야 하는 상황에서, 자신을 변호하거나 죄를 부인할 이유가 없으셨던 것이다. 예수님은 유죄라는 혐의를 받아들이셨고, 그 형벌이 자신의 것이 아닌 죄인의 것이었기에, 마땅히 받아야 할 형벌로 받아들이셨다. 빌라도가 예수님께서 자신을 변호하기만 하면 풀어주려고 했을 때에도 예수님은 자신을 고발하는 사람들 앞에서, 모든 비난 속에서 침묵을 지키셨다. 그때 **예수님은 인간의 법정이 아닌 하나님의 법정에서 계셨던 것**이다. 인간의 법정은 단지 그 장면의 일부를 보여주는 무대에 불과했다. 예수님은 개인적으로는 무죄했지만, 공적으로는 유죄인 자의 자리에 계셨다. 이것이 바로 그분이 침묵하신 이유이다.

　우리는 이 모순된 재판을, 그분이 무죄로 선고되었으면서도 유죄로 판결받은 사실과 연결해서 주목해야 한다.[69] 재판관의 심문은 예수님의 무죄를 드러내기 위한 중요한 목적을 가지고 있었다. 재판관이 그분을 무죄로 선언하면서도 유죄로 판결을 내린 이 놀라운 사실은 하나님의 경이로운 섭리 속에서 역사적으로 이루어져야 했다. 이는 주 예수님의 개인적 무죄와 대속적 위치를 보여주기 위해서, 즉 죄 없는 자와 죄를 짊어진 자를 드러내기 위함이었다. 그리스도의 무죄를 빌라도보다 더 명확하게 증언한 사람은 없었다. 그는 고소인들의 모든 증언을 듣고 사건의 모든 것에 대해 완벽히 알고 있었다. 다섯 번이나 그분에게서 죄를 찾지 못했다고 선언했다. 이는 고소인들 앞에서, 그리고 수많은 군중들 앞에서 공개적으로 이루어졌다. 그리고 마지막에 십자가형에 대한 군중의 외침에 굴복하면서, 빌라도는 "이 의인의 피에 대하여 나는 무죄하니라"라고 손을 씻으며 선언하는 상징적 행동으로 그분의 무죄에 대한 사법적 증언을 확증했다. 그리스도의 무죄가 분명히 드러나도록, 그리고 유죄의 형벌이 대리적 위치에 계신 그분에게 옮겨졌다는 결론이 도출되도록 모든 것이 재판관과 법정에서 이루어진 것은 적절한 일이었다. 따라서 그분은 개인적으로는 무죄이셨지만, 빌라도의 법정에서만큼은 공식적이고 대리적인 자격으로 결코 무죄로 여겨질 수 없었다. 법의 적법한 형식에 따라 진행된 이 모순된 재판을 설명하는 유일한 방법은, 그분이 실제로 무죄였으나 공식적으로는 유죄였음을 인정하는 것이다.

5. 그리스도의 고난의 마지막 단계인 십자가형은 빌라도의 선고 직후에 이어졌다. 조롱과 경멸, 다양한 방식으로 가해진 모욕 등의 중간 세부 사항은 생략하겠다. 비록 이것들 역시 "그가 채찍에 맞음으로 우리가 나음을 받았도다"라는 말씀에서 나타나듯 대속적이었지만 말이다. 십자가를 지고 길을 따라 힘겹게 나아가실 때 그분께 동정의 눈물을 흘리던 예루살렘의 딸들에게 주님이 하신 말씀 또한 생략할 것이다. 그 눈물은 주님께서 그들에게 보여주셨듯, 그분을 위해 흘리기에는 부적절한 것이었다. 우리는 십자가형 그 자체와 그분의 생애의 마지막 행동에 초점을 맞출 것이다.

십자가형은 로마식 처벌 방식으로, 사람들 눈에 특별히 고통스럽고 굴욕적인 것이었으며, 그리스도께서 나무에 매달리심으로써 저주가 되셨다는 놀라운 사실을 나타내기 위함이었다. 바울이 인용한 모세의 말은 이 점을 명확히 한다[70](갈 3:13). 주 예수님은 사적으로 볼 때 사랑받는 아들이자 죄 없는 분이셨으나, 공식적으로는 죄인들을 대신하여 저주를 짊어진 자였다. 성육신하신 아들의 죄 없는 인성이 정죄 받기 위해 죄를 진정으로 짊어지신 것은, 바로 이 형벌을 견디심으로써 저주가 되신 것으로 나타났다. 우리는 여기서도 이미 언급한 바와 같이, 그리스도를 사적인 측면과 공적인 측면에서 구별해 봐야 한다. 만약 의로운 정죄의 피할 수 없는 파멸을 수반하지 않고도 죄가 놓일 수 있는 곳이 있다면, 그것은 죄 없으신 성육신하신 아들의 인성 안에 죄가 놓였을 때였을 것이다. 그리고 그곳에서조차 죄는 육체 가운데 정죄받고 의로운 심판을 받았다. 보증인은 우리를 위해 재판받고, 선고받고, 유죄 판결을 받고 저주가 되셨다. 이는 우리가 정죄에 이르지 않게 하기 위함이었다.

주님의 잔에 담긴 가장 쓰라린 요소는 하나님의 손에서 직접 경험하신 영혼의 고통이었다. 물론 그분의 거룩한 본성 자체의 활동으로 인해 가장 깊은 슬픔이 찾아오기도 했다. 이는 아버지의 영광에 대한 열심으로 불타오르고 거룩함에 대한 깊은 사랑을 가지신 분이 죄의 모든 추악함을 목격하면서 죄가 비록 그분의 것은 아니었지만, 어떤 의미에서는 자신의 것이라고 느꼈을 때(왜냐하면 그분께 속한 자들의 개인적인 속성이었기 때문에) 생생한 슬픔을 겪으셨음을 쉽게 알 수 있다. 우리는 그 죄의 형벌을 직접 느끼지 않고 단지 죄의 광경만으로도 종종 고통과 거의 압도당할 정도의 고통을 느낀다. 그렇다면 모든 택함 받은 자의 죄가 전가되어 그분의 눈앞에 있고 그분 위에 놓인 것을 본 예수님의 거룩한 본성에는 그것이 얼마나 지옥 같았을까! 이것이 그분을 '슬픔의 사람'으로 만들었다. 그러나 그분의 고난 중 가장 견딜 수 없었던 부분은 분노하신 심판자의 얼굴을 마주해야 했다는 것, 즉 둘째 사망의 요소인 고통과 버림을 겪어야 했다는 것이다. 그분은 영광에 이르게 될 많은 아들들 각자를 위해 죽음을 맛보셨으며(히 2:9), 잃어버린 자들을 끝없는 절망으로 압도하는 것을 잠시 동안 겪으셨다. 이로 인해 그분은 이미 언급한 바와 같이 동산에서 외치셨고, 큰 울음과 눈물로 기도와 간구를 드리셨다(히 5:7). 그분의 고뇌에서 흘러나온 피땀은 보통 사람이라면 결코 감당할 수 없는 고통을 겪고 계셨음을 증명한다. 이러한 버려짐은 십자가에서 절정에 달했으나, 그 모든 가운데서도 인성의 영혼 속 믿음은 살아있었다.

우리를 위해 저주가 되신 십자가 위에서의 그 무시무시한 시간 동안, 주 예수님은 영혼의 죽음을 견뎌내셨다. 영혼의 죽음이란 죄가 하나님과 영혼 사이를 갈라놓고, 하나님께서 우리에게서 얼굴을 숨기시는 바로 그 상태다. 이 점에 대해서는 앞부분에서 언급했으니 더 이상 자세한 설명할 필요 없을 것이다. **예수님께서 십자가에 달리셨을 때의 행동들은** 매우 중요한 의미를 가지고 있었다. 그 속죄의 고난, "향기로운 제물과 희생 제물"(엡 5:2)은 매우 효력이 있어 그분께서 십자가 위에 계신 것은 두 가지 특별한 은혜의 근거가 되었다. 하나는 구원의 역사의 뛰어난 전리품이 된 죽어가던 강도의 구원이었는데, 이는 깊은 낮아짐과 굴욕 속에서도 예수님이 충분한 구원자임을 인식하게 한 사건이었다. 다른 하나는 자신을 십자가에 못 박는 자들을 위한 용서의 기도였다. 이 기도는 당시 그분 앞에 있던 개인들을 포함하는 것이든, 유대 민족의 보존으로 확장되는 것이든, 놀라운 효력을 발휘했다.

십자가 위에서 상상할 수 없는 슬픔과 버려짐을 경험한 시간들이 지나고, 잃어버린 자들을 기다리는 칠흑 같은 어둠 속에서 주님은 자신의 일이 이루어졌음을 느끼셨다. 그리고 수많은 사람들에게 빛과 안식과 자유를 가져다준 그 말씀을 하셨다. "다 이루었다"[71](요 19:30). 이 말씀은 속죄의 고난이 절정에 이르렀고, 충분하며, 인류의 죄가 완전히 속죄되었음을 의미한다. 더 이상 할 일은 남지 않았으며, 하나님과 인간은 재결합하고 화해되었고, 이제는 그분의 영을 아버지의 손에 맡길 일만 남았다. 제사장이자 희생 제물로서 이제 마지막 남은 행위는 제사장의 행위로 그분의 영을 하나님께 맡기며 생명을 내려놓는 것이었다. 그분은 자신의 생명에 대한 권세를 가지셨으며(요 10:18), 아무도 그분의 생명을 빼앗지 못했다. 모든 일을 마치시고 모든 고난을 겪으신 후, 더 지체하지 않고 자신의 생명 또는 영혼을 아버지의 손에 맡기는 것이 합당하다고 여기셨다. 그것은 하나님께 자신의 영혼을 바치는 대제사장이신 그분의 모습이었으며, "아버지여, 내 영혼을 아버지 손에 부탁하나이다"라고 말씀하셨다. 그리고 그분은 큰 소리로 이 말씀을 외치셨는데, 이는 그분 안에 여전히 힘이 남아 있으며, 자신의 권위로 상하고 상처 입은 몸에서 영혼을 풀어 놓으시기 위함이었다.[72]

저주는 "정녕 죽으리라"였으며, 이제 그것은 소진되었고, 죄는 소멸되었다. 이제 하늘과 땅은 다시 결합되었고, 하나님과 인간은 다시 하나가 되었다.

주님의 속죄와 그분이 부패를 겪지 않으시고 부활하신 것의 연관성

주님의 부활은 기독교인의 자랑이며, 모든 소망의 약속으로서 특별한 의미에서 우리 신앙의 기초가 된다. 이는 속죄가 완전하고 받아들여졌다는 증거이기 때문이다. 여러 차례 주님께서는 자신의 부활을 반대자들과 제자들에게 예고하셨다. 반대자들에게는 자신의 신적 사명을 나타내는 표적이자 요나 선지자의 표적과 유사한 것으로(마 12:40, 요 2:19), 제자들에게는 영광의 길을 걸어가며 경험할 사건으로 예고하셨다(마 16:21, 막 9:10). 마가는 베드로의 기억을 통해 눈으로 본 것처럼 상세하게 재현하며, 제자들이 부활이 무엇을 의미하는지 서로 논의했다고 전한다.

이 위대한 사실은 속죄와 가장 긴밀하게 연결되어 있었다. 분명히 구별되지만 결코 분리될 수 없는 관계였다. 주님의 부활은 속죄의 **공로** 부분, 즉 신학자들이 구원의 획득(impetration)이라 부르는 요소에는 포함되지 않는다. **부활을 칭의의 기초로 간주하는 특정 집단**이 있는데, 이는 가장 분명한 오류이다. 로마서 4장 25절에 근거한 해석이지만 이는 성경 구절의 완전한 오해에서 비롯된 것으로,[73] 복음 전체를 무너뜨릴 위험이 있다. 속죄와 부활은 서로 수고와 보상, 원인과 결과의 관계에 있다.

사도들이 주님의 부활을 어떻게 해석했는지를 살펴보면, 그분은 부패(썩음)를 겪지 않으셨고(행 13:35), 죽음이 그분을 붙잡을 수 없었으며(행 2:24), 우리의 구원이 부활과 불가분하게 연결되어 있어, 만약 그리스도가 다시 살아나지 않으셨다면 우리 믿음이 헛되며 우리는 여전히 죄 가운데 있다는 말씀을 발견하게 된다(고전 15:17). 이 세 가지 진술은 매우 중요하여, 이에 대한 설명을 제공할 필요가 있다.

거룩한 자가 부패를 보지 말아야 한다는 진술과 관련해, 타락한 인류의 공통 운명인 흙으로 돌아감이 개인적으로 죄가 없는 분과는 관련이 없다는 것은 분명하다. 죄 없는 그분이 무덤에 머물거나 흙으로 돌아가는 일은 하나님의 공의에 부합하지 않는다(시 16:10). 믿는 자들의 경우는 다르다. 그들의 몸은 부패하고 본질적으로 변화되기 전까지 천상의 영광을 상속받기에는 부적합하다. 만약 그리스도가 흙으로 돌아갔다면, 그 이유는 그의 인성이 죽을 운명에 처한 다른 자들처럼 죄에 오염되었기 때문일 것이며, 그 경우 그는 중재자로서의 역할을 수행할 능력이 없었고, 실제로 죄를 속죄한 것으로 나타날 수 없었을 것이다. 논리적인 결론은 다음과 같다: 만약 그리스도가 부패를 보지 않고 부활하지 않았다면, 속죄가 이루어지지 않았다는 것이다. 만약 그가 부패를 보지 않고 부활하지 않았다면, 그의 제자들은 죄가 제거되었다는 확신을 가질 수 없었을 것이다. 오히려 그들은 죄가 사라지지 않았다는 확실한 증거를 갖게 되었을 것이다. 그러나 그가 죄를 속죄하고 그것을 제거한 후에는 부패를 보지 않을 수 있었으니, 원인이 제거되었으므로 그 결과도 사라져야 했다. 그는 교회에 실제적인 죽음과 실제적인 부활에 대한 확신을 주기 위해 필요한 기간만큼만 무덤에 머물 수 있었을 것이다.[74]

두 번째 진술인 그가 사망에 매여있을 수 없다는 것은 전능함보다는 도덕적 정당함의 문제라 할 수 있다. 그의 교회를 위해 만족을 이루고 하나님의 양들을 사신 그분은 죽음의 상태에 머물 수 없었고, 반드시 하나님에 의해 일어나야 했다. 모든 탐구자에게 분명히 드러나듯 사건의 본질이 그것을 요구했다. 주님의 인성이 완전하게 거룩했기 때문에, 그 자체로 복되고 불멸이어야 했다. 완전히 거룩한 존재를 고통이나 죽음에 처하게 하는 것은 하나님의 공정함에 반하며, 위대한 계획의 수행을 위한 상호 합의가 아닌 한 하나님의 도덕적 통치 아래에서는 발생할 수 없는 일이었다. 그러나 주님은 고통을 받으셨다. 그분은 자발적인 동의로 죽었고, 자기 교회의 죄를 자신에게 전가하도록 허락했다. 그분은 절대적으로 거룩했지만, 유죄로 여겨졌고, 최고 재판관에게 범죄자로 취급되었다. 다시 말해, 그분은 스스로 "너는 정녕 죽으리라"는 선고의 범위에 들어오셨다(창 2:17). 그러나 만족이 완성되었을 때, 죄가 없는 보증자는 반드시 죽음에서 일어나야 했다. 사망이 그를 얽맬 수는 없었던 것이다(행 2:24).

우리가 인용한 마지막 진술은 **"그리스도가 다시 살아나신 일이 없으면 너희의 믿음도 헛되고 너희가 여전히 죄 가운데 있을 것이요"**(고전 15:17)이다. 이는 두 가지 선언을 포함한다. 부활이 사실이 아니라면 우리의 믿음이 헛되다는 말은, 그런 경우 믿음이 그 목적을 위해 전혀 무익하거나 가치가 없으며, 그 믿음의 대상이 거짓이라는 의미다. 그리고 우리가 여전히 "죄 가운데 있다"는 것은 우리가 여전히 죄책 아래 있거나 정죄의 상태에 있다는 것을 의미한다. 이 구절은 구원받은 자에게 남아 있는 죄의 잔재를 지칭하는 것이 아니다(요일 1:8).

이제 여기서 중요한 질문이 제기된다: 사도는 왜 이렇게 추론하는 것인가? 사도가 이끌어내는 결과와 부활 사이의 연결고리는 무엇인가? 이것은 우리가 한 걸음 뒤로 물러나 기독교 체계의 주요 주제들을 살펴보면 분명해질 것이다. 한 가지 분명한 것은, 사도의 추론은 그리스도가 단지 모범적인 사람, 단순한 교사나 선지자, 혹은 영적 영향력의 수장에 불과하다는 가정 아래서는 힘을 발휘하지 못한다는 점이다. 왜냐하면 이런 이론들은 인간이 자신의 궁극적인 목적을 개인적으로 모범을 따르거나 정해진 규칙과 기준을 준수해서 달성한다고 여기지, 예수님의 생애에 일어난 사건이나 그 운명적인 결과로 얻지는 않는다고 생각하기 때문이다. 그런 이론에 따르면, 선하거나 덕 있는 사람은 규칙을 따르거나 정해진 과정을 이행함으로써 보상을 받으며, 그리스도가 부활했는지 여부와 같은 객관적인 사실은 전혀 고려되지 않아야 한다. 그런 추론은 오히려 이렇게 진행되었어야 한다: "모든 것은 선하고 덕 있는 삶에 달려 있으며, 그리스도가 죽은 자 가운데서 부활했는지 여부와는 상관이 없다. 하나님은 모든 선한 사람을 사랑하시므로, 사람들이 하나님의 은총의 대상인지 여부는 단순히 덕 있는 삶을 살고 규칙에 따라 행동하는 데 달려 있다." 사도의 추론은 이런 이론에 적용되지 않는다.

사도가 어떤 근거로 추론하는지를 발견하려면 우리는 말씀의 다른 구절에서 언급된 내용을 참고해야 한다. 온 세상이 그릇된 길을 걸었을 때, 하나님은 율법이 죄인인 인간에게 요구하는 바를 행하고 고난받을 중보자를 세우셨다. 그는 아담이 차지했던 동일한 관계에 들어가, 구원의 조건으로서 율법에 대한 순종과 형벌을 감당하는 책임을 맡으셨다. 그분은 자기 백성의 죄를 짊어짐으로써 두 번째 아담으로서 고난을 겪었고, 그들은 그분 안에서 고난받고 죽은 것으로 여겨진다. 따라서 우리는 그분 안에서 만족을 이뤘고, 그분 안에서 고난받고 죽은 자로 묘사된다(요 6:51-57; 롬 6:1-11; 갈 2:20).

우리가 이렇게 이끌어낸 이 추론은 **속죄의 대리성**을 입증한다. 그리스도의 보증이 전제되어 있으며, 주장의 핵심은 그분이 자기 백성의 자리를 차지하고 그들의 책임을 짊어졌으므로, 그들은 그들의 대표인 **그분 안에서 의롭다**

하심을 받으며 더 이상 죄 가운데 있지 않다는 것이다. 그뿐 아니라 살아계신 머리인 그분 안에서 부활한 구속받은 인류는 영혼이나 육체에서 부패할 수 없으며, 그들의 온전한 존재는 구속받았고 그분과 불가분하게 연합되어 있다. 그러나 이것은 주님의 공로로 얻은 생명이다.[75]

4

그리스도의 죽음의 효력

우리의 인격이 하나님께 받아들여지는 근거인 그리스도의 죽음

주님의 말씀은 자신의 죽음이 가져올 다양한 결과, 효과, 목적들을 설명한다. 이러한 효과는 **객관적**이고 직접적이거나, **주관적**이고 간접적인 것이며, 우리는 이제 이를 자세히 살펴보아야 한다. 어떤 효과들은 우리의 인격이 하나님께 받아들여지는 것에 관련되고, 다른 것들은 내적인 영적 생명의 전달과 관련된다. 주님께서 하신 말씀들의 연대기적 순서를 엄밀히 따르지 않더라도, 목적상 먼저 우리의 인격이 받아들여지는 것과 관련된 말씀들을 먼저 살펴보는 것이 좋다. 그리고 나서 속죄의 객관적인 열매들을 공관복음서에서 제시된 대로 논의한 후, 비록 순수한 연대기적 방식은 아니지만, 요한복음에 나오는 나머지 말씀들의 순서를 좀 더 면밀히 따라갈 수 있을 것이다.

속죄의 **객관적이고 직접적인 효과**와 관련하여, 첫째로 이는 우리 인격의 받아들여짐과 관련된 것들이다. 특히 포괄적이고 중요한 세 가지 말씀이 있다: (1) 예수님께서 자신을 많은 사람을 위한 대속물(속전)로 주셨다는 말씀,

(2) 자신의 피가 죄 사함을 위한 새 언약의 희생 제물이라는 말씀, (3) 의를 위하여 율법을 이루신다는 말씀이다. 이 모든 말씀은 인간 안에 있는 결핍과 대응관계에 있으며, 그것들의 온전한 의미와 적합성을 보려면 인간의 비참함이라는 어두운 배경 위에서 추적하는 것이 중요하다.

주님의 죽음과 우리의 인격이 받아들여지는 것 사이에 어떤 인과적 관계가 있는지를 두고 두 신학적 입장은 서로 길을 달리해 왔는데, 그것은 소시니안주의가 등장한 이래로 계속되어 온 논쟁이다. 모든 **성경적 신학자들**은 확실한 근거를 성경에 두고, 속죄가 다양한 관계적 및 내적인 효과의 원인 또는 공로적인 선행 조건이라고 항상 주장해 왔다. 반면 **대속을 반대하는 학파**는 그리스도의 죽음이 죄사함이나 그분이 자기 백성을 사신 일(행 20:28)과 같은 직접적이고 즉각적인 효과를 가졌다는 것을 인정하지 않는다.

이 **후자의 이론**에 따르면, 인간은 여전히 창조 때와 같이, 경건한 삶을 통해 하나님께 받아들여질 수 있는 능력과 자연적인 자원을 지니고 있으며, 도덕적인 위반이 있다 하더라도 반드시 형벌을 받아야 하거나, 용서를 위해 속죄가 요구되는 것은 아니다. 이 학파에 따르면 그리스도의 사역의 주된 목적은 교훈이나 모범을 통해 **자연 종교**를 회복시키는 것이며, 사람들이 어떤 **의무**를 행해야 하는지를 가르치는 것이었다. 따라서 복음 전체는 단지 하나님의 사자를 통해 회복된 자연법일 뿐이다. 이 이론에 따르면, 그리스도의 고난에 기인하는 어떤 효과들—예컨대 객관적인 죄 사함이나, 주관적인 의미에서의 생명 전달—는 사람들이 익숙했던 제사 의식에 맞춰진 단순한 비유적인 표현으로 이해되어야 한다. 결국 그리스도께서 하신 모든 일은 단지 그분이 자신의 죽음을 통해 이 교훈을 확증하신 것에 그치게 된다. 이 이론은 때로는 보다 대담한 소시니안주의나 합리주의적 형태를 띠며, 때로는 신적 생명을 묘사하는 신비적 표현으로 포장되기도 하지만, 복음의 윤리와 예수의 완전한 모범을 찬양하면서도 속죄의 기초를 허물어뜨리는 심미적 취향의 저자들은 많은 지지자들과 옹호자들을 얻는다. 이들은 복음이 주님을 **대제사장이자 희생 제물**로 묘사하는 요소를 완전히 간과하고 만다.

어느 이론이 선호될만한지 검토하기 전, 우리는 속죄 교리가 미덕의 실천이나 그리스도인의 위로에 해를 끼치지 않을 뿐만 아니라 오히려 둘 다를 효과적으로 보장한다는 점에 주목할 필요가 있다. 잠시 동안 가정해 보건대, 비록 사실은 아니지만, 사람들이 예수님의 말씀을 어떤 이론에 따라 해석할 수 있다 하더라도, 여전히 어떤 해석이 하나님의 목적과 중보자의 인격 및 직분과 관련된 하나님의 전체 구속계획과 가장 부합하는가 하는 문제가 남을 것이다. 우리는 하나님께서 제안하신 목적을 위해 최선의 수단을 선택하신다는 것을 안다. 그러나 현대인들이 말하듯 만약 자연 종교의 회복이나 단순한 도덕적 구원이 그리스도의 사명의 유일한 목표였다면, 우리는 잠시라도 예수님의 운명에 관한 이런 섭리를 상상할 수 있을까? 또는 이것이 신적 지혜를 보여 줄 수 있을까? 그분이 사람들에게 단지 도덕적 구원에 대해 알리는 사자에 불과하거나, 영적 생명을 도입하는 단순한 매개체일 뿐이고 결코 그 공로적 원인이 아니시라면, 그분의 멸시받는 삶과 치욕스러운 죽음이 무슨 필요가 있었을까? 만약 이 모든 것이 객관적 대가 없이 그저 주어질 수 있다면, 왜 그런 희생 없이도 얻을 수 있는 목적을 위해 이렇게 값비싼 수단을 사용했을까? 만약 이것이 전부였다면, 그분은 출생의 이점과 기적 행하는 능력을 가지고 사람들의 마음에 더 많은 영향을 주었을 것이다.

그들은 (1) 주님께서 자신의 추종자들에게 인내하는 순종을 일깨우기 위해 고난을 받았고, 또한 자신의 경험으로부터 동정심을 행하는 법을 배우도록 고난을 받았다고 주장한다. 이에 대해 우리는 이렇게 답한다: 그분이 다른 원인 때문에 고난받을 의무가 없었다면, 이 부차적인 효과들은 자리 잡을 수 없었을 것이다. 죄 없는 분에게 죽음이나 고통이 다가올 수 있었던 유일한 이유는 죄를 담당하셨기 때문이다. 이 구절(히 2:17)을 인용하는 사람들은 그의 죽음의 범위와 효과를 드러내는 다른 모든 구절들을 생략한다. 또한 (2) 그분이 자신의 가르침을 확증하기 위해 고난을 받았다고 주장한다. 그러나 이런 주장을 하는 이들의 가정에 따르면, 그분의 사명은 보여줄 만한 기적이나 엘리야처럼 죽음을 보지 않고 승천하는 것으로 더 확증되었을 것이다. 오히려 그분의 죽음은 사람들이 죄와 대속을 깨닫기 전까지는 걸림돌이 될 수밖에 없다. 실제로 주님의 죽음은 자연 종교의 원리들을 확증하는 것과는 거리가 멀었으며, 그분의 반대자들 사이에서 그 점에 대해서는 아무런 논쟁이 없었다. 오히려 주님께서 정죄 받은 혐의는 메시아라고 주장한 것과 대제사장이 그분에게 자신을 밝히라고 요구했을 때 공회에서 그것을 공개적으로 인정한 것이었다. 한 마디로, 대속과 속죄를 부인하는 사람들은 그분의 운명에 대한 어떤 설득력 있는 설명도 전혀 제시하지 못한다.

하지만 다른 가설을 상정하면 모든 것이 분명해진다. 하나님의 공의와 지혜와 선하심이 모두 동등하게 영광을 받는다. 그리고 **속죄**에서 비롯되는 모든 효과나 결과들을 통해 우리는 속죄의 본질을 역추론할 수 있다. 만약 그것이 우리의 죄를 용서하고 우리가 하나님께 받아들여지게 하는 효과를 낸다면, 그것은 오직 그 거래의 본질상 대리인이 우리의 자리를 차지하고 우리의 의무를 이행했기에 가능한 일이다. 마치 채무자의 빚을 다른 사람이 자기 계정으로 옮김으로써 면제되는 것과 같다. 그것이 하나님의 완전하심의 영광을 유지하고, 죄에 대한 합당한 처벌을 통해 공의와 진리를 나타내기 위해서는 필수적이었다. 그리고 인간 스스로는 하나님의 법과 공의를 만족시킬 수 없는 상태였기 때문에, 대리인 또는 중보자가 단지 명목상이 아니라 진실한 행함으로 우리의 자리와 의무를 감당하셨다. 그것은 그분이 고난과 순종을 대리해 주신 자들이 속죄의 결과로 정당하게 따라오는 모든 효과나 결과를 누리도록 하기 위함이었다. 따라서 속죄는 우리가 지금 주님의 말씀으로부터 상세히 추적하는 수많은 효과나 결과와 인과관계, 또는 공로와 보상 관계로 연결되어 있다.

그리스도께서 자신을 많은 사람을 위한 대속물로 죽는 자로 묘사하심

"인자가 온 것은 섬김을 받으려 함이 아니라 도리어 섬기려 하고 자기 목숨을 많은 사람의 대속물로 주려 함이니라."(마 20:28)

이 말씀은 그리스도의 죽음을 구속의 값이나 대가로 묘사하는 많은 구절의 열쇠가 된다.[76] 그 구절들은 구약을 암시하는 것으로 보일 수 있지만, 이 본문에 근거한 것으로도 간주해야 한다.

이 간결한 말씀의 배경을 보면, 우리 주님께서 마지막으로 베뢰아를 지나 여행하시는 동안 제자들을 따로 불러 자신의 죽음의 확실성을 알려주셨다. 그런데 그 순간 살로메가 자기 두 아들 야고보와 요한에게 메시아 왕국에서 좌우편 자리를 주시기를 요청하며 주님의 말씀을 갑자기 끊었다. 그녀는 메시아 왕국에서 영광스런 두 자리가 그녀의 두 아들에게 주어지기를 바랐다. 주 예수께서는 그런 최고의 자리가 임의적인 선택으로 주어지는 것이 아니라 전혀 다른 근거로 주어진다고 대답하셨다. 그런 다음 제자들을 부르시고 자신의 자발적인 낮아지심을 언급하시며 제자들이 본받아야 할 본보기로 삼으셨고, 다시 대화의 주제를 자신의 죽음으로 이끄셨다. 이 말씀에서 예수님은 속죄 교리를 간결하면서도 포괄적으로 요약하셨다: "인자가 온 것은 섬김을 받으려 함이 아니라 도리어 섬기려 하고 자기 목숨을 많은 사람의 대속물로 주려 함이니라." 이 간결한 구절의 모든 단어가 의미로 가득 차 있다.

"인자"라는 표현에 대해서는 이미 설명한 바와 같이, 본래 하나님의 아들이신 분이 낮아지고 저주를 담당하시는 **둘째 아담이자 죄인의 대표자가 되셨다는 의미**를 담고 있다. 여기서는 그 이상으로 언급하지 않겠지만, 하나님의 신성이 인성을 입고 저주를 담당하셨다는 점이 그분의 구속 사역과 분명히 연결되고 있다는 점은 강조할 만하다. 여기서 중심이 되는 사상은 오직 인자, 곧 **성육신하시고 낮아지신 하나님의 아들만이 참으로 대속물**(속전)**을 주실 수 있으며, 그것을 주기에 충분한 분이라는 사실**이다. 예수님은 자신이 섬김을 받기 위해 온 것이 아니라, 오히려 섬기러 왔다고 하셨는데, 이 구절은 그분의 낮아지심과 자발적인 비하를 모두 포함한다. 이어지는 문장은 예수님의 죽음의 본질과 목적에 대해 말하고 있으며, 바로 앞의 문장과 연결되어 그 섬김이 어떤 것이었는지를 우리에게 해석해준다. 즉, 그분은 다른 이들을 위해 자신의 생명을 내주는 방식으로 섬겼다는 것이다. '목숨'[77]으로 번역된 단어는 '영혼'이나 '생명' 또는 '인격'으로 해석될 수 있으며, 이 셋 중 어느 의미로 보아도 크게 다르지 않다. 그러나 문자적 의미인 "영혼"이라는 번역을 유지하는 것도 적절하다.

다음으로 우리는 그분이 오신 목적에 주목해야 한다. 문장의 시작 부분인 "인자가 왔다"는 마지막 구절인 "자기 생명을 대속물(속전)로 주려고 왔다"와 연결되어 있어, 그리스도의 성육신의 사실과 목적을 가장 명확하게 제시한다. 성육신의 위대한 계획 또는 목적은 메시아의 죗값 지불 또는 만족을 위한 죽음이었다. 물론 그리스도의 가르침도 그분의 사명에 포함되지만, 그분은 이 말씀에서 자신의 오심을 구속적 죽음과 연결시켜 우리가 이 후자를 성육신의 주요 계획이자 우리 믿음의 주요 대상으로 간주해야 한다고 말씀하신다. 우리는 이 말씀을 단순히 "목숨을 내어놓다"라는 의미로 해석할 수 없다. 그 의미는 **그분이 포로된 자들을 위해, 죄인들의 구속을 위해** 죽으려는 목적으로 세상에 왔다는 것인데 이보다 더 명확하게 말할 수 없었을 것이다. 따라서 그분의 **죽음**은 우연한 사건이나, 다른 계획이 실패한 결과로 여겨져서는 안 되고, 단지 세상이 선한 것을 미워한 결과로 겪게 된 것도 아니다. 오히려 **그분의 죽음은 본래의 목적 그 자체**이다. 그분은 자기 생명을 대속물로 주려고 왔다. 따라서 그분을 이끌어 온 것은 우리의 공로가 아닌 우리의 비참함이다.

이 구절에서 주님은 세 가지 중요한 진리를 말씀하신다. 이 셋은 각각 구별되어 이해되어야 하지만, 본질적으로 하나의 위대한 사상의 부분들로 이해되어야 한다. 이 진술의 요소들은 다음과 같다. (1) 그분이 자발적으로 자신의 **영혼 또는 생명**을 내주기 위해 왔다는 것, (2) 그분이 그것을 **속전**으로, 곧 **구속의 실제 효력**을 내기 위해 주었다는 것, (3) 그분의 생명을 **내어줌**이 본질적으로 다른 이들을 **대신한** 희생이었다는 것이다. 이것들이 세 가지 서술이다. 그리고 후자의 두 가지 중 어느 하나만으로도 대리적 죽음이라는 위대한 개념을 드러내기에 충분했을 것이다. 그것은 '속전'이라는 용어만으로도, 또는 여기서 단독으로 사용된 '대신에'[78]라는 전치사만으로도 의미는 분명했을 것이다. 하지만 이 세 가지 사상이 결합됨으로써, 그 교리는 더할 나위 없이 충분하고 강력하게 강조되어, 모든 의심의 여지를 차단한다. 이제 우리는 이들을 각각 따로 살펴보고, 그 다음에 결합해 보자.

1. 주님은 자신의 영혼 또는 생명을 주기 위해 오셨다. 그러나 이 표현은 그분이 어떤 강요나 제약 없이 자신의 자유 의지에 따라 행동하셨음을 암시한다. 이는 속죄 교리의 완전성을 위해 필요한 진리의 측면이며, 특히 그리스도에게 주어진 사명과 아버지께서 그분을 보내시고 내주신 것에 대해 말하는 다른 구절들과 조화를 이룬다. 그러나 "자신의 영혼" 또는 생명을 **주는 것**의 정확한 의미는 무엇인가? 얼핏 보면 단순히 "죽는 것"을 의미하는 것 같다. 그

러나 이 표현을 히브리인들의 관념에 맞춰 해석하면 훨씬 더 깊은 의미를 지닌다. "영혼"이라는 단어는 강조되었고, 그분이 자신의 영혼을 주러 오셨다고 선언한 이유는 **율법의 제의적 용어**에서 즉시 드러난다. "육체의 생명은 피에 있음이라 내가 이 피를 너희에게 주어 제단에 뿌려 너희의 생명을 위하여 속죄하게 하였나니 **생명이 피에 있으므로 피가 죄를 속하느니라**"(레 17:11). 따라서 속죄가 피로 이루어진 이유는 그 구절의 첫 부분에 언급된 대로 생명이 피에 있기 때문이다. 그러므로 피가 드려질 때마다 **제물의 영혼이 봉헌자의 영혼을 대신하는 것**으로 여겨졌다. 하나의 영혼이 다른 영혼을 대신한 것, **그 제물에게 행해진 것은 사실 그 제물을 드린 자가 당해야 할 일이었다.** 이렇게 한 생명이 다른 생명을 대신하여 바쳐졌다. 이것이 제사의 근본 개념이었다. 이런 관점에서 볼 때, 그리스도의 말씀은 그가 제사장으로서 하나님께 속죄 제물을 바치며, 이러한 대리적 방식으로 인간의 생명을 위해 자신의 생명을 주신다는 것을 나타낸다. 우리 주님께서 지상에 계실 때 **선지자**와 **왕**의 칭호를 공개적으로 받아들이셨음에도 불구하고, 자신에게 **"제사장"**이라는 명칭을 직접 적용하지 않으신 데에는 분명히 이유가 있었을 것이다. 그러나 이 구절과 유사한 다른 구절들에서 그는 의심할 여지 없이 히브리서에서 그분에게 적용된 모든 풍부한 제사장적 표현의 씨앗을 제공하셨다. 그분은 명시적이지는 않지만 자신을 **제사장**이자 동시에 **제물**로 암시하셨다.

2. 주님의 영혼 또는 생명을 주는 것은 포로들을 구출하기 위해 지불되는 대속물이나 값(λυτρον)이 되기 위함이었다. 이렇게 제사의 개념은 대속물의 개념으로 넘어간다. 하나의 개념이 다른 개념으로 전환되는 일종의 가교 역할을 하는 것이다. 이 두 가지를 혼동하지 않기 위해 이 점을 주목하는 것이 중요하다. 이 단어는 구속 자체를 의미하는 것이 아니라, 그 값이나 다른 이를 구속하기 위해 지불된 대가를 뜻한다. "대속물"이라는 용어는 사용되는 곳마다 지불된 값과 이루어진 해방 사이의 인과관계, 즉 원인과 결과의 관계

를 내포한다는 것을 알 수 있다. 이 용어는 고전 작가들이나 유대 작가들 사이에서 사용될 때마다 단순한 용서가 아닌, 대속물을 통한 구원을 항상 시사한다.

따라서 고전 작가들 사이에서 이 단어는 항상 전쟁 포로의 석방을 위해 지불되는 값이나, 소유자가 자신의 정당한 권한이나 자기 다스림 아래 두는 권리를 포기하는 조건으로 노예를 위해 지불되는 값을 의미했다. 고전적 용례는 이 단어의 의미를 너무나 깊이 각인시켰기 때문에, 그것이 지배적인 의미가 되어 유대 작가들이 이 단어를 사용할 때조차도 그 의미를 분리할 수 없었다.[79]

그렇다면 물건의 속량에 대해 말하지 않고(레 25:14), 사람들에 대한 의미로 국한시켜 볼 때, 70인역에서 사용된 이 단어는 노예 상태에서 소녀를 구속하는 "대속물(속량)"로 사용되었고(레 19:20), 전쟁 포로의 "대속물"로 사용되었으며(사 45:13), 자발적으로 종이 되어 희년까지 자신을 팔 수 있는 사람의 "대속물"로 사용되었다(레 25:51). 또한 이 단어는 과실을 속죄하기 위해 재판관들에게 지불하는 "대속물"로 사용되었는데, 이에 대한 매우 주목할 만한 사례로 뿔 있는 소의 주인의 경우가 있다(출 21:30). 만약 그런 소가 사람을 죽이거나 죽음을 초래했다면, 법은 소와 그 주인 모두에게 사형을 선고했다. 그러나 이러한 사고에 대해 법이 정한 처벌에서 벗어나기 위해, 주인은 특정한 경우 자신의 생명을 구하기 위해 "대속물" 또는 금전적 벌금을 지불할 수 있었다. 반면에 살인자의 생명이나 도피성으로 도망간 자의 생명에 대해서는 "대속물"을 받지 말라는 규정이 있었다(민 35:31, 32).

동일한 용어(λυτρον)는 임박한 위험에서 사람을 구하기 위해 지불되는 값이나, 마땅히 받아야 할 혹은 예상되는 처벌, 상해, 사형 집행을 중단하도록 타인을 설득하기 위해 주는 돈을 나타내는 데 사용된다. 이와 관련하여 "사람의 생명의 대속물(속전)은 그의 재물이니라"(잠 13:8)라고 말해진다. 이는 일상 생활의 사건들을 언급하는 진술로, 부자들이 흔히 "대속물"을 지불함으로써 그렇지 않으면 당할 수 있는 위험, 강탈, 압박에서 자신을 해방시키거나, 이를 통해 법정에서 자신을 변호할 사람들을 확보한다는 것을 암시한다. 예를 들어, 상처 입은 남편에 대해 "그는 어떤 대속물(보상)도 받지 않을 것이다"(잠 6:35)라고 언급되는데, 이는 가정의 순결과 명예를 침해한 자에 대해 그의 분노가 격해졌을 때 어떤 대속물(속전)로도 달래지지 않을 것이라는 의미이다. 이것들은 인간과 인간 사이의 관계에서 이 용어(λυτρον)가 사용되는 사례들이다.

그러나 같은 용어가 동일한 의미로 인간과 하나님의 관계를 지칭할 때도 사용된다. 예를 들어, 가족의 첫째는 5세겔의 "대속물"을 지불함으로써만 성소 출입에서 면제되었다(민 18:15). 또한 레위 지파가 이스라엘의 장자 대신 받아들여지고 그 지파의 출입이 교환되었을 때, 레위 지파가 대신한 장자 수를 초과하는 모든 사람에 대해 "대속물"을 지불해야 했다. 그리하여 22,000명의 레위인으로 대체되지 않은 273명에 대해 "대속물"이 지불되었다(민 3:49). 그러나 돈으로 지불하는 대속물 중 가장 의미 있고 익숙한 것은 회중의 인구 조사나 등록 명부에 이름이 올라간 모든 히브리 남성이 지불한 속전이었다. 이 대속물은 반 세겔이었으며, 부자라고 더 내거나 가난하다고 덜 내지 않았다. 이는 성인이 된 모든 이가 여호와의 속량받은 자로 등록되었음을 의미했으며, "여호와의 속량받은 자" 또는 "대속받은 자"라는 표현은 구약에서 흔히 사용되는 친숙한 표현이다(시 107:2). 이는 유대 역사의 가장 좋은 시기에 연례 세금이나 공납으로 지불된 것으로 보인다. 많은 저자들이 매년 지불되지 않았다고 주장하지만, 첫 번째 경우로 제한하려는 이들의 견해를 뒷받침할 만한 충분한 근거는 없다. 우리 주께서 한 번 요청받고 지불하신 이 공납금이나 드라크마에 대한 언급(마 17:24)은 매년, 또는 적어도 선민으로 등록될 때 한 번은 모든 남성에게 요구되었음을 충분히 증명한다(왕하 12:4; 대하 24:9; 느 10:32). 모든 이스라엘 사람은 매년 그 반 세겔 또는 드라크마를 자신의 영혼을 위한 대속물로 바친 것 같다. 그리고 우리는 대속물로서 그것이 하나님의 진노를 막았다는 것을 안다. 이것이 성전 봉사를 위해 따로 떼어 놓았기 때문인지, 아니면 독립적이고 주권적인 조치였기 때문인지는 모르겠다. 그리고 이는 죄 있는 인간이 거룩하신 하나님께 가까이 나아가거나 그분 앞에 설 수 없으며, 오직 모든 예배자를 위해 지불된 대속물을 근거로 해서만 가능함을 보여주었다(출 30:11). 이러한 사례들은 그리스도 안에서 실체를 찾게 될 그 모형적 체계에서 대속물이 필요했음을 보여준다.

이제 이 용어를 그리스도께 적용하는 것에 관해서는, 첫눈에 분명한 것이 하나 있다. 구속의 값은 구속 받은 자의 개인적 공로가 아니라 다른 이가 행한 어떤 것으로 거슬러 올라가야 하며, 그것은 한 사람이 많은 사람을 위해 행한 행위로 묘사된다. 여기에는 표현되지 않았더라도 답변이 함축된 두 가지 질문이 있다: 누구에게 대속물이 지불되었는가? 그리고 무엇으로 지불되었는가?

1. 첫 번째 질문, **누가 감금한 당사자이며 속전을 요구하는 당사자인가?** 답은 하나님과 피조물의 관계, 그리고 하나님의 침해된 권리와 율법에 대한 올바른 이해에서 나온다. 포로 상태는 일차적으로 하나님의 공의에 대한 것이며, 이차적으로는 사탄과 사망과 지옥에 대한 것이다. 따라서 하나님의 침해된 율법과 명예에 대한 만족이 속박을 종결시켰으며, **대속물은 사탄이 아닌 하나님께 지불되었다.**[80] "대속물"이라는 용어의 사용이 전제하는 포로 상태에는 여러 요소가 있다. 재판장은 정당한 판결로 죄인을 속박 상태로 떨어뜨렸는데, 이는 신성의 모든 속성이 그에 대한 변호를 요구했기 때문이다. 그는 일차적으로 하나님의 공의, 이차적으로 사탄과 사망과 지옥의 포로가 되었

다. 죄에 붙은 저주는 사망, 즉 하나님의 얼굴과 은혜로부터의 분리였다. 그뿐만 아니라 사탄은 인류를 소유하게 되었고 정복할 권리로 그들을 붙잡고 있었는데, 이는 하나님과 인간 사이의 분리를 정당하게 선언하고 정복자가 그의 정복물을 소유하게 한 공의와 율법의 근원적인 원천에 필요한 몸값이 지불되었을 때에야 비로소 사탄에게서 빼앗을 수 있었다. 이러한 속박은 본래의 원인으로 되돌아가 하나님이 죄 지은 인간에 대해 가지셨던 관계를 변화시키는 개입에 의해서만 뒤바뀔 수 있다. 따라서 율법이 성취되고 저주가 적절한 대속물에 의해 소진되었을 때, 속박은 끝났다. 포로 상태를 선고한 같은 재판장이 그 대속물을 신뢰하는 모든 이들을 위해 그 선고를 뒤집는다.

2. 두 번째 질문, 대속물이 **무엇으로 지불되었는가?** 그것은 모든 종류의 행위가 아닌 오직 대리적 죽음만으로 가능하다. 포로는 굽힐 줄 모르는 공의의 손아귀에 잡혀 있었고, 속전은 오직 정당한 형벌이거나 하나님의 선고에 포함된 모든 저주를 충분히 감당하는 죽음일 수밖에 없었다. 다시 말해, 하나님의 아들께서 둘째 아담이 되시고 인간의 대표자로 행하도록 하나님의 위임을 받아 완전한 대가를 지불하셨다. 이는 생명으로 생명을 대신하는 것이다. 그렇다면 대속물은 완전한 의미에서의 형벌적 고통이며, 자발적으로 감당하신 것이다. 예수의 죽음 외에는 어떤 대속물도 찾을 수 없었다. 혹은 인격적으로 말하자면, 인류의 대속물은 바로 우리를 대표하고 우리를 대신하여 행하시고 죽으신 구주 그 자체이시다.

3. 이 명제의 세 번째 요소는 속전이 많은 사람을 대신하여(αντι πολλων) 지불되었다는 것이다. 이 마지막 단어들은 어떻게 해석해야 할까? 어떤 이들은 이를 행위자, 즉 언급된 주체나 인물과 연관 짓는다. 다른 이들은 이를 명제의 목적어와 연결하여 "대속물"이라는 용어와 동격으로 본다. 나는 이 명제에 이미 암시된 대로 세 가지 개념이 있다고 생각한다. (1) 희생 개념과 (2) 속전의

개념 모두 "많은 사람을 대신하여"라는 말과 연결되어야 한다. 주님께서 자신이 제사장으로서 희생제사를 드린다고 말씀하신 다음 포로상태에서 구출하는 속전의 개념을 이어서 말씀하실 때 첫째 개념에서 둘째 개념으로 전환이 이루어지고 있다. "많은 사람을 대신하여"라는 말은 두 개념 모두와 연결해야 함이 분명하다. 주께서는 많은 사람을 대신해서 제사장으로서 희생 제사를 드리셨다. 그분은 또한 많은 사람을 대신하여 대속물(속전)을 지불하셨다. 전자의 생각은 후자로 넘어가면서 그 의미를 발전시키거나 확장하는 것이다. 두 가지 표현 방식 모두에서 주 예수께서 대리적인 방식으로 행하셨다는 생각이 명백하다.

여기서 사용된 구절의 진정한 의미는 모든 학자들이 언어를 통해 해석할 때 인정하듯이[81] '많은 사람을 대신하여'라는 뜻이다. 몇 가지 예를 들어보면, 이는 "눈은 눈으로"(마 5:38), "한 그릇 음식을 위해 장자의 명분을 판 자"(히 12:16), "생선 대신에 뱀을 주겠느냐?"(눅 11:11), "악을 악으로 갚지 말라"(롬 12:17), "아켈라오가 그를 대신하여 왕이 되었더라"(마 2:22)와 같은 구절에서 사용된 전치사(αντι)와 동일하다. 이러한 예시들과 '대항하여'라는 의미로 사용되지 않은 다른 모든 경우에서, 이 표현의 일관되고 의심의 여지가 없는 의미는 **대신한다**는 개념이다. 여기서 사용된 단어들은 그리스도께서 자신을 대속물로 주셨다는 생각을 전달한다. 그분은 다른 이들을 대신해 자신의 생명을 주셨고, 또한 이 생명의 포기는 구원을 이루는 대가나 속전으로 받아들여졌거나 간주되었다는 것이다. 그리스도의 죽음이 단순히 막연하고 불명확하며 불확실한 의미에서 다른 이들의 유익을 위한 것이라고 말하는 것으로는 충분하지 않다. 그것은 사용된 전치사의 의미나 문장의 맥락에 의해 보증되지 않기 때문이다. 우리가 단어에 폭력을 가하지 않고 주님의 생각을 이해하려면, 이를 대리적 제공의 개념을 전달하는 것으로 받아들여야 하며, 인자께서 다른 이들이 받았어야 할 바로 그 죽음을 겪으셨다는 것을 인정해야 한다. 그분은 그들이 마땅히 받아야 할 형벌을 감당하시고, 그들이 처벌에서 구출될 수 있도록 그들을 대신해 죽으셨다. 만약 그것이 단지 일반적이고 불명확하며 추상적인 의미에서 다른 이들의 유익을 위한 것이었다면, 같은 말을 어떤 사도나 순교자에 대해서도 할 수 있을 것이다. 그러나 그분이 대리적으로 생명을 주셨거나, 다른 이들을 대신하여 생명을 바치셨다면, 이는 그분이 죽음으로 죽음을 갚으시고, 스스로 형벌을 짊어짐으로써 다른 이들을 자유롭게 하셨다는 것 외에 무엇을 의미하는가? 참 하나님이시며 참 인간이신 인자는 많은 사람을 대신하여 이를 행하러 오셨다.

이 구절에서 언급된 '많은 사람'에 대해 주목할 점은, 예수님께서 '모든 사람'이라고 말씀하지 않으셨다는 것이다. 만약 '모든 사람'이라고 하셨다면, 이는 단순히 당시 함께 있던 소수의 제자들에게만 한정되는 것으로 여겨질 수도 있었을 것이다. 그분은 자신의 죽음의 효력이 그 자리에 있던 제자들에게만 국한된 것처럼 그들만을 말씀하신 것이 아니다. 또한 그들의 민족만을 말씀하신 것도 아니고, 별들이나 바닷가의 모래처럼 **셀 수 없이 많은** 모든 민족 중에서 나온 자손을 말씀하신 것이다. 그리고 그분은 그들을 '많은 사람'이라고 부르셨는데, 이는 자신을 많은 사람을 위해 행동하는 한 사람으로 대조하셨기 때문이거나 -로마서 5장 19절에서 비슷한 표현을 볼 수 있다-혹은 아버지께서 그분에게 주신 모든 족속과 나라 가운데서 나온 무리를 바라보셨기 때문이다. 다시 말해, 하나님의 택하신 자들, 진정으로 구원받은 자들, 인간들 중에서 구속받은 자들을 가리키는 것으로, 그분은 이들을 위해 자신을 바치셨다.

이제 우리가 이 구절에 대해 제시한 해석에 대한 반론들을 해명하고자 한다. 이 반론들은 주로 두 가지인데, 대속의 실재성 또는 속전의 실재성에 대한 것이다.

1. 인격의 대속 또는 교환의 실재성에 대한 반론은 때때로 나름 복음주의적인 경향을 띠기도 한다. 예를 들어, 한 현대 저자[82]는 그리스도가 인류와 나란히 있거나 인류 밖에 존재하는 '다른 누군가'가 아니라, 인류의 일부로서 두 번째 아담으로 나타난 인자(Son of Man)이기 때문에 대속이라는 개념이 그리스도와 인류의 관계를 표현하지 못한다고 주장한다. 그는 또한 "그분이 우리를 하나님과 화해시키신 것은 단지 대리적 행위가 아니며, 단지 그분을 통해서가 아니라 그분 안에서 우리가 화해된다"고 덧붙인다. 이 반론은 새로운 신학 또는 현재 유행하는 속죄에 대한 신비주의적 이론의 경향을 표현한다고 할 수 있으며, 모든 일방적이고 주관적인 편향성을 포함한다. 그러나 우리가 살펴본 말씀에서 주님은 자신의 생명을 내주는 것이 많은 사람을 대신한 대리적 행위라고 명확하게 선언하고 계신다. 그리고 죽음 아래 있는 다른 이를 구속하고 다른 이들을 대신한다고 선언된 죽음은 언어를 있는 그대로 취한다면 대리적인 것으로 보아야 한다. 또한 죄에 대해 선언된 하나님의 판결을 합법적으로 뒤집거나 실제적인 저주를 제거하기 위한 어떤 대책도 없이, 단지 내적 생명의 전달이나 그리스도의 인격과의 연합을 통한 구속이라는 개념은 첫 번째 아담과 두 번째 아담 모두가 인류에 대해 가지는 관계성에 심각한 결함을 만든다. 이는 하나님께 받아들여지기 위해 필요한 의와 인간 위에 임한 저주가 다루어져야 하는 필요성을 전혀 고려하지 않는 것이다. 이는 우리 인격이 하나님과 가지는 객관적 관계를 무시하는 것이다. 우리의 내적 본성만큼이나 우리가 하나님과 가지는 객관적 관계는 중요하다. 이 이론은 우리의 존재가 하나님과 가지는 객관적 관계를 전부 영적 생명 안에 흡수시켜 버린다.

한편, 더 이전의 소시니안들은 우리가 방금 언급한 복음주의적 정서를 전혀 가지고 있지 않으며, 완전히 다른 근거에서 그리스도의 대리적 요소나 대속을 거부했다. 그들의 모든 과장된 추론과 어려움들을 언급하며 상세히 반박하는 것은 지루할 것이다. 그러나 그중 일부에 대해서는 언급해야 한다. 예를 들어, 그들은 이 단어가 주로 암시하는 포로 교환에서 양측 모두 자유롭게 되어 자신의 친구들에게 돌아간다고 주장한다. 물론 이는 양측이 동일 조건에 있고 죄인처럼 화해가 반드시 필요하지 않을 때 해당된다. 그러나 우리는 이런 식의 과도하고 억지스러운 해석들에 대해, 모든 비교나 비유에는 오직 한 가지 핵심적인 공통점만이 중요하다는 사실을 기억함으로써 충분히 반박할 수 있다. 이 경우 그 핵심 공통점은 복잡한 세부사항이 아니라 바로 포로의 교환이라는 중심 개념이다. 더 나아가 소시니안들은 주장하기를, "그렇다면 그리스도는 포로로 남아 있어야 하지 않느냐"고 한다면, 이에 대한 답은 분명하다. 그리스도는 분명히 포로 상태에 계셨다. 아니, 그분의 생애 전체가 대속의 값이 완전히 치러지기까지 포로 상태였다. 그러나 그리스도는 우리를 구속하시되, 포로 된 자들을 사로잡으심으로써, 우리를 자유롭게 하셨다. 이 모든 반론들은 본질적으로 과장된 추론일 뿐이다.

그러나 이 유형의 저자들의 주요 논거는 이 문제가 인격적 교환이 아니라 어떤 사물이나 대가, 인격 사이의 교환에 더 관련된다는 것이다. 그러나 이 주장과는 반대로, 여기 사용된 전치사와 예수님께서 자신의 죽음에 대해 사용하신 전체 표현은 분명히 한 사람이 다른 사람 대신하는 교환, 곧 어떤 사람이 감당해야 할 고난을 다른 사람이 대신 당하는 인격적 교환이다. 이는 대표성을 전제로 하는 구속 경륜에서 반드시 받아들여야 할 개념이다. 이 대표성은 첫째 아담에게서든, 둘째 아담에게서든 똑같이 나타나는 것이다.[83]

2. 이미 언급한 두 번째 반론과 관련해 속전의 실재성을 부정하고 모든 것을 단순한 비유적 표현으로 축소하는 주장은 쉽게 반박할 수 있다. 소시니안 주석가들은 항상 포로를 속량하는 것에서 유래한 이 모든 표현이 단지 전쟁 포로를 속량하는 관습에서 비롯된 은유적 언어 사용일 뿐이며, 우리가 풀려났다는 단순한 의미 이상을 뜻하지 않는다고 주장해왔다. 이에 대해 우리는

일반적인 답변과 구체적인 답변을 제시한다.

　우선 일반적인 반론으로, 속전이나 값을 지불하는 것에 대한 성경의 언어는 매우 명확한 의미를 가지며, 이는 반드시 포로 해방을 위해 어떤 대가 지불이 필요했다는 생각을 포함한다. 그렇기 때문에 이 의미를 단순한 비유로 축소해버리는 것은 성경이 전하는 뜻 자체와 단어의 본래 의미를 무력화시키는 것이다. 만일 이러한 해석 원리를 계속 밀고 나간다면, 그것은 현대 신화주의(mythism)가 도달한 결과처럼, 기독교를 단순한 사상의 체계, 즉 사실성과 역사적 기반에서 단절된 관념적 구조물로 축소시키는 것이 된다. 이런 해석 원리에 따르면, 기독교는 실제 사실이 아니라 순전히 개념들과 생각들, 하나의 정신적 사유 체계로 전락하고 만다. 그들이 일관성을 유지하려면 그리스도, 중보자, 구원을 모두 비유적 또는 은유적이라고 주장해야 할 것이다. 반대로, 본문에 표현된 언어 중 문자 그대로 참되지 않은 것은 없다. 모든 것은 현실이지 치장이나 비유가 아니며, 사실이지 상징이 아니다. 이것이 이 반론에 대한 일반적인 답변이다.

　또한 이 반론에 보다 구체적이고 세부적으로 대응하자면, 사람들이 비유적인 속박이 아니라 실제적인 속박 상태에 있다면 그들은 비유적인 속전이 아니라 실제적인 속전에 의해 구원받는다는 점을 주장해야 한다. 만약 구속주께서 자신의 생명을 다른 이들을 위해 내주시고, 또한 포로들을 위한 대속물이나 대가로 그것을 내주셨다면, 첫 번째가 문자 그대로의 실제적인 포로 상태라면, 두 번째도 그들의 구원을 위한 문자 그대로의 실제적인 속전이다. 그리고 이 용어가 구약 희생 제사에서 가져왔으며, 단지 그리스도께 맞추어 적용된 것에 불과하다는 주장에 대해 이렇게 반박할 수 있다. 모형은 실제 사건, 또는 그 실제 사건이 비추는 현실로부터 그 색깔을 얻지, 그 반대가 아니다. 모형이 실체에 은유적인 표현을 부여한 것이 아니라, 다가올 실제 사건이 그 그림자를 드리웠고, 모형에 의미를 부여한 것이다.

또한 자주 제기되는 주장 중 하나로, 신약성경 저자들이 대가(값)라는 부가적 개념 없이 단순히 구원의 의미로 속전이라는 단어를 사용하기 때문에 그런 비유적 의미보다 본질에 집중해야 한다는 경고를 흔히 듣는다. 그러나 우리가 속전이라는 단어를 마치 전혀 사용되지 않은 것처럼 여기거나 정확하고 명확한 의미가 없는 것처럼 다루는 것은 엄격한 해석 원칙과 기준에 위배된다. 이는 가장 자의적인 해석의 자유를 도입하게 될 것이며, 사람들로 하여금 단어가 아닌 선입견에 의해 해석하게 만들 것이다. 최근 신학계의 일부 유명 인사들은[84] 이 구절을 마치 그리스도의 죽음으로 확증된 그의 가르침의 영향 외에는 아무것도 찾을 수 없는 것처럼 해석했다. 그것은 그리스도를 단순한 교사나 선지자의 수준으로 격하시키는 것이 아니고 무엇인가? 일부 다른 이들이 주장한 바와 같이, 그리스도가 이러한 용어를 사용할 때 단지 모세 율법의 속박에서 사람들을 해방시키는 것을 가리키며, 그분이 더 순수한 예배를 세우고 모든 인류에게 절대적이고 값없는 죄 사함을 선포할 것이라는 사실을 언급한다고 주장하는 것과 크게 다르지 않다. 건전한 해석 법칙은 누구에게도 그러한 제멋대로의 자유를 허용하지 않을 것이다. 속전이라는 단어의 용법과 신학 전체 개념과의 연관성은 오직 그리스도의 죽음의 실제적이고 실재적인 결과에 대한 암시만을 허용할 것이다. 속전이라는 용어는 구원 자체가 아니라 그 대가를 나타내며, 그 사상은 인류가 대리적 속죄에 의해 속박에서 풀려난다는 것이다. 속박과 속전은 모두 똑같이 실재적이다. 이 구절이 대속의 죗값에 대한 지불 없이 구속을 선언한다고 주장하는 사람들은, 마치 실제로 값이 지불된 것처럼 확실하게 구원이 이루어진다고 주장하면서 그리스도의 교리를 위반할 뿐만 아니라 언어의 법칙도 위반한다. 그리고 성경 해석자의 충실함에 대해 한마디 하자면, 그는 그리스도의 말씀의 의미를 임의로 바꿀 재량권이 없다. 그에게 이보다 더 끔찍한 생각은 없다.

만약 어떤 영향이나 경향으로 인해 그리스도의 가르침의 의미를 왜곡하고 그의 언어의 적절한 힘과 의미를 무효화하게 된다면 그리스도의 심판대 앞에서 어떻게 답변할 것인가 하는 것이다. 많은 이들은 하나님의 공의에 만족이 필요하다는 것을 비이성적으로 여기는 선입견 때문에 그렇게 한다. 그러나 나는 묻는다. 하나님의 율법이 인간에게 계명을 주고 그를 범한 죄에 대해 형벌을 부여함으로써 성취되어야 한다고 주장하는 것이 터무니없는가? 이것이 공의가 반드시 만족되어야 한다는 말의 의미 전부이다.

앞서 제시한 이 본문의 해석에 대한 다른 반론들은 사소하고 단편적인 것들이며, 이미 본문 주해에서 예견되고 다루어졌기에 여기서는 생략할 수 있다. 그러나 한 가지 자주 제기되는 반론은 다음과 같다. 속전이라는 개념이 성립할 수 없는 이유는, 그 속전이 실제로 누구에게 지불되었는지를 밝힐 수 없기 때문이라는 것이다. 그리고 오늘날에 와서 그 속전이 사탄에게 지불되었다고 말할 수는 없지 않냐는 주장도 덧붙여진다. 답변은 분명하다. 이는 단순히 금전적 지불을 받는 채권자의 경우가 아니라, 사형에 해당하는 중죄를 저지르고 법의 권위를 유지하기 위한 형벌을 받아 마땅한 범죄자에 대한 문제다. 속전은 모든 것의 심판자이신 하나님께 지불된 것이다(엡 5:2; 히 9:14).
우리는 이 구절의 요소들을 다음과 같이 정리할 수 있다: (1) 그분의 사역에 가치를 부여하는 신적 인격의 낮아지심 (2) 자기 헌신의 제사장적 행위 (3) 인간이 죽음의 포로라는 가정 (4) 구속의 효력을 지닌 대속물 (5) 그분이 대신한 사람들 (6) 필연적 결과 -그러한 대속자의 죽음으로 인한 죽음으로부터의 구원.

속전의 의미를 결정했으므로, 언급할 만한 다른 것은 거의 없다. 마지막으로, 이 증언의 중요성에 대해 말하자면, 포로를 속전이나 대가 지불을 통해 구출하는 개념은 어느 민족의 사고나 관습에서도 낯선 것이 아니다. 이 개념은 모든 신학의 근간을 이루며, 모든 이의 이성과 양심에도 스스로 호소하는 진리이다.

속전은 어떠한 모호함도 없이 이렇게 설명된다. 그리스도의 순종의 절정으로서 그분이 제사장으로서 자신의 생명을 내어주신 것이 속전으로 표현된다. 그리고 이는 현재와 미래의 하나님의 진노로부터의 구원에 직접적이고 인과적인 연관이 있다. 생명을 생명으로 바꾸는 것이 죄인을 위해 제공될 수 있는 유일한 대가 또는 보상이다. 우리는 이에 대한 예수님의 생각이 어떤지를 그분의 입에서 직접 듣게 된다. 지불된 속전과 이루어진 구속 또는 구원 사이에는 인과관계가 있다. 이 구원 또는 구속의 범위는 매우 넓어서, 신자들은 현재와 미래의 "모든 악에서 구속된다". 속전이 구원의 공로적 원인이었던 것처럼 죄 또는 타락은 포로 상태의 공로적 원인이었다.[85]

덧붙여 말하자면, 죄의 결과로 오는 모든 형벌적 악은 완전한 의미에서 '사망'이라는 용어로 표현된다. 주님은 우리의 생명을 위해 자신의 생명을 주셨고, 다시 말해 현세적이고 영원한 모든 의미에서의 사망을 맞으셨다. 그렇게 함으로써 사망의 쏘는 것을 없애셨다. 이제 그분을 믿는 자들에게는 그 말의 본래 의미에서 사망이 아니게 되었다(요 8:51). 이는 죄 없으신 분이 죽으셨기 때문이다. 물론 속죄를 포로 상태로부터의 속전으로 여긴다면 물리적 고통이나 죽음과는 무관한 것처럼 보일 수 있다. 왜냐하면 신자들이 회심 이후에도 여전히 육체적 고통과 죽음을 겪기 때문이다. 그러나 육신적 악과 사망이 제거되지 않았음에도 불구하고, 속죄가 실제로 가져온 변화는 모든 면에서 매우 커서, 더 이상 악이 아니게 된다. 형벌적인 요소가 완전히 제거되었기 때문이다. 속전은 하나님의 도덕적 통치 안에서 그리스도인이 다른 모든 것과 맺는 관계를 변화시킨다. 우리의 육체적 고통과 죽음에 대한 의미도 바뀌었다. 그 안에 더 이상 저주가 없고, 한 방울의 진노도 없으며, 오직 아버지의 징계와 교육의 수단만이 있을 뿐이다.[86]

자신의 죽음이 죄 사함을 위한
새 언약의 희생제사라는 그리스도의 증언

마태복음 26:26-28, 마가복음 14:22-24, 누가복음 22:19, 20(고전 11:23-25과 비교)의 말씀은 다음과 같이 조화될 수 있다.

"그들이 먹고 있을 때에 예수께서 떡을 가지사 축복하시고 떼어 제자들에게 주시며 이르시되 받아먹으라 이것은 너희를 위하여 주는(또는 나뉜) 내 몸이니라 너희가 이를 행하여 나를 기념하라 하시고 식후에 또한 이와 같이 잔을 가지사 감사 기도 하시고 저희에게 주시며 이르시되 너희가 다 이것을 마시라 그들이 다 그것을 마셨더라 이는 죄 사함을 얻게 하려고 너희와 많은 사람을 위하여 흘리는 바 나의 피 곧 언약의 피니라."

우리 주께서 자신의 죽음에 대해 하신 모든 말씀 중에서 성찬식을 제정하실 때 하신 이 증언만큼 중요하거나 명확한 것은 없다. 그분은 이전에 자신의 죽음을 "속전"이라 부르셨고, 십자가에 못 박힌 자신의 살을 "참된 양식"이라 부르셨으며, 이 구절에서는 자신의 피를 언약이라 부르셨다. 이 표현은 그분을 통한 하나님과의 화해를 선포하는 모든 구절들의 열쇠로 간주될 수 있다. 또한 히브리서와 다른 곳에서 언약 백성을 구별되고 거룩하여진 자, 성도와 거룩한 자로 말하는 모든 구절들, 또는 신자들이 서 있는 새 언약 관계에 따른 하나님의 교회에 대해 말하는 모든 구절들의 열쇠로 볼 수 있다.

이 말씀의 상황에 대해서는 설명이 필요 없다. 우리 주님께서 죽음에 가까워지실수록 그분의 죽음의 사실과 본질에 대한 그분의 언어는 점점 더 명확하고 분명해졌다. 그분의 죽음을 기념하기 위한 예식이 제정되어야 했다. 이는 그분을 단순한 교사의 부류에서 완전히 벗어나게 하며, 그분에게 인류 중에서 특별한 자리와 전적으로 독특한 위치를 부여한다. 그분은 의심할 여지

없이 시내산 언약을 세울 때의 모세의 언어와 위치를 상기시키는 말씀을 하셨지만, 그 말씀은 어떤 교사도 감히 말할 수 없는 것이었다. 그분은 앞으로 올 모든 시대가 그분의 말씀보다 그분의 죽음에 더 관심을 가져야 한다고 암시하셨다. 그분은 가장 중요한 결과를 낳을 사실을 기념하기 위해 성찬식을 제정하셨다. 그리고 그분은 자신의 죽음에서 그의 가르침이나 모범이 의도하지 않은 목적을 겨냥하셨다. 그분은 이 상징적 행위가 모든 시대에 매우 중요하다고 여기셔서, 그분의 제자들이 그분이 떠나가신 후에 그 예식을 제정하도록 맡기지 않으셨다. 다른 많은 것들을 그들이 세우도록 남겨두신 것과는 달랐다. 그분은 친히 자신의 역사적 삶과 죽음을 기념하는 이 예식을 제정하셨다. 교회에 그분의 의도를 더 잘 알리고, 미래의 모든 억지 비난들로부터 모든 반론을 차단하기 위해, 우리 주님께서는 배반당하시던 밤에 죽음을 앞두고 친히 이 기념 예식을 제정하셨다. 이는 주님의 제자들이 그분의 교리에 여러 가지 부당한 추가를 했다고 주장하고, 복음을 전파하러 나간 사람들에 의해 그분의 죽음에 대해 과도하고 과장된 중요성이 부여되었다고 선언하려는 자들을 막기 위함이었다.

성만찬 제정 시 사용된 말씀은 약간의 차이를 제외하고 네 번 기록되어 있으며, 세 복음서와 바울이 전한 형태를 정확히 비교해야 한다. 이는 구주의 죽음의 본질과 목적을 이해하는 데 중요한 교훈을 제공하기 때문이다. 또한, 당시 제정된 기념 의식과 일치하여 그리스도의 속죄 죽음의 목적과 효과를 나타낸다.

이 말씀은 두 부분으로 이루어져 있으며, 두 번째 말씀이 나오기까지 일정한 시간이 경과했음이 분명하다. 이는 여러 가지 이유와 함께, 두 말씀이 평행 구절로 분류될 수 있으면서도 마지막 말씀에 보다 확장된 의미가 포함되어 있음을 보여준다. 첫 번째 말씀이 두 번째 말씀을 위한 준비 역할을 하며,

이 두 말씀 모두 과거의 역사적 사건과 관련이 있다. 두 말씀 중 첫 번째는 의심할 여지없이 **유월절 양**을 가리킨다. 유월절 양은 신학적 개념으로는 **구속하는 속전**이자 동시에 그것을 받는 자를 영적으로 먹이는 **양식**으로 간주되었다. 이는 "이것은 너희를 위하여 주는 내 몸이니라"(눅 22:19), "너희를 위하는 내 몸이니"(고전11:24)라는 말씀에 나타난다.

이 두 번째 말씀은 "이 잔은 내 피로 세우는 새 언약이니"(눅22:20)라는 말씀에도 다시 나타난다.

이 두 번째 말씀은 추가적으로 더 나아간 생각을 더하는 것으로, 이스라엘 역사상 유월절 이후의 또 다른 사건을 가리키며, 유월절과 밀접하게 연관되어 있다. 이는 **시내산 언약을 암시**하는 것으로(피뿌림), 이 언약은 정해진 때가 되면 모든 예표적 제도를 포함해 폐지되고, 더 나은 언약으로 대체될 것이었다. 이 두 사건, 즉 유월절의 제정과 시내산 언약의 설립은 이스라엘의 역사 속에서 명백한 연결고리로 묶여 있었다. 유월절의 직접적인 결과로, 또는 그에 따른 즉각적인 효과로, 이스라엘 백성은 애굽의 장자들에게 닥친 멸망에서 구원받고 시내산으로 인도되어 민족으로서 언약 관계에 들어가게 되었다. 다시 말해, 구속받고 정결케 된 공동체만이 할 수 있는 방식으로 하나님과의 인정된 관계에 들어가게 된 것이며, 이는 다른 어떤 이들도 누리지 못한 관계였다. 그 백성은 이제 하나님의 특별한 백성이 되는 특권과 존엄을 부여받게 되었다. 그것은 한편으로는 하나님과의 진정한 관계였지만, 동시에 모형적인 역사이기도 했으며, 이 두 가지 측면에서 때가 차면 더 깊은 의미와 더 넓고 충만한 의미로 재현될 것이었다. 즉, 단순한 모형이 아닌 실제적인 희생으로 말이다. 그리고 기독교 교회를 위해 제정된 성만찬의 기념에서 첫 번째 것뿐만 아니라 이 두 번째 것도 함께 표현되고 있다. 따라서 하나님이 인간과 맺으신 언약의 유일한 근거는 죄를 제거하는 위대한 대속이다. 하나님은 죄에 대한 속죄나 만족 없이는 어떤 죄인도 자신의 교제에 받아들이거나 자신의 언약 백성의 지위에 참여하도록 허락하실 수 없기 때문이다.

이런 관점에서 볼 때, 두 말씀은 평행을 이루지만 단순히 일치하는 것은 아니다. 서로를 정확히 포개지는 않는다. 두 번째 말씀은 오히려 첫 번째 말씀에서 더 나아가 **더 넓고 확장된 의미**로 나아간다. 두 말씀을 함께 고려하면, 그리스도께서 제자들을 위해 자신을 내주신 것은 그들이 새로운 언약 관계로 들어가 하나님의 특별한 백성이 되게 하려는 궁극적인 목적이나 의도를 가지고 있었음을 알린다.

첫 번째 말씀에 대해서는 더 이상 언급할 필요가 없을 것 같다. 다만 누가복음에 나오는 '너희를 위하여 주는 내 몸'이나 바울서신에 나오는 '너희를 위하는 내 몸'이라는 표현은 **희생 제사의 언어**로만 이해해야 한다는 점을 말하고 싶다. 우리는 이런 특별한 표현 방식을 단순히 우리에게 주는 선물로 이해해서는 안 되며, 우리를 위해 바쳐진 **희생 제물**이나 우리를 위해 **죽음에 넘겨진 희생양**을 의미하는 것으로 해석해야 한다. 물론 이 성찬의 상징들의 적절한 의미를 설명하고 성찬 초대에 나타난 것을 설명하려 한다면, 우리의 마음은 다른 점으로 향하게 되어 우리에게 주어진 선물을 발견하게 될 것이다. 그러나 이 증언에 대한 현재의 설명에서 나는 속죄의 문제에서 벗어나지 않으려 한다. 따라서 여기서 속죄에 대해 강조적으로 제시된 증언의 특별한 의미와 영향에 주의를 한정하겠다. 그러므로 그리스도께서 이 구절에서 제자들을 위해 주시거나 쪼개신 자신의 몸에 대해 말씀하실 때, 이는 분명히 아버지께서 우리를 위해 그분을 주셨고, 그분 역시 자발적으로 자신을 내주어 **자기 백성의 구원을 위한 속죄 제물** 또는 **유월절 희생 제물**이 되셨다는 사실을 암시한다. 그리고 한 번 바쳐진 후에는 그 이후로 세상 끝날까지 자기 백성에게 영적인 양식이 되시며, 그들은 십자가에 못 박히신 그분의 살을 믿음으로 먹게 된다.

그러나 속죄 교리와 관련해서는 두 번째 말씀에 주된 강조점이 있다고 할 수 있으며, 우리의 논평도 이에 초점을 맞출 것이다. 이 두 번째 말씀은 두 말씀 중 더 충만하고 풍성한 것으로, **그리스도의 피**를 전체 새 언약의 기초 또는 조건으로 묘사한다. 여기서 그리스도께서 사용하신 말씀은 특별히 시사하는 바가 크다. 이는 **시내산 언약**의 봉헌 때 드려진 희생 제물의 피를 상기시키는데, 당시 모세는 언약서(제단)와 모든 백성에게 피를 뿌리며 "이것이 언약의 피니라"(출 24:6)라고 말했다. 시내 산에서의 그 언약은 모형적 속죄의 피 위에 세워졌으며, 그 피 없이는 존재할 수 없었다. 그리고 모형과 대조되는 실체에 담긴 훨씬 더 깊은 의미에서, 하나님의 아들의 유일하고 완전한 희생은 후자의 언약의 기초로 보아야 한다. 그러므로 그리스도는 여기서 자신의 피를 세 가지 관점에서 묘사한다. (1) 제자들을 위해 흘리거나 부어진 피, (2) 죄 사함의 원인이 되는 피, (3) 언약의 근본적인 조건이 되는 피이다. 이제 이 각각의 점들을 순서대로 간단히 살펴보겠다.

1. 그분의 피는 많은 사람을 위해 흘리거나 부어졌다. 누가복음의 헬라어 구문이 불규칙하고 다소 특이하지만, 분명히 '흘리다' 또는 '부어지다'라는 분사는 마태복음과 마가복음에서처럼 '피'라는 단어와 연결된다. 이것이 언어적으로는 아닐지라도 생각의 연결에 있어서는 의심의 여지가 없다.[87] 이는 희생 제사의 표현으로, 제사장이 언약의 비준 시 희생 제물의 피를 흘리거나 부었던 것을 상기시킨다. 피는 언약이 처음 맺어질 때 흘려졌고, 이후에 그것을 확인하고 유지할 때마다, 처음 세워졌던 날과 마찬가지로 흘려졌다. 그것은 다른 이들의 죄를 속하는 희생 제물의 피였다. 실제로 일부에서는 단지 언약의 기초로 의도된 희생 제물들을 반드시 속죄의 의미로 볼 필요는 없으며, 단순한 언약의 희생 제물로 볼 수 있다고 주장한다. 그러나 답변은 분명하다. 하나님께서 관계적으로 멀어진 죄인들과 언약 관계를 맺으실 때마다, 그것은 항상 오직 속죄의 희생 제물을 기반으로 해서만 가능했다. 이는 죄인과 거룩

하신 하나님 사이의 관계에 기초한다.

여기서 '많은 사람을 위해 흘리다' 또는 '많은 사람을 위해 부어지다'라는 표현 중 어느 것이 더 나은 번역인지, 즉 희생 제물을 죽이는 것에 더 관련된 것인지 아니면 피를 뿌리는 것에 더 관련된 것인지에 대해 논의할 필요는 없을 것 같다. 이 논의는 생략할 수 있는데, 사실상 이 두 요소 중 어느 하나라도 생략될 수 있는 희생 제사는 없었기 때문이다. 뿌리는 것은 더 진전된 단계로, 속죄의 적용에 특별한 관련이 있다. 그리고 여기서 언급된 죄 사함은 희생 제사 절차의 후반부를 암시하고 있음을 분명히 보여준다. 그러나 두 번째 말씀을 더 넓고 포괄적인 범위로 만드는 것은 시내산 언약에 대한 명백한 암시가 포함되어 있다는 점이다. 여기서 시내산 언약은 새롭고 더 나은 언약에 자리를 내어준다.

새 언약이 맺어진 대상으로 여겨지는 사람들은 그리스도의 인정받은 제자들로만 언급될 뿐이다. 그들이 그리스도의 지상 생애 동안 직접 그분과 함께 했는지, 아니면 이후 시대에 그분의 소유, 즉 그분의 양으로 여겨지는 특별한 무리에 속한 것으로 간주되는지는 이 점에서 아무런 차이가 없다. 여기서 그들은 '많은 사람들'로 지칭된다. 주님은 그들이 수행해야 할 어떤 조건이나 이 언약 관계의 전제 조건에 대해 전혀 언급하지 않으셨다. 따라서 이 언약이 전적으로 은혜롭고 무조건적이라는 것을 추론할 수 있다.

2. 예수님은 자신의 피가 다른 이들의 죄 사함을 얻기 위해 흘려졌거나 바쳐졌다고 선언하신다.[88] 그리고 죄 사함을 위해, 또는 죄 사함에 이르도록 흘렸다고 선언함으로써, 그분의 피 또는 죽음에 이르는 순종이 원인이고 죄 사함이 결과라고 확언하신다. 즉 하나가 다른 하나의 직접적인 결과라는 것이다. 이 말씀들이 마태복음의 기록에만 나타나지만 진본임은 의심할 여지가 없다. 모든 사본과 고대 번역본에 나타나기 때문이다.[89] 그리고 이 말씀들이

그리스도 자신의 죽음의 범위와 효과에 대한 선언을 담고 있으므로, **그분의 죽음이 죄 사함의 원인이 되도록** 의도되었고 따라서 실제로 그러했음을 증명한다. 이것이 우리가 말씀을 성실히 해석하고자 한다면 부인할 수 없는 명백한 의미이다. 우리는 단지 그 연결성과 '위하여' 또는 '에 이르도록'(εις)이라는 전치사의 진정한 힘을 관찰하면 된다. 이는 주님이 의도하신 목적을 표현하며, 죄 사함이 결과이고 그리스도의 피가 원인임을 알 수 있다. 그리고 편견 없는 마음을 가진 사람이라면 언어의 자연스러운 구조에 따라 둘 사이에 인과관계의 의미가 있음을 인정하지 않을 수 없다.

'사함'(εις αφεσιν)이라는 용어의 의미에 관해서는, 그것이 일시적이든 영원한 것이든 마땅히 받아야 할 형벌을 면제하는 것을 일관되게 가리킨다. 이는 법적 용어이다. 용서를 나타내는 다양한 표현 방식들은 모두 일관되게 이 의미를 지닌다. 이 구절이 특별히 관련된 요점은 죄의 내적 권세로부터의 해방보다는 과거나 현재의 죄에 대한 모든 **형벌로부터의 구원**이다. '사함'으로 번역된 헬라어 단어는 우리의 영어 단어보다 속죄의 즉각적인 효과를 훨씬 더 잘 지적한다. 이는 죄가 사라지고 더 이상 찾아볼 수 없으며, 무죄 선고를 받은 사람은 다시 죄나 혐의가 없게 된다는 것을 의미한다. 왜냐하면 그것이 희생 제물에 의해 제거되어 소멸되었기 때문이다. 그리스도의 죽음이 다른 중간 근거 없이 죄 사함의 직접적이고 유일하며 즉각적인 원인이라는 것은 이 주제에 관한 성경 언어의 일반적인 취지, 이 본문이 암시하는 피의 제사와의 유사성, 그리고 현재 구절의 명시적인 표현들에 의해 입증된다.

3. 나아가 주 예수님은 자신의 피를 새 언약, 또는 그 근본적인 조건을 구성하는 것으로 말씀하신다. 어떤 경우든 언약이 세워지는 유일한 근거는 희생 제물이다. 이것 없이는 죄인이 하나님과 어떤 우호적인 관계에 설 수 없다. 우리는 임시적인 언약을 위해서는 모형적인 희생 제물로 충분했지만, **영속적인**

언약을 위해서는 참된 희생 제물이 필수적이었음을 알 수 있다. 두 언약의 기초에서 비슷한 일이 일어났음이 나타난다. 우리는 모형적인 언약의 특성으로부터 그리스도의 피가 시내산에서 언약을 세울 때 황소와 염소의 피가 담당했던 것과 같은 역할을 하는 것으로 보아야 한다는 것을 쉽게 알 수 있다. 이 피는 단순히 그분의 증언을 확증하기 위한 순교자의 피가 아니라 희생 제물의 피였다. 이는 단순히 그리스도의 가르침이 참이라고 인치는 것이 아니다. 실제로 그리스도의 이 말씀에는 그분의 가르침이나 그 가르침에 인치는 것에 대한 언급이 없다. 언약은 단순한 교리로 구성된 것으로 볼 수 없기 때문이다. 오히려 이는 **하나님과 인간 사이의 새로운 관계의 기초 또는 수립**이다. 현재의 경우에는 죄 사함을 위해 흘린 그리스도의 속죄의 피를 근거로 하나님이 우리의 하나님이 되시고 우리가 그분의 백성이 되는 신적 경륜, 질서, 또는 체제였다.

이 언약의 특별한 성격에 관해서는, 그것은 용서에 **객관적** 기초와 근거를 두었다. 그리고 그 **내면적** 성격에 있어서는 여러 구절에서 외적 문자의 경륜과 대조되는데 특별히 예레미야 선지자에 의해 묘사된다. 선지자는 말한다. "보라 날이 이르리니 내가 이스라엘 집과 유다 집에 새 언약을 세우리라. 주의 말씀이니라 이 언약은 내가 그들의 조상들의 손을 잡고 애굽 땅에서 인도하여 내던 날에 세운 언약과 같지 아니할 것은 내가 그들의 남편이 되었어도 그들이 내 언약을 깨뜨렸음이라 주의 말씀이니라 그러나 그날 후에 내가 이스라엘 집에 세울 언약은 이러하니 곧 내가 나의 법을 그들의 속에 두며 그들의 마음에 기록하여 나는 그들의 하나님이 되고 그들은 내 백성이 될 것이라 그들이 다시는 각기 이웃과 형제를 가리켜 이르기를 너는 주를 알라 하지 아니하리니 이는 작은 자로부터 큰 자까지 다 나를 앎이니라 내가 그들의 죄악을 사하고 다시는 그 죄를 기억하지 아니하리라 주의 말씀이니라"(렘 31:31과 히 8:8 비교)

옛 언약과 새 언약으로 구분되는 두 언약의 특별한 차이점은 시내산 언약이 개인적인 용서를 효과적으로 제공하지 못했다는 것이었다. 또한 그것은 보편적(세계적)이기보다는 한 나라에 제한적이고 유대적이며, 그 축복과 약속이 영적이고 변화시키는 것이기보다는 **현세적이고 외적**이었다.

이 새 언약은 이전의 언약을 대체하기 때문에 그렇게 불리지만, 성부와 성자 사이의 언약적 거래와 동등한 것으로 여겨서는 안 된다. 우리는 그 가치 있는 사상의 성경적 기초를 의문시하지 않는다.[90] 그러나 우리 앞에 있는 말씀은 두 아담을 대조하거나, 어떤 이들이 말하듯 피 없이 세워진 언약(완전한 상태의 인간과 맺어진 언약)과 피로 세워진 언약(타락한 인간과 맺어진 언약)의 차이를 상기시키는 것이 아니다. 오히려 여기서 언급되는 것은 하나의 언약을 실행하는 두 가지 방식이다. 이 말씀은 모형적이고 예비적인 것과 마침내 도래한 실체를 대조하고 있는 것이다. **옛 언약의 목적은 언약의 피를 예표하거나 예시하는 것**이었다. "새 언약의 피"는 하나님의 백성을 속죄를 통해 정결하게 하며, 이로 인해 그들은 완전한 용서를 누릴 수 있게 된다. 그 피는 새 언약의 본질을 이루며, 최소한 하나님의 측면에서 볼 때 그 기초이자 필수적인 조건이다. 새 언약은 먼저 죄인에게 화목의 특권을 부여하고, 더 나아가 마음에 율법을 기록함으로 내적인 본성을 새롭게 하는 연합의 언약이다. 옛 언약의 설립 때에는 다양하고 **반복적**인 피 뿌림이 있었다. 먼저 유월절 피가 있었고, 그 다음 시내산에서 황소와 염소의 피가 있었다. 이 모든 것 외에도 대속죄일과 매일의 제사에서 피를 붓고 뿌리는 일이 있었다. 그러나 새 언약에는 **단 하나**의 속죄의 피, 즉 언약을 한 번에 세우고 유지하고 영속시키는 완전하고 영원한 하나의 제사만이 있다.[91]

그러나 이제 나는 이 마지막 두 진리, 즉 죄 사함과 새 언약에 관한 근래의 왜곡을 바로잡으려 한다.

1. 첫 번째로, 예수님께서 자기 죽음의 직접적이고 즉각적인 결과로서 죄 사함을 언급하신 방식은 최근의 사상에 비추어 볼 때 매우 중요하다. 예수님은 일부 사람들이 주장하듯 단지 윤리적인 결과나 도덕적인 구속만을 염두에 두셨던 것이 아니다. 또한 그분은 기독교 신앙이 피 흘림을 통한 어떠한 속죄도 없이 절대적인 죄 사함을 선포하는 것이라고 말씀하시지 않았다. 용서가 그렇게 쉽게 주어지거나, 그분의 죽음이 단지 자신이 가르친 진리를 확증하고 절대적인 용서의 약속을 비준하기 위함이었다는 가정에 동조하지 않으셨다. **그리스도의 죽음이 우리의 죄 사함을 얻기 위한 희생적 죽음이었다**는 사실은 더할 나위 없이 분명한 언어로 표현되었다. 예수님의 가르침의 모든 비중을 단지 영적 생명을 소유하는 것에 두고, 속죄는 그에 비해 부차적인 위치를 차지하는 것처럼 묘사될 수 없다. 비록 많은 이들이 현재 그러한 관점을 취하지만, 그분은 자기 죽음이 단지 자신을 생명의 주로서 온전하게 하고, 자기 교회를 위한 모든 복의 근원이 되게 하는 것 이상의 의미가 없다고 말씀하신 적은 없다. 죄 사함이 부수적인 것이거나, 특별한 준비나 요구가 필요 없는 추가적인 혜택이라고 말씀하신 적도 없다.[92] 이 구절에서 그리스도의 말씀은 대속적 희생에 대해 너무나 명시적이어서, 앞서 언급된 현대 신학의 가르침(죄인의 받아들여짐이나 죄인의 무죄 선언이 아닌 단지 생명의 전달에만 초점을 맞추는)과는 정반대의 내용을 담고 있고, 결코 양립할 수 없다. **죄 사함**을 기독교적 삶의 나중 단계나 더 성숙한 단계에 수반되는 부록이나 부수적인 복처럼 말하기는커녕, 예수님은 여기서 **죄 사함**을 자신의 죽음과 **즉각적이고 인과적인 연관성** 속에 두신다. 그분은 죄 사함을 가장 중요하고 최우선적인 혜택으로 만드셨다. 아니, 성찬에 참여하는 모든 참된 성도는 이 죄 사함을 소유하고 그것을 누리고 있음을 의식하는 것으로 전제된다.

따라서 죄 사함은 성도의 성품 개선과 사랑에 의존하지 않는다. 비록 그것들이 인간의 마음속에서 밀접하고 불가분의 관계일 수 있고 또 그래야 하지만 말이다. 그리스도의 이 말씀은 죄 사함이 그리스도의 속죄적 죽음의 즉각적이고 직접적인 열매이며, 그러한 개선들에 의해 얻어지거나 야기되는 효과가 아님을 분명히 증명한다. 오히려 **죄 사함은 그것들의 원인으로서 선행한다.** 우리 주님의 진술은 이 증언에서 **그리스도의 피가 죄 사함**을 이루기 위해 흘려졌으며, 후자가 그분의 죽음의 즉각적인 열매나 결과 또는 대가임을 명시적으로 선언하기 때문이다.

우리는 이 결론을 그리스도의 말씀을 있는 그대로 받아들이는 모든 진리를 사랑하는 마음과 오직 성경의 의심할 여지없는 진리를 발견하기를 원하는 모든 편견 없는 해석자의 판단에 안전하게 맡길 수 있다고 생각한다. 이 말씀에서 **그리스도의 죽음은 의심할 여지없이 죄 사함의 직접적인 선행 요인이나 원인**으로 표현된다. 이 성경적 교리를 그럴듯하게 반대할 수 있는 것은 지금까지 없었고, 앞으로도 없을 것이다. 이는 그리스도 자신의 입에서 나온 그분의 속죄 죽음의 본질과 효과에 대한 설명이기 때문이다. 주 예수님께서는 죄를 사하시고 하나님의 사랑과 공의를 위대하게 나타내시기 위한 목적으로 오셨다. 우리는 죄 사함을 오직 십자가를 통해서만 얻을 수 있으며, 하나님께서는 죄인들을 위해 지정되고 받아들여진 대속자이신 그리스도의 속죄의 죽음을 통해서만 이 용서를 베푸실 수 있고 베푸실 수밖에 없다는 결론을 이 말씀에서 도출하는 것에 어떤 어려움도 느끼지 않는다.

2. 두 번째 요점인 새 언약의 본질에 관해서는, 이 언약의 기초에 대한 매우 피상적인 의견들이 유포되고 있으며, 이 중 많은 것들이 오류로 가득 차 있다. 따라서 일부 해석자들은[93] 이 구절이 단순히 "이 잔은 내 피로 맺은 새로운 종교, 또는 내가 새로운 종교를 **인증**하는 것"을 의미한다고 주장한다. **대속적 희생을 거부하는 사람들 중 상당수는 예수가 단순히 자신의 교리를 확증하기 위해 죽었다고 말하려 했다고** 생각한다. 이러한 해석들은 모두 피상적이며 완전히 결함이 있고 잘못되었다. 그들은 구주의 말씀에 담긴 위대한

개념을 무시하고 있다. 그 말씀은 언어적으로 매우 명확하며, 주님의 피가 상징적으로가 아니라 실제로 죄를 속죄하기 위해 흘려졌으며, 새 언약이 그분의 죽음에 기초하거나 다시 말해 인과적으로 연결되어 있음을 암시한다. 그러므로 새 언약은 그리스도의 속죄의 피에 기초를 둔 것이라고 할 수 있다. 그리스도의 피는 언약의 근거가 되는 조건이다. 성찬식에서 상징물을 손에 받는 사람들은 예수를 단순히 순교자로 보거나 단순히 그분의 메시지를 확증하기 위해 죽은 것으로 여기지 않는다. 그들은 그리스도의 속죄의 피가 모호하고, 일반적이며, 추상적인 목적이 아니라 특별히 그리고 대속적으로 자신들을 위해 바쳐졌다는 위대한 사실을 기억하며, 그 결과 자기들이 언약 백성 또는 특별한 백성이 된다는 것을 기념한다.

따라서 그리스도의 피는 단순히 복음의 진리를 증명하거나 보증하는 것이 아니라 속죄의 성격을 지닌 언약의 피다. 여기서 핵심은 예수님께서 약속들의 참됨을 우리에게 확증하거나, 인치거나, 비준하기 위해 죽으신 것이 아니라는 점이다. **모세는 약속을 비준하기 위해 피를 뿌리지 않았고, 속죄로 백성을 정결케 하기 위해 뿌렸다.** 마찬가지로 제자들은 피 흘림으로 세워진 새 언약에 대해 듣고, 자연스럽고 필연적으로 시내산 언약의 수립을 떠올렸다. 그리스도는 모세가 모형적이고 일시적인 언약에서 중보자였던 것보다 더 높은 의미에서 새 언약의 중보자였다. 그러나 모형적 중보도 모두 언약의 피에 기초를 두었다(출 24:6). 새 언약에 대한 피상적인 해석들은 두 가지 측면에서 결함이 있다. 그 해석들은 새 언약에 대한 말씀을, 예수 그리스도를 통해 하나님께서 사람들 가운데 도입하신 새로운 방식이나 절차를 단순히 언급한 정도로 격하시킨다. 즉, 새 언약이 의지할 만한 객관적인 근거나 토대가 전혀 없는 것처럼 취급한다. 또한, 이러한 해석은 모두 율법적이거나 반(半)율법적인 방식으로 인간을 다시 자신과 자신의 자원, 의지, 혹은 힘에 의존하도록 내몰며, 자기 의존에서 벗어나도록 이끌지 않는다. 실제로 인간의 마음이 그리스도의 속죄에 기대지 않는다면, 결국 어떤 형태로든 자기 의존으로 되돌아가게 된다. 이는 결국 자유가 없는 중세적 신비주의에 불과하다.

그러므로 매우 중요한 증언의 요지는 우리가 그리스도의 말씀을 다음과 같이 이해해야 한다는 것이다. 새 언약이 개인이나 집단과 맺어지는 수단은 그것이 기초하는 필수 조건, 즉 양심을 평온하게 하고 하늘에 속한 것들 자체를 정결케 하는, 죄를 위한 참된 희생제사가 실제로 이루어지는 것이다. 포도주 자체는 언약이 될 수 없고, 그것으로 언약을 맺을 수도 없기 때문이다. 여기서 언약은 그리스도의 피로 이루어진 죄 사함에 기초하거나 세워진 것이라고 명시되어 있다. 하나님은 단순히 속죄의 피와 무관하게 용서의 약속을 선포하거나 공표함으로써 언약을 세우지 않으셨다. 오직 속죄의 피만이 그들을 특별한 백성, 거룩한 나라의 자리에 둘 수 있었다. 이것이 우리를 옛 언약에서 해방시키며, 하나의 참되고 영원한 희생제사가 영원히 언약을 유지하고 지속시킨다. 그렇지 않으면 언약은 매일 위반될 것이다.

이 의미심장한 그리스도의 증언은 몇 가지 중요한 점들을 명확히 결정하기 때문에 이에 대해 좀 더 자세히 살펴볼 필요가 있다.

a. 주님께서는 몇 시간 후에 이루어질 일의 목적을 의식하시고 죄 사함을 그분의 피 또는 희생적 죽음과 직접적인 인과관계로 연결하셨다. "죄 사함"이라는 문구에 담긴 성경적 의미는 무엇인가? 구약이든 신약이든 이 표현은 죄에 대한 정당한 형벌로부터의 해방을 의미한다. 죄 사함을 나타내기 위해 사용된 수많은 비유적 표현들 "지나치다"(미 7:18), "덮다"(시 32:1), "도말하다"(사 44:22), "얼굴을 숨기다"(시 51:11), "죄를 돌리지 않다"(시 32:2) 등은 같은 개념을 전달한다. 이는 율법이 경고한 형벌을 제거하기 위한 조치(옛 언약의 속죄 제사, 새 언약의 십자가 속죄)가 마련되지 않았다면 반드시 부과되었을 진노 또는 형

벌에 대한 책임을 내포한다. 현재 우리의 논의는 전적으로 성경 본문에 대한 주해적 탐구이다. 계시의 범위를 벗어난 선험적 추론은 우리의 현재 탐구에 영향을 미치거나 방해하지 못한다. 한 세기 전과 마찬가지로 오늘날에도 흔한 반론, 즉 하나님이 희생제물의 피흘림으로 유화(宥和 Propitiation)될 필요가 없었다는 주장은 단지 구주께서 실제로 무엇을 가르치셨는지를 밝히려는 우리의 목적과는 무관하다. 우리는 단지 그분의 말씀이 지닌 본래 의미에 충실할 뿐이다. 그리고 이 본문에서 **죄 사함은 그분의 죽음의 목적이자 결과로** 명확하게 제시되어 있다. **명백한 인과 관계로** 연결되어 있다.[94] 그분의 죽음이 희생제물이라는 것은 충분히 입증되었고 반박될 수 없다. 우리가 구약의 희생 제사적 시각에서 보면, 죄 사함 또는 형벌의 면제는 다른 중재 원인 없이 그리스도의 죽음으로만 이루어진다는 것을 의심할 수 없다. 그분의 피는 죄 사함의 **직접적인 원인**이지 단순한 매개 원인이 아니다. 그 피의 효력은 신앙생활에 동반되는 행실의 변화에 의존하지 않는, 죄 사함의 **즉각적인 원인**이다. 그러므로 그리스도께서 자신의 피가 죄 사함을 위해 흘려졌다고 말씀하실 때, 이는 우리의 마땅한 형벌로부터 자유롭게 하기 위해 죄의 형벌을 친히 짊어지신 것으로 이해해야 한다. 달리 말하면 이 죄 사함은 죄인 한 사람 한 사람이 형벌 받을 책임에서 **실제로** 벗어나는 것이며, 그 효력은 그리스도의 희생적 죽음에 의해 **공로적으로 확보된 것이다.** 물론, 죄 사함이 하나님의 은혜, 즉 값없는 호의에서 비롯된 선물이라는 점을 부정하는 것은 아니다. 오히려 이 진리는 성경 곳곳에서 전제되고 암시된다. 그러나 동시에 이 은혜는 그저 **막연하게 주어진 것이** 아니라, 반드시 그리스도께서 속죄를 드리셨기에 주어진 것이라는 점도 확실히 진술된다. 그리고 이런 **수단에 의한 죄사함은 하나님이 인간의 죄에 대해 무관심한 방관자가 아니라 죄가 속죄될 때까지 정당한 진노를 품고 계셨다는 것을** 전제한다.

b. 그러나 여기서 또 하나의 질문이 제기된다. 죄가 완전하고 철저하게 사

함을 받았는데도, 마치 형벌처럼 보이는 고난과 시련이 왜 여전히 남아있는가? 죄가 그렇게 완전히 제거되었다면, 왜 죄의 결과들은 여전히 신자에게 남아있는가? 이 사실은 죄 사함이 완전하지 않다는 것을 의미하지 않는다. 성경이 말하는 죄 사함은 사람이 믿는 그 순간에 온전히 이루어진다. 그 사람은 완벽하게 용서받았으며, 하나님 앞에서 전적으로 받아들여진 자가 된다. 죄의 결과 중에서 순전히 형벌적 성격을 가진 모든 것은 영원히 끝난다. 그러나 남은 죄의 영향들은 훈련의 과정으로 변형된다. 일상적인 과정에서 우리에게 오는 질병, 고통, 죽음은 기적 없이는 바뀔 수 없는 것들이며, 이것들은 여전히 그리스도인에게 남아있지만 성격은 완전히 바뀌었다. 이제 그것들은 형벌이 아니고 저주의 일부도 아니다. 그 저주는 이미 그리스도 안에서 완전히 소멸되었다. 오히려 이 모든 것은 이제 영적 유익을 위한 수단이요, 그리스도인의 인내와 소망을 훈련시키는 교육과정이 된 것이다. 비록 육체적 고통이 구속받은 자들의 역사에 남아있지만, 그것은 더 이상 진노의 표현이나 복수의 통로가 아니라 **아버지의 징계** 또는 유익한 훈련이며, 하나님의 은혜를 통해 우리의 성화에 풍성하게 사용된다. 우리는 항상 '**훈육**'과 '**형벌**'이라는 용어의 의미를 구분해야 한다. 그리고 **계속되는 번영**은 우리에게 **그리 유익하지 않기에** 고난과 번갈아 주시는 것이 유익한 것임을 깨닫게 된다.

c. 또 하나 주목해야 할 점은, 죄사함이 새언약에 포함된 다른 축복들의 근거 또는 이유로 제시된다는 것이다. 이는 지금 다루는 주님의 말씀뿐 아니라 예레미야와 히브리서의 언약을 묘사하는 말씀에서도 드러난다. 용서하는 은혜는 다른 모든 혜택의 근원으로 제시된다. "그날 후에 내가 이스라엘 집과 맺을 언약은 이러하니 주가 말씀하시되 내가 내 법을 그들의 생각에 두고 그들의 마음에 기록하리라. 나는 그들의 하나님이 되고 그들은 내 백성이 될 것이다. 그들이 각기 자기 이웃과 자기 형제를 가르쳐 이르기를 주를 알라 하지 아니하리니 이는 작은 자로부터 큰 자까지 다 나를 알 것임이라. 내가 그들의

불의를 긍휼히 여기고 그들의 죄를 다시 기억하지 아니할 것임이라."[95] 여기서 접속사 '이는'(ὅτι)은 죄 사함의 약속이 단지 부가적인 복으로 나중에 덧붙여진 것이 아님을 보여준다. 오히려 죄 사함이야말로 그 밖의 모든 복들이 주어지는 근본 이유, 원인, 출발점임을 나타낸다. 다시 말하면, 중생(거듭남), 조명(신적 지식), 교제와 같은 다른 복들이 주어지는 이유는 죄 사함이 먼저 있기 때문이라는 뜻이다. 이 둘 사이의 연관은 어렵지 않게 추적할 수 있다. 하나님과 인간 사이의 단절을 만든 것은 죄였고(이사야 59:2 참조), **죄 사함은 새 언약의 관계를 위한 길을 여는 것이다.** 누군가가 받아들여지기 전에 그들의 죄는 단번에 용서되어야 한다. 그리고 일상 가운데서 날마다 짓는 죄와 언약을 어기는 일들이 있으므로, 그에 따라 지속적인 화해의 방편도 반드시 필요하다.

자기 백성을 위해 율법을 성취하시고, 그들을 위한 의 또는 속죄를 주신 그리스도

"내가 율법이나 선지자를 폐하러 온 줄로 생각하지 말라. 폐하러 온 것이 아니요 완전하게 하려 함이라. 진실로 너희에게 이르노니 천지가 없어지기 전에는 율법의 일점일획도 결코 없어지지 아니하고 **다 이루리라.** 그러므로 누구든지 이 계명 중의 지극히 작은 것 하나라도 버리고 또 그같이 사람을 가르치는 자는 천국에서 지극히 작다 일컬음을 받을 것이요 누구든지 이를 행하며 가르치는 자는 천국에서 크다 일컬음을 받으리라. **내가 너희에게 이르노니 너희 의가 서기관과 바리새인보다 더 낫지 못하면** 결단코 천국에 들어가지 못하리라."(마 5:17-20)

이 구절은 우리가 이전 장(22장)에서 언급했던 그리스도의 **능동적 순종**을 다시 다루고 있다. 그러나 여기서는 특별히 하나님의 율법과 구약 시대의 경륜(The former economy) 또는 섭리와 관련해서 언급된다는 차이가 있다. 처음부터 이전의 경륜은 장차 올 것에 대한 약속이거나 채워지지 않은 윤곽에 불과했던 반면, 이제는 그 성취이다. 그리스도의 이 말씀은 인류의 이전 역사가 모두 이 사건을 기다려왔으며, 이스라엘의 역사는 그분의 등장을 위한 약속 또는 준비였음을 암시한다. 사실상 그분은 이전의 모든 시대가 이 날을 고대했으며, 하나님의 모든 경륜이 오직 이 사건을 염두에 두고 구성되고 마련되었다고 선언하신다. 이 말씀은 여기서 언급된 사건, 즉 하나님의 아들이 율법을 완성하기 위해 오신 것이 세계 역사의 중심점이며, 따라서 과거와 미래 모두에 영향을 미치는 결과를 가져왔음을 강조하여 보여준다.

또한 이 본문은 그리스도 자신의 의식 속에서 우러나온 증언으로서, 그분의 성육신이 율법과의 관계 속에서 어떤 목적을 지녔는지를 명확히 보여준다. 만일 그분의 전 생애가 저주를 짊어지는 삶이었다면, 그것은 결코 죄 있는 삶이 아니었고, 오히려 매 순간 **하나님의 율법을 능동적으로 순종하며 이루어가는 죄 없는 삶**이었다는 점을 함께 증명하는 것이다. 그리고 이 순종은 **대리적** 성격, 즉 타인을 대신한 순종이었다. 따라서 이 증언은 그리스도를 율법의 마침(롬 10:4)으로 묘사하거나 아담의 불순종 행위에 대한 대응(롬 5:19)으로 묘사하는 여러 다양한 구절들의 열쇠라 할 수 있다. 또한 우리가 율법의 행위와 상관없이 그리스도의 사역으로 칭의를 얻는 것을 말하는 모든 구절들(롬 3:28)의 열쇠이기도 하다. 이는 그분의 모든 중보 사역의 특징적 요소나 본질을 함축하는 의미심장한 말씀으로, 처음 들었던 이들에게는 모호했겠지만 이제 성취된 후에는 하나님의 율법과 예언의 틀 위에서 처음부터 끝까지 조망할 수 있는 모든 이들에게 매우 명확해졌다.

이 증언을 하신 배경은 율법의 멍에에서 벗어나고자 하는 일부 제자들의 중립적 태도에서 비롯된 것이 아니라, 그리스도의 가르침이 율법을 폐지시킨다고 여긴 적들의 비난에서 비롯되었다고 볼 수 있다. 주님은 때때로 그분의 전지한 눈으로 청중들의 마음 상태를 꿰뚫어 보시고 이런 식으로 갑자기 화제를 전환하시곤 했다.

이 말씀의 뜻이 무엇인지를 묻는다면, 그것은 예수님께서 자신의 권위를 무엇과 대비시키시는가, 또 자신의 가르침을 어떤 특정한 교훈과 대조하고 계시는가에 대한 이해에 따라 해석이 달라진다. 따라서 소시니안들과 합리주의자들은 일반적으로 예수님께서 여기서 대비시키는 대상이 바로 모세 율법 자체의 가르침, 곧 모세의 교훈이라고 본다. 그들은 본문의 후반부에서 예수님이 모세의 가르침을 일부 수정하고, 일부는 폐지하며, 그 대신 더 나은 법 체계를 제시하신다고 주장한다. 이렇게 그들은 그리스도를 구주가 아닌 입법자로 만들고, 그분이 새로운 법을 도입하러 왔다고 여긴다. 따라서 그들은 17절을 이렇게 번역한다: "내가 율법이나 선지자를 폐하러 온 것이 아니요, 그것들을 확장하거나 보충하러 왔노라."[96] 그리고 이와 같은 해석은 일반적으로 복음주의적 색채를 가진 것으로 여겨지는 몇몇 영국과 독일의 해석자들에 의해서, 때로는 다소 수정된 형태로 유지되고 있다. 그들은 그리스도께서 이 부분에서 모세 율법의 좁고 제한된 정치적 형태, 또는 법 중심적 관점과 자신을 대조하셨다고 주장하며, "완전하게 하려 함이라"를 "보충하다"라는 의미로 번역하려 한다.

그러나 그런 해석은 그 단어가 나타나는 인접한 맥락이나 일반적인 언어의 용법을 볼 때 유지될 수 없다. 이를 결정적으로 보여주기 위해 몇 마디 말로 충분할 것이다.

1. 인접한 문맥이 그러한 해석을 반대한다. 만일 주 예수께서 한 구절에서는 율법을 폐하러 오지 않았다고, 즉 다른 말로 율법의 권위를 전복시키러 오지 않았다고 선언하시고는, 이어지는 내용에서 매우 중요한 여러 지점을 바로

잡고 수정하며, 심지어 그 원칙과 세부 사항 모두를 폐지하고 변경하기까지 하신다면, 이는 명백한 자기모순이 될 것이다. 그러나 그분은 후속 내용에서 언급하신 것을 전복시킨다(43절 참조). 그러므로 그분이 그토록 많은 점에서, 그리고 폐지에 가까운 방식으로 전복시킨 것은 율법일 수 없다. 왜냐하면 그분은 율법을 폐하는 것이 자신의 사명이나 의도의 일부가 아니라 오히려 그것을 완성하는 것이라고 명백히 선언하셨기 때문이다. 따라서 그분이 폐지시킨 것은 장로들의 전통이었을 것이다.[98]

2. 단어의 용례를 볼 때도 "성취하다(fulfill, πληρωσαι)"대신 "보충하다(fill out)"로 해석하는 것은 부적절하다. 이 동사가 율법이나 율법의 정신에 담긴 분명한 명령에 적용될 때, "성취하다" 외에 다른 의미로 사용된 예는 없다. 예를 들어, "다른 사람을 사랑하는 자는 율법을 완성하였느니라"(πεπληρωκε)라는 말씀이 있다(롬 13:8). 언어의 일관된 사용을 고려할 때, 예수님께서 이 말씀에서 율법을 보완하거나 확장하러 오신 것이 아니라, 순종함으로써 '성취'하기 위해 오셨다고 이해해야 한다.

잘못된 번역 방식을 반박할 수 있는 이에 못지않게 강력한 다른 주장들도 있다. 이들을 최대한 간결하게 제시하는 것이 적절할 것이다.

3. 또 다른 결정적인 주장은, "보충하다"라는 번역이 동사의 두 번째 목적어인 "선지자"에는 적용될 수 없다는 점이다. 그리스도께서는 선지자들의 예언을 '보충'하거나 '확장'하러 오신 것이 아니라, 단순히 '성취'하러 오셨다. 실제로 여기서 사용된 단어가 예언에 적용될 때는 항상 "성취하다"라는 의미로만 사용되므로, 여기에서도 그 의미에서 벗어나서는 안 된다.[99]

4. 또 다른 강력한 논거는 뒤따르는 근거 구절에서 끌어낼 수 있다. 18절

은 이전 구절의 진술에 대한 근거나 이유를 제시하는 것으로 간주되어야 한다. 그렇다면 우리가 연결된 구절들을 다음처럼 해석한다면 17절에 대해 어떤 추론이 주어질까? "나는 율법을 채우거나 보충하러 왔다. 진실로 너희에게 이르노니(ην γαρ λεγω), 천지가 없어지기 전에는 율법의 일점일획도 없어지지 않고 다 이루어지리라." 이는 매우 비논리적이고 모순된 것이다. 경건한 해석자라면 누구도 기꺼이 그런 논리를 하나님의 아들에게 돌리지 않을 것이다.[100] 18절에서 언급된 율법의 영구적 지속성은 17절을 "채우다"라는 의미로 해석한다면 17절의 근거가 될 수 없다. 따라서 그 의미는 타당하지 않은 것으로 간주해야 한다.

5. 우리는 주님의 인격적 사역의 본질과 특별한 목적에서도 반박의 근거를 얻는다. 예수님은 율법을 전파하기 위해, 적어도 그것을 주된 주제로 가르치려고 오신 분이 아니시다. 그러나 우리가 반대하는 번역은 그분이 율법의 영역을 보충하거나 강화하고 확장하기 위해 오신 것으로 만든다. 반면 그분의 임무는 모두가 알다시피 율법을 가르치기 위함이 아니라 은혜의 경륜을 선포하기 위함이었다. 이 본문은 올바르게 이해하면 율법이 아닌 은혜를 드러내고 있음을 알게 된다(요 1:17).

그러나 이 지점에서 또 다른 질문에 직면한다. 여기서 언급된 율법은 무엇이며, 어떤 의미에서 선지자들과 구별되는가? 많은 주석자들은 "율법이나 선지자들"이라는 이 두 단어를 구약의 윤리적 요소로 가리키는 경향이 있다. 십계명이 그 근원이고 선지자들이 그 해설자였다는 것이다. 마치 주 예수님께서 윤리적 원칙에 관해 "이것이 율법이요 선지자니라(마 7:12)"라고 말씀하셨을 때처럼 말이다. 그러나 그것은 여기서 사용된 독특한 용어에 상반되며 전혀 허용될 수 없다. 여기서 두 용어는 동일한 의미를 포함하거나 단순히 율법의 정신을 다른 말로 표현하는 것이 아니기 때문이다. 여기서 두 용어는 분리 접속사 '또는'(or)으로 연결되어 있으므로, 듣는 사람들에게 각기 다른 익숙한 개념을 나타내야 한다.[101] 산상수훈 전체에서 선지자에 대한 더 이상의 언급이 없기 때문에 이러한 구별을 인정할 수 없다는 주장도 있지만, 용어의 본래 의미, 분리 접속사, 그리고 이 두 구절에서 언급된 '성취'의 중요성을 고려할 때, 여기서 '선지자'가 본래의 의미로 사용되었다는 점이 충분히 입증된다. 따라서 그리스도의 의도는 **구약 전체가 모든 부분과 요소에서 자신을 가리키며, 자신 안에서 성취되었음**을 암시하는 것이다.

다시 율법에 대해 말하자면, 주님께서는 유대 율법 전체를 염두에 두셨다. 우리는 주님과 사도들이 우리가 흔히 하는 것처럼 율법의 영구적인 부분과 일시적인 부분을 구별하지 않고, 도덕법을 그 핵심으로 하여 율법 전체를 하나의 덩어리로 받아들였다고 단언할 수 있다. 여기서 일차적으로 도덕법을 언급하는 이유는, 산상수훈의 이후 부분들이 직접적으로 그리고 주로 도덕법을 다루기 때문이다. 그러나 우리는 또한 그 언급이 모형, 즉 희생 제사의 율법, 특히 속죄 제사도 포함한다고 덧붙여야 한다. 만약 희생 제사적 모형들이 직접적으로 성취되지 않았다면, 율법에서 언급된 속죄 제사들과 모든 모형적 체계는 어떻게 되었을까 하는 의문이 생길 수 있기 때문이다. 그리스도께서 그것들을 성취하지 않고 그 실체를 드리지 않았다면, 그것들은 미완의 예언이거나 이행되지 않은 약속이 되었을 것이다. 사실, 희생 제사의 용어는 다가올 실체에 대한 일종의 예언이자 약속이었다. 그러므로 이 구절의 의미는 이렇다: 주 예수님께서는 합당한 행위로 율법과 선지자들을 성취하러 오셨다. 그것은 이전에는 약속과 모형이었지만, 그리스도의 순종 안에서 실체가 되었다.

우리는 "완전하게 하러 왔다"라는 구절의 중요성을 간과해서는 안 된다. 이는 그리스도께서 세상에 오신 목적, 성육신의 의도와 목적을 나타내는 것으로 간주되어야 한다. **율법을 성취하는 것은 인간에게 있어 절대적으로 필요한 의무였지만** 실행되지 않았다. 그리스도는 그 의무에서 자유로우셨다. 하나님의 율법과 인간 의지의 완전한 조화, 또는 인간의 순종으로 거룩한 사랑을 항상 실천하는 것은 인류에게 주어진 위대한 목표였다. 그리고 **이 목표를 인간의 의식 속에 끊임없이 상기시키기 위해,** 하나님께서는 인간의 마음에서 흐려지고 거의 지워진 율법을 다시 한 번 **모세**의 손을 통해 공적으로 반포하셨던 것이다. 그래서 생명의 주님은 중보자로서 오신 특별한 목적이 **율법과 선지자를 성취하는** 것이라고 선포하신 것이다. 주님은 몇 마디 단순한 표현에 자기 사역의 웅대한 목적을 담아, 죄로 가득한 세상 한복판에 **거룩한 율법 그 자체, 또는 구현된 율법으로 서 계신 자신을** 가리키신다. 다시 말해, 인류 역사상 유일하게 죄가 없는 삶을 살아내신 예수님의 삶 자체가 **율법이 살아 움직이는 형태로 인간 앞에 걸어다니는 것** 같았다고 할 수 있다. 이렇게 하나님의 율법은 성육신하신 아들의 인격 안에서 땅 위에서 한 번 성취되었다. 이는 인류의 운명에 다른 어떤 일보다도 훨씬 더 중요한 영향을 미친 하나의 위대한 사건이다. 비록 세상의 한 구석에서 이루어졌지만, 이는 모든 시대를 위한 것이다. 이전의 모든 시대는 이를 바라보았고, 이후의 모든 시대는 이에 의지한다. 죄가 첫 번째 사실이었던 것처럼 이 율법의 성취는 인간 역사의 두 번째 사실이며, 이는 죄가 가져온 끔찍한 재앙을 바로잡는 동시에 그에 대응하는 사건이다. 이는 세상의 회복을 위한 기초이며, 두 번째 창조라 할 수 있다.

이제 이 구절의 교리적 중요성을 설명하기 전에, 그 문맥의 후반부를 간략히 살펴보자. 주님은 율법이 불변하며 반드시 성취되어야 한다고 선언하신다(18절). 그러나 이는 앞 구절(17절)에서 암시하신 것처럼 오직 그분 자신의 순종으로만 이루어졌다. 그리고 나서 누구든지 이 계명 중 지극히 작은 하나라도 어기는 자는 천국에서 지극히 작다 일컬음을 받을 것(19절)이라고 말씀하신다. 이는 천국이 지속되는 동안 율법이 영구적이고 변치 않는 의무임을 암시한다. 이 구절은 해석가들에 의해 두 가지 의미 또는 해석으로 받아들여졌다. 하나는 이 사람이 그리스도의 나라에 들어갈 자격이 전혀 없는 자로 간주되어 "지극히 작다"고 일컬어지는 것이다. 다른 하나는 그 사람이 교회 공동체나 천국 시민들 사이에서 명예와 평가에 있어서 경멸당하거나 낮게 여겨지는 자라는 의미다. 나는 신약 교회를 설명하는 후자의 해석에 더 기울어진다. 그리고 이것을 올바른 해석으로 받아들인다면, 이는 천국 또는 교회의 교사들과 구성원들 모두가 율법의 불변성에 대한 이러한 깊은 확신을 받아들이고 영구히 간직할 것임을 보여주는 것이다.

그러나 접속사 '왜냐하면'으로 시작하는 다음 구절이 중요한 내용을 추가한다(마 5:20). 여기서 질문은 이 접속사가 무엇을 뒷받침하는가이다. 이는 다음과 같은 암묵적 생각을 뒷받침하는 것일 수 있다. "(왜냐하면) 내가 너희에게 이르노니… 바리새인의 외식적인 행위가 율법을 온전히 성취한다고 생각하지 말라" 또는 예수님께서 율법을 성취하러 오신 또 다른 이유를 덧붙이신 것일 수 있다. 그것은 **완전한 의로움 없이는** 아무도 들어갈 수 없는 천국의 본질에서 비롯된 것이다. 접속사 for(γαρ)를 설명하는 이러한 방식 중 어느 쪽을 택해도 무방하다. 한 가지 분명한 것은, 우리 주님께서 자신의 왕국이 가진 본질과 요구사항을 근거로 **바리새인의 의보다 훨씬 더 뛰어나고, 율법의 요구에 온전히 부합하는 '의' 없이는 아무도 그곳에 들어갈 수 없다고** 주장하신다는 점이다. 그렇다면 이어지는 내용(21절 이후)에서 주님이 가리키시는 것은 무엇인가? 주님께서는 순전한 의, 즉 십계명 자체가 보여주고 가르치는 거룩함을 완전히 구현하는 것이 무엇인지를 언급하신 것이 아니라, 장로들을 통해 전해진, **바리새인들이 일반적으로 제시했던 율법에 대한 전통적인 해석의 수준 낮음**을 언급하셨다는 것이 수차례 주장하신 것으로 입증된다. 우리는 여기서 예수님이 사용하신 용어에서 도출되는 하나의 주장에만 집중하겠다. 주님이 인용하시고 수정하신 율법의 여섯 가지 예 중 어느 곳에서도 "모세가 말한 것"이라고 하지 않으시고, "옛 사람에게 말한 바...**너희가 들었으나**"(마 5:21, 27, 31, 33, 38, 43)라고 하신다.

또한 주목해야 할 것은, 산상수훈에서 우리 주님의 주된 목표가 사도들의 **서신 마지막에 나열된 것과 같은 기독교 윤리나 실천적 의무를 가르치는 것이 아니라는 점**이다. 오히려 그분은 자신에게 귀 기울이는 율법주의적인 청중들의 양심을 일깨우려 하셨다. 산상수훈이 모든 시대의 교회에서 실제적인 교훈으로 활용되어 온 것은 타당하지만, 주님의 관점과 목적은 다소 달랐다. 주님은 단순히 어떤 전제를 깔고 말씀하신 것이 아니다. 당시 교회는 아직 세워지지 않았던 시점이었기 때문이다. 오히려 그분은 다른 여러 구절에서 그러하듯이, 사람들을 죄에 대한 자각으로 이끌고 완전한 의로움의 필요성을 느끼게 하기 위해 율법을 강해하셨다(눅 10:25; 마 19:17 비교). 바리새주의의 진정한 원인은 율법에 대한 무지였다. 그들은 외적인 문자 그대로 율법을 성취한다고 주장했기 때문이다. 그리고 우리 주님은 이 설교에서 율법의 진정한 의미와 요구 사항을 강조함으로써 양심을 일깨우는 것을 목표로 하셨다.

결국 산상수훈은 하나의 주요 사상으로 끊임없이 돌아가는 것을 발견하게 되는데, 그것은 사람들이 **하나님께로부터 오는 의**의 필요성을 느끼게 하고, 그 의로 이끌어가는 것이다.[102] 이 목표는 도덕법을 영적으로 적용하거나, 그 법의 침해할 수 없는 본질과 필수적인 엄격함을 강조함으로써만 달성될 수 있었다. 이 방식만이 사람으로 하여금 바리새인의 의보다 훨씬 뛰어난, 하나님의 의가 필요하다는 자각에 이르게 한다. 그래서 산상수훈은 여러 변형된 형태를 통해 반복해서 그 하나의 중심 사상으로 독자들을 이끌어간다(마 5:28, 5:44 비교).

이러한 의도, 즉 전체 설교의 핵심이 되는 의도에 따르면, 20절은 이후의 모든 내용의 실질적인 요약으로 간주되어야 한다고 단언할 수 있다. 그것은 하나님의 율법에 대한 모든 설명이 귀결되는 대원칙이자 궁극적인 목표이다. 그렇다면 여기서 문제는, 우리 주님께서 바리새인들의 의보다 더 풍성해야 한다고 선언하신 이 의는 무엇인가이다. 여기서 언급된 것은 **내재적인 의가 아니라 칭의**, 즉 설교 전체가 의도하는, 각성된 결핍을 충족시키는 의라는 것은 여러 논거를 통해 입증될 수 있다. (1) 전체 구절은 17절을 명확하게 언급하며, 그리스도께서 율법을 성취하러 오셨다는 말씀과 매우 밀접한 관련이 있다. (2) 그것은 사람이 천국에 들어가기 위한 필수 조건 또는 근거로 언급되는 의이다. 그러므로 그것은 우리가 하나님께 받아들여진 결과로 열매 맺는 복음에 의한 의(evangelical righteousness)가 아니라, 오히려 우리가 하나님께 받아들여지는 근거, 즉 믿음으로 말미암는 하나님의 의이다. (3) 그것은 바리새인의 의를 훨씬 능가하며, 존엄성, 가치, 탁월성에서 훨씬 더 풍성하다. (4) 그것은 영혼이 각성된 자들이 갈망하는 바로 그 의이다. 그러므로 그것은 개인의 내적인 의라기보다는 주어지는 의이다. 만약 이 단어 해석에 대한 반론으로, 산상수훈에서 주님의 목적이 정확히 칭의 교리를 다루거나 칭의가 무엇으로 이루어지는지를 보여주는 것이 아니라고 주장한다면, 그 대답은 명확하다.[103] 우리 주님은 사람들이 이 나라에 들어가기 위한 근거 또는 조건으로서 필수적이고 없어서는 안 될 의로움을 명시적으로 다루셨으며, 우리가 이미 보았듯 이 설교 전체는 '필요에 대한 자각'을 불러일으키는 것을 목적으로 한다.

산상수훈에 나오는 이 인상적인 본문의 단어들과 그 의도를 충분히 밝힌 만큼, 이제 그 내용을 속죄 교리와 관련하여 교리적으로 정리해야 한다.

1. 율법과 선지자들의 성취는, 주 예수께서 보증인 혹은 대속자로서 활동하신 것으로 이해되어야 한다. 그분의 순종은 모든 면에서 대리적 순종이었으며, 따라서 그분의 능동적 순종은 우리를 위한 것이고, 마치 우리가 그것

을 이룬 것처럼 우리에게 전가된다. 그리스도의 전 생애의 순종은 율법에 표현된 하나님의 뜻에 대한 전적인 복종이었다. 그리고 그분이 여기서 표현하시듯이, 그분의 사명에서 의식적인 목표는 율법을 성취하는 것이었다. 아버지와 아들의 언약적 합의에 따라 율법을 성취하는 것이 그리스도의 지상사역의 주된 목적이었다면, 율법의 요구의 범위와 함께 율법의 저주에 대한 명확한 이해 없이는 주님의 대리적 순종을 올바르게 알기란 불가능하다. 그러므로 이 순종의 범위와 폭을 적절히 이해하려면 하나님, 우리 자신, 그리고 우리 이웃에 대한 인간의 의무에 대한 일반적인 세 가지 구분을 살펴보아야 한다.

첫째, 하나님에 대한 의무와 관련해, 그리스도의 전 생애는 그분이 하나님을 지극히 사랑하셨다는 사실을 보여준다(요 14:31). 하나님께 영광을 돌리는 것이 그분의 모든 사역에서 가장 큰 목표였고(요 17:4), 아버지를 사랑하셨기 때문에 그분은 모든 일에서 하나님의 뜻에 일관되게 복종하셨다(요 15:10). 그분이 가장 큰 시련의 문턱에서 하신 말씀은 "오직 내가 아버지를 사랑하는 것과 아버지께서 명하신 대로 행하는 것을 세상이 알게 하려 함이로라 일어나라 여기서 떠나자 하시니라"(요 14:31)였다. 그분이 아버지께 두신 신뢰, 그분의 역사에 기록된 기도와 감사는 이 모든 것을 보여주기에 충분하다.

둘째, 우리 자신이 저야 할 의무에 있어서도, 예수님은 완전히 순결한 삶, 자기부인, 온유하고 겸손한 자로서의 모습(마 11:29), 그리고 "자기를 기쁘게 하지 않으신"(롬 15:3) 그 특별한 삶을 통해 이 의무를 완벽히 성취하셨다.

셋째, 이웃에 대한 의무, 곧 사도 바울이 말한 율법의 완성인 사랑의 실천도 예수님은 완전히 이루셨다. 예수님은 "사람이 친구를 위하여 자기 목숨을 버리면 이보다 더 큰 사랑이 없나니"(요 15:13)라고 하셨고, 실제로 그분은 그러하셨다. 그분은 일생 동안 선을 행하며 다니셨고(행 10:38). 그 사랑 안에서 자기 백성을 위해 기도하셨으며(요 17:9), 원수들을 위해 기도하신 것은 바로 이 사랑의 실천이었다(눅 23:34). 또한 여기에 포함되어야 할 것은 어릴 때부터 부모에게 순종하신 것(눅 2:51)이다. 이 순종은 십자가 위에서 어머니와의 지상 관계가 영원히 끝나기 직전에 책임을 다 하신 것(요 19:26)으로 가장 밝게 빛났다.

이처럼 그리스도는 모든 단계에서 하나님의 율법을 가장 지체없이 일관되게 성취하셨다. 그러나 우리의 받아들여짐의 근거를 얻는데 필요한 순종은 평범한 순종이 아니라, 우리가 상상조차 하기 어려운 고난과 시련을 통과해야 하는 순종이었다. 또한 그 순종은 그분의 인격적 존엄성에 의해 그 가치가 무한한 것이어야 했다. 그분에게 주어진 가장 큰 계명, 그리고 그분의 모든 순종의 정점은 죽는 것이었다. 그러므로 그 순종의 위대함이 특별히 드러난 것은 바로 그분의 생명을 자발적으로 바치는 것이었다.

2. 이것은 분리되지 않은 하나의 순종이다. 성경은 순종 또는 복종의 모든 요소가 만나는 하나의 섬김 또는 사역만을 인정한다. 이중적인 순종이 아니었다. 예수님의 모든 생애는 하나의 연결된 행위로 이해되어야 한다. 그러나 그분이 지신 의무는 **두 가지 요소**를 포함한다. 그 생애의 완전한 순종뿐만 아니라 죽음의 고난, 즉 죽기까지의 순종을 포함했다. 따라서 바른 공식은 "순종하거나 고난받거나"가 아니다. 왜냐하면 **온 마음을 다해 사랑의 섬김을 해야 한다는 요구**는 인간의 타락 전 상태와 마찬가지로 여전히 변함없이 인간에게 요구되기 때문이다. 그뿐만 아니라, **죄를 대속**하는 자는 반드시 최고의 열의와 경배하는 사랑으로, 그리고 그 **형벌 집행**이 하나님의 영광을 위한 것이라는 완전한 인식을 가지고 저주를 받아들여야 한다. 이 두 요소가 주님의 순종에 들어가며, 어느 하나도 생략될 수 없었다. 따라서 모든 도덕적 오염에서 자유롭고, 만족시켜야 할 개인적 결함이 없는 사람만이 죄에 대한 상상할

수 없는 고난을 겪을 수 있는 위치에 있었다. 그분이 행한 것(능동적)은 그가 겪은 것(수동적)과 함께 하나님의 율법을 만족시키고, 인간을 타락 이전의 지위에, 아니 그보다 높고 **변치않는 확정적 지위**로 올리셨다.

교회가 오류의 공격을 받지 않았다면, 그리스도 순종의 이 두 요소가 부당하게 분리되지 않았을 것이다. 우리는 하나인 순종의 요소들을 구별할 수는 있지만, 나눌 수는 없다.[104] 그러나 그분의 마지막 고난을 겪기 전과 겪는 동안의 순종, 즉 능동적 순종과 수동적 순종이라고 불려온 것은 그분의 속죄 사역에서 서로 구별되지만 연결된 요소로 인정될 수 있다. 능동적 순종은 속죄에 속하며, 하나님의 공의에 대한 만족에 필수적인 부분이다. 특히 이 구절과 관련해서 언급하는 이유는 이것이 오랫동안 진지하게 논의되어 왔으며, 현대 신학에서 능동적 순종의 요소를 부정하려는 경향이 매우 강하기 때문이다. 여기서 논의되는 핵심은 이렇다. 그리스도의 거룩함과 능동적 순종이 그분의 고난을 거룩하게 하기 위해 필요했다는 점에는 아무도 이의를 제기하지 않는다. 하지만 그것이 단지 그 목적에만 유효했느냐 하는 것이 문제다. 또, 그리스도의 수동적 순종이 구원의 근거라는 점도 모두가 인정한다. 그러나 그것이 능동적 순종 없이도 유효하고 효과적인가? 이것이 핵심이다. 즉, 그리스도의 거룩한 순종이 단지 그분의 대속자로서의 자격을 위한 전제 조건에 불과한 것이냐, 아니면 율법의 요구인 "이것을 행하라, 그리하면 살리라"를 스스로 충족시킬 수 없는 자들을 위해 그분께서 전 생애의 순종과 속죄 사역을 통해 생명을 주실 완전한 자격을 얻으셨냐의 문제다. 만약 능동적 순종을 부정한다면 다음 두 가지 중 하나를 받아들여야 한다. 하나는 하나님께서 자신의 권리를 포기하셨다는 것인데, 이는 곧 하나님이 스스로를 부정하셨다는 것과 같다. 또 다른 하나는, 인간이 본래 불완전한 자신의 행위를 통해 스스로 천국에 들어갈 자격을 얻는다는 것이다. 그러나 이 두 가지 모두 복음과 모순된다. 그러나 모든 스콜라적 용어를 버리면, 이 문제는 어떤 반박도 할 수 없는 성경적 표현으로 제시될 수 있다. "율법은 반드시 지켜져야 하고, 죄는 반드시 벌 받아야 한다. 그런데 하나님의 지혜와 은혜는 이 둘을 다 이루실 수 있는 한 사람, 곧 하나님이자 사람이신 분을 예비하셨고, 그분은 실제로 이루셨다."

3. 그리스도를 믿는 사람들은 그분 안에서 **항상 하나님의 율법을 온전히 지킨 것으로 여겨진다.** 죄를 짊어지신 것이 첫 번째 열매라면, 이것은 그리스도의 만족이 가져온 두 번째 열매다. 이러한 신적 진리의 핵심 요소에 따르면, 예수님께서는 죄를 짊어지셨을 뿐 아니라, 하나님의 율법의 모든 요구를 성취하셨다. 그리하여 자기 백성들이 완전하고 흠 없는 의를 소유하게 하시고, 그에 합당한 보상을 확보해 주셨다. 이는 하나님이 완전한 본성 때문에 죄인들에게 요구되는 형벌을 멈출 수 없으신 것처럼, 탁월한 분에 의해 율법이 성취되었을 때는 보상하지 않을 수 없으신 것이다.

하지만 이러한 성경적 속죄관에 대해 여러 가지 반대 의견이 제기되었고, 그중 일부는 겉보기에 그럴듯하고 도전적으로 보이기도 한다.

a. "그리스도는 인간으로서 모든 이성적인 피조물과 마찬가지로 자신을 위해 하나님께 순종할 의무가 있지 않았는가?"[105]라는 반론에 대한 대답은 어렵지 않다. 그리스도의 낮아지심을 올바르게 이해하면, 그분은 자기 자신을 위해서 율법을 순종할 의무를 지지 않으셨으며, 율법 아래에 계셔야 할 필연성도 없었다는 사실을 알 수 있다. 그분이 순종할 의무를 지닌 것은 단순히 인간의 본성을 취하셨기 때문이 아니라, **우리를 위해 자발적으로 율법 아래 있게 되기를 원하셨기 때문**이다. 신성과 결합된 인간 본성은 본질적으로 율법의 지배를 받지 않지만, 예수님은 자발적으로 낮아지셔서 율법 아래 계시며 이를 완수하셨다. 그리스도는 자신의 개인적 목적을 위해 인간이 되신 것이 아니라, 오직 타인의 중보자가 되기 위해 인간이 되셨고, 그러한 사명을 수

행하는 과정에서 율법을 성취하셨다. 만약 이를 위한 목적이 아니었다면, 그분은 세상에 오시지도, 인간이 되시지도 않으셨을 것이다. 따라서 그분의 순종은 오직 그분의 백성을 위한 것이었으며, 성경은 예수님의 능동적 순종이 자연적이거나 필연적 의무에서 나온 것이 아니라 그분의 사명과 목표에서 비롯된 것이라고 항상 말한다. 예수님을 단순히 인간으로 간주할 수는 없다. 그분은 여전히 하나님의 아들이었으며, 인간성을 취해야 할 의무도 없으셨고, 인간의 법칙에 복종하거나 그분의 순종을 시험하는 수많은 유혹을 겪어야 할 이유도 없으셨다. 그러나 예수님은 자발적으로 이러한 모든 것을 감당하셨으며, 대리적인 순종의 위대한 사역을 이루기 위해 이성적이고 지적인 도구로 인간성을 취하셨다. 결론적으로, 예수님의 순종은 자발적이고 대속적이었다. 그것은 그분 자신을 위한 것이 아니라, 그분의 백성을 위한 사명에 근거한 것이었다.

b. 그러나 또 묻기를, "어떻게 한 사람이 순종했기 때문에 다른 사람이 의롭다 여겨질 수 있는가?"라고 한다. 이에 대한 답은 분명하다. 우리 인류는 다른 종들과는 달리 대리자를 통해 서거나 넘어지는 원리를 가지고 있었다. 그리고 그리스도는 두 번째 아담이시다. 어떤 이들은 이러한 사실에 불만을 품고 교만하고 성급한 반항심으로 스스로를 멸망시킬 수 있다. 그럼에도 불구하고 이 진리는 흔들림 없이 설 것이다. 믿는 자들은 그리스도 안에서 완전히 의롭다고 여겨지며, 마치 그들이 그분이 행하신 모든 일을 스스로 행한 것처럼 간주된다. 인류는 처음 놓였던 것과 동일한 원칙에 따라 구원받는다. 그래서 믿는 우리들은 하늘로부터 오신 두 번째 아담 안에서 율법을 성취한 자들이 된다.[106]

여기서, 최근 일부에서 유행하는 반율법주의적인 잘못된 교리를 언급할 수 있다. 이 교리는 이방인들이 회심 전후를 막론하고 율법과 아무 상관이 없다고 주장한다. "이방인 죄인인 내가 율법을 지켜야 한다고 어디에 나와 있는가?"라고 묻는 이들이 있다.[107] 이 무모한 주장에 대해, 나는 속죄와 관련해서만 언급하고자 한다.

자연법은 여전히 인간의 마음에 기록되어 있다(롬 2:14-15). 그리고 비록 십계명이 이스라엘 백성에게만 구별되게 주어졌고 다른 민족에게는 주어지지 않았지만, 그것은 인간에게 본래 주어졌고 마음에 기록된 법의 재반포일 뿐이다. 어떤 인간이 율법의 적용, 즉 그것의 명령이나 저주에서 면제된다고 주장하는 것은 인류가 창조된 방식에 대한 심각한 오해를 드러내는 것이다. 사도들은 이와 반대되는 전제에서 논리를 전개한다. 예를 들어, 바울이 인류의 죄책을 가르칠 때, 모든 이가 율법에 의해 정죄받는다는 사실이 드러난다(롬 3:19-31). 이는 그들이 이스라엘 백성이었든 아니든 동일하다. 칭의 교리 또한 마찬가지다. 본질적으로 이 교리는 법적 개념으로서 반드시 율법과 관련을 맺는다. 속죄에 관해서는, 하나님의 모든 사법적 판결의 **공로적 근거**는 그리스도가 율법의 저주를 견디신 것이라고 명시적으로 진술되어 있다(갈 3:13). 그리고 바울이 사용하는 다른 표현들을 생각할 때, 기독교인이 율법에 대하여 죽었다는 것이 그가 결코 율법에 속박된 적이 없었던 상태를 의미한다고 할 수는 없다.

그리스도의 죽음이 위대한 순종이자
그 백성의 의임을 나타내는 말씀들

앞 장에서 우리는 예수님께서 참된 의를 이루시기 위해 율법이나 선지자를 폐하지 않고 오히려 성취하러 오셨다는 말씀을 살펴보았다. 이제 다음으로, 하나님의 의를 다소 다른 관점에서 제시하는 말씀들을 살펴보는 것이 필요하다. 이 말씀들은 하나님의 의를 예수님의 위대한 순종 행위인 죽음과 연결한다. 어떤 말씀은 그것을 **율법의 성취**와, 다른 말씀은 같은 효과를 그의 죽음과 연결한다. 그러나 이 두 가지 표현 방식은 결코 서로 모순되지 않는다. 오히려 어느 한쪽이 언급될 때마다 다른 쪽을 전제하고 포함한다. 그래서 다음 두 가지 별개지만 상호 연관된 진리를 확립하기 위해 두 종류의 말씀들을 함께 다루어야 할 것이다. 즉, **예수의 죽음이 그분의 순종의 정점이었다는 것과 그것이 또한 그 백성의 참된 의였다는 것이다.**

1. 첫 번째 요점, 즉 예수님의 죽음이 그 순종의 정점을 이룬다는 점을 염두에 두어야 한다. 우리가 주님의 죽음에서 **고난**의 요소를 추적하면서도 결코 **순종**의 요소를 간과해서는 안 된다는 점을 명심해야 한다. 기꺼이 **복종하는 자세**가 그분의 모든 고난의 바탕에 깔려 있었고, 그것도 가장 **능동적인 성격**의 것이었다. 사실 고난 그 자체만으로는 순종이 아니다. 사람이 고난을 당하면서도 순종하지 않을 수 있기 때문이다. 그러나 그분이 **온전히 동의하면서** 고난을 맞이하고, 그 과정에서 올곧은 의무 수행을 벗어나지 않는 확고하고 굽힐 줄 모르는 의지를 보이셨다면, 그 능동적인 의무 수행이나 하나님의 뜻에 대한 순종은 **인내**(patience)이다. 어떤 덕목도 인내보다 더 능동적인 성격을 지니지 않으며, 덕목의 여왕이라고 불릴 자격이 없다.[108] 우리가 **순종**에 대해 일반적으로 말하자면, 그것은 어떤 특별하거나 적극적인 명령에 의해 시험받는 것이다. 그것은 자제(restraint)의 형태로 주어질 수도 있고, 견딤(endurance)의 형태로 주어질 수도 있다. 전자는 첫 아담에게 주어진 시험이었고, 후자는 둘째 아담이 받으신 시험이었다. 이처럼 죄의 오점이나 불완전함이 없는 순결한 본성조차도 이와 같은 방식으로만 순종을 시험받을 수 있다. 따라서 아들은 받으신 고난으로 순종을 배우셨다(히 5:8). 주 예수께서는 자신을 바치는 행위를 통해 순종의 실체와 범위를 보이도록 요구받으셨고, 마음에 이러한 확고하고 분명한 결심을 품고 인생을 살아가도록 요구받으셨을 때, 우리는 하나님의 형상이 새겨져 있고 마음에 율법이 있는(시 40:8) 순수한 인성이 가장 높은 수준의 순종으로 부름받은 것을 본다. 아담에게 주어진 특

별한 명령이 금단의 열매를 먹지 말라는 것이었듯 예수께 주어진 위대한 명령은 죽는 것이었다.

그리스도의 위대한 순종 행위를 말하면서, 우리는 아버지께서 그에게 맡기신 가르치는 일에 대한 수많은 언급들을 살펴보지는 않을 것이다(요 12:49). 우리는 여기서 그분의 구속 사역만을 언급하고, 그것도 오직 순종이라는 모습과 명칭으로 우리에게 제시된 것에서만 다룰 것이다.

이와 관련하여 우리가 제시할 첫 번째 말씀은 그분이 겟세마네로 가시기 직전에 하신 선언이다. "이후에는 내가 너희와 말을 많이 하지 아니하리니 이 세상 임금이 오겠음이라 그러나 그는 내게 관계할 것이 없으니 오직 내가 아버지를 사랑하는 것과 아버지께서 명하신 대로 행하는 것을 세상으로 알게 하려 함이로라 일어나라 여기를 떠나자"(요 14:30-31). 체포되기 직전에 하신 이 말씀은 다가올 일을 기꺼이 감당하겠다는 그분의 **기꺼움과 결의를** 보여준다. 이는 자신을 하나님께 향기로운 제물과 희생 제사로 드리려는 그분의 확고하고 굽힐 줄 모르는 결심을 나타낸다(엡 5:2). 그분의 먼저 이 세상 임금이 다가오고 있으며 인간의 권력을 통해 온갖 폭력을 가하려 한다고 폭로하신다. 그러나 주님께서는 "그는 내게 관계할 것이 없으니"라고 덧붙이신다. 이는 사탄이 권리를 주장할만한 것은 아무것도 발견하지 못할 것이라는 뜻일 수 있다.[109] 즉 대적이 예수님을 고소할 요소나 예수님을 지배할 정당한 권한이 될만한 것을 찾지 못한다는 뜻이다. 그리고 그분은 자신을 기다리고 있는 고난으로부터 물러나기를 원하기는커녕 오히려 그것을 맞이하고 겪을 준비가 되어 있음을 암시하신다. "오직 내가 아버지를 사랑하는 것과 아버지께서 명하신 대로 행하는 것을 세상으로 알게 하려 함이로라"라는 말씀은 "그러므로 나는 물러나지 않을 것이다"와 같은 암묵적인 생각을 담고 있다. 이와 같거나 비슷한 생각을 의미해야 문맥이 통하기 때문이다. 예수님은 임박한 고난에 온전히 동의하면서 자신을 내어줄 것이라고 암시하신다. 또한 그렇게 하는 이유는 아버지를 사랑하고 그분의 명령에 전적으로 순종하는 것을 세상이 알게 하려는 것이라고 덧붙이신다.

동일한 의미에 대한 두 번째 말씀은 그분께서 하나님의 명령에 따라 양들을 위해 자발적으로 목숨을 버리셨기 때문에 아버지께서 그분을 사랑하신다는 선언이다. "이 명령은 내 아버지에게서 받았노라"(요 10:18). 그분은 하나님의 명령에 따라 자발적으로 목숨을 버려 가장 높은 순종의 행위를 보여주셨다. 모든 율법을 가장 높은 수준으로 이행하신 후, 사역의 절정인 제사장적 자기 희생으로 생을 마무리하셨다. 성경은 그분이 "죽기까지 복종"하셨다고 말한다(빌 2:8). 따라서 그분이 최종적으로 생명을 내주심은 가장 높은 순종의 행위라고 불려야 한다. 우리 주님의 여러 말씀에서 드러나는 이 생각은 로마서에서 아담의 불순종과 그리스도의 순종 사이의 인상적인 대조에서 가장 잘 설명된다(롬 5:19). 비록 그리스도의 순종이 십자가라는 단일한 행위에 국한된다는 주장(예수님의 전 **생애**가 우리의 유익을 위한 대리적이고 의로운 삶이었다는 교리에 반대하는 이들)은 인정할 수 없지만, 예수님의 죽음은 그분 자신과 사도들에 의해 항상 묘사되듯 순종의 모든 연결선이 한데 모이고 그분의 순종이 시험받은 위대한 행위다.

2. 우리가 주목해야 할 두 번째 주제는 다음 말씀에서 예수님이 자신의 죽음을 자기 백성의 참된 의로 표현하신다는 것이다. "그(보혜사)가 와서 죄에 대하여, 의에 대하여, 심판에 대하여 세상을 책망하시리라. 죄에 대하여라 함은 그들이 나를 믿지 아니함이요, 의에 대하여라 함은[110] 내가 아버지께로 가니 너희가 다시 나를 보지 못함이요"(요 16:8,10). 먼저 "내가 아버지께로 간다"는 구절의 해석을 확실히 해야 한다. 그리고 제시된 모든 해석 중에서 가장 단순하고 자연스러운 것은 이를 **그분이 아버지께로 돌아가는 길인 공로적 고난과 죽음**으로 설명하는 것이다.[111] 이런 방식의 표현이 복음서에서 낯설지 않다

는 것은 우리 주님의 말씀 방식에서도 증명된다. 특히 변화산에서 모세와 엘리야가 예수님과 대화할 때, 그분께서 떠나심(출애굽), 즉 아버지께로 떠나가시기 위한 속죄적 죽음에 대해 이야기하셨다고 전해진다. 이 말씀을 그렇게 이해하면, **보혜사께서 사람들에게 확신시키는 참된 의가 바로 그리스도의 고난과 죽음으로 이루어지며**, 이는 우리가 하나님께 받아들여지게 하는 하나님이 주신 의임을 분명히 알 수 있다.

따라서 그 위대한 순종 행위가 바로 그리스도인들의 속죄와 의로움이 된다. 예수님께서 우리의 인성을 취해서 자기 헌신의 행위로 그것을 드리신 가장 큰 이유는, 이 영원한 의로움을 가져오기 위함이었다. 또는 이것을 앞선 말씀의 표현에 더 맞게 인격적인 형태로 바꾸어 말하면, **그리스도인의 의는 십자가에서 죽으시고 아버지께로 가시는 하나님의 아들, 그분 자체시다.** 그리스도 자신이 우리의 의로움이자 화목제물이 되시며, 이로써 우리가 하나님께 온전히 받아들여지게 된다. 이처럼 인격적인 관점에서 본 하나님의 의는, 죽으시고 십자가에 달리신 그리스도가 그 백성의 의가 되거나, 하나님이 우리를 의로 여기셨다는 입장과 일치한다. 그것은 허구가 아니라 그분이 행하신 일이 그분 안에서 그의 백성이 실제 행한 것으로 여겨지기 때문이다.

자기 사람들이 진리 안에서 거룩하게 되도록
자신을 바치신 그리스도

"또 그들을 위하여 내가 나를 거룩하게 하오니 이는 그들도 진리로 거룩함을 얻게 하려 함이니이다"(요 17:19).

이 말씀은 앞서 언급한 것의 보충이라고 할 수 있는 속죄의 또 다른 효과를 드러낸다. 이 효과는 예배의 영역, 즉 그리스도인의 제사장적 특성이라고 부를 수 있는 특수한 요소에 속한다. 이는 용서와 받아주심을 전제로 하며, 화해된 자들이 참된 예배에 자유롭게 접근해 하나님 앞에 나아오는 지점에서 생각을 이어간다. 따라서 이는 어떤 의미에서 사법적 또는 법정적 개념보다 진전된 것이다. 후자를 전제로 하며, 또한 본질적으로 그것을 포함한다. 이스라엘의 거룩하신 하나님께 나아감, 즉 피로 말미암아 가까워진 백성의 예배는 구약 전체에 가득한 중요한 사상이다. 그리고 구약 전체는 죄로 인해 거룩하신 하나님께 나아갈 수 없었던 백성이 예배를 통해 하나님과 교제하도록 마련된 체계였다. 하지만 인간의 반복적인 죄는 하나님과의 관계를 단절시키는 원인이 되었고, 희생 제사를 필요로 했다. 그로 인해 하나님께 나아가는 길이 다시 열리곤 했지만, 죄의 반복으로 이러한 회복의 과정 또한 반복될 수밖에 없었다. 그러므로 우리는 주님의 말씀에서 **참된 제사장**과 **참된 제물**이 함께하는 참된 예배에 대한 언급을 당연히 기대하게 된다.

이 말씀이 주어진 계기는 주님 자신의 기도, 즉 예배 행위를 통해 적절하게 마련되었다. 주님께서 마지막 기도에서 세상에 남겨진 제자들을 언급하시며, 그들이 세상의 악으로부터 보호받도록 간구하신 순간보다 이 주제가 더 자연스럽게 도입되거나 적절하게 표현될 수 있는 경우는 없을 것이다. 이로 인해 주님은 우선 속죄가 그들을 실제로 구별하거나 거룩한 백성으로 드린 행위라고 말씀하신다. 이 부분은 "거룩하신 아버지"(11절)라는 간구로 시작된다. "거룩하게 하다"라는 단어가 반복해서 나타나는데 하나님을 향한 이러한 제사장적 구별의 모든 특권은 **그리스도 자신의 헌신에 근거**한다. 우리는 먼저 "내가 그들을 위해, 즉 그들을 위해 나 자신을 거룩하게 하오니"라는 구절의 의미를 살펴본 후, 그들의 거룩하게 됨을 고려해야 한다.

1. '거룩하게 하다'(sanctify)라는 단어는 본래 구약의 표현이며, 일반적인 의미로는 평범한 용도에서 거룩하거나 종교적인 용도로 '구별하다', 즉 '봉헌하

다’를 뜻한다. 여기에서 ‘정결하게 하다’와 같은 다른 의미들이 생겨났다. 하지만 이 기본적인 개념에서 파생된 가장 일반적인 의미는 구약 예배에서 속죄의 빈번한 필요성으로 인한 ‘희생 제사를 드리다’였다. 그것이 여기서 이 표현의 적절한 의미이며, 그래서 헬라어 주석가들은 그것을 정확하게 해석한다.[112] 그것은 그리스도의 자기 헌신 행위를 나타내는 표현이며, 그분은 **제사장이자 동시에 희생 제물**이다. 예수님은 자신이 행하고 있던 현재 활동에 대해 “내가 나 자신을 거룩하게 하나이다”라고 진실로 말씀하실 수 있었다. 이는 그분이 그때 아버지께서 맡기신 일을 수행하는 중에 계셨기 때문이다. 그리고 그분은 그것을 현재 시제로 표현하신다. 이는 그분이 여전히 그 일에 몰두하고 계셨고, 그분의 순종이 죽음으로 완성될 때까지 지속될 것이었기 때문이다.

다른 해석들도 있는데, 이들은 대체로 검증을 통과하지 못한다. 예를 들어 어떤 이들은 우리 주님이 단순히 교사로서의 헌신을 염두에 두셨다고 주장한다.[113] 이는 두 가지 이유로 전혀 타당하지 않다. 첫째로 그것은 주님이 스스로 사명을 부여하신 셈이 되는데, 주님은 항상 자신이 **보내심을 받았다**고 말씀하셨다. 둘째로 현재 시제가 완전히 무시된다. 또 어떤 이들의 주장처럼 이 말씀이 사도와 교사를 양성하기 위한 주님의 자기 성화를 가리킬 수도 없다.[114] 이 역시 부딪히는 문맥상의 문제는, 그분의 죽음이 불과 몇 시간 남지 않은 시점이라 가르치는 사역은 이미 끝났다는 것이다. 주님께서는 가르치는 사역을 이미 과거의 일로 언급하신다(11, 14, 18, 21, 23절). 그러나 이 현재 시제 표현은 처음부터 실행해 오신 가르치는 일이나 교사를 양성하는 일을 가리킬 수는 없지만, 방금 성찬의 상징으로 나타내신 자기 희생을 가리킬 것이다. 그것은 곧 임박한 일로서 주님의 마음을 채우고 있었으며, 순종의 절정이자 제사장적 자기 헌신이었다. 그래서 당연히 이는 현재의 일로 언급되고 있다.

"내가 그들을 위하여 나를 거룩하게 하나이다"라는 표현은 제사장적 용어로, 구약 제사에서 여러 번 나오는 것과 같은 말이다.[115] 이는 주님이 자신을 속죄 제물로 하나님께 바치실 때 자신 안에서 행하신 구별하심으로 이해되어야 한다. 이런 표현은 구약에서 결코 드물지 않다. 예를 들어 우리는 유월절 양을 거룩하게 하는 것에 대해 읽는다(대하 30:17). 또한 짐승의 첫 새끼를 거룩하게 하는 것은 그것들을 드리는 것과 비슷한 표현으로 번갈아 사용된다(신 15:19-21). 이 구절은 우리 주님이 세상에서 새로운 실제적 활동을 위해 자신을 거룩하게 하셨다는 뜻이 아니다. 그 일은 이미 끝났기 때문이다. 오히려 이는 그분이 **죄가 되기 위해**, 다시 말해 우리와 처지를 바꾸고 자기 봉헌의 행위로 자신을 **큰 속죄 제물로 드리기 위해** 자신을 구별하셨다는 뜻이다.

여기서 우리는 이전 장에서 상세히 다룬 두 가지 측면의 진리, 즉 죄 짊어짐과 흠 없는 순종을 분명히 볼 수 있다. 그러나 전자와 후자는 서로 분리되지 않는다. 이 위대한 속죄 사역에서 하나는 다른 하나 없이 소용이 없었을 것이다. 이 둘은 함께 속죄의 두 가지 필수 요소를 구성하며, 하나의 결과를 만들어내는 데 나뉠 수 없이 결합되어 있다. 이 두 요소를 별개의 공로로 표현해서는 안 된다. 본질상 동시에 작용하기 때문이다. 그리스도께서 대신하신 이들을 위하여 그분의 무죄한 본성이 시험을 받고 시련을 겪으셔야 했기에, 그분은 고난 당하심으로 순종을 배우셨다(히 5:8). 이 주목할 만한 진술의 의미는 그분의 순종이 점증되었다는 것이다. 다시 말해, 그것은 처음부터 완전히 펼쳐진 것이 아니라 시련이 진전됨에 따라 더욱 강력하고 활기차게 되었다는 뜻이다. 그분의 삶이 어느 순간이라도 순종의 성격을 갖추지 못했다는 말이 아니라, 그것이 상황에 따라 상승하여 마침내 겟세마네에서 우리가 분명히 볼 수 있듯이 모든 장애물과 방해를 이겼다는 뜻이다. 이 모든 것은 그분의 도덕적 완전함과 완전히 일치하며, 그분의 순종이 항상 완전했지만 그것이 겪은 시련에 따라 증가할 수 있었다는 것을 증명할 뿐이다.

따라서 우리가 논하고 있는 이 말씀의 의미는 주 예수님께서 죄가 되시고 위대한 속죄 제물로서 우리와 처지를 바꾸시려고 자신을 거룩하게 하셨다는 것이다. 그러므로 우리는 그분이 여기서 자신의 말씀으로, 그것도 더욱 강력한 제사장적 언어로 다윗의 입을 통해 오래전에 선언하신 바를 반복하고 계신 것으로 볼 수 있다. "내가 주의 뜻 행하기를 즐기나이다"(시 40:8). 이 모든 말씀의 취지와 그것이 이끄는 결과는 그분이 우리 자리를 취하셨고, 우리는 그분의 자리를 취해서, 그분과의 관계 속에서 하나님 앞에 설 수 있게 되었다고 선언하는 또 다른 방식일 뿐이다.

다음 질문은 여기서 "그들을 위하여"(υπερ αυτων)라고 번역된 전치사가 무엇을 의미하는가이다. 이는 '~의 이익을 위해', '~의 유익을 위해'를 의미한다. 엄밀한 문헌적 관점에서 볼 때, 이 전치사가 그러한 구문에서 정확히 '~의 대신에'를 의미하지는 않지만, 속죄와 관련하여 사용된 여러 표현과 관련하여 여러 구절에서 '~대신에'를 의미하는 것일 수 있을 뿐 아니라 반드시 그렇게 받아들여져야 한다는 것을 부인할 수 없다. 사실 후자의 생각은 전치사 자체에 있기보다는 그러한 구절의 생각과 얽혀 있는 대리의 전체 개념에 있다. "누군가를 위해 무언가를 하다"라는 구문은 다른 사람의 이점 또는 다른 사람의 유익을 의미하는 데 사용될 수 있다(엡 3:1). 그러나 성경 구절에 익숙한 사람이라면 누구도 그리스도께서 우리를 위해 고난을 받으시고 죽으신 의미를 어떤 평범한 사람이 다른 사람을 위해 고난을 받거나 죽은 정도로 말씀하신 적이 없다는 것을 부인할 수 없다.

따라서 바울은 매우 중요한 한 구절에서 다른 사람을 위해 죽는 일이 일반적으로 일어날 가능성을 인정하며 이에 대해 논한다. 그 전치사 'for'를 어떻게 이해해야 하는지에 대해 우리에게 의심의 여지를 남기지 않는다(롬 5:7). 다른 사람을 위한 자발적인 자기 헌신의 개념, 그리고 상황의 본질상 다른 사람을 대신한다는 개념은 그의 설명에 따르면 그 표현에 분명히 포함되어 있다.[116] 그리고 전체 구절은 그리스도께서 어떤 외적인 영향에 의해 강요받거나 적들에게 압도당하지 않고, 자신의 고유한 의지로 자신을 바치셨다는 것을 암시한다. 더욱이, 무죄한 자가 유죄한 자를 위해 고난을 받을 때, 이는 분명히 유죄한 자를 마땅한 형벌로부터 구원하려는 의도를 가진 것이다. 따라서 대속이 수반된다. '~for' 또는 '~for the sake of'라는 전치사는 다음과 같은 의미를 내포한다. 즉, 하나님의 자녀들의 한 대표자가 모두를 **위해** 죽었을 때, 모든 사람이 그분 안에서 죽었고, 모두가 그분 안에서 고난을 받은 것으로 여겨졌다는 것이다(고후 5:15). 그분은 이 일을 단번에 행하셨고, 이는 영원한 효력을 가진다.

2. 이제 우리는 이 자기 헌신의 결과, 즉 주님께서 그것을 바치실 때 염두에 두셨던 의도와 목적을 살펴보자. "그들 또한 진리 안에서 거룩하게 되게 하려 함이라." 우리는 원문에서 정관사가 없기 때문에 이 번역을 분명히 선호한다.[117] 이 구절은 '진실로' 또는 '진정"이는 그들도 진리로 거룩함을 얻게 하려 함이니이다" 3:18; 빌 1:18; 요 4:24)에서도 그렇게 나타난다. 그리스도께서 자신으로 거룩하게 하신 사람들은 이로써 가장 높은 의미에서 하나님의 참된 예배자로 구별된다.

그리스도의 제자들에게 적용된 '거룩하게 하다'라는 단어와 관련해, 항상 지켜져야 하지만 종종 간과되고 일반적인 신학 용어에서 너무 무시되는 구분을 염두에 두어야 한다. 우리를 **내적으로 거룩하게 하는 성령의 성화**가 있고, 전자의 것과 구별되는 것으로 우리 **인격이 그리스도에 의해 하나님께로의 구별됨 또는 거룩하게 됨**이 있다. 여기서 '거룩하게 하다'라는 단어가 나타나는 것은 후자의 의미다. 그리고 이것은 의심할 여지 없이 더 주관적이고 자연스럽게 뒤따르는 성화의 기초를 놓는다. 이 구절과 관련하여 명확히 해야 할 질문은, 여기서 언급된 **거룩하게 하심**을 성령에 의해 우리 안에서 이루어지는 도덕적이고 영적 갱신으로, 다른 곳에서 '성령의 거룩하게 하심'(살후 2:13)이라고 불리는 것과 동일한 것으로 간주해야 하는지, 아니면 속죄의 직접적인 열매로 해석해야 하는지다. 그것은 객관적인가, 주관적인가? 그것은 성령의 사역의 일부인가, 아니면 그리스도의 희생의 즉각적인 열매인가? 이 조항에서 주님은 '거룩'을 기독교인의 도덕적 의미, 즉 내적 갱신의 차원에서 언급하시는 것이 아니라, 구약의 모세 율법(구약제사)에서의 그 용법과 히브리서에서의 용례처럼 언급하신다는 것을 특별히 주목해야 한다[118] (히 13:12, 9:13). 만일 우리가 이 조항을 성령에 의한 내적 갱신으로 해석한다면, 그것은 우리 주님의 말씀의 참된 의미에서 크게 벗어나는 것이다. 구약에서 나타나는 '거룩하게 하다'라는 단어는 온 백성 또는 개인을 정식으로 신정 국가에 속하도록 성별하기 위해 지정된 의식과 일차적인 관련이 있다. 이것은 주로 희생제사를 통해 얻고 유지된 지속적인 지위였다. 그리고 히브리서의 사도는 마찬가지로 기독교인을 거룩하게 하심, 즉 그들을 하나님의 참 백성에 **속하게** 하고 그들의 섬김과 예배에 **참여하도록** 헌신하는 것이 그리스도의 희생으로 이루어졌다고 설명한다. '거룩하게 하다'라는 단어의 정확한 의미를 파악하려면 이스라엘의 구약 의식에서 그 용법을 추적해야 한다.

구약 예배에서 자주 나타나는 두 단어인 '거룩하게 하다'와 '정결하게 하다'는 의미상 매우 밀접하여 일부는 이들을 동의어로 간주한다. 그러나 두 단어 사이의 미묘한 차이는 다음과 같이 구별될 수 있다. 제의적 성격의 반복되는 더러움이 속죄의 희생제사를 필요로 한다고 가정된다. '정결하게 하다'라는 단어는 예배자를 하나님의 성소에 접근하는 특권과 그의 백성과의 교제에서 제외시키는 오점들을 제거하는 의식과 희생제사를 가리켰다. 그가 입은 더러움은 그를 접근에서 배제시켰다. 그러나 이 같은 이스라엘 사람이 희생제사로 정결하게 되면, 그는 특권에 완전히 참여할 수 있게 되었다. 그때 그는 거룩하게 되거나 거룩해졌다. 따라서 후자는 전자의 결과이다. 그러므로 우

리는 구약 예배와 관련하여 '정결하게 하다'와 '거룩하게 하다'라는 두 단어가
매우 밀접하게 연관되어 있어서 하나가 다른 하나를 포함한다고 말할 수 있
다. 이는 신약에서 이 두 표현의 사용에 대해 빛을 던져줄 것이다(엡 5:25, 26;[119]
히 2:11; 딛 2:14). 이 모든 구절들은 죄로 더럽혀져 하나님으로부터 멀어진 사람
이 희생의 피가 그에게 적용되자마자 하나님께 나아갈 수 있게 되고 그분과
의 교제에 다시금 받아들여져 거룩하다고 선언되는 것을 나타낸다. 그것이
이 구절에서 '거룩하게 하다'라는 단어의 의미이다.

a. 따라서 여기서 사용된 **거룩함과 속죄**의 관계를 추적할 때, 그것은 **인과
관계**이다. 그것은 속죄와 직접적이고 즉각적인 관계에 놓여있다. 하나님과의
화목의 즉각적인 결과는 여기서 언급된 거룩함, 즉 하나님께 가까이 갈 수 있
는 백성, 또는 신정 국가의 백성이 되는 것이다. 따라서 그리스도께서 우리를
더러움과 그 더러움으로 인해 하나님과 멀어진 상태로부터 해방시키시고 우
리를 하나님과의 친교로 회복시키시기 때문에 우리를 거룩하게 하신다고 말
할 수 있다. 그분의 백성은 "진리로 거룩하게 되었다"고 불리는데, 이는 실체
가 그림자와, 영원한 것이 일시적인 것과 대조되기 때문이다. 그들은 죄 사함
으로 하나님께 구별되어 특별한 백성, 또는 제사장 나라가 된다.

b. 이 항목에서 우리는 서신서의 가르침을 좀 더 살펴볼 필요가 있다. 서신
서의 내용을 참고해야만 완전히 이해할 수 있기 때문이다. 그리스도의 속죄
죽음으로 "진리로 거룩하게 된" 사람들은 의식적으로(consciously) 하나님께
가까이 있는 존재로 여겨진다. 그들은 단번에 정결함을 받아 더 이상 죄책감
이 없는 예배자로 묘사된다(히 10:2). 이는 바울이 에베소서에서 은혜로 믿음
을 통해 구원받은 자들이 이제 가까워졌다고 묘사하는 것과 같은 지위이다.
"이제는 전에 멀리 있던 너희가 그리스도 예수 안에서 그리스도의 피로 가까
워졌느니라"(엡 2:13). 이것은 모형이 아닌 실제적인 가까움이다. 구약의 모세

예배는 **육체**를 정결하게 할 뿐이었지만(히 9:13), 그리스도의 속죄의 피를 적용받은 이들은 죽은 행실에서 그들의 양심이 정결하게 된다(14절). 다시 말해, 그들은 그리스도의 희생으로 하나님과 의식적으로 가까운 상태로 들어가기 위해 고소하는 양심 또는 악한 양심에서 정결하게 되어 하나님의 평강으로 채워진다. 또는 "그가 한 제물로 거룩하게 된 자들을 영원히 온전하게 하셨느니라"(히 10:14)로 묘사된다. 따라서 구약의 희생제사에서 모형적으로 행해졌던 것이 이제 그리스도의 자기 희생으로 실제로 행해진다.

c. 나아가 이는 하나님을 섬기고 제사장으로서 봉사하기 위한 가까워짐이다. 하나님 앞에 이렇게 서는 사람들은 살아계신 하나님을 섬기기 위해 양심이 정결케 된다(히 9:14). 그들은 구약 제사장들처럼 거룩한 섬김을 위해 성별되고 헌신되어, 모든 일을 하나님 앞에서 하는 것처럼 행한다. 여기에 덧붙여, 하나님께 가까이 있는 백성이 되도록 헌신하는 것은 모든 삶이 제물이 되고 모든 활동이 예배가 되는 결과를 수반한다. 이처럼 인간의 삶은 하나님 앞에서 지내며 가장 사소한 일까지도 그분을 위해 행할 때 찬송이 될 수 있다. 이것이 **진리**로 헌신된 자연스러운 결과이다. 그뿐만 아니라, 이 성별된 자들의 모든 행위에 여전히 불가피하게 묻어있는 더러움은 그들을 헌신시킨 분의 제물로 계속해서 정결케 되고 가려진다(요일 2:1, 2). 그들이 하나님께 드리는 제사장적 섬김은 우리의 위대한 대제사장의 지속적인 중보로 인해 흠 없고 하나님께 받으실 만한 것이 된다(벧전 2:5). 그들은 담대히 들어갈 수 있는 지성소에서 살고(히 10:19), 그들이 들어간 은혜 안에 서 있다(롬 5:2).

이렇게 우리가 논의해 온 이 표현은 도덕적 개선이나 영적 변화로 해석되어서는 안 된다는 것이 충분히 명확하게 드러난다. 물론 그러한 결과가 즉시 뒤따르기는 하지만, 이 표현은 구약 모세 예배의 희생적이고 제의적인 용어에 따라 해석되어야 한다.[120] 우리가 본 바와 같이 그 의미는 단순히 이것이다:

하나님의 아들은 멀리 있는 이방인과 외인들이 가까워질 수 있도록 자기 헌신의 행위로 자신을 바쳤다. 즉, 그분은 우리를 대신하여 속죄 제물이 되기 위해 성별되고 구별되셨다. 그러므로 진리로 우리를 거룩하게 하시고 우리를 하나님께 가까워진 백성, 즉 모형이 아닌 실제적인 제사장 나라가 되게 하는 것은 바로 속죄다.

그리스도의 죽음이 생명을 주는 주관적 효과에 대한 말씀들

우리는 앞에서 예수님의 죽음이 가져온 보다 객관적인 효과나 우리가 하나님께 받아들여지고 죄를 용서받는 것에 관한 그분의 말씀 몇 가지에 주목한 바 있다. 이제 다음으로 그분의 죽음이 가져오는 내적인, 즉 성화의 열매와 관련된 또 다른 종류의 말씀을 살펴볼 것이다. 앞서 본 바와 같이 전자는 그리스도의 속죄 사역의 **직접적**인 결과나 열매로 보아야 한다. 반면, 여기서 다룰 말씀들은 속죄의 **간접적**인 효과로서 앞의 객관적인 효과를 전제한다. 사람이 하나님께 받아들여지는 것, 즉 올바른 관계로 들어가는 것은 인간의 본성(nature) 안에서 가장 먼저 전달된다. 이는 "율법의 요구대로 행함"이 "생명"에 이르는 길이기 때문이다(롬 10:5). 여기서 중요한 점은, 속죄가 인간에게 미치는 이 모든 주관적 또는 성화적 효과들은 **율법의 저주로부터 우리의 인격이 해방된 후에야 뒤따르는 것**으로 간주되어야 한다는 것이다. 이들은 모두 해방을 전제로 한다. 따라서 본성을 새롭게 하는 생명의 영은 이 받아주심(죄사함)에 근거해서만 (성도의) 마음에 거하도록 보내지신다. 또는 바울의 표현으로는, 그리스도의 제자들은 다른 이에게 시집보내어져(be married to) 하나님을 위해 열매 맺기 위해 율법에서 해방되거나 율법에 대해 죽은 것이다(롬 7:4). 또한 내적인 효과들은 단순히 감사 표현이나 그 동기로 생기는 것이 아니다. 그리스도의 죽음이 마음을 움직이는 강력한 동기이긴 하지만, 그보다 더 강력하고, 인간의 마음뿐 아니라 하나님의 통치에도 영향을 미치는 또 다른 근거가 있다. 그것은 바로 그분의 속죄 공로에 근거한 기초다.

속죄의 주관적 효과를 언급하는 예수님의 말씀들 중 요한복음에는 생명에 관한 몇 가지가 있다: (1) 놋뱀에 대한 비유, (2) 생명의 떡으로서의 십자가에 못 박힌 그분의 몸에 대한 비유, 이것은 이미 언급한 바와 같이 생명의 선물을 위한 길을 여는 사랑과 공의의 조화다(요 3:16). 이 모든 것은 그리스도의 죽음의 주관적이고 간접적인 효과들이다. 우리 주님과 그분의 사도들의 가르침은, 타락이 세상에 죽음과 속박을 가져온 것만큼이나 실제적으로 속죄가 생명을 가져온다는 것, 그리고 속죄가 항상 염두에 두었던 목적 또는 목표로서 그리스도의 속죄적 **죽음**과 영혼의 영적 **생명** 사이에는 이처럼 가장 긴밀한 연관성이 있다는 것을 증명한다.

생명을 우선시하는 현대 학파에 반대하여 이 점을 더욱 주목할 필요가 있다. 그들은 죄인의 받아들여짐(죄용서)이 그리스도의 죽음에서 직접적인 결과로 발생하는 것이 아니라, 반대로 우리의 감사하는 사랑에서 비롯된다고 주장한다.[121] 이는 모든 성경을 왜곡하는 것이다. 이는 용서가 십자가에서 즉각적이고 직접적으로 나오는 것으로 보지 않으며, 신비주의, 율법주의, 또는 교황주의와 거의 차이가 없다. 반대로, 우리 주님은 생명 전달과 점진적인 성화를 그 다음 단계의 효과, 즉 죄용서와 받아들여짐의 다음 단계로 여기신다. 죄의 저주에서 해방된 자들이 그 다음으로 성령을 통해 죄의 권세에서 해방된다. 예수님의 말씀들은 생명을 자기 죽음의 보상, 열매, 또는 속죄의 대가로 연결하신다.

요한복음에서 자주 언급되는 그리스도의 칭호 중 하나는 생명이다(요 14:6). 이는 사람들이 죄 가운데 죽어 있음을 전제한다. 그리고 성경에서 생명이 어떻게 주어지는지 살펴보면, 우리는 속죄와 생명, 또는 의와 생명 사이의 관계가 **행함과 보상의 관계임**을 발견한다. 의가 없는 곳, 다시 말해 **죄가 있는 곳**

(누락이든 위반이든)에는 사망이 있다. 반면에 **의**가 있는 곳에는 생명이 있다(롬 8:10). 속죄와 생명 사이의 이러한 연관성은 성경의 여러 구절에서 발견될 수 있다(롬 6:1-12; 갈 2:19-21; 고후 5:14, 15; 골 3:1-6). 이러한 구절들에서 다음과 같은 세 가지 뚜렷한 개념을 추적할 수 있다.

a. 생명에 대한 권리는 행해진 섬김이나 드려진 속죄에 기초한다. 사도들은 이것을 그리스도와 함께 십자가에 못 박힘, 그리스도와 함께 죽음, 또는 주님의 죽음 안에 심기는 것으로 표현한다. 이 행위는 그들의 행위로 간주되며, 따라서 그의 백성은 자신들이 그리스도와 함께 죄에 대하여 죽은 것으로 여겨야 한다(롬 6:11).

b. 구속받은 교회는 죄와 갈등하면서도 그리스도와 함께 부활의 생명 안에 앉아 있고(엡 1:6), 그리스도와 함께 하나님 안에 감추어진 생명을 가지고 있다(골 3:3). 이는 우리의 생각을 썩지 않는 영광스러운 생명으로 이끌어 가는데, 그 보증과 확신은 이미 그리스도의 부활 생명에서 발견된다. 지체들은 머리와 하나이며, 지금도 그분과 함께 살고 있다. 그리고 갬볼드(Gambold)가 표현한 것처럼, 그분은 영광 가운데 홀로 계시지 않고, 그들을 뒤에 남겨두시지 않는다.

c. 더 나아가 그리스도께서 우리 안에 사시므로 영적 생명이 지속적으로 공급된다는 개념이 있다(갈 2:20). 그분의 백성은 그분의 모든 충만으로 채워져야 한다. 주님은 항상 주시고 그들은 항상 받는다(요 1:16). 주님의 뜻은 그분 자신의 생명이 자기 백성 안에서 다시 나타나거나 그들 안에서 재현되는 것이다. 말하자면 그분의 백성이 그분께서 영광 가운데 살아계시는 위대한 목적을 이 땅에서 계속 이어 나가는, 하나의 아름다운 교향곡과 같은 조화를 이루는 것이다. 그분이 이 땅에서 사셨던 사랑과 적극적인 섬김의 삶이 그의 모든 백성 안에서 새롭게 되고 재현되어야 한다. 이것이 어떻게 이루어지는지

살펴보면, 그분의 낮아지심과 대속적 죽음, 부활을 그 백성이 **믿음**의 위대한 주제이자 **실천**의 위대한 동기로 삼을 때 부활 생명의 물결이 그분의 백성에게 흘러들어감을 발견하게 된다(갈 2:19 후반부). 따라서 사도들이 우리로 하여금 그리스도의 겸손과 관용, 온유, 보복하지 않는 삶을 살라고 권할 때, 그들은 보통 그분이 계시던 영광에서 낮아지신 것이나(빌 2:7), 자발적으로 죄를 짊어지실 때의 인내에 주목하게 한다(벧전 2:22-24).

놋뱀의 원형이자 생명을 주시는 분으로서
십자가에 달리신 그리스도

"모세가 광야에서 뱀을 든 것 같이 인자도 들려야 하리니 이는 그를 믿는 자마다 영생을 얻게 하려 하심이니라"(요 3:14-15).

이 중요한 말씀은 그리스도의 십자가와 영생 사이의 불가분의 관계를 가리키며, 영생을 얻기 위해 십자가가 필수적임을 강조한다. 이 말씀이 주어진 배경에 특별히 주목해야 한다. 이는 예수님께서 니고데모에게 영적 신앙의 본질을 단계적으로 설명하시며, 유대인 지도자가 가진 난제에 차근차근 대답하셨을 때 하신 말씀의 일부다. 예수님께서는 먼저 "땅의 일들"과 "하늘의 일들"을 구별하셨다. "땅의 일들"은 거듭남과 같은 것으로, 이는 이 땅에서 누리는 축복이며 인간 경험에 속하는 것으로 묘사된다. 반면 "하늘의 일들"은 신적이고 하늘에 속한 것들로, 구속의 경륜 안에 포함된 것으로 간주되어야 한다. 예수님은 이어서 "하늘의 일들" 중 두 가지를 언급하셨는데, 하나는 그분 자신의 **신성**(요 3:13)이고, 다른 하나는 그분의 **속죄 사역**(요 3:14)이다. 이 두 가지는 거듭남과 연결되며, 하나님 측면에서 거듭남의 필수 조건으로 설명된다. 예수님은 모든 시대에 전할 메시지를 담고 있는 놋뱀의 모형(민 21:9)을 통

해, 자신이 반드시 십자가에 못 박히셔야 한다는 사실을 니고데모에게 확신
시키셨다. 실제로 예수님께서 십자가에 달려 돌아가셨을 때, 니고데모는 예
수님의 직계 제자들보다 덜 충격을 받았다. 그는 아리마대 요셉과 함께 예수
님의 시신을 요청했는데, 아리마대 요셉 역시 예수님과의 개인적인 교제를
통해 십자가 사건에 준비된 것으로 보인다(요 19:39). 예수님의 말씀의 의미는
다음과 같이 표현할 수 있다. "너희는 한 평범한 사람, 곧 인자가 보이지만, 그
가 더 낮아지고 심지어 사람들의 구원을 위해 놋뱀의 예표처럼 십자가에 들
려야 함을 깨달아야 한다."

　그러나 그리스도께서 "들려야 한다"고 말씀하실 때 정말로 자신의 십자가
형을 가리키셨는가 하는 의문이 제기된다.[122] 적어도 요한복음에서 그리스
도의 사역과 관련하여 이 동사가 사용된 의미에 대한 모든 의문은 이 구절
중 하나에 덧붙여진 사도의 해설로 완전히 해소된다: "이렇게 말씀하심은 자
기가 어떠한 죽음으로 죽을 것을 보이심이러라"(요 12:33). **칼빈을 포함한 일
부 학자들은 "들려짐"을 복음이 드높은 곳에서, 모든 이의 눈앞에서 선포되
는 것에 대한 암시로 해석했다.** 그러나 이 해석은 여러 위대한 인물들의 지지
를 받았음에도 불구하고 억지스럽고 부자연스럽다. 그것은 비유의 요점을 놓
치고 있다. 요한 사도가 명시적으로 이 문제를 해결했는데도 일부가 그 해석
을 고수한 것은 놀라울 뿐이다. **또 다른 이들은 "인자가 들려야 하리라"는 말
씀을 그리스도의 하늘 승천을 가리키는 것으로 해석했다.**[123] 그러나 이 또한
받아들일 수 없다. 왜냐하면 이는 무오한 영감으로 말한 사도 요한의 권위 있
는 해설에 맞설 수 없기 때문이다. 요한은 그리스도의 그 말씀이 실제로 무엇
을 의미했는지 우리에게 알려준다. 설령 니고데모가 당시에 이 말씀을 완전
히 이해하지 못했더라도, 유대 역사상 달리 설명할 수 없는 사실에 근거한 이
말씀은 나중에 니고데모 자신에게 유용했을 것이다. 그 사건이 일어났을 때
그는 그 의미를 이해했을 것이다.

모세의 기적 중 마지막이자 40년간의 방랑 생활 막바지에 하나님의 명령과 지시로 행해진 이 유명한 사실에 대해 특별히 더 언급할 필요는 없다. 다만 이것이 예표였으며 우리 주님께서 그렇게 인용하셨다는 점만 말하겠다. 주님은 이를 단순한 비유의 근거로 삼지 않으셨다.[124] '~와 같이'라는 말과 그에 상응하는 '그와 같이'라는 표현은 우리가 이것을 단순한 유사성이나 비교로 만족할 수 없게 한다. 왜냐하면 둘은 하나가 다른 하나에서 유추되는 방식으로 연결되어 있기 때문이다. 이는 하나님의 작정에 따라, 장차 일어날 사건이 준비된 모형을 통해 예표되고, 예언되었기 때문에 그 성취가 반드시 이루어져야 함을 나타낸다. 그것은 장차 올 좋은 것들의 적절한 모형으로, 그림자가 실체와 맺는 관계와 같다. 유사점은 하나님의 의도에 따라 사물 자체에 있었다. 만약 때가 차매 실체가 나타나도록 정해지지 않았다면, 우리는 두 사건의 관계에 따라 사람들이 결코 그 그림자나 대략적인 윤곽을 보지 못했을 것이라고 확실히 결론지을 수 있다. 그것은 희생 제사와 마찬가지로 장차 올 속죄를 예시하기 위한 것이었지만, 재료가 놓이었고 전체 규정이 매우 주권적이고 명확하며 심지어 임의적이었다는 점에서 분명한 차이가 있었다. 그러나 하나님께서는 때가 찼을 때 속죄의 진리를 명백하게 드러내시고 유대인들로 하여금 그들의 소망이 이루어진 것을 기뻐하고 환영하게 하심으로 자신의 지혜를 나타내셨다.[125]

유대 민족 중 얼마나 많은 이들이 그러한 기대를 품었는지, 혹은 이 예표에 대해 그 민족 전체가 어떤 생각을 품었는지는 중요하지 않다. 중요한 것은 그들 가운데 있었던 남은 자들, 즉 하나님의 택하심을 받은 이들이다(롬9:11). 그들은 희생제사의 경우처럼 이 예표의 의미를 깨달았을 것이다. 또한 중요한 것은 이 예표가 그들만이 아니라 복음을 듣고 있는 우리들을 위해 주어졌다는 사실이다(벧전1:12).

주님은 이 독특한 치료 도구를 선택하셨는데, 그 이유는 백성들이 하나님의 주권적인 손길을 보고 하나님의 직접적인 개입과 능력과 별개로 외적인 것들의 내재된 효능에 효과를 돌리지 않도록 하기 위해서였다. 수단과 추구되는 목적 사이의 조화를 보지 못한 사람들은 이성을 앞세운다면 당연히 큰 어려움을 느끼고, 심지어 놋 조각을 쳐다봄으로써 치유된다는 생각을 비웃을 수도 있었을 것이다. 그들이 하나님의 주권에 굴복하지 않는다면 필연적으로 걸림돌이 될 것이다. 그러나 주어진 명령에는 중요한 이유들도 있었다. **백성들은 죄에 대한 형벌의 이미지뿐만 아니라 대리적 구속의 이미지도 보아야 했다.** 히스기야 왕 시대에 이 유물을 우상적으로 남용하고 오용한 것을 언급한 것(왕하 18:4) 외에, 구약에서 이 사실에 대한 더 이상의 언급을 찾을 수 있는지는 확실하지 않다. 이사야의 표현이 이와 비슷하다: "그가 채찍에 맞음으로 우리는 나음을 받았도다." 그러나 예수님이 이 예표를 해석하실 때 자신이 대속적 고난을 받는자가 되어 저주를 받고 다른 이들이 피하고 치유받을 수 있도록 죄에 대한 하나님의 진노가 자기에게 나타나도록 정해졌음을 보여주려 하셨다는 점은 의심할 수 없다.

모형과 원형 사이의 다양한 비교점은 다음과 같이 열거될 수 있다:

1. 장대나 깃대에 놋뱀을 들어 올린 것과 그리스도를 십자가에 들어 올린 것. 이 둘은 **그림자와 실체의 관계**로, 하나는 다른 하나를 예언한다. 이는 결코 어떤 해석자들이 생각하는 것처럼 부차적인 점으로 간주되어서는 안 된다. 첫째로, 대조되는 두 절에서 "들어올려진"이라는 동사의 반복, 그리고 '~와 같이'와 '그와 같이'라는 두 상관 부사의 연관성은 하나는 모형으로, 다른 하나가 원형으로 보아야 함을 증명한다.[126]

2. 여기서 언급된 두 대상은 두 가지 다른 측면에서 **하나님의 지정과 명령에**

따라 신뢰와 확신의 눈길로 바라보아야 했다. 사람들은 구원을 위해 하나님의 지정에 따라 주저 없는 확신을 가지고 그것들을 바라보도록 지시받았다.

3. **그 바라봄의 즉각적인 효과**는 구원과 치유를 가져오는 것이었다. 이것이 바로 전체 내용이 귀결되는 직접적이고 분명한 비교의 핵심이다. 이는 하나님이 정하신 치료법에 대한 믿음의 확신을 전제로 하지만, 십자가에 못 박히신 분을 바라보는 것과 연관하여 **생명이 즉각적으로 전달됨**을 의미한다.

4. 놋뱀이 독사들과 비슷하게 만들어졌지만 독은 없었고, **그리스도께서 모든 면에서 그의 형제들과 같이 되셨으나 죄는 없으셨다**는 사실을 또 다른 유사점으로 추가해야 하는지는 논란의 여지가 있다.[127] 많은 훌륭한 주석가들처럼 이 추가적인 유사점을 더하는 것은 정당할 뿐만 아니라 필수적이다. 가장 중요한 비교점은 놋뱀이 들림으로써 상처 입은 이스라엘 백성이 치유되었고, 십자가에 달리신 그리스도께서 멸망하는 사람들을 영원한 죽음에서 구원하신다는 것이다. 하지만 우리는 이 점도 고려해야 한다. 놋뱀은 이스라엘 진영에 슬픔과 고통을 안겨준 해로운 뱀들과 겉모습만 비슷했을 뿐, 그들과 동일한 존재는 아니었다. 마찬가지로, 그리스도께서는 죄 있는 육신의 모양으로, 또는 모든 면에서 형제들과 같이 되셨지만 죄는 없으셨다. 어떤 이들은 놋뱀 자체에 대한 부수적인 언급보다는, '들려진' 상황에 더 큰 암시가 있다고 주장한다. 그러나 놋뱀이 그리스도를 나타냈다는 점에서, 즉 그가 죽음과 우리의 모든 재앙을 모든 인류에게 퍼뜨리고 전가한 죄인, 특히 그 죄인의 자리를 대신하셨다는 의미를 생각하는 것은 아무런 어려움이 없어 보인다. 만약 장대 위에 단순한 모형이나 형상이 아니라 진짜 독뱀 중 하나가 올려졌다면 큰 난점을 제공했을 것이다.

그러나 이 네 번째 유사점을 추가할 때 우리는 반드시 주의해야 한다. **성경**

에서 자주 뱀으로 묘사되는 사탄에 대한 추가적인 암시를 제거해야 한다. 많은 이들이 여기서 사탄을 필연적으로 언급한다고 생각한다. 만약 원래 사건에서의 암시나 우리 주님의 인용과 언급에서나 사탄에 대한 추가적인 언급이 있어야 한다는 이 널리 퍼진 견해를 받아들인다면 큰 어려움이 생길 것이다. 십자가에 못 박힌 그리스도가 어떤 의미에서 사탄의 상징으로 표현될 수 있으며, 이러한 추가적인 암시를 가진 뱀과 어떤 면에서 비교될 수 있겠는가? 물론, 기발한 생각으로 유사점을 발견했다고 스스로 만족할 수는 있다. 예를 들어, 사람들을 뱀의 자손으로 묘사하고, 그리스도께서 뱀의 씨앗의 형상으로 죄가 되셨다고 보는 식이다. 그러나 이는 여기서 용납될 수 없는 단순한 상상에 불과하다. 그리스도께서 사탄에 대한 이러한 추가적인 언급을 포함한 뱀이 자신의 모형이라고 가르치려 했다는 흔적은 없다.

그것은 너무나 부적절해서 그것을 피하려면 핵심이 단지 들어 올려진 것에만 있다고 해야 할 것이다. 그러나 사탄에 대한 암시는 전혀 없으며, 이 오해는 뱀이 적어도 한 가지 측면에서, 즉 놋뱀의 형상에서 대속을 나타내거나 전형적인 대리 희생으로 하나님께 드려진 다양한 다른 동물들처럼 그리스도를 나타내는 데 사용될 수 있다는 점을 분별하지 못한 데서 비롯되었다. 이는 한 세기 전에 매우 유행했고 지금도 일부에서 여전히 주장되는 또 다른 해석으로 이어진다. 이 해석은 우리가 여기서 그리스도의 직접적인 모형을 보는 것이 아니라, 십자가에서 주님이 이기신 '옛 뱀'에 대한 암시를 본다는 주장이다.[128] 이 설명은 사탄에 대한 암시가 있어야 한다는 같은 오해에서 출발했으며, 그리스도를 사탄의 상징으로 나타내는 것이 부적절하다는 점에서 제안되었다. 이 견해에 따르면 우리 주님의 말씀은 그리스도께서 그를 공개적으로 드러내어 십자가에서 그를 이기셨다는 사도의 진술과 동일하다(골 2:15). 그러나 그것은 더 큰 어려움을 만들어낸다. 그리고 그것은 다음과 같은 고려할 만한 주석들로부터 쉽게 알 수 있듯이 전적으로 받아들일 수 없다.

(1) 모형들은 결코 대적인 사탄을 암시하기 위한 것이 아니라 그리스도를 암시하기 위한 것이다. 상징이 모든 맥락에서 항상 동일한 의미를 지녀야 한다는 가정은 그릇된 것이다. 예를 들어 주께서 제자들에게 "뱀처럼 지혜로우라"고 말씀하실 때 뱀은 전혀 다른 의미로 언급된다. 속죄일에 사용된 **염소들**도 대속을 나타내기 위한 것이었지만, 다른 곳에서는 악인의 상징으로 언급된다. 따라서 놋뱀을 죄인들의 대속자인 그리스도의 모형으로 해석하는 것을 막을 이유가 없다.

(2) 모형과 원형 사이의 유사성은 놋뱀을 그리스도의 모형으로 간주할 때만 유지된다. 당시 이스라엘 백성의 상태는 모든 죄인들이 빠져 있는 죄책과 영적 비참함을 생생하게 보여준다. 그리고 들어올리는 행위는 저주받은 공개적인 죽음을 당하기 위해 십자가에 들어올려진 그리스도에게만 적절하게 적용될 수 있다. 이것이 한 가지 유사점이다. 그리고 그분의 몸은 죄인의 몸과도 유사한데, 단지 외형상으로, 그리고 공통된 인간 본성을 가지신 점에서 그렇지만, 그분에게 죄는 전혀 없었다. 이 유사점은 또한 그분이 하나님에 의해 세워졌고, 하나님과 사람 사이의 유일한 중보자로서 사역하셨다는 사실에서도 성립한다.

(3) 놋뱀은 승리의 전리품이 아니라 **치료의 수단**이었다. 그것은 살아 있거나 죽은 진짜 뱀이 아니라, 단지 그 형태만 같을 뿐 아무런 공통점도 없는 하나의 형상이었으며, 전혀 다른 결과를 가져왔다. 하나는 상처를 입혔고, 다른 하나는 치유했다. 하나는 죽였고 다른 하나는 살렸다. 하나는 다른 하나의 일을 파괴했다. 따라서 그것은 사탄의 형상이 아니라 그리스도의 형상이었다.

(4) 고통받는 자의 시선은 합당한 대상이신 오직 그리스도, 즉 그리스도의 모형을 향해야 했으며, 대적자를 향해서는 안 되었다. 상처 입어 죽어가는 이

스라엘 백성에게 놋뱀을 단순하게 바라보는 것으로 즉각적인 치유가 주어졌듯이, 그리스도를 믿음으로 바라보는 모든 사람에게 영생이 전달된다. 그때에 바라보는 것만으로도 생명이 있었고 지금도 바라보는 것만으로도 생명이 있다. 그러나 우리가 피하는 사탄은 어떤 식으로든 믿음이 향하는 대상이 될 수 없다. 시선은 실제 뱀이나 모세나 장대를 바라보는 것이 아니라 오직 뱀의 형상만을 바라보는 것이었다. 그리고 지금은 오직 참된 대상인 그리스도만을 믿음으로 바라본다.

그러면 네 번째 유사점으로 돌아가서, 죄 없는 대속자이신 주 예수께서 모든 점에서 인간과 외적으로 닮거나 모든 점에서 형제들과 같이 되셨지만 그들의 죄악 된 삶과는 완전히 무관하셨다고 보아야 한다(히 2:17). **그분이 놋뱀으로 예고된 데에는 이유가 있다. 그분은 저주를 짊어진 분이자 구원자였기 때문이다.** 이 인상적인 모형을 통해 그분은 이스라엘 사람에게 자신이 단순한 세속적 왕이 아니라 고난받는 자로 오셨고, 단순한 순교자가 아니라 고난 가운데 가장 큰 죄인의 모습으로 나타나 그와 같은 대우를 받는 인류의 구속자로 오셨다는 생각을 가장 생생한 방식으로 설명하셨다. 그리스도께서 상징들과 역사적 사실들을 자의적으로 사용하셨다고 감히 주장하지 않을 것이라면, 놋뱀이 모형이라는 것을 인정해야 한다. **죄와 그 끔찍한 결과의 형상인 놋뱀은 죄 있는 육신의 모양으로 오신 하나님의 아들, 곧 육신 안에서 죄를 정죄하기 위해 죄가 되신 분을 나타냈다.** 이 전체 모형은 깊은 수수께끼 같은 의미를 지녀서 유대인에게는 모호했고 그리스도의 대속을 모르는 모든 사람에게는 실제로 불분명하다. 그러나 대속적 속죄를 아는 우리에게는 더 이상 모호하지 않다.

따라서 이 역사적 사실은 그 진정한 의미로 볼 때, 인간이 파멸된 방식과 유사한 방식으로 구원받았음을 암시한다. 즉 사람으로 말미암아 사망이 왔고 사람으로 말미암아 사망으로부터의 구속이 왔다. 하나님의 지혜로 마음이 깨달아지기 전까지 이것은 모든 자연적 조화와 적합성에 반하는 치료법처럼 보인다. **누가 파괴자의 형상을 본뜬 한 조각의 놋쇠로부터 구원을 기대하겠는가? 마찬가지로 누가 공개 처형을 당한 사람에게서 구원을 기대하겠는가?** 그러나 우리가 대속을 올바르게 이해할 때 그것은 가장 의미 있고 시사적인 모형이 된다.

우리는 이미 속죄 또는 십자가형의 필요성을 알아보았으므로, "인자가 들려야 하리라"는 말씀에 대해 더 자세히 설명할 필요는 없다. 여기서 표현된 '하리니(must)'는 불가피한 것을 나타내며, 단순히 예표를 실현하는 것에 국한되지 않고 하나님의 구속 계획과 저주를 끝내기 위한 더 깊은 근거를 가지고 있다. 죄의 형벌이 십자가에서 감당되고 소진되어야 한다는 것은 이미 오래 전 장대 위에 들려진 놋뱀을 통해 암시되었다. 십자가는 절대적으로 필요했다. 단순히 예표되었기 때문이 아니다. 하나님의 도덕적 통치에 근거하여 십자가를 통한 속죄가 반드시 일어나야 했기 때문에 예표가 존재했던 것이다. 물론 하나님께서는 모형과 예언을 신실하게 성취하시는 분이시지만, 단지 예표된 것을 이루기 위해 십자가 처형이 시행된 것이 아니라, 오히려 하나님 공의의 요구를 만족시켜야 하는 절대적인 필요성이 있었기 때문에 예표들이 존재했던 것이다.

하나님의 징벌적 공의 또는 속죄의 필요성과 그것을 입증하는 우리 주님의 가르침에 대한 증거는 이 책의 앞부분에서 다루었으므로, 우리는 그것을 더 설명하지 않겠다. 여기서 우리 주님이 말씀하신 '해야 한다'는 하나님의 생명의 전달과 완전한 치유와 연관되어 있으며, "십자가 없이는 치유도 없다"는 것이 이 증언의 요지라고 말하는 것으로 충분할 것이다. 죄가 세상에 들어왔을 때, 하나님의 도덕적 완전성은 그것이 합당한 보응을 받아야 하며, 하나님의 생명이 인류에게 퍼지기 전에 죄에 대한 만족이 요구되어야 함을 필수적이게 했다. 지극히 높으신 하나님께서는 반드시 공의가 만족될 것을 요구하신다. 이는 우리의 영적인 불안과 두려움을 해소하기 위해서도 필수적인 일이다. **그분은 의를 사랑하시기 때문에 의가 만족되기를 요구하신다**(시 11:7). 이는 그분이 단순히 도덕적 세상에 인상을 주어 그들이 죄짓지 못하게 하는 것이 아니고, 영적인 대상들 앞에서 무언가를 보여주고 싶으셨기 때문도 아니다. 형벌과 속죄의 필요성은 하나님 자신 이외의 대상을 향한 어떤 목적이나 고려사항과 무관하다. 그분의 완전성만이 그분이 행동하시는 유일한 근거이며, 그분은 형벌을 요구하는 죄의 악행 때문에, 그리고 자신에게, 즉 **자신의 올바름에 대한 사랑, 곧 자신에 대한 정당한 사랑 때문에만 죄를 벌하신다**(시 11:7). 이 징벌적 보복은 흔히 복수라고 불리며, 지극히 높으신 이는 이를 자신의 특권으로 주장하신다: "원수 갚는 것이 내게 있으니 내가 갚으리라"(롬 12:19; 신 32:35). 따라서 도덕적 악이 저질러졌을 때, 그에 맞는 형벌이 반드시 뒤따라야 한다. 우리는 하나님의 세계의 도덕적 통치 안에서 하나님의 피조물들은 오직 마땅한 것만을 겪으며, 결코 그 이상을 겪지 않는다는 입장을 자신 있게 제시할 수 있다. 따라서 죄를 속죄하고 저주를 소멸시킬 수 있는 방식으로 이 형벌을 감당하는 것이 그리스도의 십자가형의 이유였으며, 그가 여기서 표현한 '하리니(must)'에 대한 설명을 제공한다.

그러나 주목해야 할 점은, 속죄가 하나님의 구속 계획에서 생명의 확산을 위한 길을 여는 데 목적이 있다는 것이다. 이 말씀은 결론을 나타내는 접속사로 시작된다[129]: "이는 저를 믿는 자마다 멸망하지 않고 영생을 얻게 하려 하심이라"(요 3:16). 여기에는 두 가지 목적이 드러난다. 궁극적인 목적은 생명이고, 중개적인 목적은 믿음, 즉 생명을 받는 도구다. 예수님의 죽음이 이 영생을 얻기 위한 필수불가결한 요소라는 점은 의심의 여지가 없다. 예수님의 증언에 따르면, 사람들은 그분의 죽음을 통해 해방, 치유, 그리고 생명을 얻게 된다. 그리고 사람들이 이러한 혜택을 실제로 소유하고 누리게 되는 것은, 십자가에 못 박히신 그분에 대한 **믿음을 통해서**다. 이 믿음은 그리스도의 완성된 사역을 전제로 하며, 그분의 죽음 또는 십자가에 달리신 그분 자신을 신뢰하는 믿음이다.

또한 중요한 점은, **속죄의 죽음이 영생과 인과적, 또는 공로적 관계에 있다는 것이다.** 이 영생은 십자가 사건의 목적, 결과, 또는 보상으로 언급된다.[130] 생명과 성화를 그리스도의 죽음과 연결하는 이 모든 본문들의 의도는, 현대 신학이 주장하듯, 생명이 먼저이고 죄인을 받아주심이 그리스도의 죽음에서 직접적으로 나오지 않고 생명으로부터 간접적으로만 나온다는 것을 보여주려는 것이 아니다. 그러한 이론은 성경적 근거가 전혀 없으며, 그 논리를 끝까지 밀고 나가면 결국 다른 복음을 만들게 된다. 생명과 점진적인 성화는 단지 보상, 추가적인 목적, 혹은 우리가 하나님의 받아주심을 얻은 결과로 간주되어야 한다. 이러한 본문들을 통해 성화나 신적 생명의 전달이 그리스도의 죽음의 직접적인 목표라고 여길 근거는 전혀 없다. **생명은 속죄의 보상**이며, 이는 항상 예수님과 사도들에 의해 공로로 얻어진 생명으로 표현된다. 이는 의와 속죄를 근거로 주어진 것이다(롬 8:10).

이런 해석을 하는 학파들의 범위와 경향을 정확히 이해하는 것이 더욱 필요한데, 이는 오늘날 이 해석이 널리 퍼져있고 많은 사람들에게 수용되었기 때문이다. 이 학파는 냉랭한 정통주의에 대항하여 어느 정도의 정당성과 장점을 가지고 있을지 모르지만, 중세 신비주의를 넘어서지 못하며, 그 편향성은 해롭고 복음의 전개는 매우 결함이 많다.[131] **이 학파는 생명을 우선하고 용서를 그 다음에 놓으며, 전혀 성경적이지 않은 방식으로 전자를 후자의 경로로 만든다.** 이들은 받아주심(acceptance)의 직접적이고 즉각적인 근거를 십자가에 두지 않고, **신적 생명을 먼저 소유하는 것에 둔다.** 이러한 해석은 진리의 관계를 뒤집고 혼란스럽게 만든다. 관심은 온통 그리스도와의 생명의 교제에 집중되며, 결과적으로 복음의 치료제가 본래의 목표에서 벗어나게 된다. 이 접근법은 주제를 분리시키고 메시지를 뒤집는다.

하나님을 권위 있는 율법 제정자이자 도덕적 통치자로 이해하며, 죄책과 형벌, 속죄와 죄인의 용서와 관련된 위대한 교리들은 모두 뒤로 밀려나고, 그리스도를 생명의 원천으로 이해하는 진리들만 두드러진다. 이는 본질적으로 중세 신비주의와 동일한 해석으로, 내주하시는 그리스도만 바라보며, 그리스도가 믿는 이들을 위해 하신 일의 중요성은 간과한다. 간단히 말해, 이 해석학파는 바울이 로마서에서 명확히 한, 신적 생명의 전달을 그리스도의 대속적 죽음이나 율법의 의와 연결하지 않는다. 그런데 바로 이 의는 생명을 얻거나 생명의 원인이 되는 유일한 근거다. 더 나아가, 이 학파는 요한적인 사고와 바울적인 사고를 구분하려 시도한다. 그러나 이 신학 전체는 본문 및 요한복음의 다른 구절들에 의해 반박된다. 이 본문에서 보듯이, 신적 생명의 모든 전달은 바울의 진술과 마찬가지로 공로 있는 순종, 그리스도의 상처와 피에 연결된다. 이 피는 생명을 얻는 대가다. 하나님은 신적 생명을 공급하실 때 이 대가를 보시며, 이를 생명의 유일하고 독점적인 근거로 삼으신다. 또한 사람들 역시 이 대가를 모든 신뢰의 기초로, 자신이 매일 신적 생명을 전달받는 공로적 원인으로 여겨야 한다.[132]

세상에 생명을 주기 위해 자신의 살을 주신 그리스도

"나는 하늘에서 내려온 산 떡이니 사람이 이 떡을 먹으면 영생하리라 내가 줄 떡은 곧 세상의 생명을 위한 내 살이니라 하시니라 그러므로 유대인들이 서로 다투어 이르되 이 사람이 어찌 능히 자기 살을 우리에게 주어 먹게 하겠느냐 예수께서 이르시되 내가 진실로 진실로 너희에게 이르노니 인자의 살을 먹지 아니하고 인자의 피를 마시지 아니하면 너희 속에 생명이 없느니라 내 살을 먹고 내 피를 마시는 자는 영생을 가졌고 마지막 날에 내가 그를 다시 살리리니 내 살은 참된 양식이요 내 피는 참된 음료로다 내 살을 먹고 내 피를 마시는 자는 내 안에 거하고 나도 그 안에 거하나니 살아 계신 아버지께서 나를 보내시매 내가 아버지로 말미암아 사는 것 같이 나를 먹는 그 사람도 나로 말미암아 살리라."(요 6:51-57)

이 말씀은 그리스도의 대리적 희생과 영적 생명의 전달 사이의 관계에 대해 이전 말씀보다 훨씬 더 명확하게 설명한다. 그것은 속죄가 생명과 인과관계에 있음을 분명히 선언한다. 주님의 십자가에 못 박히신 몸은 생명을 주는 영향력을 지니며, 생명을 얻을 수 있는 유일하고 새로운 근원을 이룬다. 이 구절은 그리스도의 속죄의 순종을 다른 이들에게 생명의 원인으로 묘사하거나(롬 5:18), 그분과 함께 십자가에 못 박힘을 그분과 함께 그분의 백성이 생명을 얻게 하는 원인으로 설명하거나(롬 6:1-11), 그분이 우리 안에 사시는 것에 대해 말하는(갈 2:20) 서신서의 수많은 본문들에 대한 열쇠로 간주될 수 있다.

이 기념비적인 말씀의 배경에 대해 간략히 말하자면, 이는 오병이어의 기적에서 자연스럽게 이어진 담화의 일부를 이룬다. 우리 주님은 자신을 왕으로 선포하려던 열광적인 무리로부터 물러나셨지만, 다음 날 가버나움 회당에서 그들과 다시 만나게 되었고, 그들에게 모든 진리를 드러내시게 되었다. 그분은 자신이 폭력적인 죽음을 당하실 것이지만, 자신의 살이 세상의 생명이 될 것이라고 선언하신다. 계획된 역사가 방해받지 않고 진행되어야 할 분명한 목적 때문에 어느 정도 모호함이 그 말씀에 남아 있었지만, 그들은 그 의미를 이해했다. 그분은 그들에게 썩어질 양식을 구하지 말고 영생하도록 있는 양식을 구하라고 경고하셨고, 이는 오직 믿음으로만 발견될 수 있다고 덧붙이셨다(29절). 그분은 이어서 무리에게서 나온 말을 근거로 이스라엘 백성이 광야에서 먹었던 일시적인 만나를 참된 떡, 즉 자신과 대조하셨다. 그런 다음 모형적인 것과 비교하여 참되고 본질적인 떡의 두 가지 주요 요소를 설명하셨는데, (1) 하늘에서 내려오고, (2) 세상에 생명을 준다는 것을 보여주셨다(33절). 두 번째 요소인 생명을 주는 속성은 그것을 먹는 자들이 영생에 참여하게 하고 더 이상 죽음에 종속되지 않게 하는 것으로 더 설명된다. 이 떡은 먼저 그분 자신의 인격과 동일시되며, 더욱이 그분의 백성의 굶주림을 채우고 그들의 목마름을 해소하는 것으로 묘사된다(35절). 그런 다음 무리의 여러 수군거림에 대처하신 후 계속해서 말씀하시지만, 생명을 그분의 속죄적 죽음과 연결함으로써 더 나아가신다(51-57절). 그분은 생명을 자신의 인격과 연결하셨고, 다음으로 그것을 자신의 속죄 사역, 즉 십자가에 못 박히신 자신과 연결하신다. 따라서 이 전체 부분은 생명의 떡이 십자가에 못 박히신 주님 자신, 다른 이들을 위한 대리속죄자의 자격으로 우리에게 제시되어 영접되는 그리스도라는 점에서 매우 중요하다.

이 구절들의 해석이 매우 다양하고 다른 경향들의 이해관계 속에서 논의되고 있기 때문에, 우리는 그 의미를 정의해야 한다. 성찬식과 관련된 논쟁들은 초기부터 이 구절들을 성례전적 관점에서 논의하게 만들었다. 따라서 우리가 더 나아가기 전에 이 말씀들이 무엇을 의미하지 않는지, 그리고 무엇을 의미하는지를 보여주어 말씀의 힘을 부당하게 제한하거나 왜곡하고 오해하는 해석들을 경계해야 한다.

1. 이 표현들은 성만찬을 가리킬 수 없다. 실제로 성만찬을 아직 제정되지도 않았기 때문이다. 물론 두 경우에서 사용된 상징적 언어는 매우 유사하며, 그 기저에 있는 사상도 동일하다. 그렇기 때문에, 특히 사람들이 성만찬을 지나치게 높이 평가했던 시기에, 성찬이 단순한 상징이 아니라 요한복음 6장이

실제 의미(영적 실재)를 담고 있다고 해석하고, 그리스도께서 십자가에 못 박히신 것을 묵상하는 것에서 나온 표현들과 연결시키려는 경향은 결코 부자연스러운 일은 아니었다.[133] 그러나 예수님께서 가버나움 회당에서 이 믿지 않는 무리 앞에 서서 그들의 여러 궤변에 답하실 때, 그분이 성찬을 염두에 두셨을 가능성은 전혀 없다.

먹고 마시는 것은 비유적 행위로 제시되었으며, 이 용어들은 그리스도의 살을 실제로 먹을 수 있다는 식의 성례적 언어로 과장하는 것을 지지하지 않는다. 이전 문맥 전체가 적절하고 의미심장한 비유를 과감하게 사용한 것이다. 담화가 이어지는 이 지점에서 문자 그대로의 의미를 취한다면 연결과 유추의 모든 법칙에 어긋날 것이다. 이 구절들을 성만찬 제정 시 우리 주님께서 하신 말씀과 비교해 보면, 둘 다 대속적 희생을 가리키며 십자가에 못 박힌 그 살을 그분의 백성의 양식과 영양분으로 제시한다는 점에 의심의 여지가 없다. 그러나 **여기서의 암시는 성찬의 의미로 해석할 수 없다.**

2. 어떤 이들은 "나는 생명의 떡이니"라는 이 말씀을 예수님의 가르침을 가리키는 것으로 본다.[134] 그러나 이 구절에서 우리 주님께서 자신의 교리를 확증하는 것이 아니라 다른 이들을 대신하여 드리는 희생제사, 즉 속죄를 직접적으로 언급하고 계심을 증명하는 데는 많은 말이 필요 없다. 그리스도의 죽음을 진리에 대한 입증 이상의 것으로 보지 않는 사람들은 당연히 그리스도의 죽음이 아닌 예수님의 가르침을 유일한 양식으로 삼을 수밖에 없다. 혹은 그들은 그분의 완전한 인간적 삶의 모범을 덧붙일 것이다. 그러나 이런 해석의 근저에는 그리스도의 인격과 사역에 대한 낮은 견해가 깔려 있으며, 그분의 죽음을 구속의 위대한 목적, 즉 우리의 주관적 믿음에 대한 객관적 대응물로 보지 않고, 위대한 교사로서 기울이신 노력의 우연한 결과로 여기려는 확고한 경향이 깔려 있다. 또한 여기서 언급된 생명 역시 새로운 창조로 해석

되어야 함에도 불구하고 똑같이 피상적인 관념이 유지되고 있다. 이러한 모든 왜곡에 대응하기 위해서는 문맥상 **구주께서 자신의 가르침이나 모범이나 윤리 체계가 아니라 세상의 생명을 위해 바쳐진 자신의 살을 분명히 제시하고 계신다고 말하는 것**으로 충분할 것이다.

3. 세 번째 해석은 이 말씀을 생명 전달의 유일한 통로로서의 성육신을 가리키는 것으로 본다. 이에 따르면 생명은 그분의 사명의 유일한 목적이며 절대적인 선물로 간주된다. 새로운 생명의 원리가 성육신과 연결되어 있다고 주장하는 해석자들은 이 구절에서 그리스도의 **죽음**에 대한 직접적인 언급은 없고 단지 육신으로 오신 그분 자신의 전체적인 구원의 현현을 믿음으로 받아들이라는 초대만 있다고 주장할 것이다. 스스로 믿음이 있다고 주장하는 널리 퍼진 현대 학파의 견해에 따르면, 그리스도의 죽음은 대속적인 것이 아니라 단지 그분의 신적 생명의 구원의 효력을 전달하기 위한 조건일 뿐이다.[135] 이는 단지 생명을 주는 자로서 주님께서 자신을 준비하시고 구별하시는 마지막 단계일 뿐이다. 따라서 그리스도의 죽음이 아니라 그분 안에 거하며 절대적으로 전달되는 신적 생명의 충만이 그분의 백성에게 영생을 위한 양식이 된다. 이 해석에 따르면, 이 말씀은 그분의 죽음이 아니라 세상의 생명을 위해 그분이 육신으로 나타나신 사실을 가리킨다. 그리고 주님의 죽음은 하나님께 대한 그분의 거룩한 헌신의 절정으로서만 고려된다. 그러나 이는 살과 피를 분리시키는 강렬한 죽음이 있음을 전제로 하는 이 구절의 전체 표현과 모순된다.

4. 지금까지 여러 가지 잘못된 해석들을 살펴보았다. 이제는 이 말씀의 올바른 의미, 특히 속죄 사역과의 관련성을 명확히 밝혀야 한다. 주님은 이 단락을 시작하시면서, 원래 어떤 내용을 부연 설명하는 동시에 새로운 내용임을 강조하는 어구로 말씀을 시작하신다.[136]

우리 주님께서 말씀하신 무리는 오병이어의 기적을 목격했던 바로 그 사람들이었고 그들이 유월절을 지키러 올라가고 있었기 때문에(4절), 그분은 그들이 참여하려던 희생 제사에서 이 독특한 화법을 이끌어내셨을 가능성이 있다. 그분은 사실상 자신이 제사의 실체이며 유월절 어린 양은 단지 그림자일 뿐이니 그들이 유월절을 기대하는 것보다 훨씬 더 간절히 자신의 살을 먹고 피를 마셔야 한다고 암시했다. 그분의 피를 마셔야 한다는 선언은 피를 특별히 경외하던 유대인 무리의 귀에 이상하게 들렸을 것이다. 그러나 그들이 유월절 제사를 드리러 가고 있었다는 점을 생각하면 어려움이 많이 줄어든다. 그분은 사실상 그들에게 "나는 그 모형의 실체요 실재"라고 말씀하신 것이다.

이렇게 볼 때, 이 구절은 속죄와 신적 생명의 관계에 대한 일련의 논증을 전달한다. 이들은 개별적인 진술로서뿐만 아니라 그 연관성 속에서도 깊이 생각해야 한다. 첫 번째는 그분의 살을 먹어야 할 필요성을 알린다(53절). 두 번째는 그것이 모든 경우에 효력 있음을 보여준다(54절). 세 번째는 십자가에 못 박히신 그분의 몸이 참된 떡, 확실한 떡임을 드러낸다(55절). 네 번째는 그 결과로 그리스도와 그분의 모든 백성 사이에 생명의 연합이 유지됨을 묘사한다(56절). 다섯 번째는 **그분의 제자들이 십자가에 못 박힌 그분의 살을 먹음으로써 그분의 공로에 참여하고 그분의 생명에 동참함**을 보여준다(57절). 그러나 **신적 생명**의 주제를 적절한 관점에서 조명하고 그것의 **공로적 원인**으로 간주되어야 할 것과의 유기적 연관성을 추적하기 위해 몇 가지 예비적 설명이 필요할 수 있다.

a. 그리스도께서 사용하신 "생명"이라는 용어의 올바른 의미에 대한 탐구는 현재의 성경해석 연구 상황에서 매우 중요하다. 그것이 그리스도의 가르침에서 가장 중요한 위치를 차지하고 기독교의 기본 진리에 속한다는 것은 그리스도나 그분의 사도들의 말씀에 조금이라도 관심을 기울인 사람이라면 누구에게나 분명할 것이다. 이 연구에서 신약 성경 어휘 사전 편집자들이 제

공하는 도움이 거의 없다고 잘 지적되었는데, 그들은 단어에 현대적 의견만을 너무 많이 담아두기 때문이다.[137] 이 말씀과 관련된 예수님의 가르침은 몇 마디로 요약될 수 있지만, 주제가 너무 광범위해서 현재의 논의에서 충분히 다룰 수는 없다. **그분의 말씀은 인간이 참된 의미에서의 생명이 없는 상태, 심지어 하나님의 생명으로부터 멀어진 상태에 있음을 전제한다.** 영적 생명에 대해 예수님이 사용한 말씀은 우리가 죽음에 빠져 있다는 것을 당연한 것으로 여긴다. 그분이 사용한 용어는 죄에 따른 하나님으로부터의 분리를 나타내고(요 5:24), 이는 사람들 안에 하나님을 향한 사랑이 없는 상태로 정의된다(요 5:42). 이는 마음을 죄악된 대체물로 채울 수 있게 한다. **생명이 주님에 의해 마련되고 전달된다는 사실은 영적 죽음의 상태를 전제한다.** 아우구스티누스와 칼빈이 하나님의 말씀을 해석할 때 지속적으로 적용했던 쉽고 보편적으로 적용할 수 있는 원칙에 따르면, 하나님이 무언가를 자유롭게 제공하고 주신다는 것은 그것이 인간에게는 결핍되어 있다는 뜻이다.

b. 주님이 회복시키러 오신 이 영적 생명은 생명의 근원인 하나님과의 재결합과 그로 인해 일어나는 내적인 변화 또는 새로운 창조로 구성된다. 아버지께서 자신 안에 생명이 있는 것처럼 자신 안에 생명을 가진 성육신하신 아들은 이로 인해 중보자 역할을 할 수 있었고(요 5:26), 죽은 인류와 그 창조주 사이에 개입하여 새로운 생명의 근원이 되었다. 영생이 나타났고(요일 1:1-3), 죄로 인해 차단되었던 생명이 다시 전달되었다. **"생명"이라는 용어는 단순히 비참함으로부터의 해방 이상을 의미한다.** 우리 주님과 사도들이 사용한 대로, 그것은 상실되었던 것의 회복, 심지어 **아담의 원초적 생명보다 더 높은 것을 의미한다.** 또한 그것이 단지 생명에 대한 권리의 회복을 의미한다고 말하는 것으로는 충분하지 않다. 비록 어떤 이들은 죄용서와 소생을 동일시하지만(골 2:13), 이 단어들이 사용된 구절들을 정확히 검토해보면 **생명은 용서의 결과이거나 공로에 대한 보상임을** 알 수 있다. 하나님께 받아들여진 사람만이 사

망에서 생명으로 옮겨간다(요 5:24).

그리스도는 자신을 생명이라고 묘사하고(14:6), 자신 안에 생명이 있다고 말씀하신다(5:26). 그는 자신이 가진 생명, 곧 자신인 생명을 전하기 위해 성육신하셨다(12:50). 따라서 그분은 자신을 생명의 떡을 나누어주는 자(6:35)와 생수를 주는 자(4:10)로 묘사한다. 그분 안에 거하고 그분을 따르는 자들은 생명의 빛을 가진 자들로 묘사된다(8:12). 그분은 이렇게 생명의 떡을 먹는 자들을 양육한다. 그러나 그분이 세상의 생명이 되신 것은 성육신이나 인격적 출현만으로는 아니다. 그분은 **자신의 생명을 버리고 다시 취하기 위해**(10:17) 구속받은 수많은 사람들에게 부활이요 생명이 되었다(요 11:25). 그분이 생명을 주시기 위해서는, 정죄받은 인간과 하나님의 생명에서 멀어진 본성을 가진 자들에게 생명을 주시기 위해, **반드시 자신의 살을 세상의 생명을 위해 내주셔야 했다**(6:51). 의와 생명으로서 그분은 죄와 죽음을 이길 수 있었지만, 하나님과 인간 사이를 갈라놓은 죄책을 자신이 짊어짐으로써 죽음의 형벌에 자신을 복종시켜야만 했다. 세상에 생명을 주는 것은 하나님의 어린 양으로서이다(1:29). 양들을 위해 자신의 목숨을 버린 선한 목자(10:15)만이 죄와 허물로 죽은 자들에게 생명을 회복시킬 수 있는 위치에 있다. 주님께서 같은 개념을 표현하기 위해 사용한 구절과 용어는 많고 다양하다. 그분은 자신의 두 가지 신분, 즉 **제사장**이며 동시에 **희생 제물**로서 자신을 성별하셨다(요 17:19). 또한 그분은 인간이 알 수 있는 그 어떤 우정보다 더 큰 사랑으로 친구들을 위해 자신의 생명을 내주신 친구(요 15:13)로 나타나셨다. 그분은 참된 유월절 어린양(요 19:36), 땅에 떨어져 홀로 있지 않고 죽어서 많은 열매를 맺는 밀알(요 12:24), 세상의 구주(요 4:42), 유대 민족만이 아니라 하나님의 자녀들을 하나로 모으기 위해 죽으셔야 했던 대속자(요 11:51), 죄인들을 구원하기 위해 죽으신 독생자(요 3:16)로 우리에게 자신을 나타내셨다.

그분은 자신을 영생으로, 생명의 근거로, 생명의 분배자로 우리에게 제시한다. 그분은 믿는 자는 영생을 가진다(요 5:24). 믿음은 한 측면에서 이 새 생명의 결과이며, 다른 측면에서는 그것을 받는 수단이나 도구이다. 한 마디로 생명은 하나님의 측면에서는 그리스도의 내주, 또는 믿는 심령 안에 그리스도가 항상 계시는 것과 다르지 않다. 그리고 생명은 사랑, 빛, 기쁨, 거룩함으로 발전한다. 그러나 주님의 이 말씀은 생명을 주심이 절대적이거나 대가 없이 주어진 선물이 아니라 **그분의 속죄를 통해서만 가능했다**는 것을 강조해서 선언한다. 그것은 순종의 사역으로 확보되었고, 더 이상 상실되지 않는다. **하나님과의 교제 안에서 누렸던 원초적 생명이 회복될 뿐 아니라, 시험 기간 후의 인간을 기다렸을 생명, 즉 그가 처음 상태를 유지했더라면 수여받았을 생명이 죄인들을 대신한 성육신하신 아들의 속죄로 획득되고 수여된다.** 이 결과를 확보하기 위해 생명의 주님께서는 죽음을 맞닥뜨렸고, 인류의 죄책에 상응한 대가를 치렀다. 이는 사망의 지배가 생명의 통치로 대체되는 유일한 길이었다. 현대적 사변의 영향으로 그리스도를 단지 위대한 교사나 단순한 모범으로만 여기는 사람들은 극복해야 할 장애물이나 저주가 뒤집혀야 할 필요성을 전혀 이해하지 못했다.

주님께서는 세상의 생명을 위해 자신의 몸을 자발적으로 내주셨다고 분명히 선언하셨다(요 6:51). 이 표현의 일관된 의미는 제사장의 헌신 행위를 가리킨다(갈 1:4; 엡 5:2). 그러므로 **타락이 사망을 가져온 것처럼 속죄는 생명을 가져왔다**고 말할 수 있다. 죄로 인해 상실된 생명의 회복은 그리스도의 속죄 사역의 명확한 목적이었다. 속죄는 하나님의 생명에서 멀어진 자들을 소생시키고 상급으로서의 생명을 부여하는 것을 특별히 염두에 두고 있었다. 이렇게 하여 하나님께서는 **그리스도의 십자가에 못 박힌 몸을 통해 죽은 인류에게 새로운 생명을 부여**하시며, 이는 더 이상 상실되지 않을 것이다.

c. 그러나 주 예수님께서는 다음으로 자신의 "살을 먹는 것"과 "피를 마시는 것"에 대해 말씀하신다. 이 언어가 비유적이라는 것은 명백하다. 그분의 살을 먹고 피를 마시는 표현은 이전 문맥(요 6:35, 40, 47)에서 **믿는다**는 의미로 사용되었으며, 여기서도 그렇게 받아들여져야 한다. 이 비유적 표현들은 사람들이 세상의 생명을 위해 자신의 살을 내주신 그분을 **믿어야** 하며, 굶주린 사람이 음식을 간절히 원하듯 **속죄를 받아들여야** 한다는 것을 의미한다. **그리스도의 희생 교리는 영적 생명을 얻는 과정에서 가장 핵심적인 요소다.** 또한, 내적 갱신, 사랑, 성장, 열정, 힘 등 영적 생명에 포함되는 복과 관련된 모든 면에서 이 교리는 결코 간과되지 않는다. 그러므로 이 먹는 행위를 그리스도의 속죄적 죽음을 특별히 받아들이지 않고, 단순히 일반적인 진리를 받아들이는 것으로 해석하는 것은 옳지 않다. 오히려, **믿음은 이 내적 생명을 얻기 위해 가장 먼저 그리스도의 속죄, 곧 십자가에 못 박히신 그분의 살에 초점을 맞춘다.** 주님께서는 사실상 이렇게 말씀하신다. "내 이 희생으로 내가 생명을 마련한다. 그리고 그뿐만 아니라, 나는 참된 생명의 떡이 된다. 그리고 살아가기를 원하는 모든 사람은 세상의 생명을 위해 바쳐진 내 속죄를 받아들인다."

이 말씀은 속죄가 하나님의 도덕적 통치에서 가장 중요한 위치를 차지할 뿐 아니라, **개인적 관점에서 볼 때 죄가 반드시 속죄되고 그 사람이 하나님께 받아들여져야만** 생명의 소통이 자유롭게 이루어질 수 있다는 것을 의미한다. 이는 하나님의 도덕적 통치의 전반적 계획에서의 하나의 방편일 뿐만 아니라 **개인적 필요성**이기도 하다. 그리고 너무 자주 생략되거나 일반적인 것에 흡수되는 이 후자의 관점이 우리 주님의 이 증언에서 강조되는 특별한 진리이다. 따라서 생명을 위해 그리스도의 "살을 먹고 피를 마시는" 말씀은 우리가 가져오는 것이 아니라 받는다는 것, 우리가 생명을 위해 일하는 것이 아니라 이미 완성된 사역, 즉 **이미 이루어진 그리스도의 죽음**으로 들어간다는 것을 선언한다.

그러나 믿음이 먹고 마시는 것으로 비유적으로 표현되었으므로, 우리는 이 둘 사이의 유사성이 어떻게 정의되는지 물을 수 있다. 그것은 다음과 같다: 음식에 영양분이 있고 실제로 생명에 영향을 미치듯이, 십자가에 못 박힌 그리스도도 같은 관계에 있다. 가장 영양가 있는 음식도 우리가 그것을 먹지 않으면 소용이 없다. 마찬가지로 우리를 위해 십자가에 못 박히신 그분을 믿지 않으면 아무도 그리스도의 죽음의 혜택을 받지 못한다. 이렇게 믿음은 떡을 먹는 것이 육체의 생명에 대해 갖는 것과 같은 관계를 영적 생명에 대해 갖는다. 왜냐하면 **믿음은 그분의 죽음이 지닌 생명을 주는 속성을 받고 누리는 수단이기 때문이다.** 그리고 어떤 비유도 믿음의 필요성을 이보다 더 강렬하게 나타낼 수 없을 것이다.

그리스도의 속죄가 세상의 생명을 위해 드려졌고, 생명을 얻기 위해서는 사람들이 십자가에 못 박힌 그 살을 먹어야 한다는 것, 다시 말해 그분의 속죄적 죽음으로 구속과 용서가 이루어졌다는 것을 믿어야 한다는 것을 보여주기에 충분히 설명되었다. 이 점은 본문에서 일반적인 관점보다는 개인적인 관점으로 제시된다. 다음 구절들에 대해서는, 우리의 목적이 단지 이 말씀에 집중하는 것이었기 때문에 간단히 언급하겠다.

(1) "내 살을 먹는 자는 영생을 얻었나니"라는 말씀에서 현재 시제에 특별히 강조점이 있다. 생명의 확고하고 안전한 소유는 그분이 자기 백성을 위해 속죄로 얻은 것에 근거한다.

(2) 그리스도의 이 십자가에 못 박힌 살과 흘린 피는 참된 양식과 음료, 또는 그 개념에 부합하는 없어서는 안되는 양식으로 지정된다(55절). 만약 이 비유를 희생 제사의 음식에 적용한다면, 이는 그분께서 그 제사들의 위대한 실체이셨다는 것을 의미할 것이다. 음식에 대해 말할 수 있는 것은 무엇이든 그분께는 더 높은 의미로 설명될 수 있다. 음식이 자연적 생명을 유지하기 위해 하

나님이 정하신 수단이라면, 그 십자가에 못 박힌 살은 더 높은 의미에서 영적 생명을 주고 유지하는 유일한 수단이었기 때문이다.

(3) 또한 이 참여는 가장 친밀한 종류의 연합을 가져온다(56절). 이 구절은 먹는 사람이 먹는 음식과 하나가 되는 것과 같은 방식으로 주께서 자기 백성과 하나가 된다는 것을 암시한다. 그리고 그리스도는 자기 편에서 그들과 가장 친밀하게 연합하신다. 그들은 이 세상뿐만 아니라 오는 세상에서도 영원히 하나가 되도록 그들의 생명과 운명 안에서 결합된다. 분명히 비유는 계속 이어진다. 그리고 그 언급은 그렇게 동화된 음식이 받는 자의 생명을 유지한다는 것을 암시한다.

(4) 주님은 앞서 한 부분에서 이미 설명한 놀라운 말씀으로 이 구절을 마무리하신다. "나를 먹는 그 사람도 나로 말미암아 살리라"(57절). 이 진술은 그의 백성이 그분으로 인해, 또는 그분의 죗값 치르심으로 산다는 것이다. 그분은 자기 사명의 **정당한 공로로 주어진 상급적 생명**의 소유자이다. "나를 먹는 자는 나로 말미암아 살리라"가 이 말씀의 적절한 번역이며, 다른 의미로는 해석될 수 없다.

하나님의 생명의 정확한 성격을 보여주기 위해 몇 마디로 충분할 것이다. 다음 구절에서 주님은 생명과 하나님을 아는 지식을 연결하셨는데, 이를 이해하는 데에는 주의를 필요로 한다. "영생은 곧 유일하신 참 하나님과 그가 보내신 자 예수 그리스도를 아는 것이니이다"(요 17:3). 이 구절은 무엇을 의미하는가? 많은 사람들은 이를 하나님과 그리스도를 아는 것이 영원한 구원에 이르는 길이라는 의미로 받아들인다. 그들은 이 해석이 단순하고 명백하다고 생각하며, 이 구절이 기독교를 많은 신들을 숭배하는 이방인들의 어리석음과 예수를 그리스도로 인정하기를 거부하는 유대인들의 오류와 강력하게 대비시키기 때문에 다른 해석을 받아들일 이유가 없다고 주장한다.

우리가 마음과 행동에 유익한 영향을 미치는 지식으로 이해한다면 그 해석으로도 이 구절에 충분히 적절한 의미를 부여할 수 있음은 부인할 수 없다.

이러한 해석도 타당성을 지닌다는 사실은 부정할 수 없다. 그러나 솔직히 말해서 이것은 접속사(ἵνα)에 정확한 의미를 부여하지 않는다. 오히려 종결어를 완전히 무시한다. 따라서 말씀에 관한 다음과 같은 더 엄밀하고 충실한 다른 해석을 받아들일 수 있다. "영생은 그들이 아버지를 알게 되는 것입니다" 이 해석에 따르면, **우리는 영생이 하나님과 죄인들을 구원하기 위해 세상에 보내신 그분의 아들에 대한 분명하고 깨끗한 지식으로 이루어진다고 결론 내릴 수 있다.** 여기서 불완전하게 알려진 진리는 구원받은 자들에 의해 앞으로 완전히 인식될 것이며, 하나님은 그들에 의해 완전히 영광을 받으실 것이다. **그리스도의 사역의 주요 목적은 사람들이 하나님을 알게 하고 그분을 향한 마땅한 경배와 찬양으로 그들을 채우는 것이었다.** 그러나 이 지식은 이 세상에서는 항상 불완전할 것이므로, 아버지와 그리스도, 그리고 그들 사이의 가까운 관계에 대한 완전한 지식이 그들을 기다리고 있다.

이 생명은 한편으로는 그리스도께서 그분의 백성 안에 거하시는 것(엡 3:17)과 백성과 그분의 분리될 수 없는 연합(요 14:20)으로 정의될 수 있다. **이를 점점 더 깊이 아는 것이 그들의 생명력 있는 활동의 상당 부분을 차지한다.** 생명의 근원이신 하나님의 은혜로운 임재 안으로 인도된 그들은 신적인 생명을 받는데, 이는 이 세상에서도 새로워진 지성과 열렬한 사랑, 그리고 기쁨에 찬 소망으로 펼쳐진다.

새로운 생명은 영혼의 눈인 이해력에서 나타나는데, 이는 창조주의 완전하심, 구속자의 인격, 직무, 관계 및 사역, 그리고 보혜사의 사명에 대한 지칠 줄 모르는 묵상의 영역을 발견하기 때문이다. 그리고 처음에는 그것들의 표면만을 건드리지만, 생각은 점차 확장되어 주님 안에 있는 지혜와 지식의 보물을 살펴보게 된다.

신적 생명의 또 다른 정도는 영혼을 꿰뚫는 불꽃처럼 채우는 **열렬한 사랑**에서 감지될 수 있다. 이는 그들로 하여금 사랑으로 묘사되는 영광스러운 아버지를 포용하고 찬양하도록 자극한다. 그들은 어떤 면에서 사랑이신 하나님의 생명 안에 살게 된다(요일4:16).

이 모든 것에서 말로 표현할 수 없는 **기쁨**이 생기는데, 이는 하나님 안에서의 생명의 또 다른 측면이다. 슬픔이 영혼의 죽음이라면, 말할 수 없는 영광스러운 기쁨은 영혼의 생명이기 때문이다.[138]

5
속죄가 세상의 다른 영역들에 미치는 영향

속죄가 세상의 다른 영역들에 미치는 영향력을 보여주는 말씀들

그동안 속죄가 개인에게 미치는 영향을 객관적, 주관적 관점에서 살펴보았다면, 이제는 속죄가 세상의 다른 영역에 미치는 영향을 고려해야 한다. 속죄의 모든 효과를 인간에게만 국한시키는 것은 좁고 비성경적인 이론으로 간주되어야 한다. 물론 우리의 인격이 객관적으로 받아들여지고, 우리의 본성이 내적으로 새로워지며, 예수님의 특정 말씀에서 보여진 바와 같이 예배의 삶을 위한 준비가 속죄의 가장 직접적인 결과로 생각될 수 있다. 이는 죄 많은 피조물의 첫 번째이자 주요한 관심사라고 할 수 있지만, 그러나 이것들이 속죄로 인해 의도되거나 성취된 효과의 전부는 아니다. 우리 주님께서는 항상 세상의 모든 관계를 염두에 두고 말씀하셨으며, 그분의 사역이 이 모든 것들과 연관되어 있음을 자각하셨다는 것을 알 수 있다. 그분의 입에서 나오는 말씀들은 그분께서 이 모든 것을 인식하고 계셨음을 분명히 보여주며, 우리가 거의 이해하지 못하는 다양한 관계 속에서 그분이 살아가셨다는 것을 드러낸다.

속죄는 세상의 역사에서 가장 중요한 중심 사건이며, 그것은 지구상의 모든 관계와 만나거나 세속적인 것들과 연결된 모든 것에 지대한 영향을 미쳤다. 따라서 (1) 속죄는 유대교와 성전 예배의 폐지와 깊은 관련이 있으며, 이는 지상에 그리스도의 왕국이 새로운 형태로 세워지기 위한 길을 닦기 위함이다. 십자가는 그분의 보좌의 기초이며, 그 나라의 토대는 그분의 가르침이나 본보기가 아니라 속죄 사역이다. (2) 속죄는 그리스도가 양들과 맺는 관계의 위대한 토대다. 목자는 속죄로 양들을 얻고, 둘 사이의 모든 관계의 기초를 마련한다. (3) 속죄는 타락한 인류가 가질 수 없었던 성령의 교통을 위한 길을 만든다. (4) 주님의 속죄, 곧 구속의 완성된 사역은 땅에서 하나님을 영화롭게 하며, 지극히 높으신 하나님께 그 이름에 합당한 영광을 돌린다. 이는 그분이 피조물들로부터 받으셔야 하는 소출과 찬사와도 같다. (5) 주 예수님은 죽기까지의 낮아지심을 통해 하늘을 여셨고, 이전에 분리되고 멀어졌던 사람과 천사들을 새로운 관계로 이끄셨다. (6) 속죄는 세상의 심판이자 주님께서 세상을 이기신 승리로 불린다. (7) 예수님의 속죄 죽음은 이 세상 왕이 심판받고 쫓겨났음을 선언한다. (8) 속죄는 죽음의 권세와 죽음에 대한 두려움을 이긴다.

이처럼 속죄는 우리 주님에 의해 여러 다양한 영역들에 결정적인 영향을 미치는 것으로 묘사된다. 한마디로, 속죄는 우주 안에서 하나님의 현재적 절차나 도덕적 통치의 중심 사실이며, 모든 것이 여기에 달려 있다. 그 영향은 현세의 가장 넓은 범위나 깊숙한 곳까지도 전달된다. 따라서 인류 역사는 타락과 속죄라는 두 가지 핵심축으로 움직인다. 이 둘은 세상의 운명을 가르는 결정적인 전환점이다. 마치 역사에 두 명의 대표적인 인물이 있고, 두 가지 사실이 있으며, 이 두 머리 아래 두 가족이 존재하듯, 이 두 대표자의 행위는 그들과 연결된 모든 이들의 운명을 최종적으로 결정하고 확정한다고 볼 수 있다.

이제 우리는 위에서 언급된 순서와는 다르지만, 속죄가 이러한 우주 만물의 여러 영역에 미치는 영향에 대해 간략하게 살펴볼 것이다.

그리스도의 죽음과 하나님의 성전 재건과의 관계

"너희가 이 성전을 헐라 내가 사흘 동안에 일으키리라"(요 2:19)

주님의 공생애 초기에는 그분의 죽음에 대한 암시가 대부분 모호하고 분명하지 않았다. 이는 그분의 가르침 과정에서 역사적 사건의 전개를 미리 예견하지 않으려는 목적이 있었기 때문이다. 대신, 사건이 성취된 후에는 제자들이 그분의 말씀과 속죄적 죽음이라는 사실을 비교하며 이해할 수 있도록 자료를 제공하는 데에 중점을 두셨다.

지금 우리가 살펴보는 본문은 속죄 교리와의 연관성에서 충분히 주목받지 못한 부분이다. 그러나 이 구절이 올바르게 이해되면, 그리스도의 구속 사역의 본질이나 효과를 이해하는 데 중요한 증거를 포함하고 있음을 알 수 있다. 이 구절은 그리스도께서 자신의 생명을 내려놓고 다시 회복시킬 능력이 있을 뿐만 아니라, 그분의 죽음이 새로운 신정국가와 새로운 예배의 기초가 된다는 것을 선언한다. 이 말씀은 "많은 사람을 위하여 흘리는 나의 피가 죄 사함을 얻게 하는 새 언약을 세운다"는 성찬을 제정하실 때의 말씀과 매우 유사하다. 이 두 증언은 많은 공통점을 가지고 있으며, 이 구절은 그리스도께서 모퉁잇돌이 되신다는 말씀들(행 4:11)이나 영적인 성전을 묘사한 말씀들(엡 2:21), 그리고 새로운 복음적 예배를 설명한 말씀들(히 8:13)에 대한 열쇠라고 할 수 있다. 하지만 먼저, 이 말씀의 정확한 의미를 파악하고 그 핵심을 이해한 후에 그 속죄에 대한 증언으로서의 의미와 범위를 논의할 필요가 있다.

이 선언이 나온 배경은 다음과 같다. 주님께서는 공생애를 시작하신 후 처음으로 성전에 나타나셔서, 하나님의 집을 향한 거룩한 열심을 통해 성전을 정결하게 하셨다. 그분의 이 놀라운 열정적 행동에 모든 유대인들, 그리고 실제로 성전을 더럽혔던 자들까지도 충격을 받고 두려움에 사로잡혔다. 하지만 그들이 정신을 차리자마자, 그들은 예수님께 권위를 증명할 수 있는 표적이나 기적을 요구하며, 그분의 권위를 의심받지 않으려면 신적인 사명으로부터 왔다는 증거를 보여 달라고 요구했다. 주님은 그들에게 적절한 표적을 주셨지만, 그것은 미래에 성취될 표적이었다. 그 표적은 그분의 메시아적 사역과 무관한 것이 아니라, 그 본질을 구성하는 것이었으며, 그것이 성취되었을 때 그분의 권위가 완전히 입증될 것이었다. 그러나 주님은 그 말씀을 매우 상징적인 언어로 표현하셨으며, 그때부터 드러난 유대인들의 적대감이 멈추지 않을 것이며, 결국 그분을 죽일 것임을 말씀하셨다.

이 말씀은 유대인들이 이후에도 결코 떨쳐낼 수 없는 것이었다. 그들은 그 의미를 온전히 이해하지 못했지만, 이 말씀이 심오한 신비를 담고 있으며 그들의 성전이 파괴될 것을 예고한다는 것을 충분히 알아챘다. 우리는 예수님을 재판할 때 거짓 증인들이 이 말씀을 왜곡해서 언급하는 장면을 3년 후에 발견한다. 한 증인은 예수님이 "내가 이 성전을 헐겠다"라고 말했다고 주장했고(막 14:58), 다른 증인은 "내가 성전을 헐 수 있다"라고 말했다고 주장했다(마 26:61). 두 번째로 이 말씀이 다시 등장한 것은 예수님이 십자가에 매달리셨을 때 사람들이 조롱하며 말하기를, "성전을 헐고 사흘 만에 짓는 자여, 네가 만일 하나님의 아들이어든 자기를 구원하고 십자가에서 내려오라"라고 한 장면이다(마 27:40). 세 번째로는 예수님이 사흘 만에 부활할 것을 예고하신 것 때문에, 무덤에 경비병을 세우는 장면에서 이 말씀이 다시 언급된다(마 27:63). 네 번째로는 스데반의 재판과 순교와 관련된 사건에서 이 말씀이 다시 회상된다(행 6:13-14). 한마디로 이 말씀은 유대인들의 뇌리에서 떠나지 않았다. 요한복음이 다른 복음서들이 기록된 후에 기록됐고, 여러 곳에서 부족했던 부분들을 보충해 주고 있기 때문에, 이 모든 언급들이 원래 출처가 되는 예수님의 말씀을 요한복음이 우리에게 제공해 준다.

이 주님의 말씀에 대해 요한은 영감받은 해석을 덧붙이며, "예수는 성전된 자기 육체를 가리켜 말씀하신 것이라"고 기록했다. 이 해석은 이 말씀이 가진 진정한 의미를 확정하는 결정적인 주석으로 봐야 한다. 유대인들이 그 말씀에 부여한 왜곡된 의미 또는 잘못된 해석은 요한의 기록 및 해설과 상충하므로 반박할 필요가 없다. 그리고 우리는 모든 기독교인이 그런 해석을 즉시 거부할 것이라고 기대한다. 그러나 놀랍게도, 일부 현대 해석자들은[139] 요한이 한 해석의 정확성을 의심하고 그 해석을 거부하며, 예수님의 말씀을 유대인들이 오해했던 것과 비슷하게 해석한다. 하지만 영감에 대해 합당한 이해를 가진 사람이라면 누구나 요한이 기록한 주석의 권위에 이의를 제기할 수 없다. 즉, 요한의 해석을 무시하고 예수님의 말씀을 단순히 이전 종교 체계를 무너뜨리고 더 나은 영적인 종교를 짧은 시간 안에 세우겠다는 뜻으로만 해석하는 것은 근거가 없으며, 이러한 합리주의적 해석 방식은 받아들일 수 없다. 불행히도 일부 경건한 사람들[140]이 고수해 온 그 해석은 어떤 관점에서 보더라도 지지할 수 없다. 이는 이 말씀 자체가 그런 의미를 지니지 않고, 복음서 기자의 권위와도 일치하지 않기 때문이다. 몇 가지 설명을 통해 이를 충분히 보여줄 수 있다. (1) 예수님은 짧은 시간에 대해 말씀하신 것이 아니라, 그분의 죽음과 부활 사이의 3일에 대해 말씀하셨다. (2) 예수님은 한 성전이 헐리고 다른 성전이 세워질 것이라고 말씀하신 것이 아니라, 자신의 몸에 대해 말씀하셨다. (3) 요한의 정확성에 대해 말하자면, 그가 성령의 완전한 인도하심 속에서 기록한 것이므로 그 말씀의 범위와 의미를 정확하게 전달한다고 믿을 수 있다.

하지만 우리는 요한의 영감받은 해석을 문자적으로 정확하게 따르면서도, 이것이 돌로 지어진 성전이 **모형으로서 가지는 다른 의미들**을 배제하는 것은 아님을 인정해야 한다. 이 상징적인 해석은 예수님의 말씀을 제대로 해석하려면 반드시 포함되어야 한다. 과거 대부분의 주석자들은, 적어도 이 부분에 있어서는, 그 이상의 의미를 연결하는 것을 자제한 편이었다. 그들은 요한이 제공한 핵심적인 실마리를 따라 올바르게 해석했지만, 그 의미를 다 파악하지 못하고 중간에서 멈춘 것이었다. 그들은 **물질적인 성전**에 대한 암시를 보지 못했고, 단순한 비유로 만족했다. 일부는 성육신을 묘사하는 적절한 비유로 받아들였고,[141] 다른 이들은 구약 유대교나 구약 문헌에서 인간의 몸을 묘사하는 유사한 구절들을 연결해 설명했다. 그 결과, 그들은 상징과 실체 사이의 연결 고리를 잃어버리고 말았다. 하지만 우리는 주님께서 자신의 말씀에 더 깊은 의미를 담으신 것을 알 수 있다. 이러한 해석은 절대적으로 필요하다. 왜냐하면 예수님께서 그때 자신의 권위를 입증하기 위해 보여주신 표징 또는 기적이, 그분이 정당성을 부여하려 했던 행위(성전 정화)와 어떤 식으로든 연결되어야 하기 때문이다.[142] 일각에서는 예수님이 다른 곳에서 자신의 몸을 성전이라고 칭하신 적이 없다고 주장하지만 설득력이 없다(요 1:14 참고). 우리는 **성전이 상징이었고, 그분의 몸이 그 실체였다는 점**을 잊어서는 안 된다. 마치 어린 양이 상징이었고, 예수님의 희생이 그 실체였던 것처럼 말이다. 또한 성전은 하나님께서 유대인들 가운데 계속 거주하신다는 상징이었으며, 그들의 예배가 받아들여지고 있다는 증거였다. 예수님께서 어느 날 "성전보다 더 큰 이가 여기 있느니라"라고 말씀하신 적도 있다(마 12:6). 그 성전의 운명과 그 성전과 연결된 종교의 운명은 그리스도의 몸의 운명에 의해 결정되었다. 이 둘 사이에는 깊은 연결이 있었으며, 유대인들에게는 이해할 수 없었던 것이었다.

이것은 전혀 들어보지 못한 결말이 아니며, 그에 대한 암시는 이미 주어졌다. 그리스도는 예언 속에서 주님의 성전을 세우실 분으로 예고되었고(슥 6:12), 이 구절은 그분이 **속죄의 죽음을 통해 그 성전의 기초를 놓으셨음을 보여준다. 속죄는 성전과 인과관계로 연결**되어 있으며, 속죄가 없으면 하나님이 사람들 가운데 거하시는 성전이나 거처도 없는 것이다. 그러나 이곳에서 하나님과 사람이 만나는 것이며, 하늘과 땅이 연결되는 것이다. 이것은 사람에게 열려 있는 천국의 문이며, 하나님께서 낮아지셔서 계시하고 소통하시는 장소다. 왜냐하면 참 성전이신 그리스도 안에 신성의 모든 충만이 육체로 거하시기 때문이다(골 2:9).

이 모든 것은 성막이나 성전에 대한 암시를 통해 더욱 분명해진다. 성막과 성전은 하나님과 이스라엘의 **언약 관계**와 하나님이 실제로 그들 가운데 **거하심**을 나타내는 보증이었다. 물론 이것은 지리적으로 그곳에만 국한된다는 의미가 아니며, 그것은 하늘에서도 마찬가지다. 그보다는 하나님께서 자유롭고 은혜롭게 나타나신다는 의미다. 성전은 계시의 장소였고, 그분께서 그 백성의 간구를 들으시는 곳이었으며, 그들이 멀리 떨어져 있을 때도 몸을 돌려 향했던 곳이었다. 그곳은 그분의 통치가 행해지는 자리였고, 그 백성이 그분과 교제하며 그분께 예배를 드리는 장소였다. 이러한 모든 것은 그곳에 피로 뿌려진 속죄소(시은좌)가 있었기 때문에 가능했다. 그곳에서 하나님께서 그룹 사이에 거하셨던 것이다. 이제 그리스도는 동일한 이유로 인류에게 참된 성전이며, 하나님이 거하시는 장소가 되셨다. 그분의 십자가에 못 박히고 부활하신 몸은 하나님과 인간, 그리고 인간과 하나님 사이의 유일한 연합의 매개체다. 모든 복음적 예배가 받아들여지는 것은 오직 죄를 위한 유일한 속죄이자 하나님의 성전이신 그분과의 관계에 달려있다.

이제 우리는 이 본문이 속죄의 본질과 효과에 대한 증거를 얼마나 제공하고 있는지 주목해야 한다.

1. 이 구절에서 예수님께서 하신 말씀은 자기 생명을 자발적으로 내주심과 그 십자가 죽음에 연루된 인간의 죄악을 증언하는데, 이는 그리스도의 속죄에 사용된 인간의 도구적 역할을 나타낸다. 주님께서 "이 성전을 **헐라**"고 말씀하실 때, 그것은 단순한 미래의 예언이나 가정적 발언이 아니었다. 여기서

사용된 명령어는 섭리 가운데 주어진 허락, 즉 사법적이고 허용적인 명령[143]으로 이해해야 한다. 즉 이 말씀이 전하고자 하는 바는 "**만약** 너희가 이 성전을 **헐면**"이 아니다. 그들은 예수님의 뜻에 따라 그분을 거부함으로써 신정국가와 성전을 무너뜨릴 일을 이루게 될 것이라는 뜻이다. 신정국가는 성전의 파괴와 함께 무너질 운명에 처해 있었고, 그 행위가 무엇에 의해 완성될지를 묻는다면 그 답은, 더 많은 성전 모독행위들(예를 들어, 예수님께서 정화하신 매매 행위)이 아닌, **메시아를 거부하는 행위**였다는 것이다. 이는 이미 다니엘과 스가랴에서 충분히 명시된 바이다. 다니엘은 메시아가 끊어지고, 도시와 성소가 파괴될 것이라고 예언했고(단 9:26), 스가랴는 불에 타버리는 상징을 통해 민족의 멸망을 묘사하며, 그 원인이 그리스도를 거부한 것과 그들이 그분에게 값을 매긴 대가 때문임을 언급했다(슥 11:1-13). 생명의 왕을 죽이는 것과 신정국가 및 성전을 파괴하는 것은 같은 의미로 여겨졌다. 메시아를 끊어버리는 것과 함께 그들의 국가적 언약 관계가 사라지며, 하나님의 나라는 열매를 맺는 다른 민족에게 주어질 것이었다(마 21:43).

이 전체적인 표현 방식은 주님께서 자신의 생명에 대해 완전하고 독립적인 주권을 가지고 계셨음을 의미한다. 즉, 유대인들이 그분의 몸이라는 성전을 무너뜨릴 수 있었던 것은 오직 주님 스스로 허락하거나 동의했을 때만 가능하다는 뜻이다. 그분의 죽음과 부활 모두가 그분의 뜻에 달려있다는 의미다. 이 논증은 매우 설득력이 있으며, 그 요점은 다음과 같다. 만일 그분이 자신의 신성으로 그 성전을 다시 세울 수 있었다면, 그분의 생명도 그분의 허락 없이는 빼앗길 수 없었다는 결론이 분명해진다. 여기서 "나"라는 표현은 성전과는 분명히 구별되며, 또한 인간의 영혼과도 구분되어, 태초에 하나님과 함께 계셨던 분을 가리키고 있다. 주님은 속죄와 관련된 모든 과정에서 자발적으로 임하셨기에, 그분이 예측하지 못했거나 기꺼이 감당하지 않으셨던 일은 아무것도 일어나지 않았다. 세상에 존재하는 모든 존재들 중 그분만이 자신의 생명에 대해 완전하고 절대적인 권한을 가지고 계셨다. 그분이 스스로 몸을 죽음에 내주신 것이나, 그 몸을 다시 일으키신 사실 모두가 그렇다.

하지만 이 말씀은 또한 유대인들이 그분을 죽인 극악무도한 죄에 대해서도 언급한다. 이 언급은 매우 신중하고 세밀한 해석이 필요하다. 여기서 유대인들의 죄악의 어떤 측면이 언급되고 있는 것인가? 주님께서는 침대에서 죽음을 맞이하거나 하나님이 내리신 번개에 의하여 죽음을 맞지 않으셨다. 대신 그분은 사람의 손에 의하여 폭력적인 죽음을 당하셨다. 그러나 주님께서는 유대인들이 폭력을 동원해 자신을 죽일 것임을 암시하고자 이 말씀을 하신 것은 아니다. 물론 속죄는 하나니께서 친히 자신의 손으로 대속주에게 가하신 고난을 통해 이루어졌지만, 에덴에서 주어진 원시복음에서나[144] 모든 모형과 예언의 말씀에서 우리는 그분이 인간의 손에 의해 폭력적으로 죽임을 당할 것임을 당연히 전제한다. 그러나 이것이 이 구절의 본래적인 의미는 아니다. 또한, 이 말씀이 단순히 죄의 일반적인 심각성이나 악함을 강조하는 것도 아니다. 비록 성육신하신 하나님의 아들을 대하는 태도를 통해 죄가 얼마나 극심한지를 드러내며, 죄가 적절한 기회를 얻으면 신성모독에까지 이를 수 있음을 보여주고, 인류의 이상인 완전한 덕을 환영하고 신성이 충만한 인격을 경배하는 대신 적대감만 드러내는 인간의 마음을 드러내기는 하지만, 이것이 주된 의미는 아니다. 오히려, 이 말씀은 유대 민족이 그들의 메시아, 즉 하나님을 거부한 이스라엘의 특별한 죄를 가리키고 있다. 주님께서는 그들이 이미 시작한 민족적 거부를 언급하며, 그들이 신성한 것들을 점차 더럽히다가 결국 그들의 메시아까지 거부하게 된 과정을 암시하신다. 주님께서는 그들에게 그들의 더러움을 채우라고 말씀하신다.

우리는 이 민족적 거부의 여러 단계를 여기에서 추적할 수 있다. 주님은 공식적으로 자기 백성에게 오신 그날부터 사람들에게 멸시받고 거부당하셨다.

그들은 자신들의 신정 정치가 예수 안에서 구현되고 실현된 것을 받아들이지 못했다. 비유로 말하자면 그들은 "이는 상속자다. 와서 그를 죽이자"라고 말한 것이다. 이 첫 번째 유월절에서 그들이 폭력을 행사한 이유를 맥락에서 분명히 알 수 있다. 그리고 빌라도가 더 높은 뜻에 따라 그들의 폭력을 해석하며 "내가 너희 왕을 십자가에 못 박으랴?"라고 묻자, 그들은 오히려 더 큰 소리로 그분의 즉각적인 처형을 외쳤고, 그들의 생명의 왕인 메시아보다 살인자를 선택하였다. 따라서 이 구절에서 주님은 그들이 이미 시작한 민족적 거부를 완전히 인식하시며, 사실상 "너희가 이미 모형을 더럽혔으니, 이제 그 실체, 즉 너희 메시아의 몸이라는 성전, 즉 성막과 성전이 가리키는 진정한 대상을 파괴하라(λυσατε). 그 돌로 된 성전이 가진 모든 의미와 가치는 이 성전에서 비롯된 것이다"라고 말씀하신다. 이 두 성전의 운명은 모형과 원형으로서 매우 긴밀하고 불가분하게 연결되어 있었다. 그래서 그리스도를 거부한 것은 그분의 죽음으로 이어졌으며, 이는 그 돌로 된 성전의 외적 해체로 이어졌다. 이제 그 성전은 더 이상 하나님의 집도 아니며, 참된 예배자들의 중심도 아니었다. 그러므로 주님께서는 성전을 떠나 더 이상 그곳에 발을 디디지 않으시면서, 그것을 자기 아버지의 집이라고 부르지 않으시고, **너희** 집이라고 부르셨다. "보라 너희 집이 황폐하여 버린 바 되리라"(마 23:38). 그러나 그것만이 아니다. 그 성전의 운명은 또한 오랫동안 하나님과 국가적 언약을 맺었던 이스라엘의 민족적 거부와도 연결되어 있었다. 이제부터는 시내산에서 맺은 언약이 끝나고, 민족으로서의 이스라엘은 버림받게 되며, 이방인의 충만한 수가 이르기까지 민족적으로 버림받을 것이었다(롬 11:25). 그들은 하나님 나라를 빼앗길 것이었고, 그들의 거부와 흩어짐의 시대 동안 그들 가운데 특별한 민족적인 기반을 가지지 않을 것이었다. 예루살렘은 모세의 예배와 함께 몰락할 것이었다.

2. 이 구절은 속죄의 본질뿐 아니라 그 효과에 대해서도 언급하고 있다. 그

리스도의 속죄 죽음의 효과 또는 열매는 개인적일 뿐만 아니라 보편적이다. 여기에서 우리는 새로운 성전, 새로운 하나님의 백성, 그리고 단일 국가에 국한되지 않고 모든 부족과 민족에서 얻는 믿는 자들의 수와 함께 확장되는 새로운 신정 정치를 보게 된다. 성전을 회복하는 방식, 즉 성전을 다시 세우는 방식은 그 성전이 해체된 방식과 일치해야 한다. 성전은 **상징적**으로 이스라엘의 하나님 여호와의 거처였다. 주님의 몸은 주님께서 세우신 **참** 성막이었으며, 따라서 하나님의 거처로서 최고의 의미를 가진 곳이었고, 하나님과 인간이 만나는 장소다. 그분의 부활하신 몸은 돌로 된 성전에서 상징적으로 묘사했던 개념을 실현한다.

따라서 죄에 대한 충분한 속죄로 여겨지는 그리스도의 죽음은 유대교의 좁은 배타주의를 해체하고 중간의 막힌 담을 허물면서 **보편적 교회의 진정한 기초**를 놓았다(엡 2:14, 15). 비록 돌로 된 성전은 새로운 질서와 40년 동안 나란히 계속 서 있었지만, 실제로는 이미 아무런 가치나 효력을 가지지 못했으며, 이제는 평범한 장소가 되어버렸다. 이제부터는 돌로 된 성전이 아니라 그리스도의 십자가에 못 박히신 인격, 죄에 대한 속죄, 그리고 죽음에서 부활하신 분이 위대한 통합의 중심이 되어야 했다. 주님은 사실상 "내가 나의 속죄의 죽음과 부활의 생명으로 하나님의 참된 성전을 세울 것이다. 그 **성전**은 우선 나의 부활한 몸이 될 것이며, 그 다음으로는 (내 몸이라 불리는) 나를 머리와 중심으로 삼는 거대한 구속된 무리를 또한 성전이 될 것이다"라고 말씀하신 것이다. 이로써 새로운 성전과 새로운 하나님의 백성이 형성되었으며, 하나님께서는 이제 그분의 참된 성소에 영원히 거하실 것이며, 그곳에서 영원히 거처를 삼으실 것이다. 옛 신정 정치는 해체되었고, 시내산에서 맺어진 옛 민족적 언약은 끝났지만,[145] 이는 새롭고 보편적 언약으로 대체되기 위한 것이었다.

그리스도의 속죄는 세상이 누구에게 속할지를 결정하는 법적 절차

"이제 이 세상에 대한 심판이 이르렀으니 이 세상의 임금이 쫓겨나리라."(요 12:31)

이 간결하고 강력한 말씀은 오랫동안 미결 상태에 있던 세상이 누구에게 속할지를 결정하는 중대한 문제, 즉 사법적 절차를 해결하는 데 속죄가 결정적인 역할을 한다는 생각을 담고 있다. 마치 법정에서 오랫동안 소송 중이었던 문제가 이제 속죄와 연관되어 최종적이고 돌이킬 수 없는 판결을 받게 되는 상황을 상정하는 것이다.

이 말씀이 주어진 상황은, 주께서 예루살렘에 입성하시고 난 뒤, 그분의 영혼이 심히 괴로워 거의 압도당할 뻔하셨을 때였다. 그 괴로움은 주님의 생각의 흐름을 끊고, 하나님의 진노를 체험하게 했다. 죽음의 공포, 즉 법의 위반으로 인해 그 독과 저주를 지니고 있는 죽음이 그분 앞에 닥쳤다. 이는 그의 백성들이 결코 마주한 적이 없는 매우 독특한 것이었으며 마치 원수처럼 그분께 다가왔다. 그럼에도 불구하고 그분은 이 공포가 순종의 길에서 자신을 돌아서게 하도록 내버려 두지 않으셨다. 평안과 침착함이 되돌아왔을 때, 그분은 이미 예견된 승리를 의식하며, 그분의 죽음과 인과관계에 있는 여러 결과와 열매들을 선언하셨다. 그분은 일련의 말씀을 하시며, 세상과 사탄에 대한 승리뿐만 아니라, 그분의 중보적 통치와 죄인을 그분께로 끌어당기는 힘이 모두 그분의 속죄적 죽음에 기초하고 있음을 밝히셨다. 지금까지 세상은 분명히 그 주인이라고 불리는 자, 곧 예수님께서 "이 세상의 임금"이라고 부르신 자에게 속해 있었다. 그는 정복자의 권리로 세상을 장악하고 있었던 것이다. 그렇다고 해서 주님께서 사탄의 권리가 정당하거나 돌이킬 수 없는 것이라고 인정하셨다는 뜻은 아니다. 주님은 그가 성공적인 찬탈을 통해 세상의 실제적인 권력자가 되었고, 사람들을 합법적인 포로로 만든 자라고 의미하신 것이다. 그러나 이제 새로운 정당한 판결이 다가오고 있었다. 이 본문은 그리스도께서 만물의 상속자로 임명되셨음을 나타내는 모든 구절들의 열쇠로 볼 수 있다(히 1:2), 또한 그분이 만유의 주이시며(행 10:36), 모든 육체를 다스리는 권세를 가지셨다는 것(요 17:2)과도 연결된다.

"세상"이라는 표현에 관해서는, 이를 일반적인 의미로 이해해야 한다. 이 말씀은 예수님을 보고자 했던 헬라인들, 즉 이방인들의 방문과 관련되었다는 사실에서 드러난다. 여기서 사용된 "세상"이라는 말은, 유대인이든 이방인이든 상관없이, 그 상태나 악함 여부를 따지지 않고 단순히 '인류 전체'를 가리키는 일반적인 표현이다. 어떤 주석가들은 이 표현을 그리스도를 거절하고 죄를 섬기는 세상에 국한하려 하지만, 이는 그들이 "심판"이라는 단어를 "정죄"라는 뜻으로 해석했기 때문이다. 그러나 그러한 해석에는 정당한 근거가 없다. 그 의미가 "심판"이라는 용어에 대한 정확한 이해에 달려있는 만큼, 우리는 먼저 이 절에서 사용된 그 단어의 의미를 결정해야 한다.

1. 일부 사람들은 이 구절에서 "심판"이라는 용어를 **정죄 또는 처벌로 해석**해야 한다고 주장한다.[146] 그들은 예수님께서 종종 명사와 동사를 그런 의미로 사용하셨기 때문에, 이 구절에서도 그렇게 이해되어야 한다고 말한다(요 3:19, 5:24, 12:47-48과 비교). 그러나 이 용어를 이렇게 해석하는 주석가들은 주로 "세상"이라는 단어를 그리스도를 거부하는 세상으로 이해하는 것에 영향받았다. 그들은 "심판"이라는 단어에서 시작해 "세상"이 그리스도를 거부하는 세상을 뜻한다고 주장하기에 여기서도 "세상"은 그리스도를 거부하는 세상으로 보며 여기서의 "심판"은 정죄를 뜻한다고 주장한다.

2. 또 다른 주석가들은 여기서 언급된 심판이 **죄인** 자신에게 집행된 것이

아니라 죄 자체에 대한 정당한 판결이라고 해석한다.[147] 속죄의 참된 의미를 옹호하는 몇몇 유능한 해석자들은 그리스도의 죽음이 실제로 하나님의 공의의 증거였고, 그분께서 나무에 달려 자신의 몸으로 **죄**를 짊어지셨기 때문에, 현재의 구절에서 언급된 것이 **정죄의 선고**를 대리적으로 견디신 것을 의미한다고 증명하려 했다. 이 교리는 참으로 진리이고 귀중하며, 다른 구절에서도 분명히 가르쳐지고 있지만, 이 구절에서는 그 의미가 아니다. 인류의 죄가 그리스도의 육신에서 정죄되었을지라도, 이 구절에서 그 의미를 강제로 부여하는 것은 언어에 폭력을 가하는 것이며, 다른 문맥에서 가져온 의미를 여기에 끼워 넣는 것에 불과하다.

3. 다른 저명한 주석가들은 주님께서 세상의 심판에 대해 말씀하실 때, **세상의 개혁과 해방**을 가리킨다고 해석한다.[148] 그들은 히브리어에서의 단어 사용법과, 그리스도의 죽음이 세상을 본래의 질서로 회복시키고 새로운 상태를 도입하는 데 결정적인 역할을 했다는 사실에 근거하여 이처럼 주장한다. 이들은 이 구절이 단일하고 고립된 사건을 가리키기보다는, 우리가 날마다 목격하는 구속과 회복의 다양한 결과들을 가져오는 그리스도의 죽음의 지속적 효과를 말한다고 본다. 그러나 이 해석이 어느 정도 진리에 가까이 다가가긴 했지만, 주님께서 사용하신 단어들에 대해 전혀 잘못된 의미를 부여하고 있다.

4. 이 구절의 참된 의미는 **세상의 주인이 누구인가를 결정하는 사법적 판결이 이제 내려질 시간이라는 것**이다.[149] 그 순간 최종 판결을 내리는 법정에서 진행 중인 사법 절차가 있었으며, 이제 곧 이 중요한 판결이 내려질 예정이었다. 주님께서는 본질적으로 이렇게 말씀하신 것이다. "이제 세상이 합법적으로 누구에게 속할지, 즉 현세의 임금인 사탄에게 계속 남을지, 아니면 나에게 영원히 속할지가 최종적으로 결정될 것이다." 이 표현은 분명히 법정에서의

사건을 가리키며, 최종적이고 돌이킬 수 없는 판결을 기다리는 사법적 절차를 묘사한다.

　예수님께서 "**이제** 이 세상의 심판이 이루어지리라"라고 말씀하실 때, 그 인접한 문맥을 고려해야 한다. 이 구절에서 보여지는 것처럼, 그 직접적인 언급은 영혼의 고통, 즉 예수님의 고난의 시작과 그 결과를 이루게 될 **십자가의 죽음**을 가리키고 있다. 여기서 "이제"라는 단어는 **그분의 현재 고통과 십자가에 관한 것으로 이해해야** 한다. 이 의미가 맞다는 것은 다음 구절에서도 분명히 알 수 있다. 즉 세상은 이제 다른 손에 넘어가고 새로운 임금이 합법적으로 소유권을 가지게 된다. 주님께서 여기서 언급하시는 것은 **합법적 권리의 문제**이지, 실제 소유 여부의 문제는 아니다. 비록 그분은 부활하신 후 모든 육체에 대한 권세를 즉시 받으셨지만, 이는 세계 곳곳에서 그분의 뜻을 이루기 위해 제한 없는 권위를 행사할 수 있도록 하기 위함이다. 동일한 사실은 다른 구절에서 주님이 보혜사의 역할을 묘사하실 때도 분명히 가르쳐진다. 보혜사는 그리스도의 것을 가져다가 우리에게 보여주신다. "심판에 대하여라 함은 이 세상 임금이 심판을 받았음이라"(요 16:11)의 의미는 이렇다. 승천하신 예수님께서 보내신 보혜사는 사탄이 자신의 소송에서 패배했음을, 즉 이전에 그에게 속했던 합법적인 권능을 잃었음을, 그리고 그가 오랫동안 그리고 보편적으로 세상에서 행사했던 모든 통치자적 권위를 사실상 박탈당했음을 인류에게 확신시킬 것이다. 스스로의 결단과 목적을 가지고 빛보다는 어둠을 택하지 않는 한 이제 누구도 사탄의 권세 아래 머물러야 할 이유가 없다. 이 구절은 보혜사가 사람들에게 사탄이 패배했고, 그에게 불리한 판결이 내려졌으며 **예수님이야말로 합법적인 임금이자 구세주이시며, 그분께 기꺼이 그리고 마땅히 충성을 맹세해야 한다는 사실을 확신시켜 준다는 것을** 암시한다.

　이 본문은 이 모든 결과가 그리스도의 속죄와 불가분의 관계에 있다는 것을 밝히며, 세상은 더 이상 사탄의 것이 아니라 그리스도의 것임을 나타낸다.

다시 말해, 둘째 아담이 죽기까지 복종하심으로 만물의 상속자가 될 신적 권리를 받으신 것이다. 그분은 저주를 견뎌내고 상을 요구할 수 있는 조건들을 모두 충족했기 때문에 세상을 자신의 것이라고 주장하며 이전 통치자를 몰아낼 수 있다. 그리스도의 제자들은 세상 속에서 자유인들이며, 하나님의 섭리로 자신들이 놓인 모든 영역과 모든 위치에서 자신의 왕이신 분을 선한 양심으로 섬길 수 있다는 사실을 잘 알게 된다. 이 의미는 다음 구절의 정확하고 명확한 언어로 인해 의심할 여지없이 분명해진다. "이제 이 세상 임금이 쫓겨나리라." 요컨대, 세상은 다른 손에 넘어갔다. 한 통치자가 자신의 지배권을 내주고, 다른 이가 정당하게 소유하게 되는 것이다. 주님은 "이제 세상에 대한 심판이 이르렀고"라고 현재 시제로 선언하시고, 이어서 "이제 이 세상의 임금이 쫓겨나리라"라고 미래 시제로 덧붙이신다. 이 쫓겨남은 시작되었고 진행 중이다. 속죄가 효력을 나타내는 곳마다 사탄은 물러나야 하며, 결국에는 온 세상을 내주고 불못에 던져질 것이다. 사탄이 첫 아담을 무너뜨려 얻었던 권리는 이제 소멸되었고, 십자가에 근거한 새로운 권리, 곧 독생자께서 행사하시는 주권은 최고의 것이고 거스를 수 없는 것이다. 이는 그리스도께서 당장 사실상(de Facto)의 통치를 하시는 것으로 이해되어서는 안 된다. 이는 법률상(de Jure)의 주권 문제에 가깝다. 그러나 그분은 모든 육체를 다스리는 권능을 가지셨으며, 그분의 주권적인 뜻에 따라 자신의 사명을 증진하기 위해 전 세계 모든 곳에서 무한한 권위를 행사하신다. 우리 주님께서 보혜사의 사역(그리스도를 계시하는 자, 요 16:11)을 묘사하시는 다른 구절에서도 성령은 객관적인 사실, 즉 예수께서 이제 자신의 속죄 희생에 근거하는 정당한 통치자이자 구원자이시며, 우리가 순종해야 할 주님이시라는 것을 사람들에게 확신시킨다는 것이다.

이 본문은 여러 면에서 중요하며 다양한 적용이 가능하다. 이 본문은 그리스도의 대리적 사역의 결과로 세상이 더 이상 사탄의 것이 아니라는 위대하고 중대한 교리에 확고한 빛을 비춘다. 그리스도인의 정체성은 이제 적지에 포로로 붙잡힌 자가 아니다. 따라서 그리스도인들은 시민으로서든 통치자로서든 세상 속에서 정당하게 자신이 부름받은 곳에서 부르심에 합당하게 살아간다. 이 말씀은 곧, 세상의 모든 땅은 그리스도의 것이며, 그분의 제자들은 어떤 위치에 있든지 그분께 충성할 수 있고, 어느 나라 어느 장소에 있든지 주님을 위해 자기 역할을 감당해야 한다는 것이다. 정당한 판결에 따라 세상의 소유권과 주권은 그리스도께 주어졌다.

그리스도께서 속죄로 세상을 이기심

"세상에서는 너희가 환난을 당하나 담대하라 내가 세상을 이기었노라"(요 16:33)

이 말씀은 예수님께서 배신당하시기 전날 밤, 겟세마네 동산으로 가시기 전에 하신 말씀이며, 앞에서 다룬 내용과는 다른 관점에서 그분의 세상에 대한 승리를 보여준다. 이 구절은 속죄로부터 나오는 확신과 동기 부여를 제시하여, 제자들이 세상에서 겪게 될 고난과 박해 속에서도 믿음을 굳건히 지킬 수 있도록 격려한다. 예수님께서는 과거 시제를 사용하여 속죄의 희생을 특별히 언급하시며, "내가 세상을 이기었노라"라고 말씀하신다. 이는 세상과 그 왕을 이기신 것을 상기시키며, 제자들이 동시에 세상에서 환난을 당하면서도 평안을 누릴 수 있음을 강조한다. 그들은 세상에서 환난을 겪을 수 있지만, 그리스도 안에서 평안을 가질 수 있으며, 십자가를 통해 환난 속에서도 기쁨을 누릴 수 있다(롬 5:3). 여기서 예수님께서는 단순히 우리가 본받아야 할 모범을 제시하는 것이 아니라, **하나님께 효력을 가지는 순종과 공로를 상기시켜**, 그리스도인의 믿음이 기댈 수 있는 든든한 기초를 보여주신다. 이 말씀은 단순히 복음 전파를 통해 나중에 이루어질 승리를 말하는 것이 아니라, 그리스도의 속죄를 통해 이미 얻은 모든 그리스도인을 위한 승리를 가리 킨다.

이 말씀을 이해하기 위해서는 그리스도의 대리적 행동에 대한 언급이 포함되어 있음을 기억해야 한다. **그분의 승리는 곧 우리의 승리임**을 의미하며, 그리스도의 모든 지상 생애와 사역이 대속적 성격을 띠고 있으며, 하나님께 효력을 발휘함으로써 우리에게 믿음의 선한 싸움을 싸울 용기를 준다는 것을 보여준다. 이 중요한 말씀은 모든 시대의 교회에게 중요한 의미를 지니며, 우리를 사랑하시는 그리스도를 통해 "이기는 자들"임을 나타내는 수많은 구절들(롬 8:37), 세상을 이기는 믿음(요일 5:45), 그리고 어린양의 피로 이기는(계 12:11) 구절들에 대한 열쇠로 여겨질 수 있다.

첫째로, 주 예수님께서 **어떻게 세상을 이기셨는지** 물을 때, 이 구절에 대한 정확한 연구는 말씀하시는 분, 곧 **그 인격**에 특별한 강조점이 놓여야 한다는 것을 깨닫게 한다. 예수님께서는 이 말씀을 통해 모든 시선을 그분 자신에게 돌리길 원하신다. 사실상 우리에게 "세상의 미움과 박해를 보지 말고, 내 인격과 내가 이룬 속죄의 완성된 사역을 주목하라. 그것이 세상을 이긴 위대한 승리다"라고 말씀하시는 것이다. 예수님께서 세상을 이기셨다고 말할 수 있는 이유는 **그분이 우리 입장에서, 우리를 대신하여** 날마다 세상의 유혹과 시험에 맞서셨고, 그것들로 인해 흔들리지 않으셨기 때문이다. 또한 그분은 세상의 미움 속에서도 그분이 맡은 역할을 끝까지 충실히 수행하셨으며, 무엇보다도 그분의 순종을 통해 세상에 있는 백성들뿐만 아니라 그 세상 자체를 구속하셔서 만물의 상속자가 되셨기 때문이다.

따라서, 이 말씀의 기초에는 **그리스도의 대리적 행동**이 놓여있다. 그분의 행동은 한 사람이 다수를 위해 행한 것이며, 따라서 우리의 모든 승리는 **그리스도의 공로**에 달렸다. 처음에는 주님께서 자신이 세상을 이겼다는 생각에서 제자들이 용기를 얻도록 격려하신 것이 좀 이상하게 보일 수 있다. 마치 부유한 사람이 가난한 사람들에게 "나는 부유하고 강하다"라고 말하는 것처럼 보일 수 있기 때문이다. 그러나 **그분의 자원이 다른 이들과 공유된다는 사실**이 이해되는 순간, 이 말씀의 성격은 완전히 달라진다. 예수님께서는 그분의 승리가 제자들의 승리임을 깨닫게 하시며, 그들이 그분의 행동을 자신들의 행동으로 여기고, 그분의 승리를 자신들을 위한 것으로 받아들이도록 하신다. 다시 말해, 그분은 자신을 제자들과 매우 깊이 동일시하셨기에, 그분의 승리가 그분 자신을 위한 것보다 오히려 제자들을 위한 것이라고 말씀하신 것이다. 사실상 예수님은 "내 희생으로 이런 결과를 이루었다. 즉, 세상이 폭력적이어도 너희를 실제로 해칠 수 없다는 것이다."라고 말씀하신 것이다. 우리의 대제사장이요 머리이신 그리스도의 승리는 우리의 것이다. 실로 그분은 자신을 위해 하늘에서 내려오실 필요가 없으셨다. 그분은 오직 자기 백성을 위해 행동하셨고, 그들을 위한 그분의 승리가 유효하게 되었다. 또 사실상 예수님은 "나는 나를 위해서가 아니라 너희를 위해 세상을 이겼다"라고 말씀하신 것이다. 그리스도의 사역이 그 백성의 모든 승리를 이루게 하는 것이다.[150] 따라서, 사도 요한이 "세상을 이기는 승리는 이것이니, 우리의 믿음이라"(요일 5:4)고 말할 때, 이 말은 두 개의 승리를 가리키는 것이 아니라, 하나님의 아들을 믿는 **믿음을 통해** 그리스도의 승리가 우리의 승리로 여겨진다는 사실을 단순히 드러내는 것이다.

따라서 그리스도의 제자들은 그리스도의 승리 안에서 자신들의 승리에 익숙해진다. 참된 승리자께서 죄를 속죄하고 성도들을 위해 하늘을 여는 데 필요한 모든 일을 이미 하셨기 때문이다. 그들에게 남은 것은 그분의 승리에 참여하는 것뿐이다. 그분께서 싸움을 이기셨으니, 그들은 그저 그분의 사역에 참여하여 사망과 지옥을 짓밟을 뿐이다. 그들은 그리스도 안에서 이 승리를 실감하며 "기운을 내라"고 하신 말씀을 듣는 듯하다. 왜냐하면 사실상 그리

318

스도께서 "내가 싸움을 이겼고, 너희는 그 승리를 거두느니라"고 말씀하시기 때문이다. 따라서 세상의 모든 분노와 적대감, 박해는 이미 패배한 적들의 무력한 몸부림일 뿐이다.

주님께서는 여기서 죽음을 눈앞에 둔 상황에서도, 이미 그분의 백성을 위해 승리가 이루어진 것처럼 말씀하신다. 이는 그분의 계획 속에서 승리가 이미 이루어졌기 때문이다. 그러므로 모든 교회와 국가의 권세들은 그분이 짓밟히고, 그분의 사역이 무너졌다고 여겼지만, 주님의 말씀은 그분이 단지 사로잡힌 자들을 사로잡아 끌고 가는 중이라는 사실을 보여준다. 만약 그리스도의 승리가 교회의 승리라는 것이 무슨 뜻이고, 그것이 어떻게 그리스도인들을 담대하게 만드는지를 묻는다면, 몇 가지 뚜렷한 점들을 곧바로 언급할 수 있다. 곧, 그분은 자신의 백성을 사셨고, 모든 육체에 대한 권세를 얻으셨으며, 그들에게 꺼지지 않는 신적 생명의 능력을 주셨고, 세상을 이기는 믿음의 담대한 용기를 그들 속에 부어주시며, 악의 권세를 제어하셔서 그것이 그들을 압도할 수 없도록 하신다(고전 10:13). 그러나 나는 여기서 그분의 대표적인 사역에서 직접 흘러나오는 한두 가지 결과만을 언급하려 한다.

1. 그리스도의 백성은 어린양의 피로 세상과 세상의 주인을 이길 담대함을 얻는다. 그들은 자신이 온종일 죽임당하는 양과 같은 연약한 존재라는 것을 알면서도 여전히 "누가 우리를 그리스도의 사랑에서 끊으리요? 우리는 우리를 사랑하신 이로 말미암아 넉넉히 이기느니라"[151](롬 8:37)라고 말할 수 있다. 이 구절의 의미를 정확히 해석해 보면, 그리스도의 유일한 구속 사역이 그 백성의 승리를 가져오는 위대한 원인임을 알 수 있다. 순교자들은 그들의 목숨을 아끼지 않고 어린양의 피로 승리했다고 말한다(계 12:11). 이는 박해자들을 위협했던 죽음이 어린 양의 피로 옷을 씻은 자들에게는 두렵지 않았을 의미한다. 그들은 만일 목숨을 잃게 된다면, "오늘 밤 우리는 그리스도와 함께 만

찬을 할 것이다”라고 말할 수 있음을 충분히 알고 있었다. 그들은 십자가로 부터 오는 이 담대한 확신과 자신감 속에서, 세상이 자신들을 집어삼킬 수 없고, 진정한 해를 끼칠 수 없음을 알았다. 그들에게 순교란 그저 풍성한 안식으로의 입성을 더 앞당기는 것에 불과했고 이로 인해 자신들의 면류관은 더욱 빛나게 될 것이라고 확신했다. 세상이 생명, 명예, 재산을 빼앗아 간들, 그들은 자신들이 남긴 것보다 더 많은 것을 얻으러 가는 것이었다.

2. 그들은 십자가의 속죄를 통해 세상의 유혹과 위협을 넘어서는 신적 생명의 승리하는 능력을 얻는다. 구속받은 교회는 자신이 받는 모든 은혜가 어린양의 피 덕분이라는 확신을 가지고 있다. 어린양은 자신의 속죄 피로 적들을 이기시는데, 이는 그 피가 사탄의 고발을 무력화시킬 뿐만 아니라, 무적의 신적 생명력을 마음에 불어넣기 때문이다. 우리의 승리는 그리스도의 승리에 달렸다. 그래서 사도는 자신을 위협하는 모든 적들을 향해 담대하고 기쁜 확신으로 도전하며, 그들이 어떤 형태로 오든 상관없이 그가 그리스도의 사랑에서 끊어질 수 없다고 선언했다(롬 8:35). 그리스도의 속죄를 받아들이는 믿음은 세상의 유혹과 적대감을 이길 수 있는 신성한 힘으로 가득 차 있다. 그들이 그리스도 안에서 믿음으로 승리할 때, 그들은 속죄의 능력, 즉 어린양의 피로 세상을 이기는 것이다.

사탄의 세상 권세를 무력화한 그리스도의 속죄

“이제 이 세상의 임금이 쫓겨나리라”(요 12:31).

우리 주님은 마지막 담화에서 사탄에 대해 여러 차례 언급하시며, 세 번이나 그를 ‘이 세상의 임금’이라고 부르신다. 이 언급은 어떤 사람들이 상상하듯 유대 대제사장이 아니라 사탄을 가리킨다는 것은 너무도 명백해 증명할 필요가 없다. 그리스도께서 마지막 밤에 사탄이 그에게 왔으나 그 안에서 아무 것도 찾지 못했다고 하셨다. 즉, 그가 자기 것이라고 여기거나 그의 왕국과 연관시킬 수 있는 것은 아무것도 없다는 것이다(요 14:30). 사탄은 심판받았다고 묘사되고(요 16:11) 마지막으로 쫓겨날 것이라고 말한다.[152]

주님의 이 말씀은 사탄의 인격성을 명백하게 드러낸다. 이 말씀을 해석학적으로 설명하려는 시도가 있었지만 그들이 그 의미를 해체하려는 시도는 거의 주목할 가치가 없다. 하지만 의문을 남기지 않기 위해, 몇 가지 명확한 증거들을 제시하겠다. 문제는 사탄이 악의 원리를 의인화한 것인가? 그리고 주님의 말씀을 그렇게 이해할 수 있는가이다. 몇 가지 구절이 그 답을 제공한다.

우리 주님께서 베드로에게 경고의 말씀을 하셨을 때, "사탄이 너희를 밀 까부르듯 하려고 요구하였다"(눅 22:31)고 하셨다. 이는 사탄을 인격적인 감정과 목적, 책략이 있는 존재로 여긴다는 것이다. 주님께서 "강한 자가 무장을 하고 자기 집을 지킬 때는 그 소유가 안전하지만, 더 강한 자가 와서 그를 굴복시키면 그의 모든 무장을 빼앗는다"(눅 11:21)고 하셨을 때도 마찬가지로 단지 악을 의인화한 것이 아니라고 할 수 있다. 주님께서 마지막 심판 날에 왼편에 있는 자들에게 하실 선고를 묘사하실 때도 분명하게 말씀하신다. "나를 떠나 마귀와 그 사자들을 위하여 예비된 영원한 불에 들어가라"(마 25:41). 요한복음을 보면 분명한 실재를 그림자나 비유로 미화하려고 애쓰는 오늘날의 거짓된 영성주의(spiritualism)를 폭로하는 말씀을 발견한다. 주님께서는 사탄을 "처음부터 살인한 자"라고 부르셨다(요 8:44). 그분은 사탄을 거짓의 친구이자 기원이 되는 인격적 존재, 태초부터 인류를 죽여 온 살인자이며, 거짓은 그에게서 난 것으로 그의 본성에 속한 것이라고 묘사하신다. 이 절의 앞부분(요 12:31 이제 이 세상에 대한 심판이 이르렀으니)에서 주님은 이 세상의 임금인 사탄에 대한 소송, 즉 법적 절차가 진행되고 있음을 말씀하신다. 이는 인격체를 암시한다.[153] 왜냐하면 특정 현대 작가들이 사탄 교리를 언급할 때 말하듯 법적 절차는 추상적 개념이나 의인화, 혹은 마음 속 환영에 대해 진행될 수 없기 때문이다. 영감받은 문서로서 성경을 정직하게 해석하고 하나님의 말씀을 진지하게 받아들이는 사람은 사탄의 인격적 존재와 그의 왕국의 실재성에 대해 어떤 의심도 품을 수 없다. 사탄에 대한 교리는 신학과 윤리의 모든 영역에 영향을 미친다. 따라서 인간론에서 생각할 때, 인간이 구속의 대상이 될 수 있는 것은 그가 유혹자의 거짓말에 희생된 존재였기 때문이라고 단언할 수 있다. 이는 그가 거짓말쟁이이며, 거짓의 아비라는 성경의 말씀과 일치한다. 죄론에서 생각할 때, 죄는 그 기원이 절대적으로 악한 것으로 드러난다. 구속론에서 생각할 때, 그것은 하나님의 아들이 **마귀의 일을 멸하러** 오셨다(요일 3:8)는 진술로 묘사된다. 하지만 이것이 일부 교부들과 현대 신학자들이[154] 상상한 것처럼 **속전이 마귀에게 지불되었다**는 것을 **의미하지는 않는다**, 그렇지만, 하나님의 아들이 속죄 희생을 통해 인류를 지배하는 사탄의 권세를 깨뜨릴 수 있는 유일한 중보자였음을 주장하는 데에는 문제가 없다. 간단히 말해, 우리가 사탄이 최초의 인류를 유혹한 사건에서부터 그가 쫓겨나고 어둠의 사슬에 묶일 날까지 역사의 흐름을 바라보면, 지구상의 모든 역사에서 펼쳐지는 갈등을 볼 수 있으며, 그를 수치스럽게 만드는 하나님의 위대한 계획을 엿볼 수 있다. 우리는 악의 원리가 아닌 인격체로서의 사탄을 보게 된다.

인류의 이 끔찍한 대적자는 두 번째 아담, 즉 우리의 자리를 대신하여 오신 예수님에 의해 패배했다. 그분은 사탄과 맞서 싸웠으며, 우리가 이전에 패배했던 그 전장에서 승리하셨다. 사탄은 **교만**으로 타락했고, 이 독을 우리의 첫 조상들에게 주입했었다. 그러나 성육신의 신비는 낮아짐에서 시작되었다. 주님은 **겸손**으로 속죄의 모든 사역을 이루셨다. 그분의 공로 있는 희생과 기꺼이 고난을 감수하심은 사탄에게서 지배권을 빼앗고, 뱀의 머리를 상하게 했다. 속죄의 사역이 완성되기 전까지 사탄은 자신이 정복한 인간과 자신이 얻은 세상에 대해 권리를 가지고 있었다. 그러나 그리스도께서 이 모든 것을 뒤집으시고, 포로된 자들을 사로잡으셨다.

주님께서 사탄을 "이 세상의 임금"이라고 부르신 이 칭호는 하나님과 단절된 자연적 삶에 매달리거나 하나님의 그리스도에 반대하는 세력의 머리인 그에게 적절하게 적용된다. 사탄은 부패의 근원이자 아버지로서, 불경건한 영향력을 통해 세상을 도덕적, 지적으로 타락시켰으므로, "이 세상의 임금"이라는 칭호는 그에게 너무나도 적절하다. 예를 들어, 마가복음 3장 26절에서는 사탄에게 왕국이 있다고 묘사된다. 또한 요한복음 8장 44절에서 악한 자들은 그의 자녀로 간주된다. 예수님께서 씨 뿌리는 비유에서 가라지, 즉 악한 사람들은 사탄이 밀 사이에 뿌린 것이라고 말씀하셨다(마 13:38). 좋은 씨를 뽑아가는 일도 그의 일로 묘사되며(마 13:19), 가룟 유다가 그리스도를 배신한 일도 사탄이 그 사람 안에 들어가 지배한 결과로 설명된다(요 13:27). 또한 종교 지도자들이 그리스도를 죽이려 모의했을 때, 그리고 그들이 그 계획을 실행할 수 있도록 허락되었을 때, 예수님은 "이제는 너희의 때요 어둠의 권세"라고 말씀하셨다(눅 22:53). 사탄은 처음에는 교묘함을 사용했고, 나중에는 폭력을 시도했지만, 두 시도 모두에서 결정적으로 좌절되었음을 쉽게 확인할 수 있다.

1. 주님께서 처음으로 사탄과 맞서 싸우셨을 때, 그는 온갖 간계와 속임수를 다 동원하여 공격했으나, 주님께 철저히 패배했다. 주님은 보증인으로서의 사역이 요구하는 바에 따라, 첫 번째 인간이 패배한 바로 그 지점에서 싸움을 다시 시작하셨고, 유혹과 속임수, 그리고 온갖 회유로 공격하는 그 원수를 물리치셨다. 물론 그분의 모든 삶이 항상 우리에게 본이 되듯 이 시험 역시 본보기가 되지만, 단순히 유사한 상황에서 우리가 어떻게 처신해야 하는지를 보여주는 모범으로만 여겨져서는 안 된다. 그것은 우리의 자리와 입장에서 이루어진 공로적인 행위였으며, 그분의 백성이 그 보상을 거두는 것

이다. 만약 우리가 그것을 단순한 모범으로만 한정한다면, 그분의 발자취를 따르는 우리에게 승리의 열정이나 자신감을 거의 불어넣을 수 없을 것이다. 그러나 그것을 예수님이 이전에 사탄이 너무 쉽게 승리하여 인류 전체를 합법적인 포로로 삼았던 그 자리에 서서, 아담의 죄에 대한 속죄의 보증인으로서 그 유혹자를 이기신 공로로 이해할 때, 상황은 전혀 달라진다. 따라서 예수님의 시험은 그분의 전체 속죄 사역과 필연적인 관련이 있으며, 단순히 속죄 사역을 위한 준비단계였다는 의미가 아니라, **속죄 사역 자체의 본질적인 일부로서** 연결된다. 원수에 대한 승리는 단순한 능력 행사가 아니라 의로움의 방식으로 이루어져야 했다. 하나님의 아들은 인간으로서, 그리고 대속자로서 원수와 싸움에 나서야 했고, 그분이 대신하신 인류를, 그들을 위해 계속해서 사역하시는 자로서, 권리와 정의의 방식으로 구속해야 했다. 그분은 과거에 비참하게 끝나버렸던 그 싸움, 바로 그 지점에서 다시 시작하셨다.

시험 자체와 그 안에 포함된 여러 공격 지점에 대해서는 더 구체적으로 언급할 필요는 없다. 다만, 시험하는 자의 목적이 처음부터 예수님의 인성을 가장 효과적으로 억누르거나 파괴하려는 데 있었으며, 인류의 구속을 이루기 위한 도구인 그 인성이 무용지물이 되게 하려는 것이었다는 점만 주목하면 충분하다. 그는 예수님의 두 본성 사이에 불일치를 만들어 그들의 결합의 목적을 좌절시키려 했다. 그는 가능하다면 두 본성 간의 조화로운 연결을 파괴하려 했고, 조롱 섞인 말들로 예수님을 유혹하여 신성의 특권을 찬탈하거나, 하나님께서 그분에게 정해주신 길에서 벗어나게 하려 했다. 그 다음에는 그에게 거짓된 자신감을 주입하려 했다. 그리고 그 대담한 시도가 한 번, 두 번 좌절된 후, 그는 그분께 이 세상을 제안했다. 이는 두 인격 사이에서 논쟁 중이었던 시련이나 갈등 없이 세상을 얻는 것이었다. 이 유혹은 아주 교묘한 것이었는데, 이는 주님께서 그분의 통찰력 있는 마음으로 긴 싸움의 고통을 알고 계셨기 때문이다. 사탄은 그분을 설득하여 세상 왕국을 얻게 하려고, 세상이 얼마나 쉽게 당장 그분의 손에 주어질 수 있는지를 보여주었다. 이 세 가지 유혹에는 무서운 일치점이 있었고, 만약 유혹의 불씨가 떨어질 최소한의 불쏘시개라도 있었다면, 그 내부에서 모두를 불길로 몰아넣기에 충분했다. 그러나 그 유혹은 분명히 실패했다.

2. 사탄은 **교활함**이 실패하자, **박해**로 분노를 드러냈다. 그러나 주님은 이 두 가지 모두 동일하게 견뎌내셨고, 고난을 통해 순종을 배우셨다(히 5:8). 악한 자는 통치자들의 증오를 자극하고, 그들 안에 가장 극악한 불만을 불어넣어 그리스도를 흔들리게 하거나 위축시키려 했다. 만약 그를 하나님에 대한 불신이나 실제 반역 또는 배신으로 끌어들이지 못하더라도, 그 악한 자는 적어도 그의 간절한 목표, 즉 세상에서 그분을 제거하여 이 땅을 지배하려 했다. 그러나 사탄은 맹목적인 분노의 음모 속에서 자신이 전지하신 하나님 손에 있는 도구에 불과하다는 사실을 거의 알지 못했다. 그는 단지 수동적인 종으로서, 하나님의 계획과 예지를 따라 미리 정해진 일을 수행하고 있었을 뿐이었다(행 4:28). 주님이 인류의 구속을 위해 죽으셔야 한 것은 폭력적이거나 희생적인 죽음이어야 했지만, 그분이 점하신 독특한 위치로 인해, 하나님에 의해 직접적으로 행해지거나, 자신의 생명을 바로 포기한 것은 아니었다. 그것은 인간의 개입을 통해 이루어져야 했다. **사탄의 악의는 단지 미리 정해진 이 목적을 실현하는 데 기여했을 뿐이며, 인간의 분노는 하나님을 높이는 수단이 되었다.** 그 폭력적인 죽음은 주님의 숭고한 대제사장적 자기 희생으로 인류를 속죄하는 길이었다. 이로 인해 하나님의 공의가 충족되고, 충분한 속죄가 드려지며, 하나님의 호의를 얻고, 합법적인 포로 해방이 있었다.

이 구절에서 주님이 두 번이나 강조어 '**이제**'를 사용하신 것은 주목할 만하다. 그분은 이제 자신이 속죄의 효력 안에 들어왔다는 사실을 언급하신다. 이 단어는 사탄의 지배가 죄라는 실체에 기초하고 있음을 암시한다. 대속의 희생이 드려지기 전 사탄은 안전하고 굳건한 위치를 차지하고 있었지만, **하나님**

의 공의가 만족되는 순간 그는 오랫동안 세상을 다스려 온 유리한 기반을 잃었다. 이 구절의 첫 번째 부분에서 주님은 당시 진행 중이던 공식적인 절차를 언급하시는데, 세상이 누구에게 귀속될 것인지, 즉 그리스도에게 속할 것인지 아니면 이전 통치자인 사탄에게 속할 것인지를 결정짓는 과정이었음을 암시하신다. 우리가 이 두 구절을 함께 살펴보면, 이 용어는 소유권이나 정당한 권리에 대한 법적 절차가 **그때** 결정될 것임을 시사한다. 그리고 죄가 속죄되고 저주가 지워지면, 사탄의 죄인에 대한 권리는 소멸되고, 그의 세상에 대한 주권도 무너진다. 주님께서 "이제 이 세상의 왕이 쫓겨나리라"라고 말씀하실 수 있었던 이유는, 이 승리의 토대가 먼저 법과 공의 안에 놓여야 했기 때문이다. 다시 말해, 곧 다가올 속죄적 죽음을 통한 공로로 승리를 마땅히 얻으셔야 했고, 그 죽음은 사탄이 세상을 지배하는 근거였던 죄를 완전히 없앨 것이기 때문이다. 이는 곧 "나의 죽음이 사탄의 권세를 무너뜨릴 것이다"라고 말씀하시는 것과 같다. 이러한 의미를 담고 있는 예수님의 다른 말씀들을 좀 더 자세히 살펴보겠다.

1. 첫 번째로, 우리 주님께서 사탄의 권세가 끝날 것임을 나타내신 말씀은 "이 세상의 임금이 심판을 받았음이라"(요 16:11)이다. 주님께서 말씀하신 심판은 사탄의 타락이나, 인간을 처음 유혹하여 그들을 하나님으로부터 멀어지게 만든 것에 대한 형벌을 언급하는 것이 아니다. 여기서 주님은 하나님과 그분의 기름 부음 받은 자를 대적하는 적대적인 동맹의 우두머리로서 사탄에게 내려질 심판을 말씀하신다. 그 의미는, 죄로 인해 사탄이 인간을 지배하고 그들을 정당한 포로로 여겼던 **권리**가 이제 사라지고, 그의 **힘이 꺾인다는 뜻**이다. 사탄이 심판을 받는다는 것은 그의 불법적인 지배 권리가 끝났다는 의미다.

그렇다면 어떻게 그리스도의 희생적 죽음이 사탄의 제국을 무너뜨렸을까?

두 가지 방식으로 설명할 수 있다. 첫째, 그리스도께서 자신을 희생 제물로 삼으심으로써 죄가 사라졌고(히 9:26), 저주를 완전히 담당하셨기 때문에, 최고의 재판관께서 죄인을 용서하셨다. 그러므로 **고발자는 더 이상 정당성을 이유로 인간을 고발하거나 그들이 자신과 같은 운명을 받아야 한다고 주장할 수 없다**(롬 8:1). 둘째, 유혹자가 그 전에 지니고 있던 권위, 즉 **인간을 죽음과 영적 단절 속에 가두어 두던 정당한 권위가 영원히 끝났다.** 중보자이신 그리스도의 죽음, 즉 그분의 능동적이고 수동적인 순종의 완수는 죽음의 권세를 가진 자를 파괴했고(히 2:14), 사탄의 일을 멸했다(요일 3:8). 인간이 하나님의 공의에 의해 포로 상태에 있던 것은, 오직 인간 이상인 존재의 죽음을 통해서만 역전될 수 있었다. 이러한 방법으로 사탄은 법적으로 패배했으며 그의 지배를 종결시킬 길이 마련됐다.

2. 다음으로 사탄에 대한 승리와 관련된 말씀은, 강한 자를 결박하고 그의 소유를 탈취하는 것에 대한 언급이다(마 12:29). 이는 사탄에게 내려진 심판의 결과로 이어진다. 사람들은 "그의 소유"로 불렸고, 사탄이 평안하게 소유하고 있는 재산으로 묘사된다(눅 11:21). 그러나 그들이 하나님의 거룩하고 높으신 부르심에 의해 실제로 부름을 받게 될 때, 그들은 사랑하시는 아들의 나라로 옮겨진다(골 1:13). 두 번째 단계로서, 그리스도께서 강한 자보다 더 강한 분으로 개입하셔서, 자신의 양들을 우리 안으로 이끌고 파멸시키는 자의 손에서 영혼들을 구원하시는 것은 순전히 죽은 자들을 살리시고, 눈먼 자들을 밝히시고, 이전에는 멀리 떨어져 있던 자들에게 가까이 나아갈 수 있게 하시는 그리스도의 권능의 사역이다.

3. 또한 "이 세상의 임금이 쫓겨나리라"는 말씀도 있다. 이는 세상이 심판을 통해 그리스도께 속하게 된 결과로 나타난다. 사탄은 세상에서 쫓겨나야 하며, 마침내는 큰 심판의 날에 사슬로 묶여 심판받게 될 것이다. 사탄은 현재

지상의 어느 한 부분도 합법적으로 다스리고 있지 않지만, 여러 이유로 인해 그의 **불법적인 지배**가 여전히 **허용**되고 있다. 그러나 그는 실제적으로나 법적으로 쫓겨나게 될 것이며, 그가 수 세기 동안 자신의 교묘한 속임수를 극대화해 사용해온 어떤 체제도 더 이상 사람들 위에 권력을 행사하지 못하게 될 것이다. 이 체제들은 아침 안개처럼 사라질 것이다. 그러나 지금도 교회는 그리스도의 속죄를 근거로 세상에 들어가 그 권리를 차지해야 한다. 그 권리는 이미 사탄이 법적으로 쫓겨난 세계에서의 것이다. 곧 사탄은 실제적으로 **완전히 쫓겨날 것이다**(눅 10:18).

같은 의미의 구절들이 성경에는 많다. 예를 들어, 그리스도께서 사로잡힌 자들을 사로잡으셨다는 구절(시 68:18), 강한 자에게서 전리품을 빼앗으셨다는 구절(사 49:24), 그리고 그분이 뱀의 머리를 상하게 하실 것이라는 구절(창 3:15) 등이 있다. 마지막 구절은 구약 교회 초기부터 익숙한 표현으로, 하나님께서 인간에게 구원자를 나타내신 첫 번째 복음의 선포였다. 뱀은 이미 우리의 인류를 무너뜨렸고, 인류 전체를 고통스러운 멍에 아래 두고 있었다. 이 뱀의 머리를 부술 더 강력한 인물의 도래가 창세기 3:15에서 약속된 것이며, 이는 결국 그리스도께서 십자가에서 성취하신 일이었다. 그러므로 사탄은 그리스도의 능력에 의해 현저히 몰락되었으며, 말씀 한마디로도 그를 물리칠 수 있다. 그리고 하나님은 곧 교회의 발아래 그를 짓밟으실 것이다. 우리 주님은 사탄의 왕국이 한 번에 전복될 것이라고 말씀하시는 것이 아니다. 왜냐하면 "쫓겨나리라"는 시제가 미래의 추방을 암시하기 때문이다.

그리스도께서 대속적 죽음으로
사망의 쏘는 것을 제거하고 폐지하심

예수님의 속죄 효과를 설명하는 말씀들 중 일부는 그분을 **죽음의 정복자**

로 묘사한다. 한 부류의 말씀은 **그분의 백성이 결코 죽지 않을 것**이라고 선언한다(요 8:51). 또 다른 부류의 말씀은 그리스도의 대속적 죽음이 더욱 풍성한 생명을 가져와 죽음을 효과적으로 폐지하고, 육체적인 죽음뿐만 아니라 영적인 죽음까지도 적절한 때에 모든 형태로 삼킬 것(요 10:10-11)을 나타낸다. 부활의 영광이나 썩지 않음의 요소가 생명이라는 용어에 포함된다는 것은, 예수님의 말씀을 제대로 해석하는 사람이라면 누구나 인정할 것이다. 하지만 이러한 **생명은 속죄의 열매**이자 그 **효과**로 묘사된다.

예수님께서는 자주 **죽음**이라는 용어를 사용하셨으며, 이는 하나님으로부터 인간이 멀어짐으로써 발생하는 완전한 파괴, 즉 영적이든 육체적이든 파멸을 의미한다. 이 파멸은 하나님의 은혜를 거부하는 모든 이들에게 필연적으로 닥칠 운명이다. 성경을 주의 깊게 공부하는 이라면, **예수님의 속죄적 죽음 이전에는 죽음이 인간, 심지어는 신자들에게도 훨씬 더 두려운 사실이었음**을 깨닫지 않을 수 없다. 그 이유는 명백하다. 예수님의 죽음 이후와 비교했을 때, 우리와 달리 구약 성도들은 죽은 대리자와 보증인을 그들의 눈앞에 명확하게 두지 못했기 때문에 죽음은 더 위협적인 존재였고, 또한 죽음이 승리에 삼켜지지 않았었기 때문이다(욥 7:21; 시 6:6; 사 38:3-14).

앞서 언급했듯, 우리 주님은 **세상에 죽음이 들어온 것**과 관련해 자신과 첫 아담이 각각 어떤 영향을 미쳤는지를 직접적으로 비교하지는 않으셨다(롬 5:12; 고전 15:47-56). 그러나 주님의 가르침을 분석해 보면, 그분께서 (자신과 아담을) 대조할 여지를 충분히 남겨두셨음을 알 수 있다. 그러나 이 부분은 사도들에게 맡기셨다. 사도들의 말씀을 분석해보면, 그들이 말하는 죽음의 도래는 **현세적** 죽음(temporal death)의 개념을 포함하고 있다는 것을 알 수 있다. 이 개념에서 육체적 죽음을 배제할 수 없지만 그것으로만 제한하는 것은 매우 불만족스러운 해석이다. 왜냐하면 **여기에는 영적이든 현세적이든 죄로 인해 초래된 전반적인 파멸이 포함되기 때문이다.** 죽음의 객관적인 존재는 분명히 죄에 기인한다(롬 5:12). 그리고 죽음의 파괴는 그리스도에게 명확하게 연결되며, 그분께서 죽음을 폐지하시고 복음을 통해 생명과 불멸을 드러내셨다(딤후 1:9).

예수님의 **대속적 죽음**이 죽음을 파괴하고, 그 쏘는 것을 없애는 **효과**를 가진다는 것은 주의 말씀에서도 명백히 드러난다: "인자가 온 것은 섬김을 받으려 함이 아니라 도리어 섬기려 하고 자기 목숨을 많은 사람의 대속물로 주려 함이니라"(마 20:28). **한 사람의 죽음**이 많은 사람들의 죽음을 대신한 것이며, 이는 더 나아가 **생명의 통치**를 가져오려는 궁극적인 목적을 갖고 있다. 또한 우리는 양을 위하여 목숨을 버리는 목자에 대한 말씀과 연결된 구절들에서도 동일한 진리를 발견할 수 있다: "내가 온 것은 양으로 생명을 얻게 하고 더 풍성히 얻게 하려는 것이라. 나는 선한 목자라. 선한 목자는 양들을 위하여 목숨을 버리거니와"(요 10:10-11). 여기서 더 풍성한 생명을 주는 것은 의심할 여지 없이 그분의 목숨을 내주신 것과 가장 밀접한 인과관계에 있다. 대속적 희생은 **죽음의 죽음**이자 **생명의 원인**으로 간주될 수 있으며, 이처럼 그리스도께서는 자신의 깊은 겸손으로 모든 추종자들을 위해 죽음에 대한 승리를 얻으셨다. 그러나 이를 얻기 위해 그분 스스로가 죽음의 희생물이 되셨고, 뱀의 머리를 상하게 하셨으며, 그분의 발꿈치가 상함으로써 그 일을 이루셨다.

예수님께서 말씀하신 **세 개**의 중요한 구절은 **기독교인의 죽음이 진정한 죽음이 아니라는 사실**을 일관되게 나타낸다. 즉, 그들은 결코 죽음을 보지 않는데, 이는 **영원한 죽음**과 연결되지 않기 때문이다. "내가 진실로 진실로 너희에게 이르노니, 내 말을 듣고 또 나 보내신 이를 믿는 자는 영생을 얻었고 심판에 이르지 아니하나니, 사망에서 생명으로 옮겼느니라"(요 5:24). 다시 말씀하신다. "내가 진실로 진실로 너희에게 이르노니 사람이 내 말을 지키면 영원히 죽음을 보지 아니하리라"(요 8:51). 또 다시 말씀하신다."나는 부활이요 생명이니, 나를 믿는 자는 죽어도 살겠고, 무릇 살아서 나를 믿는 자는 영원히 죽지 아니하리니"(요 11:25-26). 이 세 말씀은 영원한 죽음뿐만 아니라 **육체적 죽음**에도 적용되어야 한다. 어떤 사람들은 "우리가 매일 무덤으로 내려가고, 먼지로 돌아가는 그들이 어찌 죽지 않는다고 말할 수 있겠는가?"라고 주장할 수 있다. 예수님께서는 우리가 그분의 말씀의 깊이를 충분히 이해할 때 그들이 결코 죽지 않는다고 선언하신다. 어떤 의미에서 그런가? 그들은 **육체적 죽음 속에서도 그들의 진정한 파괴를 가져오는 변화에 결코 노출되지 않기 때문**이다. 그들은 자기 안에 불멸의 원칙과 씨앗을 지니고 있다. 그들은 진정 죽음을 보지 않으며, 사람들이 보기에 그들이 죽는 것처럼 보일지라도 그렇지 않다. 한때 그들을 괴롭히고 억압했던 죽음에 대한 두려움도 주님의 대속적 죽음으로 인해 사라졌다. 우리가 언급한 구절에서 사용된 "죽음을 보지 않으리라", "영원히 죽지 않으리라", "죽음에서 생명으로 옮겼느니라"는 표현들은 믿는 자들이 **비록 육체적 죽음을 통과하더라도, 죽음의 가혹한 형벌적 결과에 결코 직면하지 않으며, 진정한 의미의 죽음을 맞이하지 않고, 이미 생명을 소유하고 있음**을 나타낸다. 그들은 썩지 않음 가운데 다시 일어날 것이다.[155] 이 구절들은 죽음의 **현세적 폐지**에 대한 언급이 **아니다**. 왜냐하면 죽음은 여전히 지속되고 있으며, 마지막으로 멸망할 대적이기 때문이다. 그러나 기독교인에게는 더 이상 죽음의 쏘는 것, 즉 인간 마음을 고통스럽게 하는 죽음에 대한 두려움이 존재하지 않는다. 그러나 이 암시는 모든 인류에게 해당하는 것은 아니다. 복음을 받지 않는 불신자들에게는 죽음에 대한 두려움, 곧 죄의 쏘는 것이 여전히 남아있으며, 죽음의 쏘는 것은 죄이고 죄의 힘은 율법이다. 그러므로 이 말씀은 **참된 제자**가 결코 죽지 않는다는 의미이고, 죽음이 더 이상 형벌적이지 않으며, 두려움의 대상이 아니라는 뜻이다. 뿐만 아니라 그리스도의 속죄는 육체가 영혼과 다시 결합될 것과 죽음이 생명에 삼켜지는 것을 요구한다(고후 5:4).

죽음의 왕 사탄과 생명의 왕 그리스도를 대조하는 인상적인 구절이 있다(요 8:44). 그곳에서 주님께서는 유대인들에게 그들의 아비인 마귀에게 속해 있다고 말씀하신다. 그 마귀는 처음부터 살인자였다고 하셨다. 이 말씀은 일부가 주장하듯 가인에 관한 것이 아니라, 인류 최초의 부부를 유혹하여 세상에 죽음을 가져오고, 모든 고통을 초래한 사탄에 대한 것이다. 그래서 **사탄**은 죽음의 권세를 가졌다고 말하는데(히 2:14), 이는 인류가 죽음을 겪는 한 어떤 의미에서는 사탄에게 속한 권세로 간주 될 수 있다. 그러나 그 권세는 그리스도의 재림 때 완전히 박탈될 것이다. 반대로, **주 예수님**께서 충성스런 순종과 죽기까지의 겸손에 대한 보상으로 하나님 아버지께 받은 명예는, 그분이 생명의 왕이 되신다는 것이며, 그분의 제자들은 결코 죽음을 보지 않는다는 뜻이다. 이는 죽음의 권세를 가진 자, 곧 처음부터 살인자였던 자와의 명백한 **대조**다. 만약 사탄이 처음부터 살인자였다면, 주 예수님은 그 반대로 생명의 왕이시며, 그분의 추종자들은 그분의 낮아지심에 대한 보상으로 영생을 받으며 결코 죽음을 보지 않을 것이다(요 8:51).

여기에서 한 가지 어려움이 제기된다. 만약 하나님의 공의가 완전히 만족되었다면, **왜 신자들이 여전히 현세적 죽음을 겪는가?** 이에 대한 간단한 대답은 다음과 같다. 그리스도인의 죽음은 어떤 의미에서도 죄에 대한 적절한 형벌이 아니며, 신자는 그리스도의 속죄를 통해 단 한 번도 죄를 짓지 않은 사람처럼 완벽히 받아들여진다는 것이다. 이 질문의 중요성은, 신자들의 현세적 죽음을 조금이라도 죄에 대한 형벌로 간주할 때, 그리스도께서 하나님의 공의를 완벽히 만족시켰다는 주장이 유지될 수 없다는 사실에서 드러난다. 어떤 자들은 속죄의 범위는 그것의 효과로만 판단될 수 있으며, 실제로 효과의 범위는 그 결과로만 추론될 수 있다고 주장한다. 따라서 신자들이 죄의 모든 결과에서 구원받지는 못했다고 본다.[156] 그러나 이것은 질문을 매우 모호하게 제시하는 방식이다. 중요한 핵심은 다음과 같다. 참된 신자들의 경우, 죄의 결과가 여전히 어떤 형태로든 신적 공의에 의한 형벌로 간주될 수 있는가?

이에 대한 대답은 단호히 '아니오'다. 다시 질문해 보자. 죄의 결과이면서도 실제로 죄의 형벌이 아닐 수 있는가? 이를 결정하려면 그것이 하나님과 어떤 관련이 있는지 살펴봐야 한다. 우리가 알 수 있는 것은, 하나님께서는 신자들에게 현세적 죽음은 물론 시련과 고난도 주시지만, 그것이 진노로, 즉 복수하는 심판자로서 보내는 것이 아니라, 지혜롭고 사랑이 가득한 아버지로서 보내신다는 점이다. 따라서 이것들은 죄의 결과이기는 하지만, 마땅한 형벌로 간주될 수 없다. 신자들은 이미 진노의 상태에서 은혜의 상태로 완전히 옮겨졌기 때문이다. 바울 서신은 이에 대해 이렇게 강조한다. 그리스도께서는 자신의 죽음으로 죽음의 권세를 가진 자를 멸하시고, 그의 백성 모두에게서 사망의 쏘는 것을 제거하셨다(히 2:14; 고전 15:1-58).

그러나 여전히 질문이 제기된다. 만약 무죄 판결이 완전하고, 공의가 온전히 만족되었다면 왜 죄의 결과가 남아있는가? 우리는 이 모순을 유사한 사례를 통해 설명할 수 있다. 반역자가 체포되어 감옥에 갇히고, 일정기간 사형에 처할 만한 범죄자로 다뤄졌다고 해보자. 이후에 그가 다른 이의 중재를 통해 완전한 사면과 석방을 받았더라도, 오랜 시간 동안 반역 중에 입은 상처나 감옥에서 생긴 상처와 멍을 지니고 살아갈 수 있다. 하지만 분명히, 이들은 더 이상 이전처럼 처벌로 간주되지 않으며, 그가 국가 사법부에 대해 지불해야 할 부분도 아니다. 이 상처들은 그에게 과거를 상기시킬 수는 있지만, 그것들은 본질적으로 그 성격이 변하여 더 이상 무언가 더 나쁜 일이 일어날 것을 예고하는 징조가 아니다. 한 마디로, 그것들은 더 이상 형벌이 아니다.[157] 기독교인의 육체적 죽음이 그렇고, 현재의 모든 고난과 시련도 마찬가지다. 이들은 그 본질이 변화되어, 더 이상 진노가 담겨 있지 않고, 그를 본향으로 데려가는 아버지의 유익한 훈육이다.

주님의 이러한 말씀들은 사도들에 의해 충분히 확장되었다. 예를 들어, 사도 바울은 고린도전서 15장 54-56절에서 선지서로부터 두 가지를 인용하여, 죽음이 승리 속에 삼켜졌고(사 25:8), 그 쏘는 것이 제거되었음을(호 13:14) 보여준다. 바울의 신학은 여기서 죽음, 죄, 율법이라는 세 가지 적들을 가장 인상적인 방식으로 제시하는데, 이 적들은 반드시 직면해야 하지만, 이제는 무장해제되었다는 것이다. **첫 번째 진술**은 "죽음의 쏘는 것은 죄다"라는 선언으로, 이는 **죄**가 없었더라면 죽음이 우리를 공격할 힘도, 우리를 두렵게 할 공포도 가질 수 없었을 것임을 이해하게 한다. 왜냐하면, 죄가 없고 거룩한 자에게 죽음이 할 수 있는 일이 무엇이겠는가? 그러한 자는 저주의 모든 부분에서 면제받았을 것이기 때문이다. 이 경우, 죽음은 어떤 무기도, 쏘는 것도 가질 수 없다. 그러나 사도가 죄를 언급하는 맥락을 살펴보면, 영혼 안에서 되살아난 죄의 내적인 느낌(롬 7:9), 즉 죄책감이나 죄의식과 같은 것을 염두에 두고 있는 것으로 해석된다. 이는 그 존재를 알게 된 것과 함께 다가오는 공포와 두려움을 불러일으키며, 이것은 고통받는 대속자가 죽음을 통해서만 진정시킬 수 있다.

그렇다면 죄는 어디서 이러한 힘을 얻었는가? 사도 바울은 덧붙인다: "죄의 권능은 율법이라"(고전 15:56). 이는 우리를 고발하고 정죄하는 **율법**이 없었다면, 죄가 이러한 방식으로 깨어나지 않았을 것임을 의미한다. 그러나 주님은 그분의 대속을 통해 우리를 반대하던 조문의 증서를 지우시고, 그것을 십자가에 못 박으셨다. 그리고 이제 죽음은 쏘는 것을 잃었다. 그리스도인은 그리스도를 통해 자신의 죽음과 죄를 보고, 최후의 적이 다가올 때에도 평온한 승리로 맞이한다. "그리스도의 십자가 안에서 죽음 자체가 죽었기" 때문이다. 이제 더 이상 그것은 형벌이 아니고, 저주의 표현도 아니며, 끝없는 안식으로 가는 길이다. 따라서 아타나시우스가 알려준 바와 같이 초기 기독교인들은[158] 이 영역에서 자신들을 단련하였고, 그리스도의 대속을 통한 승리를 확신한 나머지, 박해 시기에는 여성과 아이들조차도 죽음을 이미 죽은 것으로 비웃었다.

동일한 기초 위에서 한 가지 사실을 더 생각해볼 수 있다. 주님께서는 그분의 백성을 값으로 사셨기 때문에 그들에 대한 최우선적 권리를 가지신다(행 20:28). 이 기반 위에서 주님은 그들이 그분과 함께 있어 그분의 영광을 보게 하신다(요 17:24). 그리고 그분이 지옥과 죽음의 열쇠를 가지신 분으로서 정당한 권리를 주장하실 때, 가장 애틋하게 여기는 이 땅의 관계와 모든 영역에서의 수고조차도 보내주어야 한다. 구속된 자들은 영원히 주님과 함께할 것이며, 그분의 뜻에 반하여 간청하는 것은 이루어 질 수 없을 것이다. 따라서 생명을 내려놓아야 할 때, 소중한 친구들을 떠나보내야 할 때, 그분의 더 높은 권리가 우선이다. 그분이 그들을 자신의 피로 사셨기 때문이다.

양들을 위해 생명을 내주시고 진정한 목자가 되시는 그리스도

"나는 선한 목자라 선한 목자는 양들을 위하여 목숨을 버리거니와 삯꾼은 목자가 아니요 양도 제 양이 아니라 이리가 오는 것을 보면 양을 버리고 달아나나니 이리가 양을 물어 가고 또 헤치느니라 달아나는 것은 그가 삯꾼인 까닭에 양을 돌보지 아니함이나 나는 선한 목자라 나는 내 양을 알고 양도 나를 아는 것이 아버지께서 나를 아시고 내가 아버지를 아는 것 같으니 나는 양을 위하여 목숨을 버리노라 또 이 우리에 들지 아니한 다른 양들이 내게 있어 내가 인도하여야 할 터이니 그들도 내 음성을 듣고 한 무리가 되어 한 목자에게 있으리라 내가 내 목숨을 버리는 것은 그것을 내가 다시 얻기 위함이니 이로 말미암아 아버지께서 나를 사랑하시느니라 이를 내게서 빼앗는 자가 있는 것이 아니라 내가 스스로 버리노라 나는 버릴 권세도 있고 다시 얻을 권세도 있으니 이 계명은 내 아버지에게서 받았노라 하시니라"(요 10:11-18)

예수님의 이 말씀은 속죄의 다양한 측면을 비할 데 없이 생생하게 보여주고, 그것이 지닌 본질과 특별한 결과들을 통해 그 모든 과정을 하나님의 섭리로 명확히 밝혀주기 때문에 특히 중요하다. 이 증언은 사도들의 서신에 담긴 모든 암시들, 즉 목자의 직분만 아니라 그분이 그 직분에서 양들을 위해 행하시는 보살핌과 감독을(벤전 2:25, 5:4) 이해하는 열쇠로 간주될 수 있다. 이 말씀은 속죄의 고유한 성격과 본질에 관한 진리를 담고 있는 한편, 그리스도의 죽음이 가져오는 두 가지 효과에 대해 다음과 같이 확증한다. (1) 그분의 죽음이 이룬 구원을 제시하며, (2) 그리스도께서 양의 실제 목자가 되기 위한 정당한 권리와 소유권을 얻으신 것을 값을 치르는 관점에서 묘사한다.

주님께서 이 중요한 말씀을 하신 상황은 다음과 같다. 예수님의 가르침에 늘 저항하던 바리새인들은 맹인으로 태어난 사람을 치유하신 일에 극도의 적대감을 보였다. 예수님은 자신들이 참된 교사라는 그들의 가식적인 주장에 대응하시려고 위로부터 부름을 받고 양들이 듣고 따르는 목자와 대조하셨는데, 무엇보다 탁월한 목자, 즉 "선한 목자"이신 자신과 대조하셨다(요 10:11). 그들이 문을 통해 들어오지 않았다는 것은 예수님에 대한 믿음과 그로부터 받은 위임이 없음을 의미하며, 그들은 단지 백성을 타락시키는 자들이었기에 예수님은 자신을 선한 목자라고 묘사하셨다. 왜냐하면 그는 그 직분이 함의하는 모든 것의 이상적인 형태이며 모든 구약 예언이 오랫동안 기대했던 그 목자이기 때문이다(슥 13:7; 겔 34:23; 시 23편).

이 인상적인 구절이 그 본질과 효과에 있어서 속죄에 대한 증언으로 이해되기 위해서는, 그 심오한 표현과 의미를 완전히 살펴보아야 하므로, 우리가 염두에 둔 목적을 위해 해당 문맥에 사용된 단어들의 요점에 대한 간략한 개요를 제공할 필요가 있다. 이는 결코 전체 주석은 아니지만, 주요 요점을 강조하기 위한 것이다.

이 전체 구절은 속죄의 의미를 명확하게 하는데 가장 중요한 결과를 제공한다. 우리가 채택한 분류에 따르면, 이는 그리스도께서 자기 죽음이 자신을 양 떼의 실제적이고 정당한 목자가 될 권리를 주었다고 여기신 것을 보여주기 위해 제시된 것이다. 그러나 또한 우리는 주님께서 다른 어떤 구절보다도 여기서 자발적인 희생으로서 속죄의 본질에 대해 깊이 언급하신 것에 주목하게 된다. 그분이 사용하신 표현은 본질상 한 편이 다른 한 편의 죽음으로 구원받는다는 것을 암시한다. 일부 주석가들은 주님이 그저 위험에 맞서고 죽음에 자신을 내맡기신 것으로만 이 말씀을 해석하지만, 주님은 자신의 자유 의지로 죽음을 택하신 것이다. 이는 양들을 구원할 길은 그 방법밖에 없었기 때문이다. 이 구절이 그리스도의 대속적 희생에 대해 명확한 내용을 담고 있지 않다고 주장하는 사람들에게는 목자가 위험에 처한 양들을 발견하고 그들을 그 위험에서 구출하기 위해 죽으셨으며 이는 오직 대속적 죽음으로만 행해질 수 있는 일이었다(12절)는 것을 언급하는 것으로 대답해줄 수 있다. 목자의 역할을 하는 사람은 죽지 않고 가능한 피하는 것이 당연하니 그리스도께서도 그렇게 했어야 한다는 주장이 있는데, 답은 명확하다. 비유는 특정한 속성만 강조하는 문학 기법이므로 모든 요소를 현실과 일치시켜서는 안 된다. 여기서 주님은 일반적인 목자가 위험을 피하는 것과는 달리, 선한 목자는 자발적으로 자기 생명을 내놓는다고 명확하게 말씀하신다.

이 증언은 그리스도께서 속죄로 값을 치러 양들의 목자가 될 정당한 권리를 획득한 것을 보여준다. 이는 사도들의 서신과 신약 전체에서 발견되는 목자의 직분에 대한 모든 암시인, 그가 양 떼를 위해 발휘하는 모든 부지런한 돌봄과 감독을 이해하는 열쇠다(벧전 2:25, 5:4). 바리새인들과 대조하여, 예수님은 자신을 "선한 목자"라고 지칭하셨다. 이 세 단어는 다음과 같이 해석될 수 있다: (1) 목자(a Shepherd) -이는 그 직분이 의미하는 모든 것의 실현된 이상을 나타내기 때문이다. (2) 선한 목자(a good Shepherd) -이는 선하거나 우수하다고 예상할 수 있는 모든 것이 그분 안에서 발견되기 때문이다. (3) 그 선한 목자(the good Shepherd) -이는 모든 구약 예언이 오랫동안 기대했던 명칭인 그 목자이기 때문이다(슥 13:7; 겔 34:23; 시 23편).

여기 언급된 선한 목자가[159] 수행하는 독특하고 구별되는 행동, 아니, 유일무이한 행동은 다음과 같이 선언된다. "나는 선한 목자라. 선한 목자는 양들을 위하여 자기 생명을 내어놓느니라"(요 10:11). 먼저 이 표현, '양들을 위하여 자기 생명을 내어놓는다'의 의미를 명확히 해야 한다. 이 구절은 본 단락의 후속 부분에서도 반복적으로 나타난다. 이 표현이 양 떼가 위험에 처해 있음을 암시한다는 것은 이리에 대한 언급에서 확인된다. 그러나 이 말씀을 단순히 '선한 목자가 자신의 생명을 위험에 노출시킨다'는 뜻으로만 해석한다면, 그 의미를 제대로 이해하거나 충분히 드러내지 못한다. 구세주께서 말씀하시는 것은 훨씬 더 큰 의미로, 자신을 내주는 희생, 즉 자발적인 제물을 의미한다. 현대의 일부 이론들은 대속의 본질이나 대리 희생을 온전히 인정하지 않고, 예수께서 자신의 상황 때문에 세상의 도덕적 악의 법칙 안에 포함될 수밖에 없었으며, 일반인들처럼 그 영향으로 죽으셨다고 주장한다. 이러한 견해는 대리 속죄에 반대하는 이들이 현재 국내외에서 강력히 주장하는 대표적인 입장이다. 그러나 이에 대한 반론은 이미 제시했으므로, 여기서 다시 한번 하나님의 도덕적 세계 통치에 대한 일반적 논증이나, 그리스도의 생애 속에서 제시된 역사적 사실을 반복적으로 언급하지 않겠다. 하지만 그리스도의 이 말씀 하나만으로도 모든 경건한 해석자들은 절대적으로 결정적인 증거로 받아들일 수 있다. "나는 선한 목자라. 선한 목자는 양들을 위하여 자기 생명을 내어놓느니라." 예수께서는 본질적으로 이렇게 말씀하신다. 그분의 죽음은 폭력적일 것이지만, 타인의 손에 의해 강제로 이루어질지라도 그분의 의지에 반하지 않는, 그분 스스로의 자발적인 행동이라는 것이다. 그분은 원한다면 이 죽음을 막을 수도 있었지만, 양들을 위해, 그리고 그분의 소유권을 확고히 하기 위해 기꺼이 이를 받아들이셨다. '자기 생명을 내어놓는다'는 말씀은 그분이 대리자 역할을 수행하는 중이며, 하나님의 부르심을 받은 대제사장으로서, 그분의 백성을 위해 자발적으로 자신을 제물로 드리겠다는 뜻임을 암시한다.[160] 그리고 이후의 말씀에서 우리는 그분이 자기 자신에 대한 완전한 권위를 가지고 있으며, 창조된 어떤 지성체도 할 수 없는 일을, 곧 신성을 지닌 분만이 할 수 있는 일을 하시려는 것을 알게 된다. 그것은 바로 양들을 위해 죽는 것, 즉 제의적인 의미로서 양들을 위해 자기 생명을 내어놓는 것이다.

그분은 단순히 애국자가 자신의 나라를 지키기 위해 자기 생명을 위험에 처하게 하듯이 아니라, 실제로 그리고 의도적으로 생명을 내놓으려 한다고 암시하셨다. 이 구절의 유일한 참된 의미는 후속 구절들에서 명백히 드러난다. 주님은 자신의 생명을 내어놓는 것과 다시 취하는 것을 가장 명확한 용어로 대조하신다(요 10:17-18). 여기서 우리가 후자를 자발적인 생명의 회복으로 해석해야 한다면, 전자는 자발적인 생명의 포기로만 해석될 수 있다는 것을 알 수 있다. 이렇게 두 구절 사이의 대조가 이 표현의 의미를 결정하며, 그 어떤 합리적인 의심도 넘어설 만큼 명확하게 주님이 자발적인 죽음을 표현하려고 의도하셨음을 보여준다. 이는 그분의 백성을 위해 예비된 구원을 취하기 위해 겪어야 했던 것이다. 그러므로 이 표현은 그 본질상 주 예수님께서 자신의 대속의 결과로 다른 사람이 구원받는다는 의미에서 자신의 목숨을 바치셨거나 죽으셨다는 것을 암시한다.

이는 이 표현에서 사용된 전치사에 주목하게 한다: "선한 목자는 양들을 **위해** 자기 생명을 내어놓느니라." 이 구절은 의심의 여지 없이 그들의 유익과 선을 위한다는 의미이다. 또한 이 표현이 흔히 '-를 대신해'를 의미하는 경우, 이 후자의 개념은 전치사 자체에서 파생된 것이라기보다는 **교환적 성격**에서 비롯된 것임을 명심해야 한다. 따라서 그분이 양들을 위해 죽으셨거나 생명을 내어놓으셨다고 말씀하실 때, 이 표현은 사건의 본질상 그분이 **그들의 자리에서** 고난을 당하셨음을 암시한다.[161] "그분이 양들을 위해 생명을 내어

놓으셨다"는 진술은 두 가지 중요한 생각을 포함한다: 그분께서 자발적인 선택, 즉 자신의 고유한 행위로 행하셨고 어떤 외적인 강제에 의해서도 강요받지 않으셨다는 것과 이 대속이 양들의 안전을 보장했다는 이 두 가지 중요한 생각을 내포한다. 이처럼 주님께서는 그들의 생명을 구하기 위해 자신의 생명을 내주신다고 말씀하신다. 이는 피할 수 없이 닥쳐오는 위험과 멸망에서 그들을 구하기 위함이며, 혹은 멸망시키려는 자들에게 삼켜지기 직전에 양들을 떼어내기 위해 주님이 죽으신 것이다. 이러한 확실한 보증인이 자기 생명을 내놓았다는 사실을 근거로 그분의 백성이 영원한 구원을 얻게 된다는 것은 필연적이다.

그뿐만이 아니다 우리가 해석하고 있는 이 구절의 전체적인 맥락은 그분이 대리 희생으로 그 양들을 사시기 위해, 또는 그들을 자신의 보호 아래 두기 위해, 그들을 자신의 것으로 만들기 위해 죽으셨다는 개념으로 이어진다. 그들은 단지 위험에서 구출된 것이 아니라, 그분의 소유로 구원된 것으로 간주된다. 이것이 우리가 간과해선 안 될 온전한 생각이라는 것이 이 구절의 올바른 해석으로 분명해진다. 따라서 그리스도께서 이 직책에 임명되어 목자로 불리셨고, 그들 또한 선택에 의해 그분의 양들로 불리지만, 실제로는 **속죄라는 성취된 사실에 의해서만** 그분은 목자가 되시고, 양들은 그분의 소유가 되는 것이다. 주님은 죽음을 통해 자기 양들에 대한 실제적인, 또는 값을 치른 권리를 얻으신다. 그들은 오직 대가를 치른 것으로써 그의 소유가 되었다 (행 20:28. 롬 14:9).

이 중요 구절에 대한 해설을 계속하는 것은 우리의 논증을 너무 많이 확장시키기 때문에, 우리는 두 가지 요점에만 집중할 것이다. (1) 속죄의 본질과 성격을 설명하는 진술, (2) 속죄와 관련된 결과들은 주님께서 값을 치르고 자신의 백성을 얻으셨을 뿐 아니라, 목자로서의 모든 직무를 실제로 수행할 권한까지 획득하셨음을 보여준다. 이 중 두 번째, 즉 목자로서의 직무 수행은 주 예수님의 속죄 사역의 결과이자 열매이며, 그에 대한 보상으로 여겨진다. 이제 이 두 가지를 순서대로 살펴보자.

1. 여기 사용된 말씀들, 즉 속죄의 본질이 아버지 편에서 주어진 신적 섭리이자 아들 편에서 성취된 사역임을 더욱 분명히 드러내는 말씀 중 주님께서는 먼저 **아버지의 명령**(계명)에 우리를 집중시키신다. 주님께서 "이 명령은 내 아버지에게서 받은 것이라"고 하셨다. 이 말씀은 언뜻 보기에는 바로 이전 구절에서 강력히 주장된 자신의 고유한 권위와 상충되는 것처럼 보인다. 이는 하나님이 일하시는 순서에서 먼저 언급된 것이므로 주목할 만하다. 이 두 구절의 상대적 위치를 이해하면, 이 중요한 진리의 모든 측면을 명확히 볼 수 있다. 예수님께서 자신의 생명을 내려놓으라는 **명령을 받으셨다는 것**과, 자신의 뜻대로 생명을 처분할 수 있는 **고유한 권한을 가지셨다는 것**, 이 두 가지가 어떻게 조화를 이룰 수 있을까? 일반적으로 명령은 그것을 받은 자에게 그러한 권한이 부족하다는 것을 전제로 한다. 하지만 예수님께는 그렇지 않다. 그분은 주인인 동시에 종, 아버지와 하나이신 분(요 10:30)이면서도 아버지께 순종하시는 분이셨다. 예수님께서는 명령을 성취하셨을 뿐 아니라 자신의 고유한(내재적) 권위를 행사하셨다. 그리스도께서 자신의 인성을 자유롭게 처분할 수 있는 고유한 신적 권리를 가지셨기 때문에, 이 고유한 권리를 전제하고, 아버지와의 언약에 따라, 생명을 내려놓으라는 사명을 받으신 것이다. 이러한 관계가 두 구절 사이의 조화를 이룬다. 반대로 이해하면, 심각한 오류로 이어질 것이다. 사실, 이 말씀들 속에서 그리스도의 지고한 신성의 빛이 드러난다. 여기서 사용된 "계명"이라는 단어는, 고대 소시니안파와 현대 인본주의자들이 주장했던 것처럼 단순히 "권한"으로 해석되어서는 안 된다. 이 단어는 **평화의 의논**(슥 6:13) 또는 **언약**(구속언약)을 나타낸다. 이 언약에 따라, 주 예수님께서는 신적 존재로서 타락한 인류의 구원을 위한 중요한 역할을 맡으셨고, 인류의 구속을 위해 죽임을 당하시는 사명을 부여받으셨다. 그

러나 피조물에게 부과된 명령과 그리스도에게 부과된 명령 사이에는 큰 차이가 있다. **피조물에게 주어진 명령**은 절대적이며, 우리의 의지와 상관없이 강제적으로 지켜야 한다. 그러나 **그리스도께 주어진 명령**은 인류를 구원하기 위해 수행되어야 할 사역에 국한되며, 그분께서 **자발적**으로 이를 맡으신 것이다. 이 용어는 하나님께서 이 구속 계획을 정하셨으며, 그리스도의 대속적 희생이 다른 이들에게 혜택을 주는 것을 기뻐하신다는 것을 암시한다. 이 명령은 아버지께 받은 것이며, 다시 말해, 예수님께서는 아버지로부터 이 중대한 사명을 띠고 세상에 오셨다는 뜻이다.[162]

그러므로 주님의 성육신 이후의 삶에서 이루어져야 할 모든 일은 아버지의 명령에 따라 착수되고 수행되었다. 따라서, 그분의 생명을 내주심이든, 다시 취하심이든, 그분은 모든 단계에서 오직 아버지의 명령에 순종하여 행동하셨다. 이는 하나님께서 세상을 이처럼 사랑하사 독생자를 주셨고, 그분의 손에서 속죄를 요구하셨음을 나타낸다. 이것은 자연스럽게 우리의 생각을 다른 진술로 되돌리게 한다. 즉, 아버지께서 그분을 아들 자체로서도 사랑하셨고, 주어진 일을 완수하셨기에 그분을 사랑하셨다는 진술이다(17절). 이 구절은 사람의 구원을 위한 아버지와 아들 사이의 **언약 또는 의논의 기원**으로 우리의 생각을 이끌어준다. 그리고 다른 선언은 그리스도께서 **위대한 과업을 완수하셨기 때문에** 새로운 의미에서 아버지의 사랑과 기쁨의 대상이 되신다는 것을 보여준다. 여기서 하나님은 우리 인간들에게 자신의 사랑을 특별하게 나타내셨는데, 그것은 그분께서 명령을 주시고 그 명령을 수행한 보증인에게 보상하셨다는 사실을 통해서다.

2. 주님께서는 여기서 가장 분명하고 단호한 어조로, 그 누구도 그분에게서 목숨을 빼앗은 것이 아니며, 그 희생은 온전히 자신의 뜻에 따른 자발적인 행위였음을 선언하신다. 그리스도의 자발적인 희생에 대해 불완전한 생

각을 가지려는 적대적인 사람들과 모든 시대를 향해 이 말씀보다 더 명료한 표현은 없을 것이다. 주님은 어떤 외부 세력도 자신에게 강제력을 행사할 수 없다고 단언하신다. 다시 말해, 그들의 손에 자신을 내주기로 스스로 결정하신 것 외에는 어떤 인간의 악의나 권력도 그분께 영향을 미칠 수 없었다. 예수님은 두 가지 근거로 불멸의 존재였다. 첫째, 그분은 어떤 흠도 찾아볼 수 없는 죄 없고 완전한 인성으로서 불멸이셨다. 둘째, 그분의 인성은 하나님의 아들의 육신이었기 때문에 더욱더 불멸이셨다.

이 점을 더욱 분명히 하고 의심의 여지를 없애기 위해, 그분은 자신의 생명을 내어줄 권리와 다시 취할 권리가 있음을 추가로 말씀하신다.[163] 이러한 말씀은 다른 인간에게 적용할 수 없다. 예를 들어, 진리를 증언하기 위해 자신의 생명을 내어놓는 순교자의 경우에도 이러한 표현은 부적절하다. 그는 단지 하나님께 빚진 의무를 다하는 것일 뿐, 자신의 생명을 보존하거나 유지할 재량권은 없다. 이는 우리 주님의 말씀이 포함하고 암시하는 바이다. 그리스도의 죽음은 너무나도 자발적이어서, 그분은 그 희생을 보류하거나 드릴 완전한 권세를 가지고 계셨다.

그리스도의 참된 신성을 솔직하게 받아들이지 않는 사람들은 그분의 말씀의 적절한 의미에 대해 유보해야 하는 상황에 놓인다. 그들은 "생명을 내주다"는 말이 "죽음을 기꺼이 받아들이다"를 의미하며, "다시 취하다"는 말이 아버지의 권능으로부터 그것을 받는 것을 의미한다고 주장한다. 그러나 그것이 이 표현의 의미가 아니다. **자발성과 그분의 인성에 대한 신적 권위나 권능의 요소**가 두 표현에서 모두 분명히 드러나야 한다. 따라서 그리스도의 지위와 창조된 존재의 지위 사이에는 분명한 경계선이 그어져야 한다. 이 말들은 그리스도께서 **신적** 존재로써 자신의 생명을 내어줄 **권한**이 있으며, 전능하신 그분의 재량에 따라 그것을 다시 취할 권한이 있음을 의미한다. 이 모든 것이 "이를 내게서 빼앗는 자가 있는 것이 아니라 내가 스스로 버리노라 나는 버릴 권세도 있고 다시 얻을 권세도 있으니 이 계명은 내 아버지에게서 받았노라"(18절)라는 말씀에 담겨 있다. 이 구절은 그리스도의 제사장적 자기 헌신의 포괄적인 해석을 의도한 것이다. 우리는 속죄의 본질에서 치우친 모든 의견들, 특히 현대 이론들이 이 본문에 부딪혀 산산조각난다고 단언할 수 있다. 이 본문은 한편으로는 주님께서 스스로 자의적으로 행동하셨고, 다른 한편으로는 아버지와의 명령, 계약 또는 합의에 따라 행동하셨다는 사실을 명확히 하기 위해 모든 형태의 표현을 사용한다. 세 번째 명제를 고려하면, 이 말씀의 완전한 의미를 더 잘 이해할 수 있을 것이다.

3. 주님께서는 다음으로 자신의 헌신에 대한 보상을 말씀하신다. "내가 내 목숨을 버리는 것은 그것을 내가 다시 얻기 위함이니 이로 말미암아 아버지께서 나를 사랑하시느니라"(17절). 이미 그분의 죽음을 꾀하던 유대 민족은 그들의 목적을 달성했을 때, 예수님이 비자발적으로 고통받는 자이거나 그분의 공적 처형이 메시아적 주장을 종결짓는 것이라고 결론짓지 말아야 했다. 그들은 그분이 하나님께 버림받았다고 생각해서는 안 되었다. 오히려 그분은 여기서 하나님께 영원히 버림받은 자의 위치에 놓이지 않을 것이며, 그분의 **자발적인 희생**만이 아버지께서 그분을 사랑하시는 특별한 근거, 즉 이 위대한 보상을 가져오는 원인이라고 분명히 선언하셨다. 주님은 자신이 보증인으로서 이 **속죄 사역**을 완수할 것이기 때문에 하나님의 특별한 사랑과 가능한 최고의 높임을 받는 대상이 될 것이라고 말씀하신다. 즉, 그분은 이 근거에서 사랑을 받으며, 그 사랑이 부여할 수 있는 모든 보상, 특히 최고 목자의 영광과 직위를 받게 될 것이다.

그러나 이 생각을 발전시키기 전, 주님께서 자신의 생명을 "다시 취하기 위해" 내어놓으셨다고 언급하신 점에 주목해야 한다. 그분의 죽음은 바치는 자의 분명한 의도에 따라 생명의 회복으로 이어질 것이었다. 이는 단순한 결과나 후속 작용이 아니라, **의도나 계획**을 나타내는 표현이다. 이를 "내가 다시 취하기 위해"라는 조건으로 이해하는 것이 좋다.[164] 이는 다음과 같은 의미를 내포한다. 다른 이들을 위해 죽음을 맛보고 죽음을 이길 수 없는 자, 즉 죽으면서 사람들의 죄를 속죄할 만한 존엄성도 없고 다시 생명을 취할 수 있는 자가 아니면, 양의 목자라 불릴 수 없다. 그리스도는 자신의 고유한 존엄성과 자원으로 이 일을 할 수 있었고, 저주를 소멸시키고 그것에 의해 파괴되지 않을 수 있는 분이었기 때문에 생명을 내어놓으셨다. 그분만이 생명을 주실 수 있었던 것은 그분만이 그것을 다시 취할 수 있었기 때문이다. 단순한 피조물은 둘 다 할 수 없다. 이것은 필수 조건이었다. 그분은 죽음에 머물러 있어서는 **안 되었고**, 생명을 **내놓는** 동시에 다시 **취할 수 있어야 했다**. 그분이 생명을 다시 취할 수 없었다면, 구주가 될 수 없었을 것이다.

이제 그리스도의 상급으로 돌아가자. 언뜻 보기에는 영원히 아버지의 품에서 사랑받는 아들이신 분이 자신의 생명을 내어놓았기 때문에 신적 사랑의 대상이 된다고 묘사하는 것은 이상하게 보일 수 있다. 그분은 영원 전부터 아버지의 사랑하는 아들이셨는데 어떻게 그런 말씀이 가능한가? 이 말씀이 가리키는 그리스도의 상급은 항상 그분께서 낮아지신 속죄 또는 비하의 사역에 근거하며, 그에 상응한다. 특히, 우리 주님께서 말씀하시는 하나님께 받은 사랑은 구원받은 수많은 죄인들을 얻는 것과 양들의 목자장이라는 직분과 존귀를 부여받아 예수님이 높아지신 것으로 두드러지게 나타난다. 그리스도의 사역과 그에 따른 상급이 연결되는 방식은 다른 성경 구절에서도 찾아볼 수 있는데, 이 말씀에서도 '때문에'는 이유를, '그러므로'는 그 결과를 나타내는 동일한 방식으로 연결되어 있다. 이는 사도 바울이 "그는 죽기까지 복종하셨으니, 곧 십자가에서 죽으심이라. **그러므로** 하나님이 그를 지극히 높여"(빌 2:8-9)라고 말할 때와 같은 관계이다. 어떤 이들은 십자가를 다른 요소 없이 단순히 사랑의 표현으로만 보는 견해를 가지고, 이 발언을 아버지의 사랑이 십자가에서 완전히 표현되고 드러났다고만 해석한다.[165] 그러나 그러한 개념은 언어적으로나 교리적으로나 받아들일 수 없다. 이 말의 유일한 의미는 아버지께서 **자발적인 희생에 대한 인정과 보상의 사랑으로** 아들을 사랑하셨고, 그분에게 "위대한 목자"의 직무에 포함된 모든 존귀와 권위와 영광으로 보상하셨다는 것이다. 이런 의미에서 **자신의 생명을 내어놓으신 것**이 아버지가 그분을 사랑하시고, 기쁨과 주목의 대상으로 삼으신 이유였다.

그러므로 그리스도께서는 **값을 치르고** 양 떼를 사서 자신의 소유로 삼으셨다는 것이 명백해진다. 따라서 그분이 만유의 주가 되신 것은 언제나 그분의 **죽음**과 연결되며, 그분의 속죄에 대한 상급으로 여겨진다(빌 2:9). 그분은 모든 인간을 다스리는 보편적인 통치권은 물론이고, 특히 교회, 즉 자신을 희생하여 구원하신 양 떼를 다스리는 특별한 권위를 가지고 계신다. 그분의 대속적인 죽음을 바탕으로, 그분은 자신의 백성의 주, 교회의 머리, 그리고 양 떼의 목자가 되셨다. 즉, 그분의 통치는 희생에 기반하며, 성경 전체, 그리고 이 본문 역시 **그분께서 아버지의 뜻에 순종하셨기 때문에 높임을 받으셨다**는 사실을 일관되게 증언하고 있다.

따라서 그분의 죽음은 지상의 목자가 죽는 것과 달리 양 떼에게 해가 되지 않았다. 오히려 그리스도가 생명을 내주시고 그것을 다시 취하심은 양 떼의 최고 행복에 기여했고, 그분에게 정당한 권리를 주어 실제로 그들의 목자가 되게 했다. 그리스도의 죽음으로 인해 양들이 그분의 보호, 관심, 돌봄을 잃을까 두려워할 이유는 없었다. 그분은 영원한 목자가 되기 위해 생명을 다시 취하셨다(18절).

양들에 대한 진술에 대해 더 언급하자면, 주님은 그들을 아시고, 그들도 주님을 아는 것으로 묘사된다(14, 15절). 이 두 구절을 올바르게 해석하는 방식은, 그 의미상 완전히 분리하지 않고, 쉼표로 연결하는 것이다.[166] 즉, 그리스도와 그분의 백성 사이에 존재하는 상호 지식은 아버지와 아들 사이의 상호 지식과 상응한다는 것이다. 그리스도와 그의 백성의 관계는 아버지와 그분의 관계와 유사하다. 주 예수님은 자신의 양을 아시고, 그들도 그분을 아는데, 그 앎은 아버지와 아들이 서로를 아는 것과 유사성을 갖는다. 그들은 오래전부터 그분께 주어진 자들이며, 값으로 사신 자들로 나타난다. 따라서 그분은 양들에 대한 권리를 얻기 위해 대속 제물로 자신의 목숨을 내놓으셨다고 다시 언급하신다(15절). 또한, "이 우리에 들지 아니한 다른 양들도 내게 있어 내가 인도하여야 할 터이니 그들도 내 음성을 듣고 한 무리가 되어 한 목자에게 있으리라"(16절)고 덧붙이신다. 주님께서 다른 양들이 있고, 그들도 역시 자신의 것이라고 말씀하실 때, 이는 명백히 방대한 이방 세계를 가리키는 것이다. 주님은 자신의 체포와 재판 때에 첫 제자들이 처했던 위험을 언급하시는 것이 아니다. 그분은 다른 우리에 속한 다른 양들이 주어졌음을 의미하시며, 그분의 속죄로 인해 그분은 다른 양들을 인도하거나 먹일 것이며, 그들이 민족과 상관없이 그분의 것으로 여겨지고, 하나의 목자 아래 하나로 연합될 것임을 뜻한다. 이는 흩어진 유대인을 가리키는 것이 아니라, 모든 민족을 그분께로 모으는 것을 말한다. 그리고 그분의 죽음은 이 위대한 연합의 능력이 될 것이다(엡 2:16). 그들을 하나로 모으고, 모든 경계의 벽을 허물어 하나의 양 떼, 하나의 목자 아래 연합시키는 것은 하나님의 계획과 의도였다.

마지막으로, 주님께서 이 부분에서 특별히 주목할 만한 두 가지를 선언하신다는 점을 덧붙여야 한다. 즉, 주님께서 탐욕스러운 이리에 대해 어떻게 행동하셨는지, 그리고 양들에 대해 어떻게 행동하셨는지다.

a. 이리는 인류의 파괴자 전체를 의미한다. 주님께서는 자기 안전만 생각하

고 양들은 그들의 운명에 맡기는 삯꾼과 자신을 대조하신다. 그들과 달리 그분은 자신의 고유한 권능을 행사할 수 있었음에도 불구하고, 눈앞에 보이는 명백한 죽음을 피하지 않으셨다. 그분은 땅에서 피난처를 찾거나 죄 없는 자신의 인성을 하늘로 옮기실 수도 있었다(요 12:24). 그러나 그분은 자발적으로 자신의 목숨을 버리셨다.

b. 다음으로 주님께서 언급하신 양들은 그분의 소유로, 그분에게 알려지고 사랑받는 자들이다(14절). 주님은 이 상호 지식과 친밀함을 묘사하면서, 그것을 아버지와 아들 사이에 존재하는 지식과 비교하신다. 신적인 방식으로 정해져 실제로 존재하는 이 비유를 과연 어떤 유한한 인간이 온전히 이해할 수 있겠는가? 주 예수님께 주어지는 아버지의 앎과 사랑과 신뢰와 보살핌은 자기 양들과의 관계에도 유사하다. 이 말씀은 주님이 양들의 외면과 내면의 상태를 모두 아실 뿐 아니라, 그들을 특별히 사랑하시고 돌보신다는 것을 의미한다. 주님은 아버지에게서 양들을 선물로 받았으며, 이 말씀을 하실 당시에는 그들의 안전을 위한 대가를 치르는 과정에 계셨다. 또한 양들은 그분을 자신들의 구원자이자 주님, 신뢰의 대상, 영원히 자신들을 소유하실 분으로 알았다. 그리고 그들은 주님의 음성을 듣고 푸른 초장으로 인도되었다.

그리스도의 속죄에 대한 보상으로
그의 통치권이 나타남을 묘사하는 말씀들

이 단락에서는 그분의 무한한 우주적 통치권이 그분의 구속 사역에 기반함을 묘사하는 말씀들을 살펴보겠다. 사도들의 서신과 사도행전에는 예수님의 보편적 주권과 그 주권이 속죄에 기반한다는 사실에 대한 언급이 매우 빈번하다. 따라서 우리는 예수님도 같은 내용을 명확하게 말씀하셨을 것을 기대하게 된다. 실제로 그분이 친히 말씀하신 내용을 발견하게 되는데. 그분 앞에 기다리고 있던 높임은 그분이 보증인으로서 낮아지시고 아버지의 뜻에 순종하신 사실 때문이라는 것이다.

주님의 통치권은 부분적으로는 아버지와 아들 사이의 언약, 부분적으로는 실제 값을 치르신 것, 즉 보증인의 공로적 순종에 기반을 둔다. 여기서는 이 두 요소에 대한 간단한 언급만으로도 충분할 것이다. 언약은 이 통치권을 완전히 소유하기 전 특정 조건들이 충족되어야 함을 전제한다. 아들에게 실제로 부여된 무한한 권위에 대해 언급될 때, 이는 여러 구절에서 **언약의 결과 또는 효과**로 분명하게 묘사된다. 예를 들어, "아버지께서 아들을 사랑하시고 모든 것을 그의 손에 맡기셨다"(요 3:35), "예수님은 아버지께서 모든 것을 그의 손에 맡기신 것과 그가 하나님께로부터 오셔서 하나님께로 가시는 것을 아셨다"(13:3)고 말한다. 언약 신학을 지지하는 신학자들은 이 점을 모든 측면에서 풍부하게 설명한다.

실제 통치권은 상급이 주어지는 **조건들**이 확실히 충족되는 것과 관련되어 있다. 그분이 우리의 형벌을 지셨다는 생각을 회피하는 사람들은 이것이 그분의 중보자로서의 영광의 진정한 기초임을 잊는다. 통치권을 소유하기 위해서는 큰 대제사장께서 속죄를 완수하셔야 했다. 낮아짐이 깊을수록 실제 영광은 더욱 커졌다. 그분은 오직 **자신의 피**로만 구원받은 백성의 주 또는 통치자가 될 **자격**을 얻으셨다(행 20:28; 고전 6:20; 계 5:9; 살전 5:9). 그분은 단지 그들의 죄에 대한 만족으로 구원의 값을 치르셨을 뿐만 아니라, 믿는 모든 이들 가운데서 존경받으시기 위해 그들을 자신의 특별한 백성으로 **소유할 권리**도 얻으셨다(딛 2:14), **주님**이라는 용어는 그리스도께서 그분의 백성을 값 주고 사신 권리를 가지시며, 그들이 이 용어를 사용한다는 것은 그것을 인정한다는 의미다. 뿐만 아니라, 그분은 모든 육체와(요 17:2), 모든 이성적 존재들에 대한 지배권을 가지신다(골 1:20), 그는 만유의 주, 만왕의 왕, 만주의 주이시다.

1. 먼저 초기 말씀부터 살펴보면, 예수님께서 "인자됨으로 말미암아 심판하는 권한을 주셨느니라"는 말씀을 하셨다(요 5:27). "인자"라는 칭호는 예수님이 스스로 낮아지셔서 둘째 아담, 곧 죄인들의 속죄를 위한 보증인이 되셨기에, 상상할 수 있는 가장 높은 존귀와 마지막 심판 날의 최종 선고를 내릴 권세를 받으실 것이라는 의미를 담고 있다. 그것이 "인자"의 의미이며, 이 구절 전체는 예수님께서 속죄를 이루심으로써 먼저 최고의 통치권을 부여받으시고, 높임의 절정으로서 모든 사법적 기능을 행사할 권한을 받으실 것을 보여준다.

2. **속죄**가 그리스도 통치의 근간이라는 사실은, 그 의미를 정확히 파악할 때 더욱 분명해진다. 예수님은 다른 이들의 회심을 위한 자신의 속죄 공로를 설명하시면서, 죽어야 많은 열매를 맺는 한 알의 밀알에 자신을 비유하셨다. "내가 진실로 진실로 너희에게 이르노니 한 알의 밀이 땅에 떨어져 죽지 아니하면 한 알 그대로 있고 죽으면 많은 열매를 맺느니라"(요 12:24). 이 말씀은 세상 속 그리스도의 사역에 속죄가 미치는 영향력을 더 자세히 보여준다. 이 말씀의 배경을 살펴보면, 종교적 감동을 받은 몇몇 헬라인들이 예수님을 만나고자 했던 상황과 관련 있음을 알 수 있다. 그들의 방문은 곧 수많은 사람들이 예수님을 따르게 될 것을 예고하는 것이었으며, 주님께는 이제 곧 희생의 시간이 다가왔음을 알리는 증거이기도 했다. 주님이 여기서 자기 죽음을 언급하신다는 사실을 의심할 사람은 없을 것이다. 또한 중요한 진리를 강조할 때, 특히 듣는 이들이 쉽게 동의하지 않을 때 사용하시던 "진실로 진실로"라는 표현은, 그분이 세우시려는 나라가 이 세상 나라가 아님을 첫 제자들에게 납득시키려는 의도였고, 동시에 **그분의 죽음**이 우연한 사건이 아니라, 이 땅에 오신 **궁극적인 목적**이었고, 수많은 사람들에게 중대한 결과를 일으킬 예정된 사건임을 모든 시대에 보여주려는 의도였다.

자연에서 빌려온 이 비유는 그분께로 사람들이 모이는 데 **속죄**가 필수적임을 보여준다. 예수님께서는 자신의 죽음을 씨 뿌리는 것으로 비유하시는데 그 씨앗이 죽지 않고서는 열매를 맺을 수 없다는 의미다. 밀알이 먼저 죽고 나서야 열매를 맺는다는 사실은 자세히 설명할 필요는 없을 것이다(고전 15:36). 이 말씀에 대해 회의론자들이 제기한 반론을 명쾌하게 반박한 것으로 유명한 할러(Haller)는, 흙의 습기 때문에 씨앗의 겉부분이 분해되어 죽는 과정을 겪으며, 그 부패의 결과로 오직 살아 있는 배아만이 새로운 형태로 변한다고 지적한다. 그렇다면 주님께서 이 말씀을 통해 전달하고자 하는 의미는 무엇인가? 일부 해석자들은 주님께서 자신의 죽음이 가져다줄 영광의 열매를 염두에 두셨다고 해석한다. 다른 이들은 그 열매를 백성의 죄사함이나 구원의 혜택으로 본다.[167] 하지만 성경에 따르면 이것들은 속죄의 결과이긴 하지만, 이 구절이 말하는 진리는 아니다. 주님은 분명 믿는 자들의 증가, 즉 많은 사람을 믿음으로 이끄는 것을 언급하고 계신다. 이는 가장 적절한 해석이며, 비유와도 조화를 이룬다. 당시 상황과 배경을 통해서도 확인된다.[168] 이 말씀의 의미는 만약 그분이 죽지 않으셨다면, 그분은 결코 사람들을 자신에게 모으거나, 교회를 조직할 수도 없었다는 것이다. 이 헬라인들이 미리 와서 나타낸 것처럼, 곧 그분에게 나올 많은 사람들이 그분의 속죄의 열매가 될 것이라는 의미다. 이 말씀은 **그분의 죽음이 그분의 왕국 건설에 꼭 필요했음**을 암시한다. 요약하자면, **그분의 속죄적 죽음이 없었다면, 그분은 홀로 남으셨을 것이다.** 죄 없는 완전한 한 사람으로서, 홀로 하늘로 돌아가셨을 것이고, 그분을 따르는 많은 사람들은 없었을 것이다.

3. 그리스도의 특별한 통치, 특히 사람들을 모으시는 능력은 그분의 속죄적 죽음을 토대로 한다. 이는 그분의 말씀에서 분명히 드러난다. "내가 땅에서 들리면 모든 사람을 내게로 이끌겠노라"(요 12:32). 이 구절 전체는 의문을

가진 헬라인들의 방문으로 시작해 속죄의 여러 효과를 설명하는 일련의 말씀들을 우리에게 제시하고 있다. 주께서는 이 구절 앞에서 속죄로 인한 심판 과정을 통해 세상이 새로운 주인에게 넘겨져 이전의 왕이 쫓겨난다는 것을 언급하셨다. 그리고 이제, 곧 다가올 속죄적 희생이 그분의 통치 기반이 되며, 사탄의 지배 아래 있던 사람들을 구원하여 자신에게로 이끄는 모든 능력과 은혜의 근거가 될 것이라고 덧붙이신다. 이 말씀은 주님께서 사탄의 나라에서 건져내 자신에게로 이끄는 모든 사람에 대한 그분의 통치권의 핵심이 십자가임을 분명히 보여준다. "내가 땅에서 들리면"이라는 표현은 앞서 살펴본 것처럼, 주님께서 하늘의 영광이 아닌 십자가의 고난을 염두에 두고 하신 말씀임을 명확히 드러낸다. 그러나 이 점에 대해 모든 의심을 없애기 위해, 복음서 저자는 자신의 영감 받은 해석을 덧붙인다. "이렇게 말씀하신 것은 그가 어떠한 죽음으로 죽을 것을 보이심이러라"(요 12:33). 따라서 주님이 의도하신 의미는 오직 이것이다. 그분의 속죄 죽음에 의해, 그분은 모든 민족을 동일하게 자신에게 이끄실 것이다. 이 중요한 구절을 검토해 보면, 말씀을 듣는 사람들이 그 의미를 아직 온전히 받아들일 수 없었기 때문에 주님은 어느 정도 유보적인 표현으로 절제하신 것이다. 그러나 몇 가지 요점은 직접적인 진술과 암시를 통해 분명해진다.

여기서 주님은 특별하고 효력있는 속죄로 간주되는 자신의 십자가 죽음을 사탄이 소유했던 통치와 분명히 대조하시고, 그 폐허 위에 세워질 왕국 건설의 선행 조건 또는 원인으로 말씀하신다. 또 주님은 자신이 권위를 부여받고, **신적 생명을 나누어주는 왕으로서 사람들을 자기에게로 끌어들이는 모든 능력의 기초가 십자가의 속죄적 죽음**이라고 나타내신다. 이 모든 의미는 문맥 속에 담겨 있고 인과관계를 통해 강조된다.

그러나 그는 다음으로 "내게로 이끌겠노라"고 말씀하실 때 이끄시는 이 능력을 개인적으로 행사하실 것을 의미하셨다. 여기서 주님이 분명하게 암시하신 바는 십자가에 못 박혀 죽지만 죽은 채로 남지 않고 곧 다시 살아나서 왕국을 세우고, 그 왕국으로 사람들을 이끄시겠다는 것이다. 그 이끄심은 자기에게로 이끄심이다. 그분이 "모든 사람들"이라고 말씀하신 것은 이방인이었던 헬라인들의 방문이라는 맥락에서 해석하거나, 선택된 모든 사람들, 즉 선택된 무리를 가리키는 것으로 이해해야 한다. 그분은 모든 국적과 문화권의 사람들을 이끄시겠다고 말씀하신다. "내가 모든 사람을 내게로 이끌리라." 이 모든 일이 십자가 직후 즉시 이루어질 것을 의미하는 것은 아니지만, 모든 사람이 이끌림을 받게 되는 그 근본적 근거와 정당한 권리는 언제나 십자가로부터 나오는 것이다.[169]

4. 그리스도의 더 보편적인 통치에 대해 살펴보면, 주님은 부활 후 제자들에게 자신의 고난이 권능에 이르는 길임을 상기시켜주신 것을 알 수 있다. "그리스도가 이런 고난을 받고 자기의 영광에 들어가야 할 것이 아니냐?"(눅 24:26) 이 진리는 이미 오래전부터 이사야서(52:14, 53:12)와 여러 선지서 및 시편에서 충분히 드러나 있었다. 고난받으실 메시아와 영광 받으실 메시아 모두를 보여주었고, 낮아지심이 영광으로 가는 유일한 길임을 분명히 밝혀 주었다(사 52:14-53장, 시 22; 110편). 예수님께서 들어가시게 될 통치는 십자가에서 드려진 속죄의 상급과 열매 외의 다른 것이 아니었다. 그분은 마땅히 받으실 영광과 존귀로 관을 쓰셨다. 따라서 그리스도의 왕국은 그분이 가르치신 진리보다는, 오히려 그분이 몸소 낮아지신 겸손과 완성하신 구속 사역 위에 세워졌다. 이 왕국은 세상의 구원을 위한 이 사역의 상급으로 그분께 약속된 것이었다. 이 토대 위에 그분의 왕국이 건설되었고, 그분께 순종하는 모든 사람들을 향한 지혜롭고 은혜로운 뜻을 이루시기 위해, 값을 치르고 사신 자신의 백성뿐 아니라 만물을 다스리는 권세가 실제로 주어졌다. 이 사역을 마치신 후, 그분은 이전의 모든 낮아지심과 모욕에 대한 보상으로 영광스러운 상태로 들어가셨는데, 예수님의 인성은 우리의 상상을 초월하는 방식으로

그 영광에 참여하게 되었다.

여기서 그리스도께서 통치를 행하시는 위치와 능력의 성격에 대한 질문이 제기된다. 즉, 우리는 **이 왕적 권위를 행사하시는 그리스도를 하나님으로 봐야 하는지, 사람으로 봐야 하는지,** 아니면 중보자로 봐야 하는지에 대한 문제이다. 어떤 이들은 주님의 신적 권능과 이 통치를 적절히 수행하기 위해 필요한 완전함에만 주목하여, 이 왕국을 하나님으로서의 그리스도께 돌린다. 다른 이들은 인간이 모든 창조물을 다스리는 것이 원래부터 주어진 특권이었으며, 이 존엄성이 그분의 사역이 완성된 후 두 번째 아담에게 주어질 것이라고 생각하며, 이 모든 통치와 권위를 사람으로서의 그리스도께 귀속시키고자 한다. 그러나 더 정확히 말하자면, 우리는 이 통치를 **중보자로서의 그리스도께** 주어진 정당한 보상으로 보아야 한다. "이를 위하여 그리스도께서 죽으셨고 다시 살아나셨으니, 곧 죽은 자와 산 자의 주가 되려 하심이라"(롬 14:9). 따라서 우리는 그분의 통치에서 인간성과 신성을 분리해서는 안 된다. 이루고자 하는 목적은 세상의 구원이며, 정죄의 심판이 인류를 삼키지 못하도록 막는 데 있다.

5. 그리스도의 통치에 대한 여러 말씀들 중에는 **사람들이 각자 그분께 나아오는 동안** 펼쳐지는 은혜로운 오래 참으심의 섭리를 보여주는 것이 있다 (구속을 위한 일반은총).

죄 많은 세상에서 이 통치의 **일반적인 성격**을 몇 가지 측면에서 보기 위해, 우리는 주님의 설명을 들어야 한다. "아버지께서 아무도 심판하지 아니하시고 심판을 다 아들에게 맡기셨으니"(요 5:22). 앞서 보았듯이, 이 통치는 속죄를 기초로 하며, 속죄 없이는 존재할 수 없었을 **오래 참으시는 은혜의 경륜**을 가능하게 한다. 그렇다면 "아버지께서 심판을 다 아들에게 맡기셨다"

는 이 말씀을 하나님의 위엄에 합당하게 어떻게 이해해야 할까? 분명한 것은, 아버지께서 이성적 피조물의 최고 주권자이자 심판자로서의 고유 권한을 포기하셨다는 뜻이 아니라는 점이다. 그것은 지나치게 인간적인 방식으로 이 진리를 상상하는 셈이 된다. 우리는 기본적으로, 아버지 안에 있는 뜻은 모두 아들 안에도 있고, 그 반대도 마찬가지라는 전제를 붙들어야 한다. 그럼에도 불구하고, 그리스도의 나라, 곧 **이 땅에서 유지되는 은혜의 통치는 하나님과 인간 사이의 거리를 어느 정도까지는 제거해 주며, 이 경륜이 지속되는 동안 하나님으로부터 은혜, 죄 사함, 회개로의 초청이 지속적으로 선포되게 한다.** 이것은 오직 죄인들이 있는 곳에만 적용될 수 있는 통치이며, 단지 은혜로 유지되고, 죄 사함을 목표로 하며, 결국에는 새롭게 된 인류와 정결하게 된 땅 가운데서 하나님의 완전하신 성품이 나타날 완성을 향해 나아간다. **이 통치는 전적으로 그리스도의 속죄 죽음을 기초로 하여 세워진 것이다.**

이 통치는 그 고유한 성격상, 죄로 인해 타락한 현재의 불완전한 세상에만 적합하다.[170] 죄가 전혀 없는 천국이나, 용서가 선포되지 않는 지옥에는 어울리지 않으며, 오직 현재의 인간 상태에만 맞는 통치다. 그렇다고 해서 그리스도의 공로가 단지 구원의 가능성만을 제시하고, 그분의 사역의 효력이 전적으로 혹은 부분적으로 인간의 선택에 달려있다는 의미는 아니다. 진정한 회심은 그리스도의 공로와 성령의 역사를 통해 이루어지는 것이기 때문이다. 이 통치는, 주님께서 친히 우리 죄를 깨끗하게 하신 후 하나님의 오른편에 앉으셔서 모든 민족에게 그분의 이름으로 죄 사함을 선포하신 데서 비롯된다. 오직 그리스도의 속죄의 죽음만이 이 왕국을 얻게 하고 굳건히 세웠다. 그분은 사람들 가운데 은혜로운 통치를 가장 분명하게 나타내시고 사탄의 권세를 무너뜨리기 위해 영광과 존귀로 관을 쓰셨다. 이처럼 하나님은 잃어버린 많은 특권을 되찾아 주시고, **속죄가 없었다면 하나님의 공의로운 심**

판에 따라 멸망했을 인류의 존속도 연장해 주신 것이다.

　합리주의자들은 그리스도의 왕권을 단지 진리가 사람들의 마음에 미치는 영향력 정도로만 이해했고, 지금도 그렇게 주장한다. 즉, 진리를 받아들이고 그 가르침에 충성스럽게 따르는 사람들로 이루어진 새로운 진리와 덕의 나라가 이 땅에 세워진다는 것이다. 그래서 그들은 그리스도를 단순히 진리의 왕, 혹은 진리를 가르치는 교사로 격하시킨다. 하지만 이러한 주장은 그 근거로 제시되는 요한복음 18장 37절의 말씀으로 뒷받침되지 않는다. 주님은 자신이 진리를 증언하는 역할만 하는 왕이며, 그 외에는 어떤 고유한 통치권도 가지고 있지 않다고 말씀하신 적이 없기 때문이다. 빌라도가 "네가 왕이냐?"라고 묻자, 주님은 빌라도가 그런 주장을 부인하는 대답을 듣고자 한 것을 아셨음에도 불구하고, "내가 왕이니라"라고 단호하게 대답하셨다. 이어지는 말씀은 마치 '나는 결코 거짓말하지 않는다. 내가 이 일을 위해 태어났고, 이 세상에 온 것은 진리를 증언하기 위해서이다'라고 말씀하시는 것처럼, 그 분명하고 담대한 고백의 이유를 설명한다.[171] 따라서 이 구절은 그분의 통치가 단지 진리의 영향력만으로 제한된다는 의미를 담지 않는다. 본문 어디에도 그런 의미는 없다. 그렇게 해석한다면 그리스도의 통치는 사도나 다른 교사들도 공유하는 정도의 영향력에 불과하게 된다. 그러나 그분은 그정도가 아니라 자비로우신 뜻에 따라 **다른 이들을 자기 보좌에 함께 앉게 하심**으로써만 그 **통치**를 나누실 뿐이다.

　결국 그리스도의 통치는 어떤 면에서 보든 십자가의 속죄를 기초로 한다.

속죄가 성령의 선물을 얻는데 미친 영향

　성령이라는 인격적 선물이 그리스도의 속죄와 밀접히 연결되어 있음을 보여주는 예수님의 여러 말씀들이 있다. 이 점을 여기서 간략히 설명하고자 한다. 우리는 주님께서 여러 구절에서 자신의 대리적 희생을 통해 교회에 이 위대한 선물을 주셨다고 단언하신 것을 본다. 이 점을 논할 때, 이미 여러 차례 적용했던 해석 원칙을 기억해야 한다. 즉, 예수 그리스도를 통해 은혜로 우리에게 주어지는 모든 것은 본래 우리에게 부족했던 것이다. 다른 은혜들과 마찬가지로, 죄로 상실해 우리 힘으로는 다시 얻을 수 없는 성령의 임재는, 하나님과 인간 사이의 중보자를 통해 회복되거나 은혜로 주어지는 것으로 나타난다. 주님의 말씀을 올바르게 해석하면, **성령의 임재와 역사는 타락한 세상을 위한 그분의 속죄 제사를 통해 얻어진 것이며**, 성령은 그리스도에 의해 보내심을 받아 사람들을 그리스도께로 인도한다는 것을 알 수 있다. 그렇다 해서 성육신과 십자가 구속 이전 시대에 성령이 알려지지 않았다는 뜻은 아니다. 모세, 사사, 다윗, 그리고 여러 선지자들과 같이 성령으로 충만했던 사람들의 경우처럼, 성령은 영감을 주는 영으로서 활동하셨을 뿐 아니라, 그들이 감당해야 할 싸움이나 고난의 사역을 위해 능력을 주시기도 했다. 그러나 이러한 **성령의 예비적인 사역과 죄 사함의 개인적인 경험은 과거와 미래 모두에 효력을 미치는 속죄에 근거한 것이었다.** 구약의 성도들이 누렸던 성령의 충만함은, 정해진 때에 주께서 이루실 속죄 또는 공로적인 의의 사역에 달려있었다. 이전 시대에 성령이 지금보다 더 풍성하게 주어지지 않았던 이유는, 이 선물이 속죄와 인과관계를 맺고 있었기 때문이다. 즉, 이 둘 사이의 연결 고리가 말뿐 아니라 실제 행동으로도 분명하게 드러나야 했기 때문이다. 유대교회와 구별되는 기독교회에 성령의 충만함이 실제로 부어진 것은, 그리스도께서 중보자 자리에 앉으시고 자신의 속죄 희생의 보상으로 주어진 성령의 충만함으로 가득하셨던 그 날을 위해 유보되었던 것이다.

이 점에 대한 주님의 말씀을 올바르게 이해하려면, 그분을 **두 번째 아담**으로 간주해야 한다는 것이 분명하다. 주님 스스로 여러 곳에서 말씀하시고 사도들도 선포한 것처럼, 그분의 사역은 아담의 불순종과 대조를 이룬다. 아담의 타락으로 인한 여러 결과 중 특히 **성령께서 인간의 마음에서 떠나셨다**

는 **점**이 두드러진다. 하나님의 공의에 따른 성령의 떠나심으로 인간의 마음은 가장 중요한 존재를 잃었을 뿐 아니라, 하나님으로부터 멀어지게 하는 온갖 자연적이고 가시적인 영향력에 무방비 상태가 되었다. 이렇게 아담의 행위가 악에 큰 영향을 미쳤듯 마찬가지로 그리스도의 속죄 사역은 선에 큰 영향을 미쳤다. 그리스도를 대표자로 받아들인 모든 사람에게 성령을 충만하게 회복시켜 주셨고, **다시는 잃어버리거나 빼앗기지 않도록 확실하게 보장**해 주셨다. 그리스도의 구속 사역을 인간에게 성령이 회복된 근거이자 공로적 원인으로 여기는 것은 매우 중요하다. **성령은 속죄 사역이 완료된 후에야 주어졌다.** 뿐만 아니라, 십자가에 못 박히신 그리스도를 전파하는 사역과 함께 주어진다(갈 3:3). 하나님은 성령을 주실 때 십자가를 중요하게 여기신다. 그러므로 신자들과 교회는 성령의 강력한 역사를 기대할 때, 오직 십자가만을 바라보아야 한다.

이 문제에 대한 예수님의 말씀은 매우 명백하여, 그분의 속죄 사역과 선물이신 성령 사이의 이 특별한 관계, 즉 **공로와 상급** 같은 연결 고리가 있음을 분명히 보여준다. 성령이 부어지는 것은 지상에서 이루신 그리스도의 속죄와 그 속죄를 바탕으로 하늘에서 드리는 중보와 관련이 깊기 때문에, 이 관계를 특별히 자세히 살펴볼 필요가 있다. 이 점을 놓치면 모든 것이 잘못 이해될 수 있다. 성령은 신적인 위격으로서 **자유롭고 은혜로운** 사랑으로 임하시지만, 동시에 **그리스도의 중보**에 따라, 그리고 **속죄를 근거로** 하여, 그리스도를 대신하는 분, 부활하신 보증인의 영으로 오신다. 십자가에서 완성된 사역에 기초한 이 중보는 결코 헛되지 않다. 이 중보는 그리스도께서 인간의 구원을 이루신 십자가에 달린 인성의 몸을 아버지 앞에 제시하는 행위다. 그러므로 성령의 보내심은 그리스도의 속죄의 결과이며,[172] 타락한 세상을 위한 그분의 중보 사역이 맺은 가장 귀한 열매 중 하나다.

이제 속죄와 성령을 주심 사이의 인과관계를 밝히는 예수님의 말씀 몇 가지를 더 구체적으로 살펴보겠다.

1. 이 주제에 대한 예수님의 첫 번째 말씀은 초막절에, 목마른 사람은 누구 든지 자신에게 와서 마시라고 초청하시며 약속하신 내용이었다. "나를 믿는 자는 성경에 기록된 바와 같이 그 배에서 생수의 강이 흘러나오리라."(요 7:38) 이어서 복음서 저자는 이 말씀이 "이는 자기를 믿는 자들이 받을 성령을 가 리켜 말씀하신 것이라"(예수께서 아직 영광을 받지 않으셨으므로 성령이 아직 그들에게 계 시지 아니하시더라: 39절)라고 설명한다. 여기서 우리가 주목해야 할 부분은, 영감 받은 복음서 저자가 바로 뒤에 덧붙인 이 말씀, 즉 그리스도의 영광과 관련 된 해석이다. 하지만 무엇보다 먼저, 주님께서 이 말씀을 통해 무엇을 의미하 셨는지 정확히 파악해야 한다. 이 말씀은 흔히 오해되고 있기 때문이다. 그 리스도인에게서 흘러나오는 '생수의 강'은 보통 한 그리스도인이 다른 사람 에게 성령을 전달하는 통로가 된다는 의미로 해석된다. 하지만 이러한 해석 에는 몇 가지 큰 문제가 있다. 첫째, 주님께서 말씀하신 '목마름의 해소'라는 본래의 의미와는 동떨어진 생각을 가져온다는 것이다. 둘째, 한 그리스도인 을 다른 사람들에게 성령의 근원처럼 묘사하는데, 이는 성경적인 표현 방식 이 아니다. 이 비유의 일관성을 유지하는 더 나은 해석은, 이 말씀을 더 이상 목마르지 않을 것이라는 주님의 약속과 같은 맥락에서 이해하는 것이다. 즉, 그 사람 안에 영생하도록 솟아나는 샘이 있게 될 것이라는 약속이다(요 4:14). [173] 다시 말해, 이 말씀은 목마른 자들에게 완전한 만족과 풍성한 생기를 주 시겠다는 약속이다. 이것이 가장 적절한 해석이다.

요한은 이어서 주님께서 아직 영광을 받지 않으셨기 때문에 성령이 아직 주어지지 않았다고 설명한다(39절). 문자 그대로는 "성령이 아직 계시지 아니 하셨더라"[174]이다. 물론 이는 그리스도께서 승천하시기 전 성령이라는 위격 자체가 존재하지 않았다는 뜻이 아니라, 이후 교회에 주어졌던 것처럼 아직

'부어지지' 않으셨다는 의미다. 믿는 모든 사람이 성령을 받을 것이라는 점과 성령이 아직 주어지지 않았다는 점, 이 두 가지를 설명하는 요한의 해설에는 추가적인 설명이 필요하다. 이 비유는 구약 선지서들, 즉 이사야, 에스겔, 요엘, 스가랴서의 구절들을 가리킬 수 있다. 거기서 성령의 선물은 목마른 자에게 물을 붓고 마른 땅에 큰비를 내리는 비유로 자주 표현된다. 많은 주석가들은 이 말씀을, 성령의 임재 정도와 영적인 자유 또는 확신의 정도에 있어서 구약 시대와 신약 시대에 차이가 있다는 것으로 해석한다. 하지만 이러한 대조가 이 말씀의 핵심을 나타내는 것이라고 할지라도, 그것만으로는 주님의 말씀을 완전히 설명할 수 없다. **이 말씀은 성령의 임재와 역사가 오직 그리스도의 대속적 희생, 그리고 그에 따른 중보의 보좌로 높여지신 '결과'로만 가능함을 보여준다.**[175] 여기서 '영광을 받으셨다'는 표현은 수단과 목적, 즉 속죄와 높임을 동시에 나타내지만, 속죄를 제외한 높아지심만을 의미하는 것이 아니다. 사실 주님은 성령의 주심이, 이루어진 영원한 의, 즉 대속적 희생 제사의 '열매'이며, 그 영광은 바로 그 보상과 증거임을 암시하신 것이다. 이 구절에서 '영광을 받으셨다'는 단어를 어떻게 해석하든, 수단과 목적, 원인과 결과, 공로와 상급이라는 관계로 이해해야 한다. 권위 있는 고대 헬라어[176] 주석가들은 이 구절에서 십자가를 강조하며, 많은 현대 주석가들도 그리스도께서 대리적 고난을 통해 영광에 들어가셨는데, 이 고난의 열매로서 성령의 부어주심이 뒤따르는 것이라고 해석한다.

2. 이 주제에 대한 예수님의 또 다른 중요한 말씀은 다음과 같다. "그러나 내가 너희에게 진실을 말하노니 내가 떠나는 것이 너희에게 유익이라. 내가 떠나지 아니하면 보혜사가 너희에게로 오지 아니할 것이요. 가면 내가 그를 너희에게로 보내리니"(요 16:7). 해석자들은 예수님께서 떠나셔야 하는 이유와 주님께서 떠나지 않으면 성령이 오지 않는 이유에 대해 여러 가지 설명을 제시해 왔다. 이러한 해석들은 때로는 한 가지 관점에 치우치거나, 때로는 다른 관점을 강조하거나, 혹은 거의 근거 없는 주장을 펼치기도 한다. 예를 들

360

어, 어떤 이들은 **주님의 떠나심이 유익한 이유**를 그분의 신성에 대한 믿음에 눈에 보이는 그분의 임재가(몸을 가지신 것) 어울리지 않기 때문이라고 주장한다. 또 어떤 이들은 제자들이 주님의 육체적인 임재에 너무나 의존하고 있었기 때문에 성령을 온전히 받아들일 준비가 되어 있지 않았다고 설명하기도 한다. 하지만 이러한 설명들은 모두 주관적인 해석에 불과하며, 타당하지 않다. 또 다른 주관적인 해석은, 그리스도의 떠나심으로 슬픔 같은 깊은 위로의 필요성이 생기지 않았으면, 보혜사가 위로의 역할을 제대로 수행할 수 없었을 것이라고 주장한다. 이처럼 다양한 해석들을 모두 열거하고 논하는 것은 지루할 것이므로, 나는 이 말씀의 명백한 의미를 제시하는 것으로 충분하다고 생각한다.

이 구절에서 그리스도께서 "떠나간다"고 말씀하신 것은 분명히 하늘로 돌아가시는 것을 의미하지만, 죄의 속죄, 즉 속죄와 순종의 길을 거쳐 가시는 여정을 포함하는 의미다. 다시 말해, **십자가의 대속적 희생이 없이는 성령이 오실 수 없었다.** 성령이 오시려면, 그리스도께서 이러한 방식으로, 즉 온전한 순종을 이루심으로써 아버지께로 돌아가시는 것이 필수적이었다. 이는 곧 그분께서 고난을 통해 성령의 선물을 받을 자격을 얻으셨다는 것을 다른 방식으로 표현한 것이다.[177] 주님은 성령께서 인간의 마음에 직접 거하시기 위해 오시며, 오실 때 생명과 빛, 그리고 하나님의 은혜를 풍성히 가져다주신다고 말씀하신다. 이러한 성령의 선물은, 죄책이 완전히 해결되고 인간을 억누르던 모든 저주가 완전히, 그리고 의롭게 해소되었을 때에만 받을 수 있다. 그러므로 그리스도께서 **아버지께로 돌아가시는 것**은 단순히 목적지만을 의미하는 것이 아니라, 그 여정, 즉 **속죄를 통해, 죄를 완전히 씻어내는 과정을 통해 떠나시는 것**을 의미한다. 이처럼 속죄는 모든 형태와 방식으로 성령의 은혜가 전달되는 유일한 통로로 제시된다.

또한 이 구절에서 주님은 십자가에 달리신 분, 곧 우리의 의가 되시는 자신에게서 교회가 시선을 떼지 않게 하면서도, 성령의 사역을 적절히 강조하신 다는 점에 주목해야 한다. 성령의 보내심을 통해 사람들에게 주어질 것은 바로 다음에 이어지는 말씀에서 분명히 드러난다. 성령이 오시면 세상의 죄와 의와 심판에 대해 책망하실 것이라고 말씀하신다. 여기서 '죄'는 주님께서 직접 설명하신 것처럼 불신앙의 죄를 의미한다(9절). '의'는 주님 자신의 옳음을 의미하는 것이 아니라, 앞서 살펴보았듯 주님께서 속죄의 죽음을 통해 자신의 백성을 위해 이루신 의를 가리킨다(10절). 그리고 '심판'은, 사탄이 큰 심판에서 패하여 이전에 차지하고 있었던 모든 합법적인 권리를 잃게 되었음을 의미한다. 이 모든 것은 그리스도께서 이루신 속죄를 통해 얻어진 결과다(11절).

주님은 보혜사를 두 가지 사역의 주체로 약속하셨다. (1) 주님 자신에 대해 증언하는 것, (2) 제자들이 세상에 주님의 복음을 전파하는 직무를 감당할 자격을 갖추게 하는 것이다(요 15:26, 27). 전자는 성령의 더 직접적인 사역이며, 후자는 제자들의 마음속에 역사하시는 성령을 통해 이루어질 일이었다. 전자가 먼저 설명되고(요 16:7-12), 후자는 사도들이 그리스도를 증언하는 사역을 위해 성령의 조명을 받아 어떻게 깨닫고, 훈련받고, 인도받아야 하는지를 구체적으로 보여준다(요 16:12-15). 이 모든 내용을 자세히 설명하는 것은 이 글의 목적에 맞지 않으므로, 여기서는 보혜사, 곧 성령께서 제자들을 **모든 진리 가운데로 인도하시겠다고 약속하신** 점만 언급하겠다. 이는 이미 알려진 진리의 근거와 연관성에 대한 명확한 이해뿐만 아니라, 지금까지는 감당할 수 없었던 진리의 부분들까지도 깨닫게 하신다는 의미다(12, 13절). 또한 보혜사는 사람들의 마음을 미혹하는 영이나 오류의 영과는 달리, 자신에 대해 말하지 않고 아버지와 아들과의 교제 안에서 말씀하실 것이라고 약속되었다(13절). 듣는 것을 말씀하신다는 것은, 우리가 다 이해할 수는 없지만, 성령께서 아버지와 아들로부터 들으신다는 의미다. 하나님의 마음을 아시고 하나님의 깊은 뜻을 헤아리시는 것이다. 따라서 성령을 통해 제자들에게 주어진 진리는 아버지와 아들로부터 비롯된 것이며, 말씀하신 내용은 평화의 의논(구속언약)과 밀접한 관련이 있다. 성령은 그리스도의 것, 즉 그분의 신성한 존엄과 영광을 취하여 제자들에게 장래 일어날 일들을 보여주시거나, 그들을 선지자로 세우실 것이다. 실제로 신약 성경 전체는 예언의 영으로 가득 차 있으며, 그 정신을 드러내고 있다.

복음서 저자 요한의 이러한 언급들을 이해하려면, 주님께서 자신의 떠나심, 즉 아버지께로 돌아가심을 언급하실 때마다(요 16:28), 그 말씀에는 항상 구속 사역의 완성을 전제로 하는 '떠나심' 또는 '돌아감'이 내포되어 있다는 점을 기억해야 한다. 그리스도의 영광, 즉 속죄 사역이 완성되어 하나님과 인간이 다시 하나가 되었을 때, 다시 말해 속전을 치르심으로써 비로소 성령이 인간에게 합법적으로 주어질 수 있었고, 신약 성경에 묘사된 방식대로 사역을 시작하실 수 있었다. 주님께서 다시 한번 강조하시듯이, 성령의 보내심은 죽음을 통과하시고 죄를 완전히 끝내신 후 영광의 보좌에 앉으신 중보자를 통해서만 이루어지는 것이다.

3. 예수님의 또 다른 말씀은 성령의 선물이 그리스도의 죽음과 중보 사역과 어떤 관계에 있는지를 보여준다. "내가 아버지께 구하겠으니 그가 또 다른 보혜사를 너희에게 주사 영원토록 너희와 함께 있게 하리니"(요 14:16). 참된 대제사장이 하늘에 들어가셔서 우리를 위해 하나님의 면전에 서셨을 때, 지상에서 완성하신 사역을 근거로 끊임없이 이루시는 중보 사역의 한 부분은, 여기서 그분이 선언하시듯이 자기 백성을 위해 성령을 구하는 것이었다. 이는 그분의 죽음의 공로에 따라 하나님이 주시기로 약속하신 것을 구하는 것이었다. **많은 사람을 위해 자신의 생명을 대속물로 주신 결과로 성령을 요구하고 보내실 권리를 얻는 것이 그분의 상급의 중요한 부분이었음**을 알 수

있다.

이처럼 성령의 선물은 그리스도의 중보 사역과 밀접하게 연결되어 있다. 이 둘은 함께 이해해야 한다. 구속주의 십자가와 면류관에서 성령의 사역을 분리하려는 시도는 항상 위험성이 있으며, 그러한 시각이 지배적인 신학은 복음의 자유를 잃게 될 가능성이 크다. 그러한 분리는 곧 율법주의로 이어지기 쉽다. 그러므로 그리스도와 성령의 관계를 올바르게 이해하기 위해서는, 우리의 의가 되신 주님의 십자가를 끊임없이 바라보아야 한다. 인류의 참된 생명의 근원이신 살아 계신 구주 예수님은, **자신의 죽음으로 얻으신 성령**을 우리에게 주신다.

이 장의 목적은 오로지 성령의 선물이 속죄라는 중요한 사실과 매우 긴밀한 관계가 있음을 보여주는 데 있으므로, 성령께서 사람의 마음 안에서 행하시는 사역을 일일이 언급할 필요는 없다. 다만 성령께서 여러 이름으로 불리신다는 점만 간단히 언급하겠다. 그분은 하나님과의 생명의 관계에서 멀어진 죄인들을 다시 살리시고 새롭게 하시는 분이시기에 '생명의 영'(롬 8:2)이라 불리시고, 믿음의 근원이시며 주체가 되시기에 '믿음의 영'(고후 4:13)이라 불리신다. 또한 두려워하는 자들이 담대히 하나님께 나아갈 수 있도록 도우시기에 '양자의 영'(갈 4:6)이라 불리시며, 그리스도인들을 친히 인도하시기에 '인도자'(롬 8:14)라 불리신다. 우리의 연약함을 도우시는 분이시기에 '도우시는 분'(롬 8:26)이라 불리시고, 구원의 날까지 우리를 그리스도의 소유로 확정하시는 '인치시는 분'(엡 4:30)이라 불리신다. 또한 장차 받을 유업의 '보증'(엡 1:14)이시며, '성령의 열매'(갈 5:22)라고 불리는 모든 영적인 열매의 근원이시기도 하다. 그리고 성령께서는 영원히 우리 안에 거하시는 분이시다(요 14:16).

[178]

하늘을 여시고 사람과 천사 사이의 교제를 회복하시는 둘째 아담으로서의 그리스도의 낮아지심

"진실로, 진실로, 너희에게 이르노니, 이후에 너희가 하늘이 열린 것과 하나님의 천사들이 인자 위에 오르락내리락 하는 것을 보리라."(요 1:51).

예수님의 이 말씀은 천사와 사람 사이의 교제를 가리키며, 그 교제가 어떤 토대 위에 있는지를 나타낸다. 이는 사도행전과 서신들에서 천사의 사역(행 12:7; 히 1:14)에 대한 수많은 언급과, 구속받은 사람들과 함께 천사들이 하나로 모여 한 머리 아래 다시 집결되는 것(엡 1:10; 골 1:20)에 대한 언급의 열쇠라고 할 수 있다.

이 말씀이 주어진 배경은 나다나엘이 처음으로 예수님을 만났을 때였다. 아마도 나다나엘은 은밀히 두 번째 시편을 묵상하고 있었을지 모른다. 왜냐하면 그는 시편에 나오는 그리스도의 두 가지 칭호를 사용하여 예수님의 존엄성과 직분에 대한 자신의 인식을 표현했기 때문이다. "랍비여, 당신은 하나님의 아들이시요, 이스라엘의 왕이시니이다." 주님은 아마도 나다나엘이 무화과나무 아래에서 했을 종교적인 묵상이나 질문 등을 언급하시면서, 인간의 지식을 뛰어넘는 능력을 보여주셨고 그가 방금 경배와 종교적 경의를 표하게 만든 일보다 더 큰 일을 보게 될 것이라고 말씀하셨다. 그리고 자신을 언급하실 때에 그러셨듯 은혜의 가장 큰 표현인 성육신과 낮아지심의 관점에서 "인자"라는 칭호를 사용하기 시작하신다. 앞서 다른 부분에서 설명했듯 이 "인자"는 항상 둘째 아담으로서의 그리스도의 낮아지심, 즉 죽기까지 순종하신 결과로 나타나는 여러 열매와 결과들을 암시한다.

이 말씀 선포의 핵심은 "인자"라는 그리스도의 칭호에 있다.[179] 이 칭호와 함께 주어진 약속은, 이 복(천사와 교제)이 둘째 아담, 즉 죄인들의 보증인이 되신 그리스도의 낮아지심과 인과관계, 즉 공로적 결과임을 보여준다. 이 약속

바로 앞에 놓인 "인자"라는 칭호는 이러한 관계를 모두 내포하고 있다. 그뿐 아니라, 이 칭호가 이 상황과 말씀에 가장 적절한 칭호라는 사실 자체가 우리를 납득시킨다. 이 약속이 비록 처음에는 주님 자신을 향한 것처럼 보일지라도, 그 특별한 의미가 무엇이든 천사의 사역, 즉 인간과 천사들의 교제를 가리키는 것이며, 궁극적으로는 "인자"로서의 자격으로 주님께서 행하신 일을 통해 제자들에게 주어질 것을 의미한다는 것이다.[180]

이 말씀이 어떤 의미이든 야곱의 꿈과 연관된다는 것은 거의 모든 저명한 주석가들이 인정한다. 사다리가 그리스도를 나타낸다는 것에 대해서는 칼빈을 비롯한 옛 신학자들 사이에 거의 이견이 없었고, 모두가 이를 주장했다. 대부분은 우리 주님이 야곱의 사다리를 자신으로 비유하신 것이 인자가 하늘과 땅의 연결 고리를 의미한다는 견해를 지지한다. 예수께서 이 환상을 자신에게 적용하신 것은, 자신이 하나님과 인간 사이의 참된 중보자로서 하늘과 땅 사이에 길을 열고, 죽기까지 낮아지심을 통해 그 길을 열어 두신다는 의미다. 이러한 해석이 이 말씀의 의미라는 것은 최고의 해석자들에 의해 일반적으로 주장되어 왔다. 그러나 "인자"라는 칭호의 올바른 의미를 제대로 설명하지 못했기 때문에 이 약속에서 묘사된 모든 축복의 기초인 그리스도의 속죄 사역을 부각시키지 못하는 문제가 있다.

또 다른 흔한 질문은, 주님께서 자신을 모형인 사다리가 예고한 실체이자 진리가 아닌, 그 사다리 위에 서 계신 분으로 묘사하신 것이 아니냐는 것이다.[181] 이러한 후자의 견해를 지지하는 사람들은 그리스도께서 자신을 인간뿐 아니라 천사들의 주님으로도 묘사하신다고 주장한다. 그들은 '인자 위에 오르락내리락한다'는 표현이 이를 암시한다고 생각하는데, 이는 그들이 전치사 '위에'(ἐπι)를 그렇게 해석하기 때문이다.[182] 이 해석에 따르면, 야곱의 꿈에서 여호와가 사다리 꼭대기에 서서 천사들에게 자신의 뜻을 행하고 명령을 수행하도록 지시하신 것처럼, 예수님, 곧 인자께서도 자신이 주관하시는 천사들을 보내신다는 의미가 된다(히 1:6). 그들은 주님께서 천상의 존재들을 보내셔서 자연의 모든 영역과 자신의 왕국과 관련된 모든 사역에서 자신의 명령을 수행하도록 하신다고 말씀하시며, 이것이 나다나엘이 지금까지 본 것보다 더 큰 일이라고 해석한다. 따라서 많은 사람들은 이 말씀을 메시야 왕국의 미래, 즉 천년왕국 시대, 또는 마지막 날에 지상 곳곳에서 택함을 받은 사람들을 모으는 일, 혹은 세상을 떠난 영혼들을 하늘로 인도하는 일과 연관시킨다.[183] 그리고 이러한 부류의 해석자들은 야곱의 환상 속 사다리 위에서 계셨던 분과 인자를 동일시할수록, 예수님께서 천사들을 보내시는 주인이심을 묘사한 것이라는 확신이 강해진다. 그러나 **이러한 해석은 "인자"라는 칭호가 존귀함을 나타낸다는 가정에 기초**하고 있다. 하지만 우리는 이미 "인자"가 낮아지심과 섬김을 나타내는 칭호임을 충분히 증명했다.

이 논의의 출발점은 "인자"라는 칭호의 의미가 무엇인가이다. 이 칭호는 예수님께서 교회 전체뿐만 아니라 교회를 구성하는 각 개인들과 맺으시는 관계를 명확하게 보여준다. 이 문제는 이미 앞에서 충분히 논의했으므로, 여기서는 결론만 간략하게 언급하겠다. **"인자"의 핵심은 죄를 짊어지신 둘째 아담의 사역**이다. 그리고 여기서 언급된 것처럼, 이 속죄 사역의 결과 중 하나는 오랫동안 단절되었던 인간과 천사 사이의 관계가 회복되는 것이다. 이들은 그리스도 안에서 한 가족의 두 지체로 연합되거나, 땅과 하늘의 모든 것을 화해시키시는 한 분의 머리 아래로 모이게 된다(골 1:20). 십자가를 통해 유대인과 이방인 사이의 막힌 담이 허물어지고 적대감이 사라진 것처럼, 인간과 천사 사이의 관계도 마찬가지로 회복된다. 따라서 여기서 언급된 모든 약속은 둘째 아담의 **낮아지심과 인과적으로 연결되어 있다.** 특히 "이후에"(요 1:51)라는 표현은 이 약속이 아무리 먼 미래까지 이어지더라도, 그것이 모두 그의 중보 사역과 죽기까지의 순종에서 비롯된다는 사실을 부정할 수 없는 증거이다.

1. 약속의 첫 번째 부분은 한때 닫혀 있던 **하늘이 이제 열렸음**을 보여준다. 이것은 우리가 자주 적용하는 원칙에 따라, 이전에는 반대였던 상태가 존재했음을 나타내며, 이제 그리스도의 겸손을 통해 하늘과의 열린 교통, 그리고 신성한 은혜의 자유롭고 풍성한 전달이 가능해졌음을 나타낸다. 하늘은 **예수님의 세례 때** 열렸다(마 3:16). 또 **변화산**에서도 열렸다(마 17:3-5). 이는 그의 속죄 사역의 완성을 통해 곧 이루어질 것을 알리는 장면들이다. 또한 고난을 겪고 있는 예수님께 하나님의 음성이 들렸을 때(요 12:27), 그리고 스데반의 순교 때(행 7:55-56), 이는 모든 교회의 특별한 특권으로 여겨질 수 있다.

2. 약속의 두 번째 부분은 죄로 인해 오랫동안 멀어졌던 **천사와 사람 사이의 교제**가 회복됨을 알린다. 그리스도의 죽음 이전에는 천사들이 우리 인류와의 모든 교제에서 분리되었다. 구약성경에 천사들이 나타난 이야기가 많이 나오지만, 그들이 성육신 이전에 수행했던 모든 사역은 장차 십자가에서 이루어질 속죄를 근거로 한 것이었다. 그러나 이제 그리스도께서는 "이후로는" 천사와 인간 사이에 다시 평화가 찾아오고, 둘 사이를 가로막았던 장벽이 허물어질 것이라고 말씀하신다. 이제 천사들과 인간은 모두 한 분의 머리 아래로 연합되었고(엡 1:10), 하나의 가족, 하나의 공동체를 이루는 서로 다른 구성원이 되었다. 이처럼 사도행전에서 자주 언급되고 서신서에서 교리적으로 설명되는 모든 천사의 사역(히 1:14; 골 1:20)은 이 말씀이 충분히 증명하듯이, **십자가의 속죄에 의존하며, 하나님의 아들이 인자가 되셨다는 사실에 기반**한다.

천사의 사역은 하나의 사실로 언급되며, 주님께서 그리스도인들이 이 땅에서 살아가는 모든 여정 동안 천사들에게 다양한 임무를 맡겨 보내신다는 것을 암시하는 것으로 설명된다. 천사들의 사역과 관련된 두 가지 중요한 역할은, 세상을 떠난 영혼들을 천국으로 인도하는 것과 부활의 날에 택함을 받은 사람들을 최종적으로 모으는 것이다. 하지만 이러한 특별한 역할들은 현재에도 다양한 형태로 진행 중인 천사들의 사역을 전제로 한다. 성경에는 이러한 사역의 사례가 무수히 많이 기록되어 있다. 따라서 그리스도인들은 천사들이 교회와 각 성도들을 보호하고 있다는 것을 믿을 수 있으며, 이 모든 것의 근거는 십자가다. 십자가를 통해 천사와 인간, 이 두 가족이 한 분의 머리 아래 하나가 되었기 때문이다.

하나님을 영광스럽게 하는 속죄에 대한 예수님의 말씀

우리 주님의 말씀에는 그분의 구속 사역이 하나님을 영광스럽게 한다는 다양한 암시가 담겨 있으며, 이를 정확하게 분석해야 한다. 이를 올바르게 이해하기 위해서는 한 걸음 뒤로 물러나 비슷하고도 대조되는 상황에서 읽어야 한다. 우리는 죄가 하나님의 위엄을 훼손하고, 인격적인 하나님이 세상과 맺고 있는 관계에 따라 그분께 마땅히 돌아가야 할 선언적인 영광을 빼앗았다는 사실에서 출발해야 한다.

죄가 하나님의 영광을 가렸다는 사실을 분명히 이해하는 것은 매우 중요하다. 왜냐하면 바로 이 부분이 너무나 쉽게 간과되거나 그 중요성을 제대로 인정받지 못하기 때문이다. 이 점을 뒷받침하는 모든 말씀을 다 제시하지는 않고, 가장 핵심적인 몇 가지만 살펴보겠다. 또한, 주님의 말씀이 가리키는 '영광'이 주님의 의도와 목적을 더 강조하는 것인지, 아니면 그분의 속죄 죽음이 기여하고 지향하는 효과를 더 강조하는 것인지에 대해서는 논하지 않겠다. 왜냐하면 이 두 가지는 개념상 구분될 수 있지만, 주님의 마음과 삶에서는 결코 분리된 적이 없기 때문이다. 그리스도의 속죄를 통해 하나님께서 영광을 받으셨다고 증언하는 말씀을 살펴볼 때, 이 문제는 두 가지 관점에서 제시되는 것으로 보인다. 하나는 **피조물을 대표**하는 그리스도의 행위를 보여주는 관점이고, 다른 하나는 **아버지 하나님의 행위**를 보여주는 관점이다.

성경의 가르침에 따라, 그리고 그리스도 자신의 관점에서 이 문제를 온전히 이해하려면 이 두 가지를 혼동해서는 안 되지만 반드시 두 가지를 함께 고려해야 한다.

1. 우선, 앞서 언급한 첫 번째 범주에 속하는 주목할 만한 말씀을 주님의 중보 기도에서 찾아보자. "아버지께서 내게 하라고 맡기신 일을 내가 다 이루어/ 아버지를 이 세상에서 영화롭게 하였사오니."(요 17:4) 이 구절을 두 부분으로 보면, 하나가 다른 하나를 위한 수단, 즉 이 땅에서 **하나님을 영화롭게 하는 것**은 하나님께서 맡기신 일을 완성함으로써 이루어졌다는 의미임을 알 수 있다. 이 구절을 자세히 살펴보면, 이 두 문장이 서로 어떤 관계를 맺고 있는지 명확히 알 수 있다. 이 구절에는 그리스도의 두 가지 사역과 아버지의 이중적인 영광에 대한 언급이 나타난다. **주님은 자신이 아버지를 영화롭게 했다고 선언**하시고(4절), 또한 **아들인 자신의 승천을 통해 아버지를 더욱 영화롭게 할 것임**을 암시하신다(1절). 이는 복음 전파, 교회의 존재, 그리고 성도들의 궁극적인 완전함을 통해 하나님께 돌아갈 영광을 의미한다. 아들의 승천, 즉 영화롭게 되심과 관련된 모든 결과는 하나님께 영광을 돌리기 때문이다(1절). 그러나 우리가 인용한 이 구절에서 그리스도께서는 이 땅에서 완성하신 사역을 통해 아버지를 영화롭게 하셨다고 말씀하시며, 바로 그 사역의 완성이 아버지를 영화롭게 한 핵심임을 강조하신다.

이 구절의 해석은 결코 어렵지 않다. 어떤 이들은 이 말씀을 근거로, 하나님의 계획 안에서 그리스도가 하셔야 할 모든 일이 교사로서의 가르침, 즉 문맥에서 표현된 것처럼 하나님의 이름을 드러내는 것에 있다고 결론짓는다. 그리고 그 일이 이루어졌을 때 그분의 사역이 끝난 것이라고 생각한다. 하지만 우리는 이 말씀을 단순히 교사로서의 사역에만 한정할 수 없다. 특히 주님이 아버지께 영광을 받으시길 간구하시는 근거(5절)가 이미 이루신 사역에 있음을 발견할 때 더욱 그렇다. 이는 오직 그분의 제사장적인 자기 희생, 즉 속죄 제사일 수밖에 없다. 그 사역이 완성되었을 때에만 그분은 합당한 보상을 확신하며 기대할 수 있었기 때문이다. 그분은 고난을 받으시고 죽기까지 순종하셔야 했다(빌 2:8). 그분은 아버지께서 주신 명령에 따라 기꺼이 자신의 목숨을 내어놓으셔야 했다(요 10:18). 그리고 나서 지극히 높은 자리로 높여지시고, 아버지께서 맡기신 모든 사람에게 영생을 주기 위해 모든 육체에 대한 권리를 받으셔야 했다. 이것이 그분의 영광스러운 면류관이자 최고의 상급이다. 우리는 이런 의미에서 이 말씀을 이해해야 한다. 이 말씀은 주님께서 맡겨진 일을 완수하셨고, 이제 그에 따른 영광을 누리고 계심을 선언한다. 주님은 먼저 하실 사역에 대해 말씀하신 후, 그 일이 이미 하나님의 계획 안에서 확정되었기에 사실상 완료된 것이나 마찬가지라고 선포하신다. 우리 주님께서 언급하시는 그 사역이 무엇인지 파악하는 것은 어렵지 않다. 그 사역이 주님께 '맡겨진' 일로 묘사되고, 그 일과 관련해 주님께서 간구하시는 영광의 보상(5절)을 고려할 때, **이 말씀은 땅에서 완수되어야 할 중보자로서의 속죄 사역, 즉 대리 사역을 가리키는 것임**을 알 수 있다. 주님은 다른 사람들의 보증인으로서 자신에게 맡겨진, 거의 마무리된 사역에 대해 말씀하시는 것이다. 여기서 사용된 단어는 '끝내다'라는 의미와 더불어, 어떤 일이 도달한 완전의 정도 또는 수준을 나타내기도 한다. 주님은 자신의 사역이 '완전하다'고 그 어느 때보다 강조하여 증언하실 수 있었다. 단순히 사역이 '끝났다'는 의미가 아니라, 이미 마음으로 십자가에 달리실 것을 결심하셨기에 모든 면에서 완벽하고 흠 없이 그 사역을 온전히 수행하셨다는 의미다.[184] 다시 말해, 그분의 중보 사역에는 부족한 것이나 미완성된 부분이 전혀 없었다. 그렇다면 가장 어려운 과제가 눈앞에 있었는데 어떻게 그분의 제사장적 사역이 이미 끝났고, 모든 면에서, 그리고 그 완성도 면에서 완전하다고 말씀하실 수 있었을까? 그에 대한 답은 분명하다. 주님은 그 사역의 마지막 날에 이르렀던 것이다. 그다음 날이면 그 사역은 완전히 이루어질 것이었다. 그래서 주님은 그 일을 이미 성취되었고 마무리된 것으로 말씀하신 것이다.

하지만 우리는 **예수님의 행함과 고난 모두에서 드러난, 즉 완전한 순종이 하나님의 영광에 기여했음**을 보여주기 위해 이 구절을 제시했다. 이는 의도와 목적뿐 아니라 그 결과에서도 마찬가지이다. 하나님의 위대하심과 완전하심에 대한 생생한 깨달음에서 흘러나온 그분의 순종은 곧 하나님의 영광이었다. 그 능동적인 순종 안에는 그 어떤 피조물에게서도 찾아볼 수 없는, 인간이 영원한 생명을 얻게 하기에 충분한 공로에 걸맞은 방식으로 하나님을 영화롭게 하는 것이 있었다.

이러한 관점은 하나님의 요구에 대한 올바른 이해에 기초하며, 한편으로는 **죄**에 대한 깊은 통찰을, 다른 한편으로는 죄를 해결하기 위한 하나님의 적절한 방편인 **속죄**에 대한 이해를 전제로 한다. 이는 속죄를 바라보는 방식으로서, 그 자체로 매우 중요할 뿐 아니라 매우 포괄적이어서 **하나님의 율법**에 대해 제시될 수 있는 모든 명확한 진술을 아우른다. 이는 하나님의 율법을 높여 존귀하게 할 필요성을 내포한다. 그러므로 우리는 주님 자신의 이러한 언급, 즉 하나님의 존엄 회복에 대한 언급을 추적할 때, 이러한 개념에 기초한 신학이 흔히 불리는 것처럼 비본질적인 것을 다루는 추상적인 사유라고 치부할 수 없다. 이처럼 명확한 증거가 제시된 상황에서, 복음주의 교회가 흔히 사용하는 방식대로 그리스도의 사역을 하나님의 율법에만 국한시켜 해석하는 것이 성경의 가르침에 더 부합하고, **하나님의 존엄**을 언급하는 것보다 훨씬 더 실질적이고 생생한 경험이라고 주장하는 것은 옳지 않다(하나님의 영광의 측면을 간과해서는 안 된다).[185] 사실 이 두 관점은 서로 배타적인 것이 아니다. 하나는 **신앙 경험의 관점**에서, 다른 하나는 **하나님의 보좌의 관점**에서 비롯된 것이다. 하나님의 선포적 영광과 관련지어 속죄를 바라보는 관점은 성경적 의미를 담고 있을 뿐 아니라, 신앙 경험의 측면에서도 필수적이다.

우선, **용서의 필수 조건으로서 손상된 하나님의 영광이 반드시 회복되어야 한다**는 주장의 성경적 근거를 살펴보자. 사도 바울은 로마서에서 구속의 큰 그림을 제시하는 부분, 즉 **모든 사람이 하나님의 영광에 이르지 못했다는 사실과 그에 따른 속죄 필요성**을 함께 언급하는 곳에서(롬 3:23) 이 점을 명확히 드러낸다. 앞뒤 문맥과 함께 고려할 때, 이 구절은 지성적 피조물인 인류가 창조주께 마땅히 돌려져야 할 존귀, 곧 선포적 영광을 하나님께 돌려드리는 개념을 분명히 포함한다. 여기서 언급된, 모든 사람이 미치지 못하는 하나님의 영광은 무엇인가? 여러 해석 방식 중, 한때 소유했으나 죄로 인해 잃어버린 하나님의 형상을 가리키는 해석이 사도의 생각에 가장 가깝다.[186] 이는 순수한 본성과 하나님을 영화롭게 하는 순종을 통해 하나님께 영광을 돌리고 존귀를 드리는 개념을 내포한다. 그리스도께서 하나님을 영화롭게 하셨을 때, 그분은 인간을 대표하는 중보자로서, 또한 고난을 통해 순종을 배우신 완전한 피조물로서 그렇게 하셨다(히 5:8). 만약 베드로가 순교의 죽음으로 하나님을 영화롭게 할 것이라고 말씀하셨고(요 21:19), 거듭난 사람들이 영광에서 영광으로 변화된다면(고후 3:18), 죄 없으신 중보자 자신의 완전한 사역은 아버지를 훨씬 더 크게 영화롭게 하는 것이다.

또한, 이러한 관점이 **신앙 경험적**으로 얼마나 중요한지를 살펴보자. **양심**은 하나님의 존엄을 온전히 보장하지 못하는 어떤 속죄 방식에도 만족할 수 없다. 불완전한 속죄 방식으로는 결코 만족할 수 없기에, 양심은 제시된 방법이 진정 하나님의 영광을 조금이라도 가리거나, 그분의 위엄에 어떤 흠집을 남기지 않는지를 간절히 묻는다. 하나님의 대리인과 같은 역할을 하는 양심은 하나님의 존엄이 회복될 때에만 참된 평안을 누릴 수 있다. 따라서 이러한 관점이 없다면 성도들이 누리는 영광스러운 자유는 가로막히고, 벗어날 수 없는 속박에 갇히게 된다. 그러므로 우리가 지금까지 언급해 온 이 원칙은 단순히 추상적 사유에서 나온 것이 아니라, 성경의 핵심 진리이자 신앙 경험의 핵심에서 도출된 것이며, 그리스도의 말씀의 메아리와 같다. 이 원칙은 아버지께 영광을 돌리는 자신의 사역에 대한 주님의 말씀을 정확히 해석하는데 큰 도움이 된다. 그리스도께서는 인간의 죄로 훼손된 하나님의 존엄에 합당한 영광을 회복하기 위해, 즉 인간이나 천사 그 누구도 감당할 수 없는 배상을 이루시려고 이 사역을 시작하셨다. 주님의 중보 사역의 이 부분은 그 목적을 이루기에 충분한 가치와 존엄을 지니고 있었다. 그리스도의 사역 안에는 모욕당하신 하나님의 위엄을 완전히 만족시키는 효력이 있었다.

2. 두 번째 증거는 속죄를 통해 하나님께서 어떻게 **자신의 이름을 영화롭게** 하시는지를 보여주는 선언을 담는다. 이와 관련하여 예수님의 두 가지 말씀에 대한 명확한 설명이 필요하다.

첫 번째는 예수님께서 극심한 고뇌 가운데 아버지께 간구하신 말씀이다. "아버지, 아버지의 이름을 영광스럽게 하옵소서." 그때 하늘에서 음성이 들려왔다. "내가 이미 영광스럽게 하였고, 또다시 영광스럽게 하리라."(요 12:28) 이 말씀에는 하나님께서 과거에 자신의 이름을 영화롭게 하신 일과 앞으로 다시 영화롭게 하실 것이라는 약속이 함께 나타난다. 이는 매우 중요한 의미를 지닌다. 그렇다면 이 말씀은 정확히 무엇을 의미하는가? 분명한 것은, 이 말씀이 가리키는 그리스도의 지상 생애가 그 순간까지 목적과 효과 모두에서 지속적으로 하나님을 영화롭게 하는 삶이었다는 점이다. 아담의 타락으로 인해 인간은 하나님의 영광을 짓밟고 하나님께 합당한 영광을 돌리지 못했지만, 둘째 아담이신 예수님은 하나님께 마땅한 찬양을 돌리셨다. 그러나 이 말씀은 하나님의 이름이 영화롭게 되는 것은 **하나님의 일하심을 통해** 이루어진다는 점을 보여주고, 특히 구속 계획과 관련해 하나님께서 이미 자신을 영화롭게 하셨고 앞으로도 다시 그렇게 하실 것임을 나타낸다. 십자가 사건을 통한 구속의 **지혜**, 아들을 구원자로 보내신 **자비**, 약속을 이루시는 **신**

실하심, 율법에 따라 죄에 대한 합당한 대가를 요구하시는 **공의**, 그리고 자신의 뜻을 이루시는 **능력**이 드러나고 찬양받을 것이기 때문이다. **이미** 많은 일이 이루어졌다. 하지만 아버지께서는 이 사역을 완성하시고 희생 제물을 받으심으로써 **다시** 한번 자신의 이름을 최대한으로 영화롭게 하실 것이다. 즉, 아버지께서 그리스도가 세상에 오시고 그 안에서 행하신 사역을 통해 **이미** 자신의 이름을 영화롭게 하셨듯이, 아들이 세상을 떠나는 방식과 그분이 바치신 희생을 받으심으로써 "**다시**" 자신의 이름을 영화롭게 하실 것이라고 말씀하신 것이다.

같은 맥락의 또 다른 증거는 유다가 예수님을 배신하러 나간 바로 그 순간, 제자들 앞에서 하신 말씀이다. "지금 인자가 영광을 받았고 하나님도 인자로 말미암아 영광을 받으셨다"(요 13:31). 앞서 살펴보았듯이, 저주를 짊어진 둘째 아담으로서의 그리스도를 일관되게 나타내는 '인자'라는 칭호는 우리가 이 말씀을 올바르게 이해하도록 이끈다. 예수님께서 인자가 영광을 받았다고 말씀하실 때, 그분의 시선은 속죄의 상급, 즉 앞에 있는 기쁨인 높여지심을 향하고 있었다. 많은 주석가들이 주장하는 것처럼, 여기서 주님의 영광이 단지 그분의 고난을 의미한다고 보는 것은 타당하지 않다. 그분의 고난만이 그분의 영광이라는 개념으로 제시되는 경우는 전혀 없기 때문이다. 하지만 속죄가 그분의 영광에 이르는 기초이자 통로라는 의미는 분명히 내포되어 있다.

먼저, 자신에 대해 하신 말씀인 "지금 인자가 영광을 받았고"를 살펴보자. 이는 그 앞에 놓인 기쁨을 위해 감당하신 인내의 한 예, 즉 보상을 염두에 두신 것이다(히 12:2). 예수님은 세례받으실 때 하늘에서 음성을 들으신 후에나(마 3:17), 변화산 사건 이후(마 17:5), 백성들의 칭송을 받으신 후(마 7:37), 예루살렘 입성 때 호산나 외침을 들으신 후(마 21:9)에도 이 말씀을 하신 적이 없다.

오직 유다가 배신하러 떠난 후에야 이 말씀을 하셨다.[187] 이 사역은 적어도 그분의 목적 안에서, 그리고 그분의 자발적인 순종 안에서 이미 완성된 사실이며, 그분은 십자가의 낮아짐에 대한 보상으로 주어진 면류관을 이미 손에 쥐고 계셨다. 그리고 "하나님도 인자로 말미암아 영광을 받으셨다"고 덧붙이신 것은, 아버지께서 속죄를 통해 나타내신 속성의 행사, 즉 선포적 영광의 드러내심을 가리킨다. 그분의 속죄 사역이 하나님의 모든 속성을 드러내고 신성의 모든 권리를 입증함으로써 하나님을 영화롭게 했다는 것을 암시하시는 것이다. 그렇다면 어떻게 이러한 일이 가능했을까? 하나님과 피조물의 관계, 혹은 하나님의 완전하심을 고려해 보면, 이때 하나님의 이름이 어떻게 영화롭게 되었는지 쉽게 알 수 있다. 예를 들면 하나님의 **율법**은 온 우주의 완벽한 순종보다, 그러한 분의 율법에 대한 복종을 통해 더 큰 영광을 받았다. 하나님의 **권위**는 다른 어떤 영역에서보다 하나님의 아들의 성육신과 낮아지심을 통해 더욱 온전히 드러나고 행사되었다. 죄에서 얼굴을 돌리시고 모든 교제를 끊으시는 하나님의 **거룩하심**은 우리를 위해 죄가 되신 아들을 버리심으로써, 마지막까지 회개하지 않는 자들에게 나타날 모든 심판보다 훨씬 더 특별한 방식으로 행사되고 드러났으며, 따라서 더욱 온전히 영화롭게 되었다. 하나님의 **사랑**은 가장 합당치 않은 피조물에게 무한한 선물을 주심으로써 최대한으로 드러났고, 따라서 영화롭게 되었다.[188] 자신을 사랑하시기에 악을 용납하지 않고 벌하셔야 하는 하나님의 **형벌적 공의**는 그리스도에게서처럼 큰 대가를 치르며 행사된 적이 없었다. 요약하면, 계시된 하나님의 모든 속성, 즉 하나님의 완전하심이 발휘되고, 드러나고, 영화롭게 된 극치는 바로 속죄이다.

이처럼 그리스도의 순종과 죽음으로 이루어진 구속은 하나님의 위대한 사역이고, 그분의 모든 행하심의 중심이며, 모든 신적 완전성, 특히 그분의 은혜와 거룩하심을 가장 밝게 드러낸다. 그렇기에 주님은 특별히 강조하셔서

"지금 인자가 영광을 받았고 하나님도 인자로 말미암아 영광을 받으셨다"고
말씀하신 것이다.

6
속죄의 실제 효력,
속죄가 특별히 누구를 위해
제공되었는가?

속죄의 유효성:
그리스도의 죽음은 그에게 주어진 백성에게 특별히 적용됨

예수님의 말씀 중 상당수는 속죄의 유효성, 즉 그리스도의 죽음이 그에게 주어진 백성과 특별한 관련이 있음을 매우 분명하게 드러낸다. 그분의 죽음의 구속력이 특정한 범위 내에서, 특정한 사람들에게 영향을 미치는 것으로 묘사된다. 그 범위는 어디이며, 그리스도의 죽음의 열매에 참여하는 사람들은 누구인가? 이 점에 대한 주님의 말씀은 너무나 분명해 속죄가 그분의 죽음의 유익을 얻는 사람들을 위해 특별히 드려진 것에 대해 우리는 의문을 가질 필요가 없다. 그분이 속죄를 제공하시고 받아들이신 사람들은 그에게 주어진 자들이며, 영원한 언약 속에서 연합된 자들임을 명확히 하셨다.

성경적인 교리를 가진 모든 사람은 그리스도께서 그분의 백성을 위해 죽으셨다는 것을 그들 대신 죽으신 것으로 이해한다. 그들은 이 표현을 이보다 약한 의미로 해석하지 않는다. 그들은 그리스도께서 자기 백성이 받아야 할 형벌의 고통을 대신 겪으셨고, 죄를 짊어지신 분, 저주를 받으신 분으로서 그들의 자리에 서셨고, 요구되는 모든 순종을 다 이루셨다고 믿는다. 또한, 그들은 이 일이 그 반대편에 있는 아담의 타락과 저주만큼이나 실제적이고 효력 있는 사건이라고 믿는다. 이것은 우리를 논의의 핵심으로 이끌고, 오류나 기만적인 설명에서 벗어나게 해 준다.

먼저 속죄의 본질을 명확히 해야 그 범위를 정확하게 정의할 수 있다. 이 점이 분명해지면, 속죄의 범위를 정확히 규정하는 것은 어렵지 않다. 이전 장들에서 이미 자세히 다룬 바 있으므로, 다만 여기서는 역사적 사실인 **속죄**는 구원을 위한 결과와 효력으로 가득 차 있으며, 이는 늘 대조되어야 할 인간의 **타락**이 그 반대되는 것들로 가득 찬 것과 같다는 점만 언급하겠다. 속죄의 범위는 그 효력과 일치한다. 성경은 속죄를 인간의 구원과 인과관계로 묘사하는데, 이는 타락만큼이나 실제적 사건이고 그에 못지않은 실제적 결과를 가져오는 사건으로 제시된다(롬 5:12-20). 이 말씀은 아담의 타락이 인간의 정죄와 죽음이라는 결과를 낳았다면, 속죄는 그에 못지않게 인간의 회복이라는 결과를 가져온다는 것을 시사한다.

이제 이 사실만으로도 속죄의 범위는 결정된다. 타락의 범위가 그 명백하고 뚜렷한 결과와 일치한다는 점을 의심하는 사람은 없을 것이다. 한 사람의 불순종과 그로 인해 세상이 겪는 죄, 심판, 죽음 사이에 인과관계가 있다면, 둘째 아담의 순종과 모든 그리스도인이 누리는 구원의 은혜 사이에도 동일한 인과관계가 존재한다. 아담의 타락이 부인할 수 없는 결과들을 낳았고, 그 영향이 매우 광범위하게 퍼져 모든 곳에서 분명히 드러나는 것처럼, 그리스도의 속죄 또한 현실적인 결과들을 낳았고 앞으로도 계속 낳을 것이며, 시간과 영원을 넘어 그 영향력은 동일하게 광범위하게 퍼져 나갈 것이다.

그리스도를 단지 하나님에게서 온 교사, 탁월한 덕의 모범, 혹은 자신의 가르침을 죽음으로 확증한 신실한 증인 정도로만 여기는 사람들은, 어떤 의미에서든 그분이 오시기 전에 살았던 사람들을 위해서는 죽으셨다고 생각할 수 없을 것이다. '본보기'라는 개념 자체가 미래를 지향하는 것이며, 그분이 가르치신 지식이 미치는 범위 내에서만 의미 있는 결과나 열매를 맺는다는 것을 내포하기 때문이다. 그리스도의 죽음에 대한 이러한 관점에서는, 그 효력의 범위가 그분의 삶과 인격에 대한 지식을 넘어서는 것으로 여겨질 수 없다.

예수님의 말씀을 살펴보면 우리는 주님의 말씀이 그분의 구속 사역에 특별한 의미를 부여하는지에 관심을 갖게 된다. 이러한 성격의 말씀들은 많이 있는데 그 말씀들을 종합해 보면, 그 의미는 명확하다. 주의 깊게 살펴보면, 예수님께서 자신의 속죄에 분명한 목적을 두셨고, 자신의 생애 전체를 통해 자신이 대표하는 특정 부류의 사람들을 특별히 염두에 두셨다는 결론에 이를 수밖에 없다. 이제 이러한 표현과 용어 몇 가지를 살펴보겠다.

1. 예수님은 구속 사역의 대상으로 삼으시고 자신의 피를 뿌리신 자들을 '많은 사람'이라고 부르신다(마 26:28; 20:28). 앞서 설명했듯이, 이 두 구절에 나오는 이 표현을 자연스럽게 해석하면, 다른 곳에서 예수님 자신이 '자기 백성', 즉 자신에게 주어진 자들이라고 표현한 사람들을 가리키는 것으로 이해할 수 있다. '많은 사람'이라는 단어만으로는 이러한 사실을 입증하기에 충분하지 않은데, 그들이 보편적으로 적용될 수 없는 특징들로 묘사된다는 점이 이를 뒷받침한다.[189] 2세기 전, 이러한 구절들을 해석하는 일종의 지침, 즉 해석 원칙으로 사용하기 위한 매우 위험한 이론이 제시되었다. 그리스도의 죽음을 특정 대상에 적용하는 것을 반대했던 아르미니우스주의는, 예수님이

'모든 사람'을 위해 죽으셨다고 할 때 이는 **구속을 확보하기 위해 행하신 일을** 의미하며, '많은 사람' 또는 '교회'를 위해 죽으셨다고 할 때는 **구속에 실제로 참여하는 것을** 묘사한다고 주장했다. 이는 특정 주장을 뒷받침하기 위해 인위적으로 만들어낸 이론이며, 억지로 끼워 맞추지 않고서는 이 구절들 중 어느 곳에도 적용할 수 없다. 분명히 예수님은 구속의 **적용 결과의** 제한이 아니라, 속죄가 **실제 제공되는 범위의** 제한을 묘사하고 계신다(속죄가 모든 사람에게 기회를 제공하는 것이 아니라, 특정 사람들을 위해 의도적으로 준비된 것임). 이 말씀은 실제 속죄에서 완전한 진실을 담아내며, 예수님께서 자신을 내어 주셨을 때 그분 자신과 아버지의 뜻이 무엇이었는지를 보여준다.

2. 예수님은 속죄의 대상들을 '내 양'이라고 부르신다(요 10:15). 이 역시 앞서 언급한 내용과 같은 맥락에서 이해할 수 있다. 그들은 이미 하나님의 뜻 안에서 예수님께 주어졌고, 그분의 소유로 여겨졌기에 '내 양'이라고 불린다. 목자와 양, 머리와 지체 사이의 관계처럼, 그리스도와 구속받을 사람들 사이에는 반드시 연결 고리가 형성되어야 했다. 이러한 연결 없이는 속죄가 이루어질 수 없었기 때문이다.[190] 하나님의 약속에 따르면, 그리스도와 구속받을 사람들 사이에는 어떤 연합, 즉 결합이 있어야 한다. 이 표현은 두 가지 사실을 내포한다. (1) 그리스도께서는 단순히 불확실한 상태로, 자신이 양 떼를 얻을 수 있을지 없을지 모른 채 죽으신 것이 아니라, **그분의 마음속에는** 구속 사역에 필수적인 유대관계로 연결된 **특정한 구속 대상들이 있었다는 것이다.** (2) 그들은 또한 그리스도의 속죄의 결과, 즉 열매로서 **그분이 값을 치르고 사신 소유라는 것이다.** 이 두 번째 사실은 계속될 우리의 해석을 가지고 마치 그리스도께서 죽으시기 전부터 어떤 자들이 이미 그분의 양이었다고 억측하는 것을 막아준다. 그들은 하나님의 계획과 그리스도의 임무 안에서는 그러했지만, **속죄의 대가가 지불되기 전까지는 실제로 그분의 소유가 아니었다.** 예수님은 자신이 양들을 위해 죽는다고 말씀하시는데, 문맥에서 알 수 있듯이 이

양들은 예수님께 주어진 택하신 백성이다(요 10:26). 속죄의 특정한 대상과 대리 희생이 그 대상들의 회심을 **보장**한다는 사실은 "또 이 우리에 들지 아니한 다른 양들이 내게 있어 내가 인도하여야 할 터이니"(16절)라는 말씀에 분명히 나타나 있다. 그들은 먼저 예수님의 양이라고 불리고, 그다음에는 예수님께서 목숨을 내주신, 즉 속죄가 실제로 이루어진 구속의 대상으로 묘사되며, 마지막으로 목자가 양 떼를 이끌듯이 반드시 인도되어야 한다.

3. 속죄의 대상들은 '그의 백성'이라고 불리는데, 이 명칭은 그들이 **하나님의 계획 안에서** 이미 그리스도의 소유였음을 나타낸다. "아들을 낳으리니 이름을 예수라 하라 이는 그가 자기 백성을 그들의 죄에서 구원할 자이심이라"(마 1:21). 예수님이 자기 백성을 구원하신다면, 그들은 이미 하나님의 은혜로 그분의 소유였다는 의미이다. 이는 아무도 구원받지 못했더라도 속죄는 똑같이 완전했을 것이라는 주장을 반박한다. 이러한 주장은 예수님이 자기 백성의 구원자라고 선언하는 이 성경 구절과 양립할 수 없다. 속죄의 대상이 특정된 것으로 보는 이 해석에 대해 다음과 같은 반론이 있다. (1) '그의 백성'이라는 표현이 유대인을 가리킬 수 있으며(칼빈도 그렇게 해석했다)[191], (2) 이 말씀이 구속의 권리 획득이 아니라 적용을 가리킨다는 주장이다. 하지만 이 두 주장 모두 쉽게 반박된다. 첫째, 하나님의 백성은 언약의 이중적 측면에 따라 두 부류로 나뉜다. 하나님이 먼저 아신 백성인 유대인(롬 11:2)과, 아들에게 주어진 하나님의 참된 백성(요 6:37)으로 구분 된다. 둘째, 이 말씀이 구속의 '적용'을 가리킨다는 주장에 대한 대답은 구속의 획득과 적용 모두 하나님의 계획과 뜻 안에 있었다는 것이다.

4. 그들은 또한 흩어져 있는 하나님의 자녀라고 불린다(요 11:52). 이 표현은 가야바가 전한 신탁과 관련하여 등장하며, 복음서 저자의 영감 받은 해설의 일부를 이룬다. 대속죄일의 대제사장이었던 가야바는 하나님의 놀라운 섭리

가운데, "한 사람이 백성을 위하여 죽어 온 민족이 망하지 않게 하는 것이 너희에게 유익하다"(요 11:50)라고 말함으로써 모세 율법 전체, 즉 성전, 제사장 제도, 그리고 희생 제사의 의미를 담아내는 도구로 쓰였다. 그는 마치 구약의 우림과 둠밈이 하나님의 뜻을 나타냈던 것처럼, 무심결에 예언을 했고 옛 언약의 목소리를 대변했다. 이 신탁에 대해 영감을 받은 복음서 저자는 다음과 같은 해설을 덧붙인다. 가야바의 말은 예언이었으며, 예수님께서 그 민족뿐 아니라 흩어져 있는 하나님의 자녀들을 하나로 모으시기 위해서도 죽으셔야 한다는 중요한 진리를 담고 있다는 것이다(52절). 여기서 구속의 대상은 '흩어져 있는 하나님의 자녀'라고 불리는데, 이는 그들이 아직 실제로 구속받지는 않았지만 하나님의 계획 안에서는 이미 하나님의 자녀였기 때문이다. 복음서 저자는 그들이 이미 하나님께서 예정하신 자녀들이었으며, 어떤 의미에서는 그리스도의 죽음 이전부터도 그렇게 불릴 수 있었다는 점, 그리고 그들이 대리 희생의 대상이었다는 점, 또한 속죄는 그들이 하나로 모이는, 즉 그리스도 안에서 그분과 연합하고 피차간에 서로 연합하는 확실한 결과를 가져오는 것임을 암시한다. 이 구절에서 속죄가 특정한 대상을 향한다는 의미는 명백하다.

5. 주님은 속죄의 대상들을 특별한 사랑으로 목숨을 내주신 친구들이라 부르신다. "사람이 친구를 위하여 자기 목숨을 버리면 이보다 더 큰 사랑이 없나니"(요 15:13). 여기서 강조점은 분명히 '친구'라고 불리는 그분의 백성을 향한 특별한 사랑에 있다. 예수님께서 목숨을 내어 주신 목적과 이유는 이 구절에서 직접적으로 언급되지 않았지만, 바로 앞에서 제정된 성만찬과 그에 따른 설명, 즉 예수님의 피가 죄 사함을 위해 흘려질 것이라는 말씀이 그분의 속죄적 죽음의 목적과 결과를 충분히 드러내고 있다. 또한 예수님은 자신의 본을 따라 제자들이 서로 사랑하도록 가르치셨기에, 자신의 대속적 죽음을 자신이 보여줄 수 있는 가장 큰 증거로 제시하신 것이다.[192] 하지만 이 말씀은

예수님의 죽음이 다른 이들의 유익을 위해, 즉 그들을 대신하여 이루어질 것임을 분명히 보여준다. 마치 한 사람이 다른 사람을 위험에서 구하기 위해 자신을 내주는 상황과 같다. '친구'라는 단어 외에도, 예수님께서 자신의 목숨을 내주는 것과 관련하여 언급하신 특별한 사랑[193]에는 두 가지 의미가 내포되어 있으며, 이 두 가지는 항상 함께 고려해야 하며 분리해서 생각해서는 안 된다. 그것은 예수님께서 단순히 구원을 '확보하는' 것뿐 아니라, 그 구원을 '적용하는' 것까지 포함한다는 의미이다. 이 특별한 사랑은 그 대상을 찾아내고, 그 대상을 얻으며, 결국 그 대상을 구원해 내는 데까지 이른다.

　　그리스도의 속죄가 누구를 위한 것인지에 대한 질문의 답은, 사람들이 성경 말씀과 거기서 나온 개념에 만족했다면 간단했을 것이다. 속죄가 하나님의 역사로서, 또 인간 안에서 일어난 사건으로서 아무리 무한한 가치를 지닌다 해도, 구원의 효력 면에서는 그리스도를 믿는 자들의 범위를 넘어서는 일은 없다. 속죄는 본질적으로 온 세상, 아니 구원받아야 하는 인간이 존재하는 세상이 수천 개 더 있다고 해도 그 모든 세상을 구원할 능력이 있지만, 실제로 구속 사역은 속죄를 합당한 구원 방법이라고 여기는 사람들, 즉 하나님의 선물인 믿음을 통해 하나님과의 화목의 근거로 그것을 받아들이도록 인도된 사람들의 범위를 넘어서지 않는다. 구원의 결과라는 측면에서 속죄의 효력은 단지 참된 신자들의 수와 동일한 범위로 제한된다. 이것은 그리스도의 말씀을 살펴보고 그분의 가르침을 따를 때 명백하다. 그리고 이 문제에 대한 명확한 결론으로 모든 사람은 실제로 충분히 만족했을 것이다. 하지만 종교적 확신보다는 사변적인 경향에 따라, 속죄로 구원을 받든 받지 않든, 믿든 믿지 않든, 모든 사람에게 속죄가 똑같이 적용되어야 한다고 주장하는 사람들의 이론과 철학적 논증 때문에 문제가 발생했다. 그들은 구속의 대상이 구원의 효력과 같은 범위라는, 즉 이것이 아담의 타락과 짝을 이루는 유일하게 올바른 기준이라는 주장에 만족하지 않았다. 그들은 기어코 속죄가 모든 인류와 같은 범위, 즉 **모든 사람**에게 똑같이 적용된다고 주장해야 했다. 하지만 곧 이것이 실제로 속죄의 본질에 대한 문제임이 드러난다. 이러한 보편 구원론의 문제는 간략한 언급으로 명확해질 것이다.

a. 이 같은 그럴듯한 논리에 영향을 받아 그리스도의 사역 덕분에 적지 않은 다양한 나라에서 모든 사람이 결국 구원받을 것이라고 주장하기까지 한다. 이러한 보편 구원론은 적어도 일관성을 지니고 있으며, 논리적인 결론까지 이어진다는 장점이 있다. 이 이론은 초대교회 시대에 오리겐에 의해 처음 제기되었으며, 현재는 복음주의적인 옷을 입고 이전보다 훨씬 더 널리 퍼져 있다.[194] 이 이론은 주로 하나님의 자비가 모든 사람을 차별 없이 포용하며, 실제 구원의 범위가 인간의 **타락 범위와 동일할 것이라는 주장에 기반**한다. 이러한 주장은 하나님의 공의를 간과하고, 단지 인간의 타락과 해결책으로 마련된 방법이 서로 유사할 뿐 아니라, 그 결과에서도 동일한 범위를 가질 것이라고 추정하는 데 초점을 둔다. 비록 성경적이지 않고 오히려 성경의 가르침과 정면으로 배치되지만, 제공된 구원의 보편성이라는 전제를 끝까지 밀고 나간다는 점에서 적어도 일관성은 있다고 할 수 있다.

b. 앞서 언급한 이론보다 아르미니우스주의와 반(semi)펠라기우스주의 학파가 주장하는 보편 구원론은 훨씬 더 모순적이다. 이 이론 역시 아담의 타락으로 인한 파멸과 그리스도를 통해 주어진 구원의 유사성을 바탕으로 한 사변적인 추론에서 비롯되었다는 공통점을 지니고 있긴 하다.[195] 그들은 그리스도께서 이루시고 하나님께서 받으신 속죄가, 사람들이 그것을 믿든 믿지 않든, 받아들이든 거부하든, 모든 인류에게 동일하게 적용된다고 주장한다. 그들은 문제의 한 측면, 즉 속죄가 모든 사람에게 '제공'되었다는 점에만 주목하고, 속죄가 진정 유효한 사실이라는 것을 훼손시킨다. 그들은 하나님 편에서는 치료제가 질병만큼이나 보편적이라고 주장하지만, 이렇게 범위를 넓

히는 대신 핵심적인 부분을 놓치게 된다. 겉으로 보기에는 이점이 있는 것처럼 보이지만, 다른 측면에서 그보다 더 큰 손실이 발생한다. 즉, **속죄의 효력**이 사라지는 것이다. 이로 인해 다시금 다음과 같은 중요한 질문으로 돌아가게 된다. 중요한 것은 속죄가 '얼마나 넓은 범위에 미치는가'가 아니라, '타락에 대한 진정한 대응인가?', '하나님의 모든 공의의 요구를 완전히 충족시키는가?', '특정한 사람들을 대신하여 율법을 완전히 성취하는가?' 하는 것이다.

따라서 우리가 이런 논쟁들을 검토하면, 그들이 "많은 사람을 위해 자기 목숨을 주셨다"는 표현을 어떻게 해석하는지 살펴볼 때 논쟁의 핵심은 그리스도께서 진정하고 유효한 행위로서 '누구를 위해' 죽으셨나의 문제가 아니라, 정확히 말해 '누구를 대신하여' 죽으셨나의 문제임을 알 수 있다. 즉, 속죄의 '범위'에 대한 질문이 아니라, 하나님께서 아들을 우리를 위해 내주실 때, 그리고 아들 역시 자신을 내주실 때 어떤 목적과 목표를 가지고 계셨는지에 대한 질문인 것이다. 핵심은 그리스도께서 '모든 사람' 한 명 한 명을 위해 죽으셨는지의 여부가 아니라, **아담의 타락이라는 중대한 사건만큼이나 확실하고 효력 있는 결과**를 위해 '특정한 누군가를 대신하여' 죽으셨는지의 여부이다. 이러한 주장을 주의 깊게 살펴보는 사람은 누구나 이 점을 분명히 알게 될 것이다.

아르미니우스주의자들은 그리스도의 죽음이 단지 화해의 가능성을 열어주고, 하나님께 새로운 언약을 맺을 권리를 부여한다고 주장한다. 그 새로운 언약의 내용은, 그리스도께 순종하고 끝까지 견디는 모든 사람에게 영생을 주시겠다는 것이다. 이러한 주장은 그 자체로 준율법주의적(semi legality)인 성격을 띤다. 사람들을 자기 자신과 자신의 능력에 의존하게 만들기 때문이다. 뿐만 아니라, 이 이론의 본질적인 한계 때문에, 아르미니우스주의자들은 특정 시대를 살았던 모든 사람에게 이러한 언약이 제시되었다고 주장할 수 없다. 분명히 이 언약은 과거가 아닌 미래에만 적용될 수 있다. 즉, 이 이론은 자기 모순에 빠져 있는 것이다.

c. 아미랄드주의(Amyraldism) 관점, 즉 보편 은혜 이론은 앞선 견해와 몇 가지 점에서 다르지만, 그저 절충적 입장에 불과하다. 이 이론은 하나님께서 타락한 인간들에 대한 어떤 사랑에 감동되시어 그리스도를 모든 각 사람의 중보자로 세우셨으며, 이를 통해 신적 공의의 장벽이 모두 제거되었다고 주장한다. 그러나 이 이론은 (그리스도의 속죄로) 구원이 (모두에게) **가능해졌다**고 말하면서도, 그 구원의 **적용 여부는 하나님의 주권적인 뜻에 달린 것**으로 조건을 덧붙인다. 즉, 구원은 "모든 사람을 위한 것이지만 믿는 자들만"이라는 조건이 붙는다. 이는 명백히 속죄의 본질을 완전히 바꿔버린다. 이 이론은 그리스도께서 자신의 의도와 하나님의 목적에 따라 모든 각 사람을 위해 죽으셨으며, 그들을 위한 구원이 마련되었지만 실제로 모두에게 적용되지는 않는다고 주장한다(그리스도의 속죄는 모두에게 가능성을 열어 줄 뿐 성부의 선택과 일치하지 않는). 나아가 속죄가 실제로 믿음과 구원을 인과적으로 보장하지는 않지만, 하나님의 선하신 기쁨에 따라 선택된 누구에게든 구원을 베푸는 것이 가능하게 되었으며, 인류 전체와 새로운 은혜 언약을 형성하는 것을 가능하게 만들었다고 말한다. 따라서 이 이론은 적용 여부에 따라 효과적일 수도 있는 하나의 새로운 방편으로 제시된다. 그러나 그것은 그 본질에 있어서, 언약이나 대속을 포함하고 그 적용까지 스스로 확보하는, 유효한 구속 사건이라 할 수 없다.[196]

d. 여러 교회에서 속죄의 보편성을 설명하는 또 다른 방식이 있는데, 이는 비교적 무해하게 여겨지지만 사실상 복음의 보편적인 부르심을 다소 우회적으로 표현하는 것에 불과하다. 그들은 "그리스도께서 모든 사람을 위해 죽으셨다"고 말하는 것으로 만족하며, 그 말의 의미를 깊이 파고들거나 그 주장이

지닌 논리적 결론까지 고민하지 않는다. 그들의 관심은 단지 복음의 초청, 즉 **예수님을 믿고 구원받으라는 초대가 모든 사람에게 동등하게 주어진다는 것뿐이다.** 여러 교회의 많은 경건한 사람들이 복음의 보편적 초청이 존재한다면 그것에 상응하는 보편적 속죄가 전제되어 있을 것이라는 막연하고 검토되지 않은 느낌을 가지고 그렇게 표현하는 경우가 있다(즉 복음의 보편적 부르심을 지지한다는 점에서 성경적이지만 그에 상응하는 보편적 속죄가 있어야 하는 것처럼 모호한 태도를 갖고 있는 입장). 하지만 이 문제를 깊이 생각해 본 사람이라면 누구나 깨닫듯이, 확정된 사실로서의 속죄가 온전하려면, 그 구속 사건에 관련된 세 당사자, 즉 성부, 보증인(그리스도), 그리고 구원을 필요로 하는 사람이 모두 동의해야 한다. 특히 죄인의 믿음의 행위는, 이 구원 방식에 대한 자기 승인과 동의로 이해되어야 하며, 이는 속죄가 성취되어 적용되기 위한 필수 요소다. 마치 구약 시대에 예배자가 속죄의 의미를 담아 희생 제물의 머리에 손을 얹고 자신의 죄를 고백했던 것처럼, 이러한 구원의 방식에 대한 분명한 동의가 반드시 필요한 것이다.

마지막으로 언급된 신학자들은 때로 그리스도를 믿는 것이 곧 그리스도가 자신을 위해 죽으셨다는 것을 믿는 것과 같다고 주장한다. 그러나 이 두 가지 마음의 작용은 결코 동일하게 간주될 수 없다. 전자는 구주로서 충분히 이해하는 마음의 작용을 의미한다. 후자는 추론일 뿐, 그것이 확실하고 분명한 것이라 할지라도 먼저 요구되는 것은 아니다. 아무도 처음부터 그리스도께서 자신을 위해 죽으셨다고 믿도록 부름받지 않았으며, 그가 믿기 전에 자신의 죄가 용서받았다고 믿도록 요구받지도 않는다.[197] 복음을 거부한 데 따른 정죄는 불신자가 충분한 구원자를 받아들이지 않으려 하거나 그러한 구원의 방법을 승인하지 않으려 하기 때문이다. 불신자는 복음의 핵심 사상과 그 고안된 구원의 원리 자체를 거부하지만, **믿음은 바로 그 복음과 구원 계획을 승인**(approval)**한다.**(역자주 - 개혁신학자들은 신뢰와 승인을 밀접한 연관성을 지닌 용어로 사용한다.)

죄인이 그리스도의 대속적 죽음을 자신에게 적용된 실질적 사실로 경험하려면, 죄인은 이에 대한 전적인 동의(concurrence)를 표해야 한다. 그러므로 신앙이란 그가 전적으로 동의함으로 승인하며 승낙하는 것(consent)이다. 비록 신자가 사건으로부터 수 세기가 지난 후에 승인하는 것이라고 할지라도 신자는 그것을 승인한다. 즉, 믿음이란 이 구속 방식을 진심으로 승인하고, 다른 방식으로는 구원을 받으려 하지 않음을 나타내는 행위다. 이처럼 모든 당사자가 그 구속 방식에 동의하게 된다. **불특정 대상을 위한 속죄를 주장하는 이들은 속죄를 인간의 동의 없이 완성된 거래로 만든다.** 그러나 그 속죄의 범위를 동의하고 그에 의해 구원을 받으려는 사람의 수보다 넓게 설정하는 것이 무슨 이득이 되는지 이해하기 어렵다. 물론, 헤아릴 수 없는 수많은 유아들에게는 다른 방식으로 구원이 적용된다.

이러한 다양한 이론들은 우리가 그리스도의 말씀에서 속죄의 참된 본질을 끌어낼 때 산산이 부서진다. 이미 언급했듯 **이는 속죄의 범위의 문제이기보다 실제적인 거래로서 속죄의 성격에 관한 문제임**이 분명해진다. 속죄의 기초가 되는 언약을 살펴보든, 속죄의 획득과 적용이 동일한 범위이며 필연적으로 서로 맞물려 있다는 사실을 살펴보든, 혹은 그리스도의 중보의 본질을 살펴보든, 우리는 그 범위에 대해 의심할 여지가 없다.

1. 속죄의 본질을 보여주는 한 가지 증거는 바로 언약의 본질과 그 내용에 담겨 있다.[198] 속죄의 범위를 증명하는 것은 보증인과 그가 대표하는 사람들 사이의 '연합(unity)', 즉 '하나됨(oneness)'에 대한 언급으로 충분하다. 이 연합은 너무나 긴밀하여, 우리가 첫 사람 아담에 대해 "우리는 모두 그 한 사람이었다"라고 말할 수 있는 것처럼, 둘째 사람 그리스도에 대해서도 똑같이 단언할 수 있다. 우리가 언약의 복에 참여하는 근본적인 이유는 바로 이러한 '연합', 즉 '하나됨' 때문이다. 따라서 우리는 '언약'이라는 개념뿐 아니라 '유기

적 연합'이라는 개념도 함께 고려해야 한다. 이 두 개념은 서로 배타적인 것이 아니라 상호 보완적인 관계에 있다. '하나됨'이라는 개념은 주님 자신이 말씀 하셨든, 그분의 종들이 전했든, 그리스도의 구원 사역에 대한 모든 가르침을 관통하는 핵심 원리라고 할 수 있다. 따라서 아담과 그의 후손이 하나였던 것처럼 그리스도와 그분의 '씨'가 하나로 여겨진다는 이 원칙에 따라, 우리를 구원한 그리스도의 구속 사역도 그분의 순종을 통해 명백히 완성되었고, 그가 보증인으로서 대신하신 모든 사람을 위하여 한 번에 하나님께 드려지고 받아들여졌음을 의미한다(요 6:39). 이 사실은 속죄의 범위와 대상을 명확하게 결정한다.

2. (죗값을 치러 얻은) **구속할 권리 획득과 그 적용**(효력)**의 범위는 일치한다.** 구원은 실제로 적용되지 않는 사람에게는 주어지지 않는다. 그리스도는 자신을 위해 목숨을 내어준 사람을 단 한 명도 잃지 않으신다. 이 사실은 우리 주님의 모든 가르침의 전제이며, 당연한 것으로 여겨진다(요 10:15). 만약 이와 반대로 생각한다면, 엄청난 대가를 지불했음에도 불구하고 아무런 유익도 얻지 못하는 사람들이 있다는 결론에 이르게 된다. 이는 곧 그리스도께 사랑이나 능력이 부족하다는 것을 의미할 뿐이다. 그뿐만 아니라, **삼위일체 하나님의 세 위격 간에는 동시적 일하심과 완벽한 일치가 이루어지고 있다.** 성부의 선택, 성자의 구속, 성령의 적용 사이에는 어떠한 불일치도 있을 수 없다.

3. 그리스도의 중보는 속죄에 기반하는데, 그것이 반복될 필요가 없는 완성된 속죄 가 아니라면 어떠한 효력이나 근거도 될 수 없다. 이제 우리는 주님의 명백한 말씀에서 중보가 온 세상을 위한 것이 아니라 아버지께서 그분께 주신 사람들을 위한 것임을 알 수 있다. "내가 그들을 위하여 비옵나니 내가 세상을 위하여 비옵지 아니하고 내게 주신 자들을 위하여 비옵나이다 그들은 아버지의 것이로소이다"(요 17:9). 이것은 유효한 목적을 위한 속죄의 범위

와 대상을 결정한다. 우리 주님의 제사장 직분과 중보의 본질을 성경적으로 잘 아는 신학자라면 그 전능한 중보(요 17:20)에 근거하지 않고서는 누구도 효력있는 부르심을 받았거나 앞으로 받을 것이라고 주장하지 않을 것이다.

아르미니우스주의자들처럼 예수님의 사랑이 구원을 '적용'하는 데만 있고 '성취하고 그 효력을 확보'하는 데는 없다고 주장하는 이들에게는, **진정한 의미의 사랑**은 이 두 가지 모두에 앞선다는 점을 지적하는 것으로 충분하다. 사랑이란, 그 대상에게 가능한 모든 좋은 것을 '마련'하고 '베풀어' 주려는 목적과 계획에서 분리될 수 없다. 성경에서 성부나 성자와 관련하여 하나님의 사랑을 언급할 때, 항상 이러한 의미를 내포한다. 사랑은 오직 인격체를 향하는 것이며, 하나님의 사랑은 모든 장애를 넘어 그 대상을 찾아낸다는 사실은, 아르미니우스주의자들이 주장하는 두 가지 종류의 사랑, 즉 믿음 이전에 주어지는 사랑과 믿음 이후에 주어지는 사랑이라는 개념을 반박한다. 그들은 믿음 이전의 사랑은 모든 사람에게 동일하게 주어지기 때문에, 그 자체로는 아무에게도 효력이 없다고 주장한다.[199] 반면에 믿음 이후의 사랑은 점점 더 커지는 것이며, 하나님께서 기뻐하시는 특정한 마음 상태나 행위에 대한 일종의 '만족스러운 인정'이라고 설명한다. 하지만 **모든 구원의 근원인 그리스도의 구속하시는 사랑은 엄밀히 말해 더해지거나 커지는 것이 아니다.** 물론 그 사랑이 더 풍성하게 **나타나거나,** 그 사랑을 더욱 깊이 느끼는 경험은 있을 수 있다. 바울은 로마서 5장 5-11절에서 하나님의 사랑이 얼마나 변함없고 전능한 효력을 지니고 있는지 논증을 통해 강조한다. 그는 우리가 아직 죄인이자 하나님과 원수였고, 무력하고 경건하지 않았을 때에도 하나님께서 우리를 사랑하셨다면, 우리가 의롭게 된 지금은 그 사랑이 얼마나 더 변함없이 지속되겠느냐고 주장한다. 즉, 이방인이고 원수였던 우리를 하나님이 사랑하셨다면, 이제 친구가 된 우리를 향한 사랑은 더욱 지속될 것이라는 논리이다. 이 논증의 핵심은 하나님의 사랑은 '특별하고 구속하는 사랑'이며, 하나님께서 결코 포기하지 않으실 '특정한 사람들'을 향한다는 것이다.

우리가 이미 살펴보았던 요한복음 15장 13절은 그리스도의 특별한 사랑을 분명히 보여준다. 그분이 목숨을 바치신 사람들은 그 무엇보다 귀하고 **특별한 사랑의 대상**이었으며, 이 사랑은 필연적으로 그들의 궁극적인 구원을 **보장한다.** 마치 이스라엘 지파의 이름이 대제사장의 흉패에 **새겨져** 있었던 것처럼, 그들의 이름은 그리스도의 마음에 깊이 **새겨져** 있으며, 그들을 위해 모든 순간, 모든 단계에서 친히 행동하신다. 이러한 특별한 관계는 성경 곳곳에서 발견된다. 예를 들어, 예수님은 "세상에 있는 자기 사람들을 사랑하시되 **끝까지** 사랑하시니라"(요 13:1)라고 묘사되는데, 이는 아무런 구별 없이 모든 사람에게 똑같이 적용될 수 없는 말씀이다. '함께 고난 받음'(벧전 4:1), '함께 십자가에 못 박힘'(갈 2:20), '함께 죽음'(롬 6:8), '그리스도와 함께 묻힘'(롬 6:4)과 같은 표현들을 떠올려 보면, 그리스도께서 자신의 생애의 중요한 모든 순간에 자신이 하신 일을 함께 하는 '선택된 사람들'의 대표로서 행동하셨음을 알 수 있다. 그분이 성육신하신 목적은 바로 '자신의 사람들'(히 2:14), 즉 택하신 백성을 위한 것이었다. 그러므로 우리는 그리스도의 모든 생애를 통해 그분이 '자신의 사람들'과 하나 되시거나, "세상에 있는 자기 사람들을 사랑하시되 끝까지 사랑하시는"(요 13:1) 분으로 이해해야 한다. 선택된 사람들을 대표하여 행동하시고 그들을 위해 목숨을 내주신 이 특별한 사랑은 모든 장애와 방해를 뛰어넘어 그들을 찾아낸다. 그리스도와 구원받을 사람들 사이에 이러한 긴밀한 연합이 존재한다는 것은, 이 구속 사역의 본질적인 전제이다. 이러한 전제에도 불구하고 그리스도의 죽음을 통해 많은 사람들의 구원이 보장되는 '확실한 결과'가 없다고 생각하는 것은, 그리스도를 매우 부당하게 여기는 것이다. 이는 마치 백성이 없는 왕, 신부 없는 신랑, 가지 없는 포도나무, 지체 없는 머리를 상상하는 것만큼이나 터무니없는 일이다.

하지만 여기서 중요한 질문이 생긴다. 특정한 사람들을 위한 이 '특별한 속죄'를, 모든 사람에게 제한 없이 주어지는 복음의 '보편적인 초청'과 어떻게 조화시킬 수 있을까? 이 두 가지 모두 성경에서 충분한 근거를 찾을 수 있지만, 때로는 불필요한 어려움이 발생하기도 한다. 이 문제에 대해 한쪽에서는 이렇게, 다른 쪽에서는 저렇게 주장하며 벌어진 모든 논쟁을 일일이 나열하는 것은 지루한 일일 것이다. 예를 들어, 하나님께서 모든 사람에게 차별 없이 영생, 즉 그리스도를 통해 얻는 구원을 제공하시는가, 아니면 오직 특별한 사랑의 대상인 택하신 사람들에게만 제공하시는가 하는 문제가 논쟁의 중심이 되어 왔다. 또한, 특정한 사람들을 위해 특별히 마련된 속죄를 어떻게 모든 사람에게 보편적으로 전할 수 있는가 하는 어려움도 제기된다.

이러한 논쟁들은 인간적인 추론일 뿐이고, 이 주제는 유한한 인간의 이성으로 이해하기보다 있는 그대로 받아들여야 사실로 여겨야 한다. 모든 나라와 모든 사람을 위한 속죄의 충분성은 분명히 선포되어야 한다. 따라서, 자신의 영적인 필요를 깨닫고 회개하는 마음으로 속죄에 참여하기를 원하는 사람이라면, 누구든지 그 속죄의 은혜를 받을 수 있다는 사실을 의심할 필요가 없다. 속죄는 그 창시자이신 하나님의 무한한 가치만큼이나 무한한 가치를 지니고 있기 때문이다.[200]

구원의 초청을 모든 사람에게 전해야 한다는 것은, 그리스도께서 직접 그렇게 가르치셨다는 사실을 진지하게 고려하는 사람이라면 누구나 도달하게 되는 결론이다. 예수님은 누가 자신의 사람인지, 아버지께서 자신에게 주신 사람들이 누구인지 모두 알고 계셨지만, 그럼에도 불구하고 죄인들을 차별 없이 초청하셨고(요 7:37), 심지어 그들이 자신의 사랑의 제안을 거부하고 무시할 때에는 안타까워 탄식하셨다(마 23:37; 요 5:40). 특정한 사람들을 위한 '특별한 속죄'와, 그 속죄에 근거하여 모든 사람에게 진심으로 전해지는 '보편적인 초청'은 충분히 양립 가능하다. 비록 우리가 지금 당장은 그 둘이 어떻게 연결되는지 명확히 볼 수 없을지라도, 분명히 어떤 지점에서 만나게 될 것이다. 우리 주님과 사도들은 자신들의 전도 방식을 통해 우리에게 어떻게 해야 하는지 본을 보여주셨다. 그들은 마치 어려운 (보편성과 제한성의) 문제가 전혀 없는 것처럼, 사람들에게 다양한 동기를 제시하고 간절하게 권면했다.

속죄는 세계 역사의 모든 시대와 모든 민족에 미침

그리스도께서 스스로에게 부여하신 세상에서의 위치는, 그분의 죽음이 하나님의 의도에 따라 모든 시대와 모든 민족을 위한 것이기에 반복되는 희생 제사가 없음을 충분히 나타낸다. 이 두 가지 점에서 그리스도의 말씀을 간략히 제시하겠다.

1. 그리스도의 말씀은 **모든 시대**에 걸쳐 그분이 세상 역사의 중심점이어서, 과거 모든 시대가 그분을 고대했고 이후 모든 시대가 그분을 되돌아본다는 것을 암시한다. 여자의 후손이 나타날 것이 계시된 첫 약속의 시대나 땅의 모든 족속이 복 받게 할 아브라함의 후손을 기대했던 성도들은 장차 올 좋은 일의 그림자에 불과했던 모형적인 속죄 덕분이 아니라 주님의 속죄 죽음의 소급된 효력으로 구원받았다(창 3:15, 12:3). 그리스도의 탄생 이전 시대 동안 수많은 사람에게 미쳤던 용서, 또는 어떤 사람들이 선호하는 표현인 '간과'[201]는 때가 차서 흘려질 속죄의 피 때문이었다.

그리스도의 죽음이 미래적(prospective)일 뿐 아니라 소급적(retrospective) 영향으로 제시된다는 사실은 옛 언약의 피에 비해 새 언약의 피가 얼마나 월등한지를 보여준다. 옛언약의 피는 단지 이스라엘 백성을 위한 것이었지만, 새 언약의 피는 "많은 사람을 위한 것"이었다. 이는 오래전에 죽었지만 오실 그분을 믿었던 사람들까지 포함하는 모든 시대와 세대의 사람들을 위한 것으로 해석될 수 있다. 이것은 우리 주님께서 가르치신 것으로 합당하게 여겨질 수 있다(마 20:28, 26:28; 요 6:57). 사도들의 서신서에도 속죄가 소급적 효력이 있다는 내용이 나오지만, 여기서는 예수님의 말씀을 중심으로 살펴보자(롬 3:25; 히 9:15). 예수님은 자신을 과거의 모든 인물들과 대조하여 설명하시면서, 자신보다 먼저 와서 자신과 같은 구원자라고 주장하는 자들을 도둑과 강도로 단정하셨다(요 10:1-7), 또한 세상의 구원을 위해서는 자신의 죽음이 반드시 필요하다고 말씀하셨고, 모세와 선지자들, 그리고 모든 성경 말씀이 자신에 대해 증언한다고 말씀하셨다(요 5:39, 46), 또 아브라함이 자신의 날(예수님의 날)을 보기를 간절히 바랐다고 말씀하신 부분(요 8:56)을 통해서도 우리는 그분이 구약과 신약 시대의 중심 인물이었고, 그분의 성육신과 죽음은 그분이 오시기 전에 살았던 사람들과도 관련이 있고, 그들의 구원 역시 우리와 마찬가지로 그리스도의 속죄의 피로 말미암았음을 알 수 있다. 더욱이, 변화산에서 모세와 엘리야가 나타나 예루살렘에서 이루어질 예수님의 떠나심에 대해 대화한 장면은, 그분의 죽음의 효력이 모든 시대에 적용된다는 사실을 더욱 확실하게 보여주는 증거다. 그들은 바로 이 죽음을 통해 구원을 받았던 것이다. 그리스도는 첫 언약 아래에서 지은 죄에 대한 속죄 제물이셨기 때문이다(히 9:15).

2. 또한, **모든 민족**에게 미치는 속죄의 효력과 관련하여, 그리스도는 자신의 속죄가 이스라엘에만 국한된 것이 아니라, 다른 민족에게까지 미치는 효력이 있다는 사실을 분명하게 밝히셨다(요 10:16). 즉, 속죄는 민족적 구별과는 상관없이 모든 사람에게 적용된다는 것이다. 예를 들어, "예수님을 뵙고자" 하는 간절한 마음으로 찾아온 헬라인들을 맞이하시면서, 그리고 그들의 방문을 이방 민족의 광범위한 회심의 전조, 즉 첫 열매로 여기시면서, 예수님은 자신이 십자가에 들리거나 속죄 제물로 못 박히면 모든 민족을 자신에게로 이끌 것이라고 선언하셨다(요 12:32). 이처럼 구속 계획이 민족의 좁은 경계를 넘어 모든 족속과 민족에게 보편적으로 적용된다는 진리는, 세상과 인류

전체에 대한 구속의 의미를 언급하신 예수님의 다른 말씀들에서도 나타난다. 사람들이 복음 메시지를 듣고 믿도록 초청받는 것은 바로 그들을 위해 속죄가 마련되었기 때문이다(요 3:14-16). 이러한 이유로 주님은 제자들에게 모든 민족에게 죄 사함을 전파하되, 어떠한 제한도 두지 말고 보편적으로 전파하라고 명령하셨다. 또한 십자가에 못 박히시고 부활하신 분, 즉 민족과 상관없이 자신에게 주어진 백성을 위해 속죄를 이루신 구원자의 이름으로 그 복음을 선포하라고 하셨다(눅 24:47). 따라서 그리스도는 인류의 공식적인 구원자라고 불릴 수 있다. 인류는 이런 점에서 천사들과 다르다. 타락한 천사들에게는 이러한 구원의 계획이 마련되지 않았기 때문이다. 이러한 근거로, 복음의 초청은 그 안에 담긴 모든 의미와 함께 모든 민족에게 차별 없이 동등하게 주어진다. 즉, 십자가에 못 박히신 구원자를 받아들이라는 **초청**은 민족이나 계층의 구별 없이, 모든 사람에게 동등하게 적용되며, 복음 메시지가 전해지는 모든 사람에게 **제한 없이** 주어진다.

7
속죄의 적용

속죄의 적용에 관한 말씀들

이전 장들에서 속죄의 본질과 효력을 온전히 보여주는데 가장 적합해 보이는 분류에 따라 예수님의 말씀을 나누어 살펴보았으니, 이제는 속죄가 어떻게 받아들여지고 적용되는지에 대한 말씀들을 살펴볼 차례다.

앞서 교리를 충분히 설명했으므로, 속죄의 적용 방식을 간략하게 정리하는 것으로 충분할 것이다. 우리는 이 중요한 주제의 전제 조건, 즉 이 위대한 사실이 무엇에 근거하고 있는지를 먼저 살펴보았다. 그다음으로, 죄를 짊어지심과 죄 없으신 순종이라는 속죄의 구성 요소들을 살펴보았다. 또한, 이 신성한 사건이 개인적인 그리스도인에게 객관적 및 주관적으로 미치는 영향, 즉 그의 인격이 받아들여지는 것(신분 변화)과 그의 본성이 새롭게 변화되는 것(내면의 변화)을 살펴보았다. 그 후에는, 앞서 살펴보았듯이 다양하고 광범위한 세상 전체에 미치는 속죄의 영향에 대해 논의했다. 이러한 과정을 거쳐 우리는 자연스럽게 속죄의 실제적인 효력과 범위, 즉 '누구를 위한' 속죄인가라는 핵심 질문에 도달하게 되었다.

이러한 논의들은 속죄에 대한 우리 주님의 말씀을 다룰 마지막 주제로 우리를 이끈다. 그것은 바로 속죄가 '어떻게' 적용되는지에 대한 것이다. 이와 관련된 말씀은 그리 많지 않으며, 몇 가지 항목으로 나누어 간략하게 살펴볼 수 있다. (1) 예수님의 말씀을 이렇게 분류해 보면 교회의 규례와 제도(복음적인 세례와 성찬 그리고 죄사함의 선포 등)를 통해 속죄가 객관적으로 제시된다는 것을 알게 된다. 이러한 규례와 제도는 무엇보다 먼저 이미 이루어진 속죄의 사실에 근거하며, 다음으로는 이 속죄를 다른 사람들이 받아들이도록 권면하는 목적을 가진다. (2) 이 신성한 사실을 받아들일 준비가 된 사람들에게 적용하기 위한 객관적인 방법들이 있다면, 또한 주관적인 방법들도 있다. 특히 믿음은 하나님께서 정하신 도구로서, 마련된 속죄를 받아들이고 자신의 것으로 삼는 역할을 한다. (3) 이와 관련해서 마련된 구원의 방법을 받아들이지 않을 때의 책임과 그로 인한 운명(심판)이 자연스럽게 고려된다. (4) 이 모든 것 외에도, 속죄가 모든 신앙과 실천에 미치는 영향은 매우 중요한 주제이므로, 속죄를 기독교 신앙의 가장 중요한 특징으로 여기는 사람이라면 누구나 관심을 가질 수밖에 없다.

이러한 점들을 더 자세히 논하는 것도 의미 있고 중요할 수 있다. 하지만 우리의 목표는 명확성과 완전성을 해치지 않는 범위 내에서 최대한 간결하게 핵심만 전달하는 것이므로, 이 주제에 대해서는 간단한 개요만 제시하려 한다. 특히 이 부분은 현재 우리의 논의 범위를 벗어나는 내용이기도 하다.

속죄에 근거한 죄 사함의 선포

예수님의 말씀 중에는, 이미 이루어진 사실로서의 속죄와 그분의 종들을 통해 죄사함(용서)을 선포하는 일 사이에 하나님께서 정하신 연결 관계를 보여주는 말씀들이 있다. 이 연결 관계는 모든 그리스도인이 가능한 한 이해해야 할 부분이지만, 아무리 깊이 탐구한다 해도 그 본질과 방식을 완전히 파악하기보다는 하나의 '사실'로 받아들여야 하는 부분이기도 하다.

죄 사함에 대한 말씀을 살펴보면, 주님께서 제자들에게 "그의 이름으로 죄 사함을 받게 하는 회개가 예루살렘에서 시작하여 모든 족속에게 전파"하라고 명령하신 것을 알 수 있다(눅 24:47). 이 명령에 순종한 사도들은 살아 있는 동안 온 세상에 복음을 전하며, 회개와 죄 사함을 그리스도의 이름으로 전해야 할 두 가지 핵심 주제, 즉 인간의 쪽에서는 회개, 하나님의 쪽에서는 죄 사함을 새로운 언약의 핵심 요소로 선포했다. 예수님은 이 중요한 말씀을 통해 자신의 죽음으로 얻은 유익이자, 부활한 분께서 회개하고 믿는 모든 사람에게 베푸시는 이 **죄 사함**을 제자들이 전파할 것을 의미하셨다. 이는 곧 죄 사함을 주실 권위와 권리를 자신의 죽음을 통해 얻으셨음을 암시하는 것이다. 이 사실은 제자들이 이 메시지를 그분의 이름으로 전해야 한다는 것으로 더욱 분명해진다. 그분의 이름으로라는 말은 많은 사람들이 해석하듯이 그분의 명령에 따라서라는 의미일 수도 있고, 다른 이들의 해석처럼 십자가에 못 박히고 부활한 중보자이신[202] (46절) 그분의 이름을 명확히 언급하는 것을 의미할 수도 있다. 그분의 이름으로 전파하는 것은 속죄가 완료된 후에만 가능했다. 예수님께서 죽지 않으셨다면 이 메시지는 선포될 수 없었다. 이 메시지는 오직 **완성된 사역**이라는 토대에서만 선포되는 것이다.

여기서 두 가지 점에 주목해야 한다. 첫째는 그리스도의 죽음과 즉각적인 죄 사함 사이에 연결 관계가 있다는 것이고, 둘째는 죄 사함에 대한 모든 설교와 목회 직분 자체가 속죄를 전제하며, 항상 속죄와 직접적으로 연결된다는 것이다. 이 두 가지는 이 단락에서 함께 살펴보는 것이 적절하다.

첫 번째 요점과 관련해, 이전 장에서 주님께서 죄 사함을 자신의 죽음과 인과관계로 연결하셨음을 살펴보았다.[203] 특히 성찬을 제정하실 때, 예수님은 자신의 속죄 죽음, 즉 많은 사람을 위해 흘리신 자신의 피와 죄 사함을 직접적으로 연결하셨다(마 26:28). 인류에게 마땅한 형벌을 내리게 하는 죄책, 즉 하나님과 인간 사이를 가로막는 장애물은 오직 속죄를 통해서만 제거될 수 있었다. 이 가르침은 너무나 명확하기 때문에, 사람들이 선입견 없이 이 가르침을 받아들인다면 모든 오해는 즉시 해소될 것이다.

본론으로 들어가기 전, 용어의 의미에 대한 여러 오해를 바로잡기 위해 **죄 사함**이라는 단어의 명확한 정의가 필요하다. 여기서 먼저 언급할 것은, 죄에 대한 올바른 이해가 죄 사함의 의미를 결정한다는 것이다. 죄를 단순히 불완전함이나 질병으로만 여기고, 죄책이나 하나님의 율법을 어긴 것으로 보지 않으면 죄 사함에 대한 개념은 필연적으로 달라진다. 그런 경우, 죄는 법적인 관점, 즉 하나님의 심판대 앞에서 고려되지 않으며, 죄 사함 또한 마찬가지다.[204] 그러나 성경적인 관점에서 볼 때, 언제나 죄는 한편으로는 율법을 주신 분, 다른 한편으로는 심판하시는 분과 관련된다. 하나님은 단순히 행위의 결과, 즉 자연 법칙이나 인과응보에 따른 결과 이상의 적극적인 형벌을 경고하실 뿐 아니라, 자신의 완전하심에 대한 사랑 때문에, 그리고 자신의 공의에 마땅한 일이기 때문에 적극적인 형벌을 내리신다. 따라서 우리는 완전히 다른 죄 사함의 개념을 받아들여야 한다. 구약과 신약에서 사용된 죄 사함 개념을 비교해 보면, 모든 경우에 **형벌로부터의 구원**이라는 의미를 포함하고 있음을 알 수 있다. 그리고 죄에 대한 마땅한 형벌이라는 개념은 너무나 보편적이어서, 사도의 말처럼 인간의 본성에서 지울 수 없는 자연 종교의 기본적인 신념에 속한다(롬 1:32).

이 점을 분명히 하기 위해, 예수님께서 죄 사함이라는 단어를 사용하신 가르침의 어떤 부분이라도 떠올려 보면 된다. 예를 들어, "우리가 우리에게 죄지은 자를 용서하여 준 것 같이 우리의 죄를 용서하여 주소서"(마 6:12)라는 기도를 살펴보자. 이어지는 구절에서 이 기도가 어떻게 더 자세히 설명되는지를 보면, 우리가 다른 사람의 잘못을 용서하는 것과 하나님께서 우리에게 베푸시는 용서가 대조를 이룬다는 것을 알 수 있다. 만약 우리가 다른 사람의 잘못을 용서하는 것이 그에게 복수하지 않고 처벌하지 않는 것을 의미한다면, 하나님께서 우리를 용서하시는 것은 우리가 받아 마땅한 형벌로부터의 완전한 해방, 즉 무죄 선고를 의미해야 한다. 예수님은 이 단어를 다른 의미로 사용하신 적이 없다. 중풍병자에게 "네 죄 사함을 받았느니라"(마 9:5)라고 말씀하셨을 때를 생각해보자. 일부 사람들처럼 이 말씀을 단순히 병이 나았다는 의미로 해석할 수는 없다. 오히려 이 구절은 예수님으로부터 받은 두 가지 은혜를 분명히 비교하며, 이 두 가지 중 어느 것을 이뤘다고 말하는 것이 더 쉬운지를 묻고 있다. 따라서 죄 사함은 단순히 병의 회복을 의미하는 것이 아니다. 병을 고쳐주신 것은 예수님께 죄를 용서하는 권세가 있음을 보여주시기 위함이었고, 예수님의 말씀은 그 사람이 마땅히 받아야 할 죄의 형벌로부터의 구원을 의미하는 것으로 이해해야 한다.

　또한, 성찬 제정의 말씀(institution of the Supper)을 살펴보면, 그분의 죽음과 죄 사함 사이에 공로적 또는 인과적 관계가 있음을 암시하신 것을 분명히 알 수 있다.[205] "많은 사람의 죄를 사하려고 흘리는 나의 피, 곧 언약의 피니라"(마 26:28)라는 말씀은 다른 어떤 의미로도 해석될 수 없다. 희생 제사의 개념에 익숙했던 제자들 역시, 예수님께서 자신의 죽음을 통해 사람들이 마땅히 받아야 할 형벌로부터 구원받도록 하기 위해 죽으셔야 한다는 의미로 이 말씀을 이해했을 것이다. 죄 사함이란, 사람이 실제로 죄를 지었음에도 불구하고 마치 죄를 짓지 않은 것처럼 여겨지는 것, 즉 형벌에서 완전히 벗어나는 것을 의미한다.

따라서 죄 사함은 형벌로부터의 면제 그 이상도 이하도 아니다. 그리고 죄 사함의 획득 원인은 바로 그리스도의 죽음이다. 이 말을 바꾸어 표현하면, 하나님께서는 그리스도께서 형벌을 모두 감당하시고 하나님께서 은혜를 베푸실 근거를 마련해 주셨기 때문에 더 이상 형벌을 요구하지 않으신다는 뜻이다. 예수님은 죄 사함과 구원이 오직 자신의 죽음으로 말미암는 것임을 분명히 밝히셨다(마 26:28, 20:28). 그리스도의 고난에 대한 이러한 이해를 가지고 있다면, 예수님께서 때때로 단순히 형벌의 제거만을 언급하시는 이유(요 3:15, 16)를 쉽게 이해할 수 있다. 한마디로, 그리스도의 속죄는 인간이 하나님과 가지는 관계, 그리고 그들의 영원한 상태를 변화시키는 것을 목표로 했다.

이러한 논의를 통해 한 가지 더 덧붙이자면, 예수님께서 말씀하신 것처럼, 속죄의 효력은 복음을 받아들이기 전에 지은 죄에만 국한되지 않는다. 그리스도의 속죄가 어떤 죄를 위한 것인지 질문할 때, 분명한 대답은 **회심 전의 죄뿐 아니라 회심 후의 죄**, 즉 그리스도인의 삶 속에서 매일 반복되는 크고 작은 모든 죄까지도 예외 없이 예수님의 피로 속죄되었다는 것이다. 만일 회개하지 않았을 때 지은 죄뿐 아니라 그리스도인의 일상에서 짓는 모든 죄에 대한 용서까지 마련되어 있지 않다면, 속죄가 무슨 의미가 있겠는가?[206] 예수님은 자신의 피가 모든 죄를 위해 흘려졌다고 말씀하신 것이다.

하지만 우리는 더 나아가 '죄사함이 형벌로부터의 면제를 의미한다면, 그 형벌은 어떤 종류의 형벌인가?'라는 질문을 던져야 한다. 이에 대한 대답은, 모든 죄가 용서되었으므로 모든 종류의 형벌, 특히 미래의 형벌과 그 모든 결과로부터 면제된다는 것이다. 질병과 죽음처럼 죄의 자연적 결과 중 많은 것들이 죄 사함을 받는 즉시 사라지는 것은 아니지만, 이러한 결과들이 궁극적으로 제거될 길이 마련되어 있으며, 앞서 언급했듯이 용서받는 순간부터 그 성격이 변화된다. 즉, 이러한 고난들은 하나님의 사랑이 담긴 징계의 일부, 혹은 영원한 유업을 위한 훈련 과정의 일부가 되며, 더 이상 하나님의 진노를 담고 있지 않다.

2. 이 단락에서 우리가 집중해야 할 핵심 주제는 죄사함의 선포가 그리스도의 속죄적 죽음에 직접적으로 그리고 즉각적으로 근거해야 하는가 하는 것이다. 즉, 어떤 다른 조건 없이, 이미 이루어진 속죄의 사실에만 근거하여 단순히 값없이 주어지는 은혜를 선포하는 것이 맞는가 하는 질문이다. 여기서 주어진 명령을 살펴보면, 예수님께서 자신의 속죄적 죽음을 설명하시면서, 죄 사함의 선포가 그 죽음과 가장 밀접하게 연결되어야 한다고 말씀하신 것을 알 수 있다. 그렇다면 어떤 방식으로 연결되어야 하는가? 직접적인 연결인가, 아니면 간접적인 연결인가? 즉각적인 연결인가, 아니면 매개적인 연결인가? 이 중요한 질문은 현대 신학의 주요 흐름과 관련되며, 그리스도의 피와 죄 사함 사이에 **직접적**인 인과관계를 주장하는지, 아니면 **간접적**인 관계를 주장하는지에 따라 오늘날의 신학자들을 두 부류로 나눈다. 전자를 주장하는 사람들은 성경적 해석을 중시하는 학파로, 후자를 주장하는 사람들은 합리주의적 경향을 따르는 학파로 구분할 수 있다. 이 질문은 설교의 성격에 매우 깊이 영향을 끼치는 문제이며, 그리스도인의 가장 내적인 경험과도 직결된다.[207] 사실, 죄 사함이라는 주제는 인간의 가장 중요한 관심사와 밀접하게 관련된 문제로서 모든 신앙의 핵심이며, 모든 설교의 중심 주제이기도 하다. 그리고 이 주제는 여러 형태로 끊임없이 제기되는 반론들로 인해 그 중요성이 계속해서 부각되고 있다.

죄 사함이 그리스도의 죽음과 즉각적인 관계를 가지는 것으로 설교해야 하는지, 아니면 간접적인 관계를 가지는 것으로 설교해야 하는지에 대한 질문에 대해, 어떤 형태로든 영적인 신앙을 가진 사람들은 한 가지 점에 동의한다. 그것은 바로 그리스도의 죽음이 의도한 중요한 목적 중 하나가 인류의 영적, 도덕적 변화라는 것이다. 하지만 핵심 논쟁은, 예수님의 가르침에 따르면 그분의 죽음의 주된 목적이 인간의 영적 변화에 있는지, 즉 죄 사함이 오직 이러한 변화가 일어나는 만큼만 주어지는 것인지, 아니면 반대로 죄 사함이 그리스도의 죽음으로 직접적으로 이루어진 은혜로서 먼저 선포되어야 하고, 도덕적인 변화는 죄 사함의 필연적인 결과로 따라오는 것인지에 대한 것이다. 많은 사람들이 율법과 죄에 대한 매우 피상적인 이해에서 비롯된 이론, 즉 그리스도의 목적은 단지 인류에게 새로운 삶을 심어주는 것뿐이었다는 주장을 붙드는 복음을 전해야 한다고 생각한다. 그들은 마치 극복해야 할 문제가 하나님의 쪽에는 전혀 없고, 이기심에 빠진 인간 편에만 있으며, 거룩함을 향한 마음만 되찾으면 모든 문제가 해결될 것처럼 이야기한다. 또한, 인간의 회복이 진전되는 만큼 죄 사함이 뒤따른다고 주장한다. 그들에게 죄는 범죄라기보다는 비극적 재앙이며, 잘못이라기보다는 질병에 가깝기 때문이다. 그들은 성경에 그리스도의 피에서 직접적으로 죄 사함을 이끌어내는 것처럼 보이는 구절들이 있다는 것은 인정하지만, 그리스도의 죽음의 목적을 우리의 도덕적 변화와 연결하는 다른 구절들(갈 1:4)로 인해 이러한 구절들의 의미가 약화된다고 주장한다. 심지어 어떤 사람들은 자신들의 이론이 그리스도의 죽음과 죄 사함 사이의 직접적인 관계를 주장하는 해석보다 더 성경적이라고 주장하기도 한다. 하지만 이러한 주장은 성경적으로 전혀 근거가 없을 뿐 아니라, 다른 복음을 만들어내는 것이다(갈 1:4-10).

이 모든 주장에 대한 명확한 대답은 두 가지다. (1) 예수님께서 "많은 사람의 죄를 사하려고 흘리는 나의 피"(마 26:28)라고 분명히 말씀하신 것은, 그분의 피와 죄 사함 사이에 직접적 연결이 있음을 분명하게 보여준다. 예수님께서 자신의 피를 죄 사함과 연결하신 방식을 다른 어떤 것으로도 설명할 수 없다. 그분은 이 둘 사이에 직접적인 인과관계를 선포하신 것이다. 이러한 사실은 또 다른 표현 방식에서도 드러난다. 만약 어떤 사람이 다른 사람을 대신해 죽고, 그 죽음을 통해 구원을 이루었다면, 그 희생과 구원, 즉 죄 사함 사이에는 즉각적이고 인과적인 연결 관계가 있다고만 해석할 수 없다. 유대인들은 희생 제사 제도를 통해 이러한 개념에 매우 익숙했기 때문에, 희생 제물의 죽음과 그로 인한 예배자의 형벌로부터의 직접적인 해방을 쉽게 연결할 수 있었다. (2) 이러한 죄 사함이 어떻게 선포되어야 하는지에 대한 명령 또한 같은 사실을 증명한다. **죄 사함은 파는 것이 아니라 전파하는 것이었다.** 예수님의 죽음과 그로 인한 현재의 용서에 대한 단순한 선포, 즉 있는 모습 그대로의 죄인들에게 전하는 메시지가 초대 기독교 교사들에게 주어진 사명의 핵심이었다.

예수님께서 주신 명령에서 나타나는 사역의 모든 목적은 회개와 죄 사함의 선포에 있다. 따라서 사도들은 자신들의 사역을 화목하게 하는 직분(고후 5:18)이라고 표현했고, 모든 사람을 위한 그리스도의 대속을 전하기 위해 세워진 사역이라고 했으며(딤전 2:5-7), 그들이 전파하는 말씀을 십자가의 도(고전 1:18)라고 불렀다.

이처럼 예수님은 자신의 피와 죄 사함 사이에 직접적인 연결이 있음을 강조하셨다(마 26:28). 바로 **이 사실을 알리고, 선포하는 것이 위대한 설교의 임무와 위대한 복음 사역의 목적이다.**

그리스도께서 교회 안에 부여하신 속죄의 위상

주님께서 교회를 세우시고 모든 엄숙한 의식에서 부여하신 속죄 교리의 두드러진 지위는, 그것이 하나님께서 마련하신 사실임을 입증하고 그 막대한 중요성을 보여주는 증거로서 우리의 특별한 관심을 받을 만하다. 교회와 그 엄숙한 의식 또는 예배와 관련된 모든 것은 그리스도의 속죄의 죽음이라는 역사적 사실을 전제로 한다. 이러한 상황은 그리스도를 단순한 교사의 범주에서 벗어나게 한다. 주님의 희생의 영향은 모든 성례(institutions), 교리, 그리고 신앙적 경험의 전체 윤곽에서 찾아볼 수 있다. 만일 우리의 논의가 개인적인 묵상이나 속죄의 실제적 결과와 유익에 대한 자세한 설명으로 이어졌다면, 이러한 내용들을 충분히 다루었을 것이다. 하지만 우리 관심은 예수님의 말씀을 해석하고 설명하는 것이므로, 십자가에 기초한 모든 성례와 예배 속에서 이 진리가 마땅한 지위를 차지하도록 예수님께서 직접 강조하신 부분에만 주목하고자 한다. 이렇게 할 때, 우리는 성경이 이 교리를 '어떤 관점'에서 바라보도록 우리를 인도하는지 정확하게 이해하게 될 것이다.

1. 속죄의 피는 온전한 **새 언약**의 기초이다. 이 점에 대해서는 이전 장에서 관련 내용을 살펴보았기 때문에[208] 자세한 설명을 생략하겠다. 예수님은 시내 산에서 이스라엘 백성과 맺은 옛 언약과 대조되는 새 언약을 언급하시면서, 이 새 언약이 바로 자신의 피, 즉 자신의 속죄에 기초하고 있다고 선언하신다. 유대인이든 이방인이든, 믿는 모든 제자들은 이 새 언약 안으로 들어오게 되는데, 이 새 언약은 옛 시내산 언약이 모형적인 희생 제사들에 기초해서 제정된 것처럼, 참된 희생 제사에 기초한다.

나의 현재 목적은 속죄가 새 언약의 기초임을 보여주는 것이므로, 새 언약의 내용과 특징을 다시 자세히 설명하지는 않겠다. 여기서 언약이라는 용어는 단순한 교리를 의미하는 것이 아니라, 하나님과 인간 사이에 맺어진 **실제적인 관계**를 의미하며, 속죄는 바로 이 관계의 토대가 된다. 그러므로 속죄가 없다면 언약도 없고 교회도 존재할 수 없다. 이 언약의 정확한 의미는 그 이전에 있었던 구약 시대의 제도를 통해 더 명확하게 드러난다. 구약 시대에는 복이 **국가적**으로 주어졌지만, 새 언약에서는 **개인적**으로도 주어진다. 즉, 이스라엘이라는 국가가 하나님과 특별한 관계를 맺었던 것처럼, 새 언약의 백성들은 개인적으로 하나님과 언약을 맺고, 그 율법이 그들의 **마음**에 새겨진다 (렘 31:31). 이 새 언약은 완전하고 영원한 죄 사함이라는 토대 위에 세워져 있으며, 예수님의 말씀에 따르면 이 죄 사함은 오직 속죄의 피로 말미암는다. 이처럼 새 언약 전체는 그리스도의 죽음을 그 기초로 인정한다. 또한, 이전 언약과는 달리 보편적인 성격을 지닌 이 새 언약 안에서 유대인과 이방인은 하나의 몸 안에서 하나님과 화해되어 동등한 은혜를 누린다는 점을 덧붙일 수 있다. 반면에, 철학적인 논리나 율법주의적인 사고방식 때문에 속죄의 교리를 받아들이지 않는 곳에서는 새 언약이 설 자리가 없어진다. 예수님께서 자기 죄 가운데서 죽는 것이라고 말씀하신 하나님의 무서운 심판(요 8:24), 즉 모세의 율법을 어겨 죽는 것보다 훨씬 더 무서운 심판이 언약의 피를 멸시하는 모든 사람에게 임한다(히 10:28). 이는 단순히 예수님의 말씀이나 가르침을 무시하는 것보다 훨씬 더 심각한 문제이다. 예수님은 **구원 자체**인 선지자이자 교사이시기 때문에, **그분**을 거부하는 것은 **구원 자체**를 거부하는 것과 같다.

2. 속죄는 **성례**의 본질로 여겨진다. 성례는 죄를 위한 대리 희생이라는 위대한 사실을 전제하지 않고는 아무런 의미나 가치를 지니지 못한다. 우리 구원의 **시작**뿐 아니라 그리스도인의 **신앙 여정 전체**가 속죄라는 하나의 사실에 달려 있다는 것을 끊임없이 기억하도록, 주님은 교회에 이 두 가지 성례를 제정하시는 것을 합당하게 여기셨다. 이처럼 그리스도인은 어디에서나 속죄를 발견하고, 교회의 모든 예식 안에서 속죄를 찾는다. **속죄는 그리스도인이 모든 것을 시작하는 출발점이자, 항상 다시 돌아가야 하는 중심이다.**

a. 먼저 **세례**를 살펴보자. 세례는 단순히 기독교 공동체에 입교하는 상징이라는 의미에만 국한되지 않는다. 만약 그렇다면 속죄와 연결될 여지가 없을 것이다. 하지만 세례는 훨씬 더 깊은 의미를 내포한다. 그리스도와 연합하여 세례를 받은 사람은 그의 죽음과도 연합하여 세례를 받은 것이라고 증언하는 사도들의 말씀을 굳이 언급하지 않더라도(롬 6:3), 이 점에 대한 예수님의 말씀은 명확하다. 예수님께서 제자들이 성부와 성령의 이름뿐 아니라 자

신의 이름으로 세례를 주는 것에 대해 말씀하실 때, 자신의 공적인 직임과 자기 자신의 특별한 관계를 분명히 암시하신다[209] (마 28:19). 또한 "나는 **받을 세례**가 있으니 그 이루기까지 나의 답답함이 어떠하겠느냐!"(눅12:50)라고 말씀하셨을 때, 자신에게 베풀어진 요한의 세례의 의미를 권위 있게 설명해 주셨다. 그것은 예수님께서 **극심한 고난**을 겪으실 것을 상징하는 것이었다. 그리고 예수님은 이러한 상징에 순종하심으로써, 실제로 고난을 받으실 준비가 되셨음을 보여주셨다. 예수님의 경우, 세례의 물은 그분이 감당하신 **하나님의 형벌적인 공의**를 상징했다.[210] 보증인이신 그리스도는 자신의 공적인 자격으로 세례를 받으셨고, 그분의 백성은 죄 사함을 위해 그분 안에서 이 형벌을 받은 것으로 여겨진다. 세례의 물은 더 이상 저주가 머물러 있지 않은, 십자가에 못 박히신 보증인의 흘리신 피를 상징한다. 그것은 죽음을 통과했고, 그 효력은 죄책을 제거하는 피이다. 이 상징은 예수님의 죽음이 곧 우리의 죽음이었다는 것 외에 다른 의미를 가질 수 없다. 요한의 세례와 기독교 세례의 유일한 차이점은, 전자는 아직 미래의 고난을 위한 세례였던 반면, 후자는 이미 이루어진 고난에 참여하는 세례라는 것이다. 세례는 그리스도의 죽음과의 연합을 의미한다. 다른 의미들도 포함하지만, 세례의 가장 중요한 핵심은 예수님의 죽음이 화목제물로서의 죽음이었고, 그분의 백성이 그분과 함께 죽었다는 것이다. 이 사실은 사도들에 의해 더욱 분명하게 드러난다(롬 6:4; 벧전 3:21 비교).

b. 동일한 원리가 **성찬**에도 적용된다. 성찬은 그리스도의 속죄적 죽음의 위대한 사실을, 그분의 재림 때까지 모든 시대에 걸쳐 생생하게 하기 위한 의도였다. 성찬의 주된 목적은 그분의 **가르침**을 기념하는 것이 아니라, 그분이 스스로의 희생으로 죄를 없애기 위해 죽으신 그 위대한 **희생**을 기념하고 상징하는 것이었다. 그분이 성찬과 관련하여 사용한 말씀은 이 목적을 매우 분명하게 나타내므로, 그 의미에 대해 정확한 해석을 하는 이들에게는 의심의 여

지가 없다. 성찬에 참여할 권리가 있는 사람들은 주님의 몸과 피를 영적으로 먹고 마시는데, 이때 그들은 예수님께서 여전히 죄의 짐을 지고 율법의 요구를 충족시켜야 하는 모습이 아니라, 우리의 죄를 깨끗하게 하시고 고난의 보상으로 자신과 구원받은 자들에게 주어진 모든 영광을 누리시는 모습으로 그분을 영접한다. 그들은 자신들을 위해 죽음을 통과하신 그분과 동일시된다. 그리스도인들이 믿음으로 떡과 포도주를 받을 때, 그들은 그분의 **대속적 죽음에 참여**하는 자가 된 것으로 여겨지며, 그분과 연합된 것으로, 그리고 그분 안에서 그리고 그분과 함께 그분께서 겪으신 모든 것을 겪은 것으로 여겨진다.

따라서 주님의 뜻에 따라, 교회의 이 두 가지 상징적 행위는 모두 **속죄**를 가리키며, 성례가 거행될 때마다 속죄를 증언하는 목적을 가지고 있다. 이 성례는 기독교 교회의 예배 중에 계속 반복되며, 신자들의 눈앞에 이 위대한 근본 진리를 주님이 오실 때까지 지속적으로 상기시킨다. 속죄의 의미와 본질, 모든 종류의 효력, 유익과 필요성은 그리스도인의 삶의 여러 단계, 즉 세례는 신앙의 시작을, 성찬은 신앙의 성장을 나타내는 것처럼, 이 성례들이 거행될 때마다 새롭게 선포된다. 이러한 장치들은 **십자가에 달리신 대속자에게서 눈을 떼지 않도록 끊임없이 십자가를 기억하게** 하며, 그것들을 설명하기 위해 주어진 **말씀**과 함께 제시된다. 이로써 우리는 속죄가 얼마나 중요하고 핵심적인 위치를 차지하는지 알 수 있다.

속죄를 받는 수단으로써의 믿음을 묘사하는 그리스도의 말씀들

구속이 인간에게 적용되는 방식 전체가 믿음이라는 마음의 통찰에 달려 있다는 점을 고려할 때, 믿음의 상대적인 위치는 분명해진다. 여기서 **믿음**은 인간의 본성적인 자기 의존과는 반대로, 하나님의 자비와 인격적인 구원자에 대한 성령이 주신 신뢰를 **의미**한다. 이것이 성경에서 일관되게 사용되는 의미이다. 일부 사람들은 많은 구절에서 믿음을 복음의(갈1:23; 딤전 4:1; 유 3) 교리를[211] 가리키는 객관적인 의미로 이해해야 한다고 주장했지만, 현대의 권위 있는 주석가들은 이런 구절들을 통상적인 의미로 해석한다. 사실 우리는 어떤 경우에도 다른 의미로 해석할 필요가 없다.

믿음이 구속을 받아들이는 수단이라는 점을 고려할 때, 믿음의 중요한 역할이 드러난다. 믿음은 그리스도의 속죄 사역을 전제로 하며, 그 사역을 받아들인다. 또한 회개와 매우 밀접하게 연결되어 있어서, 믿음이 작용하는 곳에는 언제나 회개가 함께한다. 믿음은 **오직 그리스도의 완성된 사역을 받아들일 때**만 구원하는 능력을 지니며, 우리는 이 점에 가장 큰 주의를 기울여야 한다. 믿음의 본질은 선물을 받는 동작이라고 할 수 있다. 믿음이 신자를 구원하는 것은 순종을 포함하기 때문이 아니라 오직 그리스도와 그분의 구속을 받아들이기 때문이다.

성경에는 "믿음의 순종"이라는 표현이 나오는데, 이는 하나님의 선물을 받아들임으로써 그분의 권위에 복종하는 것을 의미한다(행 6:7; 롬 1:5, 10:3 비교). 일부에서는 이 구절들을 믿음에서 비롯되는 순종으로 해석하기도 하지만, 실제로는 **하나님의 선물을 받아들이는 것 자체가 순종**임을 의미한다. 죽기까지 순종하시고 자신의 사역을 온전히 감당하신, 죄인들의 보증이신 인격적인 구원자 예수가 바로 믿음의 참된 대상이다. 믿음은 단순한 이해에 머무르는 것이 아니라 마음의 작용을 포함한다. 예수님은 여러 말씀을 통해 믿음이 속죄를 받아들이는 유일한 수단임을 강조하셨다. 예수님께서 말씀하시는 믿음은 그분의 인격을 신뢰하는 것을 포함하며, 그분을 향한 관계를 맺게 한다. 믿음은 모든 필요를 채우시는 중보자(all-sufficient Mediator)를 향한 의존을 나타내는 것이다(물론 이러한 의존은 하나님이 주신 것이다). 또한 믿음은 그분의 직무와 분리된 그분의 인격에 대한 의존이 아니다. 믿음은 일관되게 우리의 구원을 위해 그분께서 드러내어 행하고 겪으신 고난을 주목한다.

믿음과 구속주의 관계를 이해하려면 예수님의 말씀을 살펴봐야 한다. 우리는 예수님께서 가져오신 속량, 속죄, 혹은 의에 참여하는 데 있어서 믿음의 역할에만 초점을 맞출 것이다. 믿음의 모든 측면과 그 의미를 다루려 한다면, 논의가 본래의 방향에서 벗어날 수 있기 때문이다. 이 단락의 유일한 목적은 하나님으로부터 비롯된 믿음이 신자가 속죄에 참여하도록 하는 수단, 즉 손과 같은 역할을 한다는 것을 예수님의 말씀을 통해 밝히는 것이다. 여기서는 "그의 증언을 받다"라는 표현과 바꿔 사용되는 구절들은 언급하지 않겠다(요 3:11, 12). 또한, 사람들의 육체에 일어난 기적적 치유와 관련해 믿음이 자주 사용된 것도 생략할 것이다. 물론, 그들의 절박한 필요와 예수님의 능력에 대한 확신이라는 점에서, 이러한 믿음의 작용은 구원을 위해 십자가에 달리신 그리스도를 받아들이는 믿음과 완전히 동일하지는 않지만 유사한 면이 있다.[212] 간단히 말해, 믿음은 은혜로 주어진 속량을 받는 포로의 손과 같고, 궁핍한 자가 온전한 의를 덧입는 것과 같다. 다른 비유를 사용하자면, 믿음은 우리를 그리스도께, 그리고 그리스도를 통해 하나님 아버지께 연결하는 끈과 같다. 믿음은 그리스도와 그분의 제자들을 하나로 만들어, 법적 관점에서나 하나님 앞에서나 더 이상 둘이 아닌 하나의 인격으로 여겨지게 한다. 믿음을 통해 사람은 하나님 앞에서 올바른 신분을 얻고, 하나님과의 관계가 회복된다. 이 외에 다른 어떤 것으로도 인간은 구원자와 연결될 수 없다. 믿음이 없으면 예수님과의 관계는 없고, 속죄를 제시하는 것도 헛된 것이 된다. 그러나 누구든지 길이요 진리요 생명이신 예수님을 통해 하나님께 나아가는 길이 열린다(요14:6). 이처럼 믿음과 인격의 받아들여짐, 즉 믿음과 죄 사함 사이에는 어떠한 중간 단계도 없이 직접적인 연결이 있다.

더욱이 예수님의 말씀을 살펴보면, 믿음은 하나님 앞에서 신뢰의 근거가 될 수 있는 모든 종류의 행위와 도덕적 덕목과 정면으로 대조되는 것으로 나타난다. 예수님의 말씀은 모든 행위의 의를 완전히 배제하고 오직 그리스도만 의지하는 것이 바로 믿음임을 분명히 보여준다. 예를 들어, 스스로 의롭다고 생각하는 무리가 "우리가 어떻게 하여야 하나님의 일을 하오리이까?"라고 물었을 때, 예수님은 이러한 율법주의적인 태도를 바로잡는 대답을 하셨다. "하나님의 일은 그가 보내신 이를 믿는 것이니라"(요 6:29). 여기서 예수님은 일종의 언어유희를 사용하는 것 같이 믿음을 '일(work)'이라고 부르시는데, 이는 마치 "굳이 '일'이라는 표현을 써야 한다면, 하나님께서 정하신 일, 즉 하나님이 보내신 분을 믿는 것이 바로 하나님의 일이다"라고 말씀하시는 것과 같다.

이처럼 믿음은 우리가 주께서 이루신 모든 것을 받아들이는 손과 같다. 이 점에 대한 예수님의 말씀을 떠올려 보면 이 사실을 확인할 수 있다. 니고데모와의 대화에서 나타난 믿음에 대한 인상적인 묘사를 살펴보면, 예수님은 믿음을 상처 입은 이스라엘 백성이 하나님이 정하신 치료 방법을 바라본 것과 같은 영혼의 활동으로 정의하신다(요 3:14, 15). 예수님께서 믿음을 치유 수단으로 언급하신 두 구절 모두에서, 믿음은 성육신하시고 십자가에 달리신, 즉 "든 것 같이"(14절) 또는 희생 제물로 "주셨으니"(16절)에 해당되는 그 아들을 향한 신뢰 혹은 의지로 나타난다. 상처 입은 이스라엘 백성이 놋뱀을 바라봄으로써 치유된 것처럼, 십자가에 달리신 그리스도를 향한 믿음도 이와 같다. 즉, 믿음이란 죄인과 구원자 사이에 항상 전제되는 특별한 관계에 국한된다. 이스라엘 백성의 경우, 도덕적인 교리를 받아들이거나 모세의 율법을 충실히 지키는 것이 아니라, 놋뱀을 향한 신뢰의 바라봄이 치유의 수단이었던 것처럼, 믿음은 오직 십자가에 달리신 예수님을 의지하는 것이다. 놋뱀은 무엇을 의미하는가? 그리고 왜 하필 놋뱀이었을까? 이는 믿음이 이미 완성된 속죄 사역, 즉 하나님의 예비하심과 인간의 필요가 전제됨을 보여주기 위함이었다. 인간의 필요는 거대하고 다양하기에, 믿음은 하나님께서 친히 세우신 분, 모든 것을 고치는 치료제이신 분을 붙잡는다. 믿는 자는 십자가에 달리신 하나님의 아들에게 메달린다. 속죄는 죄인과 하나님 사이의 올바른 관계를 맺어주는 수단이며, 인간에게 가장 절박한 필요를 채우는 하나님의 방법이다. 그리스도의 속죄 죽음이 그분이 주시는 모든 유익의 중심이듯, 믿음은 그리스도 교리의 중심이다.

예수님은 하늘에서 내려온 생명의 떡을 먹는 것이라는 또 다른 비유로 같은 진리를 설명하신다(요 6:32-53). 이 비유의 의미를 잘 이해하려면, 무엇을 비유하고 있는지 주목해야 한다. 떡과 십자가에 달리신 그리스도 사이에는 하나의 유사점이 있고, 먹는 행위와 믿음의 작용 사이에는 또 다른 유사점이 있다. 먼저 떡과 그리스도를 비교할 때, 음식의 영양 공급이라는 속성에 초점을 맞춰야 한다. 즉, 음식이 우리 몸에 영양을 공급하는 것처럼, 그리스도의 죽음은 우리 구원을 가능하게 한다. 음식이 생명을 유지하는 원인이 되듯 그분의 죽음은 우리 구원의 원인이다. 여기서 두 번째 비유, 즉 먹는 행위와 믿음의 작용이 비교된다. 아무리 영양가가 풍부한 음식이라도 먹지 않으면 소용이 없는 것처럼, 그리스도를 믿지 않는 사람에게는 그분의 죽음이 아무런 유익을 주지 못한다. 이처럼 쉽고 명확한 비유에서 믿음은 이 세상의 삶에서 음식을 섭취하는 행위와 같은 역할을 우리의 구원에서 한다.[213] 즉, 믿음은 하나님께서 정하신 유일한 수단이며, 이를 통해서만 사람은 그리스도의 속죄 죽음이 지닌 구원의 효력을 경험할 수 있다. 그리스도의 속죄 제사가 지닌 구원의 능력을 얻기 위해 믿음이 얼마나 필수적인지 이보다 더 강력하게 보여주는 말은 없을 것이다. 믿음은 구원의 은혜를 받아들이는 유일한 방법이다. 믿는 사람은 그리스도의 죽음으로 얻어진 구원의 복을 받고, 약속의 성취를 누릴 권리를 가진다. 마음으로 십자가에 달리신 그리스도를 선물로 받아들이는 사람은 용서받을 권리를 가지며, 담대히 그 권리를 주장할 수 있다.

여기서 우리는 믿음이 하나님의 은혜의 작용으로 일어나는 내적인 역사라는 교리를 자세히 논하지는 않는다. 우리의 주제는 사람들이 하나님을 기쁘시게 하고 하나님 앞에서 받아들여지는 근거인 믿음에 초점을 맞추고 있기 때문이다. 예수님은 사람이 행위가 아니라 아버지께서 보내신 분을 믿음으로써 구원을 받는다고 말씀하신다(요 6:29). 이는 마치 "행위를 멈추고, 우리가 받아들여지는 유일하고 충분한 근거를 인격과 사역 안에 가지시는 하나님이 세우신 중보자를 믿는 것부터 시작하라"라고 말씀하시는 것과 같다. 구원은 행위를 멈춘 자에게 주어진다. 바울이 "일을 아니할지라도 경건하지 아니한 자를 의롭다 하시는 이를 믿는 자에게는 그의 믿음을 의로 여기시나니"(롬 4:5)라고 한 말은 믿음이 가장 중요하고 근본적인 의무임을 증명한다.

예수님께서 믿지 않는 자는 자기 죄 가운데서 죽는다고 말씀하신 것 역시 이 사실을 뒷받침한다(요 8:24). 모든 것은 그들이 예수님을 있는 그대로 받아들이는가에 달려있었다. 이 말씀은 예수님의 가르침이 아닌 그분의 인격과 사역을 가리키며, 그분을 믿는 것과 그 반대 결과가 무엇인지 보여준다. 예수님을 죄를 짊어지신 분, 즉 하나님의 어린 양으로 받아들이지 않는 사람은 결국 자기 죄 가운데서 멸망할 수밖에 없다.

8

끝없는 행복 또는 비참함을
결정하는 속죄

속죄를 받아들이는가 거절하는가에 따라
영원한 행복과 고통이 결정됨

이 단락에서는 두 가지 상반된 유형의 말씀을 함께 다루고자 한다. 이는 한 유형이 다른 유형을 대조적으로 보여주기 때문이기도 하고, 사람의 운명이 결국 그리스도의 속죄를 받아들이느냐 거부하느냐에 달려 있기 때문이기도 하다. 앞서 언급한 두 번째 요점, 즉 십자가의 화목제물을 거부하는 자들의 피할 수 없는 운명에 대해 좀 더 자세히 살펴보겠다.

다른 어떤 행위나 공로 없이, 오직 그리스도의 대속적 희생만이 그분의 백성에게 하늘의 유업을 얻을 길을 열어주었다. "내가 너희를 위하여 거처를 예비하러 가노니 가서 너희를 위하여 거처를 예비하면 내가 다시 와서 너희를 내게로 영접하여 나 있는 곳에 너희도 있게 하리라 내가 어디로 가는지 그 길을 너희가 아느니라 도마가 이르되 주여 주께서 어디로 가시는지 우리가 알지 못하거늘 그 길을 어찌 알겠사옵나이까 예수께서 이르시되 내가 곧 길이요 진리요 생명이니 나로 말미암지 않고는 아버지께로 올 자가 없느니라"(요 14:2-6). 예수님께서 이 말씀에 담으신 깊은 의미를 고려할 때, '떠나다' 혹은 '가다'라는 단어는 단순히 떠나시는 행위뿐 아니라 아버지께로 돌아가신 '방식', 즉 대리 희생을 통해 돌아가셨음을 포함한다. 이미 살펴보았듯이, 이 맥락에서 예수님의 말씀은 이러한 의미를 지닌다. 이 말씀은 한때 인간에게 닫혀 있었던 **하늘 문**이 하나님 아들의 속죄를 통해 다시 열렸으며, 예수님의 하늘 입성은 그분을 믿는 백성 또한 하늘에 들어갈 수 있도록 보장한다는 것을 의미한다. 따라서 이 구절은 예수님을 새로운 살 길(히 10:20), 우리 구원의 인도자(히 2:10), 우리를 위해 하늘로 앞서가신 선구자(히 6:20)로 묘사하는 모든 구절과, 우리가 그리스도와 함께 하늘에 앉아 있다는 것을 말하는 다른 구절들(엡 1:3)을 이해하는 열쇠가 된다.

이 말씀을 단지 교리로, 혹은 그저 행복으로 가는 길을 알려주신 것으로 해석하는 것은 피상적이다. 그 어떤 순전한 교사도 예수님처럼 자신을 표현한 적이 없다. 제자들이 당시에는 이 말씀의 온전한 의미를 깨닫지 못했을 수도 있고, 마치 예수님이 특정 장소로 직접 가서 친구들을 맞이할 준비를 하는 여행자의 모습을 나타내셨다고 생각했을 수도 있다. 많은 해석가들이 이 말씀에서 그 이상의 의미를 발견하지 못한다. 하지만 이 말씀은 훨씬 더 심오한 의미를 담고 있다. 이는 예수님이 우리의 영원한 행복을 가져다주시는 분, 그 행복의 근거이신 분이지, 단순히 그 행복의 전달자가 아니심을 나타낸다. 예수님은 인간의 행복을 이루시는 유일한 분, 자신의 공로로 제자들이 거할 곳을 마련하신 분으로 자신을 나타내신다. 그분은 **자신의 죽음**, 즉 **대리 희생**이 아버지께로 가는 길이라고 표현하시며, 많은 거처 가운데 자기 백성을 위한 자리를 마련하는 수단이자 원인이라고 설명하신다. 이 구절의 전체적인 맥락과 연결성을 고려할 때, 예수님께서는 우리가 이 말씀을 문자 그대로, 솔직한 의미로 받아들이기를 원하셨음이 분명하므로, 이 말씀을 은유적으로만 해석해서는 안 된다.

앞서 여러 차례 적용했던 해석 원칙에 따르면, 예수님의 말씀은 인간이 하나님의 집에서 자신의 위치를 잃었지만, 그리스도께서 속죄의 죽음을 통해 그 위치를 회복시키셨다는 것을 의미한다. 그리스도는 먼저 인간과 하나님 사이를 갈라놓은 원인, 즉 죄를 자신의 희생으로 제거해서 제자들을 위한 거처를 마련하셨고, 다음으로 그들의 대표이자 머리로서 그들을 대신해 하늘 유업을 확보해서 그 거처를 확정하셨다. 이처럼 인간의 어떤 추가적인 행위나 속죄 사역에 덧붙이는 인간의 공로와는 무관하게, 그리스도께서 **아버지께 가신 것으로** 구원받은 사람들을 위한 거처가 마련된 것이다. 따라서 예수님의 제자들은 오직 그분의 대속적 희생을 근거로 하늘에 들어간다. 이는 단순한 가르침이나 모범을 따르는 것 이상의 의미를 지닌다.

2. 이제 반대로 그리스도의 구속 사역을 거부하는 이들에게 닥칠 돌이킬 수 없는 재앙과 끝없는 형벌을 보여주는 말씀들을 살펴보자. 모든 죄에 대한 최종적인 보응과 영원한 형벌이라는 광범위한 주제는 우리의 목적을 벗어난다. 그러나 그 중 속죄의 거부, 즉 하나님께서 마련하신 구원 방법을 받아들이지 않는 것에 관련된 측면에 주목해야 한다. 예수님께서 직접 하신 많은 말씀은 그분의 희생을 거부하는 자들의 끝없고 돌이킬 수 없는 비참한 운명을 분명히 언급하기 때문이다. 한편에서는 기독교 진리를 받아들이는 사람들 사이에서도 미래 형벌의 영원성에 대한 의심이 어느 때보다 널리 퍼져 있기 때문에, 우리는 이러한 말씀들에 주목해야 한다.

사람의 미래 운명에 대한 예수님의 일관된 가르침을 살펴보면, 준비의 시기(짧은 기간)와 보응의 시기(영원히 지속되는 기간)라는 두 시기가 언급된다. 이 세상에서 믿음은 필수적이며, 믿지 않는 자는 이미 심판을 받았고(요 3:18), 하나님의 진노가 그 위에 머물러 있다는(요 3:36) 분명한 선포와 함께 믿음이 촉구된다. 하나님의 진노가 영원히 지속된다는 사실은 사람들이 흔히 간과하는 다음 구절에서도 분명히 드러난다. "누구든지 자기 목숨을 구원하고자 하면 잃을 것이요 누구든지 나를 위하여 자기 목숨을 잃으면 찾으리라 사람이 만일 온 천하를 얻고도 제 목숨을 잃으면 무엇이 유익하리요 사람이 무엇을 주고 제 목숨과 바꾸겠느냐(정확히는, 자기 목숨의 대가로 무엇을 주겠느냐)"(마 16:25, 26). [214] 이 말씀은 포로 상태에서 벗어나려면 반드시 속전(죗값)을 지불해야 하지만, 사람들이 그 것을 무시했다는 것이다. 예수님께서 이 구절에서 강조하시는 것은, 하나님을 만족시키고 인간을 해방시키기 위해 다른 어떤 방법이나 속전을 제시할 수 있겠냐는 것이다. 이는 곧, 이 목적을 위해 마련된 유일한 방법, 즉 **예수님의 속죄를 거부함으로써 영혼을 잃었을 때는 더 나은 속죄 제사, 또 다른 속전은 존재하지 않는다**는 선언과 같다. 그리스도의 속죄를 거부하는 것은 **새로운 죄**이다. (거절당하는) 그분의 위대하심을 생각하든 혹은 구원 방법을 거절한다는 사실에서든, 그 죄의 심각성은 다른 모든 죄를 훨씬 능가한다. 속죄를 거부하는 것은 자비의 문을 닫는 행위이다. 또한 "꺼지지 않는 불"(막 9:45)과 "멸망으로 인도하는 길"(마 7:13)과 같은 미래 형벌을 묘사하는 비유적 표현들은 복구나 구출을(추가 기회) 결코 기대할 수 없는 개념을 전달한다.

개별적인 말씀을 언급하기 전에, 먼저 가룟 유다의 경우를 결정적 사례로 들 수 있다. 주님께서는 그에 대해 "인자를 파는 그 사람에게 화가 있으리라. 그 사람은 차라리 태어나지 않았더라면 자기에게 좋을 뻔하였느니라"라고 말씀하셨다(마 26:24). 이처럼 하나의 결정적 사례로부터 논증하는 방식은 바울이 이신칭의(롬 4:1-23), 선택(롬 9:10-23), 그리고 약속된 자녀들의 자유(갈 4:22-31)와 같은 중대한 진리를 확립할 때 사용한 방식이다. 이것은 영원한 형벌의 진리를 증명하는 데에도 사용할 수 있다. 이는 하나님의 도덕적 통치에서도 결정적 사례다. 반대 의견을 가진 사람들은 가룟 유다가 차라리 태어나지 않은 것이 더 나았다는 부분에 중점을 둔다. 그것은 바로 주님께서 유다에 대해 도출하신 결론이기는 하다. 주님께서는 이를 인정하시고 주장하셨다. 그러나 만일 징벌 기간에 끝이 있거나, 그 이후에 행복과 안식이 있다면, 그런 표현은 사용될 수 없었을 것이다. 이는 회피할 수 없는 증거이며, 모든 사람이 이에 대해 침묵해야 한다! 고통이 중단되거나 최종적으로 보상받는 기쁨과 평화의 시기가 찾아온다면, 전지하신 구주께서 이러한 말씀을 사용하실 수 없었을 것이다. 그분은 미래의 모든 관계를 철저히 바라보시기 때문이다. 만일 유다가 비록 오랜 형벌을 받은 후에라도 결국 안식과 영광을 얻는다면, 그에게 있어 태어나는 것이 결코 나쁜 일이 될 수 없었을 것이다. 왜냐하면 아무리 오랜 고통이라도 영원한 안식에 비교할 수 없기 때문이다. 그러나 이 사례는 탈출구도 없고, 회개도 없으며, 희망도 없다는 사실을 입증한다. 이 주요 사례는 결정적인 증거다.

미래 형벌의 영원성을 의심하는 자들은 주님의 말씀을 그들의 선입견에 맞게 설명하려 하며, 부자연스런 해석을 할 수밖에 없다(요 8:24). "그리스도는 오직 사랑만을 가르쳤다"는 그들의 주장은 고라신과 벳새다, 가버나움에 대한 저주(마 11:21-23), 그리고 서기관들과 바리새인들에 대한 저주(마 23:1-33)뿐만 아니라, 사도들을 보내시며 하신 분명한 선언으로도 반박된다. "믿지 않는 자는 정죄를 받으리라"(막 16:16). 이 질문을 철저하게 논의하지 않더라도,[215] 예수님의 한두 말씀을 인용하는 것만으로도, 그분의 속죄를 거부한 자들에게 끝없는 고통이 기다리고 있다는 사실을 충분히 입증할 수 있다.

예수님께서 열두 제자를 첫 전도 여행에 보내실 때 이렇게 말씀하셨다. "몸과 영혼을 모두 지옥에서 **멸할 수 있는 이**를 두려워하라"(마 10:28). 여기서 언급된 존재가 사탄이라는 일부 해석을 언급할 필요는 없을 것이다. 그 해석은 타당성이 없기 때문이다. 분명히 주님께서 말씀하시는 대상은 **영혼과 육체**를 모두 멸할 수 있는 하나님이다. 그리고 이 말씀은 둘째 사망, 즉 영원한 멸망을 내포하고 있다. 여기서 영혼과 육체가 지옥에서 멸해진다고 분명히 언급하고 있기 때문에 생긴 지옥의 종결(finality) 개념은 주님의 말씀과는 전혀 맞지 않는데, 그 개념은 지옥이 더 나은 운명을 위한 정화나 준비 단계임을 의미하게 된다. 이와 마찬가지로 나사로의 비유에서도 복된 자들과 고통받는 자들 사이에 큰 골짜기가 고정되어 있어, 그들이 영원히 분리된다는 표현이 나온다(눅 16:26). 이 말씀은 복된 자들이 결코 그들의 행복에서 떨어지지 않는 것처럼, 잃어버린 자들 또한 **결코** 그들의 비참함에서 **벗어나지 못한다는 것**을 암시한다.

예수님께서 영원한 생명에 대해 말씀하실 때와 같은 단어를 사용하여 영원한 형벌에 대해서도 말씀하실 때, 이처럼 엄중한 진리가 드러난다(마 25:46). 같은 구절의 두 대조적인 부분에서 동일한 형용사가 서로 다른 의미를 가질 수 있다고 주장하는 이들에게는, 그러한 주장이 올바른 해석의 모든 원칙을 위반하는 행위임을 지적하는 것으로 충분하다. 여기서(그들은 영벌에, 의인들은 영생에 들어가리라) '영원한(everlasting)'과 '영영한(eternal)'로 번역된 단어가 때로는 단지 유한한 기간을 의미한다고 주장하는 것은 의미가 없다.[216](창 17:13; 엡 3:9) 어떤 이들이 이 단어가 특정 시대나 제도가 존속하는 동안 지속되는 것을 의미하는 다른 구절들을 근거로 주장을 펼칠지라도, 그것은 이 구절의 대조적인 의미를 반박하지 못한다. 동일한 단어가 천상의 복과 미래의 비참함 모두에 똑같이 사용되었으며, 그 어떤 해석 원칙으로도 대조적인 두 부분에서 동일한 단어를 서로 다른 의미로 해석할 수는 없다.

미래 형벌의 영원성을 지지하는 강력한 증거 중 하나는 정죄받은 자들을 묘사하는 "거기에서는 구더기도 죽지 않고 불도 꺼지지 아니하느니라"(막 9:46)라는 말씀이다. 형벌의 종결(finality)을 주장하는 이들은 이 구절의 강력한 의미를 피할 길이 없다. 그들은 때때로 아무런 증거 없이 절망적인 '전멸'의 가능성에 호소할 뿐이다.

우리가 지금까지 논해 온 주제는 극히 엄중하며, 누구도 비통한 마음 없이 접근할 수 없는 주제이다. 그러나 다른 모든 고려사항을 떠나 우리가 결정해야 할 질문은 '예수님께서 무엇이라고 말씀하셨는가?', 즉 형벌의 유한성을 주장하셨는가, 아니면 그 형벌이 영원히 지속된다고 선포하셨는가 하는 것이다. 예수님의 말씀을 신실하게 해석하는 사람이라면 그분께서 이 문제를 모호하게 남겨두셨다고 주장할 수 없을 것이다. 그렇다면 이 영원한 운명이 누구에게 임하는가? 이에 대한 예수님의 말씀 또한 명확하다. 그 운명은 유다와 같거나, 유대 민족과 같거나, 가버나움과 같이 그분의 구속 사역을 거부하고 그분의 크신 구원을 거절하는 사람들에게 임한다(마 25:46; 요 3:36; 마 3:12). 예수님께서 이 주제를 자주 언급하신 것은 모든 사람이 충분한 속죄에 의지하도록 이끄는, 자비로운 경고의 의미를 지닌다.

속죄가 도덕성과 신앙에 미치는 영향

앞서 여러 페이지에 걸쳐 확립하고 예수님의 관점에서 그 진정한 의미를 밝히고자 했던 속죄 교리는 기독교의 다른 모든 핵심 교리와 너무나 밀접하게 연결되어 있어서, 속죄 교리가 무너지면 다른 교리들도 함께 무너질 수밖에 없다. 속죄 교리를 버리거나 어떤 형태로든 더 이상 붙들지 않는다면, 그 이외의 것이 아무리 중요한 것이라 해도, 아니 중요한 것으로 남겨진다 해도, 그 어떤 것도 제자리를 지킬 수 없을 것이다. 속죄 교리는 다른 모든 교리들을 하나로 묶어주고 의미와 일관성을 부여하는 역할을 한다. 속죄 교리가 없다면 기독교의 모든 체계는 붕괴될 수밖에 없다.

그러나 여기에서 주목하고자 하는 것은 속죄가 기독교 **교리**에서 차지하는 위치보다는 **도덕성과 신앙적 생명력**에 미치는 영향이다. 서신서가 속죄의 사실성과 그와 밀접하게 연결된 모든 영적 유익에 대해 끊임없이 언급하지만 우리가 추구해온 방식에 따라 그것을 다루지는 않는다. 대신 사도들이 속죄를 적용하는 모든 것의 기초이자 근거인 예수님의 말씀을 향할 것이다. 주님의 말씀은 그 자체로 속죄가 도덕과 진정한 신앙에 미치는 영향에 대해 충분히 명확한 가르침을 준다.

1. 속죄가 도덕성과 참된 경건의 영역에 미치는 영향을 고려해 보자. 하나님의 공의에 대한 만족이 **대리자의 사역을 통해 이뤄지는 이 방식**에 대한 일반적인 반박은 그것이 **사람들로 하여금 대리자가 행한 일에 안주하게 하고 내적 청결에 무관심하게 만드는 경향이 있다는 것**이다. 이는 사도가 언급한 오래된 억지 주장이다(롬 6:1-7). 오히려 속죄로부터 흘러나오는 구원의 은혜에 참여하는 것은 인간의 마음에 영향을 미칠 수 있는 가장 강력한 동기를 제공한다. 즉, 속죄는 그런 복을 형언할 수 없는 은혜로 베푸신 분을 욕되게 하는 것이 아니라 오히려 그분을 영화롭게 하는 동기를 부여한다. 속죄를 통해 주어지는 살아 있는 신앙을 위한 보장을 열거한다면, 우리는 그것들을 두 가지 범주로 나누어야 할 것이다. 하나는 **하나님의 도덕적 통치**에 속하고, 다른 하나는 **동기부여**의 영역에 속한다. 전자는 속죄를 받아들인 결과로 주어지는 상급적 생명에 대한 예수님의 말씀(요 6:51)과 그것을 밝힌 내용인 사도들의 서신서(롬 6:4; 갈 2:20)를 가지고 인간의 마음을 사로잡는 신적인 생명으로 인한 변화를 논의할 때 이미 살펴보았으므로 다시 언급할 필요는 없다. 따라서 속죄가 제공하는 **동기부여**에 대해서만 추가적으로 언급할 필요가 있다.

속죄 교리에 반대하는 사고방식은 논리적 결론까지 밀고 나가면 종교를 파괴하고 도덕을 전복시킨다. 인류의 평화와 안전은 하나님의 한 가지 속성이 아닌 모든 완전성에 대한 참된 앎에 달려 있다. 오늘날 널리 퍼져 있는 입장 중 하나는, 하나님이 단지 선하심의 근원이시며 그분의 모든 것을 인간의 행복을 위해 희생한다는 것이다. 이 입장은 하나님께 마땅히 드려야 할 복종, 사랑, 경외를 고려하지 않기 때문에 종교의 본질을 파괴한다. 속죄를 기독교 신앙에서 제거하려는 사상가들은, 하나님의 창조와 통치에 있어서 사랑만이 유일한 동기였으며, 그분의 유일한 목적이 행복의 전달이었다고 주장한다. 이 사고방식은 명시적으로 특정 철학과 연결되어 있지는 않지만, 18세기의 라이프니츠 또는 볼프의 철학과 유사한 결과를 가져온다. 그들은 최고의 존재가 인간의 행복을 위해 모든 것을 희생하며, 인간의 죄악에 대해 상처를 받지 않으며 인간의 무력한 반항에 분노하지 않는다고 주장한다. 또한 인간이 자신을 해치지 않는 한, 하나님은 이 죄를 관대하게 묵인하며, 반성하면 벌을 내리지 않는다고 주장한다.

이러한 견해는 즉시 하나님의 통치에서 모든 도덕적 목적을 제거하며, 그 결과는 피조물이 창조주를 위해 존재하는 것이 아니라 창조주가 피조물을 위해 존재한다고 할 수 있을 정도로 모든 관계를 뒤집는다. 이 이론은 행복을 도덕적 탁월성과 분리시켜, 더 이상 도덕적 가치가 본질적으로 중요하지 않게 만든다. 더 나아가, 육체적 행복이 위협받는 순간마다 이 이론은 무너진다. 이는 하나님의 통치에 대한 낮은 견해다. 반면, 인간이 창조주를 찾지 않고 그분의 권리를 인정하지 않는 한, 아무리 행복한 세상에서도 하나님은 만족하실 수 없다. 하나님의 주된 목적이 피조물의 자연적인 행복에 있다고 인간이 주장하는 순간, 모든 종교는 물론 이성적 존재인 우리가 창조주와 맺고 있는 자연스러운 관계에 기반을 둔 모든 올바른 윤리적 행위가 즉시 전복된다.

만약 다른 요소들이 작용하여 이를 상쇄하거나 제어하지 않는다면, 이러한 이론이 도덕과 종교에 미치는 영향은 명백하다. 하나님께 향하는 모든 의무는 사라질 것이다. 왜냐하면 하나님과의 관계에서 비롯되는 동기가 존재하지 않기 때문이다. 그리고 일부 의무가 즉시 사라진다면, 하나님 안에서의 기쁨과 즐거움 같은 다른 의무들은 도덕적 성격을 거의 지니지 못할 정도로 변질될 것이다. 왜냐하면 그것들은 우리를 기쁘게 하거나 이롭게 하는 무생물에 대한 기쁨이나 즐거움과 본질적으로 다르지 않기 때문이다. 하나님은 인간 행동의 목적이 되지 못하고 이기심이 지배하게 될 것이다.[217]

반대로, 우리가 예수님의 말씀을 통해 밝혀낸 것처럼, 속죄는 하나님께서 자신의 권리를 옹호하시며, 창조주로서의 관계뿐 아니라 자신의 도덕적 탁월성에 근거한, 하나님의 형상으로 지음 받은 모든 피조물의 사랑과 신뢰, 경외와 존경, 복종과 경배에 대한 정당한 요구에서 물러서실 수 없다는 사실에 기초한다. 하나님은 지적인 모든 것들에게 이를 요구하시며, 합당한 형벌의 집행 없이 반역을 묵인하실 수 없다. 이것이 하나님의 도덕적 통치의 첫 번째 원칙이며, 속죄는 창조주 입장에서의 집행이자 대리자의 입장에서 인정하는 것이다.

그리스도의 속죄에서 비롯된 미덕은 속죄를 무시하는 미덕과는 확연히 다르다. 경험에 따르면, 그리스도의 속죄에 의존하지 않고 자신의 도덕성을 자랑하는 사람들의 미덕은 냉정하고, 거만하며, 비판적인 성격을 띤다. 반대로 중보자의 공로로 하나님 앞에 서서 날마다 자기 잘못을 고백하고, 자신이 불완전하고 죄 많은 피조물임을 느끼는 사람들은 비교적 온화하고, 유순하며, 인내심 있고, 겸손하며, 매력적인 덕을 지닌다.[218]

2. 속죄가 도덕의 전 영역에 미치는 영향에 대해 이미 언급했으므로, 이제 **참된 경건, 즉 살아 있는 신앙의 다양한 양상**에 미치는 영향을 간략히 살펴

보겠다. 받아들이는 기관 또는 도구인 믿음에서 시작해 보면, **속죄가 없다면 믿음은 적절하고 합당한 대상을 갖지 못했을 것임을** 쉽게 알 수 있다. 일상생활의 은유나 비유를 통해 묘사되듯, 믿음은 사람들이 속죄에 참여하게 되는 손이나 통로다(요 3:15, 16, 5:36). 믿음은 단순히 그리스도를 교사로 받아들이거나 그분의 도덕률을 인정하는 데 그치지 않고 그분 자신에게 의존하기 때문에, 속죄가 없다면 믿음은 대상을 가질 수 없었을 것이다.

뿐만 아니라, 예수님의 가르침 중 많은 구절이 거의 모든 영적 유익과 살아 있는 신앙의 모든 형태를 속죄와 직간접적으로 연결하고 있기 때문에, 신앙 생활의 전체 구조에서 근본인 이 중심 진리가 제거되면 돌이킬 수 없는 파멸을 초래하는 것은 명백하다. 이러한 복 중 몇 가지를 열거해 보면, 예수님께서는 체포되기 직전 제자들에게 남겨줄 평화에 대해 말씀하셨는데, 이는 **속죄의 열매**였다(요 14:27). 문맥 전체가 그분의 대리적 희생에 따른 자각되는 화해의 평화를 언급하고 있음을 나타낸다. 참된 신앙의 필수 요소에 속하는 다른 많은 특권들, 즉 아들이 자기 백성을 자유롭게 하는 것(요 8:36), 기도 응답(요 16:23), 지치고 무거운 짐 진 자들을 위한 안식(마 11:28), 느껴지는 굶주림과 목마름의 만족(요 6:35, 7:37), 더 풍성한 삶(요 10:10), 담대히 아버지께 나아감(요 14:6) 등도 정확히 같은 관계에 있다. 언뜻 보기에 이런 구절들이 보증되시는 그리스도의 공로 및 속죄와 직접적인 관련이 없어 보이지만, 신약의 일반적인 진술과 비교하거나 성경 교리 체계와 유기적으로 바라보면 모든 사람은 이러한 구절들을 속죄와 연결하지 않을 수 없을 것이다. 특히 잃어버린 자의 구원자(눅 19:10)라는 그리스도의 칭호는 그분을 단순한 교사나 구원의 전달자 이상으로 훨씬 높인다.

3. 이제 속죄가 **신앙적 동기**의 영역에 미치는 영향을 살펴볼 차례다. 속죄의 영향력은 도덕의 영역에서 그러했던 것처럼 영적 동기의 영역에서도 강력하

고 효과적이며, 특히 다음의 순서에서 그러하다. 모든 참된 경건의 구성 요소 중 몇 가지를 예로 들자면, 속죄는 특히 사람들로 하여금 **하나님에 대한 경외심**을 갖도록 하는 데 적합하다. 이성적인 피조물은 하나님을 존경할 만한 분으로 알 때만 그분을 경외하고 두려워할 수 있다. 십자가의 속죄로 드러나는 하나님의 위엄과 신성한 율법의 불가침성을 제대로 깨닫는 것보다 더 인간의 마음을 경외심으로 채울 수 있는 것이 과연 있겠는가? 이 진리는 심지어 그것을 알고 들여다보는 다른 존재들에게도 같은 감정을 불러일으킨다(벧전 1:12 천사들). 또한 속죄에 대한 올바른 이해만큼 **죄에 대한 두려움**을 불어넣는 것은 없다. 특히 무한히 존귀하신 대속자가 하나님의 진노 대상이 되셔야 했다는 것을 우리가 깨달을 때 더욱 그러하다. 더욱이 모든 참된 경건에 필수적인 **죄에 대한 혐오감**에 있어서, 죄로 인해 고통당하신 그리스도의 수난을 생각할 때, 죄의 기억은 쓰라리고 죄의 유혹은 역겹게 느껴질 수밖에 없다.

그 강력한 동기는 거기서 멈추지 않는다. 우리는 속죄가 인간의 모든 **의무 영역**에 미치는 영향을 살펴볼 수 있다. 그리스도의 구속 사역을 믿음으로 깨닫는 것만큼 **감사하는 사랑**을 마음에 채우는 것은 없으며, 그 어떤 것도 마음을 그토록 녹이는 것이 없고, 더 순수하게 하나님의 사랑을 품게 하는 것은 없다. 또한, 이러한 사랑으로 인한 헌신은 자기 의존이나 자기 공로가 개입할 여지를 주지 않는다. 오히려 구속받은 자들은 열매 없는 믿음이나 죽은 신앙고백을 경계하는 만큼이나 구속자의 속죄 공로와 자신의 거룩함을 섞는 것을 두려워한다. 율법의 요구를 만족시키고 그 저주를 친히 담당하신 그리스도께서 이제 그 율법을 우리 삶을 인도하는 기준으로 삼게 하시므로, 참된 성도의 삶에 가장 강력하고 효과적인 동기는 바로 그리스도의 속죄 사역에서 나온다. 성도는 이제 율법을 중보자의 손에서 받아 자신의 삶에 적용한다.

십자가에서 비롯된 이러한 다양한 동기들은 모든 사도들의 서신에서 강조된다. 하나님의 계획에 따라 **속죄가 이루고자 했던 최종 목적**은, 믿는 자들의 동기부여 영역에서 이정표가 된다. 예를 들어 구속받은 자들이 자신이 자기 것이 아니라 값을 치르고 사신 분의 **소유**임을 깨달을 때, 그들은 바로 이 점에서 자신들의 몸과 영혼으로 **하나님을 영화롭게** 하라는 권면을 받는다 (고전 6:20). 또 이 땅에 머무는 동안 거룩한 두려움을 품으라는 권면 역시 우리가 귀한 피로 구속되었다는 사실에 근거해 주어진다(벧전 1:18). 이로써 그리스도인은 **하나님의 길을 따르게** 된다. 참된 경외심을 뜨겁게 하고 거룩한 의무를 위한 근거와 동기, 실제 신앙생활의 모든 지점에서 나타나는 잘못된 목표나 경향을 분별해 제거할 수 있는 근거와 동기는 사도들의 서신에서 보듯이 **그리스도의 속죄로 돌이키는 것에서 나온다**. 그리스도인은 자기 영혼에게 이것을 기억하라고 요청한다. "내 영혼아, 하나님의 거룩함의 증거와 그 자비로운 사랑의 증거를 주님의 죽음에서 발견하라!" 그래서 신자는 거룩한 의무를 이행하고, 사랑, 경외심, 신뢰를 키우는 동기를 얻기 위해 속죄 교리를 깊이 묵상한다. 그리스도인은 이러한 은혜들이 가장 확실하게 흘러나오는 근원을 찾다가 결국 그리스도의 대속의 피로 이루어진 화목의 교리에서 그 모든 것을 발견한다.[219]

주석과 역사적 설명

부록

주석과 역사적 설명

A

예수님의 죽음에 관한 말씀의 수

주님의 속죄적 죽음에 대한 증언이 제한된 수에 불과하다는 언급은, 당시 대중의 의견에 여러 요소가 작용했음을 염두에 둔 것이다. 그중 하나는 당시 대부분의 유대인들이 이사야서 예언(사 53장)에 나타난 메시아의 속죄 사역에 대한 올바른 이해를 유지하지 못했다는 사실이다.

그리스도 당시의 유대인들은 고난받는 메시아나 그의 제사장 직분(시 110:4)에 대한 믿음을 잃어버린 듯하다. 오히려 선지자 직분도 일시적 통치자라는 하나의 개념에 흡수되었다(요 1:21, 신 18:18과 비교). Borger는 그의 '에버하르둠에 대한 논문'에서 그리스도 당시 유대인들이 여전히 그 개념을 가지고 있었는지 여부에 대해 찬반을 주장하는 저자들을 인용한다. 복음서에 나타난 증거는 그 개념이 거의 유대 사회에서 사라졌음을 확증해준다. 유대인들은 로마의 권세를 전복시키고 유대 민족에게 열국 가운데 우위를 줄 메시아만을 기대했던 것 같다. 그들이 예루살렘에서 "우리가 율법에서 듣기에 그리스도는 영원히 계신다"(요 12:34)라고 한 말이 그 증거다. 또한, De Wette와 Meyer가 정확히 지적한 바와 같이, 가버나움에서 많은 이들이 예수께서 고난받는 메시아로 죽으실 것이라는 선언을 듣고 반감을 가진 이유도 이에 크게 기인한다(요 6:60). (Vinke, p. 164 참조).

사도들 역시 동시대 사람들의 편견에서 예외가 아니었고, 오히려 그 영향을 두 배로 받았다. 그들은 메시아 왕국에서 명예와 권위 있는 자리를 기대했으며, 그들의 언행과 역사적 사건에서 그것이 드러난다. 그들은 그리스도의 말씀을 이해했더라도, 메시아가 영원히 다스릴 것이며 그 통치가 끝이 없을 것이라는 예언(사 9:7)으로부터 비롯된 선입견으로 인해 그분의 죽음에 대한 암시를 오해했다. 이 예언들은 메시아가 결코 죽지 않을 것이라고 이해된 것이다. 그리스도는 그들에게 성령을 약속하셨고, 성령은 그들을 모든 진리($\pi\alpha\sigma\alpha\nu$ $\tau\eta\nu\,\alpha\lambda\eta\theta\epsilon\iota\alpha\nu$), 특히 그분이 아직 그들과 함께 계실 때는 감당할 수 없었던 속죄적 죽음에 대한 완전한 진리로 인도할 것이라고 하셨다(요 16:13, 17).

이러한 원인들은 주님께서 예상보다 속죄적 죽음에 대해 적게 말씀하신 이유를 설명하는 데 크게 기여한다. 그러나 주님께서 그분의 죽음에 대해 말씀하신 내용 중 기록되지 않은 것이 많다는 가정은 매우 가능성이 높다. 왜냐하면 그분이 말씀하시고 행하신 것 중 기록된 것은 극히 일부에 불과하기 때문이다(요 20:30, 21:25). 예를 들어, 사도 바울은 복음서 저자들이 기록하지 않은 예수님의 기억할 만한 말씀 하나를 인용한다(행 20:35). 복음서에서 우리가 흔히 발견하는 특징은, 주님께서 공적으로 나타나시고 그분의 사명, 역사, 운명에 대한 전체 진리를 들을 수 없었던 사람들과 접촉했을 때의 설교와 행동이 주로 서술된다는 점이다. 니고데모나 베다니 가문과의 만남과 같은 사건을 제외하면, 사적인 대화가 광범위하게 기록된 것은 거의 없다(눅 10:38). Van Willes와 같이, 예수님께서 고난과 죽음을 적절한 의미에서 공적으로 설교하지 않으셨다고 단언하는 것은 지나친 주장이다. 왜냐하면 그분의 공적인 설교에서 죽음에 대한 언급은 주로 다른 주제 뒤에 나오긴 하지만(요 6장, 10장), 갈릴리 사역과 예루살렘 사역을 대표하는 이 두 장을 보면, 그분께서 적절한 장소에서 그분의 죽음과 그 영향력을 설교의 주요 주제로 삼지 않았다고 말할 수 없기 때문이다. 그러나 우리가 소유하기를 원하는 그분의 사적인 말씀은 거의 기록되지 않았다. 기록되지 않은 많은 경우에 그분의 죽음에 대한 언급이 있었을 가능성이 있다. 요한이 복음서들이 어떻게 쓰여졌는지에 대해 설명한 내용은 이러한 비밀스러움을 설명하는 데 도움이 된다(요 21:25). 편견 없이 받아들일 수 있는 마음을 가진 사람들에게는 그분의 속죄적 죽음의 필요성, 본질, 효과에 대한 개요가 전달되었음을 추론할 수 있다. 그들은 그분을 "세상의 구주"라고 부른다. 또한 베다니의 마리아가 그분의 장례를 위해 기름을 부은 사건에 대한 그리스도의 말씀도, 비록 Grotius, Kuinoel, Fritzsche와 같은 주석가들은 그녀가 의식적으로 그런 목적을 가졌다는 개념을 부인했지만, 그녀가 그분의 죽음을 믿고 있었다는 것과 대속적 희생에 대해 그분으로부터 개인적인 가르침을 받았음을 암시한다. 그분의 죽음에 대해 사적으로 가르침을 받은 또 다른 비밀 제자로 보이는 사람은 산헤드린의 한 일원인 아리마대 요셉이었다. 예수님의 죽음에 실족하지 않고 오히려 그분에 대한 애정을 굳게 하고, 빌라도에게 담대하게 나아가 그분의 시신을 요구한 사실(막 15:43)은 그가 예수님의 메시아직에 대한 가르침을 받았음을 시사한다. 그가 이 가르침을 받을 수 있었던 출처는 예언이거나 예수님의 개인적인 가르침 중 하나였을 것이다. 그가 주님으로부터 직접 이 정보를 받았을 가능성이 매우 높으며, 그는 "많은" 믿는 주요 통치자들 중 하나였을 것이다(요 12:42). 그는 니고데모보다 더 신속하게 행동한 것으로 보이며, 그들은 함께 나아갔다(요 19:38). 분명히 그는 이 이전부터 제자였다. 부활 후 40일 동안 주어진 설명과 가르침 중 많은 부분은 기록되지 않았다. 그들이 허락받아 누린 10번의 기록된 만남 중 일부는 더 사적이었고, 일부는 더 공적이었다. 이 만남 동안 그들의 관심은 특별히 그분의 죽음의 본질, 이유, 그리고 그 효과에 집중되었으며, 그 이전의 예표들과 예언들에 대해서도 설명을 들었다(행 1:3-8; 눅 24:44-49).

B
하나님의 공의에 대한 만족의 필요성

현재 신학에서 사법적 또는 법적 측면이 널리 의심받고 있는 상황에서, 하나님의 공의에 대한 만족이 반드시 필요했는지에 대한 질문은 매우 중요한 문제다. 이 질문에 대한 사상적 흐름은 주목할 만하다.

초기 교부, 중세, 그리고 종교개혁 이후의 여러 신학자들은 초월적인 관점에서 하나님께서 죄에 대한 만족 없이도 죄인들에게 구원을 주실 수 있었다고 주장했다. 이러한 추론은 그들이 하나님의 섭리에 따라 실제로 구원은 오직 성육신과 십자가의 속죄를 통해서만 가능하다고 주장하는 한, 해를 끼치지 않았다. 이전 세기의 신학자들은 하나님의 주권과 절대적인 통치를 강조하는 관점에서 이 문제를 다소 느슨하게 다룬 경우가 있었다. 예를 들어, 아타나시우스, 아우구스티누스(일부 구절에서는 그렇지만 항상은 아님), 칼빈(요한복음 15:13 주석에서, "하나님께서 말씀이나 의지로 우리를 구속하실 수 있었지만, 다른 방식이 우리를 위해 더 나은 것으로 여겨졌다"라고 불행히도 말한 경우), 잔키우스(Incarn. iii. 11) 등이 이러한 입장을 주장했다. 그러나 그들 모두는 법적 또는 사법적 신학을 열정적으로 설파했다.

무스쿨루스, 보시우스, 트위스, 러더퍼드 등도 같은 입장이었으며, 오웬은 그의 '하나님의 공의' 논문에서 그들에게 반박했다. 이 논쟁들의 결론은, 죄가 세상에 들어온 이상 하나님의 형벌적 공의가 반드시 행사되어야 한다는 것이었지만, 이 입장을 유지하는 실질적 필요성은 당시에는 그리 명확하지 않았다. 그래서 종교개혁 이후의 주요 신학자들을 살펴보면, 그리스도의 제사장 직분이나 의의 근거, 즉 속죄에 대한 논의를 할 때, 그들은 그리스도의 속죄가 필요했는지의 여부를 크게 문제 삼지 않았다. 그들은 속죄의 실재성을 단순히 진술하는 데 만족했으며, 이를 "veritas"라고 불렀다. 루터교 신학자들인 게르하르트, 쿠엔스테트, 부데우스도 속죄의 필수적 필요성에 대해 거의 언급하지 않았으나, 속죄의 실재성은 강력히 주장했다.

그러나 소시니안 사상이 개신교 교회들에 퍼지면서, 특히 하나님의 공의에 대한 만족을 어떤 형태로든 배제하려는 경향이 강해지고, 소시니우스 자신이 처벌적 공의를 없앨 수만 있다면 속죄 교리를 무너뜨릴 수 있다고 공개적으로 선언한 이후, 신학자들은 다른 방식으로 표현할 필요성을 느끼기 시작했다. 하나님의 공의에 대한 만족이 절대적으로 필요한지에 대한 질문에 새롭게 주목하게 되었다. 그들은 이제 더 신중한 태도를 취했으며(Polyander, Rivetus, Walæus, Thysius가 1642년에 쓴 순수 신학의 개요에서 볼 수 있다), 속죄의 문제는 궁극적으로 하나님의 공의를 만족시키는 필요성으로 귀결되어야 한다는 확신을 가졌다. 대체로 그들은 죄가 들어오면 공의가 반드시 행사되어야 하며, 속죄가 구원을 위해 필수적이라고 주장하게 되었다.[220]

수정된 견해, 또는 중간 입장으로 불리는 의견은 그로티우스가 그의 저서 만족론(De Satisfactione)에서 제시했다. 그는 속죄의 실재성, 즉 속죄가 실제로 이루어졌다는 사실을 강력하게 주장했으나, 그것이 하나님의 공의를 만족시키기 위해 절대적으로 필요한 것이라는 근거에서가 아니라, 다른 이성적 존재들을 억제하기 위한 경고로서 속죄가 필요하다는 근거에서 주장했다. 라벤스페르거는 즉시 그로티우스의 책의 이 부분에 반박했고, 다시 보시우스는 그로티우스를 변호하면서 그의 친구의 견해를 재확인했다. 그로티우스의 이 견해는 지난 두 세기 동안 많은 개신교 교회에서 많은 지지자들을 얻었다. 예를 들어, 미카엘리스는 1779년에 출판된 '죄와 속죄에 관하여'에서, 그리고 자일러는 1782년에 출판된 '그리스도의 속죄적 죽음에 관하여'에서 이 입장을 강력히 지지했다. 그러나 이 이론이 고통의 문제에 도입한 견해는 새롭고 다소 충격적이었다. 사람들은 더 이상 고통을 죄가 그 자체로 마땅히 받아야 할 처벌이나 벌로 여기는 대신, 처벌의 유익한 효과에 대해 추론하기 시작했다. 즉, 처벌은 목적을 위한 수단으로 여겨졌으며, 일부는 고통이 세상의 행복을 증대시키는 경향이 있다고까지 말하기 시작했다. 이 이론은 일종의 중간 단계에 불과했으며, 해결할 수 없는 문제를 만들어냈다. 처벌은 범죄, 잘못, 또는 모욕에 대한 필요하고 정당한 응징이 아니라 임의적으로 고안된 것으로 여겨졌다. 이는 "원수 갚는 것은 내게 있으니 내가 갚으리라" (신명기 32:35)

는 말씀에 대한 정의를 제대로 전달하지 못했다. 이 변형된 견해의 결과는 의심과 반대를 부추기고, 사람들로 하여금 하나님의 명예를 옹호하기 위해 필수적이지도 않고, 하나님께 어울리지 않는 속성으로서 형벌적 공의를 점진적으로 수정하고 변호하며, 결국에는 포기하게 만들었다. 요컨대, 형벌이 하나님의 완전성을 만족시키기 위한 것이 아니라 단순히 어떤 공적 목적이나 다른 목적을 위한 것으로 나타나는 경우, 논쟁의 핵심은 실제로 포기된 것이며, 요새는 적의 손에 넘겨진 것이라고 할 수 있다. 미카엘리스와 자일러처럼 그리스도의 만족 교리에 진심으로 헌신한 이들이 형벌의 주요 목적이 인간을 죄로부터 억제하기 위한 경고라고 주장하는 것은, 그리스도의 속죄에 적용할 때 만족스럽지 않다. 이러한 원리는 인간 국가의 통치에 적용될 수 있지만-그곳에서도 보편적이고 절대적인 규칙으로 적용되지는 않으며-하나님의 통치에는 적용될 수 없다. 이 이론에 따르면 다른 사람들이 알 수 없는 고통들, 예를 들어 양심의 고통이나 부도덕의 숨겨진 결과와 같은 것들이 죄에 대한 응보로서 사라지게 된다. 무엇보다도, 이 이론에 따르면 내생에서 형벌이 어떤 목적을 위해 존재할 것인가? 만약 경고가 형벌의 의도라면, 누가 그것으로 경고를 받을 것인가? 미카엘리스가 말한 것처럼 "다른 이성적 존재들을 억제하기 위해서"라고 말하는 것은 아무도 만족시키지 못할 것이다. 또한 이 세상에서 억제적 형벌이 항상 죄에 따라 이루어지며, 죄와 그 형벌이 항상 비례한다고 주장할 수도 없다.

또 다른 설명도 마찬가지로 충분하지 않다. 즉, 하나님이 자신의 공의를 위해 형벌하신다는 설명이다. 이는 두 가지 의미로 해석될 수 있다. 첫째, 하나님이 최고 통치자로서 통치적이고 선포적인 목적을 가지고, 혹은 자신의 통치 권위를 유지하고 피조물들이 하나님을 존경하게 하기 위해 처벌을 가하신다는 의미일 수 있다. 이런 목적은 엄격함 없이는 달성될 수 없다. 둘째, 하나님이 인간에게 하나님이 악을 용납하거나 너그럽게 대하지 않으신다는 것을 확신시키기 위해 형벌을 행사하신다는 의미일 수 있다. 그러나 이 설명은 전혀 충분하지 않다. 왜냐하면 여전히 질문이 남기 때문이다: 하나님이 왜 이 감정을 심어주고자 하시는가? 그것이 어떻게 하나님의 완전성을 영화롭게 하는가? 우리는 더 나아가야 하고, 더 중요한 것을 주장해야 한다. 그 이유는 어떤 의견도 진리와 조화를 이루지 않으면 하나님을 영화롭게 하지 않기 때문이다. 형벌과 관련해서 유일하게 유지할 수 있는 입장은, 형벌적 공의는 하나님의 본질적인 속성이며, 영원하고 필수적인 속성이라는 것이다. 죄가 들어왔을 때, 이 속성의 행사는 필연적이다. 하나님은 스스로를 사랑하시고, 자신의 완전함과 일치하는 모든 것을 사랑하시며, 그와 충돌하는 모든 것을 미워하시는 분이시다. 하나님의 사랑은 행복을 베푸는 것으로 나타나고, 하나님의 미움이나 분노는 그 반대를 내리시는 것으로 나타난다. 죄로 인해 모욕당하고 불경스러운 자유 의지를 가진 피조물에게 모욕당한 하나님은 자신의 본성의 완전성을 만족시키기 위해 형벌을 하신다. 이것이 하나님이 형벌하시는 이유이며, 그 어떤 다른 설명도 만족스러운 답을 제공하지 못한다. 따라서 정당한 형벌, 복수, 악행에 대한 보복에 충분한 고려가 이루어져야 한다. (참조: Hulshoff의 Philosophische Gesprekken over de Voldoening, 암스테르담, 1795, 네덜란드 작가; Wynpersse의 Betoog dat de Strafoeffende Gerechtigheid Gode Waardig is, 암스테르담, 1799. 그는 전자를 많이 따랐다.)

지난 세기 동안 철학적인 신학자들이 구약성서에서 하나님의 공의를 위한 논거를 회피한 방식은 이러했다: 유대교는 하나님을 사랑이 많은 아버지로 여기기보다 엄격한 율법자이자 재판관으로서 죄를 복수하고 오직 피의 희생 제사로 달래야 하는 분으로 본다는 점에서 결함이 있었다고 주장했다. 이러한 이유로 유대교에 대해 가장 반감 어린 언어가 사용되었으며, 유대교는 가장 낮고 형성되지 않은 종교적 감정의 표현에 불과하다는 비난을 받았다. 하지만 우리가 알다시피 그리스도께서도 동일한 방식으로 하나님에 대해 말씀하셨다. 사람들은 유대인들 사이에서 유행했던 하나님의 진노, 희생, 형벌, 속죄에 대한 엄격한 개념이 잘못되었다고 주장할 수 있을 것이다. 그러나 그들은 여전히 그리스도께서도 동일한 언어를 사용하셨다는 질문에 직면해야 한다. 그들의 이론이 사실이라면, 왜 하나님의 유일하신 아들이 아버지의 품에서 나와 그분을 계시하고 오류를 바로잡으러 왔을 때, 이 표현들을 수정하지 않았는가? 이를 설명하기 위해 유대인들을 이런 개념에서 벗어나게 하는 것이 어렵고 시도되지 않았다고 주장하는 것은 무의미하다.

하나님의 공의를 만족시켜야 한다는 필요성에 대해서는 소시니안 반대파 작가들, 즉 그로티우스의 견해를 따르지 않는 일반적인 반소시니안 작가들을 참조할 수 있다. 예를 들어, 후른베크의 Contra Socinianos, 제2권; 에세니우스의 De Satisfactione (1666); 칼로비우스의 Socinismus Profligatus (1668); 슈타인의 De Satisfactione (1755) 등이 있다. 또한 네덜란드 작가 중에서 이 주제에 대해 철학적인 신학에 반대하여 훌솝의 Dialogues (1795), 윈퍼스의 On Justice (1799), 판 포르스트의 On Punishments (1796) 등의 저작도 언급할 만하다. 하지만 이 주제를 다룬 모든 작가 중에서, 1098년 영국에서 추방된 동안 쓴 저명한 논문 Cur Deus Homo(인간이 되신 하나님)에서 하나님의 공의를 가장 강력하게 변호한 사람은 안셀무스(Anselm)였다. 이 논문은 그의 시대에 있었던, 오늘날과 유사한 사변적인 반대 의견들에 대응하기 위해 집필되었다.

1859년 British and Foreign Evangelical Review에 실린 안셀무스의 위대한 저작에 대한 기사에서, 나는 그의 견해를 보여주는 여러 구절들을 문자 그대로 번역해 소개했다. 다음은 [인간이 되신 하나님] 중 일부 발췌문이다.

죄란 무엇인가, 그리고 죄에 대한 만족이란 무엇인가?

안셀무스: 이제 하나님께서 인간의 죄를 어떻게 용서하시는지 살펴볼 것입니다. 이를 더 명확히 이해하기 위해 먼저 죄란 무엇인지, 죄에 대한 만족이란 무엇인지 봅시다.

보소: 당신이 설명해주시면, 나는 그것을 경청하겠습니다.

안셀무스: 천사와 인간이 항상 하나님께 그들이 빚진 것을 다했다면, 그들은 결코 죄를 짓지 않았을 것입니다.

보소: 이것은 부정할 수 없습니다.

안셀무스: 따라서 죄란 하나님께 드려야 할 것을 드리지 않는 것입니다.

보소: 우리가 하나님께 빚진 것이 무엇입니까?

안셀무스: 이성적 피조물의 온전한 의지가 하나님의 의지에 완전히 복종하는 것입니다.

보소: 이것은 확실합니다.

안셀무스: 이것이 천사와 인간이 하나님께 빚진 것입니다. 이를 지키는 자는 죄를 짓지 않으며, 이를 지키지 않는 자는 죄를 짓습니다. 이것이 사람을 정의롭고, 즉 마음으로 올바르게 만드는 정의로운 의지입니다. 이것이 하나님께 마땅히 드려야 할 유일한 영예이며, 하나님께서 우리에게 요구하시는 것입니다. 오직 이러한 의지로만 하나님께서 기뻐하시는 행동이 이루어지며, 이것이 불가능한 경우라도 그 자체로 하나님께 기쁨이 됩니다. 이러한 의지가 없이는 어떤 행동도 하나님께 기쁨을 드릴 수 없습니다. 이 의무를 하나님께 드리지 않는 자는 하나님께 속한 것을 빼앗는 것이며, 이는 하나님을 모욕하는 것입니다. 이는 죄를 짓는 것입니다. 또한, 그가 빼앗은 것을 돌려주지 않는 한, 그는 여전히 죄의 상태에 머무릅니다. 그리고 그가 빼앗은 것을 단순히 되돌려주는 것만으로는 충분하지 않습니다.[221] 그가 모욕한 데 대한 대가를 더 많이 지불해야 합니다. 예

를 들어, 다른 사람의 건강을 해친 자가 단순히 건강을 되찾아주는 것만으로는 충분하지 않듯이, 그가 입힌 고통과 피해에 대한 보상이 필요합니다. 마찬가지로, 다른 사람의 명예를 손상한 자가 단순히 명예를 회복하는 것만으로는 충분하지 않으며, 그가 모욕한 사람에게 그 모욕으로 인한 고통에 대한 적절한 보상을 해야 합니다.

빚을 갚지 않고 단순히 자비로 죄를 용서하는 것이 하나님께 합당한가?

안셀무스: 이제 돌아가서, 하나님께서 침해당한 그분의 명예에 대한 어떤 보상도 없이 단순히 자비로 죄를 용서하는 것이 합당한지 살펴봅시다.

보소: 나는 그것이 왜 부적절한지 모르겠습니다.

안셀무스: 이러한 방식으로 죄를 용서하는 것은, 결국 죄를 처벌하지 않는 것과 다르지 않습니다. 또한 만족이 주어지지 않는 죄에 대한 질서 유지의[222] 적절한 방법은 그 죄를 처벌하는 것입니다. [따라서] 만약 처벌되지 않는다면, 죄는 우주의 질서를 유지하기 위한 아무런 조치도 없이 용서되는 것입니다.[223]

보소: 당신의 말은 타당합니다.

안셀무스: 그러나 하나님께서 자신의 왕국 안에서 무엇이든 무질서하게 내버려두는 것은 합당하지 않습니다.

보소: 내가 반대되는 말을 한다면, 그것은 죄가 될까 두렵습니다.

안셀무스: 그러므로 죄가 처벌되지 않은 채 하나님께서 용서하시는 것은 합당하지 않습니다.

보소: 그 말이 맞습니다.

안셀무스: 하지만 만약 죄가 처벌 없이 용서된다면, 죄인과 죄 없는 자는 하나님 앞에서 똑같이 보일 것이며, 이것은 하나님께 적합하지 않습니다.

보소: 부정할 수 없습니다.

안셀무스: 또한 모든 사람은 인간의 의가 하나님의 손에서 그 크기에 비례하여 보상받는 법 아래에 있음을 알고 있습니다.

보소: 우리도 그렇게 믿습니다.

안셀무스: 이제, 만약 죄가 속죄되거나 처벌되지 않는다면, 그것은 어떤 법에도 구속되지 않습니다.

보소: 그것을 다르게 보는 것은 불가능합니다.

안셀무스: 그러므로 만약 단순히 자비로 불의가 용서된다면, 불의는 의보다 더 자유로워지며, 이는 매우 부적절하게 보입니다. 이 불일치는 심지어 불의가 하나님과 같아지는 결과를 초래할 수 있습니다. 하나님은 어떤 법에도 구속받지 않으시므로 불의도 그렇게 될 것입니다.

보소: 나는 당신의 논리에 반박할 수 없습니다. 하지만 하나님께서 우리에게 절대적으로 우리에게 죄 지은 자들을 용서하라고 명령하신다면, 그것은 하나님께서 스스로 행할 수 없는 일을 우리에게 하라고 요구하는 모순처럼 보입니다.

안셀무스: 그것에는 모순이 없습니다. 하나님은 우리에게 자신에게만 속한 특권을 주장하지 말라고 명령하실 뿐입니다. 복수는 만물의 주님이신 하나님께만 속한 것입니다. 시민 당국이 이 기능을 올바르게 수행할 때, 그것은 하나님 자신이 이 목적을 위해 그들을 임명하셨기 때문에, 하나님께서 직접 집행하시는 것입니다.

보소: 당신은 내가 생각한 모순을 제거했습니다. 하지만 내가 여전히 답변을 구하는 또 다른 점이 있습니다. 그것은, 하나님은 어떤 법에도 구속받지 않으시고, 그분은 생각할 수 있는 것 중 가장 선하신 분이며, 그분의 뜻에 반하는 것은 옳지 않다는 것입니다. 그런데 우리가 다른 사람에게 해를 입힌 것에 대해서도 하나님께 용서를 구하는데, 왜 하나님은 그분 자신에게 행한 해를 용서하지 않으시거나, 용서할 수 없다고 말합니까?

안셀무스: 당신이 말하는 하나님의 자유와 뜻, 선하심에 대한 모든 내용은 옳습니다. 그러나 우리는 그것들이 하나님의 존엄성을 침해하는 것처럼 보이지 않

도록 이해해야 합니다. 그 자유는 유익하거나 적절한 것만을 위한 자유이며, 하나님께 불합당한 일을 하는 것이 선하다고 할 수는 없습니다. 하나님께서 원하시는 것이 옳고, 하나님께서 원하지 않으시는 것이 그르다는 말은, 만약 하나님이 어떤 부적절한 일을 원하신다면 그것이 그분의 뜻이므로 옳다는 것을 의미하는 것이 아닙니다. 왜냐하면 만약 하나님께서 거짓말을 하시기를 원하신다면, 그 거짓말이 옳다는 결론이 나오지 않기 때문입니다. 오히려 그렇게 말하는 이는 더 이상 하나님이 아니라고 해야 할 것입니다. 왜냐하면 거짓말을 하고자 하는 의지는 진리를 버리고 부패한 것이기 때문입니다. 그러므로 '만약 하나님이 거짓말하기를 원하신다면'이라는 말은 '하나님께서 거짓말을 원하실 수 있는 본성을 가지신다면'이라는 말과 같습니다. 그러므로 거짓말이 옳다고 말할 수 없습니다. [224] 이와 마찬가지로 두 가지 불가능한 상황을 말할 때, '만약 하나가 참이라면, 다른 하나도 참이다'라고 하는 것과 같습니다. 예를 들어, '물이 건조하다면, 불은 젖을 것이다'라는 말처럼 둘 다 사실이 아닌 것입니다. 그러므로 하나님께서 무언가를 뜻하시는 것이 부적절하지 않은 한에서만 하나님께서 그것을 원하실 때 그것이 옳은 것이라고 말할 수 있습니다. 만약 하나님께서 비가 오기를 원하신다면, 그것은 옳습니다. 그리고 하나님께서 어떤 사람이 죽기를 원하신다면, 그 사람의 죽음은 옳습니다. 그러므로 하나님께서 잘못되거나 질서를 어기는 어떤 일을 하시는 것은 적합하지 않으며, 죄인이 그가 하나님께 빼앗은 것을 갚지 않고도 처벌받지 않는 것은 하나님의 자유나 선하심이나 뜻에 속하지 않습니다.

보소: 당신은 내가 당신에게 제기할 수 있었던 모든 반론을 제거했습니다.

안셀무스: 또 다른 이유를 생각해 보십시오. 하나님께서 그렇게 행동하시는 것이 합당하지 않은 또 다른 이유가 있습니다.

보소: 나는 기꺼이 당신의 설명을 듣겠습니다.

피조물이 창조주에게 마땅히 돌려야 할 영광을 빼앗고 그것을 회복하지 않는 것이 우주 질서에서 가장 참을 수 없는 일이라는 것

보소: 그것보다 더 분명한 것은 없습니다.

안셀무스: 이제, 가장 참을 수 없는 것을 용인하는 것보다 더 부당한 것은 없습니다.

보소: 의심의 여지가 없습니다.

안셀무스: 그러면, 피조물이 하나님께 빼앗아 간 것을 돌려주지 않는 것이 가장 큰 불의라고 할 때, 하나님이 그것을 용인해야 한다고 주장하지 않을 것 같습니다.

보소: 당연히 그런 주장은 절대 부정되어야 한다고 생각합니다.

안셀무스: 또한 하나님보다 더 위대하거나 더 좋은 것이 없으므로, 모든 것의 질서 안에서 그분의 영광을 유지하는 공의보다 더 공정한 것은 없다는 결론이 나옵니다. 이 최고의 공의는 곧 하나님 자신입니다.

보소: 확실히 그렇습니다.

안셀무스: 그러므로 하나님께서 그분의 존엄성을 지키시는 것보다 더 공정한 일은 없습니다.

보소: 인정할 수밖에 없습니다.

안셀무스: 만약 하나님께서 피조물이 그분에게서 빼앗아 간 영광이 회복되지 않고, 죄인에게 아무런 처벌이 가해지지 않는 것을 허락하신다면, 그분은 그 존엄성을 온전하게 지키신다고 할 수 있겠습니까?

보소: 감히 그렇게 말할 수 없습니다.

안셀무스: 따라서 하나님께 빼앗긴 영광이[225] 회복되지 않으면 처벌이 따를 수밖에 없으며, 그렇지 않으면 하나님은 스스로에게 불공정하거나 이 두 가지 목적을 달성할 능력이 없다는 결론이 나오는데, 이것은 생각조차 할 수 없는 불경한 일입니다.

보소: 그보다 더 타당한 말을 할 수 없을 것 같습니다.

죄인의 형벌이 하나님께 영광이 되는 정도에 대하여

보소: 그런데 나는 당신에게 죄인의 형벌이 하나님의 영광인지, 아니면 어느 정도까지 영광이 되는지 듣고 싶습니다. 왜냐하면 만약 죄인의 형벌이 하나님의 영광이 아니라면, 죄인이 그분에게 빼앗은 것을 갚지 않고 형벌을 받을 때, 하나님은 영광을 잃고, 다시는 회복하지 못하는 것이 됩니다. 이는 앞서 말한 것과 모순되는 것 같습니다.

안셀무스: 하나님께서 영광을 잃는 일은 불가능합니다. 왜냐하면 죄인은 자발적으로 자신이 빚진 것을 갚거나, 하나님께서 그의 의지에 반하여 그것을 빼앗아 가시기 때문입니다. 사람은 죄를 짓지 않음으로써 자발적으로 하나님께 마땅한 복종을 드리거나, 자신이 지은 죄를 속죄함으로써 그 빚을 갚습니다. 또는 하나님께서는 강제로 그를 복종시키시며, 그가 자발적으로 고백하기를 거부한 사실을 통해 하나님께서 그의 주인이심을 보여주십니다. 여기서 주목할 점은, 사람이 죄를 지음으로써 하나님께 속한 것을 빼앗듯이, 하나님께서 형벌을 내리심으로써 그에게 속한 것을 빼앗으신다는 것입니다. 이는 그 사람이 이미 소유한 것뿐만 아니라 소유할 수 있는 것도 포함되기 때문입니다. 그러므로 인간은 죄를 짓지 않으면 행복에 이를 수 있도록 창조되었지만, 죄로 인해 행복과 모든 유익을 박탈당하게 되며, 그로 인해 자신이 저지른 범죄에 대한 대가를 마지못해 갚게 됩니다. 하나님은 인간이 빼앗긴 것을 자신에게 유리하게 사용하지 않으시지만, 그 제거를 통해 자신의 영광에 이바지하십니다. 왜냐하면 그 제거를 통해 하나님은 죄인과 그가 소유한 모든 것이 자신에게 종속되어 있음을 증명하시기 때문입니다.

하나님께서 영광이 조금이라도 손상되는 것을 허락하실 것인가?

보소: 당신의 말에 동의합니다. 하지만 여전히 제가 답을 듣고 싶은 또 다른 점이 있습니다. 하나님께서 자신의 영광을 그렇게 보존해야 한다면, 왜 하나님께서는 그것이 조금이라도 손상되도록 허락하십니까? 어떤 것이 어느 정도 손상되도록 내버려 둔다면, 그것은 완전하게 유지된 것이 아닙니다.

안셀무스: 하나님의 영광은 하나님 자신과 관련된 한, 추가되거나 줄어들 수 없습니다. 왜냐하면 그분은 스스로 타락하거나 변하지 않는 영광이기 때문입니다. 그러나 모든 피조물이 자연적인 본능이나 이성적인 인식으로 자신의 위치와 마치 정해진 질서를 유지할 때, 그것은 하나님께 순종하며 그분을 영화롭게 한다고 말할 수 있습니다. 특히 이성적인 존재에게는 자신의 의무가 무엇인지 이해하는 능력이 주어졌기 때문에 더욱 그렇습니다. 이 피조물이 자신의 의지로 바르게 행동할 때, 그것은 하나님께 영광을 돌리는 것이며, 그에게 아무것도 더해주는 것은 아니지만 자발적으로 자신의 의지를 하나님의 뜻과 섭리에 복종시키기 때문입니다. 그리고 그것은 피조물의 질서와 우주의 아름다움을 유지합니다. 그러나 그것이 마땅히 해야 할 것을 하지 않을 때, 그것은 하나님께 불명예를 안겨주는 것이고, 이는 그 피조물과 관련하여 발생합니다. 그것은 자발적으로 그분의 섭리에 복종하지 않기 때문입니다. 따라서 그것은 피조물의 질서와 우주의 아름다움을, 피조물이 할 수 있는 범위에서 방해하지만, 하나님의 권능이나 존엄성을 해치거나 손상시키지는 않습니다. 예를 들어, 하늘 아래 있는 어떤 존재들이 하늘 아래 있지 않기를 원하거나, 하늘에서 멀어지기를 원한다고 해도,[226] 그들은 하늘 아래에서 벗어날 수 없으며, 하늘에서 멀어지면 멀어질수록 다른 하늘의 일부에 더 가까워질 뿐입니다. 마찬가지로, 사람이든 악한 천사든 하나님께 복종하기를 원하지 않더라도, 그들은 그분의 뜻에서 벗어날 수 없습니다. 만약 그들이 명령적 의지에서 벗어나려고 한다면, 그들은 하나

님의 형벌적 의지 아래에 놓이게 됩니다. 그리고 그들이 어떻게 그 변화를 겪는지를 묻는다면, 그 대답은 오직 하나님의 허용적 의지 아래에서만 가능하다는 것입니다. 그 왜곡된 의지와 행동조차도 하나님의 최고 지혜에 의해 앞서 말한 우주의 질서와 아름다움에 부합하게 사용됩니다. 하나님께서 모든 종류의 악에서 선을 이끌어 내신다는 사실을 떠나서도, 타락에 대한 자발적인 속죄나 속죄를 하지 않는 자로부터 형벌을 요구하는 것이 그 우주 안에서 각자의 위치를 차지하며, 질서의 아름다움을 갖고 있습니다. 만약 이 두 가지가, 타락이 올바른 질서를 위협할 때, 하나님의 지혜에 의해 추가되지 않는다면, 하나님께서 유지하셔야 할 우주의 질서 속에서 그 질서의 아름다움을 훼손하는 어떤 추한 왜곡이 발생할 것입니다. 그리고 이것은 하나님께서 자신의 계획을 실행하는 데 실패한 것처럼 보일 것입니다. 이 두 가지 모두 하나님께는 적합하지 않으며 불가능한 일이므로, 모든 죄는 반드시 속죄나 형벌로 이어져야 합니다.

보소: 당신은 내 반론을 충분히 해결해 주셨습니다.

안셀무스: 그러므로[227] 하나님께서는 그분 자신 안에서 그 누구에 의해서도 영광을 받으시거나 불명예를 당하실 수 없다는 것이 명백합니다.[228] 그러나 사람은 자신의 의지를 하나님의 뜻에 복종시키거나 그분으로부터 벗어날 때, 자신이 할 수 있는 범위에서 그렇게 행동한다고 여겨집니다.

보소: 이 점에 대해 이의를 제기할 수는 없을 것 같습니다.

안셀무스: 제가 추가로 말할 것이 있습니다.

보소: 말씀하십시오. 듣는 것이 지루하지 않을 것입니다.

인간이 되신 하나님 19장[229]

사람들이 죄에 대한 속죄 없이 구원받을 수 없는 이유

안셀무스: 이제 한 가지 예를 들어보겠습니다. 어떤 부유한 사람이 더럽혀진 적이 없는 매우 값비싼 진주를 손에 쥐고 있다고 상상해 봅시다. 그 진주는 그의

허락 없이 다른 어떤 사람도 그의 손에서 가져갈 수 없습니다. 그는 그 진주를 자신의 소중하고 귀한 물건들이 보관된 보물 창고에 보관하려 합니다.

보소: 저는 그 진주가 우리 앞에 있는 것처럼 상상됩니다.

안셀무스: 그런데 만약 그가 질투심에 가득 찬 누군가가 그 진주를 그의 손에서 땅에 떨어뜨려 더럽히는 것을 막을 수 있었음에도 불구하고 방관하고, 그 후에 그 진주를 더러운 상태로 보물 창고의 깨끗하고 귀한 자리에 씻지 않고 보관하려 한다면, 그를 현명하다고 할 수 있겠습니까?

보소: 어떻게 그를 현명하다고 할 수 있겠습니까? 그 진주를 깨끗한 상태로 유지하는 것이 더 나은 일이 아니겠습니까?

안셀무스: 하나님께서도 이와 비슷한 방식으로 행동하셨을 것이라고 생각되지 않습니까? 하나님은 에덴동산에서 인간을 자신의 손에 붙들고 있었고, 그가 천사들과 함께할 존재로 예정되었으며, 사탄이 질투에 불타 그를 죄의 더러움 속으로 떨어뜨리는 것을 허락하셨습니다. 하나님이 원하셨다면 사탄이 인간을 유혹하지 못하도록 막으실 수 있었지만, 그렇게 하지 않으셨습니다. 만약 인간이 죄로 인해 더러워진 상태로, 속죄 없이 다시 에덴동산으로 돌아가 계속 그런 상태로 남아 있게 하신다면, 하나님께서 진주를 더러운 채로 보물 창고에 보관하는 것과 같은 방식으로 행동하신 것 아니겠습니까?

보소: 하나님께서 그런 식으로 행동하신다면, 저는 그 두 상황이 비슷하다고 부정할 수 없습니다. 따라서 저는 하나님께서 그렇게 행동하실 수 없다는 생각에 동의합니다. 왜냐하면 그분이 그렇게 하신다면, 그분은 자신이 계획하신 일을 실행할 수 없거나, 그분의 선한 의도를 후회하신 것처럼 보일 것입니다. 그러나 그 두 가지 모두 하나님께 해당되지 않기 때문입니다.

안셀무스: 그러므로 우리는 죄에 대한 속죄, 즉 자발적인 빚의 상환 없이는 하나님께서 죄를 벌하지 않고 넘어가실 수 없으며, 죄인이 행복에 이를 수 없다는 사실을 확고히 해야 합니다. 그것은 심지어 죄인이 죄를 짓기 전에 가졌던 상태로도 복원되지 못할 것입니다.

보소: 당신의 논리를 반박할 수 없습니다. 그러나 "우리의 빚을 용서하소서"라는 기도와 같은 것의 의미는 무엇입니까? 모든 민족은 그들의 신념에 따라 하나님께 죄를 용서해 달라고 기도합니다. 만약 우리가 빚을 갚았다면, 왜 용서를 구합니까? 하나님께서 이미 갚은 것을 다시 요구하시는 것은 부당하지 않습니까? 그리고 우리가 갚지 않았다면, 하나님께서 하실 수 없는 일을, 즉 하나님께 합당하지 않은 일을 해 달라고 헛되이 요청하는 것 아닙니까?

안셀무스: 갚지 않은 자는 헛되이 "용서하소서"라고 외칩니다. 그러나 갚는 자는 옳게 기도합니다. 왜냐하면 기도 자체가 갚아야 할 것의 일부이기 때문입니다. 하나님은 누구에게도 빚을 지지 않지만, 모든 피조물은 하나님께 빚을 지고 있습니다. 그러므로 하나님을 동등한 자로 대하려 해서는 안 됩니다. 하지만 이 문제는 지금 더 깊이 답할 필요는 없습니다. 당신이 그리스도께서 왜 죽으셨는지를 이해하게 되면, 아마도 스스로 이 질문에 대한 답을 찾게 될 것입니다.

보소: 그렇다면 당분간은 당신이 주신 답에 만족하겠습니다. 그러나 당신은 죄와 함께 행복에 이를 수 없으며, 사람이 죄로 빼앗아 간 것을 갚지 않고서는 죄에서 벗어날 수 없다는 점을 너무 명확하게 증명하셔서, 이제 더 이상 의심할 수 없습니다.

속죄는 죄의 크기에 비례해야 하며, 인간은 스스로 이를 이룰 수 없다.

안셀무스: 이 점에 대해서도, 속죄는 죄의 크기에 비례해야 한다는 사실을 의심하지 않으시겠지요.

보소. 그렇지 않으면, 죄가 어떤 면에서 질서에 맞지 않게 남아있을 것이며,[230] 이는 하나님의 나라에 무질서한 것이 남겨지지 않는다면 불가능합니다. 그러나 이는 미리 정해진 것이니, 하나님에게 불합당한 가장 작은 것도 있을 수 없기 때문입니다.

안셀무스: 그러면 당신은 죄에 대해 하나님께 무엇을 바칠 것입니까?

보소: 회개, 상한 마음과 겸손한 마음, 절제와 다양한 육체적 고행, 자비의 행위들, 즉 나누고 용서하는 것, 그리고 순종입니다.

안셀무스: 이 모든 것에서, 당신은 하나님께 무엇을 바칩니까?

보소: 내가 하나님에 대한 경외와 사랑으로 마음을 찢어 회개하며[231] 세상의 기쁨을 버리고, 절제와 고행의 날들을 살고, 내 소유를 나누며 용서할 때, 그리고 순종의 길을 걸을 때 하나님을 영화롭게 하지 않습니까?

안셀무스: 당신이 이미 죄를 짓기 전에 하나님께 빚진 것을 바칠 때, 그것을 당신이 죄에 대해 하나님께 갚아야 할 빚으로 여겨서는 안 됩니다. 당신이 언급한 모든 것은 이미 하나님께 빚진 것입니다. 왜냐하면 당신이 창조된 목적을 이루기 위해, 그리고 모든 기도가 향하는 그 목표에 도달하기 위해 이 세상에서 사랑과 열망이 커야 하며, 그곳에 아직 도달하지 못한 것에 대한 슬픔과 그곳에 도달하지 못할 것에 대한 두려움이 커야 하기 때문입니다. 당신은 그 자체로 사랑하고 갈망하지 않는 것을 소유할 자격이 없으며,[232] 아직 얻지 못했기에 슬퍼하지 않는 것에 대해 어떤 감정을 가질 수도 없으며, 게다가 그것을 잃을 위험이 큽니다. 또한 이 상태에 있는 마음은 참된 쉼과 만족에서 마음을 되돌리는 세속적인 즐거움을 경멸하며, 그것들이 당신의 열심을 돕거나 그 목표에 도달할 희망을 주는 경우가 아니라면 제외해야 합니다. 나눔에 대해서는, 당신이 나누는 것이 당신에게서 나온 것이 아니라 당신이 섬기는 분에게서 온 것임을 알기에, 이를 당신의 의무로 명확히 생각해야 합니다. 당신이 주는 사람이나 받는 사람 모두 그분의 종이며, 자연은 당신에게 당신이 남에게 받기를 원하는 대로 남에게 행하라고 가르칩니다. 가진 것을 주지 않는 자는 자신이 가지지 않은 것을 받을 자격이 없다는 것도 말입니다. 또한, 용서에 대해서는 간단히 말하자면, 복수는 당신의 것이 아니며, 당신은 당신의 것이 아니고, 죄를 지은 자도 그의 것이 아닙니다. 당신은 둘 다 한 주인의 종이며, 그분이 무에서 창조하셨습니다. 만약 당신이 동료 종에게 복수한다면, 당신은 오만하게도 그에게 심판을 내리려 하는데, 이

는 오직 모든 주인이자 재판관인 하나님께만 속한 것입니다. 순종에 있어서도, 당신은 당신이 하나님께 이미 빚진 것을 하나님께 바치는 것입니다. 당신은 자신이 있는 것과 가진 것, 할 수 있는 모든 것이 그분에게서 왔음을 부인할 수 없습니다.

보소: 이제 더 이상 내가 하나님께 빚진 것을 드릴 수 있다고 말할 수 없겠군요.

안셀무스: 그렇다면 당신은 죄에 대해 하나님께 무엇을 바칠 것입니까?

보소: 내가 아직 죄를 짓지 않았을 때도 자신과 내가 할 수 있는 모든 것을 하나님께 드려야 한다면, 나는 죄를 지은 후 하나님께 바칠 것이 아무것도 없습니다.

안셀무스: 그렇다면 당신은 어떻게 될 것입니까? 당신은 어떻게 구원을 받을 수 있겠습니까?

보소: 당신의 논리를 따라 생각해 보면, 어떻게 구원을 받을지 알 수 없지만, 내 믿음에 기대면, 사랑으로 역사하는 그리스도인의 믿음 안에서 내가 구원받을 수 있기를 희망합니다. 왜냐하면 우리가 '악인이 자기 불의에서 돌이켜 의로운 일을 하면 그의 모든 불의가 기억되지 않으리라'고 읽었기 때문입니다.[233]

안셀무스: 그것은 오직 그리스도가 오시기 전 그분을 기다렸거나, 그분이 오신 이후에 그분을 믿는 자들에 대해 말한 것입니다. 그러나 우리가 이 논의에서 그리스도와 그리스도교 신앙이 전혀 존재하지 않았다고 가정했을 때, 인간의 구원이 그분의 오심 없이는 가능한지 이성만으로 탐구하려 했습니다.

보소: 그렇습니다, 그렇게 했습니다.

안셀무스: 그렇다면 이성만으로 계속해 봅시다.

보소: 당신이 나를 복잡한 난관으로 이끌고 있지만, 나는 당신이 시작한 대로 계속하길 간절히 바랍니다.

죄의 크기와 무게

안셀무스: 이제 당신이 방금 말한 모든 것을 하나님께 죄에 대한 속죄로 드릴 필요가 없다고 가정해봅시다. 그리고 그것들이 하나님의 뜻에 어긋난 아주 작은 한 번의 눈길만큼의 죄에 대한 속죄로 충분할지 생각해 봅시다.

보소: 당신이 이것을 질문으로 제기하는 것이 아니라면, 나는 그러한 죄가 단 한 번의 회개로 지워질 수 있을 것이라고 생각했을 것입니다.

안셀무스: 당신은 아직 죄의 크기와 무게를 고려하지 않았습니다.

보소: 그렇다면 나에게 그것을 설명해 주십시오.

안셀무스: 당신이 하나님 앞에 서 있고, 어떤 사람이 당신에게 '저쪽을 보라'고 말하는데, 하나님께서 '나는 네가 그곳을 보지 않기를 원한다'고 하셨다면, 온 우주에서 당신이 하나님의 뜻에 어긋나게 그곳을 바라볼 이유가 무엇인지 당신의 마음에 물어보십시오.

보소: 나는 그러한 일을 해야 할 이유를 찾을 수 없습니다. 단, 더 큰 죄를 피하기 위해 어쩔 수 없는 필요에 처하지 않는다면 말입니다.

안셀무스: 필요의 경우를 제쳐두고, 이 죄만을 생각해보십시오. 당신은 스스로를 구속하기 위해서라도 그러한 일을 할 수 있겠습니까?

보소: 명백히 할 수 없을 것입니다.

안셀무스: 더 길게 시간을 끌지 않겠습니다. 만약 온 세상과 하나님을 제외한 모든 것이[234] 멸망하고 사라져야 하거나, 아니면 당신이 하나님의 뜻에 어긋나는 아주 작은 일을 해야 한다면, 어떻게 하시겠습니까?

보소: 그 행동 자체를 생각하면 매우 사소하게 느껴집니다. 그러나 그것이 하나님의 뜻에 어긋난다는 점을 생각하면, 그 무게가 매우 크다고 생각되며, 어떤 손실과도 비교할 수 없습니다. 하지만 우리는 때때로 사람의 뜻을 거스르면서도 그가 소유한 재산을 보존하기 위해 그러한 행동을 하고, 그 후에 우리가 그

의 뜻을 어긴 것이 오히려 그에게 기쁨을 주는 경우도 있습니다.

안셀무스: 그것은 사람이 자신의 유익을 항상 이해하지 못하거나, 잃어버린 것을 회복할 수 없기 때문에 일어나는 일입니다. 그러나 하나님은 어떤 사람도 필요로 하지 않으며, 그분은 모든 것이 멸망하더라도 그것들을 다시 창조하실 수 있습니다.

보소: 나는 이제 인정하지 않을 수 없습니다. 내가 온 창조를 보존하기 위해서라도 하나님의 뜻에 어긋나는 행동을 해서는 안 된다는 것을.

안셀무스: 만약 이 세상과 같은 피조물로 가득 찬 더 많은 세상이 존재한다면 어떻게 하시겠습니까?

보소: 그것들이 무한히 많아져도, 그것들이 모두 내게 제시되더라도 내 대답은 똑같을 것입니다.

안셀무스: 당신은 더 정확한 대답을 할 수 없을 것입니다. 하지만 만약 당신이 하나님의 뜻에 어긋나게 그 눈길을 던졌다면, 이 죄에 대해 어떤 속죄를 드릴 수 있겠습니까?

보소: 내가 이미 말한 것보다 더 큰 것을 가지고 있지 않습니다.

안셀무스: 우리가 하나님의 뜻에 어긋나는 작은 일이라도 의도적으로 할 때마다 이렇게 큰 죄를 짓는 것입니다. 왜냐하면 우리는 항상 하나님의 시선 안에 있으며, 하나님은 우리에게 죄를 짓지 말라고 항상 명령하시기 때문입니다.

보소: 우리가 너무나 위험한 상태에 살고 있는 것 같습니다.

안셀무스: 하나님께서는 그에 상응하는 속죄를 요구하신다는 것이 분명합니다.

보소: 그것은 부정할 수 없습니다.

안셀무스: 그러므로 당신은 죄를 짓지 말았어야 할 그 모든 것보다 더 큰 것을 바치지 않으면 속죄를 드리지 않는 것입니다.

보소: 나는 이 요구가 합리적이라는 것과 그것이 완전히 불가능하다는 것을 깨닫습니다.

안셀무스: 하나님은 어떤 죄의 빚도 조금이라도 지고 있는 자를 복되게 할 수

없습니다. 왜냐하면 그럴 수 없기 때문입니다.

보소: 엄중한 판결이군요.

안셀무스: 인간이 하나님과 화해하는 것이 왜 이렇게 어려운지에 대한 또 다른 이유를 들어보십시오.

보소: 믿음이 나에게 위로를 주지 않는다면, 이 이유만으로도 절망에 빠질 것 같습니다.

안셀무스: 그러나 계속 들어보십시오.

보소: 말씀하십시오.

사람이 사탄에게 굴복함으로써 하나님께 무슨 모욕을 했고, 그에 대한 속죄를 할 수 없는 이유

안셀무스: 하나님께서 사람을 죄 없이 낙원에 창조하셨고, 사람은 마치 하나님을 위하여, 하나님과 사탄 사이에 두어져서, 사탄의 죄로 이끄는 유혹에 동의하지 않음으로써 사탄을 정복하도록 하셨습니다. 이는 사탄이 천국에서 아무런 유혹도 없이 강한 상태에서 죄를 지은 반면, 약한 인간이 땅에서 사탄의 모든 유혹에도 불구하고 죄를 짓지 않았을 때, 하나님의 의와 영광이 증대되고 사탄이 수치를 당하는 일이 될 것이었습니다. 그러나 사람은 강요당한 것도 아닌데, 사탄의 유혹에 스스로 굴복하였고, 하나님의 뜻과 명예에 어긋나게 사탄의 뜻에 따랐습니다.

보소: 당신의 의도는 무엇입니까?

안셀무스: 당신 스스로 판단해 보십시오. 인간이 하나님께 한 이 모욕이 바로잡히지 않고, 사탄에게 패배함으로써 하나님을 모욕했던 것처럼 사탄에게 승리함으로써 하나님의 명예를 회복하지 않고서는, 하나님과 화해하는 것이 하나님의 명예에 어긋나는 것은 아닌지요. 또한, 사람이 불멸의 능력으로 강한 상태에

서 사탄의 유혹에 쉽게 동의하여 죄를 범했고, 그로 인해 죽음의 운명을 정당하게 받았으니, 이제는 그가 스스로 불러들인 연약함과 죽음의 상태에서 사탄을 이기고 모든 유혹에 저항해야만 합니다. 하지만 이는 인간이 최초의 죄의 상처로 인해 죄 가운데 태어난 한 불가능합니다.

보소: 다시 말하자면, 당신의 주장이 이성적으로 맞다는 것은 알겠지만, 그 요구는 인간에게는 불가능한 일입니다.

안셀무스: 사람이 정당하게 하나님과 화해할 수 없는 또 다른 이유가 있으니, 이는 결코 덜 불가능하지 않습니다.

보소: 당신이 이미 우리에게 해야 할 많은 요구를 제시하셨기에, 이제 무엇을 더 하셔도 그다지 두려울 것 같지는 않습니다.

안셀무스: 그래도 들어보십시오.

보소: 듣고 있습니다.

사람이 죄를 지었을 때 하나님께 빼앗은 것이 무엇이며, 그것을 결코 돌려드릴 수 없는 이유

안셀무스: 사람이 사탄에게 굴복했을 때 하나님께 빼앗은 것이 무엇입니까?

보소: 말씀을 계속해 주십시오. 저는 당신이 이미 밝혀주신 악보다 더 나쁜 것이 무엇인지 알지 못합니다.

안셀무스: 사람이 사탄에게 굴복함으로써 하나님께서 인간 본성을 통해 이루고자 하신 모든 것을 빼앗지 않았습니까?

보소: 부정할 수 없습니다.

안셀무스: 이제 공정한 정의에 주목하고, 그것에 따라 판단해 보십시오. 사람이 사탄에게 굴복했을 때 하나님께서 잃으신 것을 회복하지 않고서는, 죄에 비례하는 속죄를 하나님께 드릴 수 없다는 점을 말입니다. 사람의 패배로 인해 사탄

이 하나님의 것을 빼앗았고, 하나님께서 잃으셨으니, 사람의 승리로 인해 사탄이 잃고, 하나님이 회복하셔야 합니다.

보소: 이보다 더 공정한 정의는 생각할 수 없습니다.

안셀무스: 최고의 정의가 이 정의를 위반할 수 있다고 생각합니까?

보소: 감히 그렇게 생각하지 못합니다.

안셀무스: 그러므로 사람이 하나님께서 주시려고 하신 것을 받으려면, 사람이 하나님께 빼앗아간 모든 것을 하나님께 돌려드려야 하며, 하나님께서 사람으로 인해 잃으셨던 것을 다시 그로 인해 회복하셔야 합니다. 그런데 이는 타락한 사람이 모든 인간 본성을 부패시키고 죄로 물들였으며, 하나님은 이 상태의 누구도 그분의 천국을 완성하기 위해 받아들이실 수 없기 때문에, 승리한 사람을 통해 죄에서 의롭게 된 이들이[235] 그 수를 채워야만 합니다. 그러나 죄인은 다른 죄인을 의롭게 할 수 없으니, 이는 인간에게 결코 가능한 일이 아닙니다.

보소: 이보다 더 공정한 일은 없으나, 동시에 더 불가능한 일도 없습니다. 그러나 이 모든 것을 보면, 인간이 창조된 복된 상태에 대한 하나님의 자비와 인간의 희망이 모두 파괴된 것처럼 보입니다.

안셀무스: 조금만 더 인내하십시오.

보소: 더 무엇이 있습니까?

사람이 하나님께 빚진 것을 갚지 않는 한, 그는 행복할 수 없으며, 그의 무능함은 변명이 될 수 없다.

안셀무스: 사람이 다른 사람에게 빚진 것을 갚지 않는다면 부당하다고 불릴 수 있다면, 하나님께 빚진 것을 갚지 않는 자는 훨씬 더 부당하다고 할 수 있습니다.

보소: 만약 그가 갚을 수 있는데도 갚지 않는다면, 그는 분명히 부당합니다. 그러나 만약 그가 갚을 수 없다면, 어떻게 그가 부당하다고 할 수 있습니까?

안셀무스: 그 무능함에 대한 원인이 그에게 없었다면, 어느 정도 변명될 수 있을지도 모릅니다. 그러나 만약 그 무능함 자체가 죄의 일부라면, 그것은 죄를 경감시키지 못하며, 빚진 것을 갚지 않는 사람을 면책하지도 못합니다. 예를 들어, 주인이 자신의 종에게 어떤 일을 시키고, 특정 구덩이에 빠지지 않도록 주의하라고 명령하며 그 구덩이를 가리켜 보여주었을 때, 그 종이 주인의 지시와 경고를 무시하고 자발적으로 그 구덩이에 빠져, 시킨 일을 할 수 없게 되었다고 합시다. 이 경우 그 종의 무능함이 명령받은 일을 수행하지 못한 것에 대한 변명이 될 수 있다고 생각합니까?

보소: 전혀 그렇지 않습니다. 오히려 그 종의 죄는 더 중대해질 것입니다. 그는 자신의 무능함을 자초했기 때문입니다. 그는 두 가지로 죄를 지은 셈입니다. 첫째, 그가 명령받은 일을 하지 않았고, 둘째, 명령받지 말았어야 할 일을 했기 때문입니다.

안셀무스: 이와 같이, 스스로 죄에 빠져 갚을 수 없는 빚을 자초한 사람은 변명의 여지가 없습니다. 그는 자신의 잘못으로 인해, 자신이 지은 죄 이전에 갚아야 했던 것, 즉 죄를 짓지 말아야 할 의무와 그 죄로 인해 생긴 빚을 갚을 수 없는 무능함에 빠져 있습니다. 그 무능함 자체가 죄인 것입니다. 왜냐하면 그는 그런 상태에 빠져서는 안 되었고, 오히려 그런 상태에서 벗어나야만 했기 때문입니다.

C
속죄에서 사랑과 공의의 조화

속죄에 대한 주요한 반대들은, 다양한 표현에도 불구하고, 결국 "하나님과 인간의 모든 관계와 방식이 오직 사랑에만 기초한다"는 주장으로 요약될 수

있다. 이전 시대의 소시니안주의는 형벌적 **공의**를 부인하였고, 현대의 신비

주의적 이론은 오직 사랑만을 강조한다. 나는 이제 속죄 교리의 역사 속 견해에 대해 살펴보고자 한다.

18세기 말, 볼프(Wolf) 철학의 결과로 공의를 선(善) 아래에 분류하려는 사상이 나타났다. 공의를 "지혜롭게 행사된 선"으로 정의하며, 이 이론에 따르면 신적 형벌은 단지 아버지의 징계이거나 인간을 개선하기 위한 악의 지혜로운 적용으로 간주되었다. (예를 들어, 18세기 동안 슈타인바르트(Steinbart), 에버하르트(Eberhard), 텔러(Teller)가 이러한 표현을 사용했다.) 이는 대리적 만족의 기초를 흔들었으며, 속죄의 근거 자체를 제거했다. 이러한 의견들이 교회에 받아들여졌을 때, 그 영향은 극도로 해로웠다. 그들의 입장을 정당화하기 위해 가장 흔한 방법은, 최근에 다시 부활한 방식처럼, 고전적인 교리를 왜곡하고, 실용적 저작에서 정통파 작가들이 사용한 과장된 표현이나 신중하지 않은 구절들을 인용하며, "진노"와 "형벌"이라는 용어를 폭력적으로 오해하여 하나님을 잔인하고 복수심에 불타는 무자비한 폭군으로 묘사하는 것이었다. 그리고 이에 대조적으로 애정 어린 아버지의 이미지를 그렸다. 당시 속죄를 대리적 만족으로 비판한 이들의 주요 목표는 신적 공의의 필연적 행사를 전복하는 것이었으며, 이 의견은 하나님을 세속적인 군주들과 단순 비교하여 나온 것이라고 주장했다. 그들은 "선하신 하나님은 누구에게도 해가 되는 일을 할 수 없다"고 주장하며, 하나님은 오직 사랑만으로 존재하며, 죄로 인해 발생하는 악의 결과는 결코 형벌이 아니며, 인간의 선을 위한 자연법칙에 따라 발생한다고 보았다. 이 사상은 지속적이었으며 그 영향은 해로웠다.

19세기 초, 신적 공의와 관련하여 이전 사상과 일치하는 더 복음적인 이론이 등장했다. 이 이론은 18세기 말과 19세기 초에 등장한 가장 활발한 인물들, 즉 하젠캄프(Hasenkamp), 멘켄(Menken), 라바터(Lavater), 예수의 말씀의 저자인 R. 슈티어(Stier), 슐라이어마허(Schleiermacher)와 그의 학파, 니츠쉬

(Nitzsch), 에를랑겐의 V. 호프만(V. Hofmann), 그리고 최근의 흐름인 흐로닝언 신학(Groningen theology), M. 모리스(M.Maurice)의 추종자들, 그리고 영국의 광범위한 신학자들이 포함되었다. 그들은 하나같이 속죄에서 사랑만을 볼 수 있다고 주장한다. 복음적 신학에 더 가까운지 여부에 상관없이, 그들은 모두 하나님의 구속 사역을 단순히 사랑을 행사하는 것으로만 묘사한다. 그들은 속죄에서 사랑 외에 다른 요소를 허용하지 않는다. 그래서 니츠쉬는 그의 체계 안에서 이를 "인간 삶에 대한 거룩한 사랑의 계시"라고 부른다. 이러한 사상에 따라, 슐라이어마허는 설교 제목으로 "우리는 하나님의 진노에 대해 가르칠 필요가 없다"고 발표했다(그의 설교집 2권, 725페이지).

스코틀랜드 국교회(Row)의 전 목사였던 J. Macleod Campbell의 저서 속죄의 본질과 죄 사함 및 영생과의 관계 (케임브리지, 1856)는 완전히 다른 출발점에서 같은 입장을 강력히 지지한다. 이 저작이 브로드 처치 스쿨(Broad Church School) 지지자들 사이에서 중요한 권위로 자리 잡고 있다는 점은 주목할 만하다.

Campbell은 다음과 같이 말한다. "복음이 속죄와 관련하여 우리에게 처음 요구하는 것은, 하나님께 용서가 있다는 사실을 믿는 것이다. 용서란, 적에 대한 사랑이 그의 적대감 속에서도 살아남고, 그 적대감에도 불구하고 그를 위한 선한 행동을 할 수 있는 사랑을 의미한다. 우리는 이 사랑이 하나님께서 우리를 향해 가지고 계심을 믿어야 속죄를 믿을 수 있다."

Campbell은 또한 다음과 같이 설명한다. "이 믿음은 속죄의 믿음에 앞서야 하는 믿음이다. 만약 우리가 스스로 속죄를 할 수 있다면, 이방인들이 희생 제물로 속죄를 시도하는 것처럼, 또는 사람들이 자기 의로 하나님과 화해하려고 하는 시도처럼, 그러한 속죄는 용서에 앞서고 그 원인으로 여겨질 수 있다. 그러나 하나님이 속죄를 제공하신다면, 용서는 속죄에 앞서야 하며, 속

죄는 하나님의 용서하는 사랑의 표현이지 그 원인이 아니다.”(17-18쪽)

그가 공의에 대해 가진 개념 또한 불일치한다. 그는 이를 다음과 같이 설명한다. “공의는 단순히 죄인을 벌을 받아야 할 대상으로 보는 것이 아니라, 도덕적으로 불의한 상태에 있는 존재로 보기 때문에, 죄인이 불의한 상태를 벗어나 의로운 상태로 되기를 원해야 한다. 하나님 안의 의는 인간 안의 의를 갈망하며, 이 갈망은 인간 안에 의가 실현될 때만 만족될 수 있다.”(30쪽)

이러한 설명은 하나님의 완전성을 혼동하는 것과 같다. 인간 구속 계획에서 이 완전성들의 조화를 드러내는 대신, Campbell은 계속해서 “법은 사랑이므로 어떻게 다를 수 있겠는가?”라고 묻는다(31쪽). 이는 성경의 용어를 명확하고 엄격하게 사용하는 대신 새로운 용어 체계를 만드는 것이다.

이와 유사한 사고 체계는 Baldwin Brown의 두 저서에서 드러난다. 첫 번째는 Divine Life in Man (Ward and Co., London), 두 번째는 The Doctrine of the Divine Fatherhood in relation to the Atonement다. Brown은 M. Maurice와 J. Macleod Campbell을 극찬하며, 특히 Campbell의 책이 속죄 문제를 깊이 있게 다룬 가장 뛰어난 저작 중 하나라고 평가하고, 독자들에게 이를 공부할 것을 권장한다. 이는 그의 관점과 성향을 충분히 보여준다.

이 이론에 따르면, 더 이상 법적 속죄는 존재하지 않으며, 오직 Campbell이 말하는 “도덕적이고 영적인 속죄”만 남게 된다. 이러한 개념은 신학의 사법적, 법정적 측면을 완전히 제거하고, 죄인의 하나님과의 객관적인 관계-본래 어그러진 상태로서 회복이 필요한 관계-는 완전히 공백 상태로 남는다. 대신, 우리는 신비적인 하나님의 사랑과 내적 삶에 대한 묘사만을 얻게 되며, 용서는 절대적인 것으로 취급되거나 영적 삶의 결과물 혹은 동반물로 여겨질 뿐이다.

만약 인간의 본성과 도덕적 구성, 즉 하나님께서 원래 인간에게 부여하신 것이, 하나님을 단지 영향력의 원천으로만 보고, 도덕적 통치자나 법 제정자로 인식하지 않는 어떤 이론에 대해 일상적으로 반발하지 않는다면, 그리고 인간의 양심이 이를 크게 비난하지 않는다면, 종교와 도덕성에서의 심각한 타락으로 이어지는 것은 불과 한 걸음일 것이다. 모든 종교와 도덕성은 권위와 법에 대한 올바른 인식, 하나님의 공의, 그리고 상벌 체계에 의존하고 있다.

우리가 언급한 신학적 흐름에 관련된 선한 면을 부정하는 것은 아니다. 그들은 종종 구주를 영적 생명과 빛의 원천으로 묘사하고, 그분과의 연합의 특권에 대해 열정적으로 설명한다. 그러나 이러한 점들과 함께 두 가지 해로운 영향이 수반된다. (1) 그것은 인간을 율법주의 아래 놓아 결코 자신을 넘어설 수 없게 만든다. (2) 하나님의 통치, 율법의 본질, 영속성, 그리고 죄에 대한 하나님의 의로운 진노를 무시한다. 그것은 하나님을 생명 또는 영향력의 원천으로 만들 뿐, 도덕적 통치자, 법 제정자, 또는 심판자로서의 역할을 부정한다.

이러한 신학적 흐름의 명백한 결함은 계시에 대한 권리를 부여하지도 않고, 인간의 양심에 마땅한 권위를 부여하지도 않기 때문에, 많은 사람들을 더 나아가 보다 나은 관점으로 나아가게 했다. 예를 들어, 독일의 사상가들 중 Chalybaeus와 Dorner는 슐라이어마허 학파의 신비적이고 주관적인 이론을 넘어섰다. 그들은 하나님 안에 자기 전달의 요소(das selbst-mittheilende)뿐만 아니라 자기 유지 및 자기 주장 요소(das selbst-behauptende)가 있다고 주장한다. 전자는 사랑을, 후자는 공의를 나타낸다. 이것은 중세 신학 시대에 사랑을 정의한 'communicativum sui'와 공의를 정의한 'conservativum sui'라는 표현에서 나타났다. 공의는 하나님께 합당한 속성이며, 우주의 복지에 필수적이다. 공의의 실행을 공격하는 사람들은 사실 복음의 기초를 무너뜨리는 것이다. 형벌적 공의는 실제로 하나님께 합당하며, 인류의 도덕적 복지에 필수적인 사랑스러운 속성이다.

나는 이 신학적 학파들의 논증을 세부적으로 논할 필요는 없다. 그들이 기반으로 삼고 있는 원칙이 이미 무너졌기 때문이다. 하지만 두 가지 흔한 반론에 대해 설명하고자 한다. 첫째, 탕자의 비유(눅 15장)와 불의한 종의 비유(마 18:23-35)에서 하나님이 순전히 자비로 죄를 용서하신다고 주장하는 것이다. 이는 복음의 은혜 측면을 오해한 것으로, 복음은 하나님께 드려진 화목 제사를 통해 인간에게 베풀어진 은혜임을 잊어서는 안 된다(로마서 3:24 참조). 비유를 해석할 때는 비교의 핵심, 즉 tertium quid에만 주목해야 하며, 모든 면에서 비유를 설명하려고 해서는 안 된다는 해석의 원칙이 있다. 이 비유들은 결코 용서의 근거를 가르치기 위한 것이 아니었다. 탕자의 비유에 대한 논쟁은 말 자체가 아니라, 언급되지 않은 속죄에 대한 침묵에서 나온다. 그러나 우리는 침묵을 그렇게 해석할 권한이 없다. 여기서 구속자가 의도한 것은 용서의 근거나 원칙을 설명하는 것이 아니라(마 26:28), 잃어버린 인류에 대한 그분의 사랑을 나타내는 것이다. 이것이 누가복음 15장에 포함된 세 비유의 큰 주제다.

둘째, "하나님의 마음에 동일한 대상에 대해 사랑과 진노가 동시에 있을 수 있는가?"라는 질문이 제기된다. 이 반론은 죄의 사실을 무시하고 있다. 인간은 피조물로서 그리고 죄인으로서 이중적 성격을 가지고 있다는 사실을 간과하고 있는 것이다. 이는 모든 어려움을 해결해 준다. 이것은 아버지가 반항적인 아들과의 관계에서 사랑과 분노를 동시에 느낄 수 있는 것과 유사하다.

또한, 인간이 잘못을 자유롭게 용서하는 데 있어서 하나님을 본받아야 하므로, 하나님도 속죄 없이 용서한다는 논증이 제기된다. 그러나 이는 단순한 추론으로 명확한 성경 구절들을 뒤엎는 것이다. 또한, 인간이 그의 사법적 관계에서 단순히 용서한다는 것도 사실이 아니다. 이러한 신학자들은 단지 인간이 그의 형제와의 사회적 관계에서 또는 부모의 관계에서만 이야기하고 있다. 하지만 그들은 하나님 형상대로 만들어진 인간이 하나님의 다양한 관계에 다각적으로 유사하다는 것을 잊고 있다. 즉, 인간에게는 입법적이고 사법적 관계뿐만 아니라 부모적 관계도 존재한다. 만약 인간이 후자의 관계에서 단지 자비에 따라 행동한다면, 그는 하나님의 대리자가 될 수 없을 뿐만 아니라, 인간 사회의 정의, 질서, 도덕적 복지를 유지할 수도 없을 것이다.

D
두 번째 아담으로서의 그리스도의 사역, 또는 아버지와의 언약에 따른 속죄 사역

이 개념은 속죄의 근본적인 전제들을 고려할 때나, 혹은 속죄의 특별한 목적과 범위를 논할 때 항상 동반되어야 한다. 그리스도와 그분의 백성 사이의 결합이 없이는 속죄 교리를 이해할 수 없다. 그것을 언약(pactum salutis)이라고 부르든 아니든, 연합 신학(federal theology)의 용어를 사용하든 다른 용어를 선호하든 상관없다. 이 언약과 관련된 사고 체계는 한때 개혁교회에서 중요한 위치를 차지했고, 일부 루터교 내에서도 그러했으나, 후자에서는 보편적으로 퍼지지는 않았다.

이 사고 체계에 주목하게 한 여러 요소 중, 두 가지를 특히 언급할 수 있다. 하나는 소시누스(Socinus)의 반론이고, 다른 하나는 그 후에 등장한 아르미니우스 논쟁이다. 첫 번째 요소와 관련해, 소시누스가 중점을 둔 반론 중 하나는 죄를 지은 자와 벌을 받는 자 사이에 최소한 어떤 결합이 있어야 한다는 것이었다. 그는 그리스도와 우리 사이에 그러한 결합이나 유대가 존재하지 않는다고 보았다. 이러한 소시누스의 주장에 대해 진리를 수호하는 자들은 이에 반대하며 그리스도와 우리의 연합을 명확하게 정의하려고 하였다. 그들은 그리스도가 단순히 우리의 인성을 취하여 우리와 같은 인간이 되었을 뿐만 아니라, 우리와 더욱 가까운 연합을 이루었다고 주장하였다. 그리스도는 우리의 형제요 친구일 뿐만 아니라, 신랑, 머리, 목자, 주, 왕, 그리고 그의 백성의 보증인이기도 하다. 그로티우스(Grotius)는 그의 저서 De Satisfactione 4장에서 이 결합을 매우 강하게 주장하는데, 속죄의 가능성은 이 결합에 달려 있다고 말한다. 소시누스에 반대하여 그로티우스는 이렇게 말한다: "여기서 말할 수 있는 것은, 사람은 사람과 관련이 없지 않으며, 인간 사이에는 자연적인 친족 관계와 혈족 관계가 있고, 그리스도가 취한 우리의 육체와도 그러하다. 그러나 그리스도와 우리 사이에 훨씬 더 큰 연합이 하나님에 의해 정해졌다. 그분은 하나님에 의해 우리의 머리로 임명되었고, 우리는 그분의 몸의 지체들이다. 여기서 주목해야 할 점은, 소시누스가 죄에 대한 형벌을 다른 사람에게 지우는 데 필요한 연합을 단순히 육체적인 것으로만 한정시켰다는 점에서 그가 잘못되었다는 것이다. 이와 같은 형벌에 있어서 신비적 연합도 동일한 권능을 가지고 있다. 이는 왕과 백성의 예에서 주로 나타난다. 우리는 앞서 다윗의 죄로 인해 이스라엘 백성이 벌을 받은 역사를 인용했다." 그로티우스는 조금 후에, 이 결합이 대리 형벌의 기초가 된다고 덧붙인다: "따라서 성경은 전혀 소시누스를 지지하지 않는다. 성경은 하나님이 소시누스가 부당하게 비난하는 바로 그 일을 하셨다고 분명히 말하고 있으며, 소시누스가 자주 자랑하는 '올바른 이성'에 대한 더 나은 방어도 없다. 그러나 이 모든 오류를 제거하기 위해, 형벌의 본질은 죄에 대한 대가로 주어지는 것이라는 점을 명심해야 한다. 그러나 형벌이 반드시 죄를 지은 자에게 주어져야 한다는 것은 아니다. 이 점은 보상의 비유, 은혜, 복수에서 명백하게 드러난다. 보상은 자주 공로 있는 자의 자녀나 친족에게 주어지고, 은혜는 은혜를 베푼 자의 친족에게 베풀어지며, 복수는 죄를 범한 자의 친구에게 가해진다. 그러나 그들이 보상, 은혜, 복수라는 본질을 잃지는 않는다. 여기서 덧붙이자면, 만일 이것이 형벌의 본성에 반하는 것이라면, 이는 부당하다고 불릴 것이 아니라 불가능하다고 불렸을 것이다. 그러나 하나님은 사람에게 아버지의 죄로 아들을 벌하지 말라고 명령하셨다. 그러나 불가능한 것은 금지되지 않는다. 또한 부당함은 관계에 속하지 않고(형벌이 그런 관계다), 형벌의 실제 행위에 속한다. 여기서 질문해보아야 한다. 왜 모든 사람이 남의 죄로 다른 사람을 벌하는 것과 남의 공로나 은혜로 보상을 주는 것이 동등하게 자유롭지 않은가. 보상이나 은혜를 포함하는 행위는 본질적으로 허용되는 선행이기에 모두에게 허용되지만, 형벌을 포함하는 행위는 해를 끼치는 행위로, 본질적으로 모두에게 허용되는 것이 아니다. 그러므로 형벌이 정당하려면, 형벌 행위 자체가 처벌하는 자의 권한에 속해야 하는데, 이는 세 가지 방식으로 가능하다. 벌을 내리는 자의 선행적 권리에 의해서, 형벌에 관한 정당한 동의에 의해서, 혹은 같은 자의 범죄에 의해서다. 이 방식들로 행위가 합법화되면, 죄에 대한 형벌로 다른 사람에게 정해지는 데 아무런 문제가 없다. 단, 죄를 지은 자와 벌을 받는 자 사이에 어떤 연합이 있어야 한다. 이 연합은 아버지와 아들 사이의 자연적 연합일 수 있고, 왕과 백성 사이의 신비적 연합일 수 있으며, 유죄자와 보증인 사이의 연합일 수 있다. 소시누스는 모든 국가들의 판단에 호소하지만, 철학자들은 하나님께서 부모의 죄로 인해 그 자녀들을 벌하실 수 있다는 사실을 결코 의심하지 않았다." 그로티우스의 이 기억할 만한 장에서 더 이상 인용하지 않겠다. 나는 단지 이 논쟁에서 사람들이 구속자와 구속받은 자 사이에 단순한 본성의 공유를 넘어서는 어떤 필수적인 연합을 채택하고 유지하게 된 과정을 보여주기 위해 이 논의를 인용하였다. 이 연합은 결국 언약의 요소들을 포함하게 되었다.

그러나 앞에서 언급한 것과 함께 또 다른 원인도 작용했다. 아르미니우스 논쟁이 일어나고 다섯 가지 교리가 논의되었을 때, 많은 이들이 이 논쟁 과정에서 점점 더, 구속의 모든 준비가 특정한 집단을 위해 계획되고 실행되었다는 결론에 이르게 되었다. 이에 대해 아메시우스(Amesius)는 Coronis, p. 112에서 이렇게 말하고 있다: "또한 내가 덧붙이자면, 만약 그리스도가 그분의 직분에 기름 부음 받고 성별될 때 교회가 전혀 하나님의 마음에 있지 않았다면, 그리스도는 몸 없는 머리로 임명되었을 것이며, 현재 알려진 어떤 신하도 없는 왕이 되었을 것이다. 이는 이 신비 속에 감추어진 하나님의 지혜의 보화에 얼마나 부당한 일인지 내가 말할 필요도 없다. 독자는 그리스도의 속죄가 우리 죄인들을 위해 이루어진 것이었다는 점을 숙고해야 한다. 만약 우리와 그리스도 사이에 어떠한 선행적인 연합이 없었다면, 그 속죄는 효력이 없었을 것이다. 그 연합은 하나님이 그리스도를 우리의 머리로 세우셨고, 우리는 그분의 몸의 지체로서 존재하는 관계다. 훌륭한 사람인 휴고 그로티우스(Hugo Grotius)는 다른 곳에서 반대자들을 변호하면서도 이 점을 솔직히 인정하고 있다." (Defensionis Fidei Catholicæ, p. 66). 따라서 언약의 교리는 칼빈주의의 핵심적인 정수였으며, 특히 도르트 회의 이후 형성되고 체계화된 시스템에서 두드러졌다. 클로펜부르크(Cloppenburg)는 도르트 회의 직후 이 교리를 옹호했다.

이처럼 앞에서 언급된 두 요소는 개혁교회의 위대한 신학자들 중 많은 이들이 pactum salutis 또는 언약(fœdus)을 속죄를 완전히 이해하는 데 필수적인 것으로 드러내고 강조하게 만들었다. 이 교리는 한때 신학에서 중요한 위치를 차지했으나, 현재는 그 중요성이 줄어들었다. 그러나 그 사고 체계에 대한 관점이 어떻든 간에, 이 교리가 성경적이라는 점에는 이견의 여지가 없다. 그리스도와 구속받은 자들 사이에는 반드시 어떤 연합이 있어야 한다.

언약신학에 대해 말하자면, 그것은 분명 성경적인 두 아담의 교리(롬 5:12-20; 고전 15:47)를 근거로 확립하고자 한 것이었다. 이 두 교리는 결코 서로 다른 사고의 흐름이나 상호 배타적인 진리의 표현 방식으로 간주되어서는 안 된다. 이들은 동일한 원칙에 따라 진행되며, 정확히 동일한 결과에 도달한다. 하나는 인류의 관점에서, 다른 하나는 삼위일체의 계획에서 출발할 뿐이다. 언약신학을 조사하는 사람은 누구나, 개혁 교회에서 이 사고 체계를 2세기 동안 일반적으로 받아들이도록 한 사람들의 의도가 본질적으로 두 아담의 개념을 근거로 삼고 그것을 확실한 기초 위에 두고자 했다는 것을 의심할 수 없다. 즉, 역사상 두 아담만이 존재했고, 인류의 운명이 달린 두 가지 큰 사건만이 있었음을 보여주고자 한 것이다. 언약신학의 주요 옹호자들은 클로펜부르크(Cloppenburg), 스코틀랜드의 신학자인 딕슨(Dickson) (그는 1625년, 코체이우스(Cocceius)의 DeFoedere가 1648년에 출판되기 몇 년 전부터 이 개념을 발전시킴-로버트 블레어(Robert Blair)의 생애를 참고하라, Wodrow 출판물에 수록됨), 코체이우스(Cocceius), 부르만(Burmann), 비치우스(Witsius), 스트롱(Strong), 페토(Petto), 오웬(Owen) 등이 있다. 이 신학자들과 그 외 열정적으로 이 사고 체계를 받아들인 이들의 손에서, 언약신학은 장엄한 신학적 사고 체계로 발전하였다. 그러나 그 후 외부의 사상이 이 체계에 도입되었고, 완전성을 더하기 위해 여러 추가 요소가 복잡하게 결합되었다. 이로 인해 인간의 기교와 인위적인 구성 요소가 가미된 듯한 인상을 주게 된 것도 부인할 수 없다. 그러나 이미 언급된 핵심 사항에 대해서는 의심의 여지가 없다. 이들은 그리스도와 그의 백성이 법적으로 한 인격으로 간주되어야 한다는 점을 이 방식으로 확립하려고 했으며, 역사상 두 가정의 머리만이 존재하며, 오직 두 가지 중요한 사실이 있다. 하나는 타락이고, 다른 하나는 속죄이다.

이 사고 체계 전체에 대한 반작용이 약 100년 전에 시작되었다. 이는 놀라운 일이 아니며, 그 체계가 과도하게 발전되었고, 반작용은 인간의 정신이 균형을 되찾기 위한 노력에 불과했음을 기억하면 당연한 일이다. 이 체계는 과도하게 발전되었고, 현재는 지나치게 무시되고 있다.

그러나 언약신학은 결코 거부되거나 단순히 기독교적 노력의 고대 유물로 취급되어서는 안 된다. 언약신학이든 아니든, 그리스도 자신이 계시한 생각을 정당한 결론으로 이끌어 가는 사람이라면 누구나 이러한 개념, 혹은 그와 유사한 개념을 떠올릴 수밖에 없다. 그럴듯한 유일한 반론은, 언약 개념이 하나님의 두 가지 의지를 전제한다는 것이다. 이 반론은 하나님의 본질적 통일성에만 초점을 맞춘 결과이다. 이에 대해, 인간의 구속을 목적으로 하는 회의나 언약의 가정은 삼위일체 교리보다 더 큰 어려움을 수반하지 않는다고 지적할 수 있다. 삼위일체의 각 위격은 서로 간에, 그리고 우리에게 의지하고, 알고, 사랑하며, 행동을 취한다. 그들이 신적 본질의 수적 통일성 안에서 인격적으로 구별되는 것처럼, 존재의 질서에 따라 각 위격은 개별적으로 의지를 가지되, 분리되거나 고립되지 않는다. 이에 따라, 오웬 박사(Dr. Owen)는 그의 저서 Vindiciæ에서 비들(Biddle)을 반박하며 이렇게 말한다. "성부와 성자의 의지가 서로에 대해 독립적으로 작용하기 때문에, 이는 단순한 명령 이상이며, 언약이나 협정의 성격을 본질적으로 가진다."

이 사고 체계에 대해 어떤 견해를 취하든, 성경적 신학자라면 의심할 여지가 없는 중요한 사실은, 아담이 공적인 인물로서, 즉 다른 존재 계층과 구별되는 인간 종족에게 주어진 법에 따라 그의 가족 전체를 대표하는 자로서 서 있었듯이, 그리스도도 그의 가족 또는 씨에 대해 동일한 위치에 있다는 점이다. 세상은 처음 구성된 원칙 외의 다른 원칙에 따라 구속될 수 없었다. 아우구스티누스(Augustinus)의 표현인 "ille unus homo nos omnes fuimus"(그 한 사람이 곧 우리 모두였다)는, 첫 번째 인간에게 적용되는 가장 적절한 공식일 것이다. 그리고 이 공식은 하늘로부터 오신 두 번째 아담인 주님에게도 똑같이 적용될 수 있다. 속죄에 적용될 때, 그리스도와 그의 씨 사이의 언약, 혹은 결합이라는 이 원칙은 단순하고 쉽게 이해된다. 두 번째 아담이 조건을 충족시켰을 때, 그의 백성은 그 보상에 참여하게 된다.

이와 같이 그리스도는 보상을 받을 백성을 위해 일을 하도록 명령받았다. 성부는 아담에게 주어진 조건들과 더불어 죄책에서 비롯된 추가적인 조건을 그리스도에게 지우고, 성자가 그에게 주어진 씨의 보증인으로 행동하기로 맡게 된 후 그로부터 만족을 요구했다. 인간은 하나님이 처음에 설정한 원칙이나 법에 따라 구속될 수 있었으며, 그와 전혀 다른 원칙으로는 구속될 수 없었다. 언약신학의 유일한 목표는 이러한 성경적 진리를 근거로 삼고 확립하는 것이었다.

E
그리스도의 신성 또는 성육신이 속죄에 미친 영향

최근에는 그리스도의 신성과 속죄와 관련된 적절한 성육신 교리가 이전 시대보다 덜 강조되고 있다. 이 사실을 설명할 수 있는 여러 가지 원인이 쉽게 떠오를 수 있다.

그리스도의 인격에 대한 논의로 4세기 또는 5세기를 보낸 초대 교회의 상황을 생각하면, 성육신이 속죄에 미친 영향을 논의할 여지가 별로 없었던 것처럼 보일 수 있다. 하지만 실상은 그렇지 않다. 그리스도의 인격과 관련된 문제들-즉, 도케티즘, 아리우스파, 사벨리우스파, 네스토리우스파, 또는 단성론 논쟁-의 해결에 부여된 중요성은, 이 논의들이 신인(神人)인 그리스도의 속죄에 직접적인 영향을 미친다는 확신에서 비롯된 경우가 많았다. 교부 신학자들은 분명 절대적인 진리를 추구했지만, 그들이 그토록 신경을 썼던 이유는 이 문제들이 실제 교회의 신앙에 미치는 영향을 보았기 때문이었다. 이는 토마시우스(Thomasius)가 그의 저서 Beitäge zur Kirchlichen Christologie (1845, 엘랑겐)에서 잘 드러내고 있다. 네스토리우스파와 단성론 논쟁에서 예시를 들 수 있다. 한편으로는 시릴(Cyril), 다른 한편으로는 테오도레트(Theodo-ret)가 그들의 모든 논쟁에 속죄의 개념을 끌어들였다. 이렇게 네스토리우스주의는 그 논리를 밀고 나가면 인본주의나 에비온주의로 이어지고, 그 결과 속죄를 무너뜨린다고 비판받았다. 왜냐하면 단순한 인간의 죽음, 아무리 그가 하나님께 거처를 마련해 주거나 하나님의 성전이 되었다고 할지라도(θεοφ ορος), 세계적인 중요성을 가질 수 없다고 여겼기 때문이다. 또다시, 유티케스주의는 논리적으로 도케티즘으로 이어진다는 이유로 반대받았다. 이는 그리스도의 고난이 단지 외관에 불과하다는 원리로서, 우리는 그저 겉모양에 불과한 속죄를 가지게 된다는 것이다(δοκησις). 그래서 에페소스 공의회는 네스토리우스를 정죄한 이유로, 그가 구원의 사역을 그리스도의 인성, 즉 그의 육체에만 귀속시켰다는 점을 들었다.

종교개혁 신학으로 내려오면, 루터파와 개혁파 모두에서 그리스도의 신성이 속죄 사역에 절대적으로 필요하다는 점에 큰 강조가 놓여 있었다. 그들은 그리스도의 신성이 속죄에 필수적이며, 그리스도의 중보자 역할은 그가 어디에서나, 모든 장면에서 두 본성에 따라 행하셨다는 것을 유지할 때에만 올바르게 이해된다고 보았다. 그래서 오시안더가 로마 가톨릭 교리를 반박하기 위해 주 예수님께서 오직 신적 본성에서만 중보자 역할을 하셨다고 주장하고, 반대로 스탄카루스가 그를 반박하며 오직 인성에서만 중보자 역할을 하셨다고 주장했을 때, 교회는 하나님의 말씀으로 계몽된 영적 본능에 따라 두 주장 모두에서 벗어나야 한다고 느꼈다. 개신교의 두 분파가 확고히 취한 입장은 그리스도가 모든 공로 있는 사역에서 두 본성에 따라 행하셨으며, 그의 모든 중재적 활동이 두 본성을 포함한다는 것이었다.

성육신과 관련된 하나님의 아들의 속죄의 무한한 가치는 퀜스테트의 Systema Theologicum, 베셀의 Nestorianismus Confutatus, 그리고 그로티우스의 De Satisfactione에서 강력하게 드러난다. 특히 그로티우스는 이 점에 대해 매우 신선하고 명확하게 설명한다. 소시누스는 그리스도의 인격의 존엄성에 대해 아무것도 인정하지 않았으나, 그로티우스는 "우리는 달리 믿는다. 그는 비록 하나님으로서 고난을 겪지는 않았지만, 그 고난을 겪은 분이 하나님이라는 사실로부터 이 형벌의 가치를 평가해야 한다."라고 말한다. 그는 고린도전서 2장 8절, 고린도전서 2장 27절, 히브리서 9장 14절을 인용하며, "소시누스는 신성이 고난을 겪지 않았기 때문에 반대한다. 이는 마치 그가 이름 없는 사람이나 아버지를 때리는 것이 같은 일이라고 말하는 것과 같다. 왜냐하면 타격은 몸에 가해지며, 인격의 존엄성에 향하지 않기 때문이다. 이러한 오류는 이미 오래전에 아리스토텔레스에 의해 논박되었고, 일반적인 판단도 소시누스의 주장에 동의하지 않는다."라고 덧붙인다. 이 문제에 대해서는 또한 시드, Sermons, 2권, p. 391을 참조하라.

종교개혁 신학자들이 그리스도의 신성이 속죄에 미친 영향을 중요하게 여겼음을 알 수 있는 자료로는 당시의 교회 신조들, 신학 체계와 요약서들, 교회들을 위해 준비된 교리문답서를 들 수 있다. 예를 들어, 하이델베르크 교리문답과 그 방대한 해설서들(문답 14, 15, 16, 17)을 참조할 수 있으며, 소시니안주의와 합리주의가 항상 그리스도의 신성과 속죄를 함께 공격했다는 사실만으로도 이 두 개념이 얼마나 불가분하게 연결되어 있는지 분명하게 알 수 있다.

현대의 두 가지 성육신 이론은 그리스도의 신성이 속죄에 미친 영향을 온전히 평가하는 데 매우 불리하게 작용하고 있으며, 이들 이론에 대해 주목할 필요가 있다.

첫 번째는 비권능화이론(depotentiation theory)으로, 이는 현대 신학에서 널리 퍼진 경향이나 학파로, 그리스도의 낮아지심 동안 로고스가 자신의 신적 속성을 실제로 포기하거나 제한했다는 주장이다. 영국의 사고방식으로는 이러한 이론이 불가능하고 터무니없어 보이지만, 해외에서는 많은 저명한 복음주의 신학자들이 이를 지지하고 있다. 예를 들어 사르토리우스(Sartorius), 게스(Gess), 에브라드(Ebrard), 리브너(Liebner), 랑게(Lange), 슈미더(Schmieder), 슈타인마이어(Steinmeyer), 한(Hahn), 카니스(Kahnis), 델리취(Delitzsch), 호프만(Hofmann), 가우프(Gaupp), 쾨니히(König) 등이 있다. 이 이론에 대한 가장 좋은 반박은 도르너(Dorner)의 저서 그리스도의 인격과 특히 그의 논문 Jah-rbücher für Deutsche Theologie 1권에서 찾아볼 수 있다. 이 이론의 반향은 어빙(Irving) 이후의 일부 신학자들 사이에서도 발견되며, 그들은 주님의 낮아지심 동안 신적 본성이 정지 상태에 있었다는 혼란스러운 주장을 한다. 독일적 형태로든, 영국적 형태로든, 이 이론은 예수님을 지나치게 인간적인 모습으로 묘사하는 경향이 있으며, 성령으로 충만하고 도우심을 받은 인성만으로 행동한 것처럼 묘사한다. 이는 일면 진리이지만 결코 전체 진리가 아니다. 내가 이 이론들을 언급하는 목적은 그들이 속죄 교리에 불리하게 작용한다고 말하기 위함이다. 왜냐하면 그리스도께서 중보자로서 그분의 신성과 인성 모두로 사역하지 않았다고 보기 때문이다. 게스의 속죄 교리에 관한 논문과 기여에서도 저자는 그리스도의 신성과 속죄와의 관련성에 대해 침묵하고 있다. 그가 일관되었다면, 이는 당연한 결과이다. 그는 신적 속성의 정지 상태 또는 역량 감소 이론을 극단적으로 밀고 나가 주님께서 자신의 전지성, 편재성, 전능성, 그리고 영원한 거룩함을 포기하셨다고 주장했다(참조: 게스, 그리스도의 인격에 대한 교리, 바젤, 1856). 그러므로 그는 속죄 사역에서 그리스도의 신성이 미친 영향을 전혀 언급하지 않는 것이 일관된 태도이다. 그의 속죄에 관한 논문들은 이 중요한 누락을 제외한다면 훌륭하다(참조: 게스, 신약 속죄 교리의 역사적 발전 과정, Jahrbücher für Deutsche Theologie, 1857 등). 그의 원칙에 따르면, 그리스도께서 중보자로서 속죄 사역에서 두 본성 모두로 행동하셨다고 주장할 수 없다.

두 번째는 최근 교회 역사에서 이전에는 전례가 없었던 주목을 받게 된 또 다른 성육신 이론은, 성육신이 타락과 무관하며 타락과는 별도로 이루어졌을 것이라는 주장이다. 독일의 신학자들인 도르너(Dorner), 에브라드(Ebrard), 마르텐센(Martensen), 리브너(Liebner), 랑게(Lange), 로테(Rothe), 에렌페흐터(Ehrenfeuchter), 칼리바이우스(Chalybæus)가 이 이론을 대체로 수용하고 있다. 영국의 트렌치(Trench) 주교도 이 이론을 채택하고, 1837년 케임브리지 대학교에서 전한 다섯 개의 설교에서 이를 강력히 옹호했다. 이 이론의 주요 지지자는 도르너로, 그의 저서 그리스도의 인격에서 이를 주장하고 있다. 나는 이 질문에 대한 논의를 여기서 다루지는 않을 것이며, 이는 내가 1861년 1월에 영국 및 해외 복음주의 리뷰에서 이미 논의했기 때문이다. 여기서 이 이론을 언급하는 목적은 속죄 교리를 위험에 빠뜨린다는 것을 말하기 위함이다. 이 이론은 그리스도의 사명을 새로운 비성경적인 근거 위에 놓는다. 만약 이 이론에 따라 성육신의 필요성을 하나님의 본성이나 인류의 개념에서 끌어낸다면, 그리고 죄인에 대한 하나님의 자유롭고 주권적인 사랑에서가 아니라면, 우리는 성경의 묘사에서 벗어나게 된다(비교: 마 18:11; 갈 4:4; 히 2:14; 딤전 1:15). 성경은 타락한 인류를 위한 속죄를 성육신의 주요 목적이자, 사실상 유일하게 드러난 목적이라고 보여준다(마 20:28; 요 3:16). 우리는 하나님의 다양한 지혜 속에서 다른 목적이 존재하지 않았다고 주장할 필요는 없다. 그러나 이것이 유일하게 드러난 목적이다. 그리고 이 이론의 경향은 분명히 속죄를 성육신의 부차적이고 우연한 동반물의 지위로 낮추는 것이다. 속죄는 더 이상 그의 오는 목적이 아니며, 인류의 타락과의 상응 관계도 아닌, 혼란스러운 우주를 조정하는 것이 아니다. 성육신은 그러므로 스스로의 목적이 되어, 세계의 구원이라는 경이로운 목적을 위한 수단이 아니다. 이 이론의 전체적인 효과는 속죄를 경시하는 데 있다.

F
하나님의 어린 양이 죄를 지고 가는 것

세례요한의 이 말은 아주 중요한데, 그 내용 중에서 본문에서 다루기 어려웠던 몇 가지를 보충 설명할 필요가 있다.

De Wette와 Weiss는 이 증언이 이사야서 53장 7절과 12절에서 비롯된 것이라고 주장하는 반면, Hengstenberg와 Hofmann은 이 예언자가 단지 비유로 어린 양을 언급했기 때문에 그 주장을 받아들일 수 없다고 한다. 아마도 두 입장을 절충하는 것이 더 나은 해석일 것이다. 예언자가 희생 제물로서의 어린 양을 비유로 들었을 가능성이 있다면, 두 입장을 조화롭게 볼 수 있다. 그러나 명확한 인용이 없기 때문에, 굳이 이 해석을 두고 논쟁할 필요는 없다고 본다.

본문에서 우리가 다루어야 했던 또 다른 질문은, 여기서 언급된 어린 양이 정확히 어떤 어린 양을 가리키는가 하는 것이다. 이에 대해 훌륭한 설명이 Huther의 베드로전서 1장 19절 주석에서 볼 수 있다. 그의 주석은 H. A. W. Meyer's Kritisch Exegetischer Commentar의 일부이며, Cocceius의 Anecdota 2권 457쪽에서도 관련 설명이 있다. 이 두 주석가는 여기서 언급된 어린 양이 유월절 어린 양에만 국한된 것이 아니라 더 일반적인 의미로 확장된다고 본다. Huther는 베드로전서 1장 19절에 대해 다음과 같이 설명한다: "그리스도를 어린 양으로 묘사하는 데 있어서, 여기서 구약의 모형은 단지 유월절 어린 양만을 가리키는 것이 아니라, 유대 제사 제도의 전반적인 어린 양을 말한다." Cocceius 또한 이렇게 말한다: "그리스도가 어린 양이라고 불리는 것은 단순히 모든 속죄 제사에 대한 일반적인 언급일 뿐만 아니라, 특히 지속적으로 드려지던 희생 제물과 속죄를 위한 제사, 그리고 유월절 어린 양을 가리킨다. 유월절 어린 양은 이집트를 떠나는 이들에게 있어 모든 제사의 상징이었다."

참고로, 헬라어 구절 'ο αμνος-ο αιρων'의 현재분사형 구문에서 정관사와 분사는 항상 잘 알려진 관계나 어떤 독특한 특징을 나타낸다. 이는 라틴어의 is qui 또는 quippe qui와 유사하다(참조: Winer의 Grammar, sec. 20, c; Matthias

의 Grammar, sec. 269, obs.).

두 단어, 즉 "αιρειν"과 "αμαρτιαν"은 정확하고 세밀한 설명이 필요하다.

(1) 먼저 "αιρων"에 대해 살펴보면, 이 동사는 기본적으로 "들어올리다"라는 뜻이다. 하지만 그 행위가 다양한 의도로 이루어질 때, 파생된 의미들이 발생하게 된다. 예를 들어, (1) 누군가 어떤 것을 길 위에서 들어올리면, 그것을 자신을 위해 취하기 위해 들어 올릴 수 있으며, 그렇게 하면 그것을 다른 사람에게서 가져가는 것이 된다. 그래서 "가져가다"라는 의미가 생긴다. 그러나 (2) 그것을 들어올려 "나르다" 혹은 짐이나 부담을 지기 위해 들 수도 있다. 그래서 그리스 작가들은 "αιρεσθαι"를, 히브리식 작가들은 "αιρειν"을 "지다" 혹은 "나르다"라는 의미로 사용한다. 이 동사의 주요 개념은 반드시 한 장소에서 다른 장소로 옮기는 것이 아니라, 종종 어떤 부담이나 짐을 스스로 지는 것을 뜻한다. 이 단어가 이러한 용법으로 사용될 때, 그리스도가 어린 양으로 여겨지는 것과 완전히 일치한다. (참고로 Storr가 Flatt's Magazine für Dogmatik und Moral 2권 1797년, p. 206에 쓴 글을 보라.) Stein은 그의 저서 De Satisfactione, p. 338에서 다음과 같이 이 문제에 대해 썼다: "Joan. Georgius Dorscheus는 Pentadecad. Dissertat. Disp. xi. p.m. 380, sec. 43에서 40개 이상의 구절을 인용하면서 'το αιρειν'이 '나르다'라는 의미로 사용된다고 주장했다. 이는 요한일서 3장 5절에서도 확인된다." C. L. W. Grimm은 그의 저서 De Joan. Christologiæ indole, p. 106에서, "αιρειν"이라는 동사가 구약 성경의 70인역과 신약 성경 모두에서 짐을 지거나, 부담을 지거나, 스스로 떠맡는다는 개념을 포함하고 있으며, 특히 짐을 지는 것과 관련된 구절에서 자주 사용된다고 주장한다. 예를 들어 창세기 45장 23절, 예레미야 애가 3장 27절, 마태복음 27장 32절, 그리고 요한복음 21장 3절에서 발견된다(요한복음 21장 3절은 불확실하다). 그러나 이것이 "αμαρτιαν" 혹은 그 유사어인 "αμαρτημα"와 결합될 때는 항상 "제거하다" 또는 "없애다"라는 의미를 가지며, 결코 "지다"라

는 의미로 사용되지 않는다고 주장한다(예를 들어, 사무엘상 15장 25절, 25장 28절).
Grimm은 그의 신약 성경 사전 (Wilke's Lexicon of the N.T.)에서 같은 결론을 내리고 있다. 이 모든 주장에 대한 답변은, 70인역의 번역은 결정적인 논거가 될수 없다는 것이다. 또한 같은 히브리어 구절이 70인역에서 다르게 번역된 이유는, 번역자들이 한 구절을 일관되게 번역할 수 있는 방법을 찾지 못했기 때문이다. 그들은 죄인이나 희생 제물에 적용될 때는 한 방식으로 번역하고(즉, "φερειν", "αναφερειν", "λαμβανειν"), 제사장이나 하나님에 대해 적용될 때는 다른 방식으로 번역했다("αφαιρειν" 또는 "αφιεναι"). 이 전체 주제는 새롭게 논의되어야 한다. 여기서 나는 "죄를 지다"라는 히브리어 구절에 대한 70인역 번역이 더 넓고 엄밀한 조사가 필요하다고 생각한다. 이 번역자들은 "지다"라는 의미를 전달하는 특정 용례와 "없애다"라는 의미를 나타내는 다른 용례를 구분했다.

첫 번째 경우에는 그 구절을 다음과 같은 그리스어 동사로 번역했다: "φερειν", "αναφερειν", "λαμβανειν", "υπεχειν"(에스겔 4장 4절, 18장 19절; 예레미야 애가 5장 7절; 출애굽기 28장 43절; 레위기 5장 1절, 17절; 민수기 9장 13절; 레위기 7장 18절; 민수기 5장 31절; 레위기 17장 16절). 두 번째 경우에는 "αφαιρειν", "αφιεναι"라는 동사를 사용했다(출애굽기 28장 38절; 시편 85장 3절; 출애굽기 34장 7절; 레위기 10장 17절; 민수기 18장 1절, 23절; 민수기 14장 18절). 이제 명백해진 것은, 70인역 번역자들이 어떤 구절을 번역할 때 그들이 단순히 언어의 표면적인 의미만을 따라간 것이 아니라, 다른 어떤 선험적인 고려사항에 의해 번역 방식을 결정했다는 것이다. 그들은 "φερειν"을 (1) 개인 예배자에게, (2) 희생 제물에 사용했고, 다른 번역인 "αφαιρειν"을 (1) 제사장에게, (2) 하나님에게 사용했다. 이는 70인역의 특이성을 철저히 조사한 결과 필연적으로 도출되는 결론이다.

그러나 70인역이 결함이 없는 번역이 아니기 때문에, 우리는 더 나아가 이 번역이 과연 올바른 해석인지 질문하게 된다. 그들이 언어를 해석할 때 바탕이 된 선험적 근거, 즉 그들이 적합하고 적절하다고 여겼던 이유들이 과연 틀림없는 것인지도 의문이다. 초대 교회와 종교개혁 시대의 교회는 70인역의 번역을 이 문제에서 궁극적인 진리로 받아들였다. 나는 이에 대해 새로운 조사가 필요하다고 주장한다. 내가 언급한 Œder가 "죄를 지다"라는 표현이 하나님에게 적용되는 의미를 올바르게 밝혀냈는지 여부는 불확실하지만, 한 가지 분명한 것은 제사장이 "죄를 지다"라고 여겨질 수 있다는 점이다(참고로 Keil과 Hengstenberg가 제사에 대해 쓴 글을 보라). Deyling은 (Obs. i. 45, 2) "그들은 마치 죄를 자신에게 받아들여 백성의 죄책을 짊어지는 것과 같았다"라고 말한다. 이것이 70인역 번역 중 하나를 무효화시킬 수 있다면, 다른 번역 역시 추가적인 조사로 설득력 있게 무효화될 수 있다.

나는 한 가지 명확한 이유로 이 표현에 대해 일관된 번역을 받아들이는 성향이 있음을 언급했다. 우리는 소시누스주의자들과 대속 제사를 반대하는 더 학문적이고 해석적인 비평가들로부터 일관된 번역을 받아들이거나, "αιρειν αμαρτιαν"이라는 표현이 형벌적 고통과 관련이 있다는 주장을 포기하라는 도전에 직면해 있다. 나는 일관된 번역을 유지할 충분한 근거가 있다고 생각하며, 이를 고수할 준비가 되어 있다. 그러나 한 가지 주의가 필요하다. 수동태로 쓰일 때 이 표현은 약간 다른 의미를 띠는 경향이 있다는 점이다. 이는 수동태로 쓰인 이 표현이 사도 바울의 해석과 충돌하는 것처럼 보일 수 있으니 주의해야 한다: "불법이 사해진 자들은 복이 있도다" (로마서 4:7).

(2) "αμαρτια"에 관해서는, 이는 죄를 의미하며, 죄와 관련된 모든 불이익과 결과들, 예를 들면 죄책과 형벌 등을 포함한다. 합리주의자인 Gabler는 "αμαρτια"를 vitiositas (악덕)나 pravitas (타락)로 설명하며, 이 표현을 "그는 그에게 가해진 모든 종류의 부당함과 상처를 인내하며 짊어지셨다"로 해석했다(참고로 Meletem. in Joan.을 보라). 그러나 세례 요한이 그 의미를 표현하려고 했다면, 우리는 분명히 "αδικιαν"이나 "κακιαν" 같은 단어를 보았을 것이다.

De Wette는 그의 책 De Morte Christi에서 이것을 잘 지적했다. 이전 시대의 Grotius는 속죄를 오로지 형벌과 관련하여 해석하는 방향으로 많은 성경 해석을 이끌었다. 그러나 성경의 표현은 이것을 포함하면서도 더 깊은 곳으로 나아가 그리스도의 죽음을 죄 자체와 연결시킨다.

G
"인자"라는 칭호

이 절에서 논의된 두 가지 요점은 속죄 교리를 올바르게 이해하는 데 매우 중요하다. 즉, (1) 인자라는 칭호와 (2) 죄 담당자께서 육신을 취한 독특한 방식이다. 여기서는 논의와 관련된 문헌을 언급하는 것 외에는 추가할 것이 거의 없다.

1. 교부들은 대체로 이 칭호에서 그분이 하나님의 아들이 사람이 되었다는 사실 이상의 의미를 보지 않았다. 그들은 이 칭호를 예수님의 인성을 나타내는 전체적 표현으로 이해했다. 예를 들어, 요한복음 3장 13절에 대한 주석에서 크리소스톰은 이렇게 말한다: "사람의 아들이라는 것은 단지 육신만을 의미하는 것이 아니라, 그분의 전체 존재를 낮은 본성에서 따온 표현으로 여겨야 한다." 대부분의 다른 그리스 교부들도 이 표현을 설명할 때 비슷한 의견을 제시한다. 예를 들어, 테오도레토스는 다니엘서 7장 13절을 해설하면서, 이 표현의 정확한 의미를 설명하는 과정에서 "구세주의 두 번째 나타남을 예언하며, 사람이 되신 분으로서 명백히 그를 '사람의 아들'이라 부른다"고 말한다. 유티미오스 지가베누스는 마태복음 13장 37절에서 "자신을 '사람의 아들'이라 부르는 이유는 그의 나타난 성육신 때문이다"라고 말한다. 에피파니우스, 유세비우스, 테오필락트도 비슷한 주장을 하며, 때로는 "사람"

이라는 단어가 주님의 어머니인 마리아와 관련이 있음을 언급한다. 예를 들어, 유티미오스 지가베누스는 "사람"이라는 단어가 남성이나 여성 모두를 나타낼 수 있음을 언급하면서, 마태복음 8장 20절에 대해 "지금은 '사람'이라고 부르는데, 그의 어머니도 '사람'이라 불리기 때문이다. 사람은 남자뿐만 아니라 여자도 가리킬 수 있다"고 설명한다. 교부들의 이 표현에 대한 해석은 대체로 성육신에 대한 암시로 제한되었고, 그리스도의 전체 존재를 그의 본성 중 하나로 설명하는 표현으로 이해되었다고 할 수 있다. 교부들에 따르면, 이 표현은 예수님이 성육신한 영원한 아들이라는 의미로 받아들여졌으며, 수이서(Suicer), 피어슨(Pearson), 불(Bull), 워터랜드(Waterland)와 같이 성경 표현을 해석하는 데 있어 교부들의 신학을 단순히 재현한 사람들도 대체로 이와 같이 이해했다. 그러나 우리는 이 해석이 이 표현의 모든 의미를 완전히 설명하지 못하며, 예수님이 이 표현을 사용하는 방식의 특이성을 모두 설명하지 못한다고 자신 있게 말할 수 있다. 예를 들어, 예수님은 자신의 아버지께 호소할 때 이 표현을 사용하지 않으셨다. 또한, 이 해석은 예수님이 자신이 배신당하고, 거절당하고, 고난받고 죽임당하실 것을 언급할 때 이 표현을 지속적으로 사용하신 사실에 대한 설명을 제공하지 못한다.

2. 또 다른 해석은 종교개혁 시대에 널리 퍼진 것으로, "인자"이라는 표현이 그분이 단순히 사람이라는 것, 혹은 사람의 형상을 지녔다는 것을 나타낸다는 내용이다. 이 해석을 뒷받침하기 위해 칼빈, 부처(Bucer), 무스쿨루스(Musculus), 피스카토르(Piscator) 등 종교개혁 시대의 많은 인물들을 인용할 수 있다. 칼빈은 사도행전 7장 56절에서 이렇게 말한다: "사람의 아들이라 부른 것은 마치 그가 죽음을 통해 소멸된 그 사람을 의미하는 것과 같다." 또 무스쿨루스는 요한복음 5장 27절에서 "성경의 관례에 따라 '사람의 아들'이라는 것은 사람이라는 의미 외에 아무것도 아니다"라고 말하고, 부처는 "그리스도가 자신을 어디에서나 '사람의 아들,' 즉 사람이라고 부른 것은 매우 주의 깊

게 보아야 한다"고 말한다. 이렇게 카메라리우스(Camerarius)와 피스카토르도 마태복음 9장 6절에서 유사한 설명을 한다. 이러한 설명 방식은 매우 단순해 보이지만, 결함이 있으며 이 표현이 등장하는 모든 구절의 의미를 해석하거나 예수님이 이 표현을 사용한 특별한 이유를 설명하는 열쇠로 작용할 수 없다. 예수님이 이 표현을 사용하셨지만, 그의 추종자들이 사용하지 않았다는 사실을 설명하지 못하며, 사람들과 '사람의 아들'을 명확하게 대조하는 구절에 대해서도 설명하지 못한다. 더불어, 이 표현을 단순히 그가 사람이었다는 의미로 한정하는 것은 아무도 의심하지 않은 사실, 즉 모두가 직접 목격한 바를 언급하는 것에 불과했을 것이다.

앞서 언급한 해석과 유사하게, 합리주의 시대에 널리 퍼진 다른 해석들은 언급할 가치가 없다. 예를 들어, 헷스(Hess)는 그의 책 Leben Jesu에서 이 표현을 "여기 있는 나"라는 의미로 해석한다. 이와 같은 얕은 주석들, 즉 특정한 사람, 나, 어떤 사람이라는 의미로 제한하는 해석들은 주목할 만한 가치가 없다. 헤르더(Herder), 네안더(Neander), 올샤우젠(Olshausen)은 이 표현을 원형적 인간(archetypal man)이라고 해석했다.

3. 현재 학자들 사이에서 가장 널리 받아들여지고 있는 해석은 이 표현을 영광스럽고 존귀한 메시아의 칭호로 해석하는 것이다. 그들은 이 표현이 다니엘서의 환상에서 메시아가 사람의 아들로 나타나 권위와 통치를 행사하는 장면에서 따온 것이라고 여긴다. 이 해석은 베자(Beza)가 제안했고, 이후 카메론(Cameron), 카펠루스(Capellus), 아브레쉬(Abresch), 스토르(Storr) 등 많은 해석자들이 이를 지지했다. 최근에는 슈티어(Stier), 톨룩(Tholuck), 바이쓰(Weiss), 마이어(Meyer) 등 대다수의 현대 해석자들이 이 견해를 지지한다. 이 해석은 숄텐(Scholten)이 그의 책 Specimen Hermeneuticum Theologicum에서 주장한 바 있으며, 헤링가(Heringa)와 다른 이들도 이 해석이 유일

하게 올바른 견해라고 주장했다. 그러나 이 해석이 몇몇 구절들, 특히 예수님을 하나님의 권능의 오른편에 앉은 '사람의 아들'로 묘사하는 구절들(눅 22:69)을 설명할 수 있을지라도, 예수님의 낮아짐에 대한 언급을 설명하는 데는 부족하다. 메시아의 영광은 그 낮아짐의 대가였기 때문이다.

4. 네 번째 해석은 "사람의 아들"이라는 표현을 '둘째 아담'과 연관 짓는 것이다. 이 해석을 처음 제시한 유명한 언어학자 하인시우스(Heinsius)는 많은 지지자들을 얻었다. 그는 마태복음 8장 20절에 대한 주석에서 이렇게 말한다: "주님 구세주가 어디에서나 υιος του ανθρωπου(사람의 아들)라 불리는 것은 의심할 여지 없이 첫 번째 사람, 즉 아담과 관련이 있다. 아담이 첫 번째 인간이라면, 인자께서는 그 후에 나타나는 두 번째 아담이다." 이 견해는 리(Leigh), 라이트풋(Lightfoot), 벵겔(Bengel) 등의 부분적인 지지를 받았다. 벵겔은 마태복음 16장 13절에서 이렇게 말한다: "첫 번째 아담이 모든 후손과 함께 '사람'이라 불리듯이, 두 번째 아담(고린도전서 15장 45절)은 사람의 아들, 즉 υιος του ανθρωπου라 불린다." 이와 같은 해석은 J.D. 미카엘리스(Michaelis)와 자카리아스(Zachariæ), 그리고 본질적으로 모루스(Morus)에게도 받아들여졌다. 이 해석이 어느 정도는 타당하다는 점에 의심할 여지가 없어 보인다. 숄텐(Scholten)이 제기한 반론, 즉 예수님께서 아담에 대해 전혀 언급하지 않았다는 주장은 논쟁의 여지를 남긴다. 이 해석이 바로 그 암시다. 우리는 예수님께서 그 당시 사람들과의 논쟁에서 종종 인간의 최초 상태로 돌아가셨다는 것을 알고 있다. 예를 들어 결혼과 이혼에 관한 논쟁에서, 예수님은 처음으로 돌아가신다(마 19:6-8). 이 표현은 바울이 첫 번째 아담과 두 번째 아담을 비교하는 사상(롬 5:12-20; 고전 15장)에 근거한 것이다.

5. 또 다른 해석은 "사람의 아들"이라는 칭호가 예수님께서 보증인으로서 겪으신 비천하고 멸시받는 비참한 상태를 나타낸다는 것이다. 이 해석은 주

로 그로티우스(Grotius)가 제안했으며, 이전 시대 교회에서 상당한 지지를 받았다. 많은 신학자들이 그로티우스를 따라, 이 표현이 그리스도의 존엄이 아니라 그분의 비하와 굴욕을 나타낸다고 해석했다. 이 견해는 월라에우스(Walæus), 마태복음에 대한 반 틸(Van Til), 볼프부르기우스(Wolfburgius), 보소브르(Beausobre), 엘르팡(L'Enfant), 로젠뮐러(Rosenmuller) 등 여러 사람들에게 받아들여졌으며, 1740년에 휴만(Heumann)과 1776년에 레스(Less)가 별도의 논문에서 이 주제를 다루며 그로티우스와 유사한 견해를 제시했다. 이들은 "사람의 아들"이라는 칭호가 존엄을 나타내는 것이 아니라고 명확히 증명했다. 분명히 예수님께서 사용하신 이 표현에는 비하의 의미가 담겨 있다. 본문에서 시도한 것처럼, 예수님의 비하에 대한 언급은 매우 명확하고 강조되어 있어, 이를 오해할 수 없다고 본다. 휴만은 요한복음에서 이 칭호가 항상 그리스도의 신적 위엄과 대조되는 것으로 사용된다고 올바르게 주장한다. 독자들에게 슐텐의 흥미로운 논문을 참고하도록 권하고 싶지만, 그의 주된 입장은 근거가 없는 것으로 입증되었다.

이 표현에 담긴 세 가지 생각은 다음과 같다: (1) 참된 인간성, (2) 둘째 아담, (3) 저주를 짊어진 비하된 인간성이다. 이 세 가지를 결합한 해석이 너무 복합적이라고 반대할 수는 없다. 왜냐하면 그것은 반드시 보증인(그리스도)이 되어야 하고, 그의 사역이 반드시 포함해야 할 요소들이기 때문이다. 그의 한 가지 사역은 이 세 가지 요소를 모두 포함하는 하나의 통일체로 이해될 수 있으며, 이와 같은 방식으로 이 칭호가 나오는 모든 구절을 해석할 수 있다.

다음으로 우리가 주목한 부분은 그리스도께서 자발적으로 저주를 짊어지신 것에 관한 것이다. 이 절에서 논의된 두 번째 주제는 그리스도가 죄를 짊어진 자로서 어떻게 육신을 취했는가에 대한 방식과 관련이 있다. 여기서의 문제는 그리스도가 인간성을 취함과 동시에 죄와 저주를 함께 짊어졌다는 것,

그리고 그분이 이를 벗어난 적이 없었다는 것을 보여주는 것이다(히브리서 9장 28절). 우리의 목적은 그분이 어떤 의미에서 육신이 준비되기 전부터 인간성을 취함과 함께, 그리고 그 아래에서 죄를 짊어진 자였다는 것을 입증하는 것이었다. 그분의 육체는 어느 정도 저주의 확실한 표식을 지니고 있었다. 우리의 목적은 그 육체가 죄의 육신이 아니지만, "죄 있는 육신의 모양으로"(로마서 8장 3절) 나타났다는 것을 보여주는 것이었다. 그분이 죄 있는 육신을 취했다면 우리를 구원할 수 없었겠지만, 그저 죄 있는 육신의 모양을 취한 것이다. 그 이후에 따라온 모든 고난은 그분이 인간 본성을 일부 취했기 때문이 아니라, 그분이 자발적으로 저주를 짊어졌기 때문이었다.

H
많은 사람을 위한 대속물로서 자신의 생명을 주시는 인자

우리는 이미 "뤼트론(λυτρον)"이라는 용어의 의미를 충분히 검토했으므로, 여기서 추가로 말할 내용은 거의 없다. 그러나 그리스도가 하나님께 대속물(값을 치름으로 구속)로 제시한 것을 통해 이루어진 구원의 개념은 대속의 본질을 포함하며, 그 자체로 다른 이들을 대신한 속죄를 의미한다. 또한 그것은 절대적인 구원 개념과 반대되므로, 소시누스(Socinus)의 시대 이후로 많은 사람들이 대속이 값을 지불하지 않고도 구원을 의미할 수 있다는 점을 입증하려고 노력해왔다. 그러나 성경 언어는 구원과 값을 지불하는 개념을 모두 포함하고 있으며, 이 두 가지 개념은 종종 함께 사용된다(에베소서 1:7, 골로새서 1:14, 베드로전서 1:18-19). 따라서 이 구절들에서 구원과 값을 치르는 것이 특별한 구원의 방법으로 언급된 것을 의심할 여지가 없다. 채프먼(Chapman)은 그의 저서 에우세비우스, 또는 참된 기독교인의 변론(1741, vol. ii. p. 290)에서 다음과 같이 잘 지적하고 있다. "우리는 위의 표현들에서 그리스어로 표현할 수 있는 만큼 분명하고 강하게 표현된 것을 보고 있으며, 만약 우리 구주와 그의 사도들이 이를 표현하고자 했다면, 그들은 그리스어로 더 명확하거나 덜 모호하게 표현할 수 없었을 것이다. 구약에서 'δουναι λυτρον' 또는 'αντιλυτρον'이 다른 의미로 사용된 예는 없다. 따라서 소시누스나 크렐리우스(Crellius)가 주장한 것처럼, 그리스도의 중재 없이 그분의 가르침이나 모범, 또는 사후의 승천이 인간의 개혁을 가져온다는 식의 단순한 구원으로 이 말을 해석하는 것은, 성경의 언어 사용과 의미를 고려하지 않은 자의적인 해석에 지나지 않는다." 그들의 해석 방식은 권위가 없을 뿐 아니라, '뤼트론(λυτρον)'과 '안티뤼트론(αντιλυτρον)'이라는 단어를 어떤 비유로도 설명하지 못하면서 그 자체를 은유로 만들어버린다는 또 다른 부조리가 있다. 은유는 항상 적절한 사용과 비유적 사용 간에 명확한 유사성이나 비율을 가져야 하는데, 그리스도가 값을 치르지 않고 구속물을 제공하는 것과 값을 완전히 치르는 것 사이에는 명확한 유사성이 없기 때문이다. 아리스토텔레스(Aristotle, Rhet. 3, 10, 11), 키케로(Tully, Orat. 3, 38-40), 그리고 퀸틸리안(Quintilian, Inst. 8, 6)이 오래전에 설명했듯이, 은유는 본질적으로 명확한 유사성을 요구한다. 따라서 그들이 말하는 이 구절들의 은유는 근거가 없고, 전혀 정당하지 않다."

뤼트론(λυτρον)의 정확한 의미를 규명해야 한다. 이는 특히 그로티우스(Grotius) 시대 이후 많은 학자들 사이에서 '뤼트론'이 희생의 의미로도 해석될 수 있다는 주장이 제기되었기 때문에 더욱 중요하다. 이런 주장은 지난 세기 동안 지속되었고, 최근까지도 널리 퍼져 있다. 하지만 이러한 해석은 고전 문헌이나 칠십인역(Septuagint)의 언어 사용과는 일치하지 않는다.

1. 뤼트론의 고전적 사용에 관하여: 이 단어는 단수형으로 사용되기도 하지만, 일반적으로 복수형(λυτρα)으로 사용되며 포로가 된 사람들을 구출하기 위해 지불된 대가나 보상을 의미한다. 예를 들어, 투키디데스(Thucydides) 역사 6권 5장에서는 겔라의 참주 히포크라테스가 시라쿠사의 포로들을 풀

어주는 대가로 카마리나인들의 영토를 받았다고 기록하고 있다: "뤼트론으로 포로를 석방하는 대가로 카마리나인들의 땅을 받았다($\lambda\upsilon\tau\rho\alpha$ $\alpha\iota\chi\mu\alpha\lambda\omega\tau\omega\nu$ $\lambda\alpha\beta\omega\nu$ $\tau\eta\nu$ $\gamma\eta\nu$ $\tau\eta\nu$ $K\alpha\mu\alpha\rho\iota\nu\alpha\iota\omega\nu$)." 제논폰(Xenophon)의 헬레니카 7권 16장에서도 플리아시아인들이 뤼트론 없이 프로크세노스를 석방했다고 한다: "프로크세노스를 뤼트론 없이 자유롭게 해주었다($\zeta\omega\nu\tau\alpha$ $\lambda\alpha\beta\omega\nu\tau\epsilon\varsigma$ $\alpha\phi\eta\kappa\alpha\nu$ $\alpha\nu\epsilon\upsilon$ $\lambda\upsilon\tau\rho\omega\nu$)." 또한, 데모스테네스(Demosthenes) 1248, 45에서는 "포로 구출의 대가로 기여하라($\epsilon\iota\sigma\epsilon\nu\epsilon\gamma\kappa\epsilon\iota\nu$ $\alpha\upsilon\tau\omega$ $\epsilon\kappa\epsilon\lambda\epsilon\upsilon\epsilon$ $\mu\epsilon$ $\epsilon\iota\varsigma$ $\tau\alpha$ $\lambda\upsilon\tau\rho\alpha$)"는 구절이 나온다.

이 고전적 예시들에서 볼 수 있듯이, '뤼트론'의 의미는 포로를 구출하거나 잃어버린 것, 혹은 어쩌면 도난당한 것을 되찾기 위해 지불된 대가를 뜻한다. 많은 이들이 이 단어가 대가와 상관없이 어떠한 구원을 의미할 수도 있다고 주장하지만, 실제로 그런 용례는 존재하지 않는다. 여기서 나는 주교 피어슨(Bishop Pearson)이 신경 해설(Exposition of the Creed) 제10조에서 언급한 정확한 정의를 인용할 것이다: "뤼트론($\lambda\upsilon\tau\rho\sigma\nu$)의 진정한 개념은 그 기원과 사용이 충분히 알려져 있기 때문에 쉽게 파악될 것이다. 그 기원은 '풀다'라는 의미의 $\lambda\upsilon\epsilon\iota\nu$에서 왔다. $\lambda\upsilon\tau\rho\sigma\nu$은 $\lambda\upsilon\tau\eta\rho\iota\sigma\nu$처럼 사용되었으며, 이는 구속을 위한 것이다. 에우스타티우스(Eustathius)는 이를 설명하며, 일리아드 4권 478절에서 '뤼트론'을 '포로를 풀어주기 위해 지불된 것'이라고 언급한다. 따라서 뤼트론은 포로를 구출하거나 자유로운 상태로 되돌리기 위해 지불된 것을 의미하며, 이러한 목적을 위해 지불된 것이 아니라면 그리스어에서 '뤼트론'이라는 이름에 해당하지 않는다. 예를 들어, 앤탠드로스(Antandros)라는 도시는 한 명의 포로를 교환하기 위해 주어진 것이었기 때문에 그렇게 불렸다."

따라서 "$\lambda\upsilon\tau\rho\sigma\nu$" 또는 "$\tau\alpha$ $\lambda\upsilon\tau\rho\alpha$"는 포로의 해방을 위한 대가를 의미했다. 호메로스에 대한 주석자는 "$\sigma\varsigma$ $\alpha\pi\sigma\iota\nu\alpha$ $\phi\epsilon\rho\sigma\iota$"를 "$\sigma$ $\kappa\sigma\mu\iota\zeta\omega\nu$ $\tau\alpha$ $\lambda\upsilon\tau\rho\alpha$"라는 말로 해석했다. 폴리비오스는 칸나이 전투 이후 한니발이 열 명의 포로

를 로마로 보내어 "περι λυτρων και σωτηριας"에 대해 협상하게 했으며, 그 대가를 한 사람당 세 미나로 책정했다고 언급한다.

여기서 소시누스와 크렐리우스가 주장한 "λυτρον"이 엄밀히 말해 포로의 속량에만 사용된다는 주장을 반박할 필요가 있다. 반대로, 이 단어는 선물이나 노력으로 이루어진 모든 해방을 의미한다. 예를 들어, 노예가 자신의 자유를 사면, 그의 노동으로 벌어들인 금액이 "λυτρα"라고 불렸다. 반면, 선행으로 자유를 얻은 노예는 "προικα"로 자유를 얻었다고 말했다. 뿐만 아니라, 이 단어는 처벌에서 벗어나기 위한 대가를 의미하는 데에도 사용되었다 (요세푸스의 《유대 전쟁》 ii. 14). 이것이 "λυτρον"의 명백한 의미이며, 시인들이 이 단어에 부여한 더 비유적이거나 파생된 의미에서도, 항상 대가 또는 적어도 보상의 개념과 관련된 것이 있다는 점을 추가할 수 있다. 대가 없이 순전히 추상적인 의미로 사용된 적은 없다. 핀다로스에서 이 단어의 비유적 또는 2차적 의미를 볼 수 있다 (하이네 참고). 예를 들어, 어떤 사람이 겪은 고난이나 불행에 대한 일정한 보상이라는 의미로 쓰였는데, 시인은 틀레폴레모스에게 주어진 영예의 표식을 "λυτρον συμφορας οικτρας γλυκυ"라고 불렀으며, 이는 그의 슬픈 재앙에 대한 달콤한 보상이라는 뜻이다 (올림피아 7, 141). 또한 "λυτρον ευδοξον καματων"이라는 표현도 사용했는데, 이는 "노고에 대한 영광스러운 보상"이라는 뜻이다 (이스미아 8, 1). (문팅헤의 《인류의 역사》, vol. ix, Anmerk 96 참고).

여기서 아엘리아누스(Aelian)의 구절을 언급할 수 있다. 이는 키프케(Kypke)가 마태복음에 대한 자신의 주석서 《Observationes Sacrae》에서 인용한 구절이다: "Aelianus, Hist. An. lib. 10, c. 13. 그는 조개가 진주를 빼앗기면 해방된다고 말한다, 'οιονει λυτρα δουσαι της εαυτων σωτηριας, hoc veluti liberationis suæ pretio dato.' 이 구절은 조개 속의 진주가 그들의

자유를 보장하기 위한 일종의 'λυτρον'으로 이해될 수 있음을 분명히 나타낸다. 아엘리아누스가 묘사한 상황에서-사실 여부는 문제되지 않는다-조개는 잡히고 진주를 빼앗긴 후 해방되며, 진주가 자유를 얻기 위한 몸값이나 대가인 것처럼 보인다. 그는 'οιονει'라는 표현을 사용해 자신의 언어가 어떻게 이해되기를 원하는지를 암시한다. (스토르의 《히브리서 주석》에 부록으로 실린 논문, p. 436 참고)." 따라서 우리는 사용례를 기준으로 볼 때, "λυτρον"은 포로이거나 곤경이나 위험에 처한 사람을 자유롭게 하기 위한 몸값 또는 지불된 대가를 의미한다고 이해해야 한다.

따라서 λυτρον을 희생 제물로 해석할 수 있다는 그로티우스의 주장은 근거가 없다. λυτρον이 그렇게 사용된 확실한 예가 없다. 드 베테(De Wette)는 단어 λυτρον은 그리스인들에게도, 알렉산드리아 번역본에서도 속죄의 의미로 사용된 적이 없다"고 정확하게 말한다 (De Morte Christi, p. 140). 분명히 키프케는 루키아노스의 《죽은 자들의 대화》에서 한 구절을 인용하지만, 그것은 일반적으로 무언가가 사람을 구하거나 어떤 물건을 양도받기 위해 주어지거나 제안된다는 것을 암시하기 위한 용어일 뿐이다 (출애굽기 21:30, 30:12; 잠언 6:35; 민수기 35:31, 32). (Schleusner의 λυτρον에 대한 설명과 갈라디아서에 대한 Borger의 주석, p. 154 참고.) 결론적으로, λυτρον은 희생을 의미하지 않으며, 포로를 위한 대가나 보상의 개념을 담고 있다. 그것은 희생의 개념을 넘어서는 것이며, 더 정확히 말하면 한 개념이 다른 개념으로 넘어가는 과정이다. (Herzog의 《실재 백과사전》의 Opfercultus 항목 및 Keil의 출애굽기 주석에서 참고. 히브리어로는 רפכ, הלאג, וחריפ.) 가니메데스가 주피터에게 말하길, "만약 나를 풀어준다면, 내가 당신을 위해 다른 숫양을 제물로 바치겠다고 약속한다 (quod si me dimittes, polliceor σοι και αλλον παρ' αυτου κριον τεθυσεσθαι λυτρα υπερ εμου)." 이는 λυτρον이 희생 제물을 의미한다는 것을 증명하지 않는다. 그 의미는 숫양의 희생이 속죄 제물이라는 것이 아니라, 그것이 그를 해방하기 위한 대가라는 것이다. 그로티우스가 λυτρον이 희생을 의미할 수 있다고 주장하는 유일한 논거는 라틴어 cognate 단어인 "lustrum"에서 가져온 것이다: "라틴 고대인들은 그들의 언어가 그리스어의 일종의 변형이었다는 점에서, λυτρον을 lustrum이라 부르고 λυτρουν을 lustrare라 불렀다. 따라서 lustrare는 도시를 속죄 제물로 해방시키는 것을 의미하며, 이것이 속죄 제물이라고 불린다" (Grotius, De Satisfactione, cap. 8). 그러나 이것은 매우 불확실한 증거 방식이다. 한 언어의 어원이 유사하다고 해서 다른 언어에서 같은 의미로 사용된다고 주장하는 것은 설득력이 없다. 이는 λυτρον의 고정된 용법을 뒤엎을 수 없다. 오히려 고전적인 사용은 너무나 확고하게 고정되어 있어 포로로부터 구해내기 위한 대가나 몸값의 의미 외에는 다른 의미로 확장되거나 굴절되지 않았다.

2. 구약 성경을 헬라어로 번역한 70인역에서의 λυτρον 사용법 역시 분명하고 확정적이다. 사람들이 이것이 무엇일지에 대해 추측할 수 있을지 몰라도, 이 단어가 몸값의 의미 외 다른 용도로 사용된 적이 없다는 점은 분명하다. 70인역에서 이 단어는 항상 포로로부터 구출하기 위한 대가, 보상, 또는 지불을 의미한다. 이는 여러 단어들을 번역한 것이며, λυτρον이 몸값의 개념 없이 해방을 나타낼 수 있다는 생각은 과거에도 자주 표현되었고 현대에도 나타나지만, 이는 전혀 근거가 없다. 이 점에 대해 유명한 에르네스티 (Ernesti)는 1764년 자신의『새로운 신학적 도서관』(Neue Theologische Biblio-thek) 5권에서 다음과 같이 말했다: "여기서 저자는 길게 설명하며 이 단어들이 끔찍하게 오해되고 해석되었다고 말하며, 그리스어를 이해하고 해석할 수 있다고 주장한 이들이 이 단어를 해방으로 번역하고, 몸값을 통해 이루어진 구속으로 설명하는 것을 어떻게 생각할 수 있는지에 대해 놀랐다. 우리는 반대로, 저자가 고대 문헌에 정통하다고 하면서도 어떻게 이러한 번역과 해석을 할 수 있는지 의아하다. 그것도 아무런 언어적 증거나 병행 구절도 없이 말이다. 저자가 말하길, '그들은 하나님의 공의가 무엇인지 몰랐는가? 하나님

의 공의는 지혜롭게 행사되는 자비이다.'라고 한 말은 아무런 논거가 되지 못한다. 저자 이전의 사람은 하나님의 공의를 지혜롭게 행사된 자비로 이해하지 않았다. 오히려 하나님께서 공의에 반하는 방식으로 자비를 베푸시지 않는다는 사실을 알았다. 오히려 반대로 이렇게 물을 수 있지 않겠는가? 저자는 απολυτρωσις가 단순한 사면을 의미하지 않으며, 여태껏 그 어떤 소시니안도 이를 증명하지 못했고 앞으로도 증명할 수 없을 것이라는 사실을 아는가? 그는 다른 곳에서 이 απολυτρωσις가 그리스도의 피나 죽음을 통해 이루어졌다고 적고 있으며, 그분의 죽음이 αντιλυτρον이라 불린다. 그렇다면 이제 그 αντιλυτρον이 무엇인가? 그 효과가 해방이며, 즉 하나님의 해방 선언이 아니겠는가?"

따라서 λυτρον이라는 용어는 몸값(ransom)의 의미 외에는 다른 의미로 해석될 수 없다. 추가적으로, λυτρον은 히브리어 "코페르""(copher)의 번역어로, 모세 율법에서 어떤 사람이 위협받거나 당연히 받아야 할 처벌에서 벗어나기 위해 지불하는 대가를 의미하는 데 사용되었다 (민수기 16:46, 35:31). 여기서 예수님께서는 인간의 구원을 위해 주실 대가, 즉 자신의 생명을 나타내신 것이다. 그분이 이 말씀에서 다른 의미를 가질 수 없으며, 그분의 생명을 주시는 것이 그분의 백성을 구속하기 위해 지불된 유일한 대가이자 몸값이라는 것을 의미한다. 이는 마치 전쟁 포로를 해방시키기 위해 λυτρον이 사용된 것과 같다.

이 설명을 지나치게 길게 하지 않기 위해, 독자에게 최근에 나온 해설서를 참고하도록 한다. 예를 들어, 델리취(Delitzsch)의 《히브리서》 (p. 732), 필리피(Philippi)가 호프만(Hofmann)과의 논쟁에서 쓴 팸플릿 (p. 61), 그리고 1857년 《루터 신학 잡지》(Zeitschrift für Lutherische Theologie)에서 희생에 대해 쓴 케일(Keil)의 논문 (p. 449), 또한 토마시우스(Thomasius)의 《그리스도의 인격과 사역》(Christi Person und Werk) 제3권 (p. 89)이 있다.

또한 1739년 출판된 채프먼(Chapman)의 《유세비우스 또는 진정한 기독교인의 변호》(Eusebius, or the True Christian's Defence) ii. 4, sec. 9, note E에서 그리스 작가들로부터 λυτρον이 몸값을 지불함으로써 이루어지는 특별한 구속 방식을 암시한다는 것을 보여준다. 그는 이렇게 언급한다: "만약 그리스도와 사도들이 이 점을 가장 적절하고 강력하게 표현하고자 했다면, 그들이 사용한 그리스어 단어보다 더 명확하고 애매하지 않은 단어를 찾을 수 없었을 것이다."

I
그리스도께서 율법을 성취하시고 의를 가져오신 것에 대하여

이 두 단락은 율법을 완성하는 것이 저주의 견딤 못지않게 속죄의 본질임을 보여주려는 의도였다. 어떤 사람들은 편견이나 편향된 시각 때문에 전가된 의 또는 대리적인 율법의 완성을 거부하는데, 그들은 이것이 교회적 개념이라고 주장한다(예: 메이어가 갈라디아서 4:4에서). 다른 사람들은 그리스도가 인간으로서 자신을 위해 율법을 완성할 의무가 있었다고 주장한다(예: 피스카토르). 또 다른 사람들은 속죄가 용서를 위해 충분하다고 주장한다(예: 웨슬리안). 또한 율법이 유대인들에게만 해당된다고 주장하는 이들도 있다(예: 플리머스주의자). 이러한 주장들은 모두 편향된 이론들이다. 죄가 전혀 들어오지 않았던 인간의 원시적 상태로 돌아가서, 죄의 확증을 받기 전에 인간에게 부과된 순종의 임무를 기억하거나, 속죄와 관련된 죄의 본질을 올바르게 이해하는 사람이라면 즉시 그 주장을 반박할 수 있을 것이다. 죄는 행위뿐 아니라 의무의 불이행도 포함하는데, 심지어 죄의 행위가 제거되더라도 의무의 불이행이라는 요소는 여전히 남아있어 죄가 된다. 중보자는 이 두 가지 요소를 모두 다뤄야 한다.

1. 먼저 δικαιοσυνη(의)의 참된 의미를 확립하고자 한다. 이는 지금 그 의미가 일반적으로 잘못 이해되고 있기 때문에 더욱 필요하다. 이 용어의 정확한 의미는 매우 중요하다. 로마서와 갈라디아서의 논증 전체는 물론, 바울 서신의 많은 다른 부분들의 의미도 이 정의에 달려 있기 때문이다. 성경 해석자의 진정한 역할은 성경 저자들이 사용한 용어의 힘과 의미를 정확하게 파악하고, 다른 요소들을 섞지 않는 것이다. 이 주석을 지나치게 길게 만들지 않기 위해, 독자에게 내가 1862년 1월호 British and Foreign Evangelical Review에 쓴 바울의 믿음의 의에 관한 교리라는 글에서 δικαιοσυνη Θεου (하나님의 의)의 의미를 길게 논의한 부분을 참고하기를 권한다. 그 글에서 나는 다음을 증명하고자 했다:

(1) 이 구절이 리헤(Reiche)의 주장처럼 하나님의 속성인 의를 묘사하는 것으로 간주될 수 없다는 것. (2) 이 구절이 니앤더(Neander), 올샤우젠(Olshausen), 립시우스(Lipsius)가 주장하는 것처럼 내적 상태의 의를 의미할 수 없다는 것. (3) 아르미니안, 티트만(Tittmann the younger), 니취(Nitzsch)와 같은 이들이 주장하듯 믿음 자체가 우리에게 의로 여겨진다는 의미가 될 수 없다는 것. (4) 비젤러(Wieseler), 모세스 스튜어트(Moses Stuart), 존 브라운(Dr. John Brown)과 같은 이들이 주장하는 것처럼 하나님의 칭의 방법으로 해석될 수 없다는 것.

반대로, 그 글에서는 바울의 언어를 분석하여 δικαιοσυνη Θεου는 실체적인 현실이며, 죄가 그러한 것처럼 결과를 초래하는 실재적 사실임을 증명하고 있다. 이 의는 완전하고 준비된 완전한 의로, 하나님의 율법에 순종하는 것으로 이루어지며, 그 율법은 그 기준과 척도이다. 또한 이 의는 우리를 대신한 대리적 성격의 의라는 것이다. 여기서 우리가 의롭게 되는 것은 오직 그리스도의 대리적 순종 덕분이라는 사실을 반복하지는 않겠다(로마서 5:19).[236]

그리스도의 능동적 순종과 수동적 순종을 하나의 연합된 작업에서 두 가지 요소로 보는 이 관점은 모든 개신교 교회가 교회의 의식으로 받아들였다. 이는 교회 전체가 자신들의 신념을 담은 공적 신조와 고백에 더 큰 무게를 두며, 아무리 뛰어난 개인 교사의 의견보다도 중요하다. 이 의에 대한 이러한 관점이 모든 개신교 교회의 교회 의식이라고 적절히 불릴 수 있다는 것은 루터교 상징 문서들과 개혁 교회의 다양한 신조를 참고하는 이들에게 명백할 것이다. 그 중에서도 특히 영국 성공회의 신조와 설교들이 그러하다(신조 11조 및 믿음에 관한 설교 참고). 나는 또한 주교 오브라이언의 훌륭한 칭의에 관한 저서, 특히 Knox 씨의 δικαιοσυνη(의)에 대한 해석을 반박한 Z 노트를 언급하고자 한다.

δικαιοσυνη의 언어적 의미를 다루기 전에, 나는 Grotius 이래로 이 용어의 의미에 대해 많은 곳에서 혼란스럽고 만족스럽지 않은 의견들이 있다는 점을 지적하고자 한다. Grotius는 로마서 3장 5절, 25절, 26절에서 δικαιοσυνην Θεου(하나님의 의)를 하나님의 인자함, 즉 benignitas Dei로 해석했다. 동일한 개념은 Schoettgen의 사전, Schleusner, Koppe가 로마서 3장 25절에서, Michaelis, Carpzovius, Storr, Pott, Tittmann 등의 학자들에 의해 받아들여졌다. 그러나 이것은 δικαιοσυνη와 δικαιος에 대한 언어학적 근거가 없는 의미이며, 교리적으로도 혼란만을 초래할 뿐이다. 이 견해를 지지할 만한 무게 있는 논거는 존재하지 않으며, 앞으로도 제시될 수 없을 것이다.

하지만 이와 비슷한 또 다른 견해는 δικαιοσυνη가 기독교적 구원을 가리킨다는 것이다. 이 견해는 유명한 비트링가가 이사야 45장 24절과 59장 9절에서, J. A. Turretin이 로마서 1장 17절에서, Koppe가 갈라디아서에 대한 해설에서 지지한 바 있다. 하지만 바울 서신에서 σωτηρια(구원)가 더 넓은 용어이고, δικαιοσυνη는 더 좁은 용어임을 이해하는 사람이라면 이 두 용어가 동일한 의미를 갖지 않음을 알 것이다(로마서 1:16-17, 10:10; 디도서 3:5-7; 로마서 5:9 참고). 또 다른 견해로는 δικαιοσυνη가 죄의 사함과 행복 또는 수용 상태를 의미할 수 있다는 주장도 있지만, 이 해석을 옹호할 수 있는 것은 일부 구절에 맞아떨어진다고 생각된다는 것뿐이다. 그러나 이는 추측에 불과하며, 그러한 의미는 언어적으로 근거가 없으며, 70인역 성경도 그 견해를 지지하지 않는다. Grotius의 용어의 진정한 의미에서 벗어난 해석에 근거한 이 견해들은 모두 혼란을 초래한다.

반면, 18세기 말에 몇몇 성경 해석자들은 개신교의 오래된 δικαιοσυνη에 대한 견해를 수정하여, 그것을 '결백' 또는 '무죄'로 해석했다. 예를 들어, Noesselt는 "δικαιοσυνη Θεου는 우리가 죄인이 아닌, 결백하고 의로운 자로 간주되게 하는 것"이라고 설명한다. Heinrichs는 빌립보서 3:9에서, Doederlein은 그의 신학 입문서에서 비슷한 입장을 보인다. 이 방향은 올바르지만, 다소 부정적인 측면이 있다. 그러나 δικαιοσυνη가 죄책(reality)의 반대임을 지적한 이들은 이를 부인할 수 없다. δικαιοσυνη는 승인 또는 보상을 받을 자격이 있는 자가 따르는 관계적 용어로 사용되며, 순종을 그 본질로 전제한다(로마서 5:19 참고). 이것은 (1) 하나님의 속성을 의미하지 않으며, (2) 단순히 내적인 상태를 묘사하는 것도 아니다. δικαιοσυνη는 규칙이나 율법을 전제로 하며, 그것에 대한 일치가 보상을 받을 자격을 부여하는 상대적 용어이다. 고전적 δικαιοσυνη의 개념이나 철학적 학파의 교리에서 출발할 경우, 우리는 그 의미를 올바르게 이해하지 못하게 된다. 바울은 율법과 선지자들에 의해 증거된 δικαιοσυνη를 선포하며, 우리를 구약으로 이끌어, 구약적 의미에서 의로운 사람은 하나님의 규칙에 따라 행동하고 보상을 받을 자격이 있는 사람임을 이해하게 한다. 신명기 6장 25절에서 이스라엘 백성에게 하나님의 계명을 지키는 것이 의로움이었음을 기억해야 한다. 이스라엘이 이 이상에 부응하지 못했음에도 불구하고, 하나님은 그분의 의를 가까이 가져오시겠다고 약속하셨으며(이사야 46:13; 예레미야 23:6), 그 의는 믿는 자에게 율법의 끝에서 그리스도를 통해 이루어진다(로마서 10:4).

2. 그리스도는 우리를 대신하여 율법 아래 있게 되었다. 율법을 대신하여 완수하셨다는 것에 대한 일반적인 반대는 오직 성경의 직접적인 증거로만 해소될 수 있다. 이 목적을 위해 하나의 구절만으로도 충분할 수 있다. "하나님이 그 아들을 보내사 여자에게서 나게 하시고, 율법 아래 나게 하신 것은, 율법 아래 있는 자들을 속량하시고 우리로 아들의 명분을 얻게 하려 하심이라"(갈라디아서 4:4-5). 만약 Teller와 같은 이들이 18세기에 제안한 해석에 따라 "율법 아래 나게 하시고"라는 구절이 단지 "유대인으로 태어난 것"을 의미한다고 해석된다면, 이 구절에서 얻을 수 있는 증거를 부인할 명분이 주어질 수 있다. 그리고 동일한 해석이 Meyer, Alford, Ellicott에 의해 반복되었다. 그러나 이는 매우 부분적이고 불완전한 해석이다. 몇 가지 짧은 설명을 통해 이를 알 수 있다. 바울의 서신에서 여러 번 나타나는 "율법 아래 있게 되다"라는 구절은 항상 율법에 복종하게 된다는 의미로, 그것이 부담스럽고 억압적인 상태를 암시한다(로마서 3:19, 6:14-15; 갈라디아서 4:5, 21; 5:18; 고린도전서 9:20 참고). 로마서 6:14에서는 "율법 아래 있는 것"과 "은혜 아래 있는 것"이 대조되며, 고린도전서 9:20에서는 단순히 "유대인으로 태어난 것"만을 의미한다면 불필요한 반복이 된다. 이미 그 앞에서 유대인으로 태어난 것이 언급되었기 때문이다. 따라서 바울의 표현 방식에서는 이 구절이 단지 유대인을 나타내는 우회적 표현일 수 없다는 점이 분명히 드러난다. 갈라디아서에서 두 구절의 연관성도 이러한 해석에 반대한다. 만약 목적을 나타내는 접속사 ινα가 "율법 아래 나게 하셨다"와 연결되어 있다면, 단지 "유대인으로 태어났다"는 것 이상의 의미가 이 표현에 담겨 있어야 한다. 그렇지 않으면 원인과 그 목표 사이의 연관성이 사라지게 된다. ινα가 반복되는 것을 보면, "율법 아래 나게 하셨다"는 것이 단순히 유대인으로 태어났다는 의미를 넘어서서 더 깊은 연관성을 갖고 있음을 알 수 있다. 만약 "하나님이 그 아들을 보내셨다"라는 구절과 연결된다면, 중간의 문구들은 불필요한 것이 된다. 이 해석 방식을 일관되게 따르는 사람들은 5절의 τους υπο νομον(율법 아래 있는 자들)을 "유대인을 속량

하시기 위해"라고 해석해야 할 것이다. 왜냐하면 한 구절이 그러한 의미를 가지고 있다면, 그것과 밀접하게 연결된 다른 구절도 동일한 의미를 가져야 하기 때문이다. 그리고 그 원칙을 따른다면, 전체 구절의 의미는 무엇이 될 것인가? 결국 "그리스도는 유대인으로 태어나셨고, 유대인을 구속하셨다. 그래서 우리가 양자의 명분을 받는다"는 이해가 나오게 될 것이다. 이는 구속이 유대인에게만 해당된다는 이상한 결론을 초래하게 된다. 이것은 충분히 반증(reductio ad absurdum)이다. 반대로, 이 구절의 간단한 의미는 "하나님께서 그 아들을 보내사 그분을 율법 아래 두셨다. 그분이 율법 아래 있는 자들을 구속하시기 위해서이다." 율법이 그들의 마음에 기록된 이방인들 역시 죄 아래 결박되어 있기 때문에(갈라디아서 3:22), 그리스도의 율법 아래의 대리적 순종을 통해 유대인들과 동등하게 구속되었다. 우리는 두 가지 의무에 묶여 있었는데, (1) "이것을 행하라, 그러면 살리라"(갈라디아서 3:12)와 (2) 율법을 어긴 자에게 내려진 저주이다. 그리스도는 두 가지 측면에서 모두 율법 아래 있게 되셨다. 그러므로 이 구절은 엄밀히 해석하면, 그리스도께서 대리적으로 율법 아래 있게 되셨고, 우리가 율법과 맺고 있는 모든 관계에서 율법의 요구를 완전히 충족시키셨다는 의미를 담고 있다.

여기서 분명히 하고자 하는 핵심은 그리스도께서 율법을 대리로 완수하셨다는 것이 속죄의 본질적인 요소를 구성하며, 이로 인해 그분의 백성들이 마치 그들이 그 순종을 이행한 것처럼 여겨진다는 것이다. 그 결과 그들은 정죄에서 면제될 뿐 아니라 보상을 받을 권리를 가지게 된다. 흔히 '능동적 순종'과 '수동적 순종'이라고 불리는 두 요소는 하나의 속죄 사역에서 공동으로 작용하는 원인들이며, 어느 하나가 다른 것을 배제하지 않는다. 신학자들이 그리스도의 순종을 둘로 나누지 않고 하나의 순종으로 묘사되었으면 좋았을 것이다(빌립보서 2:5 참고). 그러나 신학자들은 "중재자가 죽음으로 우리를 하나님과 화해시키셨다면, 그분의 능동적 순종은 무슨 유익이 있는가?"라는 질문에 답변하도록 요구받았다. 이 순종들은 별개로 공로가 있는 것처럼 분리되어서는 안 되며, 수동적 순종이 사람들을 다시 무죄 상태로 돌려놓고 능동적 순종이 완전한 순종의 과정을 통해 받을 축복을 공로로 얻은 것처럼 해석되어서는 안 된다. 이 두 개념은 구별될 수 있고 구별되어야 하지만, 사실상 두 요소는 항상 함께 있었으며 분리될 수 없다. (이 점에 대해서는 Spener의 Evangelische Glaubensgerechtigkeit, p. 1135; Seller의 Versöhungstod, i. p. 274; Philippi의 Kirchliche Glaubenslehre, iv. p. 143; Hutter의 Loc. Com., p. 450; Thomasius, iii. 307; Hollaz, iii. 1, 3, 78; Gerhard, secs. 56, 63 참고). 죄는 단순히 범죄나 위반일 뿐만 아니라 의무의 불이행이기도 하다는 사실은 능동적 순종과 수동적 순종의 필요성을 암시한다.

요한복음 16:8-10에 대한 해석(섹션 25, p. 202)에서는 루터의 해설을 참고한다. 루터는 다음과 같이 말한다(그의 독일어 작품의 Erlangen 판, 1827, vol. xii, p. 116 참고): "그럼 이것은 어떤 의인가, 또는 그것은 무엇을 의미하는가? 그가 말하기를, '내가 아버지께로 간다'고 한다. 이것은 매우 독일어답지 않은 표현이며, 세상 앞에서 충분히 우스꽝스러워 보인다. 그리고 이 첫 번째가 낯설고 어둡다면, 이것이 세상의 죄, 즉 그가 자신을 믿지 않는다는 것이라면, 그가 아버지께로 간다는 것이 단지 의로움일 뿐이라는 것은 훨씬 더 기이하고 이해되지 않는 표현이다."

'내가 아버지께로 간다'는 말은 우리의 구원과 구속의 전 과정을 포함한다. 이는 하나님의 아들이 하늘로부터 보내져서 우리를 위해 행하셨고, 끝까지 하시는 모든 일을 포함한다. 즉, 그분의 고난, 죽음, 부활, 그리고 교회 안에서의 모든 통치를 의미한다. 이 '아버지께로 가는 것'은 다름 아닌 그분이 자신의 피 흘림과 죽음을 통해 죄값을 치르는 희생으로 자신을 드리는 것을 의미한다.

이것이 바로 기독교인의 의로움이다. 그리스도가 아버지께로 가시는 것, 즉 우리를 위해 고난을 당하시고 부활하셔서 아버지와 우리를 화해시키시며, 그분의 공로로 우리가 죄사함과 은혜를 받는 것이다. 이는 우리의 행위나 공로가 전혀 아니라, 오로지 그분이 우리를 위해 하신 일 때문이다. 이것은 우리가 아무것도 행하거나 공로를 세우지 않았음에도 불구하고 우리에게 주어진 이 방의 의로움이며, 이것이 우리에게 하나님을 기쁘시게 하고 하나님의 사랑하는 자녀와 상속자가 되게 하는 의로움이다.

K
놋뱀으로서 생명을 주시는, 그리고 세상의 생명을 위해 자신의 살을 주시는 그리스도

이 두 단락은 현대 신학의 두 큰 흐름을 나누는 질문을 언급한다. 즉, 그리스도의 생명이 즉각적이고 절대적인 선물로 주어지는가, 아니면 그분의 속죄적 죽음을 값으로 치러서 주어지는가의 문제다. 현재 그리스도의 대속적 희생에 대한 모든 반대는 이 문제에 집중되어 있으며, 한 세대 전에는 용서가 절대적으로 주어지는가에 대한 문제로 논의되었다. 현재의 반대는 그리스도의 대속적 만족에 대한 반대 중 가장 복음적인 형태임이 틀림없고, 다른 형태들이 그리스도의 증언에 의해 극복되었던 것처럼 이 반대 역시 극복될 것이라는 점은 의심의 여지가 없다. 이 경향에 동조하는 이들이 말하는 신적 생명의 본질과 그 표현들, 그리고 그리스도와의 교제가 이 생명의 영역과 본질이라고 주장하는 것에 대해서는 모든 신령한 사람들은 공감할 것이다. 그러나 이 학파가 제시하는 신적 생명에 대한 묘사에는 전적으로 찬성할 수 없는 몇 가지 중요한 예외가 있다. 예를 들어, 잘못된 타락의 개념, 보편주의적 성향, 이 생명의 부여와 관련된 회개와 회심의 내적 과정에 대한 명확한 언급의 부족, 그리고 성례적, 교권주의적 관점과의 연대하려는 경향 등이 있다. 하지만 복음적인 신학자는 단순히 이를 비난하기보다는 이 학파가 가진 많은 좋은 점을 받아들이고, 그 결함을 보완하려고 할 것이다. 이 학파의 창시자는 주로 슐라이어마허(Schleiermacher)였으며, 그의 영향은 여전히 남아 있다. 그리고 이 학파는 영적인 죽음이 지배적이었던 시기에 등장했기 때문에, 그 추종자들은 정통 교리보다는 영적 생명의 도입에 더 많은 관심을 가졌다. 이 학파의 표어는 "구속자와의 생명의 교제(Lebensgemeinschaft mit dem Erlöser)"로, 기독교의 본질은 삼위일체나 속죄와 같은 객관적인 교리보다는 인간 본성이 중심에서부터 새로운 생명으로 변화되고, 그 생명에 의해 모든 능력이 성화되고 고양되어야 한다는 것이다. 나사렛 예수는 그 생명을 죄 많은 인류에게 전달하는 자로 묘사된다. 가장 중요한 결함은 속죄가 이 생명을 구매한 것으로 나타나지 않거나, 그것과 인과적인 연결을 가지고 있지 않다는 점이다. 이 주석에서의 목적은 속죄와 생명 사이의 공로적 연결을 성경적으로 설명하는 몇 가지 추가적인 고찰을 제공하는 것이다. 나는 영생이 수행된 일이나 의와 연결되며, 생명이 그 약속된 보상임을 나타내는 몇몇 구절을 살펴보고자 한다.

하지만 먼저, 새로운 신학의 주요 지지자들이 속죄와는 별개로 신적 생명의 전달을 어떻게 설명하는지 그들의 말을 통해 살펴보는 것이 적절할 것이다. 그들은 신학의 모든 법적 측면을 무시하거나 부인한다. 인간의 지위나 권리에 대한 올바른 관계는 고려하지 않고, 단순히 본성의 새로워짐만을 강조한다. 예를 들어, V. 호프만은 그의 저서 Abweisung에서 반대자에게 답변하며 다음과 같이 말한다(188쪽): "아버지와 아들 사이의 관계는 이제 더 이상 아담적 인류의 죄에 의해 규정되는 것이 아니라 아들의 의에 의해 규정되는, 아들 안에서 새롭게 시작된 인류와의 관계이다." 이 작가는 아들의 성육신을 타락한 인간이 하나님과 즉각적으로 재결합하고, 새로운 인류의 시작으로 보며, 속죄 없이 이 일이 이루어진다고 주장한다. 그는 성스러운 사랑의 단순한 행위가 이 결과를 초래한다고 주장하며, 속죄 없이 단순히 인류가 새로운 출발점에서 다시 시작된다고 전제한다. 이것이 얼마나 슐라이어마허의 생각과 유사한지, 즉 그리스도를 인류의 완성된 창조물로 보는 견해와 유사한지를 누구나 알 수 있을 것이다. 이 학파 전체가 슐라이어마허에 의해 시작되었고, 그의 입장을 거의 변경하지 않고 반복하므로, 여기서 그의 속죄에 대한 견해를 인용하는 것이 적절할 것이다. 슐라이어마허는 다음과 같이 말한다(기독교 신앙, 2권, 94쪽): "[그리스도의] 행위는 그 안에 계신 하나님의 존재로 인해 조건지어진 죄 없고 완전한 행위일 수밖에 없다. 따라서 그분의 행위가 우리의 것이 되려면, 그 행위와 존재 또한 우리의 것이 되어야 한다. 이제 모든 개인의 삶은 죄와 불완전함의 의식 속에서 이루어지기 때문에, 우리는 우리 개별적인 삶의 의식을 벗어나지 않고서는 구속자와의 교제를 가질 수 없다. 그리스도는 자신의 활동의 원천을 우리의 활동의 원천으로 여기게 하고, 이것을 일종의 공통적인 소유로 삼도록 우리에게 자극을 준다. 이는 성경이 그리스도 안에 거하는 것과 그분의 생명에 대해 말할 때 일관되게 나타나는 의미이다(갈라디아서 2:20; 로마서 8:10; 요한복음 17:23; 고린도후서 13:6), 죄에 대해 죽음(로마서 6:2, 6, 11; 베드로전서 2:24), 옛 사람을 벗고 새 사람을 입는 것(골로새서 3:10; 에베소서 4:22-24)에 대해서도 마찬가지이다." 그리스도께서 인간 전체의 삶에 참여함으로써 죄에 대한 인식을 공감하는 감정으로 가지셨고, 그 죄를 극복해야 할 무언가로 인식하신 것처럼, 이것도 그분의 활동이 우리 안에서 작용하여 우리의 활동의 원리가 된다.

"만약 그리스도 안의 모든 활동이 하나님이 그 안에 내주하심으로부터 비롯되며, 우리가 유지와 창조가 포함된 창조적 활동 외에 다른 활동을 알지 못한다면, 우리는 그리스도의 활동도 그렇게 이해해야 한다. 우리는 자유 의지와 자유를 가진 피조물이 더 큰 전체와 연관되어 창조되는 것을 완전히 이해할 수는 없지만, 이를 직감할 수는 있다. 그리스도의 창조적 활동은 전적으로 자유 영역에 속하며, 그분의 수용적 활동은 창조적이면서도 그것이 만들어내는 것은 전적으로 자유롭다. 그러므로 하나님이 그 안에 내주하심은 영원하며, 그 모든 표현은 인간 삶의 형태에 의해 조건부가 된다. 그분은 자유로운 것에 대해 그 자유가 그분의 생명 영역 안으로 들어오는 순서에 따라, 그리고 그 자유로운 것의 본성에 따라 행동하실 수 있다. 그분의 수용적 활동은 우리가 그분과 교제 안에 들어가도록 창조적인 방식으로 우리의 의지를 만들어내는 것이다. 아니면, 더 정확히 말해, 그분의 활동을 수용할 수 있는 준비된 마음으로 그분의 활동에 동의하는 것이다. 구속자의 활동은 개인이 그분의 역사적 행동 영역에 들어가 그분의 자기 계시를 인식할 때 조건부가 된다. 이 동의는 죄에 대한 자각에 의해 조건부가 된다고 상상할 수밖에 없지만, 그것이 구속자의 영역에 들어가기 전에 반드시 일어날 필요는 없다. 오히려, 구속자의 자기 계시의 결과로 그 영역 안에서 발생할 수 있으며, 그분의 죄 없고 완전한 모습을 바라보면서 완전히 명확해진다. 그러므로 구속자의 원래 활동은 인과적 활동으로 가장 잘 이해되며, 자유롭게 그분의 활동에 끌리는 대상으로서 매력적 활동으로 인식된다. 우리는 지적으로 형성된 영향력을 기꺼이 받아들이는 사람들에게 매력을 느끼는 힘을 부여하듯이 그리스도께도 그러한 매력을 부여한다. 이제, 구속자의 모든 활동이 하나님이 그 안에 내주하심으로부터 비롯되고, 구속자의 존재가 시작될 때 하나님이 그 안에 내주하신 신적 창조적 활동이 유일한 능력이었으므로, 구속자의 모든 활동은 그분의 인격을 형성하는 신적 영향력의 연속으로 간주해야 한다. 그리스도의 인과적 활동은 그를 접하는 개인에게 인격 형성적(person-bildend)일 수밖에 없다. 그 결과, 그의 모든 행동과 인상은 그리스도의 활동으로 인해 달라진다. 따라서 그의 개인적인 자아 의식도 달라진다. 창조는 개별적 것에 대한 창조가 아니라 전체로 창조되었기 때문에, 구속자의 활동 역시 세계를 형성하는 활동(welt bildend)이며, 그 목적은 신적 의식을 새로운 생명의 원리로 심어야 하는 인간 본성이다. 구속자는 자신의 생명이 드러나는 개인들을 통해 다른 사람들에게도 그분의 활동이 작용하도록 하며, 그들을 전체 집단과 연관시켜서 받아들인다. 이처럼 그리스도의 전체 활동은 그분의 인격이 생겨난 신적 창조적 행위의 연속일 뿐이다.”(섹션 100, 1, 2)

이 현대 신학은 오늘날 많은 사람들이 고백하는 것으로, 매우 비성경적이다. 그것은 생명을 그 근원과 분리시키고, 속죄의 죽음과는 별개로 생명에 대해 논한다. 그러나 그리스도께서는 이 문제를 전혀 다르게 다루셨으며, 우리는 앞서 언급한 부분들에서 그 점을 증명했다. 성경 전체가 익숙하게 보여주는 신적 생명에 대한 표현과 이 현대 신학이 제시하는 방식이 얼마나 다른지 보여주기 위해, 율법과 복음에서 생명에 대한 언급을 간략히 검토하고자 한다.

1. 생명의 개념은 율법에서 명시적으로 선포되었으며, 이는 그 규범을 준수하는 자들에게 주어지는 약속된 보상으로 제시되었다. 이렇게 기록되어 있다(레위기 18:5): “너희는 내 규례와 법도를 지켜 행하라. 사람이 그것을 행하면 그로 말미암아 살리라. 나는 여호와니라.” 율법의 요구를 준수하는 것이 생명에 대한 약속을 받을 조건이었다는 사실은, 이러한 말씀이 의심의 여지 없는 상황에서 자주 인용되는 것에서 분명해진다(에스겔 20:11, 13, 21; 느헤미야 9:29). 사도 바울이 수용의 방식에 대해 논쟁을 벌여야 했던 율법주의자들은 자신들이 율법을 준수했다고 생각하며 그 율법적 약속에 대한 자신감을 가졌고, 보상을 기대하며 자랑했다. 그래서 우리는 바울이 두 번에 걸쳐(롬 10:5; 갈 3:11) 율법의 보상에 대해 인용하는 것을 본다. 바울이 이 두 구절에서 율법적 생명의 약속을 인용한 목적은, 행위와 생명의 연결, 그리고 은혜의 경륜을 대조하기 위함이었다. 그는 이렇게 함으로써 율법과 은혜, 행위와 믿음의 본질적인 차이를 두드러지게 하려고 했다. 생명은 두 경륜에서 모두 목표로 설정되었으나, 한쪽에서는 달성할 수 없는 전망이었고, 다른 한쪽에서는 자유로운 선물로 주어졌다. 율법이 생명으로 이끈다는 사실은 사도에 의해 주장되었고(롬 7:10), 그리스도께서도 친히 선포하셨다(눅 10:28). 그러나 율법으로는 달성

할 수 없는 것이 은혜의 경륜을 통해 무능력한 자들에게 제공되었다. 따라서 의가 필수 전제 조건으로서 계속 유지된다는 개념 아래, 사도는 이렇게 말한다(갈 3:21): "만일 능히 살게 하는 율법을 주셨더라면, 의가 반드시 율법으로 말미암았으리라." 이 언어를 세밀하게 분석하지 않더라도, 이 구절의 넓은 의미는 율법이 행한 일에 대한 보상으로 생명을 줄 수 없다는 부정을 나타낸다. 율법에 대해서는 정반대의 결과가 주어진다: 그것은 죽음으로 이끄는 것으로 드러났다(로마서 7:11). 바울이 생명을 제안된 보상으로 여긴다는 것은 의심할 여지가 없다.

2. 그러나 실제적인 "ζωη"(생명)은 전혀 다른 경륜에 의해 주어진다. 그럼에도 불구하고 바울이 믿는 자들이 생명에 참여하는 것에 대해 말할 때 "의"라는 단어를 유지함으로써, 그는 여전히 법적으로 약속된 생명의 개념을 유지하고 있음을 명확히 한다. 예를 들어, 로마서 5:18에서는 한 사람의 의가 "생명의 의로움"을 이끈다고 말한다. 다시 로마서 5:21에서는 이를 명확히 "영생에 이르는 의"라고 부른다. 또한 로마서 8:10에서는 "의로 인해 생명"이라는 표현을 사용한다. 바울은 율법의 조건이나 은혜의 경륜에서 생명이 제안된 보상으로 생각한다. 이것은 죄의 형벌인 죽음과 의로 인한 생명을 대조하는 방식에서도 드러난다(로마서 5:17). 더 나아가 율법을 완벽하게 준수하여 이 영광스러운 생명을 보상으로 얻고자 했던 유대인들의 생각에 대해 바울은 그들이 두 개념의 연관성에 대해 실수를 했다고 말하지 않는다. 그는 단지 그러한 결과가 인간의 실제 조건에서는 달성할 수 없다고 부정할 뿐이다(로마서 8:3). 그러나 하나님은 이 생명을 유대인과 이방인 구분 없이 믿음을 통해 인간에게 주셨다(로마서 1:17; 갈라디아서 3:11; 히브리서 10:39, 여기서 하박국 2:4을 인용함).

3. 현대 신비주의적 속죄 이론의 큰 결점 중 하나는 두 아담을 통한 대표 체계를 완전하게 인식하지 못한 것과 관련이 있다. 그리스도를 속죄나 공로 있

는 순종과 상관없이 생명의 주로 여기는 자들은 인간에게 부여된 대표성의 원리에 대한 불완전하고 잘못된 생각을 가지고 있다. 이들이 열심히 주장하는 생명이나 그들이 성육신에서 시작하여 새로운 인류로 간주하는 것은 그 새로운 생명을 확보하고 얻는 공로 있는 순종 행위를 무시한다. 그들의 이론은 체계적으로 생각된 것이 아니며, 죄가 원인으로서 세상에 들어온 것과 마찬가지로 생명의 대응물이 어떻게 들어왔는지에 대한 탐구를 하지 않는다(로마서 5:12). 만일 죄로 인해 죽음이 들어왔다면, 동일한 방식으로 의로 인해 생명이 들어온 것이다(로마서 5:12-20). 이것이 이해되지 않으면 성경적인 속죄관이 성립되지 않는다. 이것은 현대에 널리 퍼진 신비주의적 이론에 대한 결정적인 판단을 내린다. 그 이론은 그리스도의 모든 사역을 단순히 생명을 전달하는 것으로 축소한다. 그러나 이 생명은 두 번째 아담에게 어떤 공로 있는 행위를 통해서만 주어진다는 것을 잊고 있다. 그것은 첫 번째 아담의 범죄에 상응하는 의로운 행위(로마서 5:19)를 통해서만 생명이 주어진다는 것이다. 따라서 성육신에서 시작된 생명이 공로 있는 순종과 상관없이 계속해서 흘러간다고 말하는 것은 논리적으로 일관성이 없는 추측이다.

슐라이어마허 신학은 우스테리에 의해 표현된 것처럼 여기서 일관성을 가질 수 있다. (참조: 우스테리, Entwickelung des Paulinischen Lehrbegriffes). 그는 "죄(αμαρτια)"를 원시적인 죄의 행위로 보지 않고, 첫 사람의 본성에 본래 내재된 죄성, 즉 본래적인 불완전함으로 해석하려 한다. 그리고 "범죄(παραβασις)" 또는 "불순종(παρακοη)"은 단지 인간이 본래적으로 흙에서 비롯되었기 때문에(고전 15:47), 의식적인 행위로 표현된 원초적 불완전함이라고 주장한다. 하지만 이러한 인간성의 개념은 교리적인 측면뿐만 아니라 성경 해석학적 관점에서도 타당하지 않다. 로마서 5:12-20의 문맥은 우리가 이 문제에 대해 수동적인 관계를 상정할 수 없음을 명백히 보여준다. 그 전체 언어는 죄가 한 사람의 죄로 인해 세상에 들어왔음을 보여주며, 죄성을 가지고 창조된 한 사람으로

인해 들어온 것이 아님을 나타낸다. 17절의 "한 사람의 범죄로"(τω του ενος πα
ραπτωματι), 그리고 19절의 "한 사람의 불순종으로"(δια της παρακοης του ενος α
νθρωπου)라는 표현은 다른 의미로 해석될 수 없다. 인간의 죄의 기원이 단지
수동적인 것이 아니었듯이, 순종 없는 생명의 기원도 수동적이지 않다. 따라
서 아담을 통한 타락의 방식과 예수 그리스도를 통한 회복의 방식에는 완전
한 대조가 존재한다. 이것은 사랑만으로 이루어진 속죄 이론, 그리고 단지 생
명의 전달로만 구성된 이론이 아무런 근거가 없음을 보여준다.

예수님의 죽음과 이 생명의 보상적 연결에 대한 말씀은 명확하다. 본문에
서 충분히 논의된 바 있어서 여기서 다시 논의하는 것은 불필요하다. 그 대
표적인 구절은 요한복음 6:51 등이며, 요한복음 3:14와 10:10을 추가할 수 있
다. 또한 서신서에 들어가면, 대속적 죽음과 신적 생명 사이의 관계가 성경 해
석의 근거에서 의심할 수 없을 만큼 명확하게 설정된 것을 발견하게 된다. 이
관계는 행위와 보상, 의와 생명의 관계이다. 이는 바울 서신의 여러 구절의 핵
심으로, 그리스도인이 그분과 함께 죽고, 십자가에 못 박히고, 장사되었다고
표현된 대목에서 자주 오해되곤 한다. 그리스도는 율법을 완성하고 그 저주
를 다 감당하심으로써 그분의 희생의 열매이자 보상으로 간주되는 생명의
기초를 놓으셨으며, 그분의 백성들은 이를 자신의 정당한 유산으로 얻게 된
다. 우리가 그리스도와 함께 죽었으면 또한 그와 함께 살 것이다. 이것이 바로
보상적 생명이다. (참조: 로마서 6:1-11, 고린도후서 5:14-15, 갈라디아서 2:20)

L
아미랄드주의

나는 『사도들이 가르친 속죄』의 부록에 수록된 역사적 개요에서 아미랄드

주의(Amyraldism)를 설명한 적이 있었고, 이곳에서는 그 주제에 관한 문헌에 대해 몇 가지 보충적인 언급을 추가하는 것으로 충분하다. 엄밀히 말하자면, 이 이론은 아르미니우스주의와 엄격한 칼빈주의 사이의 인위적인 중간 길이었다. 그러나 그러한 타협의 경우 흔히 그렇듯, 그들이 나아가려던 쪽인 아르미니우스주의자들에게 훨씬 더 큰 기울기나 편향을 보였으며, 여전히 소속을 주장했던 칼빈주의로부터는 점점 멀어졌다. 이 이론을 처음 제기한 카메론(Cameron)은 히브리서 2장 9절을 인용하며, "그리스도의 죽음은 믿음의 조건 하에 모든 사람에게 동등하게 속한다"고 명백히 선언했다. 그의 제자이자 추종자인 아미랄두스(Amyraldus)는 Saumur에서 신학 교수로서 같은 견해를 제시했고, 보편적 은혜와 예정론에 관한 두 가지 별개의 논문을 저술했다. 이 이론은 다소 모호한 표현으로 나타난 아르미니우스주의의 더 미묘한 형태일 뿐이었다. 특별한 효력 있는 은혜는 모호하고 그럴듯한 보편주의로 대체되었다. 이 새로운 이론은 한동안 상당한 흥분을 불러일으켰으나, 1635년 Alençon과 1647년 Charenton에서 열린 두 개의 회의에서 이 주장을 옹호한 사람들이 이단으로 규정되지 않자, 프랑스의 가장 저명한 신학자들 중 일부는 이를 받아들였다. 그들로는 카펠루스(Capellus), 테스타르드(Testard), 플라세우스(Placeus), 달라우스(Dallaaus), 블론델(Blondel), 르 블랑(Le Blanc), 클로드(Claude), 고티에리우스(Gautierius), 메스트레자(Mestrezat)가 있다. 이처럼 한때 교리의 건전함과 진리로 유명했던 교회의 이런 유연함과 변덕은 극도로 비극적인 결과를 낳았다. 이에 대해 고(故) 커닝햄 박사의 언급은 주목할 가치가 있다.

그는 다음과 같이 말한다. "프랑스 교회의 입장은 17세기 초에 일어난 아르미니우스 논쟁과 도르트(Dort) 총회의 교리적 입장에 관한 것이다. 도르트 총회는 전체 개혁 교회, 즉 루터교를 제외한 모든 개신교 교회를 대표하기를 원했다. 프랑스 교회는 이에 따라 네 명의 사람을 총회에 참석하도록 임명했으나, 오해나 의심으로 인해 왕은 그들이 출국하는 것을 허락하지 않았고, 그들은 총회에 공식적으로 참여하지 못했다. 그러나 1620년에 열린 프랑스 교회의 전국 총회에서 그들은 도르트 총회의 교리들을 만장일치로 채택하고, 교회의 모든 구성원이 이를 지키겠다고 엄숙히 선언하도록 요구했다. 하지만 이 결의 이후 얼마 지나지 않아 프랑스 교회 안에 교리의 불순함과 오류가 나타나기 시작했다. 곧 우리는 프랑스의 한 인물인 카메론이 칼빈주의와 아르미니우스주의 사이의 일종의 중간 이론을 씨 뿌리며 프랑스 개혁 교회에 상당히 해로운 영향을 미친 것을 알게 된다. 사실 카메론과 아미랄두스, 그리고 그들과 함께했던 Saumur 대학교는 프랑스 교회에서 순수한 교리를 퍼뜨리는 데 있어서 글래스고의 신학 교수 심슨(Simpson)과 그 신학 대학원과 같은 입장을 취했다. 1637년의 총회는 이 교리들과 관련하여 하나님께 상당한 불충성을 나타냈으며, 1645년의 총회에서도 이 불충성이 재차 나타났다. 이는 도르트 총회의 교리를 채택한 후 단 17년, 그리고 25년 만에 일어난 일이었다. 전국 총회와 교리의 순수함은 점점 쇠퇴했으며, 전국 총회가 점점 드물어질수록 교리의 순수함도 점점 더 사라졌다. 사실, 다일레(Daillé)가 집필한 속죄의 보편성을 변호하는 가장 정교한 책은 '두 총회의 변호'라는 제목을 가지고 있다. 나는 이러한 교리의 불순함을 낭트 칙령 철폐와 연관지어 보아야 한다고 생각한다. 이 칙령 철폐는 분명 정부 측의 큰 범죄였으며, 프랑스의 세속적, 영적 상태에 매우 중요한 영향을 미쳤지만, 그 외에도 간과할 수 없는 측면이 있다. 그것은 바로 프랑스 개혁 교회 내에서 두 세대에 걸쳐 자라나면서 원래 고백했던 순수한 교리를 침식해온 교리적 불순함에 대한 하나님의 최종적이고 사법적인 처리가 아니었을까 하는 점이다. 우리가 교황주의를 혐오하고 고통받는 자들에게 동정심을 품고 있으며, 그들이 자신들의 고난을 감당하는 모습을 보며, 그들에게 상당한 수준의 순수한 교리와 경건이 여전히 남아 있었음을 인정하더라도, 프랑스 개신교의 붕괴를 어느 정도는 순수한 교리에서의 이탈에 대한 벌로 간주하지 않을 수 없다." (1859년 프랑스 총회 300주

사뮈르(Saumur) 신학자들이 고안한 이론은 매우 조잡하고 일관성이 없는 체계로, 그들이 자신들에게 부과한 불가능한 과제를 검토해 본 사람이라면 누구나 알 수 있듯이, 보편적 은혜와 특별한 은혜를 결합하려는 시도였다. 이들은 속죄에 대해 일관된 언어를 사용하지는 않았지만, 주님께서 모든 사람을 위해 죽으셨다는 진술에는 동의했다. 그들은 카메론(Cameron)과 아미랄두스(Amyraud)가 명시적으로 선언한 것처럼, 그리스도의 죽음이 모든 사람을 동등하게 위한 것이라고 의미했다. 그러나 Alençon 회의가 그 표현을 금지하고, 즉 그리스도가 모든 사람을 위해 동등하게 죽었다는 교리를 지지하지 않자, 새로운 표현 방식이 채택되었지만, 이것 또한 받아들일 수 없는 것이었다. 그들은 인류 전체를 위한 만족과 선택받은 자들을 위한 만족이 이중으로 존재할 수 있다고 가정했다. 이 이론은 폴힐(Polhill)에 의해 영국으로, 베네마(Venema)에 의해 네덜란드로 전파되었지만, 이 방식에서는 "누구를 위해 죽었다"는 표현이 모호해지고 이중의 의미를 갖게 된다. 선택받은 자들에게 적용될 때는 "그들을 대신하여"라는 의미이고, 인류 전체에 적용될 때는 "그들의 유익을 위하여"라는 의미이다. 이는 단순히 말장난에 불과하며, 이중의 의미를 가진 애매한 표현일 뿐이다. 뿐만 아니라, 우리는 즉시 이런 질문을 하게 된다. 속죄의 근본을 이루는 세 가지 개념, 즉 언약, 대속, 저주를 대신 견디는 것이 어떻게 유효한 사실로 존재할 수 있는가? 그리스도에게 형벌이 가해질 수 있었던 것은 그분이 전가된 죄를 짊어졌기 때문이 아닌가? 공의가 그분을 향할 수 있었던 것은 그분이 보증인, 대리자, 죄 담당자이셨기 때문이 아닌가? 문제는 속죄가 그 자체의 능력으로 무언가를 성취하는 것인가, 아니면 외부의 다른 것들에 의해 유효해질 수도 있고 그렇지 않을 수도 있는 단순한 수단인가 하는 것이다. 성경은 속죄가 사람들을 사들이는 것이라고 말한다(고린도전서 6:20; 사도행전 20:28). 이 세상에서 가장 중요한 두 가지 사실, 즉 타락과 속죄 사이의 유비는 이 점에서 결정적이다. 하나는 인류 전반에 걸쳐 끔찍한 결

과를 가져오고, 다른 하나는 그 속죄가 제시된 모든 사람에게 구원을 가져온
다. 아미랄두스주의 이론 전체는 근거가 없었고, 이 신학자들이 신적 작정에
대한 새로운 배열을 만들어 속죄를 보편적으로 하고 선택을 특별하게 한 사
실로 인해 그 터무니없음은 더욱 증대되었다.

그러나 이 주석의 목적은 이러한 질문들에 대한 논의와 관련된 문헌을 참
조하는 것이다. 아미랄두스의 예정론에 관한 저작이 출판된 직후, 리베투스
(Rivetus)는 자연과 은혜의 개요(Synopsis de Natura et Gratia)라는 제목의 저서
에서 그의 주요 입장들에 대해 명쾌한 반박을 내놓았다(리베투스의 작품, 3권,
831쪽). 이 논문에서 리베투스는 아미랄두스의 프랑스 설교들뿐만 아니라 그
의 신학적 저술에 담긴 주제들을 검토하고, 같은 견해로 가득 찬 테스타르드
(Testard)의 이레니쿰(Irenicum)도 언급한다. 그러나 이 주제에 대한 가장 중요
한 저서는 1646년에 발표된 프레데리크 스판하임(Frederick Spanheim)의 보
편 은혜에 대한 연구(Exercitations on Universal Grace)이다. 여기서 모든 논점
은 논쟁의 격렬함 없이 침착하고 명료하게 검토되었다. 이 위대한 저작의 개
요나 요약본은 그레고리우스 벨레우스(Gregorius Velleus)라는 가명을 사용
한 G. 레보(Reveau)에 의해 대중에게 제공되었다. 네덜란드 신학자들과 스위
스 신학자들은 프랑스와의 지리적 인접성으로 인해 자신들이 이러한 견해
들로부터 노출된 위험을 인식하고, 그들의 교회를 이러한 의견의 전염으로
부터 지키기 위해 큰 노력을 기울였다. 마레시우스(Maresius)는 은혜와 보편
구속에 관한 질문들에 대한 신학적 논평(Epicrisis Theologica ad Quæstiones de
Gratia et Redemptione Universali)을 저술했다. 이 사상들이 타락하게 만드는 경
향을 사뮈르에서 직접 관찰한 프란시스 투레틴(Francis Turretin)은 그들의 근
거 없고 파괴적인 성격을 가장 가차 없이 폭로했다. 그의 훌륭한 반박은 더할
나위 없이 완벽했다(Loc. xiv. Quæs. 14). 마지막 신조적 문서인 헬베티카 신앙
공식(Formula Consensus Helvetica)은 1675년에 스위스 신학자 하이데거(Hei-

degger), 호팅거(Hottinger), 투레틴(Turretin), 베렌펠스(Werenfels), 그리고 츠빙거(Zwinger)가 이러한 보편주의적 견해들이 교회에 침입하는 것을 막기 위해 특별히 준비한 것이다.

저명한 신학자들의 증언 중에서, 나는 코케이우스(Cocceius)가 보낸 매우 흥미롭고 주목할 만한 편지를 언급하고자 한다. 이 편지는 앞서 언급된 내용과 같은 취지로 작성되었다. 스판하임(Spanheim)은 보편 은혜(Universal Grace)에 관한 자신의 저서를 그에게 보내며, 중요한 주제에 대해 자신의 의견을 알려 달라는 요청과 함께, 특히 아미랄두스(Amyraldus)가 제안한 새로운 방법론에 대해 그의 의견을 물었다. 이에 대해 코케이우스는 회신에서(Ep. cxxv.), 먼저 스판하임의 저작이 탁월한 주의와 뛰어난 절제 속에 작성되었다며 칭찬한 뒤, 아미랄두스의 견해에 대해 불만을 나타냈다. 이 편지는 너무 길어서 번역하기는 어렵지만, 불확정적이고 조건부적인 보증이 얼마나 터무니없는 것인지를 보여주는 점에서 매우 뛰어나다. 그는 이렇게 말한다. "우리는 이 대속을 불신자에게까지 확장하여 일반적으로 만들 수 없다. 그렇지 않으면 우리는 그리스도의 보증을 일반적인 것으로 만들고, 우리를 성화시키는 의지와 그 씨앗에 대해 맹세한 성부와 성자의 은혜도 일반적인 것으로 만들게 된다. 그러므로 그리스도께서 인류를 위해 죽으셨다는 표현은 결코 교회의 사용에서 다음과 같은 개념과 동의어로 왜곡되어서는 안 된다: '그리스도께서 죽으신 것은 그분의 죽음이 선택받은 자들의 구원을 위해서만 유효한 것이 아니라, 다른 사람들에게도 큰 유익을 주기 위해서이다' 또는 '그리스도께서 죽으신 것은 그분이 모든 사람에게 조건부 구원을 제공하신 것이 아니라 실제 구원을 선물로 주시기 위함이다' 혹은 '그리스도께서 죽으신 것은 모든 사람이 자신을 참되게 믿을 것이라고 기대하셨기 때문이다.' 이 전체 이론의 가장 큰 실수는 그리스도의 죽음이 그 적용을 보장하거나, 사람들을 자신과 결합시키는 믿음을 얻는 것으로 설명하지 않는다는 점이다.

아미랄드주의(Amyraldism)의 보편 은혜 유형은 18세기 초와 중반에 스코틀랜드로 수입되었다. 이 경향은 1749년에 브레아(Brea)의 프레이저(Rev. Mr. Fraser)의 유작으로 출판된, 믿음에 관한 저작에 의해 촉진되었다. 이 저작은 출판을 위해 준비된 상태로 발견되었다고 전해진다. 이 사상은 지지자들을 얻었지만, 이른바 마로우파(Marrow men)로 알려진 사람들은 보편주의 견해에 강력히 반대했다.[237] 그들은 특별한 속죄를 확고히 유지하면서, 동시에 복음의 자유로운 초청을 모든 사람에게 차별 없이 전했다. 아미랄두스주의 또는 이중 만족설(하나는 효과적이고 다른 하나는 비효과적인 만족설)에 대한 영어로 된 최고의 반박은 아담 기브(Rev. Adam Gibb)가 쓴 분리파의 증언의 전시(Display of the Secession-testimony)에 있다(2권, 131-190쪽 및 273-298쪽).

M
속죄 교리의 역사적 개요

내가 다른 곳에서 교부들의 증언을 통해 상세히 입증했듯이,[238] 초대 교회의 속죄 교리는 그리스도의 죽음이 의도한 즉각적인 목적이 죄의 용서라는 것이었다. 주님의 죽음과 죄의 용서 사이의 연관성은 처음부터 원인적 관계로 받아들여졌다. 소시니안주의(Socinianism)가 등장하기 전, 15세기 동안은 아벨라르(Abelard)의 이론을 제외하고는 이 연관성을 공식적으로 부인한 적이 없었다. 아벨라르의 신학은 그의 성격만큼이나 결함이 있었다. 오랜 세월 동안 속죄의 구성 요소들은 논의의 대상이 되지 않았고, 그리스도의 죽음과 죄의 용서 사이의 연결고리는 모든 기독교인들에게 단순히 사실로 받아들여졌다. 한 가지 확실한 사실은 교부들이 한결같이 그리스도의 죽음을 세상의 죄를 위한 희생제사로 여겼다는 것이다. 그리스도는 단순히 그분의 교훈이나 본보기를 통해서가 아니라, 그분의 성육신과 죽음이 희생제사로서 가진 효력으로 죄의 용서를 이루셨다고 여겨졌다.

이 사실을 언급하는 이유는, 대리적 만족 교리에 반대하는 일부 현대 작가들이 교부들의 기록을 자신들의 견해에 맞추어 왜곡하여 사용했기 때문이다. 이는 1832년에 출판된 베어(Bähr)의 저서 초대 교회의 그리스도 죽음에 대한 교리(Die Lehre der Kirche vom Tode Jesu in den ersten drei Jahrhunderten)에서도 마찬가지이다. 저자는 초기 3세기 동안의 대부분의 교부들을 인용하면서 그들이 자신의 의견을 지지한 것처럼 묘사한다. 프리슬리(Priestley)는 지난 세기에, 매우 비양심적이고 공격적인 방식으로 속죄 교리가 기독교의 부패 중 하나라고 입증하려 시도했다. 이는 터무니없고 부당한 주장이다. 프리슬리가 자신에게 맡겨진 과제를 수행하는 방식을 살펴보면, 그는 초기 기독교인들이 속죄 교리를 믿었는지, 그들이 그리스도를 이유로 죄의 용서를 주장했는지, 아니면 선행을 이유로 했는지를 조사하지 않고, 단지 교부들이 거룩함, 덕, 선행에 대해 칭찬하는 구절만을 인용했다. 그는 아우구스티누스 이전과 그 이후의 교부들로부터 다양한 구절을 인용하며, 그들이 죄의 용서를 하나님의 자비에서 흘러나오는 것으로 여겼다고 주장했다. 하지만 중요한 질문은, 교부들이 그리스도의 고난과 공로 없이 용서가 이루어질 수 있다고 생각했는가 하는 것이다. 만약 교부들이 그리스도의 고난을 단순한 본보기로만 여겼다면, 그들의 글에서 이를 명확히 알 수 있었을 것이다. 성경에서 속죄 교리와 관련된 많은 표현들을 그들은 은유적으로 해석했어야 한다. 프리슬리가 인용한 바스나지(Basnage)는 고대 교부들이 그리스도의 속죄에 대해 대체로 신중하게 말했고, 선행에 많은 비중을 두었다고 말한다. 이에 대한 설명은 이미 언급한 바 있다. 그러나 나는 프리슬리가 이 분야에 발을 들여놓을 인물이 아니었다는 점을 추가하고 싶다. 그는 교부들에 대해 무지함을 드러냈으며, 호슬리(Horsley)와 다른 이들이 그의 무지를 충분히 폭로했다. 그는 자신의 목적에 부합하는 구절만을 인용했고, 자신의 선입견에 반대되는 모든 증언에는 침묵했다. 교부들의 저작을 살펴보면 그들이 그리스도를 구원의 공로

적 원인으로 여겼으며, 그분의 고난을 속죄적이고 대리적인 것으로 언급했다
는 것을 알 수 있다. 안셀름(Anselm)은 이미 인용된 그의 저서에서, 초대 교부
신학과 후기 교회 체계 사이의 전환 단계를 보여준다.

I. 교회에서 받아들여진 가장 오래된 교리는, 어느 정도 발전된 형태로, 그
리스도가 죄인들을 대신하는 대리자였으며, 그들이 마땅히 받아야 할 형벌
을 대신하여 속죄를 제공하지 않았다면 그들은 정당한 처벌을 받았을 것이
라는 것이다. 이것은 의심할 여지 없이 가장 오래된 교리이며, 그리스도교의
그리스도교와 로마교 모두에서 받아들여진 교리로 여길 만한 가치가 있다.
어떤 지적인 정직한 연구자도 이 점에 대해 의문을 가질 수 없다. 비록 이 교
리가 11세기에 이르러서야 그리스도의 죽음과 죄의 용서 사이의 관계에 대
해 논의하게 되면서 더욱 발전하게 되었지만 말이다. 이 관계에 대한 가장 널
리 받아들여진 견해를 정확하게 설명하자면, 이들은 인간이 죄로 인해 마땅
히 받아야 할 형벌을 짊어져야 할 의무가 있었고, 그리스도가 그들의 자리에
서 죄를 속죄하며, 그분의 죽음이 하나님의 공의에 대한 만족이자 그들을
대신한 죄의 형벌을 감내한 것이라는 것을 믿었다. 그리스도의 대리적 고난
은 그분이 신성과 인성을 모두 지닌 분으로서 죄인들에게 용서를 가져다주었
다는 것이다. 따라서 이 관계는 공로적이며 원인적 관계이다. 이는 가장 오래
된, 그리고 받아들여진 견해로서, 때로는 덜 발전된 형태로, 때로는 더욱 발
전된 형태로 나타났다.

이 교리를 지지하는 집단 내에서도 하위적으로 다양한 견해가 있었다. 안
셀름(Anselm)과 종교개혁 신학은 이 속죄 교리를 더 절대적이고 내재적인 필
요성에서 도출했다. 반면, 오리게네스(Origen), 아타나시우스(Athanasius), 아
우구스티누스(Augustinus), 그리고 후기의 그로티우스(Grotius)와 그를 따르는
사람들은 하나님의 자유 의지에서 이 교리를 도출했으며, 이를 필수불가결

한 것으로 보지 않고 하나님의 신실함, 지혜, 사랑을 드러내기 위한 자유롭고 은혜로운 섭리로 간주했다. 한편에서는 하나님의 공의를 만족시킬 필요가 있다고 주장했고, 다른 한편에서는 하나님 외부의 무언가로 그것을 놓았다. 안셀름과 종교개혁자들은 대등한 교환을 강조했지만, 그로티우스와 그의 학파는 accepiatio gratuita(무상으로 받아들임) 또는 relaxatio 혹은 dispensa-tio legis(법의 완화 또는 면제)을 허용했다. 그러나 그들은 공로적이거나 원인적인 관계에 있어서는 일치했다. 어떤 이들은 속죄가 가져온 모든 효과를 그리스도의 수동적 순종에만 돌렸는데, 예를 들면 피스카토르(Piscator)와 그를 따르는 사람들이 그랬다. 반면에 대부분의 루터교와 개혁교회는 그리스도의 능동적 순종과 그분의 고난을 속죄의 유효성과 효력의 근거로 결합하여, 두 가지 모두가 하나의 공동 결과를 위해 동등하게 필수적이라고 여겼다. 속죄가 누구를 위해 제공되었는가에 대해서도 의견이 갈렸다. 개혁교회는 속죄가 택함 받은 무리들을 위한 것이라고 주장했으며, 루터교회는 속죄를 일반적인 것으로 만들었다. 그러나 이 저서의 본문에서 언급한 하위적 차이점에도 불구하고, 그리스도의 죽음과 죄의 용서 사이의 원인적 연결성에 대해서는 완전한 일치가 있다. 이것이야말로 동서양의 모든 기독교 교회에서 언제나 주장된 위대한 진리이다. 그리고 개신교도 또한 이에 대해 명확하게 고백하고 있다.

II. 또 다른 견해는 그리스도의 죽음이 용서의 공로적 원인이 아니라 단순한 계기라는 것이다. 이 범주에는 고대 소시니안(Socinian) 교리의 특징적인 특성뿐만 아니라 현대의 다양한 사색의 단계들이 포함되며, 이 모든 것이 하나의 점에서 일치한다. 즉, 용서는 절대적으로 주어지거나, 내면의 변화나 갱신을 바탕으로 주어지며, 그리스도의 죽음은 그와 아무런 원인적 관련이 없다는 것이다. 이들은 한 가지 점에서 모두 동일하다. 그들은 죄의 중대한 의미를 제대로 파악하지 못한다. 안셀름이 그의 제자에게 "너는 죄가 얼마나 무거운지 생각하지 않았다”고 말한 것처럼, 이 두 번째 견해를 주장하는 자들에 대해서도 동일하게 말할 수 있다. 이 견해는 교회 역사에서 어느 시기에도 교회의 공식적인 의식을 대표한다고 할 수 없으며, 그들은 여러 성경 구절에 호소한다. 이 영역을 연구하는 사람은 놀랍게도, 속죄에 대한 첫 번째이자 가장 오래된 교리를 지지하는 모든 성경적 증거들이 두 번째 견해를 지지하는 사람들에 의해 전혀 다른 해석으로 사용된다는 사실을 알게 될 것이다. 우리가 대리적 죽음의 참된 본질, 범위, 그리고 효과로 해석하는 예수의 말씀을 그들은 단지 비유적이거나 상징적인 표현으로 보고, 그 의미를 파악하려면 엄밀하고 정확한 언어로 번역되어야 한다고 주장한다. 그들은 우리 주님의 모든 말씀을 비유의 거대한 창고로 만들며, 해석자는 그것을 적절한 언어와 정확한 생각으로 증류하거나 걸러내야 한다고 본다. 그런 다음, 그들은 그 방대한 증거들이 단지 예수님께서 인간의 유익을 위해, 그리고 죄의 용서를 받도록 하기 위해 어떤 막연한 방식으로 죽었다는 것만을 가르친다고 주장한다. 그리스도의 죽음을 그분의 교리와 본보기와 동일한 도덕적 영향을 미치는 수단으로 해석하는 것이다.

이제 나는 이 견해의 다양한 음영과 수정된 형태들을 다루어야 한다. 이들은 각기 독특한 차이점이 있지만, 죄의 절대적 용서를 주장하고, 하나님의 공의와 율법에 대한 대리적 만족의 개념을 거부하는 데 일치한다. 여기서 나는 삼위일체론을 유지하는 사람들을 위한 중간 분류를 제안하고 싶다. 의견을 평가할 줄 아는 사람이라면, 삼위일체론자와 유니테리언(Unitarian) 사이에는 큰 구별선이 있다는 것을 쉽게 인정할 것이다. 삼위일체론자는 성경적 기독교 안에 있으며, 유니테리언은 이에 대한 인정을 받기에는 상당히 의문이 있는 주장을 하기 때문이다. 또한 그들이 주장하는 의견은 그 성격, 범위, 그리고 성향이 유니테리언과 전적으로 다르다.

그러나 나는 이 중간 분류를 만들기가 불가능하다는 것을 알았다. 부분적으로는 모리스(Maurice)나 데이비스(Davies) 같은 삼위일체론자가 대리적 만족을 반대하는 자들 중에서 극도의 일관성 없는 방식으로 자리 잡고 있기 때문이다. 또한, 이 두 번째 견해의 지지자들은 이 부분에서 자신들의 삼위일체론에 베일을 씌우는 경향이 있으며, 이 문제에서 그들은 소시니안(Socinian)적 성향을 보이며, 그들이 동조하는 학파의 견해와 분리될 수 없기 때문이다.

(I) 소시니안(Socinians) 또는 유니테리언(Unitarians)은 이 범주에서 먼저 언급되어야 한다. 그들은 그리스도의 죽음이 용서와 원인적 연결이 없다는 견해를 처음으로 주장했기 때문이다. 그들은 대리적 만족 교리를 처음으로 반대했으며, 이후 다양한 수정 과정을 거쳐 교회의 다른 부분으로 이 교리가 전해졌다. 그리스도의 죽음과 용서 사이의 연결에 대한 그들의 해석 방식과 관련하여 주목해야 할 네 가지 점이 있다. 1) 그들은 그리스도께서 가르친 교리나 메시지, 특히 그 안에 포함된 죄의 용서에 대한 약속을 그분의 죽음으로 확증했다고 주장했다. 그들은 새로운 언약의 피에 대해 말하는 성경 구절들을 자주 언급했으나, 그 순교적 죽음이 확증한 메시지는 절대적인 용서의 메시지라고 주장했다. 2) 소시니우스(Socinus)와 그의 추종자들에 따르면, 예수님의 죽음과 죄 사함이 연결된 또 다른 이유는 그분이 죽음에서 완전한 덕의 빛나는 본보기를 주어 우리가 그분의 발자취를 따를 수 있도록 했기 때문이다. 그들은 그분의 고난과 삶의 예를 따르도록 권고하는 성경 구절들(벧전 2:21)에 호소했다. 3) 소시니안 학파에 따르면, 죄 사함이 그리스도의 고난과 연결된 또 다른 이유는, 그분의 죽음이 그분의 부활로 이어졌기 때문에 우리가 영생에 대한 믿음과 소망을 확고히 할 수 있도록 해주었기 때문이다. 4) 마지막으로, 그들은 그리스도의 부활에서 또 하나의 이유를 찾았다. 소시니안 또는 유니테리언 신앙 체계가 기독교의 범주 안에서 인정을 받을 수 있는 유일한 요소는 바로 그리스도의 부활을 명확히 인정했다는 점이다. 이들

은 그리스도가 죽음을 통해 죽은 자와 산 자 모두의 주가 될 능력을 얻었다고 가르쳤으며(롬 14:9), 이 부분에서만 기독교에 근접했다고 볼 수 있다. 그들에게 복음은 속죄 제사와 무관하게 덕을 장려하고 절대적인 용서를 선포하는 것이다. 요약하자면, 그들은 그리스도의 죽음이 하나님의 은혜에 대한 우리의 신뢰를 강화하고, 도덕적 수단으로서 인간을 덕으로 인도하는 역할을 한다고 본다. 요컨대, 그들의 전체 체계에는 자연주의를 넘어서지 않는 것이 거의 없다. 프리스틀리(Priestley)는 예수님의 죽음이 우리의 영생에 대한 소망과 부활에 대한 믿음을 확증했다는 점에만 집중했다. 벤저민 벤 모르데카이(Benjamin Ben Mordecai)의 《기독교를 받아들인 변명》의 저자는 그리스도가 대속적 사역 없이도 죄인을 구원하고 영광으로 인도할 권능을 얻었다고 주장했다. 볼초젠(Wolzogen)은 그리스도를 죄의 희생양으로 보았는데, 이는 죄가 어떤 처벌을 받아야 마땅한지 보여주기 위함이라고 해석했으며, 이는 기독교를 율법과 같은 수준으로 격하시킨다(롬 7:7). 이 모든 저자들은 한결같이 대속과 대리적 형벌을 거부한다.

소시니안의 입장에 대해 길게 논할 필요는 없다. 그들이 주장하는 바는 이 책 전체에서 우리가 일관되게 주장한 것과 정반대이기 때문이다. 그 체계는 이신론을 거의 넘어가지 않으며, 많은 점에서 이슬람의 유일신론과 유사하다. 그들이 주된 공격 대상으로 삼은 것은 기독교 교회가 처음부터 주장해 온, 하나님의 공의에 만족이 이루어졌고, 그로 인해 죄 사함이 얻어졌다는 입장이다. 소시누스는 이렇게 말한다: "이 공의를 제거한 후, 우리가 다른 어떤 논증도 갖고 있지 않다고 하더라도, 예수 그리스도의 만족이라는 인간의 허구는 철저히 드러나 사라져야 한다."

이 첫 번째 원칙에서 나머지 입장들도 순차적으로 따라오게 된다. 비록 그가 그리스도의 삼중 직분을 인정했지만, 그는 두 가지 방식으로 그분의 제사장직을 무력화시켰다. 그는 주님께서 육신을 입고 계실 때는 오직 선지자 직분만을 수행했다고 주장했고, 그분은 지상에서 제사장이 아니었으며, 천상에서의 직분 수행은 왕직과 일치하는 것이며 별개의 것이 아니라고 했다(소시누스, 그리스도의 직분에 대하여 참조; 라코비안 교리문답서 그리스도의 사역에 대하여; 스말치우스, 그리스도의 신성에 대하여). 이 학파의 지지자들은 그리스도를 구원자로 부르지만, 이는 단지 그분이 약속들의 진리를 확증했다는 의미에서 그렇게 부르는 것일 뿐이다. 이러한 이론은 그분이 탄생 이전에 살았던 사람들에게는 구원자가 될 수 없다는 뜻이 된다. 왜냐하면 그분이 다른 사람들이 받아들여지게 만든 어떤 사역을 수행했다고 보지 않기 때문이다.

우리가 소시니안의 반대 주장들을 더 자세히 조사해보면, 그들이 주장하는 바는 다음과 같다. 그들은 하나님께서 어떠한 만족도 요구하지 않고 죄를 용서할 수 있는 권능을 가지고 있으며, 모든 용서의 경우에 그렇게 행하시기를 기뻐하신다고 주장한다. 그리고 예수께서는 그분의 죽음이나 그 외 다른 어떤 수단으로도 하나님의 공의를 만족시킬 수 없었다고 한다(소시누스, 구속자에 대하여 3부 참조). 크렐리우스는 이러한 논증들을 제시했으며, 이들은 에세니우스와 P. 드 위트에 의해 반박되었다. 이러한 주장들은 체계의 큰 오류, 즉 형벌적 공의가 세계 통치에 필수적이지 않다는 생각에서 비롯된 것이다. 그러나 우리는 그리스도의 죽음의 주요 목적이 율법의 완성을 통해, 그리고 마땅히 받아야 할 형벌을 감당함으로써 하나님의 공의를 만족시키는 것임을 이미 증명했다. 그들은 이 문제에 대해 매우 충격적인 말을 하기를 주저하지 않는다. 마치 교회가 주장하는 교리가 하나님의 완전성에 반하고, 그분을 폭군이나 몰록으로 묘사하는 것처럼 말이다. 그러나 우리는 이 교리가 하나님을 가장 사랑스러운 모습으로 제시하고 있음을 충분히 증명했다.

그러나 그들은 또한 "무고한 자를 유죄자 대신 처벌하는 것보다 더 부당한 일이 무엇인가?"라고 주장한다. 이는 자연법의 빛에 반하는 것이 아니라, 오히려 모든 민족이 그 개념을 어느 정도 가지고 있다(De Moor, 3, 1025 참조). 그러한 거래가 인간 법에서 적용될 수 없는 이유는, 아무도 자신의 생명에 대한 권리를 가지고 있지 않으며, 재판관은 그것을 빼앗을 권리가 없기 때문이다. 주님은 자발적으로 자신을 드리셨다(요한복음 10:18); 그분은 자신의 인성에 대해 하나님으로서 절대적인 권세를 가지고 계셨다. 그리고 이 경우 하나님께서 스스로를 만족시키셨다는 반론이 제기될 때, 이에 대한 답변은 명확하다. 본질적으로 그분은 인성으로 율법에 순종하고 형벌을 짊어지셨으며, 신성은 그 만족에 무한한 가치를 부여했다. 최고 하나님께서는 한 측면에서 대속을 제공하셨고, 다른 측면에서는 그것을 충분한 것으로 받아들이셨다. 재판관이 보상을 요구하면서도, 필요한 만큼의 선물을 통해 만족을 제공할 수 있다 (헤르비의 대화 참조).

소시니안 작가들이 자신들의 입장을 옹호하기 위해 사용한 해석 방법은 오직 '폭력적'이라고 부를 수 있는 것이었다. 그들은 방대한 은유의 집합을 만들어내고, 전체 주제를 어두운 숲 속에 숨겼다. 그들은 속전, 제사장, 희생, 죄를 짊어짐, 피로 인한 죄 사함 등과 같은 단어들을 2차적이거나 비유적인 의미로 해석하여, 모든 것을 위험에 처하게 만들었다. 구원은 실제적인 것이라기보다는 은유적인 것이 되었다. 그들은 성경을 미리 형성된 생각과 편견을 가지고 접근하여, 성경이 그들의 견해를 말하도록 만들었다. 게다가, 계시의 언어가 명백하여 어떤 교묘함으로도 설명이 불가능할 때는 이성을 최종 법정으로 삼았다. 그래서 소시누스는 그가 그렇게 강하게 반대한 주제, 즉 주님께서 우리 대신 형벌을 짊어지셨다는 것에 대해 이렇게 선언한다: "나로서는, 설사 그것이 성서의 기록에 한 번이 아니라 자주 등장한다 하더라도, 그 일이 실제로 그렇게 이루어졌다고 믿지 않을 것이다" (구속자에 대하여, p. 3, 48).

이제 우리는 동일한 견해의 최근 수정된 형태들을 간단히 살펴보려 한다. 이 견해들은 모두 그리스도의 죽음이 죄인의 자리를 대신한 대리적 속죄가 아니었다는 점을 공통적으로 주장한다. 많은 사람들이 성경의 표현을 광범위하게 사용하고, 심지어 그분의 죽음을 희생제사라 부르고, 그것을 구약의 희생제사와 비교하기도 하지만, 그들은 어느 경우에도 대속을 인정하지 않고, 그것을 죄로 가득한 세상에서 발생한 사고나 죄의 악함을 상징적으로 나타내는 것, 혹은 하나님의 사랑을 나타내는 것으로 본다.

수많은 의견 중에서, 그리스도의 대리적 사역을 죄 사함의 즉각적인 원인으로 제외하는 이들이 서로 다른 표면적 특징을 지니고 있지만 본질적으로는 동일하다. 그 가운데 노리치의 테일러의 이론은, 비록 그가 아리우스주의 이상의 신념을 갖지 않았지만, 우리가 '일반적인 정통 교리'라고 부르는 것에 가장 근접한 이론일 수 있다. 이 견해는 그리스도의 고난의 가치를 강조하기보다는, 하나님께 대한 그분의 흠 없는 모범적 순종을 강조한다. 그 순종이 너무나도 소중하고 인정받아, 사람들의 구원이 그것으로 보상받을 가치가 있다고 여겨졌다는 것이다. 테일러에 따르면, 그리스도의 죽음과 인류의 구원 사이의 연관성은, 그분의 탁월한 덕성이 보상을 받을 만한 가치가 있다고 여겨졌고, 그것이 죄 사함이라는 보상으로 주어졌다는 점에 있다. 이는 마치 세속의 군주가 뛰어난 군인이나 시민의 뛰어난 공로를 그의 가족에게 보상해 주는 것과 같다(테일러의 사도적 저술의 열쇠, 로마서 주석과 주석 이전의 8장, 1746년 참조; 그의 성경적 속죄 교리에 관한 에세이 참조). 그의 입장은, 하나님께서 예수님의 생애와 죽음에서 드러난 숭고한 덕성에 만족하셔서, 그 기초 위에 죄인을 받아들이신다는 것이다. 이것이 테일러와 퍼골드의 이론이며, 많은 사람들이 이를 따랐다. 그러나 이는 성경적 교리가 아니다. 우리는 예수님의 숭고한 덕성으로 우리의 화해가 이루어졌다는 언급을 어디에서도 찾을 수 없으며, 항상 그분의 피 또는 대리적 희생으로 그 화해가 이루어졌다고 말한다. 그분의 고난은 단순히 그분의 굳건한 덕성을 증명한 것이 아니라, 대리적 죄 짊어짐으로 여겨진다. 피를 단순히 덕성으로 해석할 수는 없으며, 우리는 구약의 희생 제사에 대한 암시와 그분의 희생과 우리의 구속 사이의 직접적인 연관을 놓칠 수 없다. 만약 이 이론이 말하는 것이 단지 고상한 덕성과 순교적 굳건함의 모범일 뿐이고, 그것이 신적 법정에서 인정되고 칭찬받은 것이라면, 어떻게 우리는 그리스도의 말씀이 죄 사함을 위해 흘린 피에 대해 말하는 것을 이해할 수 있겠는가(마 26:28)? 만약 하나님께서 죄를 용서하시는 근거가 예수님의 숭고한 덕성에 대한 만족과 기쁨이라면, 주님께서 사랑의 기념을 세우시고, 죄 사함을 위한 그분의 죽음과 피에 대해 분명히 언급하신 때에 이 문제에 대해 침묵할 이유가 없었을 것이다. 그러나 그분은 이와 관련된 언급을 전혀 하지 않으셨다. 우리의 이성을 버리고, 주님께서 사용하신 모든 구절들을 면밀히 살펴보면, 이 이론이 우리에게 제시하는 생각이 얼마나 빈약하고 만족스럽지 않은지 금세 알 수 있다. 그분의 고난과 죽음에서 대리성은 모든 곳에서 중심 주제이며(요한복음 10:11), 대리적 고난이 죄 사함의 공로 있는 원인이다.

(II) 우리는 1770년경부터 이 세기 중반까지 대부분의 개신교 교회를 황폐화시켰던 합리주의에서 나타난 이 경향의 새로운 단계를 주목해야 한다. 이 합리주의는 소시니안주의와 크게 다르지 않으며, 소시니안주의의 새로운 판본에 불과했다. 그것은 하나님의 공의를 만족시킬 필요성을 부정했고, 공로의 전가에 가까운 모든 것을 거부했다. 오히려, 그들의 입장을 일관되게 밀고 나간 민족주의자들, 예를 들어 슈타인바르트, 에버하르트, 바르트, 헨케, 그리고 베크샤이더와 같은 이들은 명시적인 신적 형벌의 개념을 거부했을 뿐 아니라, 죄의 용서가 신적 행위로 여겨지는 것도 거부했다. 합리주의적 이론에 따르면, 이성은 모든 문제에 있어서 최종 판단의 기준이었다. 자연주의는 항상 합리주의에서 그 표현을 찾았다. 이 원칙들에 동의하는 가운데, 합리주의 옹호자들 사이에서는 여러 단계나 사상 흐름이 존재했다.

소시니안과 마찬가지로, 합리주의자들의 주요 목표는 속죄가 기초하는 근거를 공격하는 것이었으며, 하나님의 공의를 하나님께 합당하지 않은 것으로 묘사하는 것이었다. 그들은 공의를 지혜에 의해 인도되는 신적 선하심으로 정의하며, 하나님을 세속의 군주나 재판관과 비교하려는 모든 시도를 철저히 부정하려 했다. 그뿐만 아니라, 그들은 인간 경험의 가장 명백한 공리들에 반하여, 벌이 항상 이로운 것이며, 인류의 개선을 위한 신체적 악의 지혜로운 적용이라고 주장했다. 그들은 최고 존재가 사랑하는 아버지로서만 자신을 드러낸다고 주장하며, 그분의 법이 엄밀히 말하면 아버지의 권고일 뿐이며, 자녀들의 이익을 목적으로 한다고 했다. 이에 따라 신적 형벌을 모든 의미에서 부정했다. 그들은 처벌을 제거하는 것이 곧 혜택을 제거하는 것이라고 보았다. 따라서 합리주의 이론에 따르면, 대속자가 보장하는 만족의 개념은 아무런 기초도 없이 무너지는 것이다(디펠의 표현 참조). 그들은 이와 같은 방식으로 하나님과 형벌에 대한 잘못된 개념에 근거한 구속 교리를 폭발시키려고 시도했다. 그러나 이러한 추측에서 그들은 인간의 타고난 확신과 일반적인 감정들과 대립했다.

합리주의자들은 오늘날까지 하나님의 보편적 아버지 되심에 모든 강조를 두며, 하나님을 최고 통치자이자 재판관으로 묘사하는 모든 표현을 참을 수 없을 정도로 가혹하고 두렵다고 거부했다. 그들의 이러한 일방적인 견해는 그들이 그것을 찾고자 했던 인간, 즉 하나님의 형상대로 창조된 사람에게서조차 그 유사성을 찾지 못했다. 왜냐하면 인간 사회에서 부자 관계는 사법적 기능을 배제하지 않으며, 그 반대도 마찬가지이기 때문이다. 어느 쪽도 없이는 인간 사회가 존재할 수 없다. 합리주의자들은 하나님께서 선하심보다는 성품이 온화하다고 주장함으로써 그분의 성품을 왜곡했다. 그들은 아버지의 사랑과 부드러움에 대해 말하면서 결국 징벌적 공의에 대한 모든 개념을 소멸시키고, 행위의 도덕적 성격에 무관심한 존재로 하나님을 묘사했다. 그러나 이 학파는 "사람이 종종 자신의 권리를 포기하는 것처럼 하나님도 자신의 권리를 포기할 수 있지 않은가?"라고 물었다. 이에 대한 답변은, 하우가 잘 표현했듯이, 하나님의 권리는 양도할 수 없는 반면, 인간의 권리는 그렇지 않다는 것이다. 그러나 심지어 인간의 경우에도 이것이 항상 참인 것은 아니다. 개인은 자기방어의 권리를 포기할 수 있지만, 재판관이 처벌할 권리를 포기할 수 있는가? (헤르비, 반 알펜 참조) 하나님께서 형벌을 면제함으로써 누구에게 부당하게 대하실 수 있겠냐고 도전받을 때, 대답은 분명하다. 위대한 하나님께서는 인간의 물리적 안락을 위해 그분의 본성의 도덕적 완전성에 반하는 방식으로 행동하실 수 없다.

그러나 하나님의 인간에 대한 관계에서 비롯된 이 반론 외에도, 다양한 트집과 난점을 산출해낸 합리주의 학파는 중재자의 존엄성과 무죄에서 비롯된 다른 반론들도 제기한다. 이를 모두 나열하는 것은 지루할 것이며, 이미 이 책의 다른 부분에서 미리 다루어졌다. 그들이 죄 없는 존재가 죄인처럼 취급받는 것이 부당하다고 주장한다면, 나는 이렇게 답한다. "죄를 짊어지는 것은 개인적 범죄와 다르며, 그것은 오직 신인(神人)만이 완성할 수 있는 신성한 사역이었다." 그들이 이것이 어떻게 가능한지 묻는다면, 나는 이렇게 답한다. "인간은 그가 타락한 것과 동일한 법과 동일한 대리 체계를 통해 구원되었다." 그들이 예수님께서 죄의 육체적 결과나 죄책감의 의식에 대해 적절한 벌을 받지 않았다고 주장한다면, 나는 이렇게 답한다. "그분은 겟세마네와 골고다에서 하나님께 직접 고통을 받으셨으며(고후 5:21), 심지어 인간의 손에서 간접적으로 온 고난조차도 그분 자신의 죄 때문이 아니었다(이사야 53:1-12; 베드로전서 2:22; 갈라디아서 3:13)." 그들이 중재자가 죄책감의 의식을 느끼지 못했다고 주장한다면, 나는 이렇게 답한다. "우리는 주님 안에서 개인적인 것과 직무적인 것을 구별한다. 그분은 분명 그 누구보다도 죄와 벌, 죄책감과 진노 사이의 연관성을 생생하게 인식하셨다. 죄 없는 존재는 개인적으로 양심의 불안감을 가지지 않았으며, 가질 수 없었다."

합리주의 학파에 의해 제기된 세 번째 반론 범주로, 그리스도께서 속죄하셨다고 여겨지는 사람들의 상태를 근거로 한 반론들이 있다. 그들은 고통에서의 구원과 신적 호의로의 회복이 그리스도의 죽음에 기인할 수 없다고 주장한다. 그 이유는 그리스도께서 몸이나 영혼에 관한 자연적 형벌을 제거하지 않으셨기 때문이다. 나는 이렇게 답한다. "비록 질병, 고난, 죽음이 한동안 남아 있지만, 그것들은 더 이상 형벌이 아니다. 죄와 벌 사이의 도덕적 연관성은 끊어졌다."(마 20:28의 속전 관련 언급을 참조)

이 합리주의 학파를 지나기 전에, 독일과 네덜란드에서 많은 지지를 얻었던 하나의 추측을 언급하는 것이 적절할 것이다. 일부 사람들은 주님과 그분의 사도들이 가르침에서 유대인들의 편견에 맞추었다고 주장했다. 그 시대의 유대인들은 하나님을 쉽게 노여워하며, 피 흘림 없이는 용서할 수 없는 엄격하고 자의적인 군주 또는 무서운 복수자로 여겼다는 것이다. 그들은 주님과 그분의 사도들이 이러한 진노와 형벌, 속죄와 희생에 대한 엄격한 관념에 자신을 맞추었지만, 그들이 염두에 둔 궁극적인 목적은 하나님을 사랑으로 나타내는 것이었다고 주장했다. 이 이론은 Storr, Heringa, 그리고 Lotse에 의해 잘 반박되었다. 이 이론은 주님에 대한 가장 불쾌한 종류의 비난을 함축한다. 만약 세상이 하나님에 대한 잘못되고 가치 없는 개념을 가지고 있었다면, 그것이 얼마나 어려운 일이었든 간에, 신적 교사의 첫 번째 임무는 잘못된 점을 교정하는 것이었지, 그들의 왜곡된 관점에 가르침을 맞추는 것이 아니었으며, 이는 주님이 모든 점에서 행한 바였다. 만약 이러한 관념들이 그분의 가르침에 포함되지 않았다면, 그리스도께서 피로 인한 죄의 용서를 상기시키기 위해 두 가지 성례를 교회에 제정한 것을 주님의 지혜와 충실함과 어떻게 조화시킬 수 있었겠는가?

다른 합리주의 옹호자들은 예수님이 자연 종교의 흐려진 진리를 회복하라는 사명을 받았으며, 그분의 열정으로 인해 경건하지 않은 사람들의 분노를 사서 희생자가 되었다고 주장했다. 그러나 그들은 그분의 죽음이 대속적이지 않았으며, 하나님이 죄를 용서하는 데 더 준비가 되게 하지 않았다고 주장했다. 그 이유는 그들이 용서를 속죄와 무관한 절대적인 선물로 보았기 때문이다.

(III) 이전 두 학파와 많은 공통점을 가지면서도 상당한 진전을 보인 세 번째 학파는 영적 생명 또는 신학의 법적 요소를 배제한 도덕적 구원을 옹호하는 자들로 구성된다. 이 학파는 Hasenkamp와 Menken으로 시작되었고, Flatt, Steudel, Klaiber의 관점에 영향을 미쳤다. 그러나 이 학파가 널리 퍼진 이유는 기독교 교회에서 가장 대담하고 독창적인 사상가 중 한 사람인 슐라이어마허(Schleiermacher)의 지대한 영향력 덕분이다. 그는 신학의 법적, 심판적 측면을 도덕적 측면으로 흡수하며 법이나 하나님의 진노와 관련된 모든 언급을 거부했다. 이 경향이 퍼진 곳, 독일, 네덜란드, 영국, 프랑스를 포함한 어디에서나 이들의 표어는 속죄가 아닌 영적 생명, 죄의 용서가 아니라 본성의 새로워짐, 한마디로 단순한 도덕적 구원이었다. 이 사상이 구체화된 중심 원리는 구속자의 생명에 참여하는 원리였다. 그러나 이 경향은 많은 귀중한 교리들을 부정하거나 무시하는 경향을 동반했고, 죄, 사탄, 인간의 타락, 하나님의 공의와 죄에 대한 형벌, 적절한 대속과 속죄, 전가된 의로움, 전가 자체, 삼위일체보다는 사벨리우스주의적 입장을 취한 성육신 문제 등에 있어서 일관되지 않은 태도를 보였다. 네덜란드의 흐로닝언 학파(Groningen School), 브라이튼의 모리스(Maurice)와 로버트슨(Robertson)의 이론, 그리고 프레센스(Pressensé)의 몇몇 입장들은 이 독일적 경향의 반향일 뿐이다. 따라서 우리는 현대 독일의 신앙적 학파에서 비롯된 속죄 이론을 더 자세히 살펴볼 필요가 있다. 이 학파는 상징적 책들의 가르침과는 다르게 전개되며, 이미 언급된 학파들보다 훨씬 더 높은 수준에 속한다. 그리스도의 인격 교리와 복음주의적

신앙에 관한 한, 이 학파는 더 높은 수준의 학파에 속한다. 이들 중 일부는 삼위일체 신앙을 가지지만, 다른 이들은 사벨리우스주의자 또는 아리우스주의자에 불과하다. 이들의 속죄관을 두 가지 주요 특징으로 설명할 수 있다. 하나는 일부 저자들에서 더 두드러지게 나타나며, 다른 하나는 다른 저자들에서 더 부각된다. 이들은 대속적 만족을 반대하고, 신학의 법적 측면을 배제하는 대신 신비적 측면에 더 중점을 둔다. 이들은 그리스도와의 생명의 교제(Lebensgemeinschaft mit dem Erlöser)와 사랑을 강조한다. (나는 1853년 British and Foreign Evangelical Review에서 Neander에 관한 논문에서 이 학파에 대해 설명한 바 있다.)

a. 슐라이어마허의 이론은, 그리스도가 인간 본성의 완성된 창조물로서 그분의 생명과 축복의 교제에 사람들을 받아들임으로써 인간을 구속한다는 것이었다. 슐라이어마허의 견해를 가장 잘 드러내는 방법은 그의 신학적 저작 Der Christliche Glaube (1842년)의 몇 가지 단락을 번역하는 것이다. 그는 다음과 같이 말한다(제101, 102항): "그리스도의 구속적 사역은 모든 신자에게, 그리스도 안에서의 하나님의 존재에 상응하는 공통된 집합적 활동을 세워주는 것처럼, 속죄적 요소, 즉 하나님이 그분 안에 내주하시는 축복은 모든 신자에게, 그리고 각 개인에게 복된 집합적 감정을 세워준다. 이 과정에서 그들의 이전 인격은 사라지며, 이는 감각의 끊임없는 삶 속에서 고립된 감정의 상태였고, 타인과 공동체를 위한 모든 공감적 감정을 그것에 종속시키는 것이었다. 그들의 개인적 정체성에서 여전히 남아 있는 것은, 이 새로운 공동체적 삶에 개별화된 지성으로 작용하는 독특한 사고와 감정의 방식이다. 따라서 이 관점에서 볼 때, 그리스도의 활동은 옛 사람을 벗고 새 사람을 입히는 과정에서 인격을 형성하는 것이다." 슐라이어마허는 이어서 우리가 주장한 견해에 대한 반론을 다음과 같이 제시한다(107쪽): "그리스도의 속죄 사역을 그분의 축복이 그분과의 생명의 교제와는 독립적으로 전달된다고 보는 개념은 마치 마법과 같다. 즉, 죄의 용서는 그리스도가 겪은 형벌에서 유래하

고, 인간의 구원은 하나님이 그 형벌적 고난에 대해 그리스도에게 주는 보상으로 표현된다. 우리가 우리의 구원이 그리스도에 대한 보상이라는 생각을 전적으로 거부해야 한다는 것은 아니며, 그리스도의 고난과 죄의 용서 사이의 모든 연관성을 부인해야 한다는 것도 아니다. 그러나 이 둘은 그리스도와의 생명의 교제를 통해 이루어지지 않는다면 마법적이게 된다. 왜냐하면 이 교제 안에서 구원의 전달은 자연스럽기 때문이다. 반면, 이 교제 없이 그리스도에 대한 보상은 단지 신성한 자의적 행위에 불과하게 된다. 또한 구원이 내면에 기반하지 않고 외부에서 주어지는 것으로 가정될 때, 이는 여전히 어느 정도 마법적이다. 이는 구원이 그리스도의 생명과 독립적으로 이루어진다면, 각 개인에게 주입된다고 할 수밖에 없기 때문이다. 사람은 자신 안에 구원의 근원이 없기 때문이다. 죄의 용서 역시 마법적으로 이루어진다고 볼 수 있다. 만약 죄책감이 다른 이가 형벌을 감당했기 때문에 사라진다고 생각한다면, 형벌의 기대가 사라질 수는 있지만, 이것은 용서의 외적 요소에 불과하다. 그러나 실제 윤리적인 측면, 즉 죄책감은 여전히 남아 있으며, 그것이 아무런 근거 없이 마법적으로 사라지게 되는 것이다. 이와 같은 개념이 교회의 교리 속으로 얼마나 스며들었는지는 아래에서 논의될 것이다.”

“여기서 설명된 연관성을 앞서 언급한 반대 견해들과 비교해보면, 분명 우리가 그리스도의 고난에 대해 전혀 고려하지 않았다는 점을 지적할 수밖에 없다. 따라서 그 고난이 구속이나 속죄와 어떻게, 혹은 어느 정도 연관이 있는지에 대해 논할 기회가 없었다. 그러나 이것은 단지 그 고난이 구속이나 속죄의 핵심 요소로 제시될 필요가 없었다는 결론을 도출할 수 있을 뿐이며, 이것이 옳은 상황이다. 왜냐하면 그리스도의 고난과 죽음 이전에는 그분과의 생명의 교제 속으로 완전히 받아들여지는 것이 가능하지 않았기 때문이다. 하지만 2차적 요소로서 그 고난은 두 가지 모두에 속하되, 속죄에 직접적으로, 구속에 간접적으로 관련된다. 그리스도께서 새로운 공동체적 삶을 세우는 역할은 그분의 존재가 파괴될 수 있는 반대에도 굴복하지 않으셨기에 비로소 완전한 것으로 나타날 수 있었다. 이 완전성은 고난 그 자체에 있지 않고, 그 고난을 받아들이는 태도에 있으며, 그 고난을 고립시키고 공동체적 삶의 설립을 무시하면서 고난을 받아들이는 것을 그리스도의 속죄 사역의 실제적 핵심으로 여기는 것은 일종의 왜곡이다. 그러나 속죄에 관한 한, 우리의 설명은 그분의 축복된 교제에 받아들여지기 위해서는 자신의 비참함을 자각한 이들의 갈망이 그분의 축복된 상태에 대한 인상을 통해 먼저 그리스도께로 향해야 한다는 것을 전제로 한다. 사실, 그 축복에 대한 믿음은 그러한 인상 없이도 존재할 수 있었겠지만, 그 축복은 고난의 충만함에도 굴복하지 않음으로써 그 완전함을 드러냈다.”

슐라이어마허는 이어서 다음과 같이 덧붙인다(110쪽): “그러나 앞서의 설명이 교회의 교리적 형식을 판단하는 기준으로서 모든 면에서 유용하게 적용되기 위해서는, 인간 본성의 창조가 그리스도 안에서 완성되었다는 우리의 일반적인 공식을 이 이중적 그리스도의 활동에 적용해 보아야 한다. 왜냐하면 그리스도의 생명의 교제 속에 받아들여진 것은 모두 하나님 의식(Gottesbewustseyn)의 강력한 인식에 의해 결정된 활동 속에, 그리고 이러한 활동에 안주하는 만족의 교제 속에 받아들여지기 때문이다. 이러한 활동은 어떠한 외부의 움직임에도 흔들리지 않는다. 모든 이러한 수용은 그리스도의 인격에서 시작된 동일한 창조적 행위의 연속일 뿐이며, 이 새로운 삶의 모든 내적 진보도 죄의 집합적 삶이 점차 줄어드는 관계 속에서 또 다른 연속이다. 이 새로운 삶 속에서 인간의 원래 운명이 달성되었으며, 우리의 본성에 대해 이 이상 더 상상하거나 시도할 수 있는 것은 없다는 점은 더 이상의 증명을 필요로 하지 않는다.”

이 인용문들은 이 주목할 만한 인물이 주장한 속죄 이론을 보여준다. 그는 그리스도의 고난을 대속적 희생으로 보는 것에 대해 매우 도발적이고 불쾌한 언어를 사용한다. 그는 속죄의 모든 요소를 그 안에 거하시는 하나님의 존재로 환원시키며, 이를 삼위일체론보다는 사벨리우스주의적으로 주장한다. 그러나 그 속죄의 요소는 그리스도 안의 신적 요소뿐만 아니라 인간적 요소 없이는 이루어질 수 없었다. 이 개념과 관련하여 크라베(Krabbe)는 그의 저서 Die Lehre von der Sünde und vom Tode (1836)에서 다음과 같이 적절히 말한다. "그는 그리스도 안에 있는 하나님의 존재에 그의 모든 구속 활동이 달려 있다고 주장하지만, 우리는 그분의 구속적 활동에 본질적인 죄의 극복을 그 안에 있는 하나님의 존재에만 의존할 수 없으며, 오히려 그 안에 있는 인간적 요소에 기인해야 한다." 우리는 이 이론을 더욱 구체적으로 분석해야 한다. 그 이유는 바로 이 이론의 저자가 많은 사람들에게 미친 거대한 영향력 때문이다.

슐라이어마허의 속죄 이론은 죄에 대한 잘못된 개념에 기초하고 있다. 그에게 죄는 단지 부정적인 무엇일 뿐으로, 이 잘못된 개념은 전체 이론을 오염시킨다. 슐라이어마허에 따르면, 죄는 단지 하나님의 의식의 결핍일 뿐이고, 속죄는 인간의 자연적 의식과 신적 의식의 재조정에 불과하다. 죄가 하나님의 법의 위엄을 위반하는 자유로운 개인의 행위이며, 그로 인해 범죄자가 형벌적 공의에 맡겨진다고 여겨지는 곳에서는, 이런 이론이 자리를 잡을 수 없다. 슐라이어마허는 죄가 형벌적 성격을 지닌다고 인정하지 않았으며, 그 결과 죄인은 단순히 하나님과의 교제를 상실할 뿐만 아니라 구속을 필요로 하는 포로가 된다는 개념을 부정했다. 더욱이, 슐라이어마허에게 죄책감이라는 객관적 사실은 전혀 존재하지 않았다. 따라서 죄책감도 없고, 속죄의 희생도 없었다. 죄와 구속은 그에게 모두 주관적인 것이었다. 뿐만 아니라, 예수님의 고난은 대속적인 모든 것을 벗어났고, 객관적인 의미를 지니지 않았다. 그는 이 고난을 단순히 '부차적인 문제'로 취급하기까지 했다. 그렇다면 그가 예언서,

복음서, 그리고 사도 서신에서 중요한 자리를 차지하고 있는 이 문제를 어떻게 설명했을까? 그는 이를 인간의 고통에 대한 동정의 개념으로 축소했다. 그러나 이것은 성경의 언어를 제대로 반영하기에는 너무 사소하고 공허한 이론이다. 그리스도가 우리와 함께 느끼는 동정은 성경이 의미하는 바, 즉 그리스도가 우리를 위해 고난당하셨다는 의미와 그분의 겟세마네와 골고다에서의 다양한 고통의 요소들을 설명하기에는 너무나도 부족하고 미미한 것이다.

속죄는 객관적인 죄책감의 무서운 현실을 전제로 하는 위대한 교리이며, 하나님이 제공하신 해결책이다. 여기에는 죄책도 의식뿐만 아니라, 적절한 속죄 없이는 멸망을 피할 수 없는 객관적인 죄책감도 포함된다. 죄는 하나님으로부터의 반역이자 그분의 법을 어기는 것이며(요일 3:4), 하나님의 법정에서 해결하기에는 너무 엄격하고 타협 불가능한 요구를 부과하는 것이다. 이는 하나님에 대한 의식의 결핍이라는 이론으로는 침묵시킬 수 없다. 그러한 이론은 신적 재판관을 만족시키지 못하며, 인간의 양심도 충족시키지 못하는데, 이는 인간의 양심이 만족하려면 신적 재판관이 먼저 만족되어야 하기 때문이다. 죄사함과 하나님과의 교제 회복을 위해서는 속죄가 반드시 있어야 한다.[239]

슐라이어마허에게 중요한 것은 그리스도와의 생명의 교제이며, 마치 이것이 구속을 이루는 것처럼 생각한다. 그는 성경이 말하는 속죄가 제공된 결과나 보상, 그리고 열매로서의 구속을 무시하며, 이는 신비주의일 뿐이다. 슐라이어마허는 하나님을 입법자이자 재판관으로 묘사하는 모든 위대한 교리를 무시하며, 생명의 회복이 절대적으로 고려된다고 생각한다. 더 나아가 그리스도 자신 안에서의 생명의 회복이 모든 그리스도인 안에서 반복된다고 생각하는데, 여기에는 우리의 모든 땅의 재판관 앞에서의 수용을 위한 공로적인 기초나 죄의 속죄에 대한 아무런 배려도 없다.

b. 독일 신학의 두 번째 단계는 영적 생명의 요소를 배제하지 않으면서도 독특하고 특이한 무언가를 추가하는 이론, 즉 속죄는 단지 거룩한 사랑의 표현이라는 이론이다. 현대 신비주의 속죄 이론의 많은 지지자들은 사랑을 강조하며, 그리스도의 고난에서 오직 사랑만을 보려고 한다. 클라이버(Klaiber), 하젠캄프(Hasenkamp), 그리고 멘켄(Menken)은 그들의 속죄관을 다음과 같은 공식으로 표현한다.: "하나님은 사랑이시며, 사랑이 아닌 것은 하나님 안에 있지 않다" ("dass Gott die Liebe ist, und was nicht Liebe ist, auch nicht in Gott ist"), (멘켄의 저서 Eherne Schlange 참고). 같은 관점은 E. 슈티어(Stier)에 의해 강하게 주장되었으며, 그는 1828년 성경 신학에 대한 기여 (Beiträge zu Biblischen Theologie)에서 자신의 견해를 피력했다. 그는 영국의 신비주의자 윌리엄 로우(W. Law)와의 동의를 표명했다. 잘 알려진 바와 같이, 로우는 영적 생명을 열정적으로 옹호하면서도, 속죄에 대한 낮은 견해를 가지고 있었으며, 이는 속죄를 매우 부차적인 중요성으로 여겼다는 점에서 폄하적인 관점이라 할 수 있다.[240]

c. 우리는 여러 차례에 걸쳐 V. 호프만의 Schriftbeweis를 언급했는데, 이는 복음주의 신학자로 평가받는 이가 대리 속죄를 무너뜨리기 위해 주석적 근거에 기반해 시도한 가장 뛰어난 노력이라고 할 수 있다. 이 시점에서 그의 견해를 간략하게 정리하는 것이 적절하다. 그는 자신의 첫 번째 책에서 많은 부분을 차지한 논의를 이렇게 결론짓는다(첫 번째 판 332쪽): "우리는 예수의 고난과 죽음의 사실이 언급되거나 그 중요성이 직간접적으로 설명된 모든 사도적 선언을 검토한 결과에 도달했다. 우리는 예수의 고난과 죽음의 복음서 기록에서 얻은 것 외에 다른 것을 필요로 하거나 다른 해석을 낳는 구절을 찾지 못했다. 우리는 사도들의 선언이 구약 성경의 표현을 사용하든 사용하지 않든, 그리스도의 죽음에 대한 모든 수많은 언급에서 그 본질이 항상 동일하다는 것을 발견했다. 즉, 하나님의 목적에 따라 예수의 삶과 사역이 한 사건으로

귀결되었는데, 이 사건은 죄로 인해 하나님과 인간 사이의 관계가 더 이상 조건 지어지지 않는 결과를 낳았다. 왜냐하면 그분의 하나님과의 교제는 끝까지, 심지어 죄와 사탄이 구원의 사역에 맞서 행할 수 있는 모든 반대에도 불구하고 시험을 통과했기 때문이다. 비록 이것이 나의 임무에 속하지 않지만, 나는 교회의 고백이 우리가 제시한 이론에 반대되지 않으며, 오히려 그것과 일치하고, 우리 해석에서 부족한 것이 없다는 것을 보여야 한다고 생각한다.

교회가 그리스도의 대리 순종, 즉 죄로 인해 손상된 하나님의 의에 만족을 제공한 그리스도의 능동적 순종과 수동적 순종에 대해 말할 때, 그 사상은 다음 네 가지 명제로 요약될 수 있다. (1) 하나님과 인류 사이의 멀어진 관계가 단번에 영원히 평화의 교제로 전환되었다. (2) 이 변화는 인간의 행위에 있지 않고, 하나님과 인간 사이의 관계에 있다. (3) 이 변화는 인류 자체가 아니라, 그리스도 안에서 하나님에 의해 이루어졌다. (4) 하나님은 이 변화를 사랑의 뜻과 죄에 대한 증오를 동시에 나타내는 방식으로 이루셨다. 우리는 첫 세 가지 명제가 우리의 선언에 포함되어 있음을 독자에게 상기시킬 필요도 없으며, 결과적으로 교회의 오직 믿음으로 인한 의로움에 대한 근본 교리가 위태로워지지 않음을 알 수 있다. 그러나 네 번째 명제 또한 우리의 해석과 전통적인 방식 모두에 포함되어 있지만, 그 차이점은 후자에서는 손상된 하나님의 거룩함이 먼저 상응하는 만족을 요구한 후에야 하나님이 은혜를 베푸실 수 있다는 반면, 우리의 견해에서는 그리스도 안에서 이루어진 일이 하나님의 인간에 대한 사랑과 죄에 대한 증오를 실제로 동시에 나타내기 때문에 이러한 두 요소가 결합되어 있다는 점이다. 이 종결은 그리스도의 새 인류 창조의 시작이 인간 본성의 조건, 즉 죄에 의해 도입된 조건에서 이루어진 것이라는 사실에서 시작된다. 그것은 의로운 자가 죄와 싸우며 그의 생명의 임무를 수행하는 가운데 계속되며, 죄에 대한 적대감이 그를 향해 행한 모든 것을 자발적으로 견디면서 완성된다. 예수의 고난과 죽음은 이 종결의 완성을 이루며, 본질적으로 파괴적인 의미는 그분이 견디고 행할 수 있는 최대치를 실현하여, 죄로 인한 하나님과 인류 사이의 관계가 끝을 맞이하게 된다는 것이다. 이는 하나님의 사랑의 뜻에 상응하며, 그리하여 죄를 보상한다. 우리의 관점에 따르면, 죄인은 물론 하나님의 아들이 대신해서 행하거나 죄인이 마땅히 받을 것을 당하는 것이 아니기 때문에, 그리스도의 사역을 인간 전체의 집단적 행위로 제시하지 않는다. 그리고 그리스도의 사역이 하나님에 대한 모욕에 대한 만족으로 나타나지 않기 때문에, 하나님의 은혜의 실현은 단순히 가능해지는 것이 아니라, 그것 자체로 하나님의 은혜의 뜻의 실현이다. 우리는 인간의 죄를 부작위와 위반으로, 그리스도의 순종을 능동적, 수동적으로 나누지 않으며, 그러한 구분은 현실과 맞지 않으며 추상적이고 개념적일 뿐이다. 죄의 하나의 종결이 곧 그리스도의 순종이며, 이는 먼저 행동으로, 그 다음 고난으로 이루어진다. 또한, 하나님의 사랑과 의는 서로 분리되지 않으며, 아버지와 아들이 서로 대립하는 일이 없다. 그리스도의 사역은 아버지와 아들이 함께 행한 하나의 사랑의 행동이며, 동시에 죄에 대한 증오의 행동이다. 이것이 전통적인 교회의 표현보다 더 적절한지는 다른 사람들이 판단할 일이다. 나는 이것이 성경과 더 부합한다고 생각한다.“

이 발췌문은 호프만의 견해를 정확하게 전달한다. 그의 논쟁적인 소책자에서 그는 교회 교리와 세 가지 점에서 벗어난다고 인정한다. (1) 그는 그리스도가 율법을 성취했다는 말을 하지 않는다. (2) 그리스도가 대리 순종이나 고난을 겪었다고 보지 않고, 단지 인내 속에서 자신의 아들 됨을 입증했다고 본다. (3) 그는 예수의 전 생애, 즉 성육신부터 죽음에 이르는 전 과정을, 삼위일체 하나님께서 인간과의 관계를 변화시키기 위해 채택한 계획을 실행하는 것으로 이해한다. 그는 교회 교리가 동등한 인정을 받을 자격이 없다고 보는데, 그 이유는 그것이 하나님의 요구와 그리스도의 행위 사이에 산술적인 계산과 상계가 이루어진다고 여겨지기 때문이다. 또한, 하나님이 은혜를 베푸시기 전에 반드시 죄가 속죄되어야 한다고 말하는 것이 하나님의 은혜를 올바른 빛에서 보지 못하게 한다고 생각한다.

이 유능한 사람의 전체 이론은, 많은 점에서 멘켄과 슐라이어마허를 따르는데, 속죄가 하나님의 관계를 변화시키는 것이 아니라 단순히 인간의 관계를 변화시킨다는 가정에 기반한다. 그는 하나님 안에서 행동의 원리로서의 진노를 인정하지 않으며, 오직 하나님의 사랑만을 인정한다. 그의 이론에 따르면 그리스도의 죽음의 전체 효과는 새로운 인류를 시작하거나 본성을 새롭게 하는 새로운 출발점을 제공하는 것이다. 이러한 설명에 따라, 그의 정의(義)는 법적 행위가 아니며, 즉시 완전해지는 것도 아니다. 그것은 점진적으로 이루어지며 결코 완전하지 않다. 그가 신비적 연합에 대해 말하는 것은 모두 훌륭하다. 그러나 화해에 대해서는 그리스도의 완성된 사역을 통해 이루어지는 것이 아니라 그리스도 안에서 이루어진다. 따라서 객관적 측면은 주관적 측면에 흡수된다.

한마디로, 이는 또 다른 복음을 만든다. 이 이론이 주장하는 모든 내용은 개신교 신조의 교회 교리에 포함되어 있지만, 그 반대는 성립하지 않는다. 교회 교리 속에 있는 모든 것이 호프만의 이론에는 포함되지 않는다. 그는 그리스도의 순종을 인정하지만, 그것은 율법의 성취도 아니고, 우리의 자리를 대신하여 수행된 것도 아니다. (필리피에 대한 그의 논쟁적 반박서인 Abweisung 참조.) 그것은 단순히 하나님의 아들로서의 자기 확인일 뿐이며, 고난은 우연한 사건이지 대리적 형벌이나 우리가 받아야 할 저주를 대신한 인내가 아니다. 위에서 언급한 노리치의 테일러의 이론과 비교할 때, 나는 이 속죄 이론이 그것과 거의 모든 면에서 공통점을 가진다고 말할 수 있다.

호프만의 저서로 촉발된 논쟁 이후, 독일 신학에서 속죄와 관련하여 중요한 일이 발생하지는 않았다. 교회 교리를 받아들이지 않는 사람들 중에서 가장 두드러진 특징은 하나님의 진노를 설명하려는 시도에 있다. 상당히 많은 사람들이 하나님의 사랑과 양립할 수 없다는 인상 때문에 하나님의 진노나 형벌적 공의를 인정하려 하지 않는다. 이는 리츨에게도 해당되며, 그는 하나님의 진노를 오직 미래적이며 복음을 거부한 경우에만 적용되는 것으로 본다. 이러한 입장은 대리적 속죄를 무력화한다(리츨의 연감에 실린 논문들과 1870년에 출판된 그의 최근 저서 정의와 화해에 대한 교리 참조). 이 저자는 언약적 보증, 대리적 속죄, 전가, 그리고 구속자에게 저주를 가하는 것을 솔직히 인정하지 않는 것이 문제이다. 그러나 한때 바우어 학파에 속했던 그가 이만큼 진전했으니, 결국에는 유일하게 유지 가능한 입장에 도달할 것이라 기대된다. 칸니스와 같은 신학자들이 루터파 교리에 기반해 잘 고수하고 있는 것을 언급할 필요도 없이, 몇몇 건전한 신학자들은 하나님의 사랑에만 모든 중점을 두려는 경향이 있다. 그러나 이는 인간의 마음에 호소할 수 있을지 몰라도, 악한 양심을 바로잡지 못한다. 이것은 오직 고난을 겪고 율법을 성취하는 대리자를 통해 이루어진다(히브리서 9장 14절). 하이델베르크의 쉔켈은 명백히 유니테리언(삼위일체를 부정하는 신앙) 성향을 드러냈기 때문에, 아벨라르드의 이론 이상으로 높은 속죄 이론을 기대하기 어렵다.

독일 사상의 영향을 다른 나라에서 추적해보면, 그들의 견해가 널리 퍼졌음을 알 수 있다. 네덜란드에서는 흐로닝겐 학파가 여전히 영적 삶과 그리스도와의 교제를 주장하지만, 대리적 속죄와 전가에 가장 강하게 반대하고 있다. 이는 도데스의 학파에 대한 개요와 그들의 정기 간행물 사랑 안에서의 진리(Waarheid in Liefde)에서 더 자세히 알 수 있다. 프랑스와 스위스의 프랑스 개신교로 돌아가면, 그곳에서도 같은 경향을 발견할 수 있다. 프레센세는 도덕적 구원 이론을 주장한 바 있다. 영적 삶을 따뜻하게 주장하면서도, 그는 그리스도가 단지 하나님의 사랑을 드러내는 구속자이며, 그 계시에 의해 우리 마음에 하나님을 향한 사랑의 불을 붙인다고 말하는 신학의 새로운 흐름에 동조하고 있다. 여기서 나는 1868년에 출판된 M. 포지의 속죄 교리의 역사에서 프레센세에게 반박하며, 교부들, 개혁자들, 그리고 프랑스 부흥 운동의 지도자들(비네, 아돌프 모노 등)이 모두 화해의 제사를 주장했다는 점을 지적한다.

우리 나라로 돌아오면, 같은 견해의 가장 저명한 지지자로는 모리스와 브라이튼의 로버트슨을 들 수 있다. 모리스는 그의 신학적 에세이와 희생 교리에서, 로버트슨은 그의 설교에서 널리 퍼진 바와 같이, 하나님의 공의에 대한 만족과 그리스도의 대속적 희생을 가장 불쾌하게 다룬다. 동시에 그들은 소시니안주의나 합리주의와는 거리가 먼 방식으로 영적 삶이나 도덕적 구원을 주장한다. 후자의 점에 대해서는 교회 교리와 완전히 양립할 수 있지만, 그들은 영적 삶이 주어질 수 있는 유일한 토대를 뒤엎는다. 이 저서들은 잘 알려져 있기 때문에 인용할 필요는 없다. 다만 그들이 독생자의 성육신과 인격을 찬양하는 표현은 죄의 무한한 악, 율법의 권위, 하나님의 공의에 대한 깊은 무감각을 드러내며, 그들이 옹호하는 견해는 신비적 율법주의로 사람들을 되돌릴 뿐이다. 이것은 다른 이의 의 안에서 사람의 수용을 고려하지 않으며, 기독교적 자유를 확보할 수 있는 어떤 조항도 제공하지 않는다. 이 점을 모리스의 1860년 저서 예식서의 신앙과 39개 조항의 교리에서 확인할 수 있다(또한 리그의 현대 성공회 신학 참조).

(IV) 네 번째 이론은 도덕적 영향 이론이다. 이 이론은 대리적 만족의 교회 교리에서 벗어난 대부분의 미국 및 영국 신학자들이 인정하는 바이다. 이 이론은 영어를 사용하는 오류론자들에게 인기를 끌며, 반면 이전의 학파는 신앙 고백의 관점에서 벗어난 독일인들에게 가장 많은 수용을 받는다. 조윗, 부쉬넬, 영, 데이비스, 캠벨은 전자의 경향보다는 이 경향에 더 완전히 속해 있다. 이 이론에 따르면 그리스도의 죽음은 단지 주관적인 영향을 미치기 위한 것이며, 하나님의 사랑을 크게 드러냄으로써 우리의 두려움을 진정시키는 것이다. 화해는 전적으로 인간 측면에만 있으며, 하나님 측면에는 없다. 때때로

최고의 존재는 자신과 화해할 필요가 없다고 말하기도 한다. 그들은 이와 같이 하나님의 우주에서 죄의 사실을 무시한다. 그들은 하나님이 죄를 다루어야 한다는 사실을 부정하며, 공의와 자비가 서로 대립하지 않는다는 점을 잊는다. 공의와 자비는 모두 완전한 하나님 안에서 동일하게 속하는 속성이지만, 죄의 끔찍한 악은 피조물과의 전혀 새로운 종류의 관계를 드러낸다. 이 도덕적 영향 이론은 여러 가지 국면을 가지고 있으며, 그 중 가장 두드러진 몇 가지를 지금 언급해야 한다.

하나의 국면은 그분의 죽음이 하나님의 죄에 대한 혐오의 본보기로 여겨져야 하며, 용서의 일반적인 선포를 위한 길을 닦는다는 것이다. 이 이론은 네덜란드의 테일러 협회의 출판물 21권에서 쿠프만 교수가 옹호한 바 있다. 구약의 희생제사가 죄의 혐오성과 그 죄책에 대해 깊은 인식을 심어주고, 사람의 마음에 경외심, 악에 대한 혐오, 회개, 신뢰, 그리고 거룩함을 열망하는 마음을 심어주기 위한 목적이었던 것처럼, 그리스도는 더 나아가 동일한 결과를 가져오는 수단이자 하나님의 죄에 대한 불쾌함의 본보기로 여겨져야 한다고 주장되었다. 이 이론은 대리적 속죄에 반대하면서도, 하나님의 죄에 대한 불쾌함의 본보기를 강조한다. 우리는 과연 죄가 없으면서, 개인적이든 전가에 의해서든, 하나님의 죄에 대한 불쾌함의 본보기가 된다는 것이 하나님의 도덕적 통치에서 견딜 수 없는 모순이 아니겠는가라고 물을 수 있다. 이는 진정 해결할 수 없는 난제일 것이다. 그러나 만약 이 이론이 주장하는 바와 같이 분노의 본보기가 효과가 있다면, 왜 황소와 염소의 피가 죄를 없앨 수 없었을까? 그리고 하나님의 죄에 대한 불쾌함의 많은 본보기들 가운데, 왜 우리는 그러한 분노의 표출에 의해 죄의 사함이 주어졌다는 것을 읽지 못하는가? 그러나 우리가 용서를 받는 믿음은 그리스도의 죽음을 통해 용서를 얻게 한 예수님의 인격으로 확장된다. 우리는 단지 선포된 용서를 받으라는 부름만 받은 것이 아니라, 십자가에 못 박히신 그분의 인격을 믿으라는 부름을 받은 것이다. (Godgeleerde Bijdragen, 1828년 2권 참조).

또 다른 이론은 그리스도의 죽음이 죄에 대한 고백이라는 것이다. 이것이 맥레오드 캠벨의 속죄론 책의 핵심이며, 그는 그리스도의 죄에 대한 고백이 인류가 하나님의 인간 죄에 대한 심판에 완전한 "아멘"을 하는 것이라고 주장한다(134쪽). 그는 계속해서 다음과 같이 말한다. 진정한 회개와 죄의 고백이 죄를 속죄하기에 충분하다는 것이다: "죄에 대한 적절한 회개가 죄책을 속죄할 수 있다는 강력한 증거는 인간의 마음에 있다. 그래서 하나님과 평화를 이루려는 첫 번째 시도는 회개를 시도하는 것이며, 이 시도는 사실, 지속되고 진지하게 추구될수록 점점 더 희망이 사라지게 된다. 그러나 이는 진정한 회개가 이루어지더라도 거절될 것이라는 느낌 때문이 아니라, 그 회개의 성취가 절망스럽기 때문이다. 이 회개는 하나님의 빛에 비추어보았을 때, 그리고 하나님의 시각에서 정직하게 판단해보았을 때 단지 안전을 약속하는 이기적인 시도로 판명되며, 본질적으로 악하지는 않지만, 진정한 회개나 죄에 대한 경건한 슬픔, 그 자체로의 악에 대한 순수한 비난의 성격을 지니지 않는다. 이 시도는 죄를 판단하고 하나님의 심판에 참된 동정으로 고백하는 것이 아니다"(143쪽). 이어서 그는 그리스도가 인류 안에서 우리의 죄에 대해 회개하고 고백했다고 말한다. 캠벨에 따르면 이것이 죄를 속죄하는 모든 것이며, 요구되는 전부이다. 그의 정확한 의미를 보여주기 위해 그의 말을 인용해보겠다: "우리가 하나님의 법과 이름에 죄로 인해 가해진 불명예에 대한 적절한 대가가 어떤 것인지 완전히 깨닫기 위해, 적절한 회개와 죄에 대한 슬픔이 얼마나 필요하며, 그리고 그러한 회개와 죄의 고백이 어떠한 형벌보다 더 많이 하나님의 공의를 만족시킬 수 있는지를 상상해보자. 인류의 모든 죄가 하나의 인간 영혼에 의해 저질러졌으며, 그 영혼은 헤아릴 수 없는 양의 죄책을 짊어지고 죄에서 거룩함으로 나아간다고 가정하자." 이러한 변화는 절대적이고 완전한 회개를 내포하며, 그 죄에 대한 고백은 그 악에 상응하는 것이 될 것이다. “우리는 우리가 상상하는 그러한 회개가 그 경우 진정하고 적절한 방법으로 화를 입은 공의를 만족시킬 것이라는 것을 느끼며, 그러한 지금 거룩해진 영혼이 과거를 기억하며 흘리는 진정하고 완전한 슬픔의 한 방울의 눈물이 끝없는 형벌의 고통보다 더 많은 속죄의 가치를 가질 것이라는 것을 느낀다”(144쪽).

그리스도가 죄를 고백하고 회개했다는 이 기이하고 과장된 이론에 어떻게 답해야 할까? 이를 검토하거나 논의하지 않더라도, 이 이론이 성경에 어떠한 근거도 없다는 것만으로 충분할 것이다. 신학적 사고와 용어를 이끌어갈 수 있는 유일한 기준은 성경의 표현과 개념이다. 그러나 분명히 저자는 회개와 고백이라는 단어가 개인적인 행위임에도 불구하고, 이를 일반적인 의미로 이해하도록 의도하지 않은 것 같다. 뿐만 아니라, 대리적 고난이나 대리적 행동과 같은 개념은 저자의 사상 체계와 전혀 맞지 않는다. 이 이론은 아무것도 설명하지 않으며, 단지 이중적인 의미로 논쟁을 벌일 뿐이다. 그리스도의 행위가 하나님을 향한 어떠한 효능도 없었으나, 인간의 마음에 도덕적 영향을 미치기 위해 설계된 것이었다고 독자에게 전달하려는 것일 뿐이다. 그러나 이 도덕적 영향 이론은 다른 사람들의 저술에서도 나타나며, 이들에 대한 간략한 언급으로 이 책을 마무리하고자 한다.

이렇게 조웻 교수는 자신의 견해를 다음과 같이 표현한다(바울 서신, 477쪽): “희생도, 만족도, 속전도 아니다. 이 세상에서 행해진 가장 위대한 도덕적 행위-또한 우리의 모습과 닮은 자가 행한 그 행위-가 바로 하나님이 그리스도 안에서 세상과 화해하셨다는 확신이다.” 부쉬넬도 같은 맥락에서 다음과 같이 쓴다(대리적 속죄, 533쪽): “그 사실들은 인상적이다. 그 인물은 놀라운 존엄성과 아름다움으로 가득 차 있다. 예수님의 고통은 사랑을 웅변적으로 드러내고 있으며, 그분은 십자가에서의 끔찍한 죽음을 담대하게 맞아들이셨다. 그런데 이런 역사적 사실을 통해 우리가 어떻게 하나님과 화해를 할 수 있는지를 묻는다면 어떻게 답해야 할지를 모르겠다. 단순한 순교자의 죽음을 통해 어떻게 하나님께 나아갈 수 있을까? 어떻게 그런 죽음을 통해 의롭다 함을 입고 하나님과 화목을 이룰 수 있을까? 분명히 여기에는 어떤 결핍이 있다. 그리고 이 결핍은 그 사실 자체에 없는 '사고 형식'을 제공함으로써 충족된다." 요약하자면, 이 이론에 따르면 그리스도의 죽음은 사람들의 마음에 영향을 미치는 인상적인 광경일 뿐, 하나님과 관련하여 아무런 효과도 발휘하지 않는다.

같은 사상은 존 영 박사의 글에서도 나타난다(인류의 생명과 빛, 301쪽): "희생은 인간이 하나님께 드린 것이 아니라, 하나님이 인간을 위해, 죄를 위해 하신 것이다. 그 목적은 죄가 영원히 억제되고 인간 본성에서 뿌리 뽑히게 하려는 것이었다. 이 엄청난 신적 희생 행위는 하나님께서 인간의 마음을 정복하고 반역한 세상을 제압하며, 그것을 자신의 보좌에 묶는 방법이었다-순수한 사랑, 자기 희생적인 사랑, 십자가에 못 박힌 죽어가는 사랑이었다." 이와 같은 문체는 스티어와 클라이버가 속죄의 도덕적 영향에 대해 표현하는 방식과 거의 동일하다. 이 이론은 화해가 인간의 편에서만 이루어졌으며, 그리스도의 죽음이 근거 없는 두려움을 진정시키기 위해 설계되었다는 전제에서 출발한다.

화해는 전적으로 인간의 편에서 이루어졌다고 말하며, 우리는 하나님에 대해 위로가 되는 시각을 가져야 한다고 주장한다. 만약 그것이 하나님께서 없애야 할 적대감이 없으며, 우리가 어둡고 의심스러운 두려움으로 하나님에 대해 가득 찼다는 의미라면, 그것은 죄에 대한 속죄가 이루어졌다는 기반 위에서 수용될 수 있다. 그러나 만약 그것이 화해의 메시지가 전해지는 기초로서 아무런 만족도 필요하지 않다는 의미라면, 이는 복음 교리와 매우 상반되는 것이다. 그리고 가장 강력하게 화해를 나타내는 바울 서신의 구절들은 그 화해가 전적으로 속죄를 기반으로 한다고 말한다(고후 5:18-21). 또한 속죄가 항상 하나님의 사랑의 증거, 결과, 열매로만 표현되고 그 사랑의 원인으로는 결코 표현되지 않는다는 반론에 대해, 답변은 명확하다. 속죄는 하나님의 사랑을 발생시키지 않았으며, 그럴 수도 없었다. 하나님의 사랑은 영원한 신적 본성의 완전함으로, 그 사랑을 쏟아부을 적합한 대상을 찾고 있었다. 속죄는 이 신적 사랑에서 비롯되었다(참조 6절). 그러나 우리가 죄인에 대한 은혜의 실제적 행위나 그 은혜의 실질적 대상에 대한 표현을 말할 때, 복음의 교리는 은혜가 속죄를 통해서만 실현될 수 있으며, 예수님이 그 은혜의 실행을 위한 기초이자 공로 있는 원인이라는 것이다.

그리스도의 죽음은 단지 어떤 두려움을 진정시키거나 인간 내 중요한 도덕적 필요를 충족시키기 위해 의도된 것이었을까? 이는 곧 그 죽음이 용서에 대한 확신이나 평화와 자신감을 주기 위한 강력한 표현에 불과했다는 의미이다. 속죄의 희생이 필수적이라는 입장을 고수하지 않고, 그리스도의 죽음을 하나님의 사랑을 보여주는 인상적인 증거로만 제시하는 것이 훨씬 더 간단할 것이라고 주장하는 사람도 있다.

나는 속죄와 관련된 모든 성경 구절을 인용할 수 있고, 그것들이 어떤 해석 원칙으로든 속죄가 단지 하나님의 사랑을 공개적으로 선포하고, 하나님의 진노에 대한 노예 같은 두려움을 제거하는 것에 불과하다는 생각을 전달하는지 물을 수 있다. 만약 그리스도의 죽음이 하나님의 사랑을 전달하는 것 외에 아무것도 이루지 않았다면, 우리 주님은 하나님의 사랑을 가르쳤고, 그 가르침을 증언하기 위해 순교한 다른 사도들과 같은 위치에 서게 될 것이다. 하지만 그 어떤 교사도, 아무리 용서하는 사랑을 높이 평가한다 해도, 주님께 속하는 '구세주', '구속자', '목자'와 같은 칭호를 주장할 수 없을 것이다. 이 이론에 따르면, 주님의 고난은 단지 우리로부터 노예적인, 그러나 근거 없는 두려움을 제거하려는 의도였다고 한다면, 우리는 자연스럽게 성경 어디에서 이런 내용이 언급된 적이 있는지를 묻게 된다. 반대로, 우리의 죄가 예수님의 죽음의 원인으로 일관되게 언급된다(롬 4:25; 사 53). 그리고 우리가 불법과 실제 저주, 그리고 다가올 진노로부터의 구속에 대해 들을 때, 어떻게 그것이 단지 근거 없는 두려움으로부터의 해방일 수 있겠는가? 성경은 결코 그리스도의 죽음이 단지 하나님의 사랑을 우리에게 확신시키기 위한 것이라고 말하지 않는다. 그리고 이 이론에 따르면 예수님이 우리를 하나님의 형벌에 대한 근거 없는 두려움에서 완전히 해방시키고, 하나님의 사랑을 확신시켜 주었다면, 어떻게 회개하지 않음과 불신앙에 여전히 연결된 그 끔찍한 경고들을 설명할 수 있겠는가(요 3:18, 36; 롬 2:4; 고전 6:9, 10; 히 10:29)?

미주

1. 『Philosophisch-Exegetische Untersuchungen über die Lehre von der Versöhnung Gottes mit den Menschen』, M. C. Christ. Flatt, 1798. 그는 여러 본문을 칸트 철학의 원리에 따라 도덕적 의미로 해석하였다. 그는 그리스도의 죽음이 단지 죄 사함을 선언하며, 은혜에 대한 확신만을 제공한다고 주장하였다.

2. 드 베테(De Wette), 『De Morte Christi Expiatoria』, 베를린, 1830.

3. C. L. 그림(Grimm), 『De Joanneæ Christologiæ indole』, 1833.

4. H. 하위저(Huyser), 『Specimen quo Jesu de Morte sua effata colliguntur et exponuntur』, 흐로닝언, 1838.

5. 호프스테더 더 흐로트(Hofstede de Groot), 『Waarheid en Liefde 1843』.

6. 호프만(Hofmann), 『Schriftbeweis』, 초판, 1852. 이 저서는 속죄론을 주제로 필리피, 토마지우스, 에브라르트, 델리취, 베버 등의 반박을 불러일으켰다.

7. 리츨 교수(Prof. Ritschl), 『Jahrbücher für Deutsche Theologie』 1863.

8. C. F. 슈미트(Schmid), 『Biblische Theologie』, 1859 (229-250쪽).

9. 바젤의 게스 교수(Prof. Gess), 『Jahrbücher für Deutsche Theologie』 1857년, 1858년호에 실은 글들.

10. 위트레흐트의 빈케 교수(Prof. Vinke), 『Leer van Jesus en de Apostel aang. zijn Lijden』 etc., 스헤브닝언, 1837.

11. 판 빌레스(Van Willes), 『Opheldering van de Gezegden des Heeren betrekkelijk zijn Lijden en sterven voor Zondaren』, 암스테르담, 1837.

12. 부록의 주해 A 참고.

13. 비치우스(Witsius), 『De Œconomia Fœderum』 (제2권 제8장)과 하이델베르크 요리문답 12문, 및 그 해설자들 참고.

14. 마르하이네케(Marheinecke)는 그의 『기독교 교의학의 근본 교리들』 284쪽에서 다음과 같이 말한다: "인간은 죄를 지을지 말지 선택할 수 있지만, 죄책의 의식을 가질지 말지를 선택할 수는 없다. 그는 죄에 대해 벌이 있어야 한다는 것을 스스로 인정하며, 중죄인의 경우에서 보듯이, 벌을 자발적으로 받아들이고, 죄의 유죄성과 형벌로부터 스스로 벗어날 수 없음을 느낀다." "가장 타

락한 죄인 안에서도 양심은 너무 민감하여, 형벌로부터의 해방으로 제시되는 어떤 것도 거부한다. 공권력의 자비조차도 마찬가지이다. 인간이 할 수 있는 유일한 일은, 자기가 제공할 수 없는 만족을 갈망하는 것이다. 이것은 가장 타락한 죄인 안에도 생생한 감정이며 하나님이 주신 것이다."

15. 어떤 해석자들은 δεί를 단순히 예언 성취의 필요성으로 한정하지만, 그것이 의미의 전부는 아니다. 더 피상적으로는 호프스테더 더 흐로트처럼 인간의 죄된 상태로 인한 도덕적 당위(moral must)로 해석하기도 한다. 그는 δεί가 고전적 용법에 따르면 αναγκη와 다르다고 주장한다. 물론 그렇다. 고전적 용법을 따른다면, αναγκη는 물리적 필연성이나 강제의 개념을 담는다. 그러나 이런 문제는 계시의 언어에 따라 판단해야 하며, δεί는 하나님의 신실하심이나 공의, 말씀에 따라 그렇게 되어야 함을 자주 나타낸다(마 16:2; 눅 17:25). 발크나에르(Valckenaer)는 그의 『신약 주석서(Scholia in N.T.)』에서 "δεί가 의미하는 의무와 필연성은 구속의 권한에서 흘러나온 것이다"라고 했다. 마르키우스(Marckius)는 δεί에 대하여 "영원하고 불변하는 작정에서 비롯됨"이라고 한다(Hist. Exalt. Christi, 제1권 제10장 제15절).

16. 트리글란디우스(Triglandius), 『Antapologia』, 제4장, 73쪽 참고.

17. 현대 신학의 인기 있는 견해 하나를 트렌치 대주교(Archbishop Trench)는 다음과 같이 그럴듯하게 표현하였다: "이 견해에 따르면, 영원한 말씀이 우리 육신을 취하신 것은 위기 상황에 대한 임시방편이 아니며, 인간의 자유의지를 고려할 때 처음 상태의 순종 속에 남아 있을 가능성도 있었기 때문에 결코 일어나지 않았을지도 모를, 특정한 필요를 만회하기 위한 단순한 결과가 아니었다. 오히려 그것은 하나님의 계획 속에서 그분의 아들의 영광과 하나님의 형상과 모양대로 지어진 인류의 높임을 위한 훨씬 더 깊은 근거에 놓여 있었다. 성육신을 자의적이거나 단지 역사적 사건으로 여기는 이들에 대해, 우리는 이 중대한 사실을 제시할 수 있다—곧 하나님의 아들은 승천 후에도 다시 인간 본성을 벗어버리지 않으셨다." (『Five Sermons before the University of Cambridge』, 1837).

18. 칼빈은 타락 없이도 성육신이 있었을 것이라는 견해를 비판하면서도, 인간에게는 중보자적 관계가 필수적이었다는 점을 강하게 피력하였다(『기독교강요』 제2권 제12장 4절): "비록 사람이 모든 오염에서 온전히 보존되었더라도, 하나님께 직접 나아가기 위해서는 중보자 없이 할 수 없을 만큼 낮은 존재였다." (제2권 제12장 1절)

19. 부록의 주해 E 참고.

20. 헬라어 "εδωκεν"의 제사적 의미는 문맥과 용례 모두에서 증명할 수 있다. 문맥적으로는 14절

의 높밤의 높임이 16절의 "왜냐하면(for)"으로 연결된다. 용례로는 갈라디아서 1:4, 로마서 8:33 등을 들 수 있다. 벵겔은 이를 "십자가에 내주심(gab an das Kreutz)"이라 말하였고(『독일어 주석』 참조), 칼빈, 피아카토르, 드 베테, 헹스텐베르크도 동일한 견해를 제시한다.

21. 예: 자르토리우스(Sartorius), 『Lehre von der Liebe』.

22. 아래의 "그리스도의 신성의 영향력"에 대한 논의 참고.

23. 부록의 주해 C 참고.

24. δια τον πατεϱα. 대부분의 그리스 주석가들은 이를 "살아 있는 아버지에게서 태어났기 때문에(δια το γεννηθηναι εκ ζωντος πατϱος)"로 해석하였다. 종교개혁 이후의 해석자들은 베자(Beza)를 따라, 이 δια를 대격과 함께 해석하면서도, 마치 속격과 함께 쓴 것처럼 해석하였다. 베자는 아리스토파네스의 『플루토스』 470행을 인용하였다. 뤼케(Lücke)는 이에 대한 그리스 주석자의 말을 인용하는데, 그에 따르면 때때로 δια는 대격을 취해도 속격을 취할 때와 같은 의미를 갖는다고 한다. 우리가 제시한 해석이 유일하게 타당한 것이다.

25. 부록의 주해 D 참고.

26. 리브너(Liebner), 『Jahrbücher für Deutsche Theologie』, 1858, 362쪽.

27. 스콜라 신학자들의 표현을 빌리면 "actiones sunt suppositi" 즉, "행위는 개별 인격에 귀속된다."

28. 콘스탄티노플의 대교회에서, 프로클루스(Proclus)는 네스토리우스 앞에서 이렇게 말했다.

29. 부록의 주해 E 참고.

30. 그리스도의 사역의 두 요소는 독일의 최근 두 저작에서 잘 통합적으로 묘사되어 있다. 즉 토마지우스(Thomasius)의 『그리스도의 인격과 사역』 제3권(1859), 필리피(Philippi)의 『교회 교리학(Kirchliche Glaubenslehre)』 제4권(1863). 죄 많은 사람들을 위한 보증인으로서 그리스도에게 맡겨진 사역은 의심할 바 없이 이중적이다. 그러나 그 순종은 결코 두 가지 별개의 성취로 나뉘는 것이 아니라, 행동과 고난이라는 이중의 영역에서 이루어진 하나의 순종이다.

31. 부록의 주해 B 참고.

32. 예: 고린도후서 5:21, 갈라디아서 3:13, 이사야 53:5, 베드로전서 2:14.

33. 스토르(Storr)와 마이어(Meyer)도 같은 입장이다. 스토르는 70인역에서 "하나님의 제사(θυσιαι Θεου)"를 인용한다(레위기 21:16).

34. 도데스 교수(Prof. Doedes), 『Jaarboeken voor Wetenschappelijke Theologie』, 위트레흐트, 1846, 305쪽.

35. 외엘러(Oehler), 헤르초크 백과사전의 『희생제의(Opfercultus)』 항목 참고.

36. "o αιϱων"이라는 표현에 대해서는 요한복음 1:29에 대한 마이어의 『주석』 참고. 그는 "죄를 제거하시는 이(who taketh away)"라는 번역을 선호한다.

37. 베자(Beza)는 이 구절을 로마서 5:12에 근거해 불행하게도 그렇게 해석한다.

38. 마이어도 이 구절을 같은 방식으로 해석한다.

39. 헹스텐베르크(Hengstenberg) 역시 이 구절에 대해 같은 해석을 제시한다.

40. 외엘러, 『Herzogs Encyklopädie』 제10권 649쪽, 그리고 레위기 10:17에 대한 카일의 『주석』 참고.

41. 호프만의 『Schriftbeweis』 제2권 285쪽 참고: "하나님은 죄를 담당하시고, 그것을 제거하시며, 벌하지 않고 기꺼이 받아들이신다."

42. 코케이우스(Coceius)의 『히브리어 사전』에서 해당 단어에 대한 정의 참고. 또한, 스토키우스의 『Clavis』와 비교할 것.

43. 외데르(Œder), 『라코비우스 요리문답 반박』, 802쪽.

44. 요한복음 19:37 참고.

45. 주해 F 참고.

46. 주해 G 참고.

47. 이른바 그리스도의 "아담 생명(Adam-life)"에 대한 다비파(Darbyite) 교리는 어빙(Irving)의 주장과 크게 다르지 않으며, 결코 낫지도 않다. 그리스도의 생명에 죄가 십자가에서 부착되었다고 본다. 그러나 그분의 생명에 죄가 어떠한 방식으로든 부착되었다면, 대속(substitution)이나 전가(imputation)는 어떻게 되는가? (『다비의 요한복음 주해(Synopsis)』 제3권 454쪽, Girdle of Truth, 298쪽 참고)

48. αφες αϱτι.

49. 이것이 δικαιοσυνη의 의미이다. 동사 δικαιουν이 무죄 판결을 받고 받아들여진 자를 가리킨다는 데에는 이견이 없다. 그러나 흔히 범하는 오류는 이와 같은 뜻이 유사어들 예를 들어, δικαιοσυνη, δικαιος에도 동일하게 적용되어야 함을 간과하는 것이다.

50. 성육신과 관련하여 중요하고 본 주제에 적용 가능한 한 가지 사상이, 일리리쿠스의 플라키우스(Flacius Illyricus) 이론과 관련된 논의에서 제시되었다. 그는 죄가 인간 본성의 본질 또는 실체가 되었다고 주장하였다. 교회들은 이 과도한 사변에 경악하며, 다음과 같이 반박하였다. 곧 우리는 하나님의 작품인 선한 것과 그 안에 침투한 파괴와 오염을 구분할 수 있고, 또 반드시 구분

해야 한다는 것이다. (Formula Concordiæ, 『원죄에 대하여(de peccato originis)』 참고.) "우리는 개념적으로 구별할 수 있고, 하나님은 실제로 구별하신다. 만일 그렇지 않았다면 성육신은 불가능했을 것이다. 그런 사실상의 구별이 없다면, 인성은 취해질 수 없었을 것이다. 그리스도는 타락 없는 인성을 취하셨으며, 그것은 인성의 실체도 본질도 아니었다. 우리의 본성이 '그 본래의 뜻에 따라' 취해졌다는 사실은, 그분이 자발적으로 우리의 저주가 퍼진 모든 영역에서 그 모든 부분을 떠맡았다는 사실과도, 또한 굶주림과 목마름, 피곤함과 고통, 슬픔과 죽음 같은 죄 없는 연약함들을 겪으셨다는 사실과도 전혀 모순되지 않는다.

51. 주님의 지상 생애에서 이 측면을 주목하는 것이 더욱 필요한 이유는, 교회들 사이에서 유통되는 그리스도의 전기들 중 가장 우수한 것들조차 이 점을 강조하지 않거나 아예 언급하지 않기 때문이다. 그 전기들의 목적은 예수님의 능동적이며 죄 없는 삶을 부각하는 데 있으며, 그 생애를 그 한 측면에서만 파악하고, 죄를 담당하신 측면은 무시한다. 하이델베르크 요리문답에서 우르시누스와 올레비아누스의 표현은 탁월하다: "그분은 이 땅에서의 전 생애 동안, 특히 마지막 때에 이르러, 몸과 영혼으로 온 인류의 죄에 대한 하나님의 진노를 감당하셨다."

52. 굿윈(Goodwin), 『The Heart of Christ in Heaven to Sinners on Earth』, 제4권 138쪽 (에든버러판) 참고. 외데르(Œder)는 라코비우스 요리문답 반박 806쪽(1739년, 프랑크푸르트)에서 이 주제에 대해 인상적인 언급을 한다: "이 점에서 해석자들, 심지어 우리 측 해석자들조차도 예언자와 복음서 기자를 조화시키기 위해 여러 길을 걸었다는 점은 유감스럽게도 인정하지 않을 수 없다. 어떤 이들은 먼저 예언자가 영적 질병, 즉 죄에 대해 말한다고 생각하고, 그것을 그리스도께서 실제로 감당하셨다고 본다, 곧 그에 따르는 형벌을 감당하셨다는 것이다. 반면 마태복음 기자는 육체적 연약함에 대해 말하며, 그것이 그리스도께서 직접 담당하신 것이 아니라, 치료함으로써 제거하신 것이라 주장한다. 즉, 의사가 자신이 열병에 걸려야 환자를 치료하는 것이 아니듯 말이다. 최고의 지성을 지녔다 해도, 모든 종파의 해석자들이 만족스럽지는 않았다." 이 어려운 주제에 대한 가장 탁월한 논의는 외데르의 806~820쪽에 걸친 설명이다. 그는 어떤 의미에서 질병이 그리스도께 옮겨졌다고 주장한다. 반면, 히브리서 4:15에 대한 슈미트(Sebastian Schmid)는 반대 견해를 가진다.

53. 현대 신학은 그리스도께서 어떤 의미로든 하나님의 진노를 감당하셨다는 것을 부정한다. 이 질문은 그분의 대속적(substitute) 신분과 관련되며, 먼저 "죄에 대한 하나님의 진노(ὀργή)가 있는가?"라는 문제를 제기한다(롬 2:5; 엡 5:6). 성경에 따라 판단한다면, 이 점에 대해 두 가지 견해가

있을 여지는 없다.

54. αχρι καιρου.

55. 리임(Riehm)과 판 빌리헌(Van Willigen)이 1831년에 헤이그 기독교 옹호 학회에서 공모 수상작으로 발표한 논문들에 이 견해가 담겨 있다. 주제는 겟세마네에서의 예수님의 깊은 고난에 관한 것이다.

56. 이 원칙에 따라 겟세마네 동산의 고뇌를 해석한 미국 에드워즈 총장의 설교 참고. 이 설교는 주님의 심리적 고뇌를 강렬하게 묘사하지만, 그 고뇌를 단지 미래를 내다본 것으로만 보아 현재적인 것으로 보지 않음으로써 결함이 있다.

57. 이것은 과거에 지배적이었던 일반적 견해였다. 이에 대한 놀라운 논의는 포에티우스(Gisbert Voetius)의 『선택 논쟁집(Selectæ Disputationes)』 제2권 164~188쪽에 실린 「그리스도의 고뇌와 버림받음(de agonia et desertione Christi)」에 있다. 근대 저자들 중에서는 소랭(Saurin, 『Disc.』10권, 251쪽), 자일러(Seiler) 등이 여전히 같은 견해를 취한다. 최근 주해자들 중 대속적 희생을 반대하는 이들은, 예전 세대가 이 견해를 초자연적이라 반대한 것처럼, 그것이 대속적이라는 이유로 반대한다. 그러나 그 외의 어떤 견해도 유지할 수 없으며, 심지어 설득력 있게 보이기조차 어렵다.

58. 벵겔은 주께서 받으신 것은 권면이 아니라, 거룩한 인성에 부어진 하늘의 능력이었다고 말한다 (『독일어 주석』참고).

59. 토마지우스(Thomasius), 『그리스도의 인격과 사역』 제3권 71쪽, 그리고 필리피(Philippi)가 작성한 『호프만의 속죄와 칭의 교리에 대한 반박 팸플릿』(1856년, 39쪽) 참고. 후자에서 다음과 같은 문장이 인용된다. "지옥의 형벌은 본질상 그리고 주로 하나님의 버리심에 있으며, 하나님의 교제로부터의 적극적 배제와 추방에 있다. 이 객관적 하나님의 행위는, 죄인에게는 악한 양심과 용서받을 수 없다는 절망이라는 주관적 반영으로 나타나지만, 이 주관적 반영 없이도 성도 안에서 완전히 이루어질 수 있다. 시편 22편의 '어찌하여 버리셨나이까'는 선한 양심 가운데서의 무죄한 버리심을 나타낸다."

60. 슈트라우스(Strauss), 바우르의 튀빙겐 학파, 그리고 그 영향을 약하게 반영한 르낭(Renan)의 공격은 이미 관심에서 멀어졌다. 그리스도의 역사적 실재성과 도덕적 탁월성은 확고하게 입증되었다. 이 논의 과정에서 네안더(Neander), 울만(Ullmann), 랑게(Lange) 등은 그리스도의 죄 없는 완전성과 생명의 주로서의 역할을 잘 부각시켰다(울만, 『예수의 무죄성(Sündlosigkeit Jesu)』,

1846). 그러나 이들 묘사의 결함은 마치 구주의 무결한 본보기만으로 충분하다는 듯이 그것이 거기서 멈추고 만다는 것이다.

61. 이 견해는 루터, 켐니츠(Chemnitz) 등 루터파 신학자들, 그리고 리겐바흐(Riggenbach) 같은 최근 신학자들이 일반적으로 지지하는 바이다.

62. 기독교 시인 카우퍼(Cowper)는 이 내용을 잘 표현하였다:

"구세주여, 얼마나 고결한 열정이

그 가슴에 불타올랐던가!

예루살렘을 향해 달려가시며

그 누구보다 앞장서셨도다.

인류를 향한 선의와 하나님을 향한 열심이

그의 모든 생각을 가득 채웠고,

피로 세례 받기를 사모하셨으며

십자가에 이르기를 갈망하셨도다.

모든 고난을 분명히 내다보시며

우리가 알지 못할 비통함 속에

그분의 영혼은 그 사명을 향해 나아가셨도다.

사랑이 그분을 재촉하셨도다."

63. 우리는 V. 호프만이 본보기로 삼은 방식 곧, 그리스도의 고난의 역사적 사실에 대한 직접적인 언급을 따랐다. 그는 이를 단지 "우연적 사건(widerfahrniss)"으로 보지만, 우리는 이것을 실행 중인 대속적 사역과 희생으로 본다. 베버(Weber)는 그의 저서 『Vom Zorne Gottes』(에를랑겐, 1862)에서 다음과 같이 잘 지적하였다. "예수께서 자신의 고난과 죽음의 의미에 대해 하신 자증언들과 그 실제 역사적 성취를 비교해 보아야 한다. 이전에는 예수께서 그의 고난과 죽음으로 우리를 어떻게 하나님과 화목하게 하셨는지를 밝히는 데 있어 이 점을 간과했다. 그러나 V. 호프만은 그의 속죄론 서술에서 고난의 역사를 앞세움으로써 옳은 일을 했다. 왜냐하면, 그리스도의 고난에 대한 진술이 바르게 이해되었는지는 역사 속의 사건에 비추어 판별되어야 하기 때문이다."(244쪽)

64. 갈라디아서 3:13에 대한 루터의 인상적인 언급 참고. 그는 소피스트들이 "그리스도를 죄와 죄인들로부터 분리시키고, 단지 우리가 본받아야 할 본보기로만 제시한다"고 비판하였다.

65. 루터파 신학자 게르하르트(Gerhard)가 『복음 조화서(Harmonia Evangelica)』에서 이 구절에

대해 한 언급은 읽고 깊이 생각해볼 만하다. 이 책은 켐니츠, 리저(Lyser), 게르하르트가 함께 집필한 1628년 작품이다. 그는 구체적 적용을 옹호한다.

66. 『Vom Zorne Gottes』 259쪽에서 베버는 δει τελεσθηναι εν εμοι에 대한 주석에서, "그리스도의 고난은 단지 사탄의 영향과 대적에 의해 야기된 사건"이며 "단순한 우연적 사건이자 보호 수단"에 불과하다는 호프만의 견해에 반대한다.

67. 베버는 262쪽에서 말한다: "그들과는 항상 아무 상관이 없으며, 단지 그들이 자기를 정죄하려는 일을 자백하고 말할 뿐이다."

68. "그는 아무 말도 하지 않으시니, 총독이 매우 놀랍게 여기더라" (ωστε θαυμαζειν τονηγεμονα λιαν).

69. 하이델베르크 요리문답 28문과 그에 대한 다양한 해설자들 참고. "무죄하신 분이 세속 재판관 앞에서 정죄받으심으로써, 모든 사람에게 임박한 하나님의 준엄한 심판에서 우리를 면하게 하셨다." 또한, 그리스도의 재판과 고난에 대한 칼빈의 『주석』도 참고.

70. 슐텐스(A. Schultens)의 라틴어 원고를 바루에트(Barueth)가 번역한 『하이델베르크 요리문답에 대한 네덜란드 주석서』(문 37, 38, 39)는 이 주제에 대해 인상적인 견해들을 담고 있다.

71. τετέλεσται. 이것은 단순히 모든 예언의 성취를 의미하는 것이 될 수 없다. 아직 성취되지 않은 예언들도 많이 남아 있었기 때문이다. 이 말은 특별히 인간의 구속을 위해 필요했던 모든 대속적 고난과 공로 있는 순종이 완성되었음을 뜻한다. 이는 현대 주석가들, 그 대표로 1868년의 어휘학자 크레머(Cremer, 『Wörterbuch der N. T. Gracitat』)의 주석보다 훨씬 나은 해석이다. 그는 "τετέλεσται는 성경이 성취되도록 한 사역의 완성을 가리키며, '성취되었다'는 뜻이 아니다"라고 말한다. 반면, 울피우스(Wolfius)는 1741년 『Curæ』에서 훨씬 더 정확하게 다음과 같이 말하였다: "지금까지의 모든 해석자들은 이 단어를, 구원을 위한 고난에 속한 모든 일의 완성으로 이해해 왔다."

72. 많은 위대한 신학자들은, 그리스도께서 운명하시기 전에 버림받음이 제거되고, 그 영혼에 다시 빛이 비추어졌다고 주장한다. 이러한 빛의 회복은 있을 법한 일이지만, 확정된 사실이라기보다는 하나의 개연성에 불과하다(베버, 『Vom Zorne Gottes』, 266쪽; 도즈(Dods)의 『Incarnation』; 훌쇼프(Hulshoff)의 『설교』 등 참고). 그 버림은 자연 전체에 드리워진 어둠과 함께 끝났을 수도 있다. 그러나 이 견해를 취할 때 한 가지 유의할 점이 있다. 죽음이라는 죄의 삯이 임하기까지, 저주는 완전히 소멸될 수 없었다는 점이다.

73. 다비파(Darbyite)의 교리는, 우리가 칭의를 얻는 것은 십자가에서 그리스도께서 이루신 사역의 결과가 아니라, 그분의 부활에 연합함으로 가능하다는 것이다. 이는 로마서 4:25에서 διά가 대격과 함께 사용된 의미를 오해한 데서 비롯된 무지의 소산이다(이에 대한 설명은 『사도들이 가르친 속죄』 참조).

74. 다비파의 또 다른 비성경적 교리는, 주님의 부활체에는 피가 없었다는 주장이다.

75. 다비파 이론은, 부활하신 주님은 새로운 생명을 지니셨으며, 그 생명에는 죄가 전생에 붙었던 것처럼 의가 부착되었다고 본다. 그러나 이것은 성경이 말하는 공로적 생명(premial life)이 아니다. 오직 로마서 6:1-12에 나타난 생명이 성경적 견해이다.

76. 예: 벧전 1:18-19; 고전 6:20; 갈 3:13; 계 5:9.

77. ψυχήν (생명, 목숨).

78. ἀντί (대신하여).

79. λύτρον. 70인역을 열심히 연구하는 이라면 누구나 알 수 있듯이, 이 단어는 대가의 개념을 자연스럽게 포함할 수 있는 경우에만 사용되었으며, 다른 의미를 표현해야 할 경우에는 비록 히브리어 원문에 같은 단어가 있을지라도 다른 헬라어를 사용했다. 이는 이 단어의 사용이 고정되어 있었음을 입증한다. 그러나 여러 저자들은 이를 무시한 채, 히브리어 단어의 더 넓은 의미를 근거로 헬라어 λύτρον의 다른 해석을 시도해왔다. 이런 근거 없는 이론은 특히 그로티우스(Grotius)가 선도했으며(『그리스도의 만족에 대하여』 8장 참조), "ransom(대속)"이라는 단어를 희생 제물 혹은 속죄 제물로 해석하려 했다. 하지만 λύτρον은 결코 직접적으로 희생 제물이나 제사를 의미하지 않으며, 오히려 그 의미의 발전된 개념이다. 희생의 개념이 대속으로 넘어가는 것이며, 라틴어 lustrare의 의미에서 추론할 수도 없다. 리츨(Ritschl)은 『독일 신학 연감』 1863년판에서 이 단어를 "Schutzmittel(보호 수단)"로 해석하려 했지만, 이는 히브리어 단어의 넓은 의미를 헬라어 단어에 부당하게 적용한 오류이다. 실제로 λύτρον은 고정된 의미를 가진 단어이며, 값없이 이루어지는 구출이라는 개념을 담는 예는 헬라어 작가들이나 70인역 어디에도 존재하지 않는다. 그러므로 이 단어에 대한 연구는 단지 λύτρον이라는 단어가 사용된 구절들에만 국한해야 한다.

80. 하젠캄프(Hasenkamp)와 멘켄(Menken)을 제외하면, 현대 학자들 중에서 오리겐(Origen)과 그 학파의 이 견해를 따르는 자는 거의 없다. 그러나 이 견해는 고대 교부들 사이에서는 흔했다(스미튼의 『사도들이 가르친 속죄』 부록 참고).

81. 이 전치사(ἀντί)를 "대속(substitution)"을 나타내는 것으로 주석한 마이어(Meyer)의 주석 참고. 호프만(Hofmann)은 περὶ πολλῶν을 ἀντὶ πολλῶν과 혼동함으로써 이 사실을 회피하려 한다 (『Schriftbeweis』 참조).

82. 호프만, 『Schriftbeweis』 해당 구절 주석 참고.

83. 스틸링플리트(Stillingfleet)의 설교 『그리스도의 고난의 참된 이유에 대하여』 참고. 이 책에서 그는 크렐리우스(Crellius)의 그로티우스 반박을 다룬다(1669년, 런던, 440~450쪽).

84. 드 베테(De Wette), 『그리스도의 죽음에 대하여』 139쪽. 리츨(Ritschl)은 『독일 신학 연감』 1863년판 222쪽에서 히브리어 כפר(속죄)의 유사 언어를 죽음을 피할 수 있는 보호 수단 정도로만 이해한다. 호프만도 『Schriftbeweis』에서 같은 주장을 한다.

85. 이 본문에 대해 속죄 개념을 부정하는 여러 학파와 경향에 맞서 논의한 저자들을 모두 나열하기는 어렵다. 소시누스파에 반대하여 쓴 저자들로는 후른벡(Hoornbeck), 칼로비우스(Calovius)의 『소키니아니즘 철폐』, 마레시우스(Maresius), 아놀드(Arnold), 에세니우스(Essenius), 튀레틴(Turretin), 슈타인(Stein)의 『만족론』 등이 있다. 최근에는 필리피(Philippi), 델리취(Delitzsch, 『히브리서 주석』 부록), 베버(Weber), 카일(Keil) 등이 호프만의 『Schriftbeweis』로 촉발된 논의에서 이 구절을 훌륭히 다루었다. 본서의 부록에서 이 구절을 더 자세히 다룰 것이지만, 여기서 티트만(Tittmann)의 탁월한 언급을 인용할 수 있다 (『Opuscula Theologica』, 445쪽):"예수께서 자기 생명을 속전으로 내주신다는 말씀 안에는 세 가지가 담겨 있다: (1) 그리스도께서 우리의 자리에서, 우리의 대신으로 죽으셨다는 것—즉 그리스도의 대속적 죽음. (2) 그리스도께서 우리를 속량하시고 죄 사함을 얻도록 하시기 위한 목적을 가지고 죽으셨다는 것—우리는 이것을 그리스도의 공로로 말미암은 죄 사함이라고 부른다. (3) 그리스도께서 충분한 속전을 지불하셨다는 것—즉, 그분의 죽음만으로 죄 사함을 얻기에 충분하며, 우리가 거기에 더할 필요가 없다는 것이다."

86. 주석 H 참고.

87. 누가복음 22:20: Τοῦτο τὸ ποτήριον ἡ καινὴ διαθήκη ἐν τῷ αἵματί μου, τὸ ὑπὲρ ὑμῶν ἐκχυνόμενον. 이 비정상적인 문장은 여러 방식으로 설명되어 왔다. 일부는 "너희를 위하여 쏟아지는"이라는 분사구(τὸ ὑπὲρ ὑμῶν ἐκχυνόμενον)를 포도주 잔(ποτήριον)에 연결시킨다(유티미우스, 칼로비우스, 드 베테, 비너 문법 등). 그러나 "너희를 위하여 쏟아지는 잔"이라는 해석은 누구라도 부자연스럽고 어색하게 느낀다. 문법상의 난점이 어떻게 설명되든, 누가는 분명히

사상 면에서는 이 분사구(ἐκχυνόμενον)를 피(αἵματι)에 연결하고자 한 것이며, 엄밀한 문법에 따라서는 ἐκχυνόμενῳ라고 기대되었을 것이다(블레크, 『공관복음 해설』 2권 415쪽, 1862; 마이어의 주석 참고).

88. εἰς ἄφεσιν ἁμαρτιῶν (죄 사함을 위하여).

89. 합리주의자들과 느슨한 신학자들이 단지 주관적인 이유로(예: 드 베테의 『그리스도의 죽음』) 제기한 의심은 주목할 가치가 없다.

90. 앞선 제12장 참고.

91. 게스(Gess)는, 옛 언약의 성립과 유지에 관련된 다양한 형태의 피흘림과는 대조적으로, 새 언약의 단 하나의 피를 언급하며 적절하게 대조한다(그의 글은 Jahrbücher für Deutsche Theologie, 1857, 1858년판 참조).

92. 슐라이어마허의 후예이며 오늘날 많은 이들이 고백하는 새로운 신학의 대표자인 우스테리(Usteri)는, 죄 사함을 그리스도의 희생적 죽음과 연결짓지 않고, 내적 갱신 혹은 마음속 사랑의 힘과 연결시킨다: "우리가 이 둘(전통적 견해와 희생 개념)을 받아들이지 않는다면, 우리는 결국 죄 사함이 그리스도 및 신자들의 공동체(요 20:23; 마 16:19, 18:18 참조) 안에서 사랑의 능력에 의해 일어난 혹은 일어나는 중인 마음의 변화와 갱신(μετάνοια 및 καταλλαγή)에 근거한다고 보게 된다. 이는 사람의 사랑의 정도에 따라 자각되는 것이다(눅 7:47 참조). 이런 의미에서 우리는 '그의 피가 죄 사함을 위하여 많은 사람을 위하여 흘려진다'(마 26:28)는 그리스도의 말씀도 이해해야 할 것이다"(『바울 신학 개요』, 132쪽, 1851).

93. 드 베테(De Wette)도 같은 견해를 표명했다(『그리스도의 죽음에 대하여』, 141쪽).

94. 모루스(Morus)는 그의 『신학 및 문헌 논문집』(1798년, 2권, 100쪽)에서 이 구절에 대해 다음과 같이 인상적으로 설명한다: "이 말씀들은 '죄 사함이 뒤따르도록 하기 위한 의도로 그러한 일들이 일어난다'는 뜻을 갖는다. 그러므로 동일한 표현 방식이 그리스도의 죽음에 대해 사용될 때에도 같은 뜻이어야 하며, 그렇지 않으면 언어의 용법을 자의적으로 바꾸는 것이 된다. 이 의미를 유지해야 한다면, 성경 안에는 실제로 이런 교리가 존재한다: 예수는 죄 사함 및 그에 따르는 유익들을 주기 위한 의도와 결과로 생명을 내주셨으며, 그 유익들은 그 죽음을 통해 우리에게 임한다. 또한 '죄 사함을 위해 흘려진 피'라는 말은 다음과 같은 결론으로 이끈다: '우리는 그 피로 인해 죄 사함을 얻는다.' 만일 이 결론이 이 명제로부터 도출된다면, 그 명제는 죄 사함이 그 죽음을 이유로 주어졌음을 설명하는 것이다. 즉, 우리가 현재 이 구속 질서 안에서 죄 사함을 얻는

것은 그 죽음에 근거한 것이다.”

95. 히 8:12의 “ὅτι ἵλεως ἔσομαι”(내가 긍휼히 여기리라) 구절에 대해, 슈미트(Schmidt), 알팅(Alting), 도우트레인(D’Outrein), 피스카토르(Piscator) 등의 주석을 참고하라. 피스카토르는 특히 이렇게 말했다: “선지자는 세 가지를 역순으로 제시하지만, 실제 자연스러운 순서는 이렇다: 첫째, 하나님은 그리스도의 만족을 근거로 택자들의 죄를 용서하신다. 둘째, 성령을 주셔서 먼저 하나님의 은혜를 깨닫게 하시고, 그 다음에는 그리스도를 통한 속량의 은혜에 감사하여 자발적으로 헌신하게 하신다. 비록 죄 사함이 마지막에 언급되었지만, 인과 접속사 ‘이는 내가’로 앞선 내용들과 연결되어 있다.”

96. 본 구절의 매우 부정확한 해석이 알포드(Alford), 마이어(Meyer), 드 베테, 올스하우젠(Olshausen) 등에 의해 지지받고 있다. 이들은 예수께서 단지 율법의 이상적 의미를 드러내기 위해 오셨다고 주장한다. 그러나 블레크(Bleek, Synoptische Erklärung, 1862년 248쪽)와 『Studien und Kritiken』(1853년)은 이 해석을 잘 반박한다. 비트링가(Vitringa)가 탈무드적 용례에서 πληροῦν을 “가르치다”로 해석한 것도 적절하지 않다.

97. 이는 네안더(Neander)의 해석이다.

98. 레클러(Lechler)는 예수께서 여섯 가지 예시 중 어느 것도 “모세가 말하기를”이라 하지 않고, 항상 “너희가 들었으되”라고 하신 사실을 지적한다(『Studien und Kritiken』, 1854년, 804쪽).

99. 블레크는 πληροῦν을 “보완하다”로 해석할 수 있는 유일한 조건은, 여기서 προφήτας가 선지서 안의 법적 혹은 도덕적 요소들을 가리킨다고 전제할 때뿐이라고 주장한다.

100. 필리피(Philippi), 『그리스도의 능동적 순종』(1841), 30쪽 참고.

101. ἤ라는 분리 접속사는 율법과 선지자를 도덕적 공통 요소로 하나로 묶으려는 해석에 반대된다. 물론 다른 본문들(마 7:12; 눅 16:16)에서는 두 단어가 함께 쓰였지만, 여기서는 별개의 개념으로 구분되고 있다.

102. 산상수훈에 대해 이 견해를 암시한 유일한 학자는 하르낙(Harnack)으로, 그는 『예수 그리스도 혹은 율법과 예언의 성취자』(1860)에서 별도로 논한 바 있다. 그러나 이 그리스도의 강론의 전반적 맥락을 숙고할수록, 이 견해의 타당성은 더욱 확실해진다.

103. 우리가 주장하는 δικαιοσύνη(의) 해석은 종교개혁기 직후의 신학자들—칼로비우스(Calovius), 켄슈테트(Quenstedt), 퍼킨스(Perkins, 『산상수훈 주석』), 판 틸(Van Til) 등—에 의해 지지되었다. 그러나 이는 지나치게 빨리 주관적 해석에 자리를 내주었고, 주관적 해석은 오늘날까

지 지배적인 견해가 되었다.

104. 루터파의 카르게(Karge), 개혁파의 피스카토르(Piscator)가 그리스도의 고난만을 속죄로 한정하고 능동적 순종의 대속성을 부정한 이론은 성경적 근거가 없다. 이는 잘못된 전제를 바탕으로 한 것으로, 본 절 마지막 부분에서 다시 논의할 것이다.

105. 피스카토르와 카르게는 그리스도의 능동적 순종의 대속성을 부정하는 데 있어 이 논리를 사용했다. 그러나 많은 이들이 이 잘못된 전제에 동의해 버렸고, 그것은 하나의 궤변에 불과하다.

106. 주석 I 참고.

107. 다비파의 이 교리는 종교개혁 신학과 정반대되는 것으로, 종교개혁은 율법을 모든 신학의 기초로 두었다. 켐니츠(Chemnitz, 『Loci Communes』, II권, 20쪽)는 다음과 같이 말한다: "첫째, 도덕법은 하나님 안에 있는 영원하고 불변하는 의의 규범이다. 둘째, 창조 시 인간의 마음에 새겨졌다. 셋째, 처음부터 교회에 하나님의 말씀으로 명확히 계시되고 반복되었다. 그런데 하나님께서 왜 수백 년 후에 다시 십계명을 공적으로 선포하고 자신의 손가락으로 새겨야 했는가 하는 질문은 깊이 생각할 가치가 있다."

108. 에르네스티(Ernesti)는 톨너(Töllner)의 『그리스도의 능동적 순종에 대한 반박문』을 비판하며 매우 귀중한 논평을 남겼다(『Neue Theologische Bibliothek』, 제9권, 920쪽).

109. 구약과 신약 성경 어디에도 본문과 같은 표현이 없다. 일부는 εχειν τι κατα τινος (마 5:23; 계 4:14-20), εχειν τι προς τινα (행 24:19, 25:19; 고전 6:1) 등의 유사한 표현을 언급하지만, 본문은 ἐν ἐμοὶ οὐκ ἔχει οὐδέν이다. 칼뱅은 여기서 그리스도의 순결뿐 아니라 신적 능력에 대한 암시도 있다고 보았다. 그러나 우리는 올스하우젠의 주석을 더 선호한다: "그는 내 안에 아무것도 소유하지 않는다. 그는 나에게 속한 어떤 것도 주장할 수 없다."

110. 여기서 ὅτι는 서술적(indicative) 용법으로 해석하는 것이 가장 타당하다. 즉, 죄와 의와 심판이 무엇으로 구성되는지를 보여주는 것이다(뤼케, 마이어, 헹스텐베르크 등의 해석 참고).

111. 루터는 본문에 대해 게르하르트(Gerhard)의 주석에서 이렇게 말했다:"그리스도의 떠남('내가 아버지께로 간다')은 곧 그분의 고난과 죽음, 부활 등을 통해 신자들에게 참된 의가 회복되었음을 보여준다." 게르하르트는 다음과 같이 덧붙인다: "여러 가지 이유들 중에서, 그리스도께서 자신의 고난과 죽음을 '아버지께로의 떠남'이라 부르신 것은, 그 고난과 죽음을 통해 하나님과 화목을 이루셨다는 의미를 전하기 위함이다"(『복음서 조화』 제3부, 330쪽).

112. 크리소스톰은 본 구절에 대한 주석에서 "αγιάζω ἐμαυτόν(내가 나 자신을 거룩하게 하노라)"

이 무엇을 뜻하는지 묻고, 다음과 같이 대답한다: "σοι θυσίαν προσφέρω"(내가 당신께 희생 제물을 드립니다).

113. 쿠이노엘(Kuinoel)도 같은 해석을 취한다.

114. 티트만(Tittmann)과 노셀트(Nösselt) 역시 이 구절에 대해 같은 입장을 보인다.

115. J. 알팅(Alting)은 그의 『신학 저작집』 4권 98쪽에서 "segregare … ut foret hostia pro peccato"(죄를 위한 희생 제물이 되도록 분리됨)라고 밝힌다.

116. 어떤 언어학자들은 이 문제를 반론의 여지가 없게 정리하였다. 그들은 ὑπέρ가 "~을 위하여(for the benefit of)"를 뜻한다는 결론에 머물지만, 그 행위의 성격상 ὑπέρ에는 ἀντί(~을 대신하여)의 의미가 암시된다고 인정한다. 빈디슈만(Windischmann)은 『갈라디아서 주석』(1843년, 15쪽)에서 이렇게 잘 표현한다: "사람들은 이 전치사들(ὑπέρ와 περί)의 용법에서 대속적 죽음의 개념을 제거하려 애썼지만, 이 개념은 단지 말이 아니라 실제 내용에 있는 것이다."

117. ἐν ἀληθείᾳ의 정관사는 일부 사본들과 그리스 교부 한 사람만이 증언할 뿐이며, 본문에 삽입할 만한 근거는 없다.

118. J. 알팅은 『신학 저작집』 4권 98쪽에서 이렇게 정확히 말한다: "그분은 자신의 거룩하게 하심을 통해 분리되셨으며, 신자들도 역시 다른 방식으로 분리된다. 그분은 죄책과 죄가 되도록 분리되셨고, 신자들은 죄책과 죄가 되지 않도록 분리된다." (스토르의 논문 『신약 역사서의 본문에 대한 주석 논문』 2부 57쪽; 랑, 텔러의 신약 단어사전 보충; 슐로이스너의 『ἁγιάζω』 항목 참조.)

119. ἁγιάζειν과 καθαρίζειν 두 단어는 모두 희생의 개념에 관련되며, 서로 거의 동등한 개념이다. 이 둘은 에베소서 5:26의 표현 "ἵνα αὐτὴν ἁγιάσῃ, καθαρίσας…"에 함께 나타난다. 모루스(Morus)는 καθαρίσας로 시작하는 구절을 괄호로 처리하고자 했지만, 어찌 되었든 καθαρίσας의 과거 분사로서의 기능은 유지되어야 하며, 이는 두 동사의 관계를 충분히 드러낸다.

120. 제카리아스(Zechariä)의 『성경 신학』 제2권 서문에는 ἁγιάζειν에 대한 타당한 설명들과 함께 논쟁적 해석도 포함되어 있다. 빈케(Vinke), 『예수와 사도들의 고난에 대한 교리』(1837년, 76쪽); 헤르세르덴(Herserden), 『요한복음에 대하여』(1798); 롯체(Lotze), 『예수 그리스도의 대제사장직에 대하여』(1800년, 104쪽) 참조.

121. 우스테리는 이 문제를 슐라이어마허적 입장에서 제시한다(『바울 신학 개요』, 131쪽).

122. ὑψόω는 요한 복음에서 항상 같은 방식으로 사용된다. 이것은 요한의 독특한 표현 방식이며,

다른 신약 저자들은 동일한 동사를 높이심(exaltation)에 사용한다(행 2:23, 5:31 참조).

123. 베자(Beza), 람페(Lampe), 그리고 수이처(Suicer)가 언급한 일부 교부들도 같은 해석을 취한다. 그러나 이 해석은 지지할 수 없다. 루트하르트(Luthardt)와 호프만(Hofmann)이 지지한 다른 해석—즉, 그리스도께서 십자가에 달리시고 높여지신 분으로서 믿음의 대상이 되셨다는 뜻이라는 주장도 마찬가지로 지지할 수 없다. 요한복음 12:33에서 요한의 주석이 결정적이다.

124. 블룸필드(Bloomfield), 웹스터와 윌킨슨(Webster & Wilkinson)은 단순 비교로 보는 견해를 지지하지만, 이는 지지할 수 없다. 이 해석은 예표를 제거하려 하면서 오히려 더 큰 혼란을 초래한다. καθώς와 οὕτως는 이 견해에 반대된다.

125. F. 튜레티누스(Turretinus), 마르키우스(Marckius), 데일링(Deyling), 비치우스(Witsius)의 관련 저작들 참고:

　　『Disp. Miscell. Decad. Disp. x.』

　　『Exerc. text viii. part iv.』

　　『Observ. S. part ii. Observ. xv.』

　　『Egyptiacorum lib. i. ix. 6』

126. καθώς와 οὕτως의 사용은 의도된 예표를 나타낸다. 주님께서 친히 같은 방식으로 해석하신 예들이 많다(만나, 요나 등). 유대 역사 속 사건은 모든 세부에서 그리스도의 역사적 사역에 대한 예표로 결정적이고 권위 있게 선언되었다.

127. 루터는 그의 설교와 요한복음 독일어 주석에서 이 점을 강하게 강조하였다. 이후 루터파 신학자들, 예를 들어 켐니츠(Chemnitz), 개혁파의 고마르(Gomar), 그리고 더 최근의 뱅겔(Bengel), 레클러(Lechler, 『Studien und Kritiken』, 1854) 등이 이를 따랐다. 루케(Lücke)는 이에 반대 입장이다.

128. 이 해석은 1659년 런던에서 사역한 프랑스 개혁교회 목사 장 데스파뉴(J. D'Espagne)에게서 비롯되었고, 그의 『Opera』 제2권 214쪽에 나온다. 이후 유명한 F. 부르만(Burmann), 비트링가(Vitringa), 멘켄(Menken), 올스하우젠(Olshausen) 등이 이를 채택하거나 수정하였다. 그러나 마르키우스와 데일링은 이 해석을 강력히 반박하였다. 이 해석은 성경의 유비에 따라 '뱀'이 사탄을 의미해야 한다는 잘못된 가정에서 출발한 것이며, 만일 그러한 전제가 포함된다면 그리스도를 뱀의 예표로 삼는 것은 부적절할 것이다. 그러나 우리는 이 전제를 받아들이지 않는다.

129. ἵνα는 항상 목적적 용법이다. (위너(Winer), 프리치세(Fritzsche), 마이어(Meyer) 참조.)

130. 빈케(Vinke, 『예수와 사도들의 고난에 대한 교리』)는 ζωή와 관련된 다음의 대조들을 지적한다:

ζωή와 κρίσις 혹은 θάνατος(요 5:24)

ζωή와 하나님의 진노(요 3:36)

ζωή와 ἀπώλεια(마 7:13–14)

ζωή와 영원한 불(마 18:8)

ζωή와 지옥불(마 18:9)

영생과 영벌(마 25:46)

131. 이것은 속죄의 신비주의적 이론이다. 멘켄(Menken), 슐라이어마허 학파에서 시작되어 모든 개신교 교파에서 옹호자들을 가졌다. 이 이론의 일면성은, 하나님의 생명의 선물을 절대화하며, 인격과 본성, 위치와 내적 본질 간의 구분을 무시한다는 점이다. 인간의 원래 대표적 구조에 대한 이해가 결여되어 있으며, 결국 중세적 신비주의로 사람들을 되돌리고, 그리스도 안의 자유(갈 5:1)에 반하는 준율법주의로 빠지게 만든다. 이 책 말미의 주석에서 이 학파를 더 다룰 것이다. 독일어 신학서적을 읽는 독자라면, 이 견해가 멘켄, 하젠캄프, 슐라이어마허, 니츠쉬, 호프만, 슈티어, 로테, 랑게, 마르텐센, 바움가르텐, 클라이버, 쇼버라인 등에게서 유지되고 있음을 알고 있어야 한다.

132. 주석 K 참조.

133. 이 교부적 주석은 그리스 정교와 로마 가톨릭 교회 전통을 따라 전해져 왔다.

134. 그로티우스는 요 6:51에 대해 유대교 교사들이 교훈을 "빵"이라 불렀다는 표현 방식을 들어 해석을 전개했다.

135. 루케와 드 베테는 앞서 언급된 신비주의적 속죄 이론을 지지하며, 같은 해석을 따른다. 그러나 그들은 클레멘스와 오리겐을 자신들의 지지자로 여길 자격이 없다.

136. καὶ δὲ는 이런 의미로 사용된다(톨룩, 루케, 위너 참조). 한편, ἂν ἐγὼ δώσω라는 표현은 사본 AlephBCDTLT에는 없지만, 신뢰할 만한 증거들이 있으므로 의심할 필요는 없다. 이 생략은 아마도 앞서 나온 ὃν ἐγὼ δώσω의 반복처럼 보인 필사가의 실수일 가능성이 크다.

137. 올스하우젠은 슐로이스너의 ζωή에 대한 얄팍한 해석을 지적하면서 이렇게 말했다: "이 박식한 학자는 생명(ζωή)이 무엇인지 전혀 이해하지 못했다는 점이 그의 전반적인 해석에서 분명하게 드러난다." 참고: 올스하우젠, 『신약에서의 ζωη 개념』 (Opuscula Theologica, 1834, 185쪽); 브뤽너, 『신약에서의 ζωη 개념』(1858); 마이어, 『신약의 개념들에 대한 해석-교리적 전

개』(1840); 라우벤호프, 『죄로 억눌린 인간 안의 생명, 그리스도에 의해 회복됨』(1857). 그러나 이 모든 것보다 더 중요하고 심오한 논의는 비트링가의 『영적 생명에 대한 개요』(1716)에 있다. 그는 새로운 신학이 무시한 핵심을 이렇게 강조한다: "영적 생명의 가장 첫 번째 초점은, 성경이 보여주는 그 원인적 공로(causa meritoria), 즉 성자께서 아버지와 맺은 영원한 언약에 따라 율법을 순종하여 죽기까지, 참으로 십자가의 죽음까지 복종하신 그것이다." (3장, 27쪽)

138. 비트링가의 『영적 생명에 대하여』 마지막 장 참고.

139. 헤르더(Herder)가 이 잘못된 해석을 최초로 도입하였다.

140. 네안더(Neander, 『예수의 생애』), 루케(요한복음 주석), 블레크(Bleek)는 느슨한 해석을 취하고 있다. 이에 반해 우스테르제(Oosterzee)는 그의 『예수의 생애』(61쪽)에서 강하게 반박한다.

141. 네스토리우스 논쟁에서는, 그리스도의 인격이 단지 하나님의 거처(성전, ναός)였는가 하는 논의가 집중되었다.

142. 대부분의 현대 주석가들은 이 추가적 개념을 받아들이는 경향이 있다(헹스텐베르크, 루트하르트, 슈미트, 랑게, 슈티어, 리겐바흐 등). 우리가 앞서 지적했듯이, 그들은 이런 의미의 확장을 받아들일 필요가 있다.

143. 여기 사용된 동사 λύσατε는 단순히 "너희가 무너뜨리면, 내가 다시 세우리라"는 의미 이상이다. 그것은 허용적 명령형(permissive imperative)으로, πληρώσατε τὸ μέτρον(마 23:32), ποίησον ταχίων(요 13:27)과 같은 용법이다.

144. "그가 네 머리를 상하게 할 것이요, 너는 그의 발꿈치를 상하게 할 것이니라"(창 3:15). 이와 같은 폭력적 죽음은 반드시 죽여야 하는 희생 제사를 통해 예시되었다.

145. 에브라르트(Ebrard)는 『복음서 역사 비평』(287쪽)에서, 주께서 '다시 세우심'을 부활을 통해 이루신 새 언약의 설립으로 이해하신다고 말한다. 이에 덧붙이자면, 이 '해체됨'은 일시적 경륜에 불과한 시내 언약을 가리키는 것이며, 아브라함에게 주어진 약속을 폐기하지 않는다(갈 3:17). 또한 이스라엘의 '남은 자' 문제(롬 11:5), '거룩한 뿌리'(롬 11:17), '사랑을 입은 자들'(11:28), 그리고 최종적인 접붙임과 그들과 맺어질 새 언약(11:24–27)에 대한 질문은 여전히 유효하다.

146. 보시우스(Vossius), 빈케(Vinke) 등도 같은 견해를 취한다.

147. 게스(Gess)는 그의 속죄론 글에서 같은 주장을 한다. 그는 속죄를 하나님의 공의를 보여주는 사건으로 보되, 세상에 대해 아니라 그리스도에게 적용된 것으로 본다.

148. 칼빈과 그로티우스도 같은 입장을 취하며, 그로티우스는 "in libertatem vindicare"(자유를 위한 구속)라고 표현했다.

149. 이것은 벵겔(Bengel)이 그의 『그노몬』과 독일어 신약 주석에서 내린 훌륭한 해석이다. 전자에서는 이렇게 말한다: "이는 목적 속격(objective genitive)이다. '이 세상에 대한 심판'이란, 이제 이후로 누가 정당하게 세상을 차지할 것인가에 대한 심판이다." 후자에서는 간결하게 이렇게 썼다: "누가 세상의 주인이 될 것인지에 대한 재판 과정과 판결이다."

150. 코케이우스(Cocceius)의 해당 본문 주석 참조.

151. ἀγαπήσαντος라는 부정과거 분사는, 메이어(Meyer)의 지적대로, 그리스도께서 자신의 생명을 드리심으로써 이루신 가장 탁월한 사랑의 행위를 나타낸다.

152. ἐκβληθήσεται ἔξω(밖으로 내쫓기리라).

153. 지난 세기 신학의 두드러진 특징 중 하나는 사탄의 인격성을 부정하는 경향이었다. 이 세기 들어 이 견해를 가장 비판한 인물은 슐라이어마허(Schleiermacher)이다. 사르토리우스(Sartorius), 필리피(Philippi), 잔더(Sander) 등 여러 인물들이 이에 반박하였다.

154. 교부들 중에서는 오리겐의 학파, 근대 신학자들 중에서는 하젠캄프(Hasenkamp)와 멘켄(Menken)이 이 견해를 따랐다.

155. "나는 아브라함의 하나님이요 이삭의 하나님이요 야곱의 하나님이라"(마 22:32)는 말씀에 대한 그리스도의 심오한 설명 곧, 하나님은 죽은 자의 하나님이 아니라 산 자의 하나님이며, 이 관계가 성도의 부활을 보장한다는 설명을 여기서 충분히 해설할 수는 없다. 그러나 이 관계는 속죄를 전제로 한다.

156. 로엘리우스(Roellius)는 비트링가와의 논쟁에서 그리스도인은 형벌의 일부를 감당한다고 주장했다.

157. 비트링가의 로엘리우스에 대한 네덜란드어 반박문 참조.

158. 고대 교부들 중 누구도 아타나시우스만큼 속죄와 관련하여 죽음의 문제를 강조하지 않았다. 『성육신에 대하여』 전체가 그 주제를 다룬다. 예를 들어 그는 27장에서 이렇게 말한다: "사람들이 그리스도를 믿기 전에는 죽음을 두려운 것으로 보고 그것을 무서워하였다. 그러나 그분의 믿음과 가르침을 받아들인 후에는, 죽음을 경멸하게 되어 기꺼이 죽음으로 달려가 순교자가 되기도 한다." 루터도 '죽음의 독침이 제거됨'에 대해 풍부하고 강력한 언급을 한다. 예를 들어 하르트만 폰 크론베르크에게 보낸 편지에서 그러하다.

159. ὁ ποιμὴν ὁ καλός(선한 목자)는 해당 인물이나 사물이 탁월하며 그 존재의 본질을 온전히 구현한다는 뜻이다(창 1:4; 마 3:10; 딤전 4:6 참조).

160. 마태복음 20:28도 같은 점을 암시한다(해당 구절에 대한 티트만의 주석 참조). τὴν ψυχὴν τίθησιν이라는 표현을 단순히 자신의 생명을 걸거나 나라를 위해 생명을 내놓는 영웅처럼 이해하는 것은 충분하지 않다(그로티우스의 해석). τιθέναι ψυχὴν ὑπὲρ는 요한 특유의 표현이다(요 13:37). 계시의 범위 밖에서는 이 표현도, 그 개념도 찾아볼 수 없다. 마태는 δοῦναι(내주다)를 사용한다(마 20:28).

161. ὑπὲρ τῶν προβάτων(양들을 위하여)에서 ὑπὲρ는 앞서 언급했듯이 ἀντί의 뜻을 내포한다(30절 주석 참조).

162. 이것이 ἐντολὴ(계명)의 적절한 의미이다.

163. 고전 개신교 주석가들은 ἐξουσία(권세)를 하나님의 아들이신 그리스도께서 자신의 인성의 생명을 거두고, 다시 그것을 취할 수 있는 능력으로 올바르게 이해하였다. 이는 현대 주석가들의 해석보다 낫다.

164. τίθημι ἵνα라는 표현에 대해 제시된 네 가지 해석 중에서, 칼빈이 제안한 "hac lege ut"(이 법에 따라 ~한다)는 해석이 가장 우수하다. 이는 단순한 결과를 가리키는 것이 아니라, 의도와 목적을 나타낸다. 왜냐하면 여기에 사용된 접속사 ἵνα는 목적을 나타내는 것이기 때문이다.

165. 슈티어(Stier)는 이 표현을 해석하면서 오류를 범하였다. 왜냐하면 διὰ τοῦτο ὅτι는 그런 의미로 해석될 수 없기 때문이다(마이어 참조).

166. 이 절의 시작 부분에 우리가 제공한 번역을 참조하라. 권위 있는 영어 성경역본은 καθὼς를 새로운 문장의 시작으로 처리함으로써 문장을 억지로 끊고, 본래 의미를 놓치고 있다.

167. 해당 본문에 대한 티트만의 주석 참조.

168. 노셀트(Nösselt), 우스테리(Usteri,『바울 신학 개요』231쪽), 헹스텐베르크의 관련 주석 참조.

169. 같은 의미를 지닌 주님의 또 다른 인상적인 말씀은 요한복음 6:44의 "아버지께서 이끌지 아니하시면 아무도 내게 올 수 없다"이다. "나를 보내신 아버지"라는 표현은 때때로 매우 포괄적인 의미를 가지며, 파송받은 종의 완성된 사역 전체를 포함한다. 요한복음 6:57, 요한일서 4:9에서 보냄에 대해 언급한 바와 비교하라. 여기서 속죄 또는 보냄은 '이끎'의 기초로 묘사된다.

170. 로야르츠(Royaards),『예수 왕국의 참된 본질에 대하여』, 위트레흐트, 1799 참조.

171. "진리를 증언하러 왔다"는 표현은 다른 곳에서도 진리를 선포한다는 의미로 사용되며(요 5:33

참조), 바울도 이 본문을 그리스도께서 선한 증언을 하셨다는 사실의 증거로 사용한다(딤전 6 장). 이 표현은 단지 그리스도께서 '진리의 왕'이라는 뜻만을 의미하는 것은 결코 아니다.

172. 오웬(Owen)과 청교도들의 주장처럼 그리스도께서 성령의 사역 자체를 '구속하셨다'고 말하든, 혹은 다른 표현을 선호하든, 성경신학자라면 누구나 그리스도께서 속죄를 통해 성령을 얻으셨다는 사실은 인정해야 한다.

173. 내가 아는 한, 이 해석을 제시한 유일한 주석가는 바움가르텐-크루시우스(Baumgarten-Crusius)인데, 그는 308쪽에서 이렇게 말한다: "그의 마음은 깊은 곳에서부터 끊임없이 기쁨과 만족을 얻는다. 전도서 4장 14절과 비슷하다." 비록 마이어는 이를 반대하지만, 전체 문맥상 이 해석이 훨씬 낫고, 일관성을 부여한다.

174. οὔπω γὰρ ἦν Πνεῦμα Ἅγιον에 대해 톨루크는 이것이 '그리스도의 영'으로서 '종의 영'과 대비된다고 말한다. 루케는 구약과 신약의 차이를 성령의 분량 차이로 본다. 올스하우젠은 삼위 하나님의 위격 간 관계에 근거하여 설명한다. 그러나 이들 해석만으로는 본문의 뜻이 충분히 설명되지 않는다.

175. 이 절 끝부분에서 인용된 게르하르트의 글을 참조하라.

176. 크리소스톰은 "그는 십자가를 영광이라 불렀다"고 말한다. 에우티미우스는 크리소스톰을 따라 같은 견해를 내린다. 테오필락투스의 훌륭한 주석도 같은 뜻이지만 너무 길어서 생략한다. 그는 이렇게 말한다: "아직 십자가가 세워지지 않았고, 죄가 폐기되지 않았으니, 성령의 넘치는 은혜가 주어지지 않은 것도 당연하다." 헹스텐베르크도 같은 본문에서 이렇게 말한다: "화목이 실제로 일어난 사건에 뿌리를 두고 성령의 능력이 증대된다." 그는 예레미야 31장 31절을 그 증거로 인용한다.

177. 앞서 그리스도의 말씀에 대해 인용한 헬라 주석가들, 크리소스톰과 테오필락투스는 여기서도 동일한 의미를 분명히 제시한다. 루터도 그들의 주석을 따른다. 게르하르트는 『복음 조화』 3 권 324쪽에서 이들 헬라 주석가들의 견해를 인용하고 나서 이렇게 말한다: "이는 성령의 주심이 그리스도의 고난과 죽음의 구속적 열매임을 보여주는 유익한 교훈을 제공하며, 그리스도께서 사용하신 표현과도 일치한다. 그분께서 '아버지께로 가신다'고 말씀하셨을 때, 단지 승천만을 의미하는 것이 아니라, 그분이 그 길을 가시기 위해 통과하신 고난과 죽음의 여정을 포함한다."

178. 성령에 대해 사용된 두 가지 표현이 있다: παρ' ὑμῖν μένει(너희와 함께 거하심), ἐν ὑμῖν ἔσται(너희 안에 계실 것임). ἐν ὑμῖν ἔσται(요 14:17)는 예수의 말씀 가운데 단 한 번 나오지만,

이는 성령이 외적인 작용력이 아니라 내적인 임재로써 성도 안에 영원히 거하시는 하나님의 선물임을 의미한다. 다른 표현 παρ' ὑμῖν μένει는 오순절 이전의 성령의 준비 사역, 즉 예수께서 그들과 함께 계셨을 때의 상태를 가리키는 것 같다.

179. 이 어려운 본문에 대한 해석 오류는 ὁ υἱὸς τοῦ ἀνθρώπου(인자)라는 표현을 제대로 이해하지 못한 데서 비롯된다. 칼로비우스(Calovius), 고마르(Gomar)의 학문적 논의도, 그리고 마르키우스(Marckius)의 논고 역시 이 점에서 실패했다.

180. 마이어는 이 본문을 "메시아와 하나님 사이에 지속적으로 살아있는 교류를 상징적으로 묘사한 것"으로 잘못 해석하였다.

181. 프랑스의 유명 설교자 뒤 보스크(Du Bosc)도 이 본문을 그렇게 해석했다. 비치우스(Witsius)의 『열린 하늘에 대한 연구』 213쪽과, 먼팅헤(Muntinghe)의 『인류의 역사』 제9권, 41항 참조.

182. 전치사 ἐπὶ는 "~에 대해"가 아니라 "~위에"라는 뜻이며, '올라감'과 '내려옴' 모두를 가리킨다. 루케는 천사들의 상하 왕래를 하나의 연속적 교류 개념으로 보아야 하며, 창세기에서도 그렇고 여기서도 '오름'이 먼저 나온다고 잘 지적한다. 톨루크의 표현을 빌리면, "천사들이 하늘로 돌아가 새로운 임무를 받아온다." 이 구절을 겟세마네나 부활 시 천사의 현현으로 이해해서는 안 된다. 비치우스, 그로티우스, 크리소스톰은 그렇게 해석했다.

183. 라흐만(Lachmann)이 ἀπ' ἄρτι(지금부터)를 생략한 것은 근거가 없다. 그러나 이 표현은 "인자"라는 말로 한정되어 이해되어야 한다. 올바로 해석할 경우, 비치우스 등이 주장하는 것처럼 즉각적인 사건을 가리키는 것이 아니라, 인자의 사역에 따라 일어날 일들을 가리킨다. 이를 예수의 기적(피스카토르), 막연한 초자연 현현(라이트풋, 미카엘리스), 하나님의 섭리(모루스)로 해석하는 것은 타당하지 않다. 켐니츠는 훨씬 더 적절하게 『복음 조화』 239쪽에서 이렇게 말한다: "예수님은 자신의 사명이 하늘을 열고, 죄로 인해 하나님과 거룩한 천사들에게서 떨어져 있던 인류와 다시 연결하는 것임을 가르치신다. 우리는 거룩한 자들의 시민이 되고, 이제 천사들은 인자의 인성을 통해 인류에게로 내려오며, 머리이신 그리스도 때문에 택자들을 섬기기 위해 파송된다(히 1:14). 이 사명은 내려옴과 올라감을 통해 묘사된다. 천사들은 파송받아 내려오며, 다시 올라가 하나님께 맡은 사역의 보고를 한다(욥 1:6; 슥 1:11)." 다만 여기서 "인자"라는 호칭과 천사의 사역 간의 연결이 더 명확히 드러날 필요가 있다.

184. τὸ ἔργον ἐτελείωσα(사역을 다 이루었나이다)에서 부정과거 시제를 사용한 것은 주께서 그것을 이미 이루신 것으로 보셨기 때문이다. 알퍼드의 표현을 빌리면, "모든 것을 과거로 되돌아보

신 것이다." (게르하르트의 『복음 조화』와 차녹의 글 2권 184쪽 참조.)

185. 필리피는 안셀무스의 『왜 하나님이 인간이 되어야 했는가』의 핵심 주장에 반대했다(헹스텐 베르크의 『교회 신문』, 1844년판 참조).

186. δόξα에 대해 주석가들이 제시한 네 가지 해석은 다음과 같다: (1) 미래의 영광을 가리킨다(헬라 주석가들, 베자, 벵겔), (2) 하나님 앞에서의 영화됨(루터), (3) 존귀함, 요 12:43과 같은 의미(스튜어트), (4) 하나님의 형상으로서의 창조된 영화됨(고전 루터파 주석가들—켐니츠, 칼로브, 슈미트—및 개혁파의 알팅, 올스하우젠 등). 이 마지막 해석이 모든 면에서 가장 뛰어나며, 하나님의 형상이 곧 하나님의 영화라는 점을 보여주며, 피조물이 하나님께 영광을 돌릴 수 있는 유일한 길은 바로 이것이다.

187. δόξα에 대한 이 동사의 용례는 볼프부르기우스(Wolfburgius)의 『거룩한 관찰』을 참조하라.

188. 하나님께서 스스로를 영화롭게 하신다는 것은, 자신의 완전하심을 실행하고 나타내는 것과 크게 다르지 않다. 물론 다른 존재들이 하나님에 대해 영광스럽게 생각하게 되는 차원도 포함된다.

189. 예로니무스의 탁월한 말이 있다: "그는 '모든 사람을 위해'가 아니라 '많은 사람을 위해'라고 하였다. 즉, 믿기를 원하는 자들을 위해서이다." 이 주제에 관해 아르미니우스주의자들의 주장을 모두 반박하고, 오대 강령 전반에 대해 가장 명확하고 성경적인 반박을 제공한 책은 아메시우스(Amesius)의 『헤이그 회담에 대한 결론』이다. 비치우스의 『언약의 경륜』 2권 9장과, 고마르의 성경적 논문 『그리스도는 모든 사람과 각 사람을 위해 죽었는가』 453쪽도 참조하라.

190. 아메시우스 『헤이그 회담 결론』 112쪽 참조. 흥미롭게도, 그로티우스는 소시누스가 "그리스도와 우리 사이에 아무런 연결이 없다"고 반박하자, 그 반론에 대해 어떤 칼빈주의 신학자들보다 강력한 언어로 반박한다: "사람은 사람에게 낯선 존재가 아니며, 인간 사이에는 자연적 유대와 혈연이 있고, 그리스도께서 우리의 육체를 취하셨다. 그러나 하나님은 그보다 훨씬 더 큰 연결을 의도하셨다. 하나님은 그리스도를 우리 몸의 머리로 삼으셨고, 우리는 그 몸의 지체이다." (『그리스도의 속죄에 대하여』 4장)

191. 칼빈은 이 구절을 유대인에게 국한하지 않고, 아브라함의 줄기에 접붙여질 모든 민족에게 확장하여 해석한다(해당 본문 주석 참조).

192. τιθέναι는 그로티우스가 말한 대로 '위험에 노출시키다'는 뜻이 아니라, '내려놓다, 두다'는 의미이다. ὑπὲρ는 앞서 언급했듯이 ἀντί의 뜻을 함축한다.

193. 칼빈은 이 구절에 대해 이렇게 말한다: "그리스도는 타인을 위해 자신의 생명을 내어놓으셨으

나, 그들은 이미 주께서 사랑하시던 자들이며, 그들을 위해 또다시 죽으실 일은 없다."

194. 이는 합리주의적 대륙 신학자들과, 보다 성경적인 입장을 가진 일부 인물들이 공유한 공통된 견해이다.

195. 콜리지(Coleridge)가 어떤 사상 체계에 대해 "그것은 종교가 아니라 이론이다"라고 말한 것은, 여기에도 똑같이 적용될 수 있다.

196. 부록의 L번 주석 참조.

197. 폴라누스(Polanus), 『조직신학』 6권 18장 참조.

198. 앞서 12장 주석 참조.

199. 여러 저자들은 그리스도의 죽음을 묘사하는 본문에서 자주 등장하는 세상($\varkappa\acute{o}\sigma\mu o\varsigma$)이라는 단어에 중요성을 부여해 왔다. 이 용어는 일반적으로 유대인의 국한된 개념과 대조되며, 모든 민족의 사람들을 가리키는 용법으로 사용된다. 따라서 이것이 일반적 속죄를 지지하는 논거가 되지 않는다는 것은 다음과 같은 구절들에서도 드러난다: "하나님의 떡은 하늘에서 내려 세상에 생명을 주는 자니라"(요 6:33), "세상이 아버지께서 나를 보내신 것을 믿게 하려 함이니이다"(요 17:21). 세상은 (1) 많은 무리(요 12:19) 또는 (2) 모든 민족의 사람들(롬 11:12)을 의미할 수 있다. 따라서 단지 이 단어의 사용만으로 보편적 속죄를 주장할 수 없다. 헤일스(Hales)는 도르트 회의에서 요 3:16에 대한 에피스코피우스(Episcopius)의 주장을 듣고 아르미니우스주의로 전향했다고 한다. 그러나 그것은 아르미니우스주의의 핵심 주장일지 몰라도, 실제 언어 사용에 비추어 보면 허위 논증이다.

200. 도르트 총회의 유명한 언명은 다음과 같다(제2장, 제3–5절): "하나님의 아들의 죽음은 죄를 위한 유일하고 가장 완전한 희생이며, 무한한 가치와 값어치를 지닌 만족이다. 그것은 전 세계의 모든 죄를 속죄하기에 넉넉히 충분하다. 복음의 약속은 다음과 같다: 누구든지 십자가에 못 박히신 그리스도를 믿는 자는 멸망하지 않고 영생을 얻는다. 이 약속은 하나님의 선하신 뜻에 따라 복음이 전파되는 모든 백성과 사람들에게 회개와 믿음의 명령과 함께 무차별적으로 선포되어야 하며, 그렇게 제시되어야 한다."

201. $\pi\alpha\varrho\varepsilon\sigma\iota\varsigma$와 $\alpha\phi\varepsilon\sigma\iota\varsigma$의 구분—전자는 구약의 성도들을, 후자는 신약의 성도들을 가리킨다는 구분은 베자가 처음 제안하였고, 코케이우스와 그의 학파에 의해 지나치게 확장되었다. 로마서 3장 25절에 나타난 $\pi\alpha\varrho\varepsilon\sigma\iota\varsigma$와 $\alpha\phi\varepsilon\sigma\iota\varsigma$ 사이의 구분에 대해 어떤 견해를 취하든 간에, 이 둘 사이에는 주관적 성격의 차이가 있다는 정도는 인정되어야 한다.

202. ἐπὶ τῷ ὀνόματι αὐτοῦ에 대해 비너(Winer, 6판 350쪽)는 그리스도의 명령을 의미한다고 본다. 즉, "그분을 원래의 교사이자 파송자로 삼는 것"이라 설명한다. 루터는 이 표현을 그리스도의 공로를 죄 사함의 근거로 해석한다. 마이어와 핀케는 이 구절이 설교 중에 그리스도의 이름을 언급하는 것을 가리킨다고 본다. 이 두 후자의 견해는 병합될 수 있다.

203. 앞서 207쪽 참조.

204. 19세기 초에 일반적이던 이성주의적 죄 사함 개념은, 1802년에 출간된 로체(Lotze)의 『죄 사함에 대하여』에서 훌륭히 반박되었다. (스토어의 『히브리서 주석』 부록도 참조.)

205. 즉각적 인과 관계에 대한 최선의 논증은 스토어의 『히브리서 주석』 부록, 핀케, 로체의 저술을 참조하라.

206. 회심 이전의 죄만 용서된다고 주장하는 뢰플러, 브레츠슈나이더, 뤼케르트, 라이헤 등의 의견은 더 논박할 필요조차 없다.

207. 설교 전반의 정신과 방식은, 복음 메시지의 첫 번째 요소로 죄 사함을 전해야 하는가에 대한 입장에 의해 좌우된다고 할 수 있다. 생명이나 다른 무엇을 먼저 제시하는 견해는 다른 복음을 만드는 것이다.

208. 제27장 참조.

209. βαπτίζοντες αὐτοὺς εἰς τὸ ὄνομα(마 28:19)은 첫째로 믿음과 고백을, 다음으로 εἰς가 암시하듯 특정한 관계를 나타낸다. 그러나 내가 강조하는 점은, 여기서의 이름이 단순한 삼위일체적 관계만을 의미하는 것이 아니라, 구속 사역을 포함하는 공식적 의미도 지니며, 따라서 예수라는 이름도 포함된다는 것이다.

210. 이 개념은 잘 알려진 A. 슐텐스가 『하이델베르크 요리문답』에 대해 쓴 글에서 발전시켰으며, 바루에트(Barueth)가 이를 번역하였다.

211. 종교개혁 시대 이후의 주석가들은 πίστις에 대한 개념을 받아들였고, 이는 중세에서 유래한 것이다. 그러나 지금은 모든 훌륭한 주석가들이 이 견해를 버렸다(Winer, Meyer, De Wette, Fritzsche 등 참조).

212. 이 교리에 대한 흥미로운 성경적, 교리적 논의는 클레스(Cless)의 『신약의 믿음 개념에 대하여』를 참조하라.

213. 로체, 『예수 그리스도의 대제사장 직분』, 145쪽 참조.

214. ἀντάλλαγμα τῆς ψυχῆς(생명을 대신하는 대속물).

215. 영원한 형벌 주제에 대해서는, 후른베크(Hoornbeek), 칼로비우스(Calovius) 같은 반소시누스파 저자들을 참조할 수 있다. 합리주의자에 대한 반박으로는 특히 미카엘리스(Michaelis)의 『죄와 만족에 대하여』 260쪽, 모샤임(Mosheim)의 설교, 람페(Lampe)의 논문들, 슐텐스, 먼팅헤(Muntinghe), 판 포르스트(Van Voorst) 등을 들 수 있다.

216. αἰώνιος는 특정한 시대(αἰών) 동안 지속되는 것을 의미할 수 있다는 점은 부정되지 않는다(로마서 16:25에 대한 알팅 참조). 그러나 어떤 언어에서든 문맥이 '영원'을 어떻게 의미하는지를 보여준다. 모세 스튜어트는 αἰών과 αἰώνιος에 대해 Clark's Biblical Cabinet 제37권에서 논의하였다.

217. 속죄에 대한 바른 이해가 미치는 영향에 대해서는, 네덜란드의 진리 수호자 훌스호프(Hulshoff)의 『철학적 대화』(1795), 와인페르서(Wynpersse)의 『형벌적 의에 대하여』(1799)를 참조할 수 있다.

218. 에픽테토스, 안토니누스, 칸트의 윤리학과 멜란히톤, 모샤임, 페넬롱, 자일러(Sailer)의 기독교 윤리 묘사와 비교해 보라.

219. 부록 M 참조.

220. 『사도들이 가르친 속죄』에 실린 역사적 부록 참조.

221. Secundum은 여기서 pro의 의미로 사용되었으며, 이는 중세 라틴어 용법이다(Vossius 참조).

222. 이 함축적인 문장은 직역이 불가능하다. 안셀무스는 모든 죄는 만족 또는 형벌로 뒤따라야 한다고 주장한다. 이것이 그의 양자택일적 주장이다. 이 문구가 오해받는 경우도 있지만, "만족 없이 죄를 바르게 정리한다는 것은 곧 벌하는 것이다"라는 말은 그 양자택일의 한 면을 보여준다.

223. inordinatum dimittitur(질서에서 벗어난 죄는 그냥 넘겨진다). 보시우스(Vossius)는 중세 저자들이 inordinatio를 헬라어 ἀταξία, 즉 질서의 혼란을 의미하는 용어로 사용했음을 보여준다.

224. 우리는 안셀무스가 여기서 전체 명제를 가리킨다고 본다.

225. 안셀무스가 말하는 '존귀(honour)'는 명시적인 하나님의 "영광"을 뜻하며, 우리는 이 둘을 혼용해서 사용한다.

226. elongari(멀어지다)는 중세 라틴어 용법이다(Vossius).

227. palam qui는 후기 라틴어 혹은 교부 문헌의 어법이다.

228. exhonorare(모욕하다, 존귀함을 깎다). Vossius 참조.

229. 생략된 장들에서 안셀무스는 아우구스티누스에게서 차용한 천사에 대한 공상적 이론을 소개

하는데, 이는 부차적인 삽화이다.

230. inordinatum maneret peccatum(그 죄는 무질서한 상태로 남아 있었을 것이다.)

231. Delectationes et quietem hujus vitæ calco(나는 이 생의 즐거움과 평안을 짓밟노라.)

232. Non enim mereris habere quod non secundum quod est amas et desideras (사물의 본질 그대로 사랑하거나 갈망하지 않는다면, 그것을 가질 자격이 없다.)

233. 에스겔 33:14–18, 18:27 참조.

234. Et quicquid Deus non est(그리고 하나님이 아닌 모든 것.)

235. 이것은 아우구스티누스의 이론으로, 안셀무스에 의해 더 체계화되었다.

236. 『사도들이 가르친 속죄』 중 "하나님의 의에 대한 바울의 교리" 장 참조.

237. 해도우(Hadow)는 『현대 신학의 정수』에 대한 반박에서, 프레스턴(Preston)의 인용문 "누구에게나 이 소식은 복음이다. 그리스도께서 그를 위해 죽으셨다"(p. 120)에 기초하여 보편구원론적 색채가 있다고 공격했다. 그러나 리칼턴(Riccalton)은 자신의 걸작 『신중한 탐구』(p. 102)에서 이렇게 반박한다: "이 말은 이렇게 읽어야 한다: '그리스도께서 그를 위해 죽으셨다'—하지만 어떻게? 그가 믿든 안 믿든 무조건 구원을 사시기 위해서인가? 결코 아니다. 그 의미는 단지, '그를 위해 죽은 구주가 없어 멸망하는 자는 아무도 없도록 하기 위함'이다. 만약 그가 죽으신 그리스도를 받아들이고, 죽음을 통해 이루어진 의를 받아들인다면, 그는 구원을 얻게 될 것이다."

238. 『사도들이 가르친 속죄』(1870) 부록 참조.

239. C. G. 자이베르트(Seibert)의 『슐라이어마허의 화해론』, 1855년, 비스바덴 출간본 참조.

240. 로(Law)는 독일의 신비적 속죄 이론 옹호자들, 특히 슈티어(Stier)에게 크게 칭송받았기 때문에, 헨리 벤(Henry Venn)의 전기에서 다음 인용은 적절하다. 전기 저자는 이렇게 말한다(19쪽): "로 씨는 당시 가장 좋아하는 저자였다. 그는 로에게 깊이 빠져, 후기에 로가 채택한 신비주의적 저작들의 사상에 물들 위험에 처했다. 이 부류의 글들은 실제로 깊은 경건의 흔적을 보여주며, 뜨거운 경건을 가진 사람이 이를 좋아하는 것은 전혀 놀랄 일이 아니다. 그러나 그는 로의 교리에 대한 지나친 애착에서, 결국 로 자신의 글을 통해 깨어났다. 『사랑의 영』 혹은 『기도의 영』 중 어느 책이었는지는 확실치 않으나, 출간을 앞두고 그는 누구보다 그 책을 손에 넣고 싶어 안달이었다. 서점에는 제일 먼저 책을 보내달라고 독촉했으며, 마침내 책이 도착하자 그날 저녁 그것을 열렬히 읽었다. 그러나 거기서 로가 그리스도의 피를 단지 그분의 도덕적 성품의 탁월함만큼이나 구속에 있어 아무 영향도 없다고 묘사한 구절에 도달하자, 그는 외쳤다: '뭐라고! 로

씨가 그리스도의 죽음을 이렇게 격하시킨단 말인가? 사도들은 그것을 죄를 위한 희생으로, 우리의 구속을 이루는 가장 위대한 효력으로 묘사했는데? 그렇다면, 이런 사람은 이제 나의 인도자가 될 수 없다! 이제부터 나는 누구도 스승이라 부르지 않겠다.”

예수님이 가르치신 속죄

도서출판 하늘영광
1쇄 2025년 10월 27일 발행
2쇄 2026년 4월 3일 발행

펴낸이 | 박순용
펴낸곳 | 도서출판 하늘영광

등록 | 제 2025-000097
주소 | 서울 강동구 올림픽로104길 41(05238)
전화 | 02) 3426-1586
팩스 | 02) 2296-1586

디자인 | 아키타이포스 안은주
본문편집 | 류이든
인쇄 | 한영문화사

ISBN 979-11-995118-0-4(03230)

도서출판 하늘영광은
이땅에 참된 교회가 세워지기를 구하며
영혼을 풍성하게하고 교회를 일깨울 글과
복음적설교들을 찾아 소개하고자합니다.